U1068386

☆ 中国大型专业除草剂生产基地之一
☆ 国家农药定点生产企业
☆ 深交所上市公司——胜利股份直属企业
丰收每一年 绿野永相伴！
进军新领域
杀虫、杀菌剂，特种肥市场
农安绿野
辛菌胺醋酸盐
Sm bacteria amine acetate
GREEN LAND 胜邦绿野
山东胜邦绿野化学有限公司
Antiseptic杀菌剂
陆虎
LuHu
专业防治稻纵卷叶螟
阿维菌素
剂型：乳油
GREEN LAND 胜邦绿野
山东胜邦绿野化学有限公司
杀虫剂
GREEN LAND 胜邦绿野
国家专利金奖菌种
菌株专利证号：ZL200510122898.0
多普乐
有机-无机复混肥
四效合一 均衡营养
活化土壤 提高品质 抗病抗逆 提高产量
氮+磷+钾≥25%（13-4-8）
有机质≥20% 有效活菌数≥0.5亿/克
腐殖酸≥10% 富含有效中微量元素
净含量：40kg
销售地址：济南市高新区天辰大街胜利生物工程园 传真：0531-88725001 邮编：250204
服务专线：400-618-6178 邮编：250101 网址：http//www.greenlandchem.com

产品展示

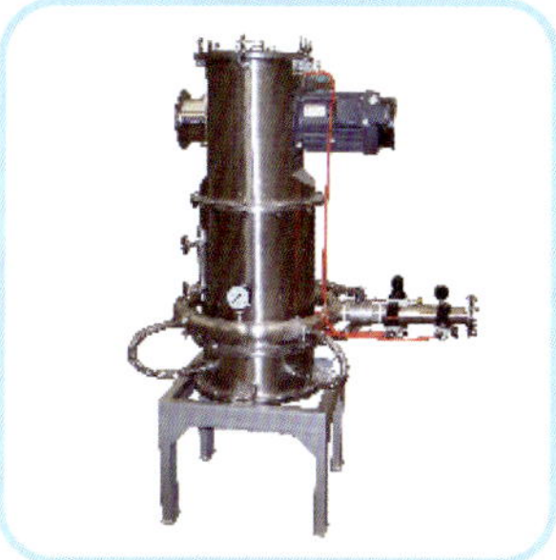

WFQ-500农药气流粉碎机

WFJ-1000

BPQ-400扁平式超音速主机

SF-800万能粉碎机（卧式）

SF万能粉碎机(立式）

WF干式空气分级机

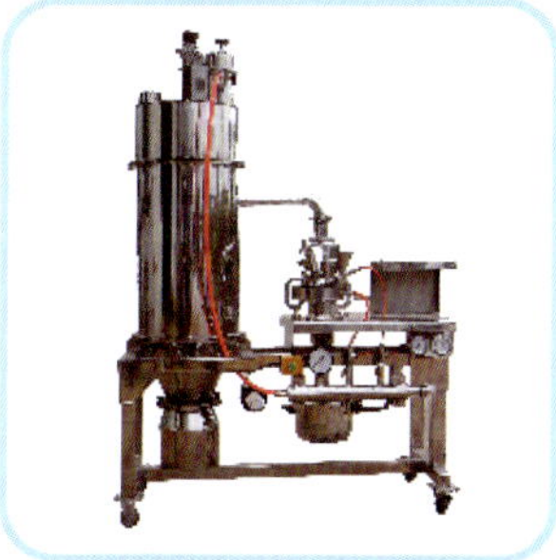

BPQ-100超音速气流粉碎机组

WFQ-100 实验室气流粉碎机组

LF立轮干式空气分级机

CF-300 II

ZM棒式粉碎机（针磨）

PC强力塑料粉碎机

湖南国发精细化工科技有限公司

公司简介

湖南国发精细化工科技有限公司（以下简称公司）系北海国发海洋生物产业股份有限公司控股、袁隆平农业高科技股份有限公司参股而组建成立的一家高科技民营企业，是国家“氨基甲酸酯类农药生产基地”。现有产品包括氨基甲酸酯类系列农药、多菌灵、苯菌灵杀菌剂、氰氟草酯、精细化工产品、医药中间体五大类，共30多个品种。

公司拥有一支高水平的员工队伍。现有员工316人，其中大学以上文化程度的63人，大学本科以上的18人，硕士研究生11人，中级以上技术职称的29人，享受国务院特殊津贴的教授级高工1人，国家注册工程师6人。

公司2004年通过了ISO9001质量管理体系认证；2008年通过了“危险化学品从业单位安全标准达标”二级企业认证；公司氨基甲酸酯类系列农药被评为湖南省名牌产品；在农药行业部门的历次抽检中，产品合格率均达100%。公司拥有自营进出口权，与国际上30多个国家和地区建立了广泛的业务往来，出口收入居岳阳市前3位，属海关A类企业。

目前，公司已成为了国内精细化工行业规模最大的光气化产品龙头企业， 2011年产值突破4亿元。

公司作为岳阳市提名的环保明星企业，多年来，一直着力推行企业责任关怀，顺应行业发展趋势，加大在生产安全和环保上的投入，坚持走绿色生态化工的可持续发展之路。

公司被湖南省科技厅认定为省级高新技术企业，并先后获得了“湖南省优秀质量管理小组”、“岳阳市诚信企业”、“中国农药工业协会AA级信用等级企业”、“湖南省质量信用A级企业”、“2011中国农药百强企业”、“十一五中国石油和化工优秀民营企业”等荣誉称号。

湖南国发本着“秉承良德、领跑行业、服务三农、做优做强”的宗旨，贯彻社会性、责任性企业的经营理念，努力追求更大的利润目标，创造最大的经济效益和社会效益。

总目录
Contents

1

特别感谢：以下企业对本年鉴全栏目冠名的大力支持

企业名录　上海化三粉体设备有限公司

重庆红旗化工机械有限公司

山东胜邦绿野化学有限公司

年度分析
Annual analysis

2
年度分析
Annual analysis

中国农药企业年鉴

pesticide enterprise Yearbook of china

2012-2013 卷

中国农药百强官方网

序
Preface

一、《中国农药企业年鉴(2012-2013卷)》(以下简称《年鉴》)是由中国农药百强官方网主办，为切实做好2012卷《年鉴》成为我国农药行业的中央级年鉴，从内容上综合反映我国农药行业年度工作，总结农药企业、设备制造企业、农资经销商发展状况和经验，全面、系统、翔实地记录我国农药行业发展取得的新成就，编纂成为一部具有全面性、权威性、史料性和实用性强的大型专业工具书。

二、为了保证《年鉴》出版好，发行好，《中国农药企业年鉴》编委会及理事会，特邀请北京国信国化文化发展中心出版发行，并邀请协会领导及行业专家担任编委会顾问把关定向。

三、《年鉴》是国内目前唯一刊载、分析、评价本年度我国农药企业发展现状的大型指导性与史册性年刊，全面记录我国农药行业的发展现状、政策法规、重要信息、重大事件、节能减排、结构调整、重点企事业单位产品信息等;刊发专家文章和典型案例，展示优秀企业风采，为国际国内农药生产企业、流通企业、设备生产商、技术服务商提供很好的宣传信息交流平台。

四、《年鉴》共分八个篇章:

(一)总目录 (Contents)

(二)年度分析 (Annual analysis)

(三)政策法规 (Policies and regulations)

(四)百强评选篇 (Selection of 100)

(五)推广药械篇 (Promotion of medical articles)

(六)标兵农资篇 (Model of agricultural)

(七)领航上市篇 (The pilot listed)

(八)企业名录篇 (Enterprise directory)

五、本《年鉴》的编辑和出版过程中，引用部分人士的论述请见谅，承蒙不少单位和很多同志的大力支持，在此向撰稿、核稿的有关单位和同志致以诚挚的谢意。

《中国农药企业年鉴》编辑委员会

Chinese pesticide enterprise Yearbook Editorial board

装　　帧：北京国信国化文化发展中心

印　　刷：廊坊市时嘉印刷有限公司

出　　版：现代文化出版社

编委会电话：010-56137766　65431491

E - m a i l：cpcbwh@126.com

网　　站：www.cpc100.org：　中国农药百强官方网

承办单位：中国农药百强官方网

出 版 社：现代文化出版社

发行电话：010-56137766

广告电话：010-65431491

通信地址：北京市朝阳区管庄西里 65 号楼

邮政编码：100024

中国农药企业年鉴 / 中国农药百强官方网 /

北京国信国化文化发展中心

开本 /889 X 1194　　1/16

印章 43.75

字数 81.45 万字　　印量 /1-10000 套

印刷：廊坊市时嘉印刷有限公司

版次：2013 年 01 月 第 1 版

印次：2013 年 01 月 第 1 次印刷

印数：1-10000 册

书号：ISBN 978-988-12014-6-1

如有印装质量问题请与联系调换：010-56137766

定价：480.00 元

建议上架分类：农业　农药

《中国农药企业年鉴》以严肃公正的态度刊登信息，所登的信息包括广告内容均由其提供单位负责，本网尽广告内容审查之内容，如有侵权问题概不负责。

特此声明

《世界农药市场分析》

一、前言

农药发展的关键是品种．目前全球上市品种共559个，正在研发即将上市品种42个。除草剂无论是品种及销售市场均占首位。其销售额占整个农药市场的47.7%，品种数占39.54%。共有221个品种。而品种占第二位的为杀虫剂共163个品种，占29.16%，但其销售额列第三位。品种列第三位的为杀菌剂，共142个品种，占25.40%。销售额列第二位。其他类（熏蒸剂、植物生长调节剂）为33个，占5.9%。

但就新品种而言．则以杀菌剂列第一位，共17个，占40.48%；除草剂居二，共14个，占27.14%；杀虫剂居三，共11个，占26.19%：其他1个，占2.4%。

二、全球主要品种的发展概况

全球559个农药品种中，销售额上亿的品种100个，比上年85个增加了15个。其占整个品种比例的17.85%;但其销售额(2007年）为228.16亿美元，占76.62%。

1 除草剂

全球除草剂共分19类，分别为：氨基酸类、HP-PD抑制剂类、磺酰脲类、酰胺类、吡啶类、芳氧丙酸酯类、三嗪类、联吡啶类、苯氧乙酸类、其他ALS抑制剂类、二硝基苯胺类、咪唑啉酮类、环已三酮类、脲类、PPO抑制剂（二苯醚类）、PPO抑制剂（其他类）、氨基甲酸酯类、其他结构类。其中以氨基酸类市场最大、也是最大一类的农药。以磺酰脲类品种最多，作用机理研究得最为透彻。

在近五年中，以氨基甲酸酯类除草剂年均下降最大，为8.8%；而HPPD类抑制剂则为年均增长最快，为12.7%。（HPPD:对羟基苯基丙酮酸酯双氧化酶，主要为三酮类、异噁唑类等）。近年中，年均呈负增长的有除草剂类有酰胺类、咪唑啉酮类、芳氧丙酸酯类、二硝基苯胺类、苯氧乙酸类、三嗪类、脲类。其中除草剂内销售额上亿美元的品种共46个，占除草剂品种的20.81%。除草剂上亿品种的总销售额为135.55亿美元，占除草剂市场184.70亿美元的73.39%。

销售额上亿除草剂品种为：草甘膦47.05、百草枯5.10、乙草胺4,50、异丙甲草胺4.25、甲基磺草酮4.20、2,4-滴3.75、莠去津3.45、草胺膦3.30、草硫膦3.15、二甲戊灵2.85、精噁唑禾草灵2.80、烟嘧磺隆2.30、氨氯吡啶酸2.30、甲基二磺隆1.90、异噁草松1.90、氯氟吡氧乙酸1.85、麦草畏1.80、烯草酮1.80、氟乐灵1.75、炔草酯1.70、甲基碘磺隆1.50、环嗪酮1.50、敌草快1.45、砜嘧磺隆1.45、咪唑乙烟酸1.35、吡氟乙禾灵1.35、灭草松1.35、三氯吡氧乙酸1.35、甜菜宁1.30、双氟磺草胺1.30、敌草隆1.30、溴苯腈1.30、嗪草酮1.30、吡氟禾草灵1.25、甲磺隆1.25、2甲4氯1.25、苯磺隆1.20、二氯吡啶酸1.20、吡氟酰草胺1.20、氯甲喹啉酸1.15、苄嘧磺隆1.10、苯嗪草酮1.10、二甲噻草胺1. 10、乙氧氟草醚

1.10、甲酰氨基嘧磺隆 1.05。

2　杀虫剂

全球杀虫剂共分 10 类，依次为：有机磷类、新烟碱类、拟除虫菊酯类、氨基甲酸酯类、天然产物类、杀螨剂类、苯甲酰脲类、其他昆虫生长调节剂类、有机氯类、其他结构类。

目前．仍以有机磷类品种最多，市场最大，在 10 类杀虫剂中，近年年均增长最快的为新烟碱类，达 12.7%。以下为其他结构类、苯甲酰脲类。

在 10 类杀虫剂中，有 4 类呈负增长．降幅最大的有机磷类，为 -6.9%、有机氯类 -5.9%、氨基甲酸酯类 -4.9%、拟除虫菊酯类 -0.4%。其中，杀虫剂中销售额上亿美元的品种共有 25 个，占 163 个杀虫剂品种的 15.34%：以上 25 个品种的销售额为 58.85 亿美元，占杀虫剂销售额 97.20 亿美元的 60.55%。

销售额上亿美元品种为：吡虫啉 8.40、噻虫嗪 4.55、氟虫腈 410、毒死蜱 3.90、噻虫胺 3.65、阿维菌素 2.90、溴氰菊酯 2.75、高效氟氯氰菊酯 2.70、克百威 2.10、氯氰菊酯 2.10、多杀菌素 2.05、硫丹 1.95、乙酰甲胺磷 1.95、联苯菊酯 1.75、茚虫威 1.70、甲胺磷 1.65、灭多威 1.45、顺式氯氰菊酯 1.30、涕灭威 1.30、啶虫脒 1.30、氯菊酯 1.10、S- 氰戊菊酯 1.10、乐果 1.10、Bt1.10、甲氨基阿维菌素 1.10。

3　杀菌剂

全球杀菌剂共分 15 类．依次为三唑类、甲氧基丙烯酸酯类、其他结构类、其他唑类、二硫代氨基甲酸酯类、无机类、酞酰亚胺类、苯并咪唑类、酰胺类、其他多作用点类、吗啉类、苯胺类、二羧酰胺类、苯胺基嘧啶类、其他甾醇抑制剂类。在杀菌剂各类别中，仍以三唑类列为首位．其品种也列第一位（除其他结构外）。

近年来，在各类杀菌剂中，呈增长趋势的有甲氧基丙烯酸酯类 (8.5%)、其他唑类 (8.2%)、酰胺类 (8.1%)、其他结构类 (7.0%)、三唑类 (6.1%) 及酞酰亚胺类、无机类。而呈年均负增长酌为二羧酰胺类 (-4.7%)、苯胺嘧啶类（-3.6%）、吗啉类（-3.6%）、其他多位点类（-3.3%）以及二硫代氨基甲酸酯类（-0.2%）。在杀菌剂中销售额上亿美元的品种共 24 个，占杀菌剂 142 个品种的 16.9%。杀菌剂上亿品种的销售额为 57.66 亿美元．占杀菌剂市场 93.25 亿美元的 61.83%。

销售额上亿的杀菌剂品种有：嘧菌酯 6.15、戊唑醇 4.85、吡唑醚菌酯 4.60、代森锰锌 4.00、氟环唑 3.45、铜制剂 3.05、肟菌酯 2.92、百菌清 2.65、甲霜灵 2.50、丙硫菌唑 2.39、苯醚甲环唑 1.95、丙环唑 1,85、环丙唑醇 1.75、烟酰胺 1.70、多菌灵 1.65、甲基硫菌灵 1.60、硫磺 1.50、霜脲氰 1.50、嘧菌环胺 1.40、咯菌腈 1.35、氟啶胺 1.30、乙膦铝 1.30、醚菌酯 1.15、异菌脲 1.10。

4 其他

包括植物生长调节剂和熏蒸剂，共有 33 个上市品种，其中植物生长调节剂 24 个，熏蒸剂 9 个。此类 33 个品种中，超过 1 亿美元销售的品种共 5 个，占 15.15%。5 个超过 1 亿美元的品种共为 6.10 亿美元，占此类农药销售额 59.7 亿美元的 10.22%。

超过 1 亿美元的五个品种为：乙烯利 1.55、二氯丙烷 1.20、溴甲烷 1.20、氯化苦 1.10、甲哌鎓 1.05。

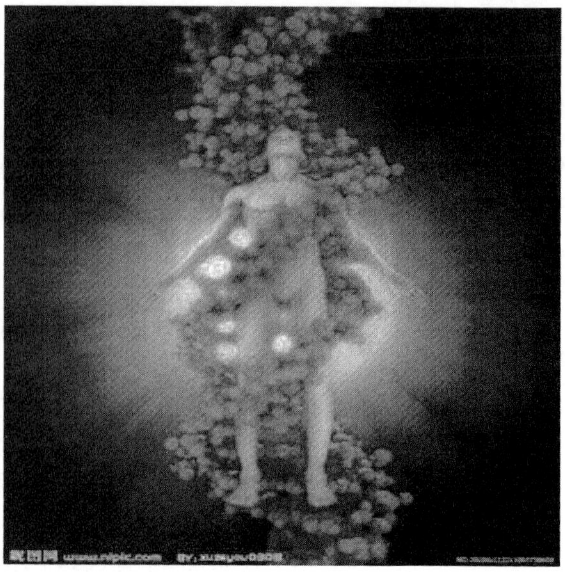

三、全球主要品种的特点

1 除草剂依然占各大类农药之首

在 100 个上亿农药品种中，除草剂共有 46 个，占 46%。此也正符合除草剂所占市场比例 (47.7%)。

2 重点品种中传统品种仍占主要地位

在 100 个上亿美元农药品种中. 20 世纪 60 年代及以前上市的共有 26 个，占 25%。其中除草剂 11 个、杀虫剂 6 个、杀菌剂 5 个，其他 4 个。

20 世纪 70 年代上市的共 22 个，其中除草剂 10 个、杀虫剂 6 个、杀菌剂 5 个，其他 1 个。

20 世纪 80 年代上市的品种共 24 个，其中除草剂 14 个，杀虫剂 5 个，杀菌剂 5 个。

20 世纪 90 年代上市的品种共 17 个，其中除草剂 5 个、杀虫剂 7 个、杀菌剂 5 个。

2000 年以后上市的品种共 11 个，内除草剂 6 个，杀虫剂 1 个，杀菌剂 4 个。

由上可见，以 80 年代前的传统品种占主体，共 71 个，占 71%。在除草剂主要品种中，以 80 年代品种最多，达 14 个。杀虫剂以 90 年代最多为 7 个。杀菌剂则比较平均，均为 5 个（2000 年后为 4 个）。植物生长调和剂及熏蒸剂的大型品种均为 70 年代以前的品种。

3　新品种增长令人关注

传统晶种增长率除个别品种（如草甘膦）外，增长相对缓慢，而增长迅速的为 90 年代甚至 21 世纪的品种。如除草剂中甲基二磺隆 2002 年上市年均增长 107.0%、甲酰氨基嘧磺隆 (2002) 103.6%、甲基磺草酮 (2001) 32.5%、双氟磺草胺 (2000) 30.0%，连 2006 年上市的 pinoxaden 在短短二年销售额亦达 1.10 亿美元。杀虫剂中，2002 年上市的噻虫胺近年年均增长 135.9%，在 100 个品种中占首。杀菌剂更为明显．2002 年上市的吡唑醚菌酯近年年均增长 98.3%：

2004 年上市的丙硫菌唑及 2003 年上市的烟酰胺在短短 3、4 年也分别达 2.39 亿和 1.70 亿美元。

四、全球主要作物的农药市场

1. 果蔬（除葡萄、柑橘、梨果、马铃薯）2007 年全球农药市场 86.32 亿美元，列各种作物之首。杀菌剂占 42.70%、杀虫剂 28.77%、除草剂 20.69%。其主要品种 5 葡萄、柑橘、梨果、马铃薯同。近年在东亚和拉美发展甚陕，并甲氧基丙烯酸酯类杀菌剂和卵菌纲杀菌剂，新烟碱类杀虫剂的品种正逐步取代传统品种。

2　大豆

全球大百种植面积0.9亿公顷，最大为美国约28%左右，依次为巴西、阿根廷、中国、印度、加拿大、印尼，销售市场在各种作物列二。

近五年全球农药年均增长10.3%。

(1) 除草剂

全球大豆的农药使用的特点是除草剂占60%以上，此与转基因作物有关。全球大豆应用除草剂前10位国家为美国、巴西、阿根廷、中国、加拿大、意大利、俄罗斯、印度、日本、乌克兰。前10位除草剂品种：草甘膦、咪唑乙烟酸、氯嘧磺隆、氟磺胺草醚、乳氟禾草灵、烯草酮、氟吡甲禾灵、吡氟禾草灵、2,4-滴、异丙甲草胺。

近年新开发品种：氟噻草胺(flufenacet)、吡喃草酮(tepraloxydim)、氟哒嗪草酮(flufenpyr)。

美国大豆田用前10位除草剂：草甘膦4.79（亿美元）、草硫膦0.41（亿美元）、氟磺胺草醚0.26（亿美元）、氯嘧磺隆0.23（亿美元）、烯草酮0.18（亿美元）、咪唑乙烟酸0.17（亿美元）、丙炔氟草胺0.15（亿美元）、二甲戊灵0.14（亿美元）、氯酯磺草胺0.13(亿美元)、甲氧咪草烟0.11亿美元）。

(2) 杀菌剂

全球大豆田用杀菌剂占全球杀菌剂市场9.9%. 近五年年均增长53.2%。前10位杀菌剂品种：吡唑醚菌醣、戊唑醇、嘧菌酯、丙环唑、氟环唑、肟菌酯、多菌灵、粉唑醇、四氟咪唑、甲基疏菌灵。

其他杀菌剂：克菌丹、萎锈灵、百菌清、苯醚甲环唑、咯菌腈、甲霜灵、腈菌唑、代森联、噻菌灵。

3. 谷物

全球谷物类农药市场在各种作物中占第三位，占17.0%。从2002-2007年年均增长8.8%。全球谷物种植面积3.85亿公顷，其中欧洲占三分之一。

(1) 除草剂

谷物用除草剂市场占全球除草剂市场20.2%. 近五年年均增长8.5%。前10位品种为：嗯唑禾草灵、炔草酸、甲基碘磺隆、苯磺隆、2,4-滴、双氟磺草胺、吡氟酰草胺、异丙隆、二甲戊灵、甲基二磺隆。

近年上市品种有：三氟甲磺隆(tritosulfuron)、氟丁酰草胺(beflubutamid)、氯氨吡啶酸、pinoxaden、pyrox-sulam、pyrasulfotole。

(2) 杀菌剂

全球谷物用杀菌剂市场占整个杀菌剂市场的22.7%，近五年年均增长9.2%。其中欧洲占800k以上。位列前10位品种为：氟环唑、戊唑醇、丙硫菌唑、嘧菌酯、丙环唑、吡唑醚菌酯、肟菌酯、环菌唑、醚菌酯、咪鲜胺。

其他主要品种：百菌清、嘧环菌胺、苯锈啶、丁苯吗啉、咯菌腈、氟硅唑、叶菌唑、苯氧喹啉、螺环菌胺、picoxystrobin。近6年上市品种：丙氧喹啉、环氟苄酰胺。

4. 玉米

全球玉米用农药市场占整个农药市场的12.1%。近五年年均增长7.3%。北美占半数。全球玉米种植面积1.58亿公顷，美国占22%以上，中国占17.8%。

(1) 除草剂

全球玉米用除草剂市场占全球除草剂市场18.8%。近年年均增长率5.9%。其中美国占46%左右。居前10位除草剂品种为：草甘膦、乙草胺、甲基磺草酮、莠去津、异丙甲草胺、烟嘧磺隆、二甲吩草胺、麦草畏、砜嘧磺隆、甲酰胺磺隆。

近年开发的品种：氟哒嗪草酯、氨唑草酮、三氟甲磺隆、topramezone、pethoxamid、temhotrione。

(2) 杀虫剂

玉米用杀虫剂占全球杀虫剂市场的10.5%. 近五年年均增长8.5%。最大的市场在美国，占38%，巴西占近25%，二个国家占三分之二左右。

前10位杀虫剂品种：噻虫胺、噻虫嗪、吡虫啉、七氟菊酯、克百威、虱螨脲、硫双威、毒死蜱、氟氯氰菊酯、氟虫腈。

其他品种有：联苯菊酯、灭多威、氯氧磷、二嗪磷、高效氯氟氰菊酯、氟酰脲、甲基对硫磷、氯氰菊酯、甲拌磷、多杀菌素、丁基嘧啶磷、特丁硫磷。

5 水稻

全球水稻用农药市场占整个农药市场的9%。近五年年均增长5.5%。种植面积1.57登顷，最大为印度、中国居次，二个国家接近50%。农药最大市场为日本、中国居次、韩国列三，三个国家占50%以上。

(1) 除草剂

占全球除草剂市场的8.0%. 近五年年均增长6.6%。最大市场在日本占36.5%. 中国居次，占9.3%。市场前10位除草剂品种：苄嘧磺隆、氰氟草酯、丙草胺、丁草胺、吡嘧磺隆、敌稗、双草醚、二氯喹啉酸、唑吡嘧磺隆、苯噻酰草胺。

正在开发品种：环酯草醚(pyriftalid)、五氟磺草胺(penoxsulam)、氟吡磺隆

(flucetosulfuron)、三嗪氟草胺(triaziflam)、orthosulfamuron。

(2) 杀虫剂

占全球杀虫剂市场12.8%. 近五年年均增长6.6%。以日本、中国、印度市场列前三位。占前10位品种：吡虫啉、氟虫腈、杀螟丹、毒死蜱、克百威、呋虫胺、噻虫嗪、噻虫胺、噻嗪酮、醚菊酯。其他品种有：乙酰甲胺磷、丙硫克百威、杀虫磺、乙氰菊酯、二嗪磷、杀螟硫磷、仲丁威、倍硫磷、异丙威、久效磷、甲胺磷、氟硅菊酯。

新开发品种有：氟啶虫酰胺、氟虫酰胺、氯虫酰胺。

(3) 杀菌剂

其占全球杀菌剂市场的7.6%，近五年年均增长2.1%。最大的市场为日本，占40%左右。中国占10010左右。前10位品种：三环唑、嘧菌酯、烯丙苯噻唑、稻瘟灵、咯喹酮、噁霉灵、有效霉素、丙环唑、己唑醇、异稻瘟净。其他品种有：苯菌灵、多菌灵、环丙酰菌胺、敌瘟磷、氟酰胺、异菌脲、春日霉素、代森锰锌、灭锈胺、戊菌隆、四氯苯酞、甲基硫菌灵。

近年开发的品种：硅氟唑、稻瘟酰胺、tiadinil、丙硫菌唑、orysastrobin。

6 棉花

棉花用农药占整个农药市场的6.2%，近五年年均增长1.8%。全球棉花种植面积0.34亿公顷，其中印度居首，占27.5%，中国居次，占16.1%，巴基斯坦占9.6%。最大农药市场为美国，占26.8%，巴西居次，占19.8%，印度和中国分别占9.8%和8.8%。

(1) 杀虫剂

棉花用杀虫剂占全球杀虫剂市场15.2%，近五年年均增长0.4%。最大市场为巴西(17.3%)，美国(14.8%)，即度(14.5%)，中国(9.5%)。居前10位杀虫剂：阿维菌素、吡虫啉、硫丹、啶虫脒、乙酰甲胺磷、噻虫嗪、毒死蜱、多杀菌素、氯氰菊酯、丙溴磷。其他有：涕灭威、双甲脒、联苯菊酯、氟氯氰菊酯、溴氰菊酯、丁醚脲、茚虫威、高效氯氟氰、虱螨脲、马拉硫磷、甲胺磷、久效磷、杀线威、甲基对硫磷。

近年开发品种：啶虫醚（pyridaly）、乙虫腈（ethipro-le）、氰氟虫腙（metaflumizone）、氟虫酰胺（spine-toram）。

(2) 除草剂

棉花用除草剂市场占全球除草剂市场的3.3%．近五年年均增长2.6%。最大为美国，占37.3%，拉美占25.1%。前10位品种：草甘膦、嘧草硫醚、二甲戊灵、氟乐灵、敌草隆、异噁草松、三氟啶磺隆、异丙甲草胺、氟草隆、百草枯。

最近开发品种：吡喃草酮、氨唑草酮（arnicarh-zone）。

7　葡萄

2007年全球葡萄作物上用农药占农药市场4%，2002-2007年均增长8.0%。全球葡萄种植而积750万公顷，北美占5.6%、拉美占6.8%、欧洲55.2%、亚洲11.5%、非洲／中亚20.9%。

(1) 杀菌剂

占整个杀菌剂市场10.9%，近五年年均埮长8.1%。最大市场欧洲80.2%、亚洲居次占8.8%；拉美列三，占5.2%。前10位国家为：法国、意大利、西班牙、葡萄牙、德国、日本、美国、巴西、希腊、匈牙利。列前10位品种：铜制剂、乙膦铝、代森锰锌、灭菌丹、霜脲氰、硫磺、甲霜灵、腈菌唑、烯酰吗啉、醚菊酯。

较新杀菌剂品种：霜霉病：嘧菌酯、肟菌酯、噻唑菌酮、咪唑菌酮。白粉病：嘧菌酯、醚菌酯、肟菌酯。灰霉病：咯菌腈、嘧菌胺、氟啶胺、嘧菌环胺、环酰菌胺。晚疫病：氟硅唑、嘧菌酯、醚菌酯、四氟醚唑、肟苯唑、肟菌酯。蔓枯病：甲苯氟磺隆、嘧菌酯、醚菌酯、肟菌酯、嗪唑菌酯。

新卜市品种：苯菌酮 (metrafenone)、丙氧喹啉 (proquinazid)、氟啶酰菌胺 (acylpicdide)、二硝巴豆酸酯 (dinocap)、双炔酰菌胺 (mandipropamid)。

(2) 除草剂

占全球除草剂市场 1.4%，近五年年均增长 19.1%。最大市场法国 (23.2%)，美国 (19.2%)。主要除草剂：禾本科杂草：噻草酮、氟吡乙禾灵、精喹禾灵、烯禾啶、氟吡禾草灵。阔叶杂草：异噁草胺、氨磺乐灵。兼除：杀草强、敌草腈、敌草快、敌草隆、啶嘧磺隆、丙炔氟草胺，草胺膦、草甘膦、氟草敏、乙氧氟草醚、百草枯、二甲戊灵、炔苯酰草胺、特丁津，其他三嗪类。

(3) 杀虫剂

占全球杀虫剂市场 2.4%，近五年年均增长 11.2%。最大市场意大利 (18.5%)、美国和法国 (均 14.8%)。主要品种为杀螨剂，在杀螨剂整个市场中有半数用于葡萄。

8　柑橘

柑橘用农药占整个农药市场 4.4%，近五年年均增长 5.5%。种植面积 857 万公顷，其中亚洲占 42.2%、中亚 / 非洲占 22.5%、拉美 18.2%、北美 10.5%。最大农药市场在亚洲，占 48%，拉美居次，占近 20%，欧洲 15%，北美 14.7%。

(1) 杀菌剂

占所有杀菌剂市场 2.8%，近百年

年均增长7.4%。使用品种：叶面用：苯菌灵、克菌丹、多菌灵、百菌清、铜荆剂、二氰蒽醌、腈苯唑、氟啶胺、氟氯菌核利、乙膦铝、双胍辛胺、春雷霉素、代森锰锌、代森锰、嘧菌胺、甲霜灵、噁霜灵、丙森锌、丙环唑、硫磺、甲基硫菌灵、代森锌、福美锌。获后用：氯硝胺、多果定、乙膦铝、抑霉唑、咪鲜胺、噻苯哒唑。

(2) 除草剂

占全球除草剂市场3.0%，近五年年均增长4.0%。亚洲市场占约一半，北美三分之一。主要品种：防除禾本科：烯草酮、吡氟禾草灵、喔草酯、喹禾灵、烯禾啶、氟乐灵。防除阔叶杂草：2,4-滴、麦草畏、异噁草酮。两者兼除：莠灭津等三嗪类、杀草强、除草定、丁乐灵、敌草腈、敌草快、地草隆、草铵膦、草甘膦、甲苯噻隆、敌草胺、哒草伏、消黄草灵、啄草酮、乙氧氟草醚、百草枯、二甲戊灵、特草定、特丁通、噻草啶。

近几年柑橘农药市场较稳定，并以老品种当家，但在杀虫、杀螨剂中，新品种发展迅速，如季螺螨酯、乙螨酯、氟虫酰胺、氯虫酰胺、弥拜菌素等。柑橘上的杀螨剂市场仅次子棉花。

9 油菜

油菜农药市场占整个农药市场的3.4%，近五年年均增长16.1%。全球油菜种植面积0.30亿公顷，中国占23.3%. 印度占21.8%，加拿大19.3%位列前三。但油菜农药市场最大为德国(25.4%)，其他为加拿大(20.5%)法国(15.2%)，三国家位列前三。

除草剂

占全球除草剂市场2.2%. 近五年年均增长14.7%。最大市场力加拿大，占26%，德国占20%。位列前10位除草剂品种：氯甲喹啉酸、草甘膦、吡草胺、草胺膦、异噁草松、烯草酮、二氯吡啶酸、氟吡甲禾灵、二甲草胺、炔苯酰草胺。近年开发品种：吡喃草酮、氯氨吡啶酸。

10　马铃薯

全球马铃薯用农药占所有农药市场的3.9%。近五年年均增长6.8%。全球马铃薯种植面积1932.6万公顷，内亚洲占40%，欧洲38.8%。

(1) 杀菌剂

马铃薯用杀菌剂市场占整个杀菌剂市场的7.%，近五年年均增长6.1%。其中欧洲占51.1%，拉美16.5%、北美16.1%、亚洲14.4%。主要病害：丝菌核病、干腐病、早疫病、晚疫病。前10位杀菌剂品种：代森锰锌、氟啶胺、霜脲氰、甲霜灵、百菌清、霜霉威、氰霜唑、烯酰吗啉、铜制剂、嘧菌酯。

近年开发品种：吡唑醚菌酯(pyraclostrobin)、苯噻菌胺酯(benthiavalicarh)、氟嘧菌胺(fluoxastrobin)、氟吡菌胺(fluopir,olide)、双炔酰菌胺(mandbropamid)。

(2) 杀虫剂

占杀虫剂市场4.3%，近五年年均增长11.9%。其中北美37.4%、欧洲25.8%、拉美18.7%，亚洲14.4%。主要对象：马铃薯叶甲、蚜虫、叶蝉、线虫、软体动物。

(3) 除草剂

占全球除草剂市场1.6%，近年年均增长14.6%。其中欧洲58.6%、亚洲14.8%、北美14.5%。主要使用除草剂：禾本科：异丙甲草胺、氟乐灵；芽后：喹禾灵、烯禾啶、吡氟禾草灵、禾草灵、噻草酮；兼除禾本科与阔叶草：EPCT、利谷隆、苯草醚、甲氧隆、草甘膦、百草枯、敌草快、特丁净、莠灭净、吡草胺、砜嘧磺隆、二甲戊灵、嗪草酮、氟噻草胺：芽后防阔叶草：灭草松、2,4滴。

11　梨果

梨果农药市场占农药市场 3.2%，近五年年均增长 8.0%。种植面积 661.7 万公顷，亚洲占 57%、欧洲 23%、非洲 / 中亚 13.2%、北美 4.0%。最大农药市场在欧洲（43.7%），其次为亚洲（32.7%）、北美（12.3%）。

（1）杀菌剂

占所有杀菌剂市场 5.5%，近五年年均增长 5.7%。内欧洲占 47%、亚洲 32%。前 10 位品种：克菌丹、代森锰锌、醚菌酯、肟菌酯、二氰蒽醌、铜制剂、苯醚甲环唑、嘧菌环胺、甲基硫菌灵、腈菌唑。原列前 10 的双胍辛胺、异菌脲、被肟菌酯、铜制剂取代。

主要病害：苹果疮痂病、梨疮痂病、锈病、梨火疫病、炭疽病、溃疡病、苹果白粉病、梨黑斑病、黑腐病等。

（2）杀虫剂

占所有杀虫剂 5.3%．近五年年均增长 17.2%。其中欧洲占 39%、亚洲 36.4%、北美 13.3%。主要害虫：苹果蠹蛾、梨小食心虫、梨圆蚧、蚜虫、螨类、卷叶蛾、果蝇。主要杀虫、杀螨剂：

氟铃脲、虫酰肼、氟虫脲、甲氧虫酰肼、杀虫脲、联苯肼酯、吡虫啉、噻虫嗪、噻虫啉、啶虫脒、醚菌酯、氯菊酯、顺式氯氰、氯氰氰菊酯、保棉磷、毒死蜱、杀螟松、杀扑磷、异砜磷、阿维菌素、茚虫威、苯氧威、多杀菌素、乙螨唑、唑螨酯、双甲脒、苯丁锡、速螨酮、喹螨醚、三环锡、炔螨特。

（3）除草剂

占所有除草剂杀虫的 1.0%，近五年年均增长 12.1%。内欧洲 39%、亚洲 30%、北美 22.6%。主要除草剂品种：非选择性：草甘膦、苯胺膦、百草枯、敌草快、杀草强。广谱：二甲戊灵、哒草伏、乙氧氟草醚、西玛津、甲磺隆、敌草隆、利谷隆、敌草腈、草净津。除阔叶：2,4-滴、2甲4氯、氟草烟、异噁草胺。除禾本：精吡氟禾草灵。

五 、南美农药市场的潜力

Cropnosis 公司对农化市场世界排名前 15 位的国家的分析表明，巴西和阿根廷是世界上两个增长迅速的农化品市场。预计在 2007 和 2012 年间，巴西市场将以平均 9.8%/年，阿根廷市场将以平均 7.7%/ 年的速度增长。而在这些国家里，推动增长的两种主要作物是大豆和甘蔗。

南美农药市场作为农化领域最重要的市场之一，其农药的使用状况直接影响着国际农药市场行情。其中南美洲主要农业大国巴西和阿根廷农药市场巨大，调查数据显示，巴西作为南美地区最重要的农药市场，更是成为了世界上最大的农药消费国，巴西一年的农药用量超过整个东南亚国家的用量总和。

1　南美市场特征

1. 南美地广人稀，资源丰富，人口约 7、8 亿。

2. 南美大陆语言主要为西班牙语、葡萄牙语。

3 南美目前区域性组织南方共同市场在发挥作用，成员国之间互免关税。

4. 南美整体经济水平相当于 1980 年代中后期的中国。

5 南美和中国之间经贸关系远远落后于亚洲、北美、欧洲和澳洲。

6. 南美贫富悬殊，近一半的财富集中于 1o% 人的手中。

7. 人均国民生产总值：阿根廷 10000 美元、巴西 4630 美元、巴拉圭 3650 美元、智利 2077 美元。

8. 中国至南美海运需 45 天。

9. 目前南美国家农药登记的趋势如下 (1) 南美各国的登记要求越来越高，向巴西和阿根廷靠近。(2) 各国对资料和实验室也是各有不同，不过都是GIP或经过认证的实验室。(3) 登记政策明显向生产厂商倾斜，单纯的贸易公司以后将逐步被淘汰。

2　南美主要国家农药市场情况

（1）巴西市场

巴西农药市场在快速发展。2008 年，巴西超过美国，坐上了全球农药市场销售额第一的交椅，初步数据显示巴西 2008 年的农药市场价值大概在 69 亿 -70 亿美元之间，而美国的农药市场价值预计在 67 亿美元左右。以美元货币计，2008 年巴西农药市场大概增长了 30% 左右。几乎每种作物的农药使用量均有所上升，仅大豆上农药的使用量就上升了 5.3%。巴西主要的常规农药产品有除草剂草甘膦、2,4- 滴以及三嗪类等品种；杀菌剂有代森锰锌、戊唑醇、多菌灵、甲基托布津等。最受欢迎的专利保护产品有：除草剂异噁草松、异噁唑草酮、磺酰唑草酮 (美国 FMC)；杀虫剂氟虫腈、吡虫啉、噻虫嗪以及杀菌剂肟菌酯和唑菌胺酯。很多种制剂产品都是两个农药品种的混用。巴西市场上唯一的阴影可能要算巴西本国低下的信用等级了，巴西农民的信用问题长期以来困扰着该国的农药行业。

巴西政府曾在 1989 年迫于跨国公司的压力，使本国的登记体系变得严格起来。自 1990 年代开始实行非常严格的农药登记制度，所有申请者都被要求提交环境影响报告，巴西农药公司的市场份额直线下滑，因为几乎再没有新产品出现。然而，这个问题已随着 4074 号法令等价登记的引入和 2006 年 12 月 5981 法令的通过而得到了大大改善，获得登记的速度明显加快，登记成本将降到目前的 5%-10%。

巴西国内的农药公司比如 Nortox(巴西最大的农药公司) 以及 Prentiss 公司在开拓市场时都面临着一些同样的问题，比如要在 160-210 天的期限内把农药销售给农民，而农民要等到收获后才能付款。巴西的农药公司面临各种各样的壁垒，比如关税，使得他们无法以低成本出口到其他拉美国家，只能专注于国内市场。然而即使是在供应本国市场时，近一半的原药品种仍需从国外进口，尤其是印度。巴西的常规农药工业在上世纪90年代遭受了重创，巴西政府大大降低了进口关税，致使国内很多行业内很多工厂被关团，因为进口原药非常便宜。由于政府没有任何计划挟持本国农药行业，致使便宜的农药产品不断地从印度等国流向巴西。

巴西的农药工业竞争将台更加激烈，主要的推动力包括更多的公司和产品的出现，更多生物技术的使用．这些都将导致留给新的化学产品的空间更少，以及一些原药品种登记的取消。转基因作物的应用已对巴西农药市场产生重大影响，巴西转基因大豆和棉花的种植面积正在扩大，产生的主要影响是草甘膦用量增加。由于转基因抗虫玉米、棉花和大豆作物市场扩大，杀虫剂的销售也受到了影响，但作物种植结构的转变也使部分农药品种受益。

（2）阿根廷市场

阿根廷是南美第二大国，总人口约为3800万，农牧业比较发达，是世界主要谷物生产国和出口国之一主要种植大豆、小麦、黑麦、燕麦、玉米、向日葵、亚麻、棉花、马铃薯、水果、油橄榄等。阿根廷的农药市场潜力很大，在大豆上使用的农药品种和数量居多，过去5年的农药消费量每年约以20%的速度递增。主要农药年需求为：草甘膦约25万t原药、莠去津1800万立升、2,4-滴300万立升、乙草胺200万立升、异丙甲草胺100万立升、麦草是50万立升、毒死蜱300万立升、硫丹100万立升等等。草甘膦是阿根廷市场用量最大的除草剂，也是用量最大的农药产品，美国孟山都公司控制了阿根廷草甘膦市场约60%的份额，中国农药约占20%的份额。阿根廷所需的农药基本上依赖进口，在已登记的1890个农药制剂中，中国农药产品只有46个；在已登记的521家农药供应商中，中国农药供应商只有51家。

据阿根廷农药工业协会统计．2008年阿根廷农药销售额达到17771亿美元。除草剂仍占据了阿根廷农药市场的最大份额，占到70%以上。在除草剂中，草甘膦占有绝对优势，构成了全国农药市场的51.4%。

阿根廷农药登记实行一个产品一张登记证许可制度，并实行双重登记，如果登记制剂，则首先必须先登记原药再登记制剂。注册申请人必须按照阿根廷农业食品卫生与质量总局规定，以及 24766 号法律补充规定，对植保产品进行注册。

阿根廷是南美地区的重要国家，近年来，通过实施刺激内需、加大投资、鼓励出口等一系列宏观调控措施，经济实现了快速恢复增长。但是，其国内产业结构老化，通货膨胀率居高不下，特别是存在着长期奉行进口替代政策、贸易保护主义倾向严重、外债偿付能力有限等不利因素一直制约着阿根廷经济持续、健康发展。随着金融海啸席卷全球．抵御金融危机能力较弱的阿根廷自然难以幸免。因此，中国出口企业应高度警惕阿根廷的国家风险。

3　中国对南美市场的拓展建议

目前，中国和南美的经贸往来不尽如人意，中国和整个南美的贸易仍处于不成熟阶段，外交关系和经贸关系比较平淡。由于中国和南美洲远隔重洋，在地缘上造成了双边经贸往来的实际障碍和隔膜。这种障碍目前随着现代科技的发展有所缓解和弱化。南美本身缺少和中国交往的政治、经济的需求和愿望，南美对中国的了解非常有限，文化差异比较大，沟通相对困难。

南美市场较一般市场特殊，受欧美影响比较大。传统上，他们都认为欧美是他们追逐的对象，一向喜欢和欧美人打变道，不论是经济还是文化、政治都是如此。

鉴于上述因素，中国企业对南美洲的拓展是缺乏经验的，因此，在市场拓展中遇到很多障碍、失败的范例比比皆是，国情、惯例和介入方式、基本程序甚至语言均成为失败的原因。

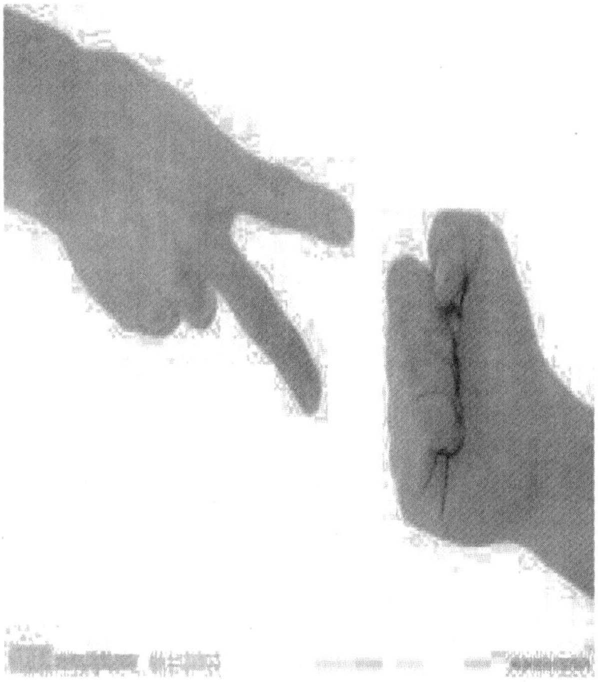

（1）语言是突破口

南美国家能讲英语的极少，所以想在南美做生意、西班牙语是必学科目。在与南美的客人第一次联系的时候，第一封联络信件最好用葡萄牙语写，并且说明，如果可能的话，以后你将用英语联络。

（2）了解沟通的重点，打动你的南美客户

南要人喜欢耐用的东西，跟南美人做生意，重电是让他相信买到的东西质黄好，样品很重要。智利、阿根廷、玻利维亚等国的电话黄页上商家资料很全，可以有效利用。

关于电话联系，如果南美的客户能说英语，我们可以打个电话问候下。最好先别谈工作，简单问候就可以了。如果有意向了，他会直接跟你说。另外，南美国家跟中国时差大概是 12 小时。中国时间晚上 10 点打南美客户的电话比较好，那时候对方刚吃完早饭，刚进办公室，心情比较好。

（3）耐心很重要

南美人的性格比较懒散，南美国家的效率低下很让人头疼，经常会出现和客户约好了时间而被放鸽子的情况。在他们看来，约

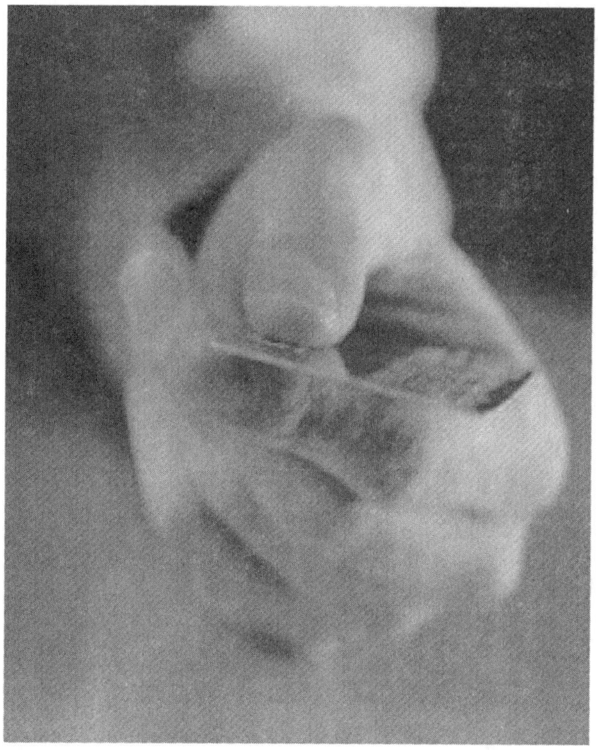

会迟到或失约不是什么大不了的事情。所以如果想和南美人做生意，耐心是很重要的。不要以为他们几天不回邮件就以为没下文了，其实很有可能撞上了节日。

与南美人谈判，要为漫长的谈判程序留出足够的时间，同时在最初出价时要留足余地。谈判过程将很长而艰难，因为南美人普遍擅长讨价还价，我们要保持耐心。

（4）付款信誉

总体来讲智利的信誉还是比较好的。大多数进口商偏爱做信用证。

通常开信用证根据信用程度要事先向银行交纳保证金（20%-50%），所以基本不用担心付款问题。但付款周期比较长，通常要在发货后 20-30 天左右才能收汇。主要是由于银行方面的中转造成的。因此，经常会发现智利开了信用证并且货物到港口了才见到货款. 所以，在接智利信用证的时候一定要做好思想准备。智利信用证条款很多. 经常是 2-4 页的居多，而且有时候给的通知上竟然是西班牙语的。你只要把认为不合理的项目列出来通知对方修改就可以了，修改的钱会从货款里自动扣除，不用担心对方不改。

巴西进口商喜欢信用证以外的付款方式，在给中国出口商付款时，老客户容易拖延。但对新客户，如采用信用证以外方式付款，则须预收部分定金。

（5）注意其需求的多样性

南美洲各国消费者的口味和政治现状千差万别，唯一的共同点是多样性。因此，在南美，我们要学会如何适应多样性。在进军南美市场的时候，要留意自己的产品在南美是否有生产，以及竞争对手的情况，准确定位自己的产品优势，找到产品的差异性。提前做好市场调研，不要盲目进军南美市场。

中国与南美国家的农药合作有很大的潜力：

一是有合作的基础。中国与大多数南美国家都有良好的双边政治和经济关系，为农药贸易提供了良好的合作氛围。二是有合作的愿望。在世界经济一体化过程中，各方均在寻求合作的伙伴，也大量需要中国的农药产品。三是有合作的内容，中国已经有一些农药产品进入了南美国家，而且他们所需要的其他农药产品的大部分在中国均有大量生产。四是有合作的空间南美国家均以农业经济为主导，阿根廷和巴西更是农业生产和农药消费大国，对除草剂和杀菌剂尤其防治大豆锈病的农药需求量很大。五是有合作的渠道，双方政府部门和企业之间近几年开始建立了联系的渠道，农药贸易逐年增加。

在竞争剧烈、市场意识加强和资源日益匮乏的当前南美市场的开发拓展成为目标，并成为国家走出去战略的重点。在传统的外贸营销方式难以达到出口推广的效果时，或许企业可以利用“本土化营销”找到合适的营销方式，开辟新兴市场。

六、 新兴的农药市场

从阿根廷和巴西这两个农业大国可以看到，除草剂分别占农药使用量的 52% 和 41.6%，是阿根廷和巴西使用最多的农药品种，主要在咖啡、水稻、番茄和玉米上使用，对来自中国的草甘膦、百草枯需求较旺。

在拉美地区转基因玉米和大豆种植面积增大，美国转基因玉米增长超过 50%，达 7400 万英亩，转基因棉花面积由 86% 增长到 88%，美国进口草甘膦的 73% 来自中国。拉美地区对中国草甘膦保持较大需求量。

东欧土耳其、波兰等国和亚太地区由于果树、蔬菜面积扩大对中国杀虫剂阿维菌素、毒死蜱、吡虫啉和杀菌剂咪鲜胺、白菌清、多菌灵，除草剂氟乐灵、精喹禾灵需求上升，销售额增长。

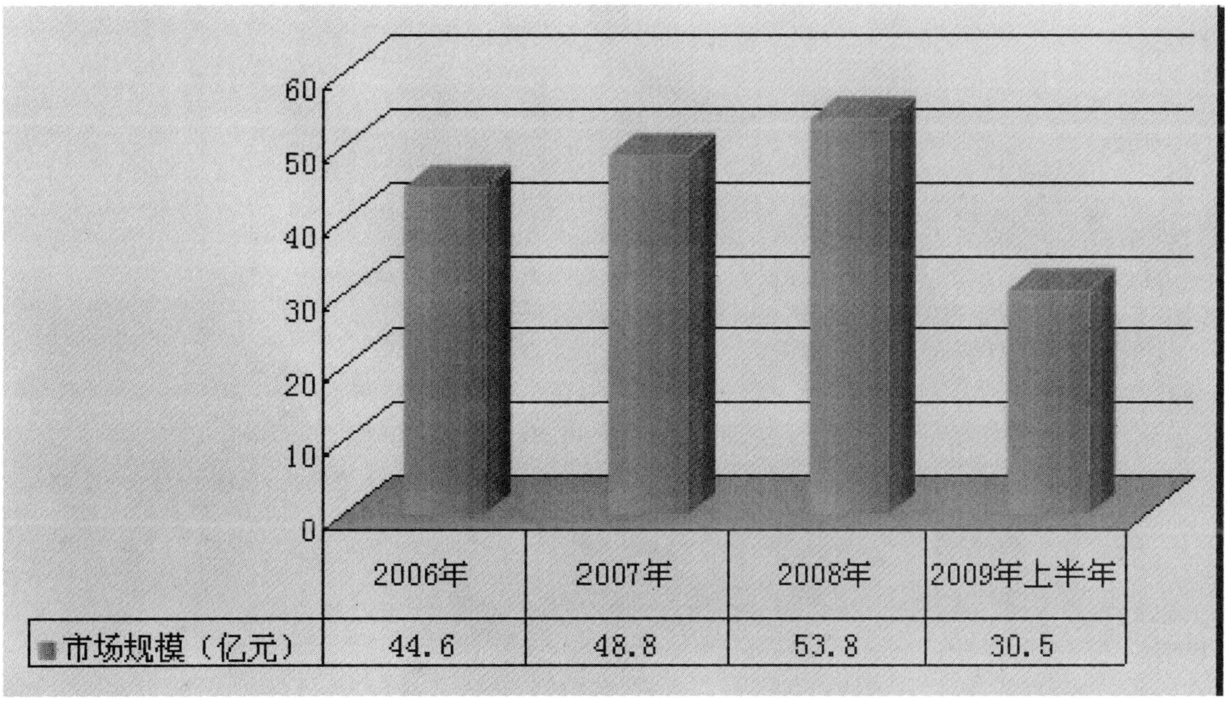

由于东南亚的越南、泰国、韩国、日本和中国台湾水稻、果树和蔬菜种植面积迅速增长。对我国生产的杀虫剂、杀菌剂需求强劲，其中阿维菌素2010年出口800吨（折百）左右。

拉丁美洲是中国农药出口发展最快的市场，2009年吨位增长率达73.4:70，出口金额占22.5%。农药出口已成为促进农药生产发展的强大动力。

农药行业发展报告

摘要：从当前的经济形式出发，分析了国际知名企业的情况，并对中国农药行业多方面给与了建设性的意见。
关键词：农药行业；情况；分析

一、　农药的定义与分类

农药指用来防治危害农作物的害虫、杂草和病菌的药剂。作为重要的支农产业之一，其投入产出比高达6至10倍。总体来说，农药行业由农药中间体、农药原药合成和制剂加工三大版块构成。行业上游为黄磷、液氯等无机原料和甲醇、三苯等基本有机原料，下游为农林牧业生产和卫生领域。因此，农药行业处于化工产业链的末端，属于精细化工行业，对技术的依赖性大，研发投入大、周期长、风险大、成功率低，一旦研制成功则利润丰厚。

现有农药品种，按其性质可分为：化学农药，微生物农药和植物性农药三类。其中，化学农药又可分为有机农药和无机农药两大类。

二、　国际农药产业概况

（一）、国际农药巨头销售暴增

先正达、拜耳、陶氏和杜邦等国际农药巨头纷纷公布了今年第三季度业绩报告。最显眼的是，这几大公司的销售业绩增长都在10%以上，纯利润也有较大增长，且亚太地区是其利润主要增长点。10月底，国内上市农药企业第三季度业绩报告也相继公布，与外企业绩一片飘红相比，国内企业则以下滑为主。这种现象并非一朝一夕形成的，两者的差距值得深思。

1、先正达销售额增长 11%

先正达第三季度销售额增长 11%，比原预计增长 10% 稍高，达 22 亿美元。今年前 9 个月增长 1% 为 89 亿美元。

作物保护部门第三季度销量增长 18%，几乎所有农药品种和有销售的地区都有增长，本季度除草甘膦外的农药产品价格下降 5%～7%，比第二季度的情况有所改观。在欧洲，大部分的增长来自除草剂和种子业务；在北美，销量持续增长，但业绩并没有因此改善，主要是草甘膦价格下降严重；拉丁美洲表现出色，尤其是在阿根廷，销售额增长 40%，巴西 9 月底风调雨顺，为本种植季开了一个好头。因为新市场的刺激，亚太地区增长加速。

在北美地区，CALLISTO 销量支撑了选择性除草剂的增长，在欧洲油菜上销量增加。非选择性除草剂也实现了适度的增长，这在很大程度上取决于 TOUCHDOWN 在美国的销量增长，但因价格下降使销售额受到影响。杀菌剂的增长源于 TOUCHDOWN 在拉丁美洲的增长，销售额增长近 50%。杀虫剂销售的增长来源于 ACTARA 和 DURIVO 两个产品。前 9 个月所有新产品的总销售额达到 3.38 亿美元，实现了 16% 的增长，这主要是因为 DURIVO 和 REVUS 表现出色。

2、 拜耳农药销售回升 16%

经过 2010 年上半年的低迷，拜耳作物科学农药业务第三季度销售额达到 11.3 亿欧元，与去年同期相比，回复性上升 16.1%。上升的主要原因是上半年库存量较低，需求增大，而售价保持平稳。

除草剂、杀菌剂、杀虫剂的销售均上升，种子处理剂销售平稳。拉美、北美和亚太地区的业务也很红火。杀虫剂销售额上升 20%，达到 3.34 亿欧元；除草剂销售额为 3.22 亿欧元，上升 14%，杀菌剂销售额为 2.86 亿美元，上升 25%；种子处理剂销售额为 1.88 亿欧元。

公司在亚太地区的表现很是出色，销售

额为 2.39 亿美元，上升 21.9%。除草剂销量变化不大，但杀菌剂和杀虫剂销量均上升。受天气影响，凭借杀虫剂 Confidor（吡虫啉）和 Fame（氟虫酰胺）的热销，公司在印度占有了更多的市场份额。但受除草剂影响，公司在澳大利亚的销量剧跌。

拜耳最热销的农药原药依旧是吡虫啉，销售额达到 1.77 亿欧元，上升了 4.7%；杀菌剂 Flint 和 Stratego（肟菌酯）销售额上升 40%，杀菌剂丙硫菌唑销量增幅最大为 50%，销售额为 3000 万欧元；除草剂 Atlantis（甲磺胺磺隆）销售增幅次之，为 41.7%，销售额为 1700 万欧元。

3、巴斯夫农药暴增 34%

巴斯夫农化品部三季度销售额为 8.32 亿欧元，上升 33.5%。虽然产品售价下降 6%，但受欧洲和南美地区销售拉升，销量上升了 29%。

在欧洲地区，适宜的天气促使除草剂产品需求上升，作物价格上升也促进了农药的销售。南美市场也保持了较高的销量，大豆杀菌剂因为天气情况畅销，尤其是公司在 Schwarzheide 工厂对百克敏（商品名为 F500）扩产，保证了充足的货源。种子处理剂 Standak Top（活性成分为百克敏、甲基硫菌灵、氟虫腈）的需求也上升。由于上半年库存量降低，美国和加拿大的杀菌剂需求也回升，有利的汇率也进一步促进了销售。亚洲地区的销售增长也极其可观，尤其是中国和印度，公司在印度成功地展开了大豆除草剂销售工作，有利的汇率也推动了销售。前 9 个月公司实现销售额 31.88 亿美元，上升 8.3%，第二、第三季度的良好表现弥补了第一季度的平淡业绩。2009 年前三季度巴斯夫实现销售额 36.46 亿欧元，增幅为 7%。

4、杜邦先锋增长 5%

截至 9 月 30 日统计，杜邦先锋销量比去年同期上升 5%，本年度前 9 个月销售增长率为 9%。

因为经营调整，农业和植物营养部门的本季度亏损为 1.81 亿美元，而去年整年亏损额为 1.18 亿。整个公司的季度净收入为 3.67 亿美元（去年为 4.09 亿美元）。

5、陶氏销售上升 19.1%

陶氏化学健康和农业部门三季度共实现销售额 9.48 亿美元，上升 19.1%，销量上升 26%，其中来自陶氏益农的销售额占 98%。

由于在欧洲、中东和非洲除草剂的热销，新产品在北美和拉美获得持续成功，推动了农药销售。

本年度前 9 个月，公司实现销售额 35.93 亿美元，上升 3.8%，销量上升 8%，售价下滑 4%。

6、FMC 盈利扩至三倍

由于收入和利润率增加，以及生产性重组资金投入减少，公司所属三个部门的收入均出现两位数的增长，利润率也显著增加，公司三季度盈利扩至三倍。

FMC 三季度盈利由去年同期的 2800 万美元上升至 8290 万美元，收入达到 7.725 亿美元，上升 8.3%，毛利率由 28.5% 上升至 33%。公司盈利最大的是农药部门，上升了 27%。

三、 国内农药产业概况

截至 2011 年，我国农药生产企业 1800 多家，其中原药生产企业 500 多家，全行业从业人员 16 万人。2011 年实现现价销售产值 1589.6 亿元，利润 86.9 亿元，资产总额 1246.9 亿元。 2011 年我国共生产农药 234.2 万吨（折有效成分），同比增长 20.4%，出口 61.3 万吨，同比增长 20.8%。

2011 年，我国农药原药生产能力超过 200 万吨，制剂生产能力超过 500 万吨，销售额超过 10 亿的农药企业超过 8 家，主营业务为农药的上市公司 18 家。

2011 年，农药产量持续增长，据有关数据统计已超过226.2万吨，出口量在55万吨左右，使用量为30万吨（折百计）。虽然农药产量持续增长，但需求和价格稳中有降。市场环境呈如下变化：一是产能过剩，恶性的价格战影响企业的盈利能力；二是节能减排、环保要求提高增加企业成本；三是人民币升值，增加出口业务的难度；四是极端气候频发对病虫草害发生趋势难以预测，流通渠道库存增多；五是国际巨头携带优质高效品种纷纷抢滩国内市场。

杀菌剂2011年使用量继续增多，呈上升趋势。广谱杀菌剂多菌灵是国内需求量在1万吨以上的热点品种，2011年内需和出口量增多，原材料涨价后原药价格从25000 元/吨涨至34000元/吨，涨幅达36%。一些新型的高效药剂如灭病威（多菌灵与硫磺复配而成）、乙蒜素（又名抗菌剂402)、醚菌酯等在防治稻瘟病中需求量上升。防治小麦条锈病的三唑酮、戊唑醇等品种的需求增加，价格均有10%的涨幅。一些进口杀菌剂如唑类、酯类需求量增大，高端进口品种银法利、安泰生、爱苗等因价格比较稳定，市场销售量达20%以上。

据海关总署统计，2011年共进口农药5.07万吨，比上年增长14.7%，进口农药已经连续3年以10%～15%的速度增长。中国农药市场为250亿元，其中进口农药50亿元，占20%的市场份额。2012年跨国公司携优质高效品种纷纷抢滩中国市场，农药进口量将继续上涨。农药进口迅猛增长的主要原因：一是世界各国对保护生态环境和食品安全的日渐关注，设置了更加严格的“绿色”壁垒。为使出口农产品的药残指标达到进口国的要求，我国农业种植中越来越多地使用进口农药。二是跨国农药企业根据中国市场需要，不断研发新产品。如美国陶氏益农为解决我国稻田稗草这一难题，开发出稻喜、稻杰、金千等系列产品，受到市场推崇，2011年在我国市场销售额达1亿元。随着推广的深入，2012年预计他们的销售额还会增长。三是进口农药以环保和低毒为主，在乳化、雾化效果和使用剂量上优于国产农药，对农民的劳动保护更好。因此，我国农业生产中进口农药的使用量正在逐步上升。

我国地域辽阔，经纬度跨度较大，作物品种及病、虫、草害种类繁多。每年使用的化学农药无论是品种还是数量均很可观。据不完全的统计，每年我国农药需求量在400亿元（产值）人民币左右。其中，杀虫剂约占50%，除草剂约占30%，杀菌剂约占15%，其它如植物生长调节剂等约占5%。

目前，我国是能够生产600多种农药原药的农药生产大国，在世界农药发展上占有举足轻重的地位。

1、国内农药行业的产业规模

农药国家定点生产企业约2600多家，其中原药企业600多家，可生产原药350多种，2009年我国农药总产量为226万吨，今年1-8月，我国化学农药原药累计生产178万吨，其中杀虫剂、杀菌剂和除草剂比例定位在50%、15%和25%。2009年是我国农药行业比较困难的一年，但产量仍居世界第一，增长13%，产值1320亿元，其中生物农药占总产值的11%-12%，居世界前列。

产能基本能满足农业生产需要。以生产仿制品种为主，绝大部分无自主知识产权。生产能力远大于实际生产量，竞争激烈，国产农药仍稳稳控制着中国农药市场的主动权。我国农药行业具有很强的外向性，出口产品占总产量比例在40%以上。

2、国内农药企业的发展现状

国内农药企业大致分为六种类型：

i. 农药创制型：此类企业以大型跨国公司为主，如：拜耳、先正达、巴斯夫、陶氏益农、孟山都、富美实、杜邦、住友、曹达、日本农药、仙农等企业为主，此类企业因比较早介入中国农药市场，且农药化合物多为其创制，此类企业占国际农药市场80%以上市场份额，在中国农药市场占20%左右的市场份额。其产品多为一些大产品，但因产品单价高、渠道保护不好、终端推广在中国终显力量不足，加上中国独特的文化，经济状况、农化企业构成等方方面面的因素，此类企业在国际上很强，但在中国农化市场上却表现一般。

ii. 科技先导型：如沈阳化工院试验厂等，这些企业实验室设备先进，与国内主要农药研发机构都有较为紧密的合作关系，产品线品种较新，有一定的竞争优势和发展后劲。在中国国内此类企业里，沈阳化工因技术、营销和人员的因素比不上外企，走高端路线（产品仿制跟随外企）不如外企，走中低端路线又不如国内以复配制剂为主的南方的瑞德丰系、北方海利尔系等，走产业模式又打不过田园、正邦，所以沈阳化工前途未卜。

iii. 市场导向型：如深圳瑞德丰集团、青岛海利尔集团、青岛瀚生药业等，这些企业产品策划贴近市场，注重市场细分，市场反应敏感，属国内制剂企业中的标杆企业。此类企业主要是在复配制剂领域比较到位，基本上摸清了中国农药市场的脉络，比较准确的用中国的技术方式适合了中国农药市场。

iv. 政府主导型：如南京红太阳、安徽华星、湖北沙隆达、山东华阳等，这些企业前身均为国有企业，具有较强的融资能力，能得到较强的政策支持，销售额均居国内企业前列。这类企业主要以原药为主，红太阳被公认为中国农药企业里利润最高的企业，这类企业目前是最有实力走创制路线进军国外市场的企业，估计以后也会重组或兼并形成联盟。

v. 原药出口型：这类企业大都集中在江浙一带，如浙江新安、捷马、乐斯化学、苏化等，均为较大型的化工企业，具有较强的原药生产能力，出口渠道较为完善，产品以出口为主，兼顾国内市场。此类企业如新安化工的草甘磷比较成功，以后通过类似合并联盟很有希望操作几个成分在国内做大，从制剂、中间体到原药整个产业链的形成后，复配制剂企业无法跟其抗衡。

vi. 产业模式型：这类企业以某一类产品突破市场，并占有较大的市场份额和行业知名度，如广西田园、安泰等，均以水稻杀虫剂产品立足市场，再如西安美邦，以中低档杀菌剂为主，在市场上打开了一定的知名度。

3、国内农药行业的发展趋势

a) 仿生农药将成为农药开发、应用的热点。

自从化学农药被大规模利用以来，其最重要的作用便是“虫口夺粮”。然而化学农药带来的破坏也逐渐显现，而且，长期使用某些化学农药也会使害虫产生抗药性。中国作为一个农业大国，农药的研发至关重要。利用我国自然资源，在保护环境的前提下，研制开发新的植物农药很有必要。

由于化学合成农药开发难度越来越高，为了提高新农药研发效率，从天然物质中寻找新农药的先导物，并进行“仿生”合成，已成为当前新农药开发的热点。大部分仿生农药与其他化学农药近10年来，在环境友好农药新剂型方面取得了迅速发展。仿生农药的制剂其中一部分已纳入生物农药制剂开发。

由于仿生农药出自安全的天然物，具有低毒、低残留、与环境相容性好、广谱、高效等特点，仿生农药的市场将不断扩大，成为未来农药市场的主体产品。仿生农药将对我国乃至世界农药创制起着积极的推动作用。

b) 并购重组将成为我国农药企业发展趋势

由于我国农药行业的特点是企业数量多，规模小，产品结构不合理，产品技术含量低，附加值低，而且行业的产业集中度低，缺乏真正的龙头企业，在日益激烈的市场竞争中，我国农药行业的竞争力严重不足。因此，农药企业组建大型企业集团，提高产业集中度将是提高整个行业竞争力的重要途径。

我国农药行业前10大企业占全国农药总产量的比重只有19.5%，前20大企业占总产量比重只有30.8%。市场占有率最高的企业只占整个市场份额的不到4%，15家最大农药企业的市场份额仅占25%左右。我国整个农药行业的国际市场占有率仅为5%，而世界上前8家农化集团销售额已占到全球农药市场的

80% 以上。

c) 分析当前农药形势，可以概括为三个特点：进步快，挑战多，前途光明。

1). 农药发展进步快

一是农药产品结构进一步优化。国内外农药新品种研发加快。“十一五”期间，国内外企业在我国获准登记的农药新品种达到 42 个，年均 8 个以上。截至目前，高毒农药品种占农药品种比重下降至 3.6%，高毒农药使用量与从 2007 年以前的 30% 左右下降至目前的 10% 以内。农业部正在着手实施新一批高毒农药禁用工作，准备停止一批高毒农药的登记受理，高毒农药淘汰步伐将进一步加快，高毒农药品种占农药品种比例还会进一步降低，中低毒高效、安全、环保农药品种已成为市场主体；二是农药经营模式持续创新。国内外许多大型农化公司、连锁营销企业都建立了技术服务队伍，大力推进研、产、销一体化的产业发展模式，直接掌控农药研发、生产、经营等各环节，保证农药质量，不断创新连锁经营、特许经营、直销、固定品种代理等多种营销模式，把技术人员直接派到田间地头，面对面解决农业生产中的实际问题。目前，新的技物结合模式还在形成；三是农药市场秩序进一步规范。近年来，通过连续开展农药市场监管年活动，深化了农业、工商、公安等多部门协作机制，农药打假力度持续加强，基本形成了以监督抽查、专项整治、检打联动、区域联动、部门联动、大要案查处、典型案件曝光、责任追究等较为完善的监督机制，农药市场秩序得到了连续好转，今年两次监督抽查产品合格率都在 84% 左右，较上年又提高了 1.2 个百分点；四是农药进出口增长恢复迅速。去年受金融危机的影响，我国农药进出口贸易金额同比下降了 32.6%，而今年我国农药的出口总量和出口总金额均实现了增长。据海关进出口统计数据显示，2010 年 1-8 月份，我国农药出口总量同比增长了 12.8%，出口总金额同比增长了9.7%。其中，制剂出口量占农药出口总量的47.4%，出口金额同比增长8.9%。

2).“新老矛盾相互交织、农药发展挑战多”

一是农药产能过剩仍在加剧。2009年我国农药总产量为226万吨，今年1-8月，我国化学农药原药累计生产178万吨，比去年同期增长19.7%，国内每年农药使用量稳定在30-40万吨之间，农药总产量大大高于市场需求，行业整体产能过剩，结果是农药价格总体较低，行业效益下滑。如去年的利润总额为76亿元，同比大降29.5%，今年从农药供应和价格的监测数据来看，农药价格虽然有小幅回升，但是幅度不明显，总体上行业效益没有明显好转，大多数农药企业举步维艰，农药行业面临兼并重组、优化产能、产品结构调整、资源整合等诸多挑战；

二是农药安全性要求越来越高。随着公众对农产品质量安全，环境安全的要求日益提高，消费者对于农产品中的农药残留“零容忍”的要求，在农药满足防治病虫害，保障粮食丰收的数量需求后，必然要求农药的安全性越来越高。相比之下，农药企业的生产、经营理念，质量全程控制机制，农药使用者的用药水平，行业相关各主体社会责任意识等诸多方面，还与之不相适应；三是农药制假行为更加隐蔽。今年农药质量抽检中，蓄意造假、违法添加其他农药有效成分的样品占9.5%，与去年相比增加了2个百分点。在农药质量总体提高的同时，假农药所占的比例也在提高，主要原因在于一些制假窝点规模化、专业化运作，同时假冒多家企业的产品以分散监管目标；非法经营者相互串通，利用现代物流直接销往基层经销店，不保留经销台账；农药外包装精美以假乱真，只能借助现代仪器检测才能判断等等，大大提高了制假的隐蔽性，增加了查处难度。今年在山东日照、河南信阳以及去年在四川成都、黑龙江哈尔滨等地查获的大案要案均具有以上特点；四是农药违规使用难以禁止。我国现有的分散式小农生产方式，加之农民科学文化素质和安全用药水平较低，决定了农药不合理使用、违规使用在相当长时间仍将存在。另外，从今春海南豇豆检出水胺硫磷，到最近北京检出福建乌龙茶含有三氯杀螨醇，都是限用农药被违规使用，说明甲胺磷等高毒农药禁用后，限用农药违规使用的问题凸显出来。此问题不解决不仅危及农产品质量安全，更会影响农药产业健康发展。

3). 我国农药发展有前途

一是农药刚性需求不会改变。中国是农业大国、人口大国，粮食安全问题始终是治国安天下的首要问题。要在有限的耕地上生产更多的农产品，农业生产必须走集约化道路，集约化离不开化学化。随着气候变暖，极端天气增多，病虫害趋重发生，更离不开农药的应用；二是品牌农药市场比重逐步增加。随着人民生活水平提高，全社会对农产品质量安全和农业生态环境安全的重视，低毒低残留的品牌农药市场比重会越来越大，农药价值有较大上升空间。特别是随着植物健康新理念的提出，一批具有防病治病和抗

农药行业上市公司概况（单位：元，%）

名称	P/E1	P/E2	P/B	EPS（05Q3）	NAVPS（05Q3）	ROE（05Q3）
新安股份	14	--	4.07	0.96	3.25	26.38
G拜克	15	14	1.14	0.19	3.25	5.90
江山股份	17	17	1.72	0.21	2.70	8.68
华星化工	17	15	1.61	0.30	4.21	7.59
扬农化工	18	19	2.05	0.33	3.80	7.25
红太阳	21	21	1.97	0.15	2.21	6.93
G国发	28	23	1.18	0.08	2.49	3.32
威远生化	31	28	1.85	0.12	2.67	4.56
胜利股份	30	32	1.31	0.07	2.02	3.29
大成股份	41	43	1.08	0.05	2.68	1.96
沙隆达A	43	38	0.95	0.05	3.01	1.66
华阳科技	52	92	1.25	0.06	3.29	1.80
钱江生化	67	77	4.11	0.09	1.97	4.56
湖南海利	77	83	1.39	0.03	2.31	1.35
福建三农	--	--	1.05	-0.09	1.93	-4.42
平均	34	37	1.78	0.17	2.79	6.06

逆、植物调节多功能新农药产品的开发和应用，开发农药新用途有广阔前景；三是中国农药企业充满活力。中国成为世界第一农药生产和出口国，已经说明众多中小企业在成长，国家农药工业腾飞的基础在增强。而且，随着国家产业政策推动兼并重组的步伐加快，广大企业苦练内功，重视自主创新，这种活力会更加猛烈迸发出来。在一部分企业做大做强的同时，众多充满活力的中小企业始终是中国农药工业发展的基石，希望的所在；四是国家政策为农药发展提供坚实保障。近期，工信部、农业部等四部委出台了《农药产业政策》，《农药管理条例》也正在加快修改之中，政策将进一步引导农药行业发展方向，法规将进一步规范行业行为。“十二五”期间农药发展的政策、法规环境，将有力推动农药行业又好又快发展。

4、2010 年国内农药企业排名

1 红太阳集团有限公司 （上市公司、代码 000525）

2 浙江新安化工集团股份有限公司 （上市公司、代码 600596）

3 江苏扬农化工集团有限公司 （上市公司、代码 600486）

4 安徽华星化工股份有限公司 （上市公司、代码 002018）

5 山东润丰化工有限公司

6 浙江金帆达生化股份有限公司

7 安徽广信农化股份有限公司

8 湖北沙隆达股份有限公司 （上市公司、代码 000553）

9 江苏南通江山农药化工股份有限公司 （上市公司、代码 600389）

10 江苏天容集团股份有限公司

11 山东滨农科技有限公司

12 江苏常隆化工有限公司

13 江苏丰山集团有限公司

14 江苏克胜集团股份有限公司

15 山东侨昌化学有限公司

16 深圳诺普信农化股份有限公司 （上市公司、代码 002215）

17 山东青岛海利尔药业有限公司

18 联化科技股份有限公司 （上市公司、代码 002250）

19 江苏辉丰农化股份有限公司（上市公司、代码 002496）

20 山东华阳农药化工集团有限公司 （上市公司、代码 600532）

21 河北威远生物化工股份有限公司 （上市公司、代码 600803）

22 捷马化工股份有限公司

23 江苏蓝丰生物化工股份有限公司 （上市公司、代码 002513）

24 山东大成农药股份有限公司 （上市公司、代码 600882）

25 湖南海利化工股份有限公司 （上市公司、代码 600731）

26 江苏好收成韦恩农化股份有限公司

27 常州康美化工有限公司

28 宁夏三喜科技有限公司

29 江苏长青农化股份有限公司

30 福建三农集团股份有限公司

5、行业政策分析

1）农药产业“十一五”规划总结

我国农药工业“十一五”发展规划主要目标已提前实现，农药工业保持平稳较快发展，结构调整、科技创新和企业核心竞争力得到显著进步和提高，满足了我国农业生产的需要，保证了农产品，特别是粮食连年增产。但是农药工业结构性矛盾仍然十分突出，还不能完全适应我国国民经济和社会发展的需要。这就需要加倍努力，紧紧抓住“十二五”这个关键的战略攻坚期和机遇期，经过 5 年的努力，在农药工业结构调整和转变发展方式上取得新的实质性进展，使我国迈向世界农药强国。

第一要大力推进产品结构调整。优先发展高效、安全、经济与环境友好的新产品和新制剂，要切实落实产业政策，制止低水平的重复建设，扭转和改变产品同质、产能过剩的落后局面，推进企业兼并重组，使产业结构向大型化、集约化、集团化、园区化发展，使农药产业布局、上下游产业链集聚更科学合理和优化协调。

第二要坚持把科技进步与创新作为行业发展的重要支撑。积极推进以企业为主体、以市场为导向、以产品和高新技术为核心的产学研相结合的农药科技创新体系建设，提高行业核心竞争力。

第三要坚持把农药行业建设成资源节约型、环境友好型行业作为主要着力点。大力发展农药循环经济，推动行业节能减排，进一步强化农药工业园区建设，搞好“三废”治理，实行行业管理规范化、标准化、信息化和精细化，使农药工业发展与国民经济、社会发展和环境保护更协调、和谐和可持续。

第四要坚持为“三农”服务，从质和量上提高农药行业的保障能力。《中共中央关于制定国民经济和社会发展第十二个五年规划的建议》把“推进农业现代化、加快社会主义新农村建设”作为主要任务，指出“十二五”期间必须坚持把解决好“三农”问题作为全党工作的重中之重。这更是农药行业的根本任务、头等大事，责无旁贷。农药行业必须全心全意、全力以赴搞好农药生产、因地适时地提供质优价廉的各种农药产品，积极开展技术服务，保障农业生产防治病虫害的需要。唯有做到这一点，农药工业才有生命力，才能可持续发展。

2）、农药产业“十二五”规划展望

目前国家及各省关于农药产业发展的“十二五”规划正在紧锣密鼓制订之中。通过各种媒体和相关人士透露，国家农药规划和省级石化规划中涉及的农药部分的主要内容大致有以下几点：1）加快产业组织结构调整和优化升级；2）推进高毒农药的淘汰和替代；3）组建大型企业集团实施品牌战略；4）强化自主创新；5）推进节能减排严控环境污染；6）促进产业集聚型园区化发展。

农药作为服务“三农”的重要化工产品，国家重视程度和良好发展前景是毋庸置疑的。“十二五”期间国家对农药准入门槛设置、农药对食品安全的监管、环境治理和生产区域布局要求、自主创新的扶持、兼并重组鼓励等力度会远远大于以往任何时候。农药生产与流通企业应清醒认识形势，同时也应根据我国农药生产现状和企业自身基础，以务实的态度去执行“十二五”规划。

兼并重组与独立发展：全球农药生产集约化

不断加大，高度集中与高度垄断成为当今世界农药企业的发展动向。目前世界农药主要集中在拜耳环科、先正达、陶氏益农、巴斯夫和杜邦6大公司手中，而且上述公司除杜邦外均通过兼并重组。我国也应该顺势发展，加快企业兼并重组，同时也要充分认识到我国农药生产基础、社会文化等国情，兼并重组应建立在企业文化交融和完全自愿的双赢基础上，否则 1+1 未必大于2。鉴于我国国情，未来农药界大企业做大做强、小企业做精做特均具有一定生命力的，因为今后国内农药行业相当时间内仍将是大型企业集团和小企业并存的局面。

产业链拉伸与拓宽：拉伸产业链寻求上下游一体化发展、根据农药品种性能系列化发展是今后农药行业提升竞争力的重要手段之一。拉伸与拓展应根据企业实力和所处的环境有针对性的选择。规模较大资源丰富的企业应加大产业链的拉伸，不仅形成原药、制剂生产、销售和技术服务一体化，更应该利用资源优势向原药中间体方向发展，首先在国际市场上获得农药中间体及原药的生产与竞争优势后，再向下游发展。而拥有机制灵活和开发实力的技术型规模较小企业应依托技术优势形成系列化品种的发展模式。

自主创新与仿制发展：农药的创新速度越来越快，病虫害及农作物安全问题也需要越来越多新型农药，同时谁掌握了自主创新的制高点，谁就拥有发展主动权，自主创新无疑成为未来中国农药突破围城，由大到强的最核心因素。同时也应清醒意识到新型化合物的创制难度和费用，应集中财力和物力建立国家级创新体系，短时期内创新应集中在二次开发与新型生物源农药方面。同时也要提升非专利农药的仿制开发、生产与销售的速度，如 2009 年 -2013 年专利保护到期的部分农药品种具有较好市场需求前景，主要品种有噻虫胺、茚虫威、嘧菌酯、啶氧菌酯、肟菌酯、氟唑草酮、氟噻草胺、异噁唑草酮、氟吡草胺、三氟甲磺隆等数十个品种。

传统农药的替代与寿命延长：高毒农药的淘汰与替代关系到农产品安全和农药行业升级换代，加快高毒农药的替代进程无疑是非常正确的举措，但是我国作为传统农药生产大国，如何尽量延长传统农药生产装置寿命也同样值得我国思考与关注。借鉴其他传统精细化学品发展经验，部分拥有生产技术优势但是比较传统相对高毒的农药，可以走出国门，到经济欠发达国家和地区建厂生产。尽管我国已经禁限用，但有的产品可以满足部分发展中国家市场需求，这样比直接关闭装置更具有经济性。

除此之外，在国际收购、国际贸易合作、应对反倾销、产品品牌战略、集聚区的发展、农药事故应急机制、农药流通环节的改革等诸多方面也应务实面对、坦实实施，稳健推进我国农药产业健康可持续发展。

中国农药在“十二五”期间的重点目标是：以节能减排为抓手，调整产业结构；以大企业为主导，加快资源整合力度。这是记者从10月19日召开的第十届全国农药交流会暨农化产品展览会获知的信息。业界希望中国农药工业在未来十年内实现由大到强的转变。

中国石油和化学工业联合会会长李勇武指出，当前和“十二五”时期，农药行业应重点做好以下四个方面的工作。一是要进一步加强技术创新，推进产业结构调整。要抑制低水平重复建设，淘汰落后产能，引导企业有序开展兼并重组，推进专业化园区建设，走集约化发展道路。二是要进一步实施“责任关怀”，推进行业节能减排。推广节能减排技术和清洁能源生产，开发生产高效低毒、绿色环保农药，促进行业的可持续发展。三是要推进行业品牌建设，提升产品质量和竞争力。要充分发挥资金、技术、人才等生产要素的优势，加大资源整合力度，加快培育具有自主知识产权的品牌产品，扩大在全球农药中、高端市场中的份额，增强行业的国际竞争力。四是要做好行业“十二五”发展规划。

工业和信息化部原材料司副司长袁隆华表示，“十二五”期间，农药行业要有效控制总量增长、大力调整产品结构，重点调整杀虫剂、杀菌剂和除草剂的比例，不断提高高效、安全、经济和环境友好的新品种的比例；引导生产企业集聚发展，培育一批具有自主创新、节能减排、环境保护、安全生产、产业链和产业集群建设等方面具有明显优势的化学工业园区和产业基地；严格控制“两高”和产能过剩项目；重点发展关系农业生产安全的品种以及高毒、高残留农药替代品种等。中国农药工业协会理事长罗海章认为，随着中国农药行业的快速增长和发展，相关农药政策法规的修订和制定将对农药行业的发展发挥积极的促进作用。目前，工信部、农业部等部委正在开展对《农药管理条例》的修订工作，力图解决原条例在实行过程中与行业发展不适宜的诸多问题。新发布的《农药产业政策》提出将农药工业的发展模式由量的扩张转向质的提高，从而进一步增加农药工业对农业生产和粮食安全的保障能力，切实维护农药工业可持续发展的大环境。

6、2011 年农药市场供需趋势走向预测

2010 年我国的农药经销已进入了尾声，回顾总结，农药市场的现状可以概括为：市场低迷，产大于销，需求不振，库溢价跌。

究其原因主要有以下几点：①受大范围严重气象灾害的影响，农业生产用药量大幅下降；②产销脱节，库存结构不合理趋势显现。主要表现在热点品种生产企业过多产能过剩，农药出口企业大量产品转向内销；③城镇化建设步伐的加快和国家基础建设用地的大幅度增加，降低了使用农药的相当份额；④农业产业化基地建设和规模集约化经营模式的不断发展使传统的点式植保方式逐次向科学合理的统一机动喷防方式发展，在提高了防治效果的同时也降低了药剂的使用量，也是农药销售份额下降的因素之一。基于上述原因，加之国际知名品牌进口药剂的冲击，各个经销商之间的无序激烈竞争，导致了国内农药市场各类产品价格混乱，持续低迷。

结合今年的市场状况，日前有关农药专家对 2011 年我国农药市场的走势做出以下分析：

一、持续数年的产销脱节将促使产销各方依据市场和产业需求导向加大调整力度，按照清洁农药的标准，淘汰落后产能，进行新一轮行业洗牌；

二、根据市场需求和国家产业政策导向，农业种植业内部的产业结构调整将逐次向产业基地化、规模集约化经营转化，大型的粮食基地、棉花基地、蔬菜基地、林果基地、花卉园林基地、药材基地以及各类经济作物生产基地的建设将会出现一个新的发展高潮，新的专业植保经营机构将会使农药的使用量、使用方式以及经销模式出现新的变化；

三、今年我国中部和北方地区雨水偏多，各种农作物的病虫害多发猖獗，越冬基数偏大，导致明年的防治压力加大，用药需求增加。粮油、林果、蔬菜、药材、花卉、牧草、园林等方面使用的高效、低毒、低用量的农药品种、除草剂、杀菌剂等的用量将会明显增多。

四、结合发展无公害农业开展和谐植保的要求，近年来出现的高新产品阳离子活性剂（如促花王系列、壮蒂灵系列、新高脂膜等）能最大限度地激活植物内部生理生化代谢机能向繁育生殖机能转变，达到提高品质增产增收的目的，经多方引进使用效果很好，已引起了全国各地用户的良好反响，预计明年的用量将会大幅增加。

根据全国 31 个省（自治区、直辖市）级植保植检站统计预测分析，2011 年全国农药需求总量（折纯下同）30.82 万吨，增长幅度为 2.69%。

按照农药类型分析，明年杀虫剂需求略有减少，为 12.49 万吨，比上年减少 1.43%；杀菌剂需求有所增加，为 7.28 万吨，比上年增加 2.94%；除草剂增幅较大，预计需求 9.75 万吨，比上年增加 9.33%；植物生长调节剂需求下降，预计需求 3219.96 吨，比上年减少 2.48%；杀鼠剂需求大幅下滑，预计需求 177.12 吨，比上年减少 51%。预计未来的施药机械将向着高效的中小型喷杆喷雾机方向发展。

今年农药市场变化体现在三方面：一是旺季不旺、淡季不淡，淡旺季没有明显区别。二是产品价格有升有降，一些产品由于原材料紧缺和企业搬迁、停产价格上涨；另一些则由于原材料降价、产能过剩价格下降。三是品牌优势逐步显现。他说，根据全国 31 个省（自治区、直辖市）级植保植检站统计预测分析，明年全国农药需求量在 1 万吨以上的品种有敌敌畏、乙草胺、草甘膦、硫酸铜、多菌灵、敌百虫。需求量在 2 ～ 3 万吨以上的省有黑龙江、山东、广东。需求量在 1 万～ 2 万吨的省有辽宁、云南、江苏、湖北、广西、安徽、河南、湖南、四川、江西、河北、吉林、浙江。

杀虫剂需求虽略有减少，但具体品种也有区别。与上年相比，有机磷类需求减少 4.88%，氨基甲酸酯类需求减少 6.21%，拟除虫菊酯类需求增加 16.31%，其他类杀虫剂需求增加 11.24%。根据近年来水稻、小麦、油菜病害呈偏重发生和农民防病意识增强的状况，明年杀菌剂总体需求增加。用量较大的品种有硫酸铜、多菌灵、甲基硫菌灵、代森类、百菌清、三环唑、井冈霉素、氢氧化铜、三唑酮、福美类、敌磺钠、稻瘟灵、三乙磷酸铝、甲霜灵类等。

四、 中国农药市场投资分析及前景预测

随着环保压力和投入的逐渐加大，以六大巨头为首的跨国农药公司逐渐向中国、印度等发展中国家转移产能，经营模式也在发生变化，农药行业的国际化分工协作的外包市场正在形成与发展。

中投顾问化工行业研究员常铁智认为，由于发达国家的农药工业起步相对较早，本国的市场已经趋于饱和，近年来，大型的跨国公司为了谋求发展，开始重新对其资源市场进行定位。而我国农药工业的基础相对较好，在劳动力和环保治理方面也具有成本优势，国际大型企业把我国的生产厂商作为其原药生产的代工厂，将部分非产权农药的生产和采购转移到了我国。这对于我国农药行业的发展而言，既有有利的一面也存在一定的弊端。

对行业发展不利的一面主要表现为，首先，农药行业具有高污染性，国际上一些受到严格限制的高污染、高消耗的农药生产将会向我国转移。其次，跨国农药企业只是将我国中国厂商纳入其原药生产的价值链，一些高端中间体的生产主要为国外巨头提供产品订制服务，而生产的这些高端中间体由于国内

使用较少，将可能使我国农药中间体生产企业的发展空间受到制约，对行业的发展不利。例如，2008 年金融危机的爆发，国际需求萎靡，出口订单减少，我国以出口为导向的农药企业境况就十分艰难。据中投顾问发布的《2010-2015 年中国农药市场投资分析及前景预测报告》显示，2009 年，在统计的 950 家农药企业中，亏损企业有 122 家，亏损总额达 44981.8 万元；在 2008 年，在统计的 836 家农药制造企业中，亏损的有 102 家，亏损总额达 36949.3 万元。

而国际大型企业在逐步的将成熟农药原药产品产能向我国转移的有利方面主要表现为，首先，我国参与合作的相关企业不但可以迎来持续的国外订单，打开海外市场，其次，我国企业不仅可以引进一些具有国际竞争力的新品种，还可以依托国外企业的技术实力，发展自身的技术水平，缩短与国际农药企业巨头之间的差距。此外，相关企业还可以获得国际上相对先进企业的生产和管理模式的相关经验，以此促进我国农药行业的发展。

中投顾问研究总监张砚霖指出，随着全球农药生产产能向发展中国家不断转移，分工趋势日益明显，在未来，全球农药的格局将会发生新的变化。因此，我国企业需要制定长远的发展战略，把握此次产能转移的有利一面，增强企业的国际竞争能力，促进我国农药行业的快速发展。

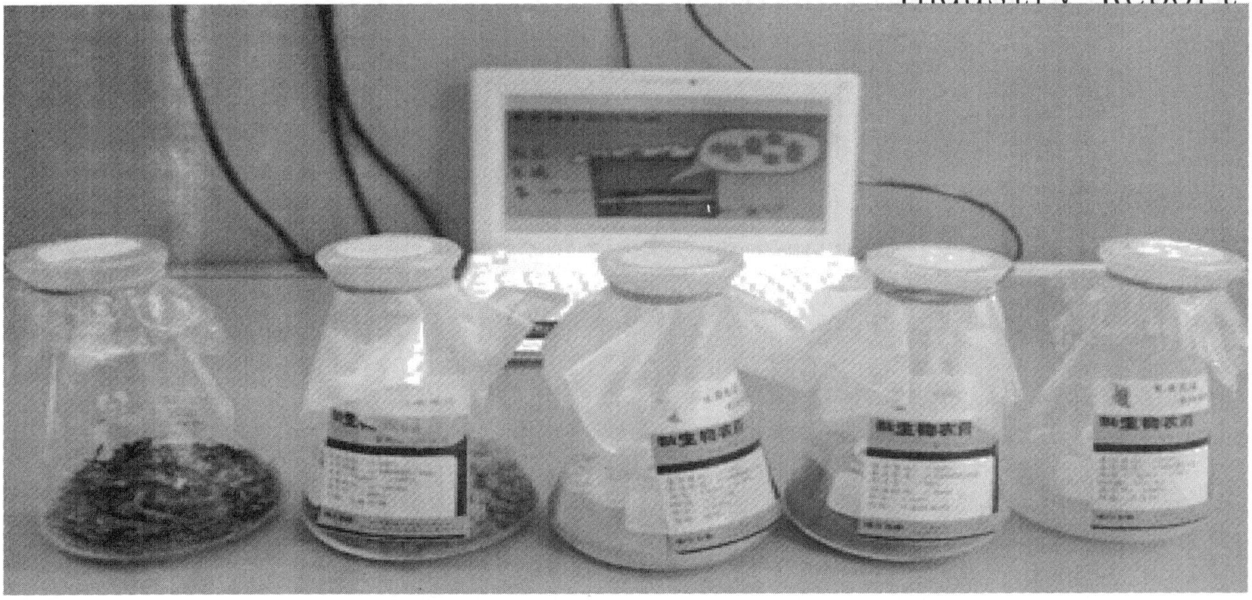

2012 年生物农药行业分析报告

一. 生物农药是未来农药的发展方向：

(1) 生物农药的定义与分类

项目	生物农药	化学农药
作用机理	让昆虫致病，使其病死	毒死害虫，以毒杀为主
对生态的影响	生产原料和有效成分天然，保证可持续发展；对人畜安全无毒、不污染环境、无残留、标靶性强、不伤害有益生物	危害土壤、水体、大气、农副产品以及其他有益生物，破坏生态平衡，易助长虫害，倒逼大量的施用量和频度，引发恶性循环
见效时间	一般为3到10天，不太适用突发性和毁灭性病虫害	见效快，适合用于突发性和毁灭性病虫害
抗药性	多种因素和成分发挥作用，不易使虫害和病菌产生抗药性	长期、大量使用易产生抗药性，使得施用浓度和剂量不断提高，造成农药残留较高
使用成本	单次成本较高，综合成本较低	单次成本较低，综合成本较高
经济效益	广泛用于绿色无公害食品、有机食品的生产，提高农作物的品质，解决食品安全问题，提升商品价值	在国内外重视食品安全的趋势下，易遭受多重安全壁垒，难以提升农副产品价值
市场容量	我国生物农药行业市场规模约60亿元，真菌源生物农药约25亿元	我国农药原药及制剂销售额约1000亿（包含对外出口原药），国内农药销售额约600亿元
政策倾向	大力扶持、鼓励发展	有保有压

生物农药是指利用生物活体或其代谢产物针对农业有害生物进行杀灭或抑制的制剂。其中，对于生物活体农药来说，进一步分为微生物农药和生物工程植物农药等等。

（2）生物农药与传统化学农药对比

农业生产不能离开农药的使用，而传统的化学农药具有诸多的弊病，比如对环境污染极大、易使害虫产生抗药性等。部分农药为高毒农药，甚至为剧毒农药。目前，全世界每年约有 200 万人因使用化学农药而中毒，其中大约有 4 万人死亡。而且，长期使用某些

生物农药相较于传统化学农药而言，具有以下特点：①选择性强，对人畜安全。目前市场开发并大范围应用成功的生物农药产品，它们只对病虫害有作用，一般对人、畜及各种有益生物比较安全，对非靶标生物的影响也比较小。 ②对生态环境影响小。生物农药其有效活性成分完全存在和来源于自然生态系统，它的最大特点是极易被日光、植物或各种土壤微生物分解，是一种来于自然，归于自然正常的物质循环方式。因此，可以认为它们对自然生态环境安全、无污染。③可

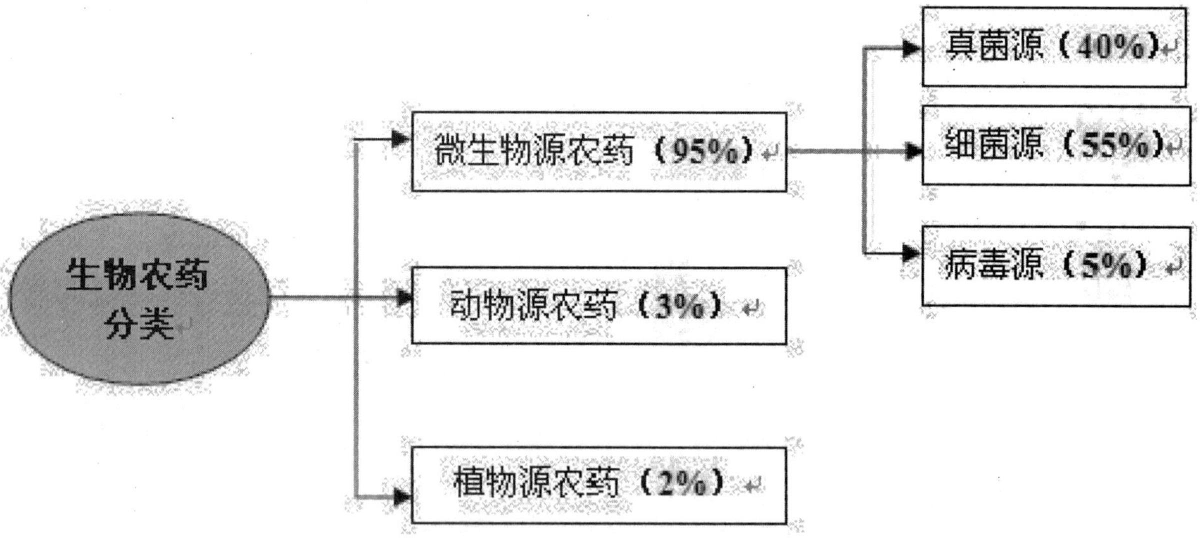

化学农药会使害虫产生抗药性，目前有抗药性的害虫已有 417 种。因此，生物农药越来越受到关注。

虫病原真菌、昆虫病毒、昆虫微孢子虫、昆虫病原线虫等），具有在害虫群体中的水平或经卵垂直传播能力，在野外一定的条件之下，具有定殖、扩散和发展流行的能力。

以诱发害虫流行病。一些生物农药品种（昆不但可以对当年当代的有害生物发挥控制作用，而且对后代或者翌年的有害生物种群起到一定的抑制，具有明显的后效作用。④可利用农副产品生产加工。目前国内生产加工生物农药，一般主要利用天然可再生资源，原材料的来源十分广泛、生产成本比较低廉。因此，生产生物农药一般不会产生与利用不可再生资源生产化工合成产品争夺原材料．⑤有些生物农药表象慢、实效快。如 Bt 制剂，虫害摄食后，虽不立即死亡，但几分钟后失去了侵蚀危害能力，达到防治目的，数天内渐渐形成了死亡高潮，可谓“静态型农药”。

二.　生物农药是农药企业发展的现实选择

（1）传统化学农药生产经济性下降：

传统化学农药如果以大的化工行业角度来看，已经逐渐呈现出衰退的迹象。根据国家统计局统计，2011 年 7 月份化学工业总产值 5527.2 亿元，去年同期 3967.7 亿元，同比增长 39.3%，其中，化学农药制造 7 月份产

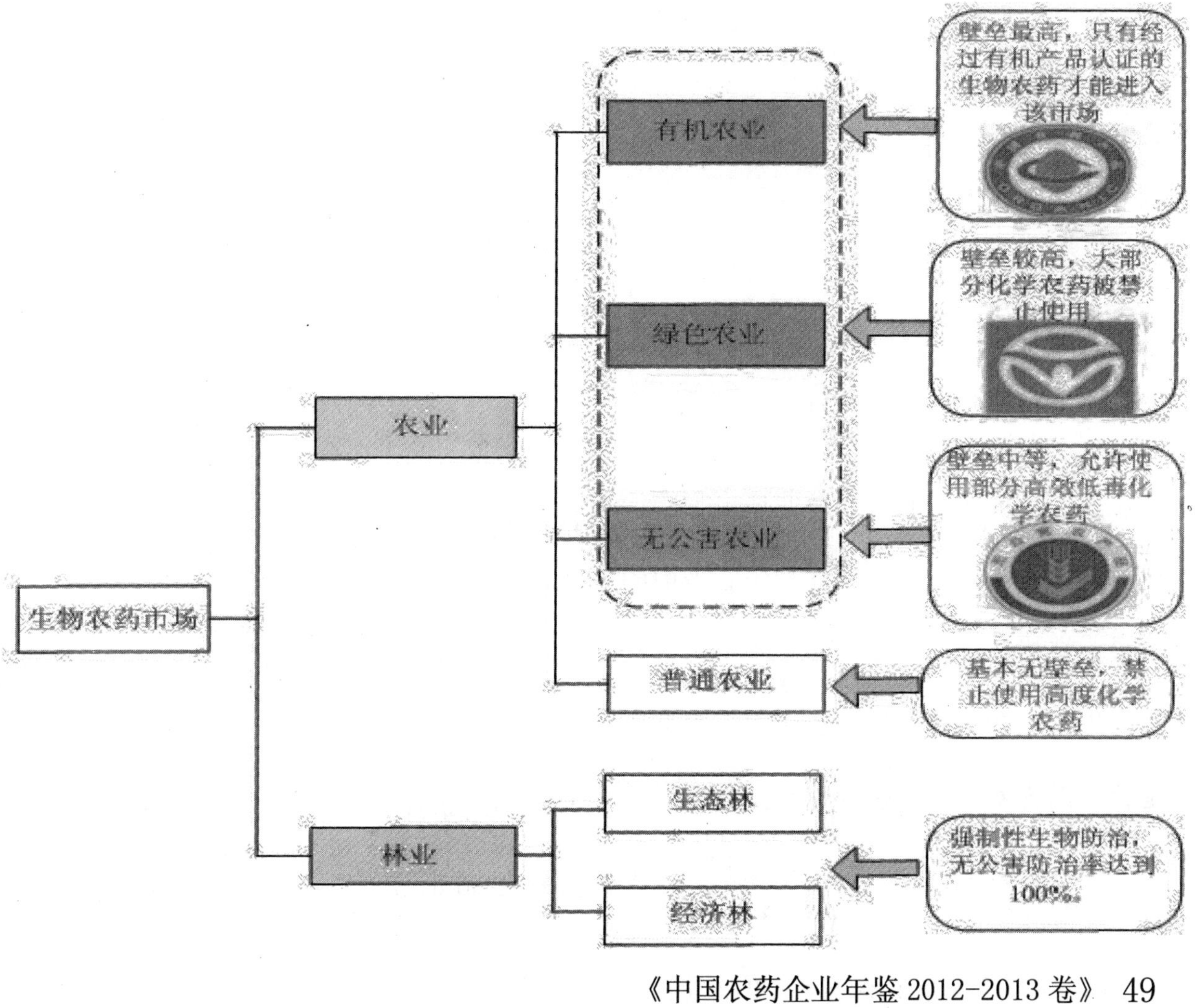

值是171.4亿元，去年同期137.0亿元，同比增长25.1%，处于化工行业增长率最低。化学农药的发展已经远低于化工行业的平均水平，将农药归属为化工行业已经不再经济。

（2）生物农药行业需求分析：

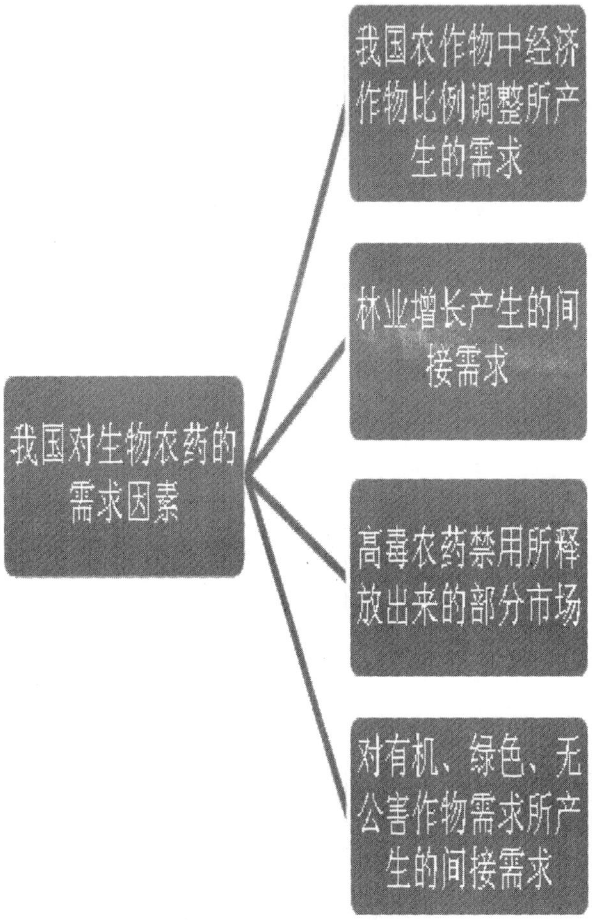

生物农药广泛应用于农业、林业病虫害防治领域。林业病虫害防治对环保和生态平衡的要求最为严格，因此国家强制要求采用生物防治，生物农药在林业病虫害防治占中据主导地位。国内农业市场按环保和食品安全等要素分为“普通农业”、“无公害农业”、“绿色农业”和“有机农业”四个等级不同的市场，其中，“无公害农业”、“绿色农业”和“有机农业”产品需国家认监委指定专门机构认定，对农药使用及残留的标准非常严格。：

①、农业市场

i 农业病虫害防治情况

化学农药过量使用直接导致病虫害产生抗药性，增加了防治病虫害的难度，造成了农产品中农药残留量过高，进而引发环境污染、食品安全等一系列问题。为有效维持农田生态平衡，保护生态环境，确保食品安全，我国已开始实施绿色农业发展战略，逐步构建了“无公害、绿色、有机”三位一体的分层级的食品安全体系，该体系下，农业生产对农药的使用和残留检测标准较高，高效环保的生物农药以其环保、无残留的特点符合了食品安全的需求，市场规模不断扩大。

ii“无公害、绿色、有机”农业病虫害防治市场需求

2001年，国家开始全面推进“无公害食品行动计划”，在无公害产品农药使用方面，农业部颁布实施《无公害农产品管理办法》，残留限制非常严格，明令禁止使用国家禁

用、淘汰的高毒化学农药。目前无公害农产品市场中，高效低毒化学农药市场份额约为80%，生物农药市场份额约为20%，生物农药增长空间较大。

我国绿色食品对农药使用限制较高，AA级绿色食品严禁使用化学农药及各种制剂，A级绿色食品限量使用低毒化学农药，严禁使用高毒化学农药，鼓励使用生物农药。化学农药在绿色农业病虫害防治市场份额约为30%，生物农药市场份额约为70%。

根据IFOAM的统计，近年全球有机食品市场一直保持年均20%－30%增速。我国开展有机食品认证以来，有机食品行业获得了快速发展。有机食品对农药要求十分严格，只有通过“有机产品认证”的生物农药才能用于有机农药生产，化学农药无法进入该市场。

绿色无公害食品、有机食品的价格通常比普通产品高出50%-100%左右，具有较高经济附加值，农民生产积极性较高。随着我国绿色无公害农业及有机农业的迅速发展，我国生物农药市场需求规模将相应快速增长。

iii 普通农业需求

我国普通农业作物经济附加值较低，单次经济成本及速效性是农民用药考虑的主要因素，目前我国普通农业作物主要以化学农药防治为主，生物农药防治使用率处于较低水平，市场份额为5%左右。

iv 我国农业的结构性调整因素对生物农药需求的影响

国内农药需求面临结构性调整 ， 随着我国农业生产结构变化、 居民生活水平提高及环境保护的加强，农药需求面临结构性调整，主要表现为： （1）适用于经济作物的农药需求增长加快， 高产值经济作物 （指油料、 蔬菜、 水果、茶叶、糖料等）的种植面积逐年增加。1990 年到 2004 年间， 我国粮食作物的种植面积减少了 10.45%，而蔬菜种植面积增加了 177.06%，果园面积增加88.61%，由于经济作物防治病虫草害比一般大田粮食作物用药水平更高。 所以经济作物对高价值农药制剂的需求将呈现连续增长趋势。

经济作物的种植往往要求较高，更加强调“绿色“、”有机“等，因此可以预见，随着经济作物占我国农业作物的比重越来越高，对高品质的生物农药的需求也会越来越高。

②、林业市场

i 森林的生态地位及我国林业病虫害发生状况 目前，我国林业有害生物种类共有8000多种，经常造成危害的有200多种，林业有害生物发生面积2亿亩，每年因虫害致死数目4亿多株，减少林木生长量1700亿立方米，造成的经济损失上千亿元。我国林业病虫害主要有松毛虫、天牛、松材线虫、美国白蛾及杨扇蛾等。

ii 国内林业病虫害防治情况

1989年，国务院颁发《森林病虫害防治条例》，提出“预防为主，综合治理”的方针，以生物防治为主要防治手段。国家林业总局《关于进一步加强林业有害生物防治工作的意见》指出：要大力推行生物防治和无公害防治，食叶类害虫生物防治率要达到80%以上，无公害防治率达到100%。

国内林业病虫害防治所需的防治药剂主要由全国各级森防系统统一采购，采取公开招标和定点采购相结合的采购模式；防治投入主要由各级政府承担，专项防治资金由中央预算内专项资金、基本建设资金和地方配套资金三级资金安排。

iii 生物农药在林业病虫害防治领域具有显著优势

我国于20世纪60年代开始使用生物农药防治森林病虫害，生物农药具有环保效果显著、防治效果良好及综合防治成本较低等特点，在林业病虫害防治领域具有显著优势。真菌源生物农药无污染、无残留，具有良好的环境安全性，标靶性强，对脊椎动物无害，有利于保护天敌，保持森林物种的多样性，维护森林生态平衡。

生物农药具有定殖、扩散和发展流行的能力，有利于对病虫害的持续控制，具有明显的后效作用，其施用次数和数量远小于化学农药，大大减少了购药成本和人工成本，具有综合成本竞争优势。

2003-2012年森林病虫害面积图如下：

iv 林业病虫害对生物农药的需求规模

国务院公布的“第七次全国森林资源清查结果”显示，我国森林面积达19545.22万公顷，森林覆盖率达20.36%。2008年末，我国主要林业有害生物发生面积约为1200万公顷，按照每公顷生物农药防治成本200元计算，2008年我国林业领域生物农药市场规模约为24亿元。2009年11月，国家林业局通过《应对气候变化林业行动计划》，2020年森林面积将比2005年增加4000万公顷，生物农药凭借其显著的比较优势，在林业领域的应用深度和广度将进一步深化和拓展，预计未来

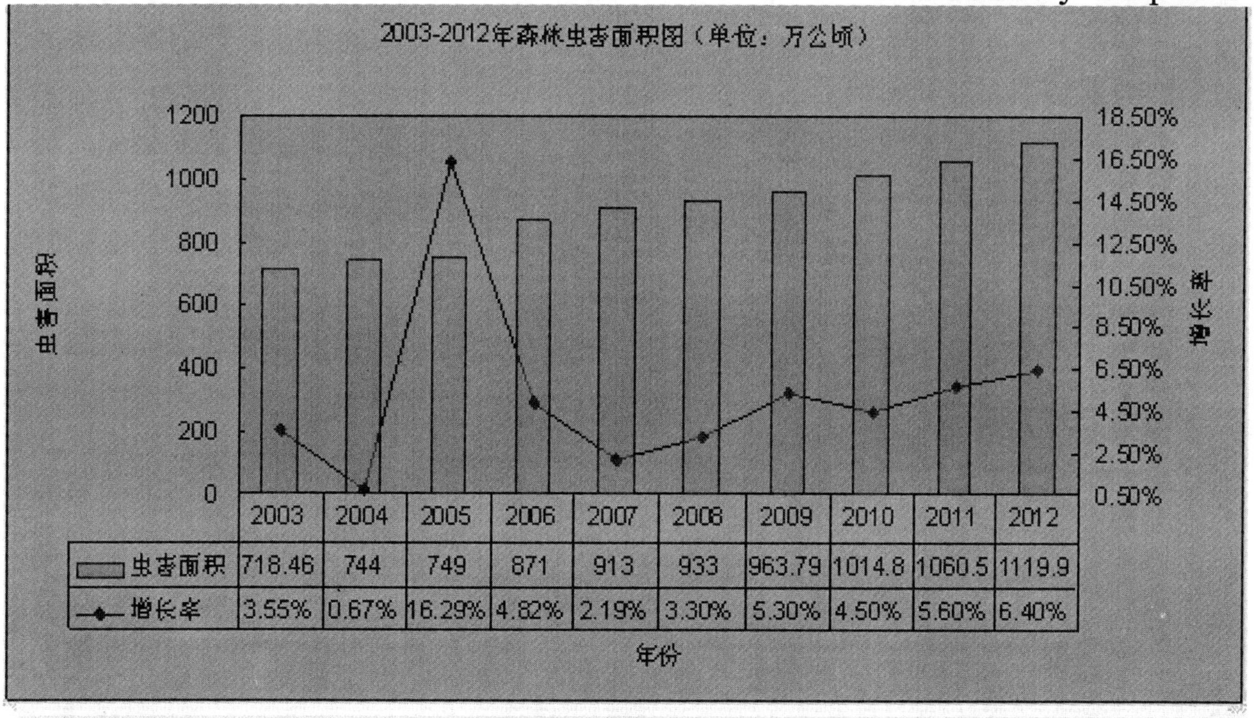

5年，国家对林业生物防治投入的持续加大，林业用生物农药的需求规模将保持每年20%左右的增长速度。

（3）生物农药行业的竞争格局：

我国生物农药行业中的很多企业，是由传统化学农药生产企业转产或增产而来。目前，我国生物农药行业的竞争格局如下：

1、国内生物农药行业内部竞争

目前，国内共有农药厂家2200多家，其中生物农药企业200多家，大多数生物农药企业生产工艺较为落后，销售规模较小，行业集中度不高。目前我国生物农药行业的整合和集中趋势加快，大量不规范的小企业面临淘汰，而拥有自主知识产权且研发水平领先、技术工艺先进、生产规模化的生物农药企业市场竞争优势明显，市场份额逐步提高。

2、生物农药行业与化学农药行业竞争

生物农药具有高效、无残留、无抗药性等优点，在林业、绿色无公害农业及有机农业病虫害防治领域得到广泛应用；生物农药与化学农药为互补性的差异化竞争关系，在不同的防治领域各有优势，生物农药在林业、有机农业、绿色农业病虫害防治领域具有绝对优势，在无公害农业方面，生物农药与低毒化学农药存在较强的竞争关系，在普通农业方面，化学农药具有明显优势。具体竞争情

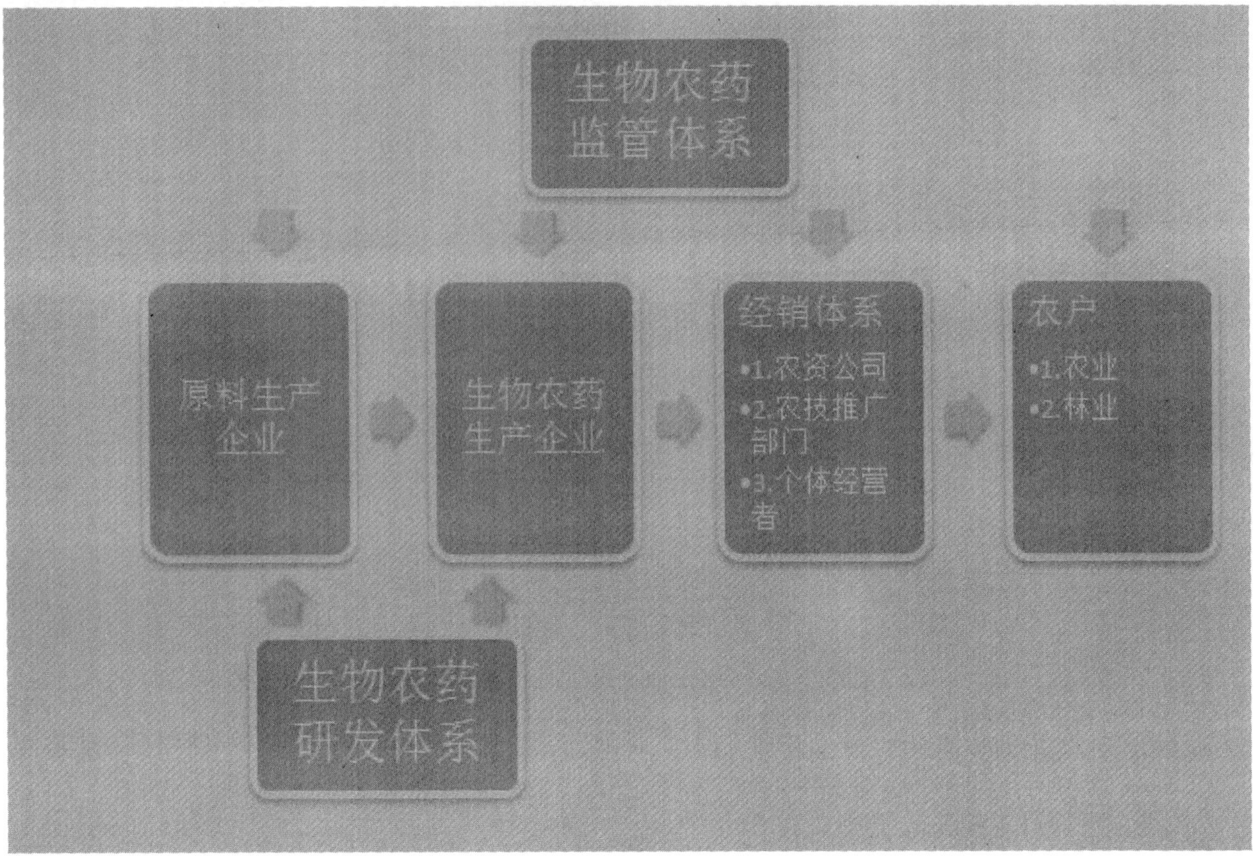

况如下表：

3. 生物农药行业的技术壁垒与潜在进入风险

（3）市场容量和规模 ：

农业部药检所公布的有关数据显示，2008年国内注册的主要生物源农药有效成分品种为97个，占农药总有效成分品种的13.8%，商品3071个，占注册登记农药产品的10.2%。2008年，我国生物农药市场规模约60亿元，占到农药总销售额的10%，远低于国际上的20%水平，预计未来五年保持约20%左右的速度增长，真菌源生物农药市场规模约25亿元，预计未来五年保持约25%左右的速度增长。

（4）生物农药的产业链分析：

①生物农药生产企业：

目前国内主要的生物农药生产企业如下：

浙江钱江生物化学股份有限公司

浙江升华拜克生物股份有限公司

河北威远生物化工股份有限公司

北海国发海洋生物产业股份有限公司

山东京蓬生物药业股份公司

山东省胜帮绿野化学有限公司

江阴市农药二厂有限公司

目前国内生物农药生产企业一般规模较小，

厂房简陋、设备落后、资金短缺，由此导致生产成本偏高，价格上无优势。我国现有农药生产企业2000< 多家，其中生物农药生产企业约400家，但是规模较大的生物农药生产企业只有4~5家，这样的产业布局，造成了产品质量不稳定，商品剂型化程度低，在与国外产品竞争中缺乏竞争力。而国际上生物农药业主要由7家大公司控制，其销售量占全球生物农药销量的90%。目前，国内已经成功研究开发了很多生物农药新品种，但是其生产技术水平、性能仍与投产初期相差不多，对于作用机理、高效生产工艺的研究

应用领域		竞争格局	相关政策
林业		生物农药80% 化学农药20%	国家林业局强将无公害防治列入森林认证体系，要求食叶性害虫生物防治率要达到80%
农业	有机农业	生物农药100%无化学农药	有机食品认证有机农业市场壁垒较高，需经过"有机产品认证"的生物农药产品才能进入该类市场
	绿色农业	生物农药70% 化学农药30%	AA级绿色食品禁止使用化学农药，A级绿色食品允许部分高效化学农药使用
	无公害农业	生物农药20% 化学农药80%	农残标准要求较高，高效低毒化学农药具有一定优势
	普通农业	生物农药5% 化学农药95%	对化学农药限制较小，市场充分竞争

也不够深入，在微生物农药发酵品种方面尚达不到多参数、优化精确控制生产，在活性成分提取方面收率不高，导致成本一直居高不下，这些企业大都依靠国家财政补贴维持运转，一旦取消财政补贴，企业无法维持正常运转。

②生物农药管理体系：

i 国家农业部：负责农药登记，使用和监督管理 ii 国家发改委：负责农药的生产管理，资质核准， 生产企业须经其审查核准 iii 国家质量监督检验检疫总局：负责农药标准的制定和管理。iv 中国农药工业协会： 中国农药工业协会 协助国家发改委参与农药行业管理及制订行 业产业政策、中长期发展规划等工作。

行业监管机制 、 开办农药生产企业须具备级主管部门审核同意后报国家发改委审查批准。 农业部对符合条件的产品颁发"农药登记证书"。对于符合国家标 准或行业标准的农药产品，由国家质检总局对产品颁发"生产许可证 书"；执行企业标准的产品，由国

相应的生产条件，符合环境保护要求，经省家发改委颁发“生产批准证书”。农药产品生产和销售须同时取得“农药登记证”、“生产许可证”（或“生产批准证书”），并符合相关质量标准。上述主管部门和工商管理部门在其业务范围内对农药流通市场进行监督管理。

③生物农药的流通体系：目前，我国的农药营销渠道主要有三条：即农业生产资料公司、农业技术推广部门和个体经营者，其中农资系统是主渠道。在这三条营销渠道中，农业生产资料公司具有网络分布广、资金力量雄厚等优势。农业技术推广部门虽然有技术推广上的优势，但资金不足，在农药销售工作中，我们发现个体经营者在农药推广中已成为不可忽视的力量，他们具有覆盖面广、直接面对农民和信誉好等优点。我国农药供应体系最早主要由供销社系统承担。20 世纪 80 年代后，我国基层农技部门如植保站、土肥站、农技站、园艺站等普遍参与农药制剂的销售经营。形成了基层农药销售的多元化格局。目前农药制剂产品的流通，一般是从生产厂家经过省、市、县多级经销商，分散至全国各地农村零售店，县级农药经销商及基层乡村零售店主要由个体经营者承包经营，缺乏足够的技术和推广能力。多数农药制剂企业受资金、人力、技术、产品等限制，难以在基层为农户直接提供有效服务，少数具备实力的农药制剂企业，将产品直接供应到县级基层经销商，通过降低渠道成本，贴近农户服务，提升农药商品流通的有效性。

三．生物农药行业发展对于国家政策引导敏感性较大

自认识到化学农药的诸多缺点之后，我国逐步开始重视对生物农药的推广。1992 年在“世界环境与发展大会”上，中国承诺 2000 年国内使用的生物农药将达到国内农药市场的 60% 以上。然而到 2011 年为止，这个承诺仍未达到，这一方面能表明中国政府具有推动生物农药发展的意愿，另一方面同时表明生物农药的推广面临较大的困难。

(1) 生物农药推广面临困难

一直以来，我国生物农药推广面临以下一些困难：

（1）在经济上，使用生物农药防治病虫害成本高，据调查，目前市场上用于防治水稻纵卷叶螟的生物农药阿维菌素，成本需 5 元 / 亩 • 次，而防治同样的害虫选用的中等毒性农药如乙酰甲胺磷成本只需 2 元 / 亩 • 次；再如用于防治蔬菜菜青虫的苏云金杆菌，成本需 12 元 / 亩 • 次；而菊酯类农药防治只需 3 元 / 亩 • 次。生物农药的成本是普通化学农药的 2 － 4 倍。

（2）在效果上，防治较慢，速效性差生物农药在施用后都需要一定时间才能对害虫有所作用，对害虫的防治效果反应较慢，产品的质量保证期短，速效性较差，施用生物农药后多数要在 3 － 4 天后才能见到效果。防治对象专一，生物农药由于是专门从昆虫病毒、真菌以及昆虫信息素提炼或加工而成的，不具备化学农药防治害虫广谱性的特点。

（3）在技术上，生物农药的贮存条件苛刻，一般要求储藏温度低于常温，按照国家农药标准的规定，农药贮存两年，其有效成份降解率不应超过 5%，而生物农药很难做到两年之内药效损失低于 5% 的要求。用药条件要求高，生物农药一般为水剂，受阳光或微生物的作用后容易分解，残留降解快，稳定性较差，特别是活体微生物为有效成份的产品，生物活性下降很快，用药技术条件要求

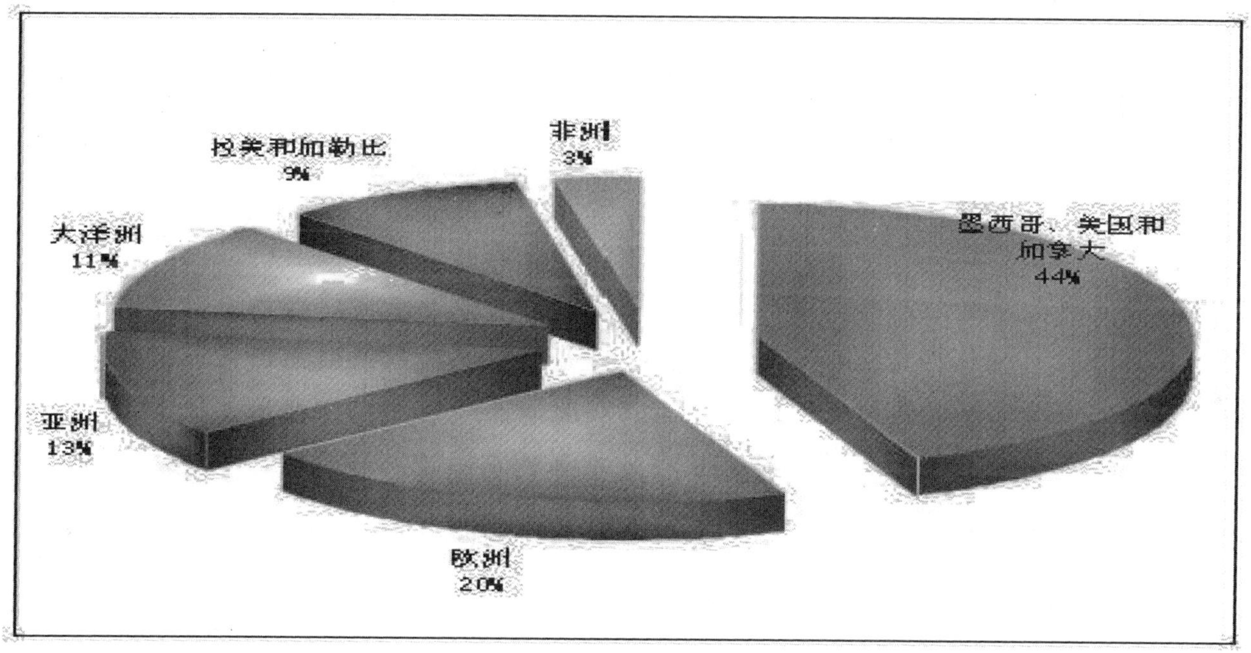

高。因为生物杀虫剂的专一性很强，杀虫谱不广。

（2）我国生物农药研发能力较差，产业化程度不高：

美国是世界上登记生物农药品种较多的国家之一，截至2009年4月1日，美国环保总署公布已注册的生物农药有效成分达319种。而我国登记的有效成分数量至2010年3月仅有寥寥可数的50种，目前在我国大规模生产的生物农药阿维菌素、井冈霉素、Bt杀虫剂等，都是由发达国家最先开发，国内跟踪发现后才开始生产的。

有关生物农药效果的好坏不仅与有效成分有关还与剂型密切相关。据业内人士介绍，发达国家针对一种有效成分往往能开发出多种高效剂型，而我国一般只能开发出1－2种有效剂型。如Bt制剂，国外有可湿性粉剂、水悬浮剂、微胶囊剂、油悬浮剂、纯毒蛋白油剂等，而我国主要是水悬浮剂和可湿性粉剂。

在国际上，生物农药市场主要由先正大、孟山都、杜邦、陶氏等7家大公司控制，其销售量占全球生物农药销量的90%。这些企业集成度高、研发能力强，一旦研究机构发现的有潜力的品种进入这些公司，能够有效实现产业化，进而迅速抢占市场。

“我国生物农药企业相当一部分还是乡镇企业，既无力进行技术更新与技术改造，也不具备解决产业化过程中的工程技术难题的能力，市场竞争力较低。”中国农业科学院植物保护研究所副所长邱德文表示，产业化能力不强是我国生物农药企业参与国际竞争最大的“绊脚石”。生物农药的产业化过程需要资金支持。但目前我国200多家生物农药生产企业普遍规模较小，资金不足。事实上，在产业化的过程中，生产企业要面对生产效率、质量控制、加工工艺、生产成本等问题，如果缺乏雄厚的经济实力做后盾，其结果往往是产品面市遥遥无期，有些很有潜力形成大产品的品种也只能小打小闹，形不成气候。

（3）我国在生物农药行业发展的相关政策：中国“十二五”生物技术发展规划【国科发社（2011）588号】中提到“以实现规模化发展为目标，加快绿色农用生物产品及林木危险性有害生物防治技术的研究开发与产业化；开展生物农药、生物兽药、动物疫苗、生物肥料、绿色植物生长调节剂等绿色农用产品应用的示范试点和普及，推进全降解农膜的研究开发和产业化；研究开发生物农药、生物肥料、新型动物疫苗和诊断试剂、动物用生物技术药物和兽药、生物饲料添加剂等“。此外，农业部公布的《豁免残留限量农药名单（征求意见稿）》【农（农药）（2011）第20号】中拟豁免的41种农药中，生物农药达到了34中，包括广为应用的”苏云金杆菌“和润宇生物的核心产品”短柄杆菌“。由此可见，国家在政策上已经开始重视生物农药的发展和推广，已经在规划的基础上陆续出台相应的配套政策。

国家对于化学高毒农药的禁用和淘汰，对于为生物农药赢得发展空间至关重要。

2011年下半年，农业部发布了2011年底前禁用和淘汰10种高毒农药的通知。目前我国生产使用的高毒农药还有22种（包括此次禁用的10种），这22种高毒农药大部分是杀虫剂，涉及的企业大概有四百多家，有九百多种产品。在此次“介绍禁用淘汰高毒农药有关情况”中，农业部种植业管理司副司长周普国也指出，禁用淘汰高毒农药，是适应国际农药管理发展趋势，可以为高效低毒农药，特别是生物农药的推广使用提供更为广阔的市场空间，保障农药产业可持续发展。

农业部已经制定了《高毒农药淘汰和禁用工作方案》，《方案》按照“科学论证、分步实施、多措并举”的工作思路和技术上可行、经济上合理的原则，拟分步淘汰和禁用现有高毒农药，本着成熟一个、禁用一个的原则，择机启动禁用程序。

3 政策法规
Policies and regulations

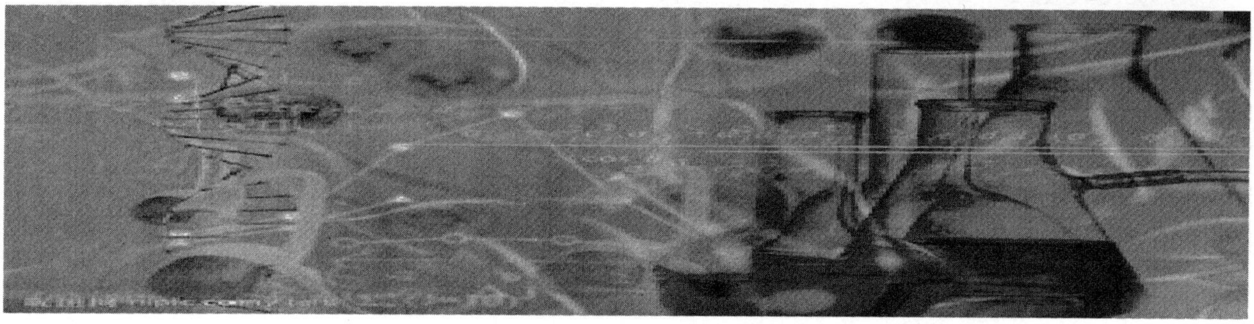

我国农药登记和评审政策新动向

我国农药登记和评审政策新动向，国家对农药登记管理越来越严格，对于登记之后的管理也日渐加强。

1. 农药生产厂家要创新，限制老产品登记数量。生物农药有新发展，2011 年申请的 23 个新农药中，有 4 个为生物农药。

2. 农药生产要更加注重农药产品安全性。关注农药产品对人畜、环境、作物的风险。在环境中难降解的及对环境生物毒性高、风险大、容易产生药害、农残超标的产品不予登记。2011 年环丙唑醇、啶氧菌酯、2，4-D 丁酯等登记受阻。

3. 农药产品生产要逐步启动风险评估。对卫生杀虫剂七氟甲醚菊酯开展了风险评估通过药效试验确定了有效剂量范围，选定确保安全的较小剂量作为登记剂量，通过毒理学运用模型进行风险评估，确保对消费者安全；2012 年对蚊香类卫生杀虫剂进行风险评估。

4. 针对农药产品的评审要求更加严格，质量无明显差异相同产品认定更加严格、登记资料授权更加规范；混配制剂的管理更加严格：配比混剂退出机制；关注不同企业间配比差距；严格药肥混剂的开发目的、技术指标。

5. 农药登记后的管理日益加强。发布了高毒农药管理公告（农业部第 1586 号）、草甘膦水剂复配制剂管理公告（农业部 1744 号）。全国农药登记评审会决定：停止批准蝇香、五氯酚钠登记、停止批准毒死蜱、三唑磷在蔬菜上登记、停止医用抗生素作为农药登记、加强对百草枯水剂的管理。

6. 相关部门要加强对卫生杀虫剂的安全管理：限制有效成分含量、停止批准新增三元混剂的药效试验、新有效成分登记需提供风险评价资料。

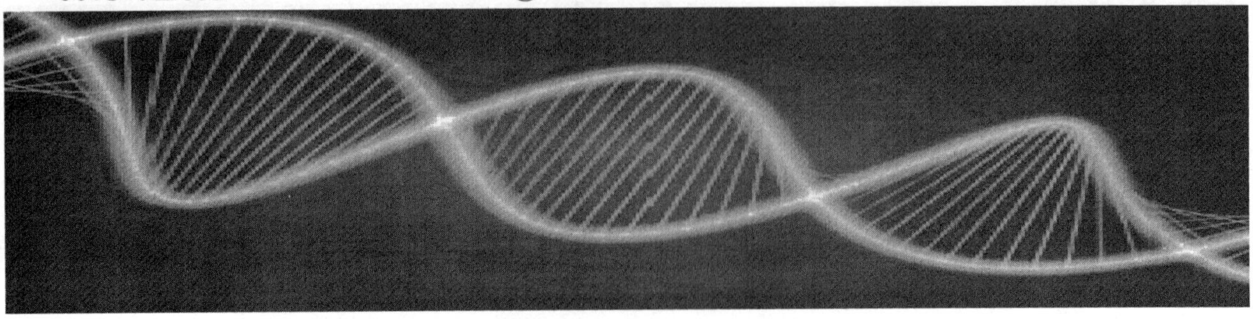

草甘膦 ➡ 最新相关政策法规

1. 草甘膦出口及汇率

草甘膦市场依靠出口的局面短时间难以改变，汇率将是厂家和出口贸易商关注的主要问题。例如： 2010 年 6 月 19 日的汇改重启到 11 月 12 日，美元兑人民币汇率中间价到达 6.6239，人民币升值约为 3%， 同期，草甘膦港口 FOB 价格上涨约 30%，看起来生产企业和贸易商从中赚取了大量利润，但是比较这 段时间草甘膦的成本，上涨约为 30%。这样，销售价格上调是有成本推升，而由于人民币升值带来的 负面影响，将由出口商自己承担。

2. 草甘膦的资源税

资源税、环境税等问题再次出现在人们的视野中。一旦开征，以天然气、煤为代表的资源产品价格势 必上涨，当然了，磷化工的源头磷矿石价格也要上行，但是以他们为源头

的相关化工品价格是否也能 涨呢？仅以磷化工为例，磷酸、磷酸盐、有机磷除草剂，多数依赖出口，在很大程度上是看国外买家的脸色，涨价在很多时候是国内厂家一厢情愿，国外市场视之的状况。

3. 《农药产业政策》

农药产业整合《农药产业政策》的公布是今年农药行业的大事。淘汰落后产能、鼓励国内优势农药厂 家发展壮大是这个政策的核心内容之一。

国务院□七□项□扶□持
农业生产的政策措施

一是实施冬小麦弱苗施肥、西南旱区覆膜种植和东北水稻大棚育秧补助。中央财政按每亩 10 元的标准，对全国 11 个冬小麦主产区 5300 万亩弱苗麦田给予补助，对云南、广西、贵州、四川、重庆五省（区、市）2500 万亩玉米推广地膜覆盖技术给予补助。对黑龙江、吉林等省新建水稻育秧大棚给予补助。

二是增加高产创建补助。中央财政在已安排 6 亿元高产创建专项资金的基础上，再增加 5 亿元。新增资金向水稻尤其是东北优质粳稻产区倾斜。

三是继续实施油菜籽临时收储政策，收储价格由每斤 1．85 元提高到 1．95 元。

四是增加农机具购置补贴资金。中央财政在今年已安排 145 亿元农机具购置补贴资金基础上，再增加 10 亿元，重点支持西南和北方地区机耕机播，加快春播进度。

五是实施新疆内蒙古冰雪灾区牲畜饲草料补助。中央财政增加补助资金 1．5 亿元，用于组织调运饲草和饲料，解决新疆、内蒙古灾区 3000 万头（只）受灾牲畜安全度春短期补饲和接羔育幼需要。

七是充实和完善中央水利建设基金，加快建立各级政府投资稳定增长和保障机制，加强农田水利基本建设。加快大中型灌区和泵站更新改造、控制性骨干水源工程和各种节水灌溉工程建设。加大农村金融扶持力度。

农村-新土地-管理政策实施细则正在制定

针对十七届三中全会决定提出的缩小征地范围、非公益性项目允许农民开发经营集体土地等新土地管理政策，有关部门正在制定相关的实施细则并启动相关土地法规的修改。

这是中央农村工作领导小组办公室主任陈锡文11月6日晚上在北京大学国家发展研究院透露的。陈锡文参与起草了十七届三中全会通过的《中共中央关于推进农村改革发展若干重大问题的决定》（下称《决定》）。

释义“长久不变”

三中全会之前，外界曾希望能够在农民土地产权问题上有所突破，而在《决定》公布之后，外界则多将允许土地承包经营权流转作为《决定》的亮点。

陈锡文表示，关于土地所有制问题，《宪法》已经明确：城市土地属于国家所有，农村土地除法律另有规定的外属于农民集体所有。

而土地流转也并非此次三中全会的新意。陈锡文说，事实上土地流转随着土地承包制度的确立就已经开始了。中共中央1984年一号文件就已经提出，农民可以把土地承包经营权有偿转让，鼓励土地向种田能手集中。

此后1993年的中共中央11号文件进一步明确，允许农民在土地承包期内流转土地，包括转包、出租、置换、转让、土地股份合作等五种流转的形式，“农民一直在流转，现在只是在重申”。

陈锡文表示，此次《决定》最大的亮点在于赋予农民更充分、更有保障的土地承包经营权。《决定》中的表述为现有的土地承包关系保持稳定，并长久不变。

对于“长久不变”的含义，陈锡文认为，这次执政党向立法机关提出来要把农民承包期从30年再扩展为长久不变，具体怎么写，由人大定，肯定比30年更长。

“要确保时间越长，产权越清晰，现在职能部门正在研究推进承包地的确权、登记、颁证，以及建立对农地流转的管理和服务机制。”陈锡文说。

农地出租、入股将出台细则

对于此前在征地过程中出现的农村集体分配不公、地方政府与企业强征农民土地等问题，陈锡文也表示，《决定》最基本的政策指向就是对土地的管理更严格更规范了。

《决定》提出，要坚持两个最严格的制度，第一个是最严格的耕地保护制度，坚决守住18亿亩耕地红线；第二个是最严格的节约用地制度，从而严控制城乡建设用地总规模。

陈锡文认为，征地的乱象部分源于法律条文的漏洞。《宪法》规定，国家可以依法征收土地用于社会公共利益。

问题在于无法准确界定公共利益的边界，据陈锡文透露，2004年国务院曾经要求组织专家研究，拟定公益性目录作为政府征地依据，但最后无法出台。据了解，即使美国、加拿大这些国家也都没有一个明确的目录；而在此后的土地管理法中征地的范围和政府的权力被进一步扩大。

陈锡文认为，此次《决定》提出缩小征地范围，有一部分建设用地可以不征，“城市规划圈以外，非公益性的项目如果符合规划，纳入年度规划可以不征，让农民和开发商谈判，农民可以用土地入股或者出租。”

陈锡文透露，这涉及到相关土地管理法规的调整和修改，需要尽快制定完善相关的法律法规和配套政策，目前有关部门正在加紧制定这套细则。“土地管理法的有关内容也需要修改，征地制度的改革实际上已经纳入议事日程，涉及的面很广，会渐进地往前走。”

财政补贴仍有空间

尽管2008年中央政府提供给农民的四项补贴已经达到1028亿元的水平，但陈锡文认为，国家对于农业的支持保护体系不健全，而在WTO的框架下财政补贴仍然有空间。

除了经营承包权不够稳定之外，陈锡文将市场风险作为农业面临的第二大挑战。而出路在于发展农民专业组织提高组织化程度。

陈锡文认为，农民缺乏面向市场、外向型的经营性组织。2007年1月1日《农民专业合作社法》开始实施，规定农民专业合作组织可以享受税收等政策优惠。“如果财政金融支持更丰富，对农民吸引力更大。”

中国从2006年在废除农业税的同时初步建立了农业补贴体系，主要包括种粮直补、良种补贴、大型农机具补贴以及农资综合补贴四项。

2008年这四项补贴的总额超过1000亿元，《决定》中提出“逐年大幅提高补贴水平”，预计明年补贴金额将有大幅提高。

根据WTO相关规定，以上四项补贴属于限制类的“黄箱政策”，即能够直接影响农产品成本的补贴。中国加入WTO时承诺这类补贴不超过农业生产总值的8.5%，而陈锡文透露：“根据专家们测算，我们现在的补贴水平只占农业总产值的3%，还有5.5%的补贴空间。”据此测算，至少还有1885亿元的补贴空间。

而对于不受限制的“绿箱政策”，即不影响农产品成本和贸易价格关系的相关补贴则补贴空间更大。

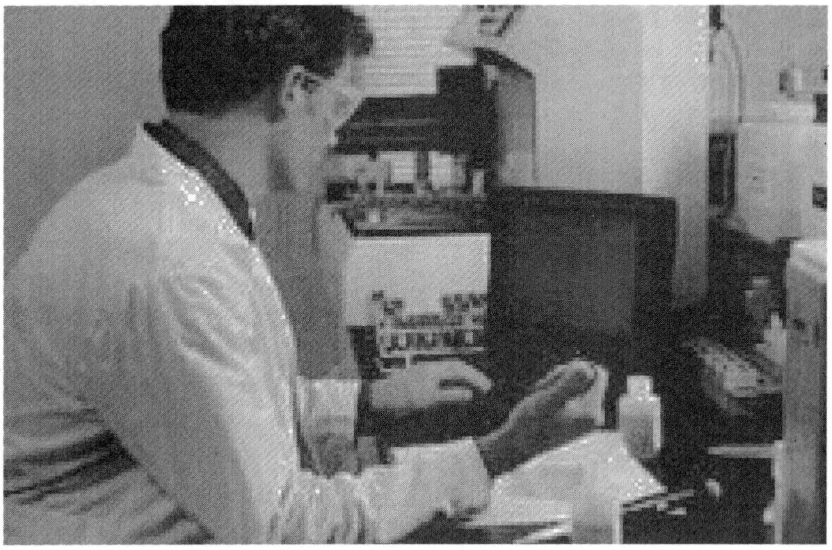

2012 农药登记 最新政策及农药剂型发展趋势

农药登记最新政策及农药剂型发展趋势是什么？2012年4月24日至25日，中国农药工业协会在江苏昆山市召开了第三届环境友好型农药制剂加工技术及生产设备交流会，农业部农药检定所吴志凤处长做了《农药登记最新政策及农药剂型发展趋势》。

在报告主要介绍了现行农药登记管理法规、规章；关于高毒风险农药、复配制剂、生物农药、卫生杀虫剂等登记管理最新政策；农药登记评审新动向；农药登记剂型发展趋势及加强农药助剂管理的设想；研发产品和办理农药登记需要考虑的问题等。

在谈到农药登记政策法规时提到即将颁布的新的《农药管理条例》，维持了现行《条例》的管理制度框架，即：登记管理、生产许可、经营许可（高毒农药）、标准化体系，在原基础上上强化了经营许可制度；取消临时登记、缩小实验许可范围、增加了出口登记、规定了减免资料的情况；实行召回制度；加大处罚力度。

农药登记基本情况级政策动向中：

（1）生物农药有新发展，2011年申请

的 23 个新农药中，有 4 个为生物农药；

（2）登记产品也更加关注产品安全性问题，2011 年环丙唑醇、啶氧菌酯、2，4-D 丁酯等登记受阻；在环境中难降解的及对环境生物毒性高风险大、容易产生药害、农残超标的产品登记受阻；

（3）逐步启动风险评估，对卫生杀虫剂七氟甲醚菊酯开展了风险评估，2012 年对蚊香类卫生杀虫剂进行风险评估。

（4）登记评审要求更加严格，质量无明显差异相同产品认定更加严格、登记资料授权更加规范；

（5）混配制剂的管理更加严格：同企业相同使用范围不同配比混剂只能选其一；关注不同企业间配比差距；严格药肥混剂的开发目的、技术指标；严格分装登记评审要求，遏制了分装登记数量；发布了一批农药理化性质、药效实验、毒理学、环境等技术标准；建立了发达国家和地区 ADI 值数据库，制定了 295 个农药有效成分的 ADI；发布了 1800 多项农药残留限量标准。

报告中指出，新的农药登记政策强化了登记后的管理，包括：停止批准毒死蜱、三唑磷在蔬菜上登记，停止医用抗生素作为农药登记，对百草枯水剂的管理（2014.7.1 停止百草枯生产，2016.7.1 停止百草枯使用），加强对卫生杀虫剂的安全管理（限制有效成分含量、停止批准新增三元混剂的药效实验、新有效成分登记需提供风险评价资料）。

对于农用助剂的管理思路是说要逐步限制芳香烃助剂和其他安全性较差的助剂的使用；对取代有困难但有一定风险的助剂要求提供安全性评价资料。

将助剂种类是否相同、含量是否在允许的范围内作为判定是否为相同产品、能否减免资料的主要依据；鼓励使用分子量大、高效能、低用量的助剂和用于加工水性化、粒状化、缓释等剂型的助剂。

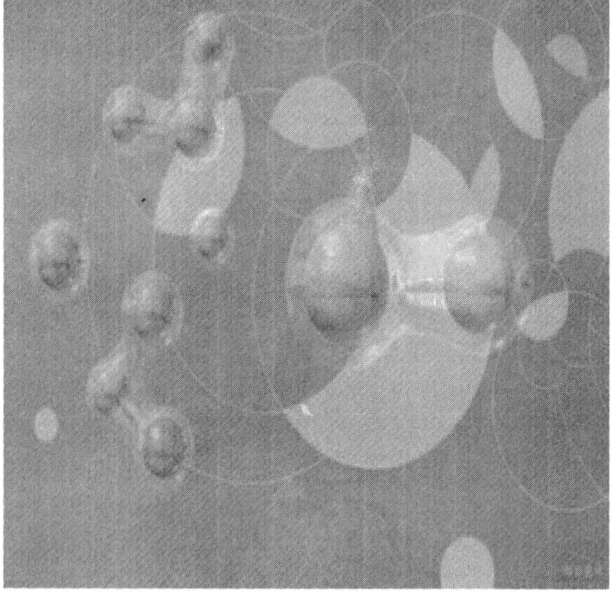

国家最新规定

的 25 种杀菌剂最大残留量

近日，中华人民共和国卫生部和中华人民共和国农业部联合发布食品安全国家标准《食品中阿维菌素等 85 种农药最大残留限量》。在这 85 种农药中，其中有 25 个为杀菌剂，这些杀菌剂产品分别为吡唑醚菌酯、代森铵、代森联、代森锰锌、代森锌、稻瘟酰胺、啶酰菌胺、恶霉灵、二氰蒽醌、氟环唑、福美双、己唑醇、甲霜灵、腈菌唑、精甲霜灵、克菌丹、咪鲜胺、咪鲜胺锰盐、萎锈灵、戊唑醇、烯酰吗啉、亚胺唑、乙霉威、乙嘧酚和异稻瘟净，这些杀菌剂共涉及包括大白菜、黄瓜、西瓜等 26 种食物。

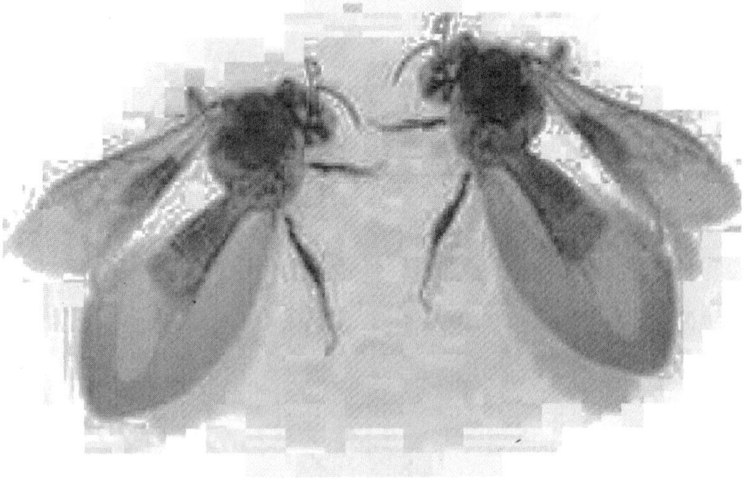

农作物病虫害专业化统防统治管理办法

第一章总则

第一条为推进农作物病虫害专业化统防统治，扶持发展专业化统防统治组织，规范专业化统防统治服务行为，提升农作物病虫害防控能力，保障粮食安全、农产品质量安全和生态环境安全，制定本办法。

第二条本办法所称农作物病虫害专业化统防统治（以下简称“专业化统防统治”），是指具备相应植物保护专业技术和设备的服务组织，开展社会化、规模化、集约化农作物病虫害防治服务的行为。

第三条各级农业行政主管部门应当按照“政府支持、市场运作、农民自愿、循序渐进”原则，制定政策措施，以资金补助、物资扶持、技术援助等方式扶持专业

化统防统治组织的发展，大力推进专业化统防统治。

第四条县级以上人民政府农业行政主管部门负责专业化统防统治的指导和监督工作，具体工作可以委托农业植物保护机构承担。

第五条专业化统防统治组织，应当以服务农民和农业生产为宗旨，按照“预防为主、综合防治”的植物保护方针，开展病虫害防

治工作，自觉接受有关部门的监督与指导。

第二章组织管理与指导

第六条对具备以下条件的专业化统防统治组织，农业行政主管部门应当优先予以扶持：

（一）经工商或民政部门注册登记，

取得法人资格，并在所在服务区域县级以上农业植物保护机构备案；

（二）具有固定的经营服务场所和符合安全要求的物资储存条件；

（三）具有10名以上经过植物保护专业技术培训合格的防治队员，其中获得国家植物保护员资格或初级职称资格的专业技术人员不少于1名；

（四）日作业能力达到300亩（设施农业100亩）以上；

（五）具有健全的人员管理、服务合同管理、田间作业和档案记录等管理制度。

第七条第六条规定的专业化统防统治组织向农业植物保护机构备案的，应当提供以下材料：

（一）工商或民政部门注册登记证复印件；

（二）组织章程；

（三）有关管理制度；

（四）防治队员名册及资格证书复印件；

（五）主要负责人身份证复印件；

（六）机械设备、服务区域等其他说明材料。

第八条农业行政主管部门应当将拟扶持的专业化统防统治组织名单在本部门办公场所和部门网站上公示。公示期不少于15日。

对公示期间提出的异议，农业行政主管部门应当及时调查处理，并将处理结果以适当方式反馈异议人。

第九条农业行政主管部门给予专业化统防统治组织扶持的，应当与接受扶持的专业化统防统治组织签订协议，约定双方的权利义务。

本办法的相关要求（包括取消相关扶持措施、收回扶持资金和设备的情形）应

当纳入前款规定的协议中。

第十条各级农业植物保护机构应当为专业化统防统治组织提供必要的病虫害发生、防治等信息服务，帮助开展技术培训，指导科学防控。

第十一条发生突发性农作物重大病虫灾害，各级人民政府依法启动应急防治预案时，专业化统防统治组织应当积极配合应急防治行动。

第三章防治作业要求

第十二条专业化统防统治组织应当根据当地主要农作物病虫害发生信息和农业植物保护机构的指导意见，科学制定病虫害防治方案，与服务对象签订协议，并按照协议开展防治服务。

第十三条专业化统防统治组织应当采用农业、物理、生物、化学等综合措施开展病虫害防治服务，按照农药安全使用的有关规定科学使用农药。

第十四条专业化统防统治组织实施具有安全隐患的防治作业，应当在相应区域设立警示牌，防止人畜中毒和伤亡事故发生。

第十五条专业化统防统治组织应当为防治队员配备必要的作业保护用品。防治队员应当做好自身防护。

鼓励专业化统防统治组织为防治队员投保人身意外伤害险。

第十六条专业化统防统治组织应当安全储藏农药和有关防治用品，妥善处理农药包装废弃物，防止有毒有害物质污染环境。

第十七条专业化统防统治组织应当建立服务档案，如实记录农药使用品种、用量、时间、区域等信息，与服务协议、防

控方案一并归档，并保存两年以上。

第十八条符合条件的专业化统防统治组织，可以通过当地县级农业植物保护机构申请使用全国统一的统防统治服务标志。

第四章监督和评估

第十九条县级以上农业行政主管部门应当对

专业化统防统治组织的服务活动进行监督检查，对不按照国家有关农药安全使用的规定使用农药的，应当按照《农药管理条例》有关规定予以处罚。

第二十条接受国家扶持的专业化统防统治组织有下列行为之一的，由县级以上地方人民政府农业行政主管部门予以批评教育、限期整改；情节严重的，取消相关扶持措施、收回扶持资金和设备；构成违法的，还应当依法追究法律责任：

（一）不按照服务协议履行服务的；（二）违规使用农药的；

（三）以胁迫、欺骗等不正当手段收取防治费的；

（四）作业人员未采取作业保护措施的；

（五）不接受农业植物保护机构监督指导的；

（六）其他坑害服务对象的行为。

第二十一条各级农业行政主管部门可以对专业化统防统治组织的服务质量、服务能力等方面进行评估，对服务规范、信誉良好的专业化统防统治组织，应当向社会推荐并重点扶持。

第五章附则

第二十二条本办法自 2011 年 8 月 1 日起施行。

新《农药管理条例》

修订透露最新信息

业内期盼已久的新《农药管理条例》(简称《条例》)的出台终于传出新动向。近日，南方农村报记者从多种渠道获悉，新修订的《条例》对农药经营的相关规定做出重大调整，“农药经销商将实行经营许可制度”。外界对此解读为，这打破了对农药经营主体的限制，但也并未如农药经营业界所期待地完全放开。

在新修订草案中，现行《条例》在农药经营条款中列举的“下列单位(即供销社的农业生产资料经营单位；植物保护站；土壤肥料站；农业、林业技术推广机构；森林病虫害防治机构；农药生产企业；国务院规定的其他经营单位)可以经营农药”的规定已被删除。取而代之的是，新《条例》中规定“农药经营单位将实行经营许可制度”。即农药经营者必须达到相应的资质、素养和知识结构；此外，还需通过由当地农业部门组织的对相关专业知识的考核，对注册资金和经营场所等也有了新的要求，达到这些要求后才能获得农业部门核发的农药经营许可证，再凭许可证向工商部门申请营业执照。

业内最为关心的莫过于这部《条例》何时出台？实际上，早在去年下半年，就曾有多家媒体披露《条例》修订的进展情况，并有消息人士曾乐观预计新版《条例》有望在去年年底出台。然而，进入2011年，新《条例》却迟迟不见动静。

对此，农业部有关负责人透露，就《条例》修订情况而言，农业部方面的相关工作已经结束，去年年底就已将草案上交国务院，目前由国务院法制办牵头做后续工作，预计最快上半年出台。但也有消息人士透露，由于牵涉到部门较多，各方利益博弈仍难以达成一致，尤其对农药经营方面的意见尚存分歧，新《条例》的出台仍存在变数。

为何迟迟无法出台

有参与新《条例》起草的消息人士告诉南方农村报记者，如果相关利益部门的意见不能尽快达成一致，新《条例》出台恐怕还要推迟。据介绍，新《条例》虽然由农业部负责起草，但农药行业还牵涉工商、质监、安监、供销社等政府部门。因此，作为行业主管法规的修订还需要充分征求各方意见，尤其针对农药经营领域，与供销社和工商部门关系最为密切。该消息人士透露，相关利益部门对新《条例》在经营方面的规定分歧较大，“目前阻力最可能在供销社系统，因为取消专营权的做法对他们的利益有直接影响。”

正如一位业内人士分析，一旦按照新修订草案中的规定实施，供销社将立即失去其在农药经营领域所拥有的特殊地位。失去了政策的庇护，会让近年来旨在重建昔日渠道的供销社面临基层个体户的激烈竞争，这显然是当前“网断、线破、人散”的基层供销社所不愿意看到的。

阻力还可能是来自于一些决策者的观念问题。“毕竟农药能够对人的健康造成威胁，况且食品安全问题越来越受到社会关注。”一位企业人士说，政府可能会认为，垄断经营渠道能够保证农药产品的质量以及方便监管农产品药残超标等问题。

事实上，由于去年年初的毒豇豆事件，海南政府已被迫采取农药专营制度。不少业内人士猜测，海南的做法一定得到了高层的认可，并会对新《条例》的出台产生影响，农药流通体制改革也因此再生变数。

专家有忧虑经销商很期待

华星化工营销总监尹友本：提高了门槛，达不到要求的经营者会被淘汰，此举无论对上市公司还是对其他正规生产企业都是积极的。现在市场比较混乱，究其原因，就是因为缺乏对经营企业的有效管理。

广东某经销商：工商部门不熟悉农药业务，以往工商部门发证难以考察经营者资质，导致市场鱼龙混杂。如果让农业部门对准入门槛把关，经营者的素质肯定会明显提高。希望新政策早点出来，个体户也能凭实力正大光明地从事经营。

山东省农科院土肥所研究员高弼模：当前农药的滥用问题，关键不在销售环节，而在于使用环节，农民过量违规用药靠许可经营制度无法解决。

中国农药工业协会秘书长孙叔宝：在目前体制下，区分运动员、裁判员比较难，发证的管理形式可能会加剧不合理竞争，并为政府部门提供寻租空间。要让这一制度真正利于行业发展，必须保证相应的监督机制到位。

中国化工农化总工程师郑先海：农业部门不能又管理又经营，他们的任务应该是在指导农民科学用药上下功夫，并提高自身的技术服务水平。

经营农药需具备什么条件

经营农药需要符合什么条件？知情人士透露，新《条例》做出规定：（一）有与所经营农药经营相适应的植物保护或农药技术人员，并经县级以上地方人民政府农业行政主管部门考核合格；（二）有与所经营农药相适应的营业场所、设备、仓储设施；（三）有与所经营农药相适应的管理制度和管理手段；（四）有与所经营农药经营相适应的安全防护设施和措施。

上述只是原则性规定，具体资质要求则须由各省根据实际情况制定相关细则。例如，《浙江省农作物病虫害防治条例》对人员要求就有明确规定，有不少于一名的植保专业技术人员。

对比新旧《条例》，主要的差别在审批权归属。旧《条例》规定审批权归县级工商部门，新《条例》则规定由县级农业部门发放经营许可。

前置审批违背行政许可法吗

一旦新《条例》实施，这意味着，自2004年《行政许可法》出台取消对农药经营前置审批后，中止6年之后的农药经营许可制度将重启。此举在业内引起了广泛关注，有人质疑这种做法是否与《行政许可法》相抵触？

对此，南方日报律师事务所彭春文律师解释，由于农药属于"直接关系人身健康"的特定活动，按照《行政许可法》有关规定，可以设定行政许可。目前，法律层面尚未对农药设定行政许可制度。因此，作为国务院指定的行政法规《条例》有权设定行政许可。即《条例》设定行政许可制度，也合乎《行政许可法》。

■各地做法

浙江：实行农药经营实行许可制度。未经许可，任何单位和个人不得从事农药经营。申领农药经营许可证的，应当向县级以上农业主管部门提出申请，农药经营许可证有效期为三年。

山东：已公布《山东省农产品质量安全条例（草案）》，提出实行农药经营许可制度。未依法取得农药经营许可证，擅自经营农药的，将被责令停止经营。

海南：实施农药批发专营特许制度和农药零售经营许可制度，其价格实行政府指导价或政府定价。

// 新规 // 将精简生物农药登记程序

近两年有关生物农药发展的利好消息不断。3 月 30-31 日在海南省海口市召开的“生物农药发展与应用经验交流会”上农业部农药检定所药政处处长季颖透露为鼓励生物农药产业发展减免登记资料以及缩短登记时间《生物农药登记资料补充规定》（下称“补充规定”）可能在年底先于新修订的《农药管理条例》出台。

高毒农药禁用和农产品质量安全要求提高为生物农药发展提供了前所未有的机遇。农业部种植业管理司农药处黄绍哲介绍目前全国使用生物农药的作物面积约 4 亿亩次而且今年在北京、上海和山东等八省（市）启动了低毒生物农药实行补贴示范推广项目“这是生物农药发展的一件大事”。但是生物农药在登记产品中占有比例较小。季颖总结截至 2010 年底包括抗生素（如阿维菌素、井冈霉素）登记生物农药有效成分 73 个产品约 2500 个占整个登记有效成分 (650 个）的 11.2% 占已登记产品总数 (2.7 万个）的 9.3%；若不包括抗生素生物农药登记产品占登记产品总数不到 3%。

为鼓励生物农药产业符合形势要求我国将参照世界一些发达国家将生物农药和化学农药分类对待的经验一定程度减免生物农药登记材料、手续和缩短登记年限。黄绍哲表示国外的做法归纳起来主要包括缩短评审时间、加快审批进度（如美国）；接受公布的数据（如权威官方网站的数据）减免相关试验减少登记成本；减免一定的登记资料如制定豁免名单；成立专门的项目资助生物农药的登记（如荷兰）。

“农业部正在积极征求有关《补充规定》各方意见有可能在年底出台。”季颖透露拟先于新修订《农药管理条例》以农业部部长令形式发布。但她也表示《补充规定》出台会存在一定的风险一是生物农药自身的弱势问题如药效缓慢；二是安全性问题多数低毒、低残留、对环境安全但是少数在杂质（如植物源农药）、致病性 （如微生物农药）及内分泌干扰（如生物化学农药、抗生素农药）等对人类存在风险。某些急性毒性较低并不意味着不存在慢性毒性风险；三是产品研发和质量提高问题生物农药登记门槛降低登记成本降低更多中小型企业参与生物农药登记和生产；四是监管问题质量检测上仍存在诸多技术难题标准缺失、手段落后、添加化学农药检测不够质量监管的任务和压力将加大“不过总体来说生物农药发展利大于弊”。

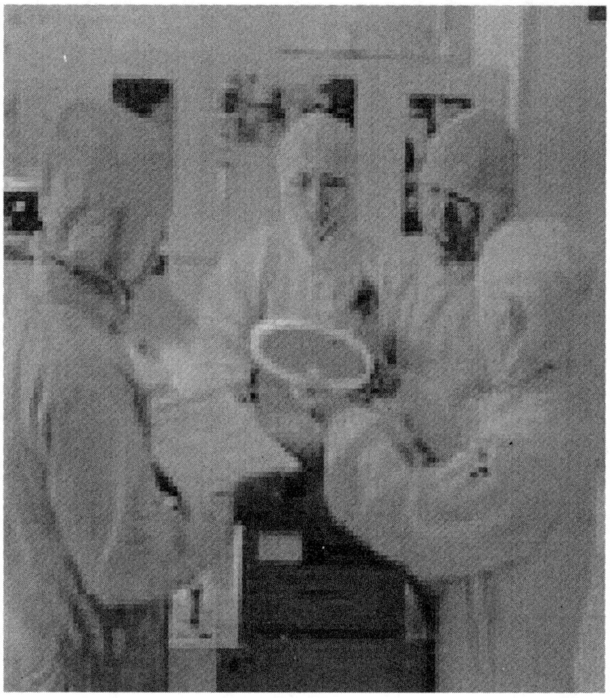

据了解“生物农药发展与应用经验交流会”由中国农药发展与应用协会主办、海南正业中农高科股份有限公司承办共有 150 多名参会代表。会议除了探讨生物农药行业热点话题、交流使用经验外 3 月 31 日与会代表还前往海南省万宁市礼纪镇豇豆生产基地和琼海市博鳌镇国家农业部蔬菜标准园参观绿色防控技术推广示范基地。

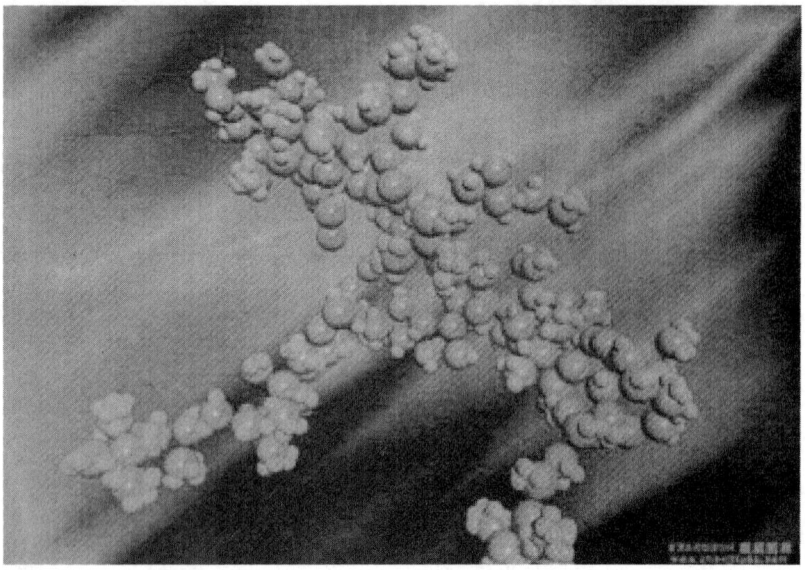

政策解读：加强高毒农药监管

当前正值农业生产和农药使用旺季，农业部、工信部、国家工商总局、国家质检总局等十部门日前联合印发了《关于打击违法制售禁限用高毒农药 规范农药使用行为的通知》，就规范农药安全使用、整顿农药经营秩序、加强农药产品质量监管、清理高毒农药生产企业等工作做出部署。本报记者就此专门采访了农业部种植业司相关负责人。

我国农药质量总体上升

最近，农业部组织了今年第一次农药产品质量监督抽查，共抽查到521个农药样品，经检验，合格样品450个，合格率为86.4%，比去年提高了3.8个百分点，农药质量总体上升。不合格样品71个，其中，检出假农药41个。质量不合格产品存在的主要问题为标明的有效成分未检出、擅自加入其他农药成分、有效成分含量不足等。在所有擅自添加其他农药成分的产品中，有1个检出国家禁止使用农药对硫磷；有8个添加了高毒农药成分，占不合格农药样品的11.3%。

清查农药产品禁用成分

海南豇豆、山东含磷韭菜等农产品质量安全事件相继发生，暴露出我国高毒农药的生产、经营、使用等环节还存在一些急需解决的问题。当前农药市场监管重点是禁用、限用高毒农药和打击制售假劣农药行为。最近，农业部召开了禁限用高毒农药管理座谈会，就落实十部门《通知》要求，开展禁限用高毒农药专项治理行动作出了总体部署，并联合十部门派出两个督导组，督导各地落实《通知》的相关措施。

各地农业部门将配合有关部门开展高毒农药生产企业的清查，重点核查各企业是否具备农药生产定点资质和农药生产条件，所生产的产品是否取得农药登记证、生产许可证或农药生产批准文件，农药产品是否含有禁用成分。对不符合法定条件的，立即责令停止生产，并报请国务院有关部门按照各自职责撤销相应农药生产定点资质、生产许可证、生产批准文件、农药登记证等许可证。生产高毒农药的企业要建立健全高毒农药原料采购以及生产销售台账，掌握高毒农药生产数量和销售流向。

健全完善农产品生产记录

各地农业部门要重点加强对蔬菜、水果等鲜食农产品生产企业、农民专业合作社的技术指导，特别是进一步督促其健全和完善农产品生产记录，对生产的农产品进行自检或委托检验，防止不合格农产品上市。要加大对农民合理使用农药的培训力度，指导农民科学、合理使用农药。要大力推广绿色防控和高效、安全施药技术，推进农药“统购、统供、统配和统施”服务，防止滥用、乱用、误用农药。要严格执行安全间隔期制度，特别强调高毒农药不得用于蔬菜水果等作物，确保农产品质量安全。

四部门 –联合发布《农药工业产业政策》

中华人民共和国工业和信息化部

中华人民共和国环境保护部

中华人民共和国农业部

国家质量监督检验检疫局

公告

工联产业政策【2010】第 1 号

为贯彻落实《农药管理条例》和《国务院关于印发石化产业调整和振兴规划的通知》的要求，规范和引导我国农药产业健全、可持续发展，我们制定了《农药产业政策》，现予以公告。

附件：农药产业政策

二〇一〇年八月二十六日

农药工业产业政策

农药是重要的农业生产资料和救灾物资，对防治农业有害生物防治，保障农业丰收，提高农产品质量，确保粮食安全，以及控制卫生、工业等相关领域的有害生物起着不可或缺的作用。经过半个多世纪的发展，我国农药的生产能力和产量已经处于世界前列，不仅能够满足国内农业和相关领域的需求，而且成为全球重要的农药生产和出口国。但是，在农药工业快速发展中，存在重复建设严重、产能过剩、行业结构性矛盾突出、经营秩序混乱等问题，影响了农药工业的可持续发展。为加快农药工业产业结构调整步伐，增强农药对农业生产和粮食安全的保障能力，引导农药工业持续健康发展，依据国家相关法律法规，特制定本政策。

第一章　政策目标第一条　　确保农业生产和环境生态安全。通过政策的制定和实施，提高农药对粮食等作物生产的保障能力，确保农业生产和农产品质量安全，确保环境生态安全，促进农药行业持续健康发展。

第二条　　控制总量。全面权衡国内外需求、经济效益与社会、资源、环境等关系，坚持适时、适度、有序发展的原则，遏制追求局部利益、忽视资源消耗、造成环境污染的盲目扩张和重复建设行为，严格控制农药生产总规模，将农药工业的发展模式由量的扩张转向质的提高。

第三条　　优化布局。促使各地区农药工业合理定位、协调发展。大力推动产业集聚，加快农药企业向专业园区或化工聚集区集中，降低生产分散度，减少点源污染。到2015年，力争进入化工集中区的农药原药企业达到全国农药原药企业总数的50%以上，2020年达到80%以上。

第四条　　加速组织结构调整。大力推进企业兼并重组，提高产业集中度；优化产业分工与协作，推动以原药企业为龙头，建立完善的产业链合作关系。促使农药工业朝着集约化、规模化、专业化、特色化的方向转变。到2015年，农药企业数量减少30%，国内排名前20位的农药企业集团的销售额达到全国总销售额的50%以上，2020年达到70%以上。

第五条　　加快工艺技术和装备水平的提升。严格生产准入，加大技术改造力度，提高新技术和自动化在行业中的应用水平。到

2015年制剂加工、包装全部实现自动化控制；大宗原药产品的生产70%实现生产自动化控制和装备大型化，2020年达到90%以上。

第六条　　提高企业创新能力。进一步夯实创新基础，完善现有农药创新体制和机制，强化知识产权导向，推动农药创新由国家主导向企业或产学研相结合转变。到2015年，国内排名前十位的农药企业建立较完善的创新体系和与之配套的知识产权管理体系，创新研发费用达到企业销售收入的3%，2020年达到6%以上。

第七条　　降低农药对社会和环境的风险。严格农药安全生产和环境保护，强化工艺创新和污染物治理技术的研发与应用，推进清洁生产和节能减排；加快高安全、低风险产品和应用技术的研发，逐步限制、淘汰高毒、高污染、高环境风险的农药产品和工艺技术；建立和完善农药废弃物处理体系，减轻农药废弃物对环境的影响。到2015年，污染物处理技术满足环境保护需要，"三废"排放量减少30%，副产物资源化利用率提高30%，农药废弃物处置率达到30%。到2020年，"三废"排放量减少50%，副产物资源化利用率提高50%，农药废弃物处置率达到50%。

第八条　　规范市场秩序。强化市场监管，规范市场行为，提高监管效率。推进诚信建设，提高行业自律水平，维护公平竞争环境；实施名牌战略，着力培养主导品牌，提高其市场份额。到2015年，在农药市场中拥有驰名商标的农药产品的销售额达到全国农药总销售额的30%以上，2020年达到50%以上。

第九条　　充分发挥市场配置资源、政府宏观调控与中介组织协调的协同作用。理顺和完善农药市场调控、法规管理和中介协调体系，创造公平竞争、充分协调和管理高效的市场环境。

第二章　产业布局第十条　　综合考虑地域、资源、环境和交通运输等因素调整农药产业布局。通过生产准入管理，确保所有农药生产企业的生产场地符合全国主体功能区

规划、土地利用总体规划、区域规划和城市发展规划，并远离生态环境脆弱地区和环境敏感地区。

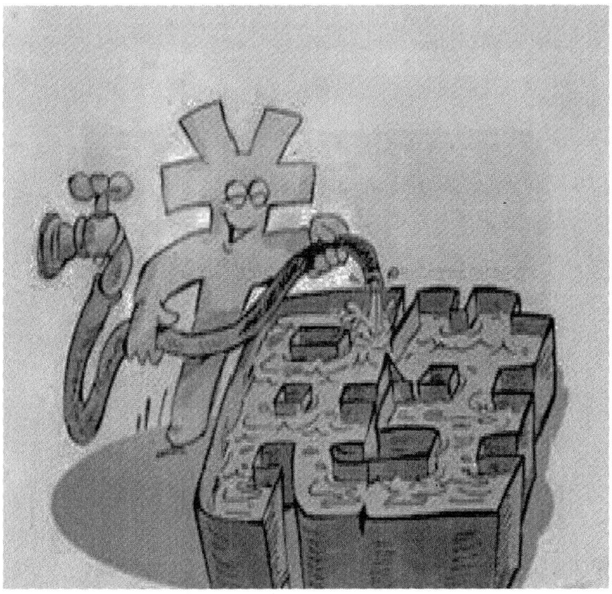

第十一条　　新建或搬迁的原药生产企业要符合国家用地政策并进入工业集中区，新建或搬迁的制剂生产企业在兼顾市场和交通便捷的同时，鼓励进入工业集中区。

第十二条　　对不符合农药产业布局要求的现有农药企业原则上不再批准新增品种和扩大生产能力，推动其逐步调整、搬迁或转产。

第十三条　　严格控制产能过剩地区新增农药厂点和盲目新增产能，限制向中西部地区转移产能过剩产品的生产。引导中、西部地区发展适合本地资源条件、符合当地市场需求的产品。

第三章　组织结构调整第十四条　　完善相关法律法规和政策，鼓励优势企业对其控股、参股、联营、兼并、重组的企业进行生产要素重组和统一品牌经营；支持优势企业异地扩展优势产品生产能力，发展主导品牌；推动社会资源向优势企业几种，支持优势企业做大做强。

第十五条　　在法律法规允许的范围内，促进知识产权、农药登记资料等无形资产合理流动和转移，推动农药行业调整、优化生产要素，实现集约化、规模化生产。

第十六条　　支持农药生产企业跨地区合理利用生产要素，推动已取得相同产品的登记和生产许可的企业间委托生产。

第十七条　　建立和完善原药去向备案制度，推动原药企业与制剂企业通过产品链建立长期稳定的分工、合作关系，形成战略联盟，共创品牌，净化市场。

第十八条　　完善农药企业退出机制。通过严格行业准入条件和限制过剩、淘汰落后，拓宽生产要素合理流动和整合的渠道，完善相关引导政策和退出补偿机制，加快产品结构不合理、技术装备落后、管理水平差、环境污染严重的农药企业退出市场。

第四章　产品结构调整第十九条　　国家通过科技扶持、技术改造、经济政策引导等措施，支持高效、安全、经济、环境友好的农药新产品发展，加快高污染、高风险产品的替代和淘汰，促进品种结构不断优化。

第二十条　　重点发展针对常发性、难治害虫、地下害虫、线虫、外来入侵害虫的杀虫剂和杀线虫剂，适应耕作制度、耕作技术变革的除草剂，果树和蔬菜用新型杀菌剂和病毒抑制剂，用于温室大棚、城市绿化、花卉、庭院作物的杀菌剂、种子处理剂和环保型熏蒸剂，积极发展植物生长调节剂和水果保鲜剂，鼓励发展用于小宗作物的农药、生物农药和用于非农业领域的农药新产品。

大力推动农用剂型向水基化、无尘化、控制释放等高效、安全的方向发展，支持开发、生产和推广水分散粒剂、悬浮剂、水乳剂和微胶囊剂和大粒剂（片剂）等新型剂型，以及与之配套的新型助剂，降低粉剂、乳油、可湿性粉剂的比例，严格控制有毒有害溶剂和助剂的使用。

鼓励开发节约型、环保型包装材料。

第二十一条　　加强非农用市场的研究，积极开发适销对路的产品和使用技术，拓展农药应用范围，满足国民经济相关领域的需求。

第二十二条　　国家适时发布鼓励、限制、淘汰的农药产品目录，并通过土地、信贷、环保等政策措施严格控制资源浪费、“三废”排放量大、污染严重的农药新增产能，禁止能耗高、技术水平低、污染物处理难的农药产品的生产转移，加快落后产品淘汰。

第五章　技术政策第二十三条　　支持和鼓励企业运用新技术和新装备，加快技术进步，提高信息化水平，实现生产连续化、控制自动化、设备大型化、管理现代化。

第二十四条　　重点支持农药核心技术、关键共性技术的开发和应用，加强高效催化、高效纯化、定向合成、手性异构体深度利用、生物技术的应用，加快低溶剂化、水基化、缓释化制剂及高效、经济的“三废”治理等技术的研发与推广。

第二十五条　　国家继续将农药作为高新技术产业，在基础平台建设、创新体系完善和新品种创制等方面给予扶持，支持企业建立技术中心，与研究单位、高等院校等组成产学研实体。国家组织制定《农药工业技术发展指南》，引导企业、科研单位和高等院校开展有针对性的创新工作。

第二十六条　　鼓励农药企业采用投资、合资、合作、并购等方式到境外设立技术研发机构，广泛吸纳国际先进技术和优秀人才。支持企业、研究单位到海外申请专利、登记产品和注册商标。

第二十七条　　完善知识产权管理机制，从科研、生产到销售、出口等环节，强化知识产权意识，提升农药企业知识产权的创造、运用和保护能力。

第二十八条　　国家结合农药行业发展情况，适时更新和发布鼓励、限制和淘汰的工艺技术与装备目录，引导和规范投资，促进技术进步，提高行业整体水平。

第二十九条　　在农药行业全面推行ERP（企业资源计划，如SAP）等信息管理体系，全面提高农药企业信息化管理水平。

第六章　生产管理第三十条　　国家对农药生产实行准入管理、对农药产品实行登记和生产许可制度，未经核准的企业不得从事农药生产，未取得登记和生产许可的产品不得生产、销售、出口和使用。农药生产和登记管理部门应及时向社会公布农药企业核准、延续核准、产品登记和生产许可信息。

第三十一条　　国家对农药企业生产升级和新增生产类型以及企业搬迁视同新开办农药厂点实行准入管理。

第三十二条　　建立包括农药准入许可、生产、销售、环保、出口、诚信记录、知识产权等相关内容的农药企业信息库，逐步实现工业、农业、环保、工商、质检、海关、统计、知识产权等相关部门的信息资源共享，提高管理效率。

第三十三条　　农药企业要建立健全从原料购进到产品销售、出口全过程的相关数据档案，完善产品质量的可追溯制度。

第三十四条　　建立和完善国家防灾减灾农药储备和预警机制，加大农药淡季储备投入，提高应对突发自然灾害的能力。完善税收和信贷政策，根据国内外市场变化和淡旺季节差异，调节农药进出口，确保农药市场供应。

第三十五条　　规范并加强农药产品质量标准的制定和管理工作体系，确保农药产品标准制定科学、统一。积极推动标准的制定、修订和完善，并加大标准贯彻执行力度，确保产品质量。

第三十六条　　加强统计工作，确保农药统计数据的真实、准确。农药生产企业要按照《中华人民共和国统计法》的要求，严格执行国家统计制度，认真按照统计指标含义和填报要求，准确填报统计数据。生产主管部门要协助统计部门做好农药生产统计工作。行业协会要协助统计部门加强数据审核工作。为农药法律法规、行业规划、产业政策、标准规范等制定和实施提供决策依据。

第七章　进出口管理第三十七条　　改进农药进出口管理制度。加强出口农药的生产准入、生产许可和登记审核。禁止环保不达标的企业生产和出口农药。限制或禁止列入“双高”目录的农药产品进出口。

第三十八条　　强化农药外贸企业的相关资质审查，鼓励农药外贸企业和合法农药生产企业建立稳定的合作关系。严禁借证、套证等非法出口行为。

第三十九条　　完善原药和制剂产品的相关税收政策，鼓励农药深加工产品出口，提高附加值和出口竞争力。制定限制高污染、高环境风险农药产品出口的相关税收政策，优化农药产品出口结构。

第四十条　　加强进口农药的原产地标识、登记和产品质量等管理，确保消费者的知情权和市场公平竞争。

第四十一条　　建立农药产品进出口信息平台和预警机制，加强农药国际交流和国际农药发展态势研究，积极应对国际贸易摩擦，保护企业合法权益。

第四十二条　　健全相关风险基金、信用担保、投融资机制，支持有条件的农药生产企业到境外兼并重组、扩展生产能力，拓展国际市场。

第八章　市场规范

第四十三条　　推动农药市场监管的有效整合，明确职责、合理分工，确保权力和责任统一，提高市场监管效率，维护公平竞争秩序。

第四十四条　　建立并完善社会举报渠道和举报奖励制度，提高社会监督效率。

第四十五条　　加强农药企业品牌建设和商标管理，实现由产品经营向品牌经营转变。鼓励企业实施品牌和商标发展战略，充分发挥优势农药品牌的带动和银铃作用，支持企业之间开展品牌联合或整合经营，扩大优势品牌的市场份额。

第四十六条　　鼓励创新营销模式和开发安全、环保的农药使用技术，强化企业对农药使用的指导，提高科学用药水平，减少农药的浪费及其对环境的污染。

第四十七条　　建立和完善重大事故应急处置制度和机制。试行问题产品召回、处置制度和损失赔偿基金制度。

第九章　中介组织

第四十八条　　支持相关行业协会、商会、咨询机构和产品检测、认证机构等中介组织的建设，完善组织体系和服务定位。鼓励农药企业积极加入行业协会、商会等中介组织。

第四十九条　　大力发挥行业协会、商会等社会中介组织在有关农药规划、政策制定、生产和进出口、贸易争议及知识产权保护中的作用，进一步完善政府征询、购买服务、工作委托等制度，提高中介组织的参与度和影响力。

第五十条　　支持行业协会、商会围绕规范市场秩序，健全各项自律性管理制度，约束机制和行业协调机制，提高行业自律水平。制订并组织实施行业职业道德准则，大力推动行业诚信建设，维护公平竞争的市场环境。行业协会、商会等中介组织应建立和完善信息统计与发布、技术开发与交流、知识产权资讯、管理创新、人才培养、进出口协调、贸易促进、争端与摩擦协调等服务平台，提高服务水平和质量。

第五十一条　　大力推动合法检测和认证机构的检测、认证结果在各部门的平等忍痛工作，积极维护检测、认证机构的第三方公正地位。

第十章　社会责任第五十二条　　严格执行国家和地方相关环境保护、污染治理和清洁生产、农药管理等法律法规、标准及总量控制要求，完善污染预防和治理措施，努力降低农药企业产污强度，严格控制污染物排放，

定期开展清洁生产审核工作，全面改善农药生产对环境和社会的影响。

第五十三条　　加快农药工业综合能耗、资源消耗、污染物排放等标准的制定，加强综合利用，提高资源利用率。

第五十四条　　鼓励和支持农药企业使用可循环、环保的包装材料，强化农药企业回收处理过期、废弃农药和包装物的责任，支持有条件的企业回收处理农药废弃包装物，减少农药废弃物的污染。

第五十五条　　推行“责任关怀”体系建设，建立评定标准、评价指标以及有效的监查、评估和约束机制。建立和完善环境污染责任保险制度。

第五十六条　　加快农药行业诚信体系建

设，开展农药企业信用评级，引导农药企业遵守商业道德、诚信经营、提高服务质量和水平。

第五十七条　　农药企业应当履行社会责任，积极配合国家应对自然灾害或突发事件，服从国家在特殊时期的计划安排、调拨和征用。

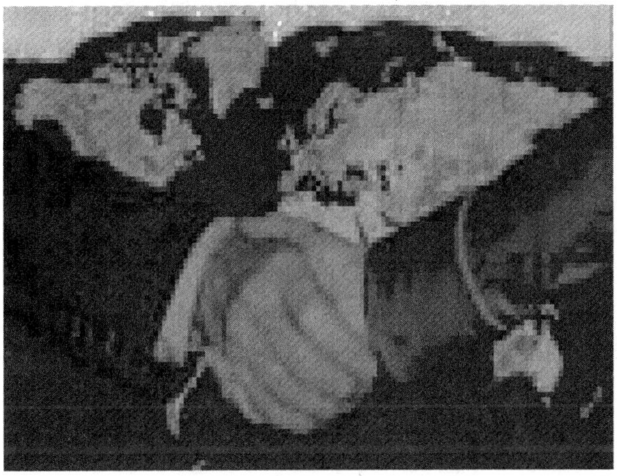

第十一章　其他

第五十八条　　国家制定农药产业政策和农药工业发展规划，加强和规范行业管理，引导行业健康、有序和可持续发展。

各地农药生产主管部门，应贯彻执行国家农药产业政策和农药工业发展规划，并根据本地实际情况，制定本地区农药工业发展规划，指导本地农药工业的发展。

第五十九条　　有关农药管理部门要按照《农药管理条例》和相关法律法规，各司其职，加强部门间沟通与协调，形成合力，提高管理效率。

第六十条　　境外投资者在中国内地投资农药工业的，按本政策的规定执行。

第六十一条　　本政策自发布之日起实施，由工业和信息化部、农业部、环境保护部，质检总局依据各自职责分工负责解释，并根据产业发展情况会同有关部门及时进行修订。

农业部办公厅

关于开展农资打假秋冬季行动的通知

各省、自治区、直辖市农业（农牧、农村经济）厅（局、委、办），新疆生产建设兵团农业局：

为认真贯彻落实九部委《2012 年全国农资打假和监管工作要点》和农业部《2012 年全国农资打假专项治理行动实施方案》，巩固专项治理已经取得的成果，进一步把农资打假专项治理行动推向深入，保障秋冬种农业生产顺利进行和农产品质量安全，确保全年粮食增产和农民增收，我部决定从即日起至 11 月底集中组织开展为期两个月的农资打假专项治理秋冬季行动。现将有关事项通知如下：

一、提高认识，切实增强开展秋季农资打假的紧迫感和责任感

目前，各地秋冬季农业生产已经陆续开展，农资市场又将进入全年第二个购销旺季，各地要进一步增强农资打假与监管工作的紧迫感与责任感，根据当地秋冬种农业生产和农资需求特点，尽快制定切实可行的专项治理秋季行动工作方案，突出重点，明确分工，加大农资市场监管力度，严厉打击各种制售假劣农资违法违规行为，确保秋冬种农业生

产顺利进行和农产品质量安全。

二、突出重点，扎实开展农资打假专项治理秋冬季行动

（一）加大重点产品监管力度。各地要结合当地实际，采取有效措施，明确监管重点，严厉查处生产经营假劣种子、套牌侵权、无证生产经营、未审先推、包装标签不规范等违法行为；严厉查处生产经营违法添加高毒农药等未登记成分、有效成分不足等假劣农药和无证生产、一证多用、套用或冒用证件等违法行为；严厉查处复混肥料、有机肥料、水溶肥料、秸秆腐熟剂等产品中有效成分不足、未经登记、一证多用、假冒伪造登记证、肥料产品标称具有农药功能等违法行为。要加强对主要农资生产、销售和使用地区，小规模农资生产经营主体聚集地区，主要农作物种子生产区，区域交界处假劣农资游商游贩活动活跃区域的监管。对农资问题突出、反复发生、秩序混乱、假劣农资重大案件多发的地区要实行集中督查督办。

（二）积极开展农资质量监督抽查。各地要结合秋冬种生产特点和区域特点，实行定期定点例行监测和动态监测相结合，将群众反映较多、问题突出的区域、市场、产品和企业纳入重点监测范围内。重点加强种子发芽率、纯度、净度等质量指标，杀虫剂、杀菌剂和种子包衣剂质量，农药、肥料有效成分含量以及是否含有高毒剧毒农药和未登记成分等的监督抽查，监测结果和处理意见要依法公开通报，发布预警信息，引导农民放心消费。坚持检打联动，对抽检不合格的产品，要及时立案查处，或按规定移交有关部门查处，追溯制假售假源头，确保农业生产安全。

（三）严厉查处假劣农资坑农害农案件。各地要严格按照“五不放过”原则，加大农资违法案件查处力度，严厉打击制假售假黑窝点，对于情节恶劣、影响范围大的案件，要迅速调查取证，涉嫌犯罪的，要坚决按照有关规定移送司法机关查处。对市场检查、

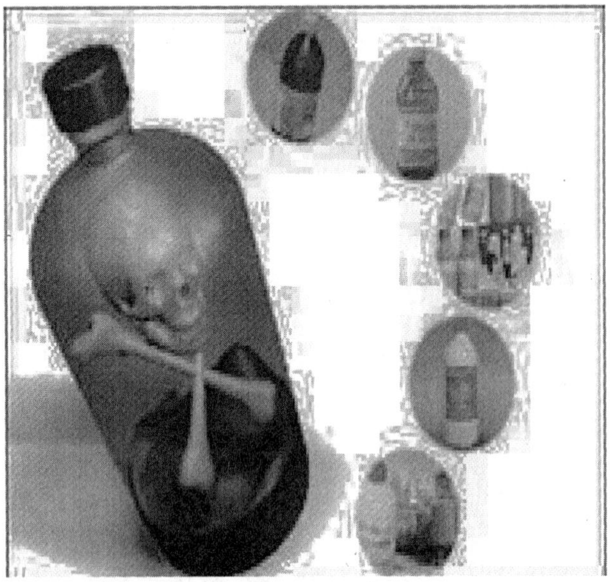

投诉举报、媒体披露等各种途径发现的问题，要按要求认真进行核查，及时处理。对跨省案件，要按照《农资打假省际联合执法协调配合机制》要求，及时通报案件线索，发送协查通知，上报案件信息，确保彻查来源和去向，端掉窝点，消除危害。

三、加强组织，坚决把秋冬季行动工作措施落到实处

农资打假秋冬季行动内容多，任务重，涉及面广。各级农业部门要积极发挥牵头作用，加强与公安、工商、质监等部门的配合，开展联合执法，加强信息沟通，提高农资打假齐抓共管的整体效能。各地在农资打假秋季行动中，要认真总结成效、经验和问题，提出工作建议，同时要分析本地农资监管的新情况、新特点，探索农资监管工作的新思路。要加强信息统计和报送工作，及时报告重要信息、重大案件和突发事件。农资打假秋季行动工作总结、情况统计表和大要案统计表，请于11月底前报送我部农产品质量安全监管局。

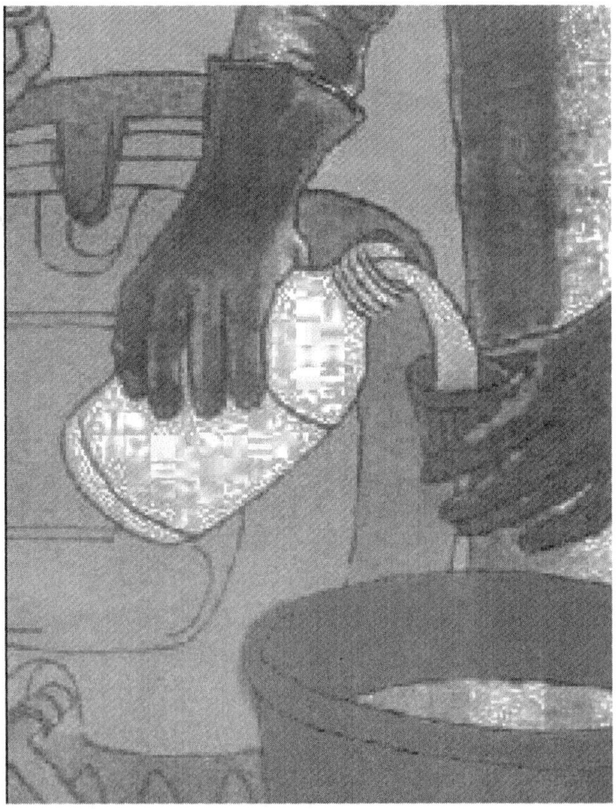

农业部关于统一农业综合执法标识的通知

各省、自治区、直辖市农业（农牧、农村经济）厅（局、委）：

为深入推进农业综合执法规范化建设，进一步规范农业执法行为，提升农业执法形象，便于社会公众监督，我部在深入调研的基础上，结合农业执法特点并借鉴一些地方和其他部门经验，确定了农业执法标识，决定自2012年10月1日起在全国统一使用。现将有关事项通知如下：

一、标识构成

农业执法标识由文字和图形构成，主色调为绿色和金色，内侧绕排“农业执法”中英文，图形包括麦稻穗、盾牌和天平；其中麦稻穗代表农业，盾牌寓意农业执法对农业农村发展和农民权益的保障，天平体现公平公正的执法理念。

二、适用领域

农业执法标识主要适用于农业综合执法。

三、用途用法

农业执法标识用于农业综合执法机构办公场所、执法车辆及装备、执法服装、执法网站、会议培训、法制宣传等。在使用农业执法标识时，可根据需要等比例放大或缩小，但不得随意改变标识的内容、结构和颜色。

四、权利归属

农业执法标识的所有权归农业部所有。未经许可，任何单位和个人不得将该标识或与该标识相似的标识作为商标注册，也不得擅自使用。

工信部：关于规范农药产品生产批准证书审批程序的通知

各省、自治区、直辖市工业主管部门、中国农药工业协会：

为保障农药生产和农业用药需求，确保农药产品及时有效换证，经研究，拟对农药产品生产批准证书审批程序进行调整，有关事项通知如下：

一、简化换证审批工作程序流程

（一）将形式审查、专家初审、专家委员会评审合并为专家委员会集中评审，有关评审结果和未通过原因由中国农药工业协会每月定期上报工业和信息化部原材料工业司（2 周内完成）。

（二）通过评审的产品在工业和信息化部网站上进行公示，未通过评审的产品由工业和信息化部原材料工业司将原因函告有关省工业主管部门（1 周内完成）。

（三）通过评审的产品若公示期内无异议，即办理备案手续，换发生产批准证书（1 周内完成）。

（四）对公示期间有异议或专家评审中需补充材料的产品由工业和信息化部原材料工业司组织专家进行复审（1 周内完成）。

（五）专家复审通过的产品在工业和信息化部网站上进行公示（1 周内完成）。

（六）专家复审通过的产品在公示期内无异议的，即可办理备案手续，换发生产批准证书（1 周内完成）。

按照上述程序，1 个月可完成全部审批

流程，需补充材料的产品经专家复议通过的，2个月内可以换发批准证书。

二、规范申报资料要求和填写内容

为方便专家委员会加快工作进度，避免企业反复补充资料，延误时间，提高评审通过率，申报材料应严格按照规范要求填写上报（见附件1、2）。各级工业主管部门应按照附件1、2内容对农药企业相关人员进行培训，严把资料初审关。

三、开展审批工作下放试点

为进一步提高工作效率，拟选取2-3个省进行试点，采取各省自愿申报、专家委员会评选、轮换安排的原则（具体细则另行制定），由工业和信息化部原材料工业司委托省工业主管部门对换证产品生产条件进行评审，评审结果直接在工业和信息化部网站上进行公示，而不再委托中国农药工业协会组织评审。公示期无异议的，即办理换证备案手续。

四、严格控制新增农药企业和农药产品（含农药中间体）

“十二五”是我国农药行业加快产业转型升级的重要时期，各级工业主管部门要以做好农药行政许可工作为抓手，贯彻落实好

《农药工业“十二五”发展规划》和农药产业政策，优化产业布局，严格控制新增农药企业和农药产品（含农药中间体）。新增农药企业和农药产品（含农药中间体）将按照农药产业政策和“十二五”农药发展规划的要求由省级工业主管部门报工信部原材料工业司审查备案，从严控制。申请颁发农药产品生产批准证书文件及相关资料由省级工业主管部门报送工信部原材料工业司。

特此通知。

二〇一二年三月一日

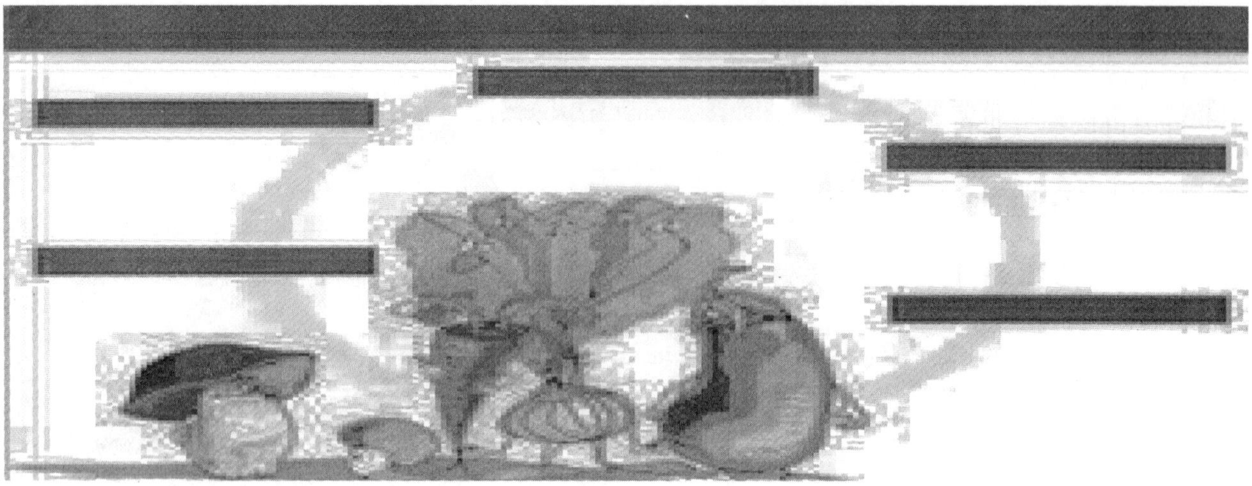

农业生产资料市场监督管理办法

（国家工商行政管理总局令第 45 号）

第一条　为了加强农业生产资料（以下简称农资）市场管理，规范农资市场经营行为，保护经营者和消费者，特别是维护农民的合法权益，保障粮食生产，促进农村改革发展，根据《产品质量法》、《种子法》、《农业机械化促进法》、《农药管理条例》等有关法律、法规，制定本办法。

第二条　在中华人民共和国境内的农资经营者和农资交易市场开办者，应当遵守本办法。

第三条　本办法所称农资，是指种子、农药、肥料、农业机械及零配件、农用薄膜等与农业生产密切相关的农业投入品 。

本办法所称农资经营者，是指从事农资经营的自然人、企业法人和其他经济组织。

第四条　工商行政管理部门负责农资市场的监督管理，依法履行下列职责：

（一）依法监督检查辖区内农资经营者的经营行为，对违法行为进行查处；

（二）依法监督检查辖区内农资的质量，对不合格的农资进行查处；

（三）依法受理并处理辖区内农资消费者的申诉和举报；

（四）依法履行其它农资市场监督管理职责。

第五条　农资经营者和农资交易市场开办者，应当依法向工商行政管理部门申请办理登记，领取营业执照后，方可从事经营活动。

法律、行政法规或者国务院决定规定设立农资经营者和农资交易市场开办者须经批准的，或者申请登记的经营范围中属于法律、行政法规或者国务院决定规定在登记前须经批准的项目的，应当在申请登记前，报经国家有关部门批准，并在登记注册时提交有关批准文件。

第六条　申请从事化肥经营的企业、个体工商户、农民专业合作社，可以直接向工商行政管理部门申请办理登记。企业从事化肥连锁经营的，可以持企业总部的连锁经营相关文件和登记材料，直接到门店所在地工商行政管理部门申请办理登记。

申请从事化肥经营的企业、个体工商户应当有相应的住所、经营场所；企业注册资本（金）、个体工商户的资金数额不得少于3万元人民币。申请在省域范围内设立分支机构、从事化肥经营的企业，企业总部的注册资本（金）不得少于1000万元人民币；申请跨省域设立分支机构、从事化肥经营的企业，企业总部的注册资本（金）不得少于3000万元人民币。

专门经营不再分装的包装种子的，或者受具有种子经营许可证的种子经营者的书面委托为其代销种子的，或者种子经营者按照经营许可证规定的有效区域设立分支机构的，可以直接向工商行政管理部门申请办理登记。

第七条　农民专业合作社向其成员销售农资的，可以不办理营业执照。

农民个人自繁、自用的常规种子有剩余的，可以在集贸市场上出售、串换，可以不办理种子经营许可证和营业执照。

第八条　农资经营者应当依法从事经营活动，并接受工商行政管理部门的监督管理，不得从事下列经营活动：

（一）依法应当取得营业执照而未取得

营业执照或者超出核准的经营范围和期限从事农资经营活动的；

（二）经营国家明令禁止、过期、失效、变质以及其他不合格农资的；

（三）经营标签标识标注内容不符合国家标准，伪造、涂改国家标准规定的标签标识标注内容，侵犯他人注册商标专用权，假冒知名商品特有的名称、包装、装潢或者使用与之近似的名称、包装、装潢的农资的；

（四）利用广告、说明书、标签或者包装标识等形式对农资的质量、制作成分、性能、用途、生产者、适用范围、有效期限和产地等做引人误解的虚假宣传的；

（五）其他违反法律、法规规定的行为。

第九条　农资经营者应当对其经营的农资的产品质量负责，建立健全内部产品质量管理制度，承担以下责任和义务：

（一）农资经营者应当建立健全进货索证索票制度，在进货时应当查验供货商的经营资格，验明产品合格证明和产品标识，并按照同种农资进货批次向供货商索要具备法定资质的质量检验机构出具的检验报告原件或者由供货商签字、盖章的检验报告复印件，以及产品销售发票或者其他销售凭证等相关票证；

（二）农资经营者应当建立进货台账，如实记录产品名称、规格、数量、供货商及其联系方式、进货时间等内容。从事批发业务的，应当建立产品销售台账，如实记录批发的产品品种、规格、数量、流向等内容。进货台账和销售台账，保存期限不得少于2年；

（三）农资经营者应当向消费者提供销售凭证，按照国家法律法规规定或者与消费者的约定，承担修理、更换、退货等三包责任和赔偿损失等农资的产品质量责任；

（四）农资经营者发现其提供的农资存在严重缺陷，可能对农业生产、人身健康、生命财产安全造成危害的，应当立即停止销售该农资，通知生产企业或者供货商，及时

向监管部门报告

和告知消费者，采取有效措施，及时追回不合格的农资。已经使用的，要明确告知消费者真实情况和应当采取的补救措施；

（五）配合工商行政管理部门的监督管理工作；

（六）法律、法规规定的其他义务。

第十条　农资交易市场开办者应当遵守相关法律、法规，建立并落实农资的产品质量管理制度和责任制度，承担以下责任和义务：

（一）审查入场经营者的经营资格，对无证无照的，不得允许其在市场内经营。

（二）明确告知入场经营者对农资的质量管理责任，以书面形式约定入场经营者建立进货查验、索证索票、进销货台帐、质量承诺、不合格产品下架、退市制度，对种子经营者还应当要

求其建立种子经营档案；

（三）建立消费者投诉处理制度，配合有关部门处理消费纠纷；

（四）配合工商行政管理部门的监督管理，发现经营者有本办法第八条所禁止行为的，应当及时制止并报告工商行政管理部门；

（五）法律、法规规定的其他义务。

第十一条　工商行政管理部门应当建立下列制度，对农资市场实施监督管理：

（一）实行农资经营者信用分类监管制度；

（二）按照属地管理原则，实行农资市场巡查制度；

（三）实行农资市场监管预警制度，根据市场巡查、消费者申诉、举报和查处违法行为记录等情况，向社会公布农资市场监管动态信息，及时发布消费警示；

（四）建立12315消费者申诉举报网络，及时受理和处理农资消费者咨询、申诉和举报。

第十二条　工商行政管理部门监督管理农资市场，依据《行政处罚法》、《产品质量法》、《反不正当竞争法》、《无照经营

查处取缔办法》等法律、法规的有关规定，可以行使下列职

权：

（一）责令停止相关活动；

（二）向有关的单位和个人调查、了解有关情况；

（三）进入农资经营场所，实施现场检查；

（四）查阅、复制、查封、扣押有关的合同、票据、账簿等资料；

（五）查封、扣押有证据表明危害人体健康和人身、财产安全的或者有其他严重质量问题的农资，以及直接用于销售该农资的原材料、包装物、工具；

（六）法律、法规规定的其他职权。

第十三条　工商行政管理部门应当建立农资市场监管工作责任制度和责任追究制度。工商行政管理部门工作人员不依法履行职责，损害农资经营者、消费者的合法权益的，依法给予行政

处分；构成犯罪的，依法追究刑事责任。

第十四条　农资经营者违反本办法第九条规定的，由工商行政管理部门责令改正，处1000元以上1万元以下的罚款。

第十五条　农资交易市场开办者违反本办法第十条规定，由工商行政管理部门责令改正，处1000元以上1万元以下罚款。

第十六条　违反本办法规定，现行法律、法规和规章有明确规定的，从其规定。

第十七条　本办法由国家工商行政管理总局负责解释。

第十八条　本办法自2009年11月1日起实施。

（工商管理部门抽查检测）

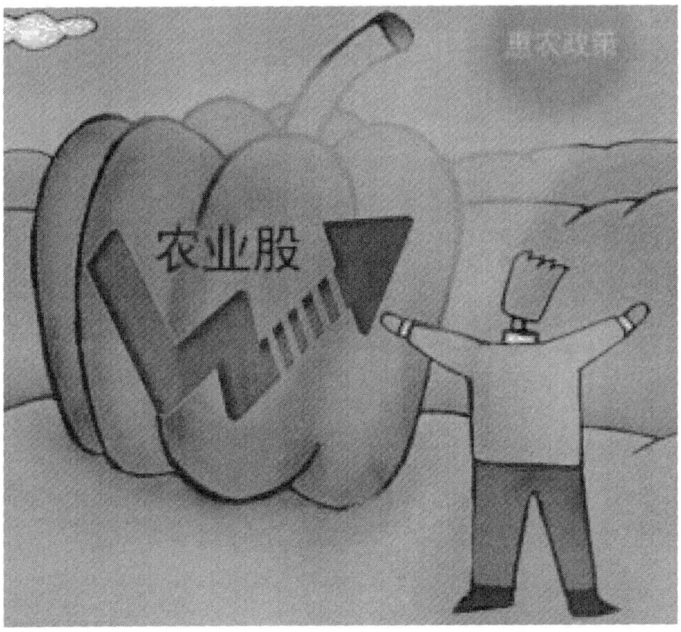

全国农业和农村经济发展第十二个五年规划

“十二五”时期是我国全面建设小康社会的关键时期，是深化改革开放、加快转变经济发展方式的攻坚时期，也是加快推进农业现代化、建设社会主义新农村的重要时期。为充分发挥规划引领作用，推动农业和农村经济保持平稳较快发展，根据《国民经济和社会发展第十二个五年规划纲要》有关农业和农村经济发展的总体部署和要求，制定《全国农业和农村经济发展第十二个五年规划》。

第一章 把握形势，顺应发展新要求

一、发展成就与经验

“十一五”以来，中央坚持把“三农”工作作为全党工作的重中之重，不断完善强农惠农政策，加大“三农”投入力度，在各级各部门和亿万农民群众的共同努力下，农业和农村经济克服严重自然灾害和国际金融危机等影响，实现了持续稳定发展，完成了“十一五”规划确定的主要目标和任务。粮食连年增产，总产连续4年保持在5亿吨以上，粮食综合生产能力稳步迈上了万亿斤新台阶。“菜篮子”产品供应充足，满足了市场多样化需求。农民收入较快增长，先后跨越4千元、5千元大关，年均实际增长8.9%，增速超过“七五”以来各个时期。农业物质技术装备条件明显改善，农业科技进步贡献率和农作物耕种收综合机械化水平均达到

52%，分别增长 4 个和 16 个百分点，标志着科技已成为我国农业发展的主要推动力量，农业生产方式正由千百年来人力畜力为主转入以机械作业为主的新阶段。农业农村改革开放取得新成就，农村土地承包关系继续保持稳定，土地流转平稳有序，家庭农（牧）场、种粮大户不断涌现，农民专业合作社达到 37 万多家，农业产业化经营组织达到 25 万个，新型农业生产经营主体逐步发展壮大；农产品（14.90,-0.16,-1.06%）进出口贸易额突破 1000 亿美元，我国已成为世界上第三大农产品贸易国。农村二三产业快速发展，农产品加工业产值与农业总产值之比提高到 1.7：1；乡镇企业增加值超过 11 万亿元，年均增长12.9%；休闲农业年接待游客超过4亿人次，营业收入超过 1200 亿元；农林牧渔服务业总产值超过 2300 亿元，比 2005 年增长 110% 以上。社会主义新农村建设开创新局面，农村基础设施和教育、卫生、文化、社会保障等社会事业加快发展，村容村貌明显改观，涌现了一大批示范典型。农业和农村经济发展取得的巨大成就，为我国成功应对各种困难和风险，保持经济社会平稳较快发展奠定了坚实基础。

“十一五”是极不平凡的五年，是现代农业加快发展、新农村建设扎实推进的五年。实践表明，要保持农业和农村经济又好又快发展，必须深入贯彻落实科学发展观，全面落实“重中之重”战略思想，完善强农惠农政策，健全农业支持保护体系；必须坚持立足国内保障粮食基本自给的方针，切实加强农业基础设施和装备建设，不断提高农业综合生产能力和抗风险能力；必须坚持强化农业科技创新和推广服务，切实增强农业科技支撑能力，推动农业和农村经济发展方式转变；必须坚持和完善农村基本经营制度，推动农业生产经营体制机制创新，不断增强农业和农村经济发展活力；必须坚持统筹城乡发展方略，深入推进社会主义新农村建设，加快形成城乡经济社会一体化发展新格局。

以工促农、以城带乡

二、发展机遇与挑战

“十二五”时期，世情、国情、农情将继续发生深刻变化，我国农业和农村经济发展仍然处于可以大有作为的重要战略机遇期，同时也面临着诸多风险挑战。

党中央、国务院高度重视“三农”工作，把发展现代农业作为加快转变经济发展方式的重大任务，把同步推进工业化、城镇化和农业现代化作为政策导向，把统筹城乡发展作为全面建设小康社会的根本要求，全社会关心农民、支持农业、关注农村的氛围更加浓厚，农业和农村经济发展的环境条件更加有利。一是我国已进入以工补农、以城带乡的发展阶段，2010年国内生产总值超过39万亿元，财政收入突破8万亿元，综合国力和财政实力不断增强，强农惠农力度将持续加大。二是我国工业化已进入中期阶段，“十二五”时期城镇化率将超过50%，对农业和农村经济发展的拉动作用将更加明显。三是经济结构战略性调整不断深化，扩大内需战略全面实施，城乡居民消费结构加快升级，农业和农村经济发展的空间将更加广阔。四是农村改革深入推进，体制机制不断完善，农业和农村经济发展的制度基础更加坚实，发展活力将进一步增强。

但是，我国农业现代化滞后于工业化、城镇化的问题相当突出，农村发展滞后、城乡发展不协调越来越成为我国现代化建设的关键制约。一是农业发展的基础尚不稳固。

农业基础设施薄弱、物质装备水平不高、科技自主创新能力不强、公共服务和社会化服务滞后、组织化程度较低等问题突出，在资源短缺与环境约束加剧、农产品需求刚性增长、国内外传导联动和相互影响日益加深的背景下，保障农产品供求总量平衡、结构平衡、质量安全和生态安全的压力增大。二是农村生产要素流失严重。在工业化、城镇化快速发展中存在着耕地占多补少、占优补劣和非农化、非粮化现象；随着农村劳动力大量转移，农村劳动力已进入总量过剩与结构性短缺并存阶段，关键农时缺人手、现代农业发展缺人才、新农村建设缺人力问题凸显；农村资金外流、金融服务供给不足问题依然突出，加快建立城乡要素平等交换和合理补偿机制的要求更加迫切。三是促进农民持续较快增收难度增大。农业生产进入高成本阶段，金融危机后农民外出务工增速放缓，城乡居民收入差距扩大的趋势尚未遏制，缩小城乡差距任务艰巨。

站在新的历史起点上，继续保持农业和农村经济发展的好形势，必须抓住难得的历史机遇，创新发展思路，转变发展方式，突出发展重点，破解发展难题，提高发展质量，更加奋发有为地发展现代农业、推进社会主义新农村建设。

第二章　转变方式，确立发展新思路

一、指导思想

以邓小平理论和“三个代表”重要思想为指导，深入贯彻落实科学发展观，坚持统筹城乡发展方略，按照在工业化、城镇化深入发展中同步推进农业现代化的总体要求，以转变农业发展方式为主线，以确保国家粮食安全和农民持续较快增收为目标，以加快现代农业发展和社会主义新农村建设为主要任务，着力强化政策、科技、设施装备、人才和体制支撑，提高农业现代化水平，夯实农业和农村经济发展基础，建设农民幸福生活的美好家园，为经济社会平稳较快发展和全面建设小康社会奠定坚实基础。

二、基本原则

（一）坚持把保障粮食等主要农产品有效供给作为首要任务。解决好 13 亿人口吃饭问题始终是治国安邦的头等大事，必须把确保国家粮食安全放在农业和农村经济发展的首位，坚持立足国内保障基本自给的方针，深化农业结构战略性调整，加快完善现代农业产业体系，大力提高农业综合生产能力和农产品质量安全水平，满足国内消费需求。

（二）坚持把加快推进农业现代化作为主攻方向。在工业化、城镇化深入发展中同步推进农业现代化是“十二五”时期的一项重大任务，必须按照高产、优质、高效、生态、安全的要求，加快转变农业发展方式，深入实施科教兴农和人才强农战略，强化基础设施和物质装备条件建设，促进农业生产经营专业化、标准化、规模化、集约化，提高农业综合生产能力、抗风险能力和市场竞争能力。

（三）坚持把改善农村民生作为出发点和落脚点。增加农民收入，改善农村民生，事关社会主义新农村建设和全面建设小康社会全局，必须加大强农惠农力度，优化种养结构，拓展农业功能，发展农村二三产业，促进农民转移就业，拓宽农民增收渠道，加快改善农村生产生活条件，确保亿万农民共享改革发展成果。

（四）坚持把推进农村改革创新作为强大动力。农村改革创新是解放和发展农村生产力、调动农民生产积极性的动力源(8.28,-0.22,-2.59%)泉，必须继续深化农村改革，坚持和完善农村基本经营制度，强化农村土地管理，完善城乡平等要素交换关系，改善农村金融服务，深化农村集体产权制度改革，创新体制机制，不断增强农业和农村经济发展活力。

（五）坚持把加强宏观调控作为重要手段。加强宏观调控是实现农产品有效供给和促进物价稳定的重要保障，必须充分发挥市场对资源配置基础作用，加强农产品市场监测预警，增强短缺农产品供给能力，完善贸易调控和产业准入政策，防止农产品价格剧烈波动，促进农业和农村经济健康稳定发展。

三、发展目标

“十二五”时期农业和农村经济发展的总体目标是：粮食等主要农产品综合生产能力稳步提高，现代农业建设取得明显进展；农民收入大幅提高，农民生活更加殷实；新农村建设取得显著成效，城乡发展更加协调。具体发展指标为：

——农产品供给能力。粮食播种面积稳定在16亿亩以上，综合生产能力达到5.4亿吨以上；棉花、糖料总产量分别达到 700 万吨和 14000 万吨以上，油料总产量达到 3500 万吨；蔬菜、水果等产品供应稳定增加；肉类、禽蛋、奶类、水产品总产量分别达到 8500 万吨、2900 万吨、5000 万吨、6000 万吨以上；标准化生产普及率明显提高，农产品质量安全水平稳步提升，农产品质量安全例行监测总体合格率达到 96% 以上。

——农业农村产业结构。畜牧业和渔业产值占农业总产值的比重分别达到 36% 和 10%；农产品加工业产值与农业总产值比达到 2.2:1；乡镇企业增加值年均增长 10%；农垦生产总值年均增长 9%；农业的观光休闲、文化传承等功能进一步拓展，农业农村服务业快速发展。

——农业物质技术装备水平。旱涝保收高标准农田比重持续提高，新增农田有效灌溉面积 4000 万亩，农业灌溉用水有效利用系数达到 0.53；农业机械总动力达到 10 亿千瓦，农作物耕种收综合机械化水平达到 60% 左右；农村实用人才总量达到 1300 万人，农民科学文化素质进一步提高；农业科技进步贡献率超过 55%。

——农业生产经营组织方式。现代农业经营主体不断壮大，农民专业合作社健康成长，多种形式的适度规模经营稳步发展，农业产业化组织带动农户数达到 1.3 亿户，存栏 100 头以上奶牛规模化养殖比重超过 38%，出栏 500 头以上生猪规模化养殖比重达到 50%。

——农业效益与农民收入水平。农林牧渔业增加值年均增长 5% 左右；累计转移农业劳动力 4000 万人；农村居民人均纯收入年均增长 7% 以上，贫困人口明显减少。

——农业资源利用与生态环境保护。化肥、农药的利用水平明显提高，农作物秸秆综合利用率力争达到 80% 以上，适宜农户沼气普及率达到 50% 以上；草原退化得到有效遏制；水生生物资源养护水平显著提高，累计放流各类水生生物苗种 1500 亿尾。

——农村基础设施与公共服务。农村水电路气房等基础设施建设不断加强，科教、文化、卫生、体育全面发展，社会保障体系更加健全。

第三章 明确任务，推动发展新跨越

“十二五”期间，着力从七个主要方面入手，转变农业发展方式，加快发展现代农业，扎实推进社会主义新农村建设。

一、巩固提高粮食综合生产能力

按照稳定面积、优化结构、建设主产区、提高单产的思路，进一步加强粮食生产能力建设，确保95%以上的自给率。

（一）稳定粮食播种面积。切实保护耕地特别是基本农田，不断优化耕地利用结构，统筹粮食和经济作物发展，保证粮食播种面积稳定在16亿亩以上。完善粮食生产扶持政策，充分调动农民种粮积极性。加快耕作制度改革，合理提高复种指数，开发利用冬闲田，积极治理盐碱地，继续推进水稻“单改双”，充分挖掘耕地利用潜力。

（二）优化粮食品种结构。适应市场需求变化，以“旱改水”、“籼改粳”、“滩改田”等为主要途径，扩大优质粳稻生产。大力发展优质专用小麦品种，扩大优质强筋小麦生产。培育耐密植、抗倒伏、抗病虫、低水分的玉米新品种，扩大饲用等专用玉米生产。积极发展高油、高产、多抗大豆新品种，稳定大豆自给率。扩大脱毒马铃薯种薯供给能力，满足市场消费、加工和农民增收的需要。

（三）加强主产区建设。推动项目、资金、科技等进一步向主产区倾斜，实施全国新增千亿斤粮食生产能力规划，集中力量建设一批基础条件好、生产水平高和粮食调出量大的核心产区，重点加强13个粮食主产省、产量超过100亿斤的产粮大市、产量超过10亿斤的产粮大县生产能力建设。完善粮食主产区投入和利益补偿机制，调动主产区发展粮食生产积极性。

（四）提高单产水平。加强耕地质量建设，提升基础产出能力。加快研发一批适应现代农业机械化作业需要、具有重大突破意义的新品种，不断扩大应用面积。大规模整建制开展高产创建，集成优良品种和先进实用技术，强化行政与技术结合、科研与推广结合、规模化经营与专业化服务结合，促进全过程规范化、标准化、机械化种植，推动粮食生产不断跨上新台阶。

二、大幅提升农业科学技术和物质装备水平

（一）强化农业科技创新与人才培养。大力推进农业科技自主创新，强化农业科技基础条件建设，完善农业科技创新体系和现代农业产业技术体系，继续实施转基因生物新品种培育重大专项。着力提高农作物种业核心竞争力，构建以产业为主导、企业为主体、基地为依托、产学研结合、育繁推一体化的现代农作物种业体系。继续实施农业行业科研专项，加强节本增效及应对灾害等方面重大技术研发。完善农业科技评价机制，激发农业科技创新活力。深化基层农业技术推广体系改革，实施基层农业技术推广特设岗位计划。加快农业新品种新技术推广和集成应用，促进农业科技成果转化。加强农业农村人才队伍建设，重点培育一批农业科研杰出人才、农业技术推广骨干人才、农村实用人才，大力培养新型农民。

（二）加强农业基础设施建设。大规模建设旱涝保收高标准农田，加强农田水利和节水农业设施建设，扩大有效灌溉面积，大力发展旱作农业和高效节水灌溉；推进农田道路、桥涵、防护林网、输变电等配套设施建设；支持农民秸秆还田、种植绿肥、增施有机肥、改良土壤、培肥地力；建立农田设施管护机制，确保各类农田设施长期稳定发挥效益。加快改善养殖业品种改良条件，加强畜禽规模化养殖场（小区）、标准化池塘改造和建设，强化重点省份草原牧区建设。开发建设渤海、黄海、东海、南海四大海区海洋牧场，合理控制海域养殖面积和密度。加强渔政渔港建设。

（三）加快发展农业机械化和设施农业。扩大农机装备总量，优化农机装备结构。加快突破水稻栽植和玉米收获等薄弱环节制约，加速实现粮食生产全程机械化。加大棉花、油菜、甘蔗机收技术攻关力度，尽快提高棉油糖生产机械化水平。大力推进丘陵山地经济型、种子生产加工与植保、养殖业和农产品初加工等各领域机械化。加强农机试验鉴定和安全执法装备能力建设，推进农机质量和安全使用监督管理。培育和规范农机作业和维修市场，推进农机社会化服务。大力发展设施农业，建设连栋温室、日光温室、钢架大棚、“田头冷柜”等农业设施，提高农产品均衡供应能力。

（四）推进农业防灾减灾能力建设。制定完善应对各种农业重大自然灾害、公共卫生事件的应急预案，加快构建监测预警、应变防灾、灾后恢复、农民收入减损等防灾减灾体系，建立健全农业防灾减灾长效机制，提高应对自然灾害和重大突发事件能力。加强农业气象服务体系、农村自然灾害防御体系建设，提高农业重大自然灾害监测预警水平。强化救灾物资和技术储备，根据不同地区灾害发生特点和救灾需要，及时提供资金、设施保障，推广相应的生产技术和防灾减灾措施，切实减轻灾害的不利影响。

三、调整优化农业和农村经济结构

（一）深入调整农业结构。在稳定发展粮食生产的基础上，加强棉花、油料、糖料、蚕桑、天然橡胶等工业原料作物生产基地建设，稳定棉花供给能力，力争糖料基本满足国内居民消费需求，食用植物油自给率稳定在40%。认真贯彻落实国务院关于促进蔬菜生产的意见，加强蔬菜重点产区建设，稳定大城市郊区蔬菜种植面积。积极发展园艺产业，推动水果、茶叶、花卉等优势园艺产品规模化、标准化生产。支持畜产品规模化饲养，稳定发展生猪和蛋禽，加快发展肉禽和奶牛，积极推进肉牛肉羊和绒毛羊发展。推进水产健康养殖，引导水产品优势区域建设，扶持和壮大远洋渔业。加快推进农业标准化，保障农产品质量安全，严格实行产地环境、投入品使用、生产过程、产品质量全程监控，强化企业诚信制度建设。支持发展无公害农产品、绿色食品和有机农产品，加大农产品地理标志保护力度。

（二）加快发展农产品加工业。以提高农产品加工转化能力和扩大农民就业增收为目标，优化农产品加工业区域布局，促进农产品加工业与农业生产协调发展。大力发展产地加工，推广普及先进实用的储藏、保鲜、分级清选、包装技术，促进农产品保质减损增效；强化科技创新，完善农产品加工技术研发体系，提高农产品加工技术创新与应用能力，提升精深加工水平，培育一批产值过百亿元的大型企业集团，促进产业集聚和优化升级。

（三）提高乡镇企业发展能力。促进乡镇企业机制创新和结构调整，推进技术进步与产业升级，积极引导乡镇企业向有条件的小城镇、县城及周边和园区集中，扩大就业容量，壮大县域经济。支持乡镇企业通过企村互动、以企带村参与社会主义新农村建设。推进乡镇企业东西合作，促进地区间产业梯度转移。

（四）壮大农业农村服务业。鼓励各类经济主体开展化肥、农药等农资供应服务，规范市场秩序，稳定价格，保障供应。积极扶持农作物病虫害专业化统防统治服务组织发展，扩大统防统治服务范围。加快农机社会化服务体系建设，培育农机大户和自我发展能力强、利益联结紧密、运作规范的服务组织，大力发展跨区作业，促进农机作业服务和维修服务市场化、专业化、产业化。健全农产品市场体系，在优势产区建设和培育一批具有重大国际影响力的鲜活农产品批发市场，积极发展现代流通方式和新型流通业态，提高农产品生产流通组织化程度，推行农产品流通标准化，加强产销信息引导，落实和完善鲜活农产品运输“绿色通道”政策，加快形成流通成本低、运行效率高的农产品营销网络。着力完善农村沼气服务体系。支持发展商贸、信息、餐饮等农村生活服务业，构建农村连锁经营网络，繁荣农村经济。

（五）培育农业农村新兴产业。加快生物技术产业发展，培育和生产动植物新品种、生物农药、兽药、疫苗、生物肥料和农用材料，扩大应用面积。加快发展以农作物秸秆等农林废弃物为主要原料的生物质能源，开发利用太阳能和风能等可再生能源。大力发展休闲农业，拓展农业功能，挖掘文化内涵，引领新型产业形态和新型消费业态形成。开拓农业农村新兴产业产品市场，引导商业模式创新，建立行业标准和重要产品技术标准体系，完善市场准入制度，营造良好市场环境，促进新兴产业快速健康发展。

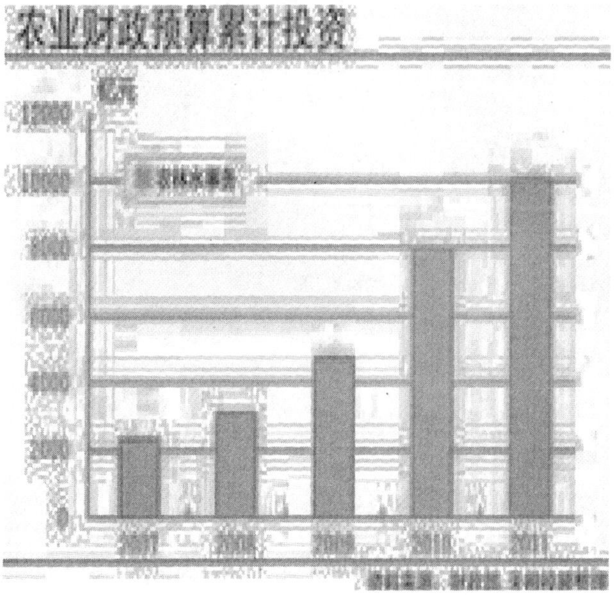

四、努力促进农民持续较快增收

（一）提高家庭经营收入。大力推广节本增效技术，降低农业生产成本。鼓励农民优化种养结构，积极发展优势特色农业、高效农业和休闲农业，使农民在农业功能拓展中增加收益。完善龙头企业与农户的利益联结机制，使农民在延伸产业链条中分享收益。强化产销对接，加大农产品营销促销力度，积极促进优势农产品出口。健全农产品价格形成机制和市场监测预警机制，稳步提高主要粮食品种最低收购价，适时采取临时收储政策，努力使主要农产品价格保持在合理水平。

（二）增加工资性收入。加大培训力度，大力提高农民职业技能，增强就业能力。发展农村非农产业，壮大县域经济，促进农民就地就近转移就业。鼓励发展劳务经济，强化城乡人力资源市场对接，加强劳务输出基地建设，健全城乡公共就业服务体系，合理引导农民工外出就业。继续改善农民工就业环境，提高农民工工资水平，健全农民工权益保障制度。扶持农民工返乡创业，以创业带动就业。

（三）增加转移性和财产性收入。完善强农惠农政策体系，健全农业补贴等支持保护制度，保持政策的连续性，增强政策协调性，突出政策的针对性，不断加大强农惠农政策力度，增加农民的转移性收入。加强农村集体资金资产资源管理，增加农民的财产性收入。引导农村土地流转规范有序进行，盘活土地资产。改革征地制度，缩小征地范围，提高征地补偿标准。

五、大力发展农业农村公共服务

（一）加强农业公益性服务体系建设。在全国普遍健全乡镇或区域性农业技术推广、动植物疫病防控、农产品质量监管等公共服务机构，逐步建立村级服务站点。加强农作物重大病虫害监测预警和防控能力建设，健全动物防疫体系，完善国家动物疫病防控网络和应急处理机制，制定实施国家动物疫病防治中长期规划，启动重点动物疫病防治计划，有效控制重大动物疫情。加强农业标准体系建设，建立健全部、省、地（市）、县（场）四级农产品（含农业投入品）质量安全检验检测体系。建设农业综合信息服务平台，积极推进信息技术在农业生产经营中的推广和应用，稳步提升农业生产经营信息化水平。开发农业信息资源，加强粮食、生猪等重要农产品生产与市场监测预警服务，建立统一的种养、流通信息链。着力强化县、乡两级防汛抗旱服务体系。加大体系建设投入，保障工作经费，改善工作条件，创新运行机制，全面提升公共服务能力。

（二）加强农村基础设施建设。积极推进城乡供水一体化，加快实施农村饮水安全工程，强化水源保护、水质监测和工程运行管理。实施新一轮农村电网升级改造工程，全面解决农村人口用电问题。推进城乡用电同网同价。加快农村公路建设，提高农村公路运输的普遍服务能力，满足广大农村及偏远地区运输需要。继续改造农村危房，力争全面完成垦区危房改造、游牧民定居建设任务，引导农民建设富有地方特点、民族特色、传统风貌的安全节能环保型住房。实施捕捞渔民安居工程。开展农村河道综合治理。改善农村用能结构，进一步发展农村户用沼气和大中型沼气，强化沼气管护。加强省柴节煤炉灶炕改造。积极推进林区基础设施建设。

（三）推动农村社会事业发展。加快发展农村学前教育，构建县、乡、村三级学前教育网络。巩固和完善农村义务教育经费保障机制，提高农村义务教育质量，推进县域义务教育均衡发展，加快普及农村高中阶段教育。推进农村中等职业教育免费进程，加强面向"三农"的技能人才培养和农村劳动力转移培训。巩固和发展新型农村合作医疗和医疗救助制度，提高筹资标准和保障水平，加强农村三级医疗卫生服务网络建设，加大地方病、重大传染病及人畜共患病防治力度，提高农村卫生安全水平。完善社会保障体系，实现新型农村社会养老保险制度全覆盖，提高农村低保标准和补助水平，完善并落实被征地农民社会保障政策措施。推进广播电视村村通、文化信息资源共享、农村电影放映、农家书屋等重点文化惠民工程建设，加强乡镇综合文化站、村文化室等基层公共设施的综合利用。继续实施农民体育健身工程，加强农村社区建设。继续完善和实施农村部分计划生育家庭奖励扶助政策制度、全国计划生育家庭特别扶助制度、西部地区计划生育"少生快富"工程。

六、完善和创新农业农村发展体制机制

（一）健全农村土地管理制度。坚持和完善农村基本经营制度，保持土地承包关系稳定并长久不变。做好农村承包土地确权、登记、颁证工作，稳步开展土地承包经营权登记试点，依法落实农民承包土地的各项权利。完善草原承包经营制度。健全农村土地承包档案管理制度，加快农村土地承包管理信息化。按照节约用地、保障农民权益的要求，推进征地制度改革，进入城乡建设用地市场流转的农村集体建设用地，严格限定在依法取得的经营性用地范围内。

（二）发展多种形式适度规模经营。在依法自愿有偿和加强服务基础上，完善土地承包经营权流转市场。支持专业种养大户、家庭农（牧）场、农民专业合作社、农业产业化龙头企业等经营主体，发展多种形式的适度规模经营。实施一村一品强村富民工程，促进资金、技术、人才等优质资源聚集，培育一大批规模优势和产业特色明显的专业户、专业村。

（三）大力发展农民专业合作社。广泛开展示范社建设行动，加强合作社辅导员队伍建设。深入开展"农超对接"，鼓励农民专业合作社与学校、酒店、大企业等最终用户实现产销衔接，支持农民专业合作社参加国内外农产品展示展销活动。鼓励农民专业合作社开展信用合作，推动合作社之间联合与合作，提高生产经营水平和市场开拓能力。扶持合作社建设农产品仓储、冷藏、初加工等设施。

（四）提升农业产业化发展质量。制定扶持农业产业化龙头企业发展的综合性政策文件，启动实施农业产业化经营跨越发展行动。鼓励龙头企业自主创新，增强核心竞争力。支持龙头企业发展精深加工，参与现代流通。引导龙头企业采取兼并、重组、参股、收购等方式，组建企业集团。建立农业产业化示范基地，推动龙头企业集群发展。加强农业产业化人才培养，建立一支懂政策、善经营、会管理的龙头企业人才队伍。大力推广"龙头企业 + 合作社 + 农户"等组织模式，支持农户、合作社以资金、技术、劳动等要素入股龙头企业，形成产权联合等多种形式的紧密型利益关系，增强带动农户的能力。

（五）加强现代农业示范区建设。在全国范围内创建一批高起点、高标准、高水平的国家现代农业示范区，集聚配置科技、资金、人才、管理等要素，提高集约化水平，壮大主导产业，创新体制机制，探索特色鲜明、类型多样的区域现代农业发展模式，发挥示范辐射带动作用，引领区域现代农业协调发展。积极推进海峡两岸农业合作试验区等建设。

七、加强农村生态环境保护

（一）坚决执行最严格的耕地保护制度。认真贯彻落实耕地保护和节约用地政策，完善耕地保护机制，确保基本农田总量不减少、用途不改变、质量有提高。深入开展测土配方施肥，提高化肥农药利用率，大力推广农机深松整地，提升土壤有机质，努力培肥地力，切实提高耕地质量。强化耕地用途管制，加快划定永久基本农田。加强设施农用地管理，防止以发展设施农业为名，擅自将农用地改为建设用地。严格执行耕地占补平衡制度，加大执法力度，加强补充耕地的质量建设和管理。

（二）加强草原保护。做好草原划定和功能区划工作，突出草原生态优先理念，加强分类指导和协调，加快重点地区草原生态保护建设。坚持草畜平衡，推行禁牧休牧轮牧和基本草原保护制度，全面落实草原生态保护补助奖励政策。强化草原监督管理，落实草原动态监测和资源调查制度，严格草原征占用管理，依法打击各种破坏草原的违法行为。完善退牧还草政策，加快重度退化草原补播改良。加强牧区畜牧业防灾减灾能力建设，加强草原防火基础设施建设，建设人工饲草料基地和棚圈设施，科学利用草原，转变草原畜牧业生产方式。

（三）强化水资源保护和农业生物资源养护。科学保护和合理利用水资源，进一步提高农业用水效率，保障农业用水需求。大力发展节水农业，建设旱作农业示范基地，推广喷灌、微灌等先进节水技术。继续执行休渔、禁渔制度，扩大水生生物资源增殖放流，建设海洋牧场，加强水生生物自然保护区、水产种质资源保护区和水生生态修复示范区建设。加强养殖水域滩涂管理，稳定渔民水域滩涂养殖使用权。加强畜禽遗传资源保护。加大农业野生植物原生境保护区建设力度。建立农业植物遗传资源权属制度，加强植物新品种保护。建立外来入侵生物风险评估和监测体系，严格防范外来有害物种入侵。

（四）加快推进农业节能减排和农村环境治理。大力推进农业清洁生产，按照减量化、再利用、资源化的循环经济理念，大力推广节地、节水、节种、节肥、节药、节能等节约型农业技术和节能型农业装备，积极引导发展循环农业。强化农业生态保护和农业面源污染治理，加快开发以农作物秸秆为主要原料的肥料、饲料、工业原料和生物质燃料，推进畜禽粪便等农业废弃物无害化处理和资源化利用。开展农村易灾地区生态环境综合治理和山洪地质灾害防治。继续实施农村清洁工程，推进农村有机废弃物处理利用和无机废弃物收集转运。

第四章 优化布局，构建发展新格局

“十二五”时期，围绕保护和利用好耕地、草原和江河湖海及滩涂资源，深入实施《全国优势农产品区域布局规划（2008-2015年）》，加快构建“七区二十三带”农业战略格局，进一步调整优化农业产业布局，做大做强主导产业，促进生产要素在空间和产业上优化配置，不断提高农业效益和竞争力。

一、构建农业战略格局

（一）东北平原主产区

本区域处于温带，土壤肥沃，耕地平整连片，水土资源匹配，生态环境较好，适于大规模机械化作业。“十二五”时期，重点建设以优质粳稻为主的水稻产业带，以籽粒与青贮兼用型玉米为主的专用玉米产业带，以高油大豆为主的大豆产业带，以肉牛、奶牛、生猪为主的畜产品产业带。

（二）黄淮海平原主产区

本区域地处暖温带，地势平坦，具有适宜农业生产的温度、雨水、光照等气候条件，是我国传统农区，农业生产精细化程度和农民科学种田水平较高。“十二五”时期，重点建设以优质强筋、中强筋和中筋小麦为主的优质专用小麦产业带，优质棉花产业带，以籽粒与青贮兼用和专用玉米为主的专用玉米产业带，以高蛋白大豆为主的大豆产业带，以肉牛、肉羊、奶牛、生猪、家禽为主的畜产品产业带。

（三）长江流域主产区

本区域大部分地处亚热带季风区，湖泊众多，水资源丰富，气候温暖湿润，四季分明，年积温较高，雨热同季，是我国重要的农产品生产基地。“十二五”时期，重点建设以双季稻为主的优质水稻产业带，以优质弱筋和中筋小麦为主的优质专用小麦产业带，优质棉花产业带，“双低”优质油菜产业带，以生猪、家禽为主的畜产品产业带，以淡水鱼类、河蟹为主的水产品产业带。

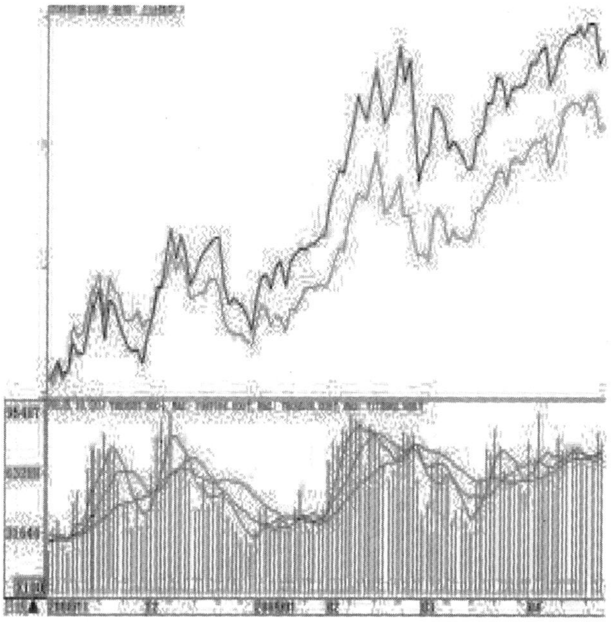

（四）汾渭平原主产区

本区域属暖温带半湿润气候，土层深厚，土质肥沃，光热水土条件匹配良好。“十二五”时期，重点建设以优质强筋、中筋小麦为主的优质专用小麦产业带，以籽粒与青贮兼用型玉米为主的专用玉米产业带。

（五）河套灌区主产区

本区域气候干燥，雨量稀少，地形平坦，适宜黄河水自流灌溉。光照充足，积温较高，昼夜温差大，农业生产气候条件独特。“十二五”时期，重点建设以优质强筋、中筋小麦为主的优质专用小麦产业带。

（六）华南主产区

本区域地处高温多雨、四季常绿的热带－南亚热带区域，丘陵广布，是我国砖红壤、赤红壤集中分布区域，农业生产类型多样。

"十二五"时期，重点建设以优质高档籼稻为主的优质水稻产业带，甘蔗产业带，以对虾、罗非鱼、鳗鲡为主的水产品产业带。

（七）甘肃新疆主产区

本区域属于我国西北干旱地区，光照时间长，热量充足，以绿洲灌溉农业和草食畜牧业为主。"十二五"时期，重点建设以优质强筋、中筋小麦为主的优质专用小麦产业带，优质棉花产业带。

同时，加快建设其他农业地区和其他优势特色农产品产业带，主要包括：西南和东北的小麦产业带，西南和东南的玉米产业带，南方的高蛋白及菜用大豆产业带，北方的油菜产业带，东北、华北、西北、西南和南方的马铃薯产业带，广西、云南、广东、海南的甘蔗产业带，海南、云南和广东的天然橡胶产业带，海南的热带农产品产业带，沿海的生猪产业带，西北的肉牛、肉羊产业带，京津沪郊区和西北的奶牛产业带，黄渤海的水产品产业带等。

二、优化农业产业布局

（一）种植业

主攻方向：围绕粮食安全保障有力、主要农产品满足供应、农产品质量安全水平不断提高的目标要求，切实加强水稻、小麦、玉米、马铃薯、棉花、油料、甘蔗、蔬菜、苹果、柑橘、天然橡胶等优势区建设。

发展重点：大力推进"两个大规模创建"和"五个加快"。大规模开展粮棉油糖高产创建，逐步实现优势产区、主要品种全覆盖；大规模开展园艺作物标准园创建，努力实现100% 生产资料统购统供、种苗统育统供、病虫害统防统治、产品商品化处理、品牌化销售，产品 100% 符合食品安全国家标准。加快推进专业化统防统治，逐步实现重点地区、主要品种全覆盖；加快推进现代种业发展，力争培育一批具有重大应用前景和自主知识产权的突破性优良品种，建设一批规模化、标准化、集约化、机械化的优势种子生产基地；加快推进耕地质量建设，大规模推进旱涝保收高标准农田建设；加快推进测土配方施肥，努力提高肥料利用率；加快推进科学抗灾减灾，努力形成防灾减灾的长效机制。

（二）畜牧业

主攻方向：以保障肉蛋奶有效供给、保障饲料和畜产品质量安全、保障环境和生态安全为核心任务，转变畜牧业生产方式，继续实施全国生猪、肉牛、肉羊和奶牛优势区域布局规划，大力加强畜产品优势产业带建设。

发展重点：加快建立健全良种繁育体系，加速畜禽品种改良步伐；加快建立健全标准化养殖体系，积极推进畜禽标准化规模养殖场（小区）建设；加快建立健全饲料安全保障体系，推进高效安全新型饲料研制与产业化开发，发展优质牧草等饲料原料生产；加快建立健全动物疫病防控体系，着力构建科学规范、责任明确、处置高效的动物疫病防控网络；加快建立健全草原生态保护建设体系，推进草畜平衡，加快恢复草原生态，发展现代草原畜牧业；加快建立健全防灾减灾体系，加强草原防火和鼠虫害防治，提高草原畜牧业防灾减灾能力。

（三）渔业

主攻方向：以确保水产品安全有效供给、渔民持续稳定增收、水域生态安全和渔业资源可持续利用为主要目标，着力转变渔业发展方式，加快发展现代渔业。继续推进出口水产品三个优势区建设，积极发展大宗淡水鱼类和名优水产品种养殖，保障水产品有效供给，全面提升渔业生态安全、水产品质量安全和生产安全的水平。

发展重点：大力发展标准化水产健康养殖，提升水产原良种、疫病防控、技术推广、质量安全建设水平；积极推广工厂化养殖、深水网箱养殖、稻田养殖、盐碱地养殖等现代养殖方式，拓展水产养殖发展空间；加强监测评估，保护和合理开发利用渔业资源，控制捕捞强度，进一步完善和推进近海捕捞渔民转产转业；建立开发国内国外两种资源、两个市场相统筹的现代渔业体系，增强远洋渔业国际竞争力；提高增殖放流规模和质量，加强海洋牧场和水生生物保护区建设，提升水生生物资源养护水平；加强渔政装备和队伍建设，加快渔港建设步伐，提高渔政、渔港、渔船管理现代化水平和安全生产突发事件的应对能力。

（四）农产品加工业

主攻方向：以种植、畜牧、渔业的产业布局为基础，引导农产品加工业向种养业优势区域和城市郊区及县域集中，推进分工合理、优势互补、协调发展的农产品加工业布局，实现农产品加工业与农业生产力布局的良性互动，促进农产品加工与农业协调发展。

发展重点：以提高农产品加工转化能力和扩大农民就业增收为目标，以突破农产品加工技术瓶颈为切入点，着力发展产地加工，促进产业集聚，发展一批产值超过百亿元的产业集群；着力推进精深加工，培育领军企业，促进产业优化升级，培育一批产值过百亿元的大型企业集团；着力强化科技创新，完善农产品加工技术研发体系，提高农产品加工技术创新与应用能力；着力完善企业与农民利益联结机制，充分发挥农产品加工业对现代农业建设和农民就业增收的带动作用，实现同步发展。

（五）农垦经济

主攻方向：突出粮、棉、橡胶、糖料、牛奶、良种等优势农产品生产，积极发展特色农业及热作产业；以农产品加工为基础壮大农垦工业，以农业服务、商贸流通、居民服务为重点大力发展第三产业；努力创建不同类型的现代农业示范区，积极推进场县（乡）共建，进一步发挥示范带动作用。

发展重点：巩固和提升粮、棉等农产品大型生产基地和国家天然橡胶基地建设水平，加强现代农业设施装备建设，推动全程机械化；提升畜禽良种基地建设水平，推进奶牛、生猪等标准化规模养殖和生产；扩大农业标准化实施范围，加强现代信息技术在主导产业中的运用，探索并推广先进生产模式，扩大农产品质量追溯建设范围，提高农产品质量安全水平；积极培育一批主业突出、市场竞争力强、具有较大行业影响力的大型企业集团；大力实施“走出去”战略，拓展农垦发展空间。

第五章 加强建设，提升发展新水平

按照“巩固基础、提升能力、保障发展”的思路，在继续实施现有重点工程的基础上，整合农业建设项目，扩大投资规模，突出加强六个方面的建设。

一、大规模开展高标准农田建设

针对农田基础设施薄弱、水利设施年久老化失修、中低产田比重高等问题，按照统一规划、分工实施、县级整合的原则，制定实施全国高标准农田建设总体规划，推动县级建设规划编制和实施，统筹推进新增千亿斤粮食田间工程、主要农产品生产基地、农业综合开发中低产田改造、土地整理、小型农田水利建设、大中型灌区续建配套与节水改造等工程建设，大规模改造中低产田。“十二五”期间，全国旱涝保收高标准农田保有量占全国耕地总面积比重明显增加。

二、切实加强“菜篮子”产品供应能力建设

针对新时期“菜篮子”产品季节性、结构性、区域性短缺和质量安全事件时有发生的问题，启动实施新一轮“菜篮子”工程建设。重点在“菜篮子”产品主产区建设园艺作物生产小区、畜禽标准化规模养殖场（小区）、水产标准化健康养殖场，扩大建设规模。在优势产区建设和改造一批国家级重点大型批发市场和区域性产地批发市场，建立完善农产品流通追溯体系。到2015年，基本实现“菜篮子”产品均衡供应，质量安全管理水平明显提高，全国农产品大市场、大流通新格局基本形成。三、大力推进现代农业公共服务能力建设。

针对农业公共服务设施条件薄弱，与发展现代农业要求不相适应的突出问题，依据《中共中央关于推进农村改革发展若干重大问题的决定》做出的有关加强农业公共服务能力建设的部署，重点加强农业科技创新和推广服务、动植物疫病防控、农产品质量监管、农业机械化推进、农业生产经营信息、农业资源环境保护、农村经营管理等公共服务体系建设，创新管理体制，改善服务条件，提高人员素质，提升服务能力。到 2015 年，实现农业公共服务能力稳步提升，覆盖全程、综合配套、便捷高效的社会化服务体系更加完善，基本满足广大农民对农业公共服务的需求。

四、加快推动草原等农业生态建设

针对我国草原退化严重、农业生态脆弱和生物资源衰退的问题，坚持重点突破和面上治理相结合，以北方干旱半干旱草原、青藏高原草原等地区为重点，加大天然草原退牧还草工程、京津风沙源草地治理工程、三江源草地建设工程和牧区水利工程实施力度，启动实施沙化草原治理工程、草原自然保护区建设工程、南方草地保护与建设工程。加强草原防灾减灾基础设施建设，加大农业生物资源保护工程建设力度。到 2015 年，草原牧业和经济结构不断优化，水生生物资源得到有效养护，生态环境逐步改善，承载能力和可持续发展能力不断提高，生态屏障功能不断增强。

五、着力强化农产品加工能力建设

针对我国农产品初加工严重滞后、产后损失严重、转化增值水平较低等问题，支持农户和农民专业合作组织使用技术成熟、经济适用的产后贮藏、保鲜、烘干等产地初加工设施、设备。在粮食生产核心区、特色农产品优势区，重点加强农产品加工业技术研发体系建设，扶持一批农产品加工领军企业加快技术装备改造升级。到2015年，我国农产品加工技术水平显著提高，农产品产后损失率大幅降低，农产品加工业支撑现代农业发展，带动农民就业增收的作用得到有效发挥。

六、积极促进农村废弃物资源化利用

针对秸秆资源浪费和污染严重、农村人居环境差、能源短缺等突出问题，按照“减量化、再利用、资源化”的循环经济理念，因地制宜开展农业废弃物循环利用，重点实施农村沼气工程、农村清洁工程、秸秆能源化利用等工程。到2015年，畜禽粪便、秸秆等农业废弃物资源化利用水平大幅提高；农村沼气、省柴节煤炉灶炕的普及率大幅提升，农村生活用能结构显著优化，促进农村人居环境有效改善。

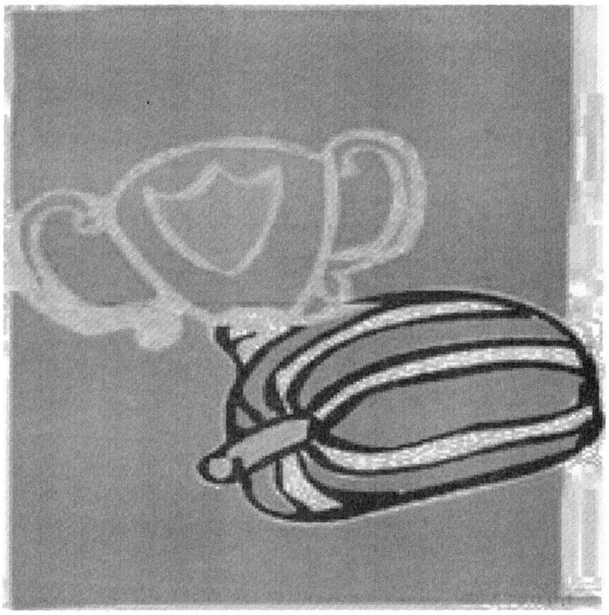

第六章 强化措施，开创发展新局面

一、强化多元投入

继续加大国家对农业农村的投入力度，财政支出重点向农业农村倾斜，确保用于农业、农村的总量、增量均有提高；预算内中央投资重点用于农业农村基础设施建设；土地出让收益重点投向农业土地开发、农田水利和农村基础设施建设，确保足额提取、定向使用。推进农村金融组织创新、产品创新、服务创新、制度创新，发展各类新型金融组织。通过税收减免、财政补贴和投资补助等措施，引导各类主体投入现代农业，参与农村产业发展和公共设施建设，努力形成多元化投入新格局。

二、加大农业补贴补助力度

完善种粮直补、良种补贴、农机购置补贴、农资综合补贴政策，建立更加有效促进农业生产发展和农民增收的农业补贴机制。新增补贴向粮食等主要农产品倾斜，向产量高、商品量大的地区倾斜。坚持和完善渔业柴油补贴政策。进一步完善农业生产关键技术与服务支持政策。逐步扩大粮棉油糖高产创建、肉蛋奶水产品和蔬菜等园艺产品标准化建设范围。继续实施测土配方施肥补助，扩大土壤有机质提升补助规模。研究建立高耗能老旧农业机械报废制度，探索实施报废更新补助。实行农作物重大病虫害专业化统防统治补助。加大动物疫病防控经费投入，探索建立养殖环节病死动物及其无害化处理补贴制度，健全基层防疫工作补助机制。扩大基层农技推广体系改革与建设示范县项目，继续实施农村劳动力培训阳光工程、农村实用人才带头人素质提升计划和现代农业人才支撑计划。继续加大扶贫开发投入。

三、完善农业奖补机制

完善主产区利益补偿机制，提高中央财政对粮食、油料大县转移支付水平，继续加大产粮大县、生猪调出大县奖励力度，规范粮食主产县涉农投资项目地方配套，全面取消主产区粮食风险基金地方资金配套。稳步提高粮食主产区县级人均财力水平。健全草原生态保护奖励补助机制，逐步完善政策措施。扩大村级公益事业建设一事一议财政奖补规模。

四、加强农村金融服务

鼓励县域银行业金融机构将新吸收存款主要用于当地发放贷款，加强考核评价，促进现代农业发展。加大政策性金融对农业的支持力度。加快建立村镇银行等新型农村金融组织，扶持有条件的农民专业合作社开展信用合作，完善登记和管理办法。完善涉农贷款税收优惠、农村金融机构定向费用补贴和县域金融机构涉农贷款增量奖励等政策。扶持农业信贷担保组织发展，扩大农村有效抵押物范围。加快发展农业保险，完善农业保险保费补贴政策。鼓励地方特色农业保险发展，探索推进涉农保险发展。探索完善财政支持下的农业大灾风险分散机制。

五、改善农产品市场调控

完善稻谷、小麦最低收购价政策，探索建立以保障粮食有效供给为基础的目标价格政策。完善玉米、大豆、油菜籽、棉花等农产品临时收储政策，完善主要农产品吞吐和调节机制，健全重要农产品储备制度，发挥骨干企业积极作用，健全和完善大宗农产品市场调控体系和机制。继续加强生猪等主要“菜篮子”产品的监测预警体系建设，完善应急调控预案，制定鲜活农产品调控办法。积极利用清洁发展机制，探索建立碳贸易、排污权交易机制。

六、提高农业对外开放水平

坚持“引进来”与“走出去”相结合。提高利用外资水平，健全符合世界贸易规则的外商经营农产品和农业生产资料准入制度，按照《外商投资产业指导目录》优化进入农业领域的外资投向，提升“引进来”质量和水平，维护农业产业安全。加大农业“走出去”支持力度，为企业搭建平台，扩大农业对外合作与交流，实现互利共赢。进一步强化贸易促进公共服务能力，积极推动优势农产品出口。继续加强农业国际合作，积极参与多双边农业贸易谈判和涉农国际规则制定，推动建立公平合理贸易秩序。运用符合世界贸易组织规则的相关措施，积极应对国际贸易摩擦，完善农产品进出口贸易调控机制。健全农产品贸易监测预警体系，支持行业协会为企业维护合法权益，推动建立损害补偿机制。

七、深化改革创新

稳定和完善以家庭承包经营为基础、统分结合的双层经营体制，加快推进农村发展体制机制改革。加快消除制约城乡协调发展的体制性障碍，完善城乡要素平等交换关系，促进城乡经济发展、劳动就业、基础设施、公共服务、社会管理一体化。深化农村综合改革。积极推进农村集体经济组织产权制度改革，探索集体经济有效实现形式。深入推进农业科技体制改革和机制创新，积极推动兽医、种业等方面的管理体制改革。加快农垦体制改革，推动垦区现代农业发展。加强新形势下农村改革试验区建设，发挥探索示范作用。

八、强化法制保障

继续完善农业法律法规，在现代农业发展投入、粮食安全、农产品质量安全、农业产业安全和生态安全、农民权益保护、农产品补贴政策等方面加强立法，推动国家强农惠农政策制度化和规范化。整合执法力量，加强农业综合执法体系建设，改善执法条件，在全国农业县全部实行农业综合执法，全面提升农业执法水平。加大农村普法教育力度，增强农民和农村基层干部的法律意识。

做好“十二五”时期农业和农村经济工作意义重大，任务艰巨，使命光荣。各级农业部门及有关方面要站在政治和战略的高度，切实加强组织领导，强化部门间沟通协调，认真贯彻落实中央强农惠农政策，组织实施各项重大工程，重视和加强舆论宣传，引导形成推动农业和农村经济发展强大合力，确保规划各项目标任务圆满完成，全力推动农业发展方式加快转变，努力开创农业和农村经济科学发展新局面。

百强评选篇
TOP100 Selection

4

百强评选篇

TOP100 Selection

百强评选

TOP100 Selection

1、协会风采

2、支持单位

3、2012 年中国农药企业 100 强榜单

4、评选阶段；颁奖盛典；新闻报道

5、中国农药代表性企业摘录

协会风采

Association Style

2012年，中国共产党第十八次代表大会胜利召开。
60年里，伴随着中国经济的快速腾飞，我国农药工业也实现了从无到有、从小到大、由弱变强的过程。在中国农药工业的发展历程里，行业协会就像一座不可或缺的桥梁，串联企业与政府——令国家政令畅通、助企业把脉市场。
60年里，中国农药企业经历了无数的起起落落，而行业协会始终处于最前沿的位置，审视行业发展道路，引领企业走出困境，见证了行业内的无数危机与繁荣。
《中国农药企业年鉴》作为中国农药企业发展历程的见证者之一，对支持年鉴编撰和发行的协会为中国农药行业发展做出的卓越贡献而表示衷心的感谢！

中国化工情报信息协会

中国化工情报信息协会的前身，是中国化工统计学会，成立于1984年8月。1994年5月9日经民政部批准更名为中国化工情报信息协会。中国化工情报信息协会现有团体会员260余户，包括化工企业、化工专业和地区信息站和化工期刊编辑部。

中国化工情报信息协会宗旨及业务范围是：遵守宪法和法律、法规，贯彻国家有关方针政策，遵守社会道德风尚，开展科学技术与经济信息采集、处理、分析以及咨询协调服务工作，推动企事业信息交流，建设并优化化工信息产业，发展开拓化工信息市场，为会员和化工企业服务。

协会的业务范围：

·针对化学工业及其技术特点而形成的信息工作的特殊性和复杂性，积极向政府部门反映情况和问题，提出化工产业发展规划咨询和改进意见；

·在政府部门指导下，开展化学工业信息调查，提供化工行业和专题信息，组织信息交流，积极发挥信息导向作用；

·接受政府委托，对化工专业信息站（中心）、地区信息站（中心）和企业信息机构等进行管理、协调和服务；

·接受企业和社会的信息咨询、调查任务、课题研究、程序编制和调查方案设计；产品技术及信息成果展览；计算机及其网络、数据库等软件开发；

·协助政府部门和企业组建、强化信息组织网络，通讯网络，促进信息资源的开发和利用；

·组织信息工作新技术的开发、研制和推广应用，促进化工信息技术现代化；

· 开展信息管理、科学技术、经济和统计方法问题科学研究，定期或不定期召开研讨会或交流会；

· 编辑、出版有关书刊，举办各种类型的业务与技术讲座和培训班，提高书刊质量和信息工作水平；

· 在政府指导下，协同有关部门和单位，兴办信息咨询经济实体，组织技术交流和新技术推广；

· 对在信息工作上有重要贡献的集体和个人给予一定的荣誉和奖励。

协会根据章程规定并结合实际情况，每年召开理事会或常务理事扩大会。各分会及其工作部门根据分会工作细则各自开展活动，如协会工作、信息及其技术交流、业务培训、业务研讨、信息发布等。

地址：北京市朝阳区亚运村安慧里四区 16 楼 716 室

邮 编：100723

电话：010-64437120　传真：010-64437120

网址：http://www.cciia.org.cn/

中国化工学会农药专业委员会

中国化工学会全称中国化学工业与工程学会，英文译名为Chemical Industry and Engineering Society of China，缩写为CIESC。学会成立于1922年4月23日。

学会性质　是由全国化工科技工作者自愿结成的、依法登记成立的、公益性的、学术性法人社会团体，是中国科协的组成部分，是发展我国化工科技事业的重要力量。

学会宗旨　团结和组织化工科技工作者以经济建设为中心，坚持科学技术是第一生产力的思想，实施科教兴国和可持续发展战略，促进化工科学技术的繁荣和发展，促进化工科学技术的普及和推广，促进化工科学技术人才的成长和提高，促进科学技术与经济的结合，为社会主义物质文明和精神文明建设服务。

中国化工学会农药专业委员会现挂靠于沈阳化工研究院，其农药专业经历了40多年的发展，现已成为中国农药界颇具影响的科研单位，是国内唯一一家从新化合物设计合成、生产工艺开发、农药剂型加工、生物活性测定到安全评价等配套完整的新农药研究开发单位，是目前国内规模最大的农药专业研究机构。

业务范围

专委会现设立多个专业部门，其中包括《农药》编辑部、研讨会办公室、农药百强工作办公室等。

地址：沈阳市铁西区辽沈东路 8 号

邮编：110021

电话：024-6235 3330　传真：024-6235 3390

网址：http://www.ciesc.cn/indax.asp

特别感谢

Special thanks

江苏联化科技有限公司

乐斯化学有限公司

江苏七洲绿色化工股份有限公司

南京太化化工有限公司

河北新兴化工有限责任公司

湖南国发精细化工科技有限公司

广东植物龙技术有限公司

上海惠光化学有限公司

江苏宝灵化工股份有限公司

山东胜邦绿野化学有限公司

山东中新科农生物科技有限公司

山东济南克邦农业科技发展有限公司

重庆红旗化工机械有限公司

安徽锦邦化工股份有限公司

辽宁微科生物工程有限公司

江苏健谷化工有限公司

杭州庆丰农化有限公司

浙江威尔达化工有限公司

北京佳禾高科化学技术有限公司

河北伊诺生化有限公司

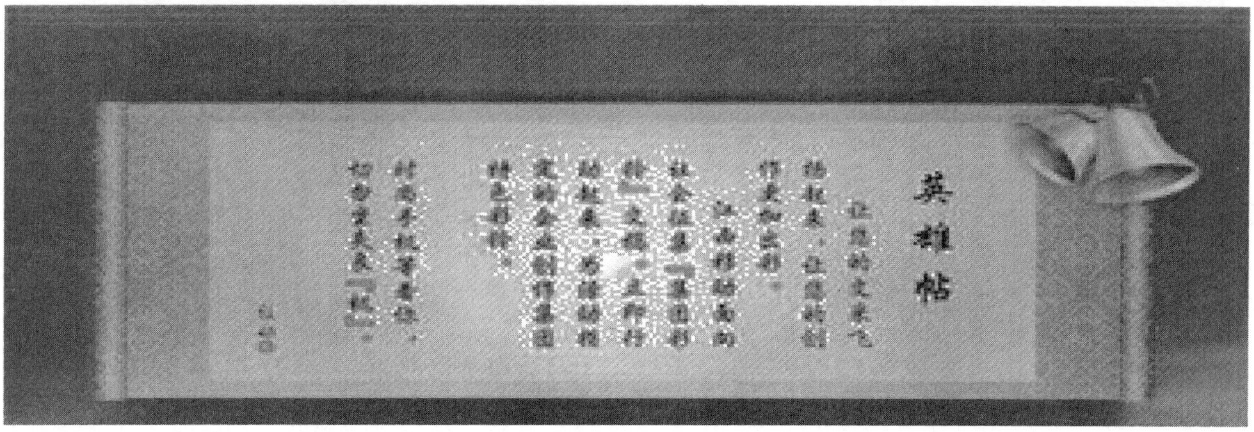

2012 年中国农药企业 100 强榜单

In 2012 the Chinese pesticide enterprise 100 strong list

安徽省

安徽广信农化股份有限公司

安徽华星化工股份有限公司

安徽锦邦化工股分有限公司

安徽丰乐农化有限责任公司

合肥星宇化学有限责任公司

北京市

拜耳作物科学（中国）有限公司

先正达（中国）投资有限公司

重庆市

重庆东方农药有限公司

辽宁省

沈阳科创化学品有限公司

沈阳丰收农药有限公司

大连瑞泽农药股份有限公司

福建省

福建三农集团股份有限公司

广东省

深圳诺普信农化股份有限公司

深圳市易普乐生物科技有限公司

广东中迅农科股份有限公司

杜邦中国集团有限公司

广西壮族自治区

广西易多收生物科技有限公司

广西田园生化股份有限公司

广西乐土生物科技有限公司

黑龙江省

大庆志飞生物化工有限公司

德强生物股份有限公司

海南省

海南正业中农高科股份有限公司

河南省

联保作物科技有限公司
郑州兰博尔科技有限公司
河北省
河北威远生物化工股份有限公司
河北省凯迪农药化工企业集团
石家庄市兴柏生物工程有限公司
衡水北方农药化工有限公司
湖北省
湖北沙隆达集团公司
湖北仙隆化工股份有限公司
湖北蕲农化工有限公司
湖南省
湖南海利化工股份有限公司
湖南国发精细化工科技有限公司
湖南昊华化工有限责任公司
永州广丰农化有限公司
江苏省
红太阳集团有限公司
江苏扬农化工集团有限公司
江苏丰山集团有限公司
南通江山农药化工有限公司
江苏快达农化股份有限公司
江苏联化科技有限公司
江苏辉丰农化股份有限公司
江苏克胜集团
江苏长青农化股份有限公司
江苏七洲绿色化工股份有限公司
江苏常隆化工有限公司
江苏剑牌农化股份有限公司
江苏蓝丰生物化工股份有限公司
江苏省激素研究所股份有限公司
江苏天容集团股份有限公司
江苏宝灵化工股份有限公司
江苏傲伦达科技实业股份有限公司
江苏健谷化工有限公司
江苏嘉隆化工有限公司
江苏托球农化有限公司
太仓市农药厂有限公司
南通施壮化工有限公司
江西省
江西正邦生物化工股份有限公司
江西天人生态股份有限公司
宁夏回族自治区
宁夏新安科技有限公司
山东省
山东侨昌化学有限公司
山东潍坊润丰化工有限公司
山东华阳科技股份有限公司

山东亿嘉农化有限公司

山东中新科农生物科技有限公司

山东胜邦绿野化学有限公司

山东滨农科技有限公司

山东大成农药股份有限公司

山东先达化工有限公司

山东绿霸化工股份有限公司

淄博新农基农药化工有限公司

青岛瀚生生物科技股份有限公司

济南科赛基农化工有限公司

青岛海利尔药业有限公司

山东齐发药业有限公司

山东一松科技有限公司

山东省长清农药厂有限公司

青岛泰源科技发展有限公司

青岛金尔农化研制开发有限公司

山东京蓬生物药业股份有限公司

山东天成生物科技有限公司

四川省

四川省乐山市福华通达农药科技有限公司

四川贝尔化工集团有限公司

四川国光农化股份有限公司

利尔化学股份有限公司

上海市

上海生农生化制品有限公司

上海惠光化学有限公司

上海泰禾（集团）有限公司

新疆维吾尔族自治区

新疆伟农科技发展有限责任公司

浙江省

浙江新安化工集团股份有限公司

浙江金帆达生化股份有限公司

捷马化工股份有限公司

浙江中山化工集团有限公司

浙江钱江生物化学股份有限公司

乐斯化学有限公司

永农生物科学有限公司

杭州庆丰农化有限公司

浙江威尔达化工有限公司

一帆生物科技集团有限公司

浙江拜克开普化工有限公司

浙江桐庐汇丰生物化工有限公司

评选阶段；颁奖盛典；新闻报道

Selection phase; running conditions

2012 年中国农药百强评选条件

（一）基本原则

坚持企业自愿申请核定的原则，不收取任何费用。

（二）申报核定及发布项目

1. 根据 2011 年度企业营业收入核定并发布 2012 中国农药企业 100 强；

2. 根据 2009、2010、2011 年度企业营业收入核定并发布 2012 中国农药企业最具成长性 100 强；

3. 根据销售额核定并发布 2012 中国农药支农供销商 50 强；

4. 根据药械营业收入核定并发布 2012 中国农药十大信赖药械供应商；

5. 根据 2011 年度营业收入及各省农业厅、林业局、植保站推荐发布 2012 各省、自治区、直辖市农药企业 10 强。

（三）核定企业范围

1. 凡 2011 年度完成营业收入 1 亿元以上的农药企业均可参与 2012 中国农药企业 100 强排序；

2. 凡 2011 年度完成销售收入 500 万元

以上的农药企业可参与 2012 中国农药企业最具成长性 100 强和各省、自治区、直辖市农药企业 10 强排序；

3. 凡未违反过《农药管理条例》的农资公司及村级以上供销商、连锁商户、代理经销商均可申报 2012 中国农药支农供销商 50 强、2012 中国 农药十大支农供销商；（如瞒报、虚报，一经查实将不予认定）

（四）评定组织

委托中国农药百强官方网共同组建中国农药 100 强办公室采集 2011 年度农药企业年度相关数据，同时与有关部门以及各省（市）自治区行业协会联系，征求各方面的意见后，依照国际通行惯例，客观、公正确定发布项目。

2011 中国农药企业 100 强评出方式

2011 中国农药企业 100 强排行榜、2011 中国农药企业成长品牌 100 强排行榜、

2011 中国农药十大药械排头兵、2011 中国农药杀虫剂 50 强、2011 中国农药杀菌剂 50 强、2011 中国农药除草剂 50 强、2011 中国农药诚信经销商、2011 中国农药（各省市）十大

（协会领导与组委会领导合影）

支农排头兵单位均是农药行业主力军和近年来行业新生力量群，其中主力军企业占 70% 之多，新生企业占 30% 左右。从这点可以看出，我国农药行业在格局上正发生着微小的变化，这种变化令我国农药行业振奋。

（中国化工情报信息协会资深副理事长）

1、评定 2011 中国农药企业 100 强方式与方法

2011 中国农药企业 100 强的产生是按照企业上报 2010 年度销售收入进行比较排名得出。

2、评定 2011 中国农药企业成长品牌 100 强方式与方法

2011 中国农药企业成长品牌 100 强的产生是以近三年的品牌销售收入指标成长指数进行比较排名而得出。

3、评定 2011 中国农药（杀虫剂、杀菌剂、除草剂）50 强方式与方法

2011 中国农药杀虫剂 50 强的评选是依照企业上报杀虫剂、杀菌剂、除草剂销售额来综合评定农药杀虫剂、杀菌剂、除草剂 50 强。评选方式遵循名次不分先后的原则，公平公正的态度进行审合整理。

4、评定 2011 中国农药诚信经销商方式与方法

2011 中国农药诚信经销商的评选以标准值计算的方法，经过企业、协会、农资站 推荐过滤：通过生存指数、发展指数、潜力指数的三数并合进行计算最终评出诚信经销商名单。

5、评定 2011 中国农药（各省、市）十大支农排头兵方式与方法

2011 中国农药（各省、市）十大支农排头兵的评定是具有划时代意义的，它是集中对专用农药内企业进行评定的唯一一次，在全国 20 多个农药集中省市以主营业务额为主并结合各项数据指标，推出农药（各省市）十大排头兵。

6、评定 2011 中国农药十大药械排头兵方式与方法

2011 中国农药十大药械排头兵经各 100 强企

业、行业协会、农药标兵单位的举荐，并结合企业上报器械年度交易额最终遴选出共十家药械制造企业进行表彰。

（2012 参会部分领导）

（颁奖仪式）

（百强官方网链接 1 年单位）

（2012 年中国农药百强官方网首页 www.cpc100.org）

（2012 年中国农药百强官方网板块展览）

（2011 年中国农药百强官方网首页 www.cpc100.org）

（2011 年中国农药百强官方网板块展览）

（2010 年中国农药百强官方网首页 www. cpc100. org）

（2010 年中国农药百强官方网板块展览）

（中国农药百强官方网 www.cpc100.org）

（2009 年中国农药百强官方网首页）

（2009 年中国农药百强官方网板块展览 www.cpc100.org）

中国农药代表性企业摘录

Top prize enterprise excerpts

浙江新安化工集团股份有限公司

地址：浙江省建德市新安江新安东路555号

邮政编码：311600

电话：(0571)64715693

传真：(0571)64715693

浙江新安化工集团股份有限公司，位于中国长三角经济发达的杭州市，创建于1965年，2001年9月成为上市公司，属中国制造业500强，全球农化销售20强企业。

通过实施集团化、国际化、品牌化战略，新安以遍及全球的运营网络，优质的产品与服务不断满足着人们生产生活的需求。新安主营农药化工、硅基新材料两大产业。开发形成了以草甘膦原药为主导，磷化工为配套，多种原药与剂型同步发展的农化产品群；围绕有机硅单体合成，形成了从基础原料到终端产品的完整有机硅产业链，确立了在行业中的优势地位。公司生产的两大系列产品被广泛应用于农业生产、航空航天、医疗卫生、建筑材料、电子电气、新能源开发等各个领域，产品畅销全球几十个国家和地区。主导产品先后荣获中国名牌、中国驰名商标、最具市场竞争力品牌等荣誉称号。

公司拥有国家认定企业技术中心、博士后科研工作站、省级企业研究和杭州市院士工作站，是国家重点高新技术企业、国家创新型企业和全国知识产权示范创建单位。建立了较完善的技术创新体系，依托技术进步获得了一大批专利和专有技术。在农药化工、硅基新材料两大产业间成功实现了氯元素的循环利用并实现两大产业的互动、良性发展，形成了具有自主知识产权的核心技术。

新安奉行“环境友好，生生不息”的企业发展理念，大力发展循环经济，成为行业践行科学发展的楷模。未来的新安，将始终秉承这一理念，将企业打造成为具有国际竞争力与持续生命力的现代知名企业集团。

红太阳集团有限公司

红太阳集团总部 南京红太阳股份有限公司
地址：南京市高淳县宝塔路 269 号 (211300) 电话：025-57886818
传真：025-57886828
南京红太阳股份有限公司
地址：南京市汉中路 89 号金鹰国际商城 19 楼 (210029) 电话：025-84785888
传真：025-84785828

红太阳集团是一家集科研、制造、国际国内市场一体化的以环保农药、生物医药、现代种子、肥料等生命科学产业为主体的涵盖五大产业 16 家全资及控股子公司的国家重点高新技术企业。现有员工 5200 名，其中硕士以上学历者占 8.6%，本科以上学历者占 52.8%，建有一个中央工程技术研究院、5 大研发中心和 68 个基础实验室。截止 2007 年末，公司拥有总资产 65.8 亿元，主营业务收入 68 亿元，外贸交货值 2.0 亿美金，位居世界农药前 10 强、中国千强大企业集团 619 位、中国制造企业 500 强 365 位、中国石油化工行业百强 30 位、中国农药“五连冠”，其控股的上市公司红太阳股份连续四年荣登华人上市公司最具成长性百强的 25 位。未来五年，红太阳集团将重点围绕生命科学产业，以生物工程、化学工程、环保工程及信息工程为平台，实施“自主创新、人才优先、名牌战略及经营国际化”战略，力争到 2010 年，实现产值、销售突破 200 亿元，创造利税突破 28 亿元，公司市值突破 300 亿元。

南京红太阳股份有限公司（000525）是红太阳集团公司控股的集产业经营、资本经营为一体的国家重点高新技术企业和高科技上市公司。公司主要生产高效、低毒、低残留、环保型的第三代仿生性拟除虫菊酯类和第四代杂环化合物类杀虫剂。

南京红太阳股份有限公司截止 2008 年

12 月 31 日，公司合并报表资产总额为 3,143,567,649.87 元，归属于母公司所有者权益为 619,827,386.99 元　2008 年度实现营业收入 3,498,651,054.93 元，利润总额 53,399,421.44 元，净利润 38,046,724.35 元

红太阳集团的股权结构

一、红太阳集团

由高淳县国资委 51% 股份和南一农集团 49% 股份共同控股。

二、南一农集团

前身为高淳县农药分装厂，后来成立成南京第一农药厂，1995 年 11 月，南京一农与南京红花塑料厂共同发起组建集体所有的红太阳集团，1998 年借壳上市公司宁天龙上市，其所有股份被划至高淳县国资委名下，红太阳全资控股南一农。

2005 年，南一农改制，江苏国星投资公司成立，股东为王华贵、夏署、赵富明、王俞林、卢玉刚及芮国华（其实质为杨寿海委托持股，避免有限责任公司一人的法律约束），自然人高灿。其中杨寿海委托持股比例高达 93.53%，为了激励创业团队，让出部分给技术团队、管理团队和营销团队，杨寿海个人占的股权为 69.98%。

红太阳集团出让南一农全部股权，由杨寿海委托持股的国星投资接收并组建成立南一农集团，旗下主要子公司及股权分别是：南京生化 49%、安徽国星 100%、红太阳国际贸易 100%、红太阳种业 65%、中邦制药 51.02%、江苏中金鼎信投资担保 75%、南京亿邦广告 80%、江苏科邦生态肥 49.25%、南京绿邦 100%、澳大利亚海力国际 65%。

南一农集团的核心资源在生产制造上。目公司第一农药厂拥有聚酯类最全的生产工艺，南京生化和安徽生化拥有的吡啶、白草枯工艺、毒死蜱工艺等。

三、红太阳股份公司

大股东为红太阳集团，所占比例为 28.51%，南一农集团通过其子公司中邦制药持有部分红太阳股份。

红太阳股份公司目前控股红太阳农资商贸及其下属省公司、苏农连锁集团及其下属子公司、马鞍山生化公司、江苏振邦投资、江苏振邦农作物。同一控股公司为高农农资公司、南京顶新种业公司。联营公司有江苏科邦肥料、南京绿邦。

江苏扬农化工集团有限公司

地址：江苏省扬州市文峰路 39 号

邮编：225009

电话：总机 0514-87813243

联系： market@yangnong.com.cn

公司简介：

江苏扬农化工集团有限公司前身扬州农药厂始建于 1958 年，经过数十年的艰苦创业、创新发展，成为拥有氯碱、苯氯化硝化、化工新材料、拟除虫菊酯、新农药等五大系列产品，公用工程和物流设施配套齐全，拥有一家 A 股上市公司的国有控股企业。2009 年，集团公司完成销售收入 41.3 亿，实现利润 2.9 亿，其中外贸出口额为 5885 万美元，截止 2009 年底，公司共有员工 3700 多人。主要出口商品包括对二氯苯、环氧氯丙烷、液体环氧树脂、1，2，4- 三氯苯、2，4- 二氯苯乙酮、邻硝基氯化苯等，对二氯苯在美国及土耳其取得正式登记。

扬农集团是国家重点高新技术企业、国家重点农药生产骨干企业，建有国家级企业技术中心、博士后科研工作站、化工研究所和工程技术公司，具有较完备的技术创新体系。企业技术装备先进，产品质量优良，管理规范严谨，通过 ISO9001、ISO14001、OHSAS18001 管理体系认证。

公司秉持“重义守信，创新求精”的经营理念，贯彻“技术创新，特色领先，以人为本，管理永恒”的经营方针，践行“为顾客创造价值、为员工创造机会、为股东创造利润、为社会创造财富“的企业宗旨，打造百年品牌，成就长寿企业。

Company brief introduction

After several decades of development, the Jiangsu Yangnong Chemical Group Co. Ltd., known previously as the Yangzhou Pesticide Factory founded in1958, is now a large state-owned holding enterprise in China. Today the company stock is listed under the name of “Yangnong Chemical” and the state is its main share holder. The Yangnong Group is an integrated company with its own utility and logistical systems, producing five (5) series of products including: chlor-alkali, chlorinated and nitrated benzene derivatives, newly developed chemical materials, pyrethroids, and other pesticides. In 2009, the sales income of group is RMB 4.13 billion, the profit is RMB 0.29 billion, thereinto the export value is USD5.885 million. By the end of 2009, there are employees more than 3700.The main export products are PDCB, ECH, LER, 1, 2, 4-TCB, 2,4-DICAP, ONCB and so on. PDCB has registered in American and Turkey.

Recognized as one of the nation's key hi-tech enterprises, the Yangnong Group strives to use the best available technologies by employing its own advanced enterprise technical center, a post-doctorate scientific research workstation, a chemical R&D center, and an engineering company. The Yangnong Group is ISO9001, ISO14001 and OHSAS18001 certified, and world wide enjoys an excellent reputation for its strict production management and high quality products.

Yangnong hold the operation principle: keeping faith, innovative and refinement; carry out the management idea: people's first, to ensure the health and security; to pursue being outstanding, devote masterpieces and sincere. The Yangnong Group is a place to create value for its clients, to create opportunities for its employees, to create profit for its shareholders, and to create wealth for society. With management principles to maintain excellent fiscal responsibility, endless technical innovation, and continuous improvement, the Yangnong Group will be an everlasting enterprise not only for itself but also for all who are associated with it.

江苏蓝丰生物化工股份有限公司

蓝丰生化

地 址：中国江苏省新沂市新安路 120 号

电 话： 0086-516-88983751（经理室）

0086-516-88924343（农药一部）

0086-516-88983752（农药二部）

0086-21-50901411（上海办事处）

86-516-88922509（中间体部）

传 真：0086-516-88921021,88924384

邮 编：221400

邮 箱：xyny@xinyipesticide.com

江苏蓝丰生物化工股份有限公司，是由江苏苏化集团新沂农化有限公司改制成立的大型化工企业。2004 年新沂农药厂与江苏苏化集团强强联合，改制成立江苏苏化集团新沂农化有限公司；2007 年企业为了运作上市，更名为江苏蓝丰生物化工股份有限公司；公司生产杀菌剂、杀虫（螨）剂、除草剂和光气化中间体四大系列产品。多菌灵、甲基硫菌灵、苯菌灵、霜霉威、环嗪酮、异菌脲、吡唑草胺、中间体等产品畅销国内外。蓝丰生化是中国最大的甲基硫菌灵原药生产基地，有年产 30000 吨光气化产品的生产能力。产品通过 ISO9001 质量管理体系、ISO14001 环境管理体系、 OHSMS18001 职业健康与安全管理体系认证。

公司拥有省级技术开发中心。技术创新是公司发展的不竭动力，新开发的产品敌草隆、丁噻隆、甜菜安、甜菜宁、草甘膦将陆续投放市场。

占地 1000 亩的蓝丰苏化工业园一期工程已顺利竣工。

2008 年，在金融危机的影响下，江苏蓝丰生物化工股份有限公司一举突破了销售收入 10.5 亿元的大关、实现利税 1.8 亿元的优异成绩。

安徽华星化工股份有限公司

地址　安徽省巢湖市和县乌家镇

电话　0565-5391218

传真　0565-5392858

员工人数　800 人

公司网站　www.huaxingchem.com

安徽华星化工股份有限公司是以农药精细化工生产经营为主是国家级重点高新技术企业和上市公司。是中国农药工业重点骨干企业，安徽省最大的农药生产企业。公司成立于1998年2月，前身是安徽省和县农药厂，企业创建于1984年。华星化工现有资产10亿多元，占地6300多亩，员工1000多人。

华星化工农药主导产品有杀虫剂、除草剂、杀菌剂三大系列二十多个原药品种和八十多个制剂产品，都是高效、低毒、低残留的无公害农药，产品结构优势明显；公司现有国家级重点新产品7个、安徽省名牌产品4个、安徽省质量免检产品2个、安徽省高新技术产品9项。

股权结构：高管人员股1457.4万股；流通A股13872.9万股；限售A股2452.5万股。

2008年营业收入1,382,332,764.87元，利润总额207,388,352.29元。对比数据：2007年营业收入848,325,833.45元；2006年营业收入439,352,990.38元。

江苏常隆化工有限公司

地址：江苏省常州市新北区龙虎塘

邮编：213031

电话：0519-85481314

传真：0519-85481164

江苏常隆化工有限公司是由常州农药厂改制组建的有限责任公司，是国家大二型企业和农药及聚氨酯材料生产基地，已进入中国农药工业十强行列。公司位于国家级常州高新技术产业开发区内，紧临沪宁高速公路，交通十分便捷。公司占地面积26万平方米，建筑面积16万平方米。现有职工1200多人，其中各类专业技术人员450多人。本公司是以光气为主要原料生产农药原药、制剂和农药中间体、化工中间体、精细化工产品以及聚氨酯材料、聚碳酸酯工程塑料等产品的化工生产企业。

公司是以光气为主要原料生产农药原药、制剂、农药中间体、化工中间体、精细化工产品以及聚氨酯材料的化工生产企业。主要生产的农药品种有：拟除虫菊酯类、烟碱类、氨基甲酸酯类、以及其它具有特异性杀虫效果的杀虫剂系列；磺酰脲类、脲类、酰胺类等除草剂系列；杀菌剂系列、植物生长调节剂系列等产品。农药原药年生产能力5万吨以上，原药品种40余种、制剂60余种，具有农药“三证”的产品达120多个。聚氨酯类产品有：聚氨酯树脂，年生产能力3万吨；聚氨酯合成革，能力600万米。铸造化学品年生产能力5000吨。

江苏常隆农化有限公司搬迁技改项目二期工程（年产8750吨除草剂、11450吨杀虫剂、1500吨杀菌剂、200吨精细化工产品）建设地点：江苏省泰兴经济开发区。投资总额：58200万元。江苏常隆化工有限公司北区（原常州农药厂）位于常州国家级高新技术产业开发区、新北区龙虎塘沪宁高速公路道口，占地面积26万平方米，有30多年生产历史，经过多年的产品结构调整和新品开发，公司现已成为国内农药品类和品种最多的企业之一，装置设计规模4万吨，综合实力位居国内农药行业前10位。随着城市的不断发展，现有厂址与附近居民的距离不再符合《光气及光气化生产安全规程》要求。根据常州城市发展规划，新北区定位已调整为仓储和物流工业，并规划江苏常隆化工有限公司在2009年前进行全部搬迁。为此，江苏常隆化工有限公司于2007年在中国精细化工（泰兴）开发园区（又称泰兴经济开发区）成立江苏常隆农化有限公司，将公司的农药、光气化学品、化工中间体等产品搬迁到江苏常隆农化有限公司生产，为保持企业技术优势，并实现企业的连续稳定运行，搬迁分两步实施，其中一期项目（年产1000吨甲萘威、1000吨仲丁威、1000吨异丙威、10000吨乙草胺、4000吨十八酰氯、1200吨2-氰基苯酚）搬迁工作于2006年开始起动， 2007年11 月通过国家环保局环评审批，目前一期工程工艺、设备、建筑及配套公用工程正在建设之中，预计2009年7月将建成投产。

根据常州市政府规划， 2009年底之前江苏常隆化工有限公司老厂区实施全面停产，因此公司在常州新北区龙虎塘的其余产品将在本次二期工程中搬迁至泰兴厂，本次搬迁将进行产品调整，淘汰部分工艺落后，产量较小的产品品种，本次将搬迁产品规模为年产8750吨除草剂、11450吨杀虫剂、1500吨杀菌剂、200吨精细化工产品，二期项目建成后，最终全厂各类除草剂、杀虫剂、杀菌剂将达到年产4万吨生产能力。

江苏常隆化工有限公司2008年实现销售收入14.4亿元，实现利税1.5亿元，经济效益连年持续增长。

山东侨昌化学有限公司

地址：中国山东滨州市黄河十二路 1181 号
电话：86 0543 2226136
手机：13605438643
传真：86 0543 2226134

山东侨昌化学有限公司创建于 1993 年，位于滨州市东城区。公司注册资金 10000 万元，固定资产 23000 万元。公司现有职工 860 人，主要生产除草剂及除草剂制剂等系列产品，是山东省最大的除草剂生产厂家，是国家定点的农药生产企业，是下辖十个分公司的集科、工、贸于一体的大型农化集团。在山东滨州、邹平、沾化、江苏徐州、吉林四平建立了化工中间体和原药生产基地；原药品种有酰胺类、三氮苯类、嘧啶类、磺酰尿类、苯氧羧酸类等 20 多个，年生产能力达 6 万吨；制剂有 80 多个品种，280 多个规格，年生产能力达 5 万吨。生产规模在国内除草剂企业位居第二位，已具备了很强的竞争力。

2008 年计划投资 7000 万元，建设年产 2.5 万吨草甘磷生产线，9 月份投产，投产后预计实现乙草胺：5000 吨，市场占有率达 20%；草甘膦：1000 吨，市场占有率达 13%；莠去津：500 吨，市场占有率达 10%。在建项目有年产 500 吨溴嘧草醚（专利产品）原药和 2500 吨制剂项目、年产 1000 吨吡氟菌酯（专利产品）原药和 6500 吨制剂项目。

2007 年公司实现主营业务收入 70300 万元，利税 7500 万元，缴纳税金 2520 万元，其中上交地方财政 173.6 万元。2008 年预计实现主营业务收入 11 亿元，利税 9100 万元，出口创汇 800 万美元。

江苏克胜集团股份有限公司

Kwin克胜集团
中国名牌　中国驰名商标

地址：　江苏盐城市建湖盐淮路 888 号
邮政编码：　224700

电话： 0515-86273928

号码： 0515-86264301

电子邮件：ab@kesheng.com kesheng@mx.js.cei.gov.cn

网址：http://www.ksjt.jnn.cn

http://kesheng.com

克胜集团创建于1992年，现有克胜股份、克胜药业、黑龙江克山、昆明爱德望、克胜（泰国）、北京克胜科技、克胜商学院、南京药文化传播、绿色联盟、中胜置业、克胜艺术团等成员单位，形成了以高新农药、生化医药为核心，以国际贸易、房地产、金融投资、农资连锁、文化传播为延伸的企业群。 克胜股份公司主要从事农化产品的科技研发、绿色制造、营销服务及国际贸易等，具备年产销农药2万吨原药和各类先进环保剂型的能力，产品适用于各种农作物。

江苏克胜集团股份有限公司是由创业于1992 年的建湖农药二厂、组建于1996年的江苏克胜集团公司稳健发展起来的，是全国最大的杀螨杀虫剂生产基地，并有11种产品被农业部列为全国重点推广无公害农药。先后与国内外20多家科研机构联合开发了扫螨净、蚜虱净、蚧死净、又能丰、PMC、CPM等20多个高科技含量的产品。主产品扫螨净系国家级重点新产品，96～97江苏名牌产品荣誉。其产销量、质量、市场覆盖面、市场占有率均居全国同类产品之首。超高效、低毒、广谱杀虫剂蚜虱净系国家级重点新产品、'97国家级星火计划项目，被列为全国农业技术推广中心重点推广产品。

2007年主要经济指标：营业收入总额90188万元、税后净利润2653万元、缴税总额2732万元。

江苏长青农化股份有限公司

地址：江苏省江都市浦头镇江灵路1号

邮编： 225218

企业类型：股份有限公司

电话： 0514—86421237

传真： 0514—86421039

邮箱： jscq@jscq.com

网址： www.jscq.com

法人代表：于国权

江苏长青农化股份有限公司创建于1970年，系国家定点农药生产企业，国家高新技术企业。经过三十余年的艰苦奋斗和锐意进取，现已成为拥有职工1000余人，其中专业技术人员400余人，资产5亿多元的大型化工企业。公司以合成农药、农药中间体为主，同时加工多种剂型的制剂，现已具备万吨原药和制剂的生产能力。公司新产品“乙羧氟草醚”及“烯酰吗啉”原药均为国内首家研制成功。

江苏长青农化股份有限公司拟位于江都市沿江开发区三江大道8号江苏长青农化股份有限公司现厂内投资建设400t/a环氧菌唑、450t/a醚苯磺隆、100t/a氯氟草醚、300t/a噻虫嗪、200t/a茚虫威项目。项目总投资16350万元，项目已经扬州市经济贸易局备案登记。

江苏长青兽药有限公司是江苏长青农化股份有限公司的全资子公司。现有员工170人，其中大专以上技术人员57人，高级职称人员3人，中级职称13人。

公司投资2000多万在创业园建设GMP车间，并一次性通过农业部GMP验收合格，现有粉针、水针、粉剂、溶液剂四条生产线，均采用国内外先进设备，年生产能力达1000多万吨，现有110多个兽药产品。

江苏长青集团的“长青”商标被评为中国驰名商标后，品牌价值得到了充分发挥，2008年实现产值8亿元，出口创汇5100万美元。该集团生产的“长青”牌吡虫啉农药，在2008年全国同类品牌中，产销量名列第一。目前“长青”商标评估值达1.2亿元，同行称其为“一亿元也买不到的商标！”

浙江新农化工股份有限公司

地址：浙江省仙居县杨府三里溪

邮编：317300

电话：0576－87733616

传真：0576－87733619

杭州办公地址：杭州市中河中路258号瑞丰大厦18F
电 话：0571 － 87223148 传 真：0571 － 87243169
邮编：310003
邮箱：xnche.m@163.com
网址：www.xnchem.com

浙江新农化工股份有限公司是集科研、开发、生产和经营于一体的国家级高新技术企业。公司现拥有总资产2.5亿多元，占地面积20多万平方米。浙江新农化工股份有限公司建于1989年，现有在职员工800多人，其中各类专业技术人员180余人，外聘专家40余人。形成了以仙居为核心的行政、制造、技术、检测中心；以杭州为基地的市场营销中心；以椒江为基地的精细化工产品制造中心；以浙大、浙工大、南大等高校为依托的研发中心。

公司坚持以市场为导向，大力发展高效、广谱、低毒、低残留的新型农药和具有高技术含量的各类医药、染料、农药中间体系列产品。农药产品包括杀虫剂、除草剂、杀菌剂六个原药和三十多个制剂产品，中间体产品分为四大系列数十个品种规格。三唑磷产品在国内由新农首家研制成功并推向市场，现已形成年产10000吨原药的自动化生产能力，生产规模、质量水平、产品知名度十多年来在国内一直保持领先地位；同时新农又率先研制成功毒死蜱产品并推向市场，2002年新农毒死蜱项目被国家科技部列为“十五” 计划重点攻关项目，现已形成年产5000吨原药的生产能力，产能、质量均居国内同行业之首；并且形成了年产2500吨苯肼、3500吨二乙氧基硫代磷酰氯的生产能力。

浙江工业大学与浙江大学和浙江新农化工股份有限公司等三家单位合作承担的大吨位高质量毒死蜱原药和绿色水性化制剂开发项目已通过验收。目前新农公司毒死蜱产能已达3000吨/年，与原工艺相比，新工艺产品收率明显提高，原药纯度可达98%以上，成本也大幅降低。毒死蜱是一种高效广谱含氮杂环类杀虫杀螨剂，是取代高毒农药较好的产品之一。1993年， 毒死蜱产品开发被列为浙江省重点科技攻关和国家火炬项目，浙江工业大学和浙江新农化工公司联合承担了该项目的实施工作，浙工大徐振元教授担纲组长。项目组经过长期努力，终于摸索出一套以三氯乙酰氯和丙烯腈为起始原料，经加成、环合、芳构化、成盐和缩合5步反应及2步分离产出毒死蜱产品的新工艺，并在新农公司建成一套5 0 0吨/年的生产装置。此后双方继续合作，目前新农毒死蜱产能已达3000吨/年。2005年，针对国内毒死蜱应用日趋广泛，但制剂产品却非常单一（主要为4 0 %乳油）的实际情况，浙江省将大吨位高质量毒死蜱原药和绿色水性化制剂开发项目列为省高校重大科技攻关项目，由浙江工业大学、浙江大学、新农公司联合实施攻关。浙江工业大学发挥在毒死蜱生产技术研究方面的优势，寻找新的工艺技术路线；浙江大学则发挥在制剂研发方面的优势，主要承担毒死蜱水性化制剂和颗粒剂新产品的研制工作。经过三年攻关，该项目取得显著成果。目前，新的毒死蜱生产工艺已在新农公司得到成功应用，新工艺不仅在产品收率、原药纯度和成本方面具有明显优势，在合成毒死蜱及其关键中间体反应的复合催化剂、溶剂及其工艺方面也有创新。此外，该项目还在水性及绿色制剂开发方面取得突破，新开发的30%毒死蜱水乳剂等水性及绿色制剂，通过采用与环境友好的水性溶剂替代有机溶剂，提高了产品的安全性和环保性。经过药效试验和毒性试验结果证明：新产品完全可取代40%毒死蜱乳油制剂。目前，这些新产品已取得国家登记许可。

公司现拥有资产1亿多元，年销售额达2亿多元。没有具体数据。

青岛瀚生生物科技股份有限公司

地址：山东省青岛市市南区香港中路18号福泰广场B座1302室

邮政编码：266071

网址：http://www.qdhansen.com

青岛瀚生伊斯特化学有限公司（除草剂）

联系电话：+86-532-85727379

传真：+86-532-85976379

营业地址：青岛市香港中路18号福泰广场A座1802

邮编：266071

E-mail:east@qdhansen.com

青岛瀚生生物科技股份有限公司是2002年成立于莱西市的一家民营农药生产企业，成立5年来，公司已经成为青岛地区最大的农药企业，拥有占地350亩的高科技的瀚生工业园。

青岛瀚生生物科技股份有限公司，主要从事原药的生产合成与除草剂的开发和销售。公司现已拥有氟磺胺草醚、乙羧氟草醚、乳氟禾草灵、三氟羧草醚、炔螨特、灭多威，高氯原药的生产线。公司将不断致力于打造国内最大的二苯醚类除草剂的生产与销售基地，不断培养和巩固公司的核心竞争能力。

青岛瀚生生物科技股份有限公司是由青岛法改委通过成立的一家股份制公司。其下属企业有青岛东生药业、青岛泰生、青岛润生以及专业的除草剂公司，外加出口贸易公司等组成的。青岛瀚生生物科技股份有限公司注册资金3838.38万，现在青岛瀚生生物科技股份有限公司一年的销售额为1.4亿人民币，集团销售额在7亿人民币左右，并且集团公司争取在09年上市并公开发行股票。

瀚生公司成立5年来，已先后投入项目建设、研发、技术改造资金达6000多万元，现已拥有现代化农药生产基地4处，可生产杀虫剂、杀螨剂、杀菌剂、除草剂、叶面肥和植物生长调节剂等六大系列200多个产品，公司技术中心被评定为青岛市级企业技术中心，“瀚生”牌10%苯醚甲环唑荣获“山东省名牌产品”称号，公司产品不仅俏销全国30多个省、市，还先后出口北美、南美、中东、东南亚、非洲等十几个国家和地区。2006年公司销售收入突破4亿元，公司成立5年来已经累计实现销售收入达10亿元，累计实现利税8000多万元。

山东润丰化工股份有限公司

地址：山东潍坊滨海经济技术开发区

邮编：262737

电话：+86-536-5319100

传真：+86-536-5319101

http://www.rainbowchem.com/

rainbowchem@rainbowchem.com

公司简介：

山东潍坊润丰化工有限公司是一家集植保产品的研发、原药合成、制剂加工和销售于一体的专业制造商，拥有自营进出口权，是国家定点的农药生产企业，山东省高新技术企业。公司由12个部门及三个工厂组成，各生产工厂的生产组织管理自成体系，水、电、汽、冷等公用工程设施配套齐全，生产设备精良，检测仪器先进。

公司现有一支精干的年轻化、专业化的员工团队，正是这支富有激情、勇于超越的员工团队使得公司自成立以来在市场开拓、新品研发、生产制造、品质管理等各方面均取得了飞速发展，并构筑了专业的质量、环境和职业健康等管理体系。2006年至今公司已先后通过ISO9001：2000质量管理体系认证、ISO14001：2004环境管理体系认证和GB/T28001—2001职业健康安全管理体系认证。

公司的主导产品为除草剂，主要面向国际市场，出口交货值已占公司总销售收入的95%。现主要向客户提供草甘膦类、2，4-滴类、均三氮苯类、酰胺类以及百草枯、敌草隆等除草剂的原药及其系列制剂产品。公司期待与国内外客户就新老产品的技术及市场开发进行深度而紧密的合作。

公司先后获得“山东省高新技术企业”、“中国化工企业经济效益500强企业”、“中国农药制造业100强企业”、“农药制造行业效益十佳企业”、“省级安全文化建设示范企业、“外贸工作先进单位”、“市级劳动关系和谐企业”、“市级文明单位”、“学习型组织标兵单位”、“捐资助学先进单位”等各类荣誉称号。

Rainbow Chemical is a professional manufacturer and supplier, integrates R&D, synthesizing and formulation of agrochemicals. We have obtained ISO9001:2000 in the year of 2003, obtained ISO14000: 2004 and OHAS18001: 2001 in the year of 2008.

The company has a young and professional team, which guarantees the successful and rapid development in exploring the new products and markets, manufacture capacity and quality management.

Most of our products are herbicides, and mainly for international market. For the moment, we can supply Glyphosate, 2,4-D, MCPA, Atrazine, Ametryn, Simazine, Diuron, Paraquat, Diquat, Dicamba, etc.

We will continuously pursue excellence and take steps to improve our work and keep close relationship with the customers and the market.

浙江金帆达生化股份有限公司

公司地址：浙江省杭州市桐庐县桐君街道桐君街 98 号金帆达大厦

公司主页：www.zjjfds.cv-nz.com

电话：0086-0571-56986662

传真：0086-0571--56986618

浙江金帆达生化股份有限公司创立于 2007 年 7 月 8 日，注册资本 9000 万元人民币，是由创建于 1999 年 12 月的杭州金帆达化工有限公司整体改制而成。是以生产草甘膦农药及化工中间体为主的多元化企业，公司主要产品有：草甘膦、亚磷酸、亚磷酸二甲酯系列化工产品及草甘膦各种制剂，是国家农药定点生产企业，产品 80% 以上出口销售。公司拥有高性能反应合成、分离精制、气液回收、自动灌装、分析监测等一系列先进设备，采用先进的生产工艺和 DCS 控制系统、污水处理系统、废气回收系统，达到了行业领先水平。

公司总部位于浙江桐庐，是桐庐县重点骨干企业、浙江省高新技术企业、全国农药行业销售百强企业。公司通过了ISO9001质量管理体系和ISO14000环境管理体系的认证，标准化和计量检测体系认证，省级安全标准化达标认证。公司的质量方针是：以质量为中心，争创一流品牌。公司的环境方针是：遵章守法、防治污染、节能降耗、和谐环境；公司安全方针是：安全第一，预防为主。

公司设有杭州市高新技术研发中心，是杭州市信息化示范企业；公司环保投入近千万元，环保治理达到国家一级排放标准，并通过清洁生产审核验收。

公司奉行“生产一流的产品，提供一流的服务，致力人类的健康，获取最佳的回报”的宗旨，积极进行股份制改造，建立现代企业制度，不断开拓创新，实现公司持续、快速、稳定的发展

深圳诺普信农化股份有限公司

公司地址 深圳市宝安区西乡水库路113号

邮政编码 518102

公司总机 0755-2997 7288

公司传真 0755-2997 7175

网　　址 wwww.noposion.com

深圳诺普信农化股份有限公司于1999年9月经深圳市工商行政管理局批准注册成立，成立后就把科技创新、经营创新和为农民提供优质产品与服务作为企业的宗旨，企业因此获得快速成长和发展。2005年10月经深圳市政府批准整体变更为股份有限公司。2008年1月17日经中国证券监督管理委员会证监许可（2008）96号文批准上市，其A股于2008年2月18日在深交所正式上市交易（股票代码002215）。公司是目前中国农药制剂领域规模最大的企业、唯一的上市公司。

公司拥有自主技术研发中心，科技研发

人员近百人，其中研究员、高级工程师、高级农艺师、博士（后）等高级研究人员 10 多名， 中级技术研发人员 50 多名。研发中心下设有水性化农药剂型、粒片剂、传统剂型、工艺设备、分析与标准、杀虫剂生物测定、杀菌剂生物测定研究室等 7 个研究实验室。公司技术研发中心已被认定为深圳市级工程中心。公司产品涵盖了大多数农用化合物和病虫草害防治领域，能够满足不同区域、不同作物的杀虫、杀菌、除草等多种用药需要。公司已登记产品数、无公害农业果蔬用药品种数、新农药制剂发明专利数三项指标均位居全国同行业第一，并承担了多项国家级、省级、市级科技计划项目，多个产品分别获得“国家重点新产品”、“广东省名牌产品”等称号。公司 2008 年生物性水性化环保剂型产品销售收入已占总销售收入的 60% 以上，是全国同行业该指标占比最高的企业。

公司建立了全国性营销网络与植保技术服务体系，数千名植保技术营销人员直接面向农户，全面提供病虫草害防治、农药应用技术咨询服务和产品推广。是全国同行业营销技术服务力量最强、营销服务网络覆盖面最广的企业。

公司是中国农药工业协会副理事长单位、广东省农药工业协会理事长单位、广东省高科技产业商会副会长单位、深圳市知识产权优势企业、深圳市自主创新行业龙头企业，拥有“广东省著名商标”、“国家级高新技术企业”、“国家级博士后工作站”等荣誉资质。

面对“建设社会主义新农村”带来的农资市场空前扩张的巨大市场机会，公司已制定了中长期发展目标，即以高效、低毒、低残留，资源节约型、环境友好型为产品和业务发展方向，大力研究开发符合当今国际国内潮流和国家倡导的安全环保的水性化制剂产品，主要以产品、技术和营销推广服务构成企业的核心竞争力，大大扩展公司产品的市场份额，提升服务“三农”的能力，为农民提供最有价值的产品和服务，把公司建成全国最优秀的农药企业。

安徽广信农化股份有限公司

地址：安徽省广德县新杭镇蔡家山光气基地

邮编：242235

办公室：0563-6038999

传真：0563-6038999

国内销售部原药：0563-6832862/0563-6832665

制剂销售部：0563-6832900/6832155

供销科：0563-6069777

传真：0563-6067458

安徽广信农化股份有限公司是安徽广信农化集团有限公司改制成立的，是一家专业生产农药原药及其制剂、医药中间体、光气化产品，多元化经营的大型企业。

公司经过十多年的发展，拥有三个主要生产厂区，主要分布在安徽省广德县境内及铜陵市循环经济园内。公司总部所在地位于安徽省东南部的广德县，周边与苏浙皖三省八县交界。东临杭、嘉、湖，北倚苏、锡、常。

公司始建于1993年，现拥有总资产10.2亿元，员工1028人，其中工程技术人员310人，占地面积2200亩。公司是国家农药定点生产企业，安徽省名牌产品企业，2008年安徽最具投资价值成长型企业百强之首，公司与子公司均为国家高新技术企业，现主要产品有杀菌剂、除草剂、杀虫剂三大系列数十种原药品种及制剂新产品。公司生产的高效低毒产品多菌灵及其系列产品质量在同行业中处于领先地位，生产能力跃居世界第一。其中高品质多菌灵产品已通过科技鉴定，技术已达世界先进水平。主导产业光气及光气化产品成为中国民营企业第一家，填补了安徽省空白。其他主要产品如甲基硫菌灵、敌草隆、草甘膦、毒死蜱、异丙隆也占据一定市场，被广泛应用，深受好评。公司现已通过ISO9001和ISO14001认证。

公司走可持续发展的道路，多元化经营，努力做大做强。公司为扩大再生产，正在安徽省广德县精细化工园区建设光气化产业基地，该项目已列入安徽省“861”计划。

为了更进一步地提高已有产品质量、优化产品结构、发展产品多元化，公司在上海投资新建了研发中心。强大的技术支持为公司产品占据国际市场注入新的生命力。公司一直以市场为导向，产品90%自营出口欧美及东南亚等国家和地区，现已跃居安徽民营企业20强，2009中国化工500强，安徽省综合排序50强，出口创汇10强企业，2009安徽省100强企业。

公司以“广结中外、信昭天下、精耕细作，

永续经营，缔造中国农药第一品牌”为经营方针，坚持走发展的道路，现已成为跨地区、跨行业及跨国经营，组织集团化、管理现代化的大型企业。

真诚期待能与各位同仁友好广泛合作，共创美好明天！

重庆市众力生物工程有限公司

地址：重庆市渝北区龙溪兴隆街 5 号　　邮编　401147

E - mail　cqzlsw@163.com

传真　023-67611298

电话　023-67904576

重庆市众力生物工程有限公司成立于 2000 年 12 月，位于江北区建新北路 84 号，是由国家工信部核准定点，集研发、生产、营销无公害生物农药、多功效药肥于一体的科技企业。中国农药工业协会会员单位。

众力生物以产、学、研相结合的方式，广泛开展与中科院系统、农业大学等科研机构合作，使众力产品具有较高的操作平台。

众力生物与中科院微生物研究所合作研发的高效广谱生物杀虫剂 ---“新型苏云金杆菌”杀虫剂，是重庆市政府“院市合作基金”的支持项目，列入“重庆市重点新产品”。

公司与西南大学合作承担的重庆市农业科技成果转化示范工程 ---“真菌重组生物杀虫剂”项目，列入国家“863”科技攻关计划。

公司获“2010 年重庆农民最喜爱农资品牌”和“2010 年中国农药企业最具竞争力 100 强”称号。

● 公司产品及市场

公司由中科院武汉病毒研究所研究员张用梅教授担任技术总工，以“蛙先生”注册商标生产的系列生物农药、生物肥料和药肥产品、成为替代传统高毒高残留化学农药的理想用药。

公司市场以川、渝、黔为主，随着水稻药肥产品的量产，必将在南方水稻产区打开新的市场。

● 公司主要技术人员：

张用梅：中科院武汉病毒研究所研究员、教授、博士生导师，我国著名生物农药专家，国家政府津贴获得者。发表专业论文80余篇，专著3部，主持项目两项获国家科技二等奖、一项中国科学院三等奖。2000年起，担任重庆市众力生物工程有限公司总工程师。

裴炎：西南大学生物技术中心教授、博导，在真菌菌株培养和转基因研究方面卓有成效，众力生物项目合作负责人，技术顾问。

张格成：中国农科院柑橘研究所教授，果树病虫害防治专家，众力生物技术顾问。

公司现有博导、教授3名，大专以上专业技术人员35名。构成以各专业人员领衔的集研发、生产、营销为一体的现代企业管理团队。

公司经营场地：

公司生产基地位于重庆市江北区建新西路34号，拥有生物农药发酵生产线一套（含发酵罐、浓缩设备、离心机、储罐、喷雾干燥、配制罐、包装机等）。各种制剂配套设备和实验室检测仪器。能够满足原药及制剂生产和质量保证。

为适应企业的高速发展，众力生物公司在重庆綦江工业园新征土地83.56亩，投融资8000万人民币，扩建生物农药和系列药肥颗粒剂的产销基地，并以高效益生菌产品，进入饲料添加剂领域，逐渐替代广泛使用的饲料抗生素。届时，重庆市众力生物工程有限公司将形成1000吨以枯草芽孢杆菌原药为主的生物农药和10万吨药肥颗粒剂的年产销能力的农药企业。

南通江山农药化工股份有限公司

注册地址：中国江苏南通经济技术开发区江山路998号邮政编码：226017

电　　话：0513—83517081 传 真：0513—83510690

网　　址：www.jsac.com.cn 电子信箱:jsac@ jsac.com.cn

外贸电话：0513—83531195、83517375、83558229 传真：0513—83527883

电子邮箱：trade@ jsac.com.cn

内贸电话：0513—83517630、83558299、83548300 传真：0513—83516234

南通江山农药化工股份有限公司地处扬子江畔苏通长江公路大桥北首，是一家已有50年历史并拥有5个子公司的上市企业，股票代码：600389，股票简称：江山股份。

江山股份是国家农药重点骨干生产企业，先后荣获全国首批重合同守信用企业、全国质量管理先进企业、全国五一劳动奖章、全国化工清洁文明工厂、全国综合利用先进企业等称号。公司“江山”商标是国内农药行业第一个中国驰名商标，是商务部最具市场竞争力品牌、重点培育和发展的出口品牌。江山牌除草剂草甘膦是中国农药行业首批中国名牌产品，江山牌农药先后被评为国家优质银牌产品、国家级新产品、国家重点新产品、省部优质产品、省名牌产品等，被列入重点保护产品目录。

江山股份是全国农药标准化技术委员会有机磷类工作组召集单位，公司质检机构经中国石油和化学工业A级质量检验机构认证。

公司技术中心是省级技术中心，设有农药研究所、剂型研究所、新材料研究所和南通市农药中间体工程研究中心，先后承担多项国家科技攻关项目、火炬计划项目，公司研制开发的高效低毒低残留新农药氯噻啉、二嗪磷、烯啶虫胺等新品是国家农药创制及产业化示范项目。公司是我国首家向国外输出农药生产成套设备和技术的企业，也是我国农药行业首家将计算机控制技术应用在农药生产上的厂家，农药生产工艺处于全国领先水平。

截至2008年12月底，公司注册资本1.98亿元，总资产32. 2亿元，占地面积1700余亩。建有两座自备电厂，一座万吨级长江码头及日处理2.5万吨的废水处理装置。公司主产品有杀虫剂、除草剂、杀菌剂等农药，通用树脂、特种树脂等化工材料，农药、医药中间体等精细化工及氯碱等基础化工原料。

展望未来，江山股份将积极实践科学发展观，秉承“诚信、创新、知识、团结”的理念，发挥国家级开发区的区位优势，以搬迁为契机加快发展，以现有主营为立足点做强农药主业，通过优化产品结构，加大环保投入，强化节能减排，进一步提高环境治理水平，努力建设成为资源节约型、环境友好型、具有较强竞争力的大型综合性化工企业。

江苏辉丰农化股份有限公司

地址：中国江苏省大丰市人民南路 90 号

邮编：224100

传真：0515-83252328

电子邮件：trade@hfagro.com （国际贸易部）

江苏辉丰农化股份有限公司系国家农药定点骨干生产企业、国家火炬计划重点高新技术企业。公司位于麋鹿故乡、誉有东方湿地之都的江苏省大丰市，毗邻大丰港、盐城机场、新长铁路、204国道、沿海高速、纳入上海两小时交通圈，有着得天独厚的地理交通优势。公司成立于1989年，1999年经江苏省人民政府批准，通过股份制改造，发起成立江苏辉丰农化股份有限公司。经过20多年的拼搏发展，从一个名不见经传的小企业，发展成为如今集研发、生产、国内市场、渠道、国际贸易于一体的全国知名农药企业。公司拥有两个生产事业部和一家全资控股公司上海迪拜植保有限公司。具有合成原药、加工、复配制剂10万吨的生产能力，成为世界第一的咪鲜胺研发和产业化基地。拥有生产能力中国第一、世界第二的2,4-D原药、氰氟草酯原药和辛酰溴苯腈原药的单线生产装置。

创立至今，公司坚持以“做中国农民买得起的好药”为理念，全力缔造“新型农资商业航母”，坚持“将产品做成产业，将产业发展成行业”，积极倡导履行“责任关怀”的责任竞争力理念，推进企业可持续发展战略。公司先后在行业内率先通过ISO9001：2000标准质量体系认证、ISO14001环保管理体系认证以及OHSAS18001职业健康安全管理体系认证，并成为亚太地区首家通过跨国公司着力推行的以Q/EHS为核心的责任关怀体系认证的企业，并与多家全球农药行业排名前10位的世界500强企业建立了战略合作关系，跻进世界OEM优秀供应商行列。2008年11月被国家人力资源和劳动保障部、中国石油和化学工业协会评为“全国石油和化学工业先进集体”。

河北三农农用化工有限公司

通信地址：河北省石家庄市栾城县窦妪工业区　　邮编　051430

E － mail：Snhuocuili@163.com

传真：0311-85468811

电话：0311-85468900

河北三农农用化工有限公司是国家农业部农药定点生产企业。地处石家庄栾城县窦妪工业园区，交通便利，地理位置优越。自1999年7月创建以来，三农公司始终坚持以科技为先导，以质量为根本，以服务为核心，以信誉求发展的理念；贯穿以“为客户提供有价值的产品，服务于三农，做专业的农用产品提供企业，为二十一世纪中国成为世界经济强国加油！”为使命，最终成为全球无公害农用产品一流提供商。目前公司拥有干部职工260个，注册资金3000万元，2004年被团中央命名为科技示范基地，并顺利通过ISO9001-2000国际质量体系认证；2007年元月又被共青团中央评为全国服务新农村建设“百家乡镇（民营）企业”，2008年被石家庄市政府评为“市重点龙头企业”。

多年来经过公司领导与全体员工的不懈努力，企业逐年发展，如今企业占地260亩，已拥有一流的生产与检测设备，先进的生产工艺和科学管理体系。公司先后建立了噻唑磷原药、噻呋酰胺原药、甲基磺草酮原药及卫生用药四个原药合成车间；农药制剂产品主要有有杀虫剂、杀菌剂、除草剂三大类，建成6条年生产农药500吨的生产线；4条年生产农药1500吨的生产线，可生产粉剂、水剂、微乳剂、水乳剂、颗粒剂、悬浮剂及常规产品，100余个品种的现代农药生产企业。

公司拥有一流的检测设备，拥有科技研发人员50多人，其中研究员、高级工程师等高级研究人员占15%以上，在2009年被评为“石家庄市级技术研发中心”。研发中心下设有原药合成研究室、农药剂型研究室、分析与标准研究室、科技管理室等4个研究实验室；拥有高效液相色谱、气相色谱仪、微量水分测定仪等各种分析仪器 10 多台（套）。另外，还建有原药合成、农药剂型等产品的多功能中试装置，为产品研究及技术标准制定工作创造了完备的条件。

公司与沈阳化工研究院、天津大学、南开大学、河北科技大学和河北师范大学等国内多家著名科研机构进行紧密的技术交流与合作。架起了科研成果与工业转化之间放大衔接的“桥梁”，实现了新品开发与市场开发的同步推进。公司 80% 以上的研发项目是产学研相结合的成果，具有从实验室研究到中试放大、产业化开发直至工业化全流程的技术与人才优势。并且在行内首创了“技术研发 + 产品经理”的产品研发模式，这种模式能够构建成熟的产品经理与技术研发人员互动交流的工作机制，可以快速对新产品样品定型，提高产品开发效率，大大缩短新产品的研发周期，能够快速的适应市场需求，减少产品开发的盲目性。

我们公司拥有一个具有高素质的、充满生机和活力的销售团队，他们爱岗敬业、吃苦耐劳、精诚合作；拥有一个遍及全国的良好的销售网络，产品遍及河北、山东、辽宁、河南、山西、陕西、湖南、湖北、广东、广西 30 等多个省地。2006 年公司生产的 2.0% 阿维菌素乳油产品，在 2006 年河北省的质量评中，被评为“十大知名品牌，为信得过产品”；12.5% 腈菌唑可湿性粉剂产品，在 2006 年山西省的质量评比中，被山西省评为“知名品牌，誉为信得过产品。5.7% 甲维盐 WDG 产品，在 2010 年被评为“河北省十大知名品牌，为信得过产品”。产品一经投放市场，得到了市场的广泛认可。

三农公司始终在敏锐、求实中求发展，他们凭借智慧与不懈的努力，将原来一个小小的农药企业发展成目前拥有农药、酒业等产业块的集团性公司。

公司近年来进行了一系列大刀阔斧的改革，它将会以一个崭新的面貌展示给广大新老朋友，伴着新产品的上市，三农化工有限公司将迈上一个更高的新台阶！而面对新世纪的机遇和挑战，三农人将秉承“以科技为本，推动绿色农业革命”的企业宗旨，以服务于“农业、农村、农民”三农为己任，向着更高的目标迈进。两年后，一个具有国内最高先进技术的、领先国内同行的、多元化的集团公司——三农农用化工有限公司将屹立于中国的农药行业的前沿。

山东滨农科技有限公司

山东省滨州市工业经济开发区永莘路 518 号

256603

0543-3557722 / 5087722

0543-3557799

http://www.binnong.com/

bnswh2009@163.com

山东滨农科技有限公司创建于 2003 年，是以研发、生产、销售为一体的专业植保产品制造供应商。公司系国家高新技术企业，拥有省级技术中心，是中国农化行业中的骨干企业。

公司现拥有除草剂、杀虫剂、杀菌剂三大农药类别，能够合成原药品种 30 个，制剂加工品种多达 100 多个。公司的酰胺类、均三氮苯类、二硝基苯胺类、有机磷类、苯氧羧酸类除草剂原药均已规模化和系列化生产，年合成能力在 9 万吨以上。

公司以品质、健康、安全、环保为指导，以持续改进和稳定的质量观为保证，先后通过 IS09001 质量管理体系认证、IS014001 环境管理体系认证、GB/T28001 职业健康安全管理体系认证和 SA8000 社会责任管理体系认证、导入 CIS 企业整体形象工程，全面提升企业整体形象。实施 ERP，建设现代化管理信息系统，不断完善企业管理。建设鲜明企业文化，打造自身品牌。我们将与您一道致力于全球植保事业，为促进农业丰收和社会进步而不懈努力。

山东华阳科技股份有限公司

联系地址： 山东省泰安市宁阳县磁窑镇

公司主页： http://www.huayang.com

联系电话：86-0538-5826188

传真号码：86-0538-5826188

山东华阳科技股份有限公司（股票代码：600532），是山东省136户重点企业之一，主要从事农用化工和精细化工的科技先导型企业，国家科技部认定的高新技术企业，山东省农业银行“银桥工程”重点扶持企业，公司现有总资产5.3亿元，占地72万平方米，现有职工1850人，其中专业技术人员413人，高中级职称86人。

公司始终坚持科技创新战略，拥有一个省级技术开发中心和一个博士后科研工作站，先后发展了一批国内外技术领先的产品，拥有国家星火计划项目5项，国家重点新产品5项，国家火炬计划项目4项。目前，已初步形成六大系列200多个品种的农药化工产品格局，“神农丹”产品为亚洲唯一，生产工艺和技术国际领先，系国家级星火计划项目、国家重点新产品、国家重点技术推广项目；二甲戊乐灵为国内首创的高效旱田除草剂，国家重点新产品、国家重点火炬计划项目；种衣剂为国家“种子工程”的重要组成部分；腈菌唑为国家火炬计划项目，灭多威为中国农药学会新产品。克百威被国家科委定为“九五”国家重点推广产品。公司拥有自己的运输公司和铁路专用线，华阳品牌在国内外享有较高的知名度和美誉度，已建立起了覆盖全国28个省、市、自治区的产品推广、销售网络，主要产品的国内市场占有率在50%以上，其中，神农丹国内占有率98%，甲基1605省内市场占有率90%，莱草通国内占有率70%。公司积极参与国际竞争，产品销往30多个国家和地区，出口收入占公司总收入的20%以上。

为满足未来可持续发展的需要，公司将以建立现代化大型企业为总目标，沿着“农药产品保品牌、基础化工保稳定、精细化工保收益”的多元发展思路，不断做强农药产品，做大基础化工产品，做细精细化工产品，实现企业快速跳跃式发展。

江苏丰山集团有限公司

电话：0515-83372129 83372088 83374837
传真：0515-83373012 83372403
网址：www.fschem.com
电子信箱：fengshanagro@yahoo.com.cn
通信地址：江苏省大丰市草庙镇北首
邮编：224134

江苏丰山集团有限公司是国家大型农药生产企业，江苏省高新技术企业。公司始建于1988年9月，它的前身为大丰县农化二厂，1995年更名为盐城丰山农药有限公司，1996年升格为江苏丰山集团有限公司。集团公司经过20年奋斗，目前拥有两大工业园区和7家子公司，资产总额6亿元，净资产4.58亿元。具有年生产合成原药30000吨，加工、复配制剂50000吨的生产能力，其中精喹禾灵原药产能和技术世界第一，氟乐灵产能亚洲第一，烟嘧磺隆产能国内第一。2001年被国家农业部列为全国农药行业20强骨干企业。集团公司注重固本强身，多元化投入，形成了跨区域、跨行业、多门类全面发展的母舰优势。集团公司异地创办了江苏丰山集团酒业有限公司，主要生产丰山牌系列白酒和三栋牌保健酒。年生产丰山系列酒3000吨。集团公司占地1200亩，拥有职工2000人。2008年销售10亿元，利税1亿元。

江苏丰山集团有限公司坚持质量第一的方针，通过了质量保证体系IS9001:2000标准认证、环境管理体系IS014001:2004标准认证和安全管理体系OHSMS职业健康卫生安全管理体系认证。公司装备先进的技术中心、检测中心、信息中心和电子化管理系统，拥有6个江苏省高新技术产品、7个江苏名牌产品。丰山商标从1998年起被认定为江苏省著名商标，2005年12月被国家工商行政总局认定为“中国驰名商标”。

丰山商道，诚赢天下。江苏丰山集团有限公司视市场为生命，运用各种现代化的营销手段和诚实守信的营销理念，使“丰山农药”覆盖国内31个省、市、自治区。拥有自营进出口经营权，产品远销世界各国和地区。

集团公司创始人董事长、总经理殷凤山先后荣获“全国优秀乡镇企业厂长（经理、董事长）”、“江苏省第八届优秀企业家”、“江苏省第七届优秀企业经营管理者”、“江苏省市场销售先进工作者”、“江苏省九五优秀乡镇企业家”、“江苏省劳动模范”等光荣称号。江苏省第十一届人大代表。

广西安泰化工有限责任公司

通信地址 广西平南县平南镇甘莲工业园

E - mail antai@vip.163.com

电话 0775-7860096

广西安泰化工有限责任公司创建于1994年初，位于西江河畔的平南县城区东郊。是国家工信部、农业部定点的农药原药和制剂加工生产企业，专门研究开发、生产、经营高效、低毒、广谱的农药新产品。是广西区高新技术企业及广西区信息化示范企业，是广西农药企业第一家同时获得ISO9001质量体系和ISO14001环境体系双认证企业。 历经多年不懈努力，安泰已是一家拥有固定资产超亿元，员工200多人，各级科研人员和技术人员80多人的现代化工生产企业，生产过程基本实现自动化。产品也从最初单一的杀虫剂发展为杀虫、杀螨、杀菌、除草及植物生长调节剂等五大类型，品种齐全、剂型多样的产品阵线，其中扑虱葳、高绿宝、卫宁三个产品是广西区高新技术产品。“安泰”商标被评为广西著名商标。

公司坚持“造名牌农药，造名牌安泰”的发展战略，多年以来，不断加大新产品研发力度，每年新产品研发投入均超300万元，确保每年获登记新产品 15个以上，目前已获农业部登记的农药品种超过120个，正式登记证近40个。

安泰人坚信，只要坚持“安泰化工，一心为农”的企业理念，不断开拓创新，研制生产更多高效环保的产品，积极推广农业科技，全心全意为农民大众服务，就一定能实现“造名牌农药，造名牌安泰”的战略目标，为科技兴农，实现农业现代化做出自己的贡献！

Company Introduction

Guangxi AnTai Chemical CO.LTD. was founded in early 1994, located in the eastern suburbs city square Pin Nan County where is along the Xijiang River. It is the fixed-point processing enterprises of the

Pesticide and Preparation for the State Department of the Ministry of Industry and Agriculture. Also it is specialized research the development, production, operating efficiency, low toxicity, broad-spectrum of the new pesticide products . It is the High-tech and information demonstration enterprise in Guangxi Region . And also the first pesticide enterprise in Guangxi receiving both ISO9001 quality system and ISO14001 environment system dual certification. After years of unremitting efforts, AnTai is a company with over 100 million yuan of fixed assets, more than 200 employees, scientists and technical personnel at all levels, more than 80 people in the modern chemical industry enterprises. The production process is almost automation . Products of pesticides from the initial development of a single insecticidal to acaricidal, fungicidal, herbicidal and plant growth regulating agents, five kinds of variety and diversity of product formulations Front, which Applaud Wei, high-Emerald, Wei-Ning 3 products RE high-tech products in Guangxi Region. "AnTai" trademark was as famous trademark in Guangxi.

'Making famous pesticide, making famous Antai' is the development strategy. For many years, the company increases the development efforts of new products , Invested for new product' s research and development exceeded 3 million yuan each year , to ensure that each registered more than 15 new products, Agrochemicals registered are already more than 120, nearly 40 official registration certificate in Ministry of Agriculture, currently.

AnTai' s men firmly believe that adherence to the "Antai Chemical, as one for agricultural" business philosophy, continuous innovation, development production more efficient environmentally friendly products, and actively promote agricultural technology, farmers dedicated to public service, we will be able to achieve, "made famous pesticide , made famous Antai "strategic objectives for the agriculture technology, agricultural modernization and make its own contribution!

捷马化工股份有限公司

厂址： 浙江龙游县宝塔路 50 号

电话： 0570-7855226/7855741

传真： 0570-7855806

邮编： 324400

捷马化工股份有限公司（以下简称捷马化工）原名浙江龙游农药厂，始建于 1965 年。是一家集科研、生产、国内外贸易于一体的大型现代农药生产企业，主要生产 IDA 法草甘膦原药、异丙铵盐及水剂，中试完成的禾草灵、敌稗、敌草隆等产品也已取得农药登记证。公司产品约 80% 出口，产品远销美国、阿根廷、澳大利亚、马来西亚、德国、泰国、危地马拉等近 30 个国家和地区。

捷马化工自成立以来，倡导“科技兴企，科技立企”，一直致力于发展创新，至今已取得浙江省高新技术企业、浙江省高新技术企业科技创新重点企业、2004 年、2005 年全国农药行业综合效益百强企业， 2006 年全国非上市非国有控股企业成长百强第 41 位，浙江省中小企业管理创新 100 佳等多项荣誉；并依托技术力量走清洁生产之路发展循环经济，实现了资源的循环利用，取得了良好的经济效益和社会效益。

八年成长过程中，捷马化工坚持以经济效益为中心，坚守社会责任与义务，秉承“诚信、务实、专注、进取”的经营理念，遵循“为员工创造平台，为客户创造价值，为社会创造财富”的意愿，致力于发展农用化学产品，更好的为农业生产服务。

南通施壮化工有限公司

传　　真：　0513 83518011

联系地址：　江苏南通　南通市人民西路 366 号

邮　　编：　226005

公司主页：　http://snwzb.vlongbiz.com

南通施壮化工有限公司是南通市化工研究所及实验工厂改制组建的股份制企业，公司总部占地 6000 平方米，注册资金为 500 万元。总部办公地点在南通市人民西路，东邻长途汽车站，西通南通港，交通十分便利。公司下设：江苏省有机化工产品检测二站，主要承接工矿企业产品的定性定量检测；江苏南通市期刊协会农化市场信息中心，拥有丰富的信息资源，中文图书 5020 册、外文图书 2040 册、中外文杂志 200 余种，主办“农化市场七日讯”；南通市化学工业实验中心，拥有 2192 平方米的科研实验大楼，1459 平方米的中试车间；县区生产基地，占地 10 公顷的厂区，从事公司主要系列产品的生产。公司总部以科研开发为导向，科技人员占 1/3，主要从事农用杀虫剂、杀菌剂、除草剂、植物生长调节剂、生物农药原药及制剂、一般精细化学品的研制、生产和销售，同时进行化工技术的开发和咨询服务，以及化学分析测试。本公司已具备了科研、中试生产及化学分析、检测的条件，在科研服务于社会，科技促进社会生产力的发展中也取得了一定的成绩。我们将利用中国加入世贸组织所带来的巨大商机，不断探索，锐意进取，使公司业务更上一层楼。

山东大成农药股份有限公司

地址：山东省淄博市张店区洪沟路 25 号

邮编：255009

集团综合办公室：0533-2118551

山东大成农药股份有限公司是我国农药和化工骨干企业之一，是山东省农药生产的龙头企业，是从国有大型一档企业转制的股份制企业，创建于 1949 年，1995 年公司股票“大成股份”在上海证券交易所挂牌上市，由中国化工农化总公司控股。公司主营化学农药、氯碱，农药有杀虫剂、杀螨剂、杀菌剂、除草剂、植物生长调节剂五大系列几十个品种，年生产能力3万吨，烧碱年生产能力15万吨。公司有热电机组，年发电量4亿千瓦时，产蒸汽100多万吨。

1998年荣获全国五一劳动奖状，2000年荣获质量管理体系认证，2002年荣获省级技术中心和企业博士后工作站，2003年荣获全国化工500强，2004年“大成”牌农药荣获中国农民喜爱的农资品牌，2005年荣获中国农资质量万里行畅销品牌和中国产品质量抽查合格单位，2006年大成牌菊酯农药荣获中国名牌产品，2008年荣获环境管理体系认证，2009年荣获职业健康安全管理体系认证，2005年、2008年“大成”牌商标荣获山东省著名商标，中央政治局常委、纪委书记吴官正和全国人大副委员长、妇联主席顾秀莲先后来公司视察工作。

公司树立和落实科学发展观，坚持以市场为导向，以效益为中心，以科技和品牌为两翼，坚定不移地走“一体化发展＋精品发展＋品牌发展”的战略之路。坚持以人为本，以创造价值回报股东、服务客户、富裕职工、贡献社会为使命。通过规范管理，提高经济效益；通过高科技项目，拓展发展空间；通过技术改造，调整产品结构；通过深化改革，增强企业活力；通过国际贸易，提高驾驭国内外市场的能力；通过企业文化建设，奠定缔造“百年大成”的基础。

目前公司着重抓好以降低采购成本为重点的供应环节，以大力提高市场占有率、销售毛利率、货款回笼率为主要目标的销售环节；以达产达效为目标的生产环节。着重抓好以高附加值项目为载体的技术改造工作；以提高劳动生产率为目标的减员增效工作；以节能降耗、对标管理为重心的精细化管理工作；以细化责任指标、全面落实年度经营目标为出发点的绩效考核工作；以争创中国驰名商标为契机的品牌建设工作；以“关爱生命、环境友好”为主题的安全环保工作。

新起点、新发展。加入中国化工农化总公司使大成乘上快速发展的“动车组”，我们会继续秉承“一切为了好收成”的经营理念，攻坚克难、抢抓机遇、加快发展，为把企业建设成为“发展协调、管理有序、生产安全、资源节约、环境友好、充满活力”的集约型、和谐型企业而努力奋斗。董事长、党委书记张庆宽携全体员工热忱欢迎新老客户的光临。

湖南海利化工股份有限公司

联系地址：湖南省长沙市芙蓉中路二段 **251** 号

邮政编码：**410007**

E-mail:hnhlc@yahoo.com

公 司 简 介：

湖南海利化工股份有限公司（简称湖南海利，证券代码 600731），是以湖南化工研究院为主发起组建的上市公司，主要从事农药和精细化学品的研发、生产和贸易，危险化学品运输以及化工装置的工程安装。湖南海利在农药的研发和生产上实力雄厚，拥有国家农药创制工程技术研究中心和国家氨基甲酸酯类农药工业性试验基地，在精细化学品方面建立了农药和医药中间体以及光气化产品研发中心。

湖南海利拥有亚洲最大的年产万吨规模的克百威、仲丁威、甲萘威、好安威、残杀威、异丙威、灭多威、速灭威等氨基甲酸酯类农药原药生产装置，拥有亚洲最大的年产万吨规模的呋喃酚、邻仲丁基酚、邻异丙基酚和邻异丙氧基酚等烷基酚生产装置，拥有年产万吨乐果、甲基嘧啶磷等有机磷农药生产装置，依托 10000 吨 / 年和 5000 吨 / 年两套光气生产装置，湖南海利开发投产了异氰酸酯类、氯甲酸酯类、碳酸酯类、脲类系列光气化学品，并承接定制化学品加工。

“海利”牌氨基甲酸酯类系列农药、“海利”牌乐果系列农药、“海利”牌烷基酚类中间体均为“湖南名牌产品”，“海利”注册商标为“湖南省著名商标”。湖南海利自 1996 年上市以来，公司事业取得了健康快速的发展，先后控股、兼并了国内五家企业，并通过了 ISO9001:2000 质量管理体系、ISO14001:2004 环境管理体系和 GB/T28001-2001 职业健康安全管理体系“三整合体系”认证。

湖南海利将以技术进步为先导，以持续改革为动力，走科技含量高、经济效益好、资源消耗低、生态环境得到保护、人力资源得到充分利用的发展之路，努力打造管理科学、资产优良、产品优势明显、具有较强整体竞争力和技术创新能力的化工旗舰企业。

品牌荣誉

荣誉名称　获得时间　颁发单位

1997年度湖南省产品质量奖称号——氨基甲酸酯类系列农药产品　1997年9月17日　湖南省经济贸易委员会

重点高新技术企业证书　1997年6月26日　国家科委火炬计划办公室

海利牌氨基甲酸酯类系列农药产品在《质量振兴纲要》颁布两周年宣传活动中被列为质量振兴先进企业和质量达标产品　1998年12月24日　中国技术监督情报研究所、中国质量检验协会

99湖南省消费者最依赖品牌证书——“海利”牌化工　1999年3月1日　湖南省消费者委员会

湖南省著名商标——海利商标　2007年12月　湖南省工商行政管理局

国家火炬计划重点高新技术企业证书——海利公司　2006年　科学技术部火炬高新技术产业开发中心

湖南省名牌产品证书——海利牌氨基甲酸酯类农药　2008年12月湖南省质量技术监督局

高新技术企业——湖南海利化工股份有限公司　2008年11月27日　湖南省科学技术厅、湖南省财政厅、湖南省国家税务局、湖南省地方税务局

湖南省质量信用A级企业　2009年10月湖南省企业质量信用登记评定委员会

2009年度长沙市自主品牌出口龙头企业（二等奖）　2009年12月长沙市人民政府

Hunan Haili Chemical Industry Co.,Ltd.

Hunan Haili Chemical Industry Co.,Ltd.(Hunan Haili) is one of the hi-tech listing enterprises in China, which is mainly formed by Hunan Research Institute of Chemical Industry. Hunan Haili mainly devotes itself to development, production and trade of pesticides and fine chemicals, transportation of dangerous chemicals, installation of chemical facilities. Hunan Haili is fully reinforced at R & D and production of pesticides, which becomes State Pesticide Development & Engineering

Technology Research Center and State Carbamate Pesticide Industry Pilot Base.

Hunan Haili has built up the largest production facilities in Asia with annual capacity over 10000 tons for Carbamate pesticides such as Carbofuran, BPMC, Carbaryl, Carbosulfan, Propoxur, Isoprocarb, Methomyl, MTMC, etc. Hunan Haili has also built up the largest production facilities in Asia with annual capacity over 10000 tons for alkylation production, such as Benzofuranol, OSBP, o-isopropyl phenol and o-isopropoxy phenyl, etc. Hunan Haili has built up facilities with annual capacity over 10000 tons for organophosphorus pesticides like Dimethoate and Pirimiphos methyl. Depending on the phosgene production facilities with annual capacity of 10000MT and 5000MT, Hunan Haili has developed isocyanates, chloroformates, carbonates, urea phosgene derivatives and also undertaken chemicals processing.

Carbamate pesticides, Dimethoate pesticides and alkylphenol intermediates with Haili Brand are the famous products in Hunan Province. Haili Brand is the famous brand in Hunan Province. Since listed in 1996, Hunan Haili has achieved sound and rapid progress, which has held and annexed five domestic enterprises. Hunan Haili has been ISO9001:2000 and ISO14001:2004 certified and passed certification of GB/T28001-2001 in China.

Hunan Haili takes the development road of high technology, good economic benefit, low resource consumption, ecological environment protection, and fully utilized human resources. Hunan Haili makes great efforts to construct most important chemical enterprise with scientific management, superior asset, obvious advantages in products, strong overall competitiveness and technology innovation capacity.

江苏好收成韦恩农化股份有限公司

地址：江苏省启东市老港（启东市滨江精细化工园）

邮编：226221

电话：+86-513-83885555(内贸）传真：+86-513-83883939(内贸）
电话：+86-513-83883399(外贸）传真：+86-513-83883309(外贸）
电话：+86-513-83882796(供应）传真：+86-513-83882796(供应）
网 址：http://www.w-echem.com http://www.good-harvest.cn
E-mail：wechem@pub.nt.jsinfo.net

本公司位于江苏省启东市滨江精细化工园（启东市老启东港），是一家专注于高新技术化工产品研发和生产的外商投资股份有限公司，公司2001年8月成立，2008年2月整体变更为股份有限公司。

公司占地面约38万平方米，建筑面积达10万平方米，公司产品以“低毒、环保型”农化系列（除草剂、杀虫剂、杀菌剂、杀螨剂、植物生长调节剂）为主线，涵盖医药、农药中间体和其他精细化工产品等三大系列，其中草甘膦是公司的主导产品。2007年公司销售总额5.5亿元，纳税总额3041万元，自营出口额5710万美元，2008年实现销售收入近9亿元，纳税总额超过7000万元，自营出口额1.2亿美元。

公司拥有丰富的人力资源和合理的人才结构，现有1100多名员工，其中大专以上学历者210人，本科及以上者100人，硕士及以上学历者11人，中高级职称获得者50多人。

公司已通过了ISO9001质量管理体系认证和ISO14001环境管理体系认证，作为江苏省科技厅认定的江苏省高新技术企业，是国内首批采用草甘膦新工艺—IDA工艺，也是国内最早实现国际领先生产技术—空气氧化技术批量生产98%高含量草甘膦原药的厂家，该生产技术公司拥有自主知识产权，生产成本低、三废排放少、副产利润化，属于典型的绿色工艺。2004年以来，公司先后获得了“N-膦酰基甲基亚胺基二乙酸的生产方法”、“N-膦酰基甲基甘氨酸的生产方法”等十多项发明专利和实用新型专利，乙氧呋草黄通过了“江苏省科技成果鉴定”，草甘膦中间体—双甘膦获江苏省“高新技术产品认定证书”。

“好收成”和“GOOD HARVEST”等二十个商标，已经在国内和海外部分市场顺利注册。自2004年以来，“好收成”牌草甘膦被评为“江苏名牌产品”，“好收成”商标被评为“江苏省著名商标”，目前，“好收成”商标已经具备了“中国驰名商标”的条件和素质，公司正在积极申报中。公司产品80%以上远销至北美、南美、澳大利亚、欧洲、东南亚等海外市场，国内市场也已覆盖国内大部分地区，在行业内和消费者心中获得了很高的美誉度和知名度。

公司力行“惜才、爱才、用才”的用人准则，努力为员工发展创造条件，保证员工的工资福利水平与公司效益同步或更大幅度的增加；公司倡导“公开、公平、公正”为核心价值观和“文明”“博爱”“诚信”“创新”的企业精神，积极参与社会公益事业，公司建立数年来，仅无偿捐款一项就达1100多万元；公司在增加规模投入同时，更注重环境保护的研发和投入，继一期3000万元环保投入后，另9000万元的投入正在陆续进行中。

公司始终致力于“高效、低毒、低污染”产品的开发和生产，始终奉行社会效益与经济效益的协调发展，在“好收成人”的不懈努力下，力争在未来五年内跻身中国农化行业的第一梯队，实现做大、做强的发展目标。

<u>福建三农集团股份有限公司</u>

公司地址：福建省三明市列东街北路1829号
邮 编：365000
联络电话：办公室(0598-8238008)
邮箱：sannongw@hotmail.com
公司传真：0598-8242852
公司邮箱： sn@sannong.com

福建三农集团股份有限公司，是一家以生产有机磷和精细化工为主，集医药、科研、外贸于一体的国家大一型企业，是国家定点和福建省最大农药生产企业及全国主要农药出口企业之一，也是福建省百家重点企业（集团）和省政府重点扶持的企业。1997年7月在深交所挂牌上市，公司现有总股本19846.944万股，其中流通股11529.7万股，总资产33169.5万元。拥有三家全资子公司福建汇天生物药业有限公司、福建三农农化有限公司、福建省三农化学进出口有限公司。

母公司占地面积25万平方米，在职员工

1000多人，其中各类专业技术人员200人，具有年产农药原药2万吨及年产化工产品5万吨的生产能力。下设7个生产车间，1个省级技术中心，现有草甘膦、福草灵、烧碱、盐酸、氯甲烷、医药中间体等30多个产品、40多个品种，并通过ISO9001/ 2000质量体系认证，"白菜牌"系列农药产品荣获"福建省名牌产品"、"福建省著名商标"称号。

企业拥有自营出口权，建有省内最大的农药连锁经营销售网络，在湖南、湖北、江西、四川等14个主要农业大省设有销售网点。2004年，公司被农业部评为"全国农资连锁经营重点企业"，产品远销东南亚、欧洲、拉美、非洲等30几个国家和地区。

广西田园生化股份有限公司

联系地址：广西壮族自治区南宁市高新区创新路西段1号

邮政编码：530007

联系电话：0771-2310513 2310486

公司简介：

广西田园生化股份有限公司是一个集研发、生产和销售为一体的、以农药剂型为核心业务的农药企业，注册资本1亿元。公司自1994年创立以来，在农药行业持续快速成长，现以控股方式在广西南宁、贵州安顺、江西南昌、河南开封等多地建有农药制剂加工基地，生产的农药制剂包括乳油、可湿性粉剂、悬浮剂、颗粒剂、水剂、水微乳剂和泡腾片剂等剂型，产品涵盖杀虫剂、杀菌剂、除草剂、生长调节剂和抗病毒剂，市场覆盖中国大部分省份，公司目前已成为中国西南销售规模最大的农药企业，同时也是国内销售规模最大的水稻用农药生产企业，2009年在全国农药剂型企业中销售和利税规模位列第二名。公司自进入南宁市高新区以来，连年被高新区评为"综合实力20强"、"生产竞赛优胜单位"、"纳税大户"，2005~2007年连续被评为南宁市"十佳企业"，2006年被中国民营科技企业促进会评为中国"优秀民营科技企业"。

广西田园生化股份有限公司研发中心是广西科技厅认定的“广西农药剂型工程技术研发中心”和“广西千亿元产业研发中心-广西生物农业研发中心”，拥有专职研发人员107人，其中研究生以上学历29人，本科学历67人，目前设有植物保护研究室、剂型研究室、化学合成研究室、分析检测室、信息管理室五个部门，分别负责病虫害防治技术研究、农药剂型研究、原药合成研究、分析技术研究、信息管理工作。研发中心具有一流的养虫室、病理室、生测室、病菌培养室、化工实验室、分析检测室、500多平方米的大棚实验基地和3个大型大田试验基地，配备高效液相色谱仪、气相色谱仪等检测设备和气流粉碎机、乳化机、高速剪切机、球磨机等剂型研究设备，能完成乳油、可湿性粉剂、水剂、水乳剂、微乳剂、悬浮剂、水分散粒剂、泡腾片剂、热雾剂、超低容量喷雾剂等多种剂型的研究，具有很强的科技成果转化和产业配套能力。先后承担和完成科技部重点新产品计划项目4项、农业科技成果转化资金项目3项、星火计划项目2项、火炬计划项目2项、国家发改委的农资连锁体系建设项目及年产2000吨3.85%三氮唑·铜·锌水乳剂技术改造项目、财政部的年产3000吨3.85%病毒立清水乳剂农药产业化项目以及16项省级和20项市级科研项目。获得专利授权11项，申请在受理专利48项，先后获得省级科技进步二等奖3项、三等奖4项和南宁市级科技进步一等奖1项、二等奖4项、三等奖1项。

浙江中山化工集团有限公司

地　址：中国 浙江 长兴县 城北四号桥

电　话：86 0572 6071777

传　真：86 0572 6072147

浙江中山化工集团有限公司系国家发展和改革委员会核准的农药定点生产企业。公司始建于1998年，位于浙江省长兴县城北地区，为国家火炬计划重点高新技术企业、浙江省“五个一批”重点骨干企业、浙江省诚信示范企业、浙江省农药生产骨干企业、浙江省自营出口优秀生产企业、湖州市外向型民营科技企业十强、中国农药企业出口创汇前十强、中国农药工业协会常务理事等。是国内生产三嗪类（均三氮苯类）除草剂品种规格最齐全、产量最大、科技含量最高的专业生产厂家，同时也是一家集研究、开发、生产、销售多头并进的科技效益型企业。

主导产品为莠去津、莠灭净、特丁津、特丁净、扑草净、西玛津等三嗪类（均三氮苯类）农用除草剂（原药与制剂）系列。其中莠灭净原药及制剂和特丁净原药及中间体为国家级重点新产品，莠灭净、特丁净、80%莠灭净 WDG 等 10 余项为省级高新技术产品、国家级火炬计划项目、国家级星火计划项目、科技型中小企业创新基金项目等。产品已覆盖国内近二十多个省市、自治区，并远销南美、中东、南非等国家和地区，其国内市场占有率达 30%以上，国外市场占有率达 65%左右。

集团下设长兴中山精细化工（省级科技研发中心）、中山进出口公司（外贸公司）和安徽中山化工有限公司（安徽东至香隅化工园区）等子公司。

公司自创业以来，始终坚持以自主创新和以人为本为指导，注重企业和谐发展，建立了一支以教授、高工、硕士等中高级专业技术人才为核心的技术人才队伍和技术实力雄厚的省级科技研发中心；先后通过了 ISO9001、ISO14001、工业品生产许可证、安全生产许可证和清洁生产审核等；取得了中国驰名商标、浙江省著名商标、浙江名牌产品、多项省市政府科技进步奖等荣誉。

中山化工历来秉承以“绿色农药，源于中山”的经营理念，以为铸造民族农药工业精品，满足市场需求，全力打造全球最大的三嗪类除草剂制造商，与各界朋友携手共进！

北京北农国信科技发展有限公司

地址：北京圆明园西路 2 号中国农大

电话：010-62976033

网址：www.bngx88.com

公 司 简 介：

北京北农国信科技发展有限公司座落在北京市海淀区，毗邻中国农业大学、中国农业科学院植保所，是以研发、推广、服务为一体的高新技术企业。

公司拥有一个十几人的研究部门，六个分支机构：山东分公司、广西分公司、辽宁、鲁东等办事处分布国内重要省市自治区。

公司研发的美孚牌系列植保产品：杀菌剂、杀虫剂、调节剂、叶面肥、冲施肥科技含量高、配方独特、工艺先进，生产系统采用微机自动化控制，加入国际先进水平的增效剂，产品质量稳定可靠，实用性强，得到全国各地用户及经销商的赞扬和认可。

迈向合作与共赢的新时期

公司发展到今天已经走过了十几年的艰辛历程。十几年来，北农国信的全体员工留在岁月里的每一道印痕都是清晰可见的，落在大地上的每一个足迹都是沉甸甸的。千里难寻是朋友，朋友多了路好走，十几年以来，北农国信的朋友已经遍布神州各地、大江南北，是我们最忠实的拥戴者、最亲密的合作伙伴，联结我们之间的纽带就是：真挚的做人模式，诚信的做事模式，热情的服务模式。

提起合作，让人总会联想到握在一起的两只手：合作是双方的，合作是彼此愉悦的，合作后的利益是共同的。十几年来的发展历程，十几年中的打拼、磨砺，北农国信独辟蹊径，创出了一条特有的、与众不同的经营模式。对于每一个合作者来说，GX 模式就是国信人给你备好的肥沃的土壤，就让我们共同来播种，共同来耕耘吧！

产品质量从根源抓起

GX 模式是北农国信在十几年的创业中摸索出来的经验，是每走一步留在路上的标识，是用国信人的心血搭起的攀援的阶梯。它不但有支撑点，而且也有踏脚点。随着我国加入 WTO，中国的改革似乎加快了脚步，变得急促而迫切。北农国信也顺应了这个潮流，为了适应时代的发展以及商家、用户的需求，北农国信舍得投入，按国家规定标准，对陈旧、落后的产品包装进行更新，对生产系统进行技术改进。从原材料到成品的每一个环节，均进行严格的技术监控，始终保持高科技优势。北农国信一直视产品质量为企业生存和发展的生命工程，并严格制订了一整套责任到人、全员参与、全程监控的全面质量管理体系，上道工序对下道工序负责制，下道工序对上道工序的监督制。每道工序之间，对产品质量层层监督，层层负责，使产品质量得到层层保护。北农国信正是牢牢依靠产品质量这张王牌，赢取了广大商家和农民用户的信赖。

最具竞争力的高效能产品

农业科技一天天普及，广大农民的科学种田水平也日渐提高。为了满足农业生产中的需要，帮助农民实现日益增长的科技致富愿望，北农国信人不会沿袭别人的老套路，把战略转折点转移到绿色无公害农业植保产品的研发上，高科技、高水平、高效率永远是北农国信追求的目标。在公司科研人员的共同努力下，打造出行业界首创的五合一高性能、高效能、高效益的“美孚”系列产品，在此其中选取的原材料均属市场最具竞争力的达标合格品，并采用了最先进的生产工艺和流程，不仅如此，北农国信还对研发的各个品类的产品融入极高的科技含量，产品中的高效能助剂极具活性，在最短的时间内全速被作物吸收利用，使之达到预期的效果，真可谓：进口药的品质，国产药的价格，真功实效才是硬道理。

当今的时代是崇尚绿色、追求环保的时代，美孚系列产品具有全速、快捷，使之不易产生抗性等功效，而且施用后作物的利用率达97.8%以上，不会对作物的生长和环境产生污染，是奉献给广大农民发家致富的又一把金钥匙。

安徽丰乐农化有限责任公司

安徽丰乐农化有限责任公司
Anhui Fengle Agrochemical Co., Ltd.

地址：合肥市蜀山经济开发区创业大道4号
邮编：230031
总经办电话（传真）：0551－5360912

公司简介：

安徽丰乐农化有限责任公司是合肥丰乐种业股份有限公司具有独立法人资格的全资子公司，国家火炬计划重点高新技术企业、高新技术企业，国家农药原药定点生产企业。公司成立于1998年，现注册资金6000万元，总资产3.5亿元。公司2001年通过了ISO9001：2000质量管理体系认证，并荣获“安徽省质量管理奖”和“安徽省名牌产品”称号，2004年跨入“中国石油化工行业农药原药销售百强企业” 2006年被国家知识产权局评定为“国家第三批企事业单位知识产权试点企业”，2007年被评为“合肥市知识产权示范单位”和”合肥市科技创新企业”，获准建立“国家知识产权局第一批专利工作交流站”，2009年被认定为“安徽省第二批科技创新试点企业”，2010年被国家知识产权局评定为“全国第二批知识产权示范创建单位”。公司拥有合成分厂、剂型分厂和位于合肥循环经济工业园新生产基地，总面积600亩，员工500余人。

丰乐农化一直以“致力于农用化工，服务于世界农业；营造健康、绿色地球。”为企业宗旨，定位于超高效、低毒、低残留的化学农药的生产经营。逐步形成以农药剂型产品为基础，原药产品为支柱，新型肥料、种衣剂和精细化工为辅的产品格局。公司现拥有原药产品16个，剂型产品80余个，产品涵盖除草剂、杀虫杀螨剂、杀菌剂、种衣剂、微肥和精细化工中间体。公司具备较强的技术力量和新产品开发能力，拥有省级企业技术中心和合肥市化学农药工程技术中心，近年来，承担大量的国家（“863”、重点新产品、火炬和星火计划等）和省市的攻关项目，曾多次获得过国家、省、市等科技进步奖。

公司奉行“诚信为本、用户第一”的营销理念，通过创新营销机制，科学规划，精耕细作，不断完善和丰富网络结构，稳步拓展国内市场。目前已拥有遍布全国28个省市、自治区的县级客户700多家，基层销售网络深入全国1万多个乡镇，并且成功开发了欧洲、中东、东南亚、南美、台湾等市场，与世界著名的杜邦、科聚亚、三井、科麦农等公司建立了长期的合作关系。2006年公司销售收入就突破2亿元， 2009年公司实现销售收入突破3亿元大关，出口额750余万美元。

在未来的发展中，丰乐农化将采取更加有力的措施加强自身建设，做强原药做大剂型。以新技术、高质量、低成本参与市场竞争；实行品牌战略，以优质的产品和服务为基础，扩大市场占有率；完善激励机制，以严格、规范、科学的管理不断提升企业的整体实力。

<u>河北凯迪农药化工集团</u>

地　址：河北省万全县孔家庄镇

邮　　编：076250
电　　话：0313-4221332
传　　真：0313-4228550
网　址：http://www.hebeikaidi.com

公司简介：

河北凯迪农药化工企业集团其前身是1989年成立的河北省万全农药厂，现有四家生产企业，两个进出口贸易公司。占地300多亩，总资产6亿元，固定资产2亿元，员工1500多人，各类专业技术人员200多人，其中中、高级技术人员58人，2003年通过ISO9000质量体系认证，2005年通过安全生产许可证认证。2006年1月通过了废水综合治理工程竣工验收，2008年通过排污许可证认证。2004年凯迪商标获“河北省著名商标”。

集团坚持“以人为本、诚信经营、不断创新”的管理理念，发扬艰苦创业、勇于进取的凯迪精神，企业由小到大，从弱到强，不断发展壮大。目前已成为全国农药出口创汇大户和张家口市出口创汇首户和利税大户。出口创汇曾在全国农药出口行业排列第2位。在全国2700多家农药生产企业中，按销售收入，新产品开发能力排列第12位，跨入了全国农药生产企业50强；按企业经济效益排列全国第9位，在农药行业中是国家重点扶持的农药生产企业。获全国化工先进企业、全国出口创汇先进企业、全国诚信守法企业、全国实施“走出去”战略先进企业、国家产品质量抽查合格企业。也是省政府命名的河北省十大民营出口创汇先进企业、河北省高新技术企业、“小巨人企业”、化学原料及化学制品制造业排头兵企业、河北省五一劳动奖章获得者和全省100家重点扶持的民营企业之一。连续多年被认定为省级重信用、守合同企业和“AAA级信用企业。

多年来，凯迪集团在各级、各部门的正确领导和大力支持下，经企业干部职工的共同努力，紧紧围绕科技进步，不断创新，跨越式发展的总体思路，加强管理，提高效益，集团整体发展势头良好。企业产品行销全国20多个省、市、自治区，同时瞄准国际市场，不断开发新产品，整体上形成了产、供、销一条龙，科、工、贸一体化外向型生产经营格局。目前已与国际四大跨国公司建立了紧密合作关系，并成为这些大公司的供货基地。集团90%以上的产品出口北美、南美、西欧、中东、东南亚的30多个国家的地区。2009年实现销售收入4.24亿元，利税7392万元，上缴税金3121万元，是万全县纳税首户和张家口市纳税大户，出口创汇3863万美元，占张家口市出口创汇 50% 左右。

随着企业发展壮大，按照市委、市政府“全党抓经济，重点抓项目”指示精神，“十一五”期间，重点谋划了 17 个附加值高、经济效益好的项目，预计需占地 500 亩，建筑面积 29100 平方米，计划投资 10.97 亿元，其中固定资产投资 3.81 亿元，流动资金 7.16 亿元。项目达产后可实现年销售收入 24.73 亿元，出口创汇 1.85 亿美元，利润 7.1 亿元，上缴税金 2.9 亿元，同时可安置近 2000 人的就业岗位。为张家口市区域经济的发展做出积极贡献。

湖北仙隆化工股份有限公司

公司地址：湖北省仙桃市沿江大道东 36 号

邮　编：433000

电　　话：0728-3222226（总机）　0728-3221061（销售公司）

传　　真：0728-3224243　0728-3248166

网　　址：www.xlchem.com

E-mail：xlchem@xlchem.com

企业简介：

湖北宜化集团仙隆化工股份有限公司位于举世闻名的体操之乡 ----- 仙桃。公司的前身是湖北省仙桃市农药厂，创建于 1958 年，经过近 50 年，特别是 2000 年改制以来 10 年跨越式的发展，公司已成为管理制度规范、技术力量雄厚、生产设施完备、检测手段先进、品种门类齐全的湖北省高新技术企业、全国农药行业 30 强。公司占地面积 11.3 万平方米，固定资产 5000 多万元，员工 723 人，其中各类专业技术人员 223 人。年生产、加工能力 2.5 万吨，销售收入 3.5 亿元，出口创汇 5000 多万元，实现利税 1000 多万元。产品行销全国 30 个省、市、自治区以及欧美、东南亚等地区。

公司通过了 ISO9001 国际质量管理体系认证，建有省级企业技术中心，并与华中师范大学共同组建了“湖北省农药工程研究中心”。先后荣获“清洁文明工厂”、“重合同、守信用企业”、“中国 500 家外贸企业信用体系示范单位”、“全国农药行业AA级信用企业”等荣誉称号。“仙桃牌”商标被评为“湖北省著名商标”。

公司以市场为导向、企业技术中心为平台、以产品结构调整为主线、技术创新为重点，通过自主研发、引进和联合攻关等形式，相继开发出了一批新产品、新工艺、新技术。企业步入了创新出效益、效益促创新的健康发展轨道。

2000年以来，公司先后有百草枯、毒死蜱、炔螨特、腈菌唑、三唑磷、辛硫磷、敌敌畏等一批新产品投入规模化生产。这些新产品的销售收入占到了企业年销售收入的70%以上，成为企业新的经济增长点。烯啶虫胺、烟嘧磺隆等储备产品的开发工作进展顺利。

公司先后完成了腈菌唑、毒死蜱、敌敌畏等中间体合成工艺改进，辛硫磷、炔螨特和毒死蜱清洁生产工艺研究等新技术、新工艺的开发，这些创新成果使得产品质量显著提高，生产成本明显降低。

公司先后获省部级科技进步一二三等奖各一次，市级各类科技进步奖8次。2008年，公司申报的腈菌唑原药生产工艺等三项发明专利已被国家专利局受理并通过初级审核。

2010年4月，湖北宜化集团正式并购仙隆化工。十二五期间，公司将依托集团强大实力，坚持以市场为导向，坚持以现代化的生产设备和先进管理手段为基础，坚持以农药、医药、精细化工高新技术产品研发为龙头的发展模式，力争把公司打造成全国一流的农药生产基地，为宜化“双百”伟业创造新的辉煌！

浙江菱化实业股份有限公司

联系地址：浙江省湖州市菱湖镇

邮政编码：313018

电　　话：0572-3942330

传　　真：0572-3941402

E-mail：lhzss@linghuachem.com

网　　址：http://www.linghuachem.com

浙江菱化实业股份有限公司是一家以农药、碳酸钙生产为主的大型化工企业，公司地处太湖之滨——浙江省湖州市，公司前身菱湖化学厂创建于一九四六年，已有五十多年化工产品制造史，2001 年，经过所有制改造，企业已从国有独资企业转变为多元投资主体的有限责任公司。公司生产经营机制和组织结构也相应作了较大程度的调整，以适应市场竞争的需要。现拥有总资产 4.2 亿元，占地面积约 40 万平方米，拥有员工 920 余名，各类专业技术人员 115 人，2008 年销售额 6 亿元，出口额 5000 万美元，为浙江省“五个一批”重点骨干企业，湖州市重中之重企业，湖州市南浔区 2008 年金牛奖企业。

公司主要生产草甘膦、稻瘟灵等农药，工钙、活性钙、超细钙等碳酸钙系列产品，食用碳酸氢钠等精细化工产品，其中“红吉”牌食用碳酸氢钠曾获国家银质奖，“红吉”牌沉淀碳酸钙和“蝙蝠”牌草甘膦为湖州名牌产品，“蝙蝠”商标从 1994 年起延续确认为“浙江省著名商标”。公司已连续三届被省工商局确认为 AAA 级工商企业。公司建立规范的信用管理体系，形成完整的客户基本台账，完善的合同管理网络。

公司在“八五”期间曾被国务院评为“国家二级企业”。曾先后获得全国化工优秀企业“金球奖”，全国自营进出口先进企业，浙江省诚信示范企业等几十项企业荣誉，公司于九六年率先在国内农药行业通过 IS09002 质量体系认证，公司拥有自主进出口权，产品远销欧洲、美国、日本、南美及东南亚等 30 多个国家和地区。

回首半个世纪，弹指一挥间。展望未来，公司将以高效低毒的新型农药和高档碳酸钙为发展重点，走内涵式发展道路，依靠科技和管理，通过技改和产品开发，推动产品优化升级，遵循 :“诚为信，客为尊，一流品质拓市场; 人为本，效为先，精细管理图发展”的企业方针，以良好的业绩和优质的产品服务社会。

衡阳莱德生物药业有限公司

单位地址：湖南省衡阳市湘江南路 83 号
邮政编码：421001

联系电话：0734-2895011　传真：0734-2895011

衡阳莱德生物药业有限公司是香港莱德集团有限公司在衡阳投资注册成立的化工企业，注册资本5000万元，现有员工789人，其中技术人员89人。2006年整体收购重组原湖南天宇农药化工集团股份有限公司。

公司现有湘华厂、金雁厂、生化厂三个生产基地，占地面积42万平方米。公司拥有自营进出口权，是湖南最大的农药生产经营企业，国家定点大型农药生产基地。产品品种、生产规模、产销量、出口创汇均居同行业领先水平。可生产生物农药、化学农药和精细化工等三大类30多个品种。主导产品：甲胺磷（年产能力100%原油8000吨）、稻瘟灵（年产100%原油600吨）、三唑磷（年产能力100%原油1500吨）、多效唑、磷化铝、敌敌畏、嘧啶磷、井冈霉素、苏云金杆菌（BT）、乙酰甲胺磷、虱纹光等原药及一系列复配制剂，年产原药制剂2.6万余吨，销售收入2.8亿元。产品畅销全国20多个省市，远销欧美及东南亚等国家和地区，深受广大用户和经销商青睐。2500吨/年生物农药BT制剂、5000吨/年乙酰甲胺磷原药两个国债项目建成投产后，公司产值、利税将翻一番，到2010年，将实现产值近10亿元，销售收入11.4亿元，利税过亿元。

公司坚持以诚信为本，以科技为先，追求卓越，注重业绩，勇于创新，开拓进取，永不满足的经营理念。现已建立起科学的现代管理机制。公司将以化学农药为基础，重点发展生物农药，加大科技投入，大力引进人才，加快引进战略投资者，开发一流产品，提供一流服务，创建一流企业，争创一流效益。努力把企业建设成为全国最大的生物农药生产基地，打造农药行业的知名品牌。

<u>江西日上化工有限公司</u>

电话：**0794—7468322**

传真：**0794—7546333**

地址：江西 黎川县 新荣工业园区

江西日上化工有限公司创办于一九九七年，一九九八年九月经原化工部核准，为国家农药复配制剂定点生产企业，二00二年核准为国家农药原药定点生产企业，二00八年经国家发改委批准通过了定期点核准延续。经过多年来的企业运作，公司已发展成业内一家具有一定农药原药、制剂研发、生产加工、市场推广能力的规模企业，连续多年荣获农行AAA级资信企业，“重合同、守信用单位”、省诚信企业、质量信得过单位、省免检产品，高新技术企业、重点保护企业、百强乡镇企业、民营科技型企业、农业部《农药科学与管理》理事单位。

公司聚集了一批化工工艺、化学分析、植物保护等方向专业人才，瞄准、跟踪国际除草剂的发展方向，先后自主开发出具有当代水平的苯磺隆、苄嘧磺隆等除草剂原药及其关键中间体，其中多个产品荣获江西科技成果一等奖、江西省优秀新产品一等，并被国家、省（市）有关部门列为重点扶持项目。

公司建有多套原药合成和制剂加工装置，并配备了齐全的质量跟踪、质量检测设备、能满足公司现有30多个原药、制剂品种的生产、检测需要，公司已通过ISO9002国际质量体系认证。

公司营销网络业已构成，在全国宣传、推广“日上”农药和植保知识，“日上”牌系列农药被认定为“江西省名牌产品”、“日上”商标被评为省著名商标。“日上”品牌已为广大农民朋友和经销商认可和称道。

公司现有占地面积十万多平方，建筑面积六千多平方，，企业总资产6930万元，其中固定资产5317万元，企业总人数八百多人。

山东亿嘉农化有限公司

电话：0536-5196780 5108951

传真：0536-5196780

邮箱：sales@afineagro.com

地址：山东寿光市开发区

邮编：262700

http://www.afineagro.com

公司简介：

山东亿嘉农化有限公司为山东亿嘉集团母公司，坐落于蔬菜之乡－寿光，下设有：山东亿嘉农化有限公司、山东潍坊双星农药有限公司、山东亿嘉化学有限公司、山东亿嘉农资有限公司、寿光市亿嘉生物工程科学研究所及山东寿光亿嘉宜农农民专业合作社六大经济实体。集团与山东农业大学、南开大学、华东理工大学、青岛农业大学和西北农业大学等多家从事农药研发、生产的科研单位保持长期合作，已经发展成为一家集产品研发、生产、销售和技术服务于一体的“农业专业化”大型企业集团。公司创建伊始，就把自己定位为“世界农业的服务者”，为农民朋友提供卓越的解决方案和不断提高农产品质量是公司的至高使命。因此，公司始终信守“做就做好”的承诺，践行“捍卫世界绿色、关注人类健康”的经营宗旨， 不断把企业价值和社会责任相结合，向社会彰显“依托三农、创造价值、回馈社会、成就自我”的企业经营理念。

生产经营情况

亿嘉集团发展历程中，前五年奠定了基础，后五年实现了突破性和跨越式的发展。回顾发展历程， 2001 年，古城生产基地落成，年产制剂 1 万吨；同年与山东农业大学建立技术合作伙伴关系，与沈阳农药研究所建立战略合作伙伴关系；2003 年公司进入快速发展期，从吉林农业大学、西北农业大学、中国农业大学、青岛农业大学等农业院校进行人才招聘，首次引进大专院校毕业生 100 余名；2004 年 ERP 管理软件投入运营，实现产、供、销的远程管理和无纸化办公；2005 年在山东农业大学、吉林农业大学、西北农业大学设立奖学金，与青岛农业大学合作建立青岛农业大学教学科研基地；2005 年底亿嘉农化广东分公司正式成立，为华南业务拓展打下坚实的基础；2006 年渤海工业园，征地 170 余亩，建立亿嘉农化新工业园生产基地，苯醚甲环唑、丙环唑、嘧霉胺、吡虫啉、啶虫脒等原药线相继投产；2006 年底清华大学亿嘉学府创办，为公司高层、优秀客户进行培训、再教育；2007 年滨海工业园征地 200 余亩，建设乙霉威、代森锰锌等原药生产线。企业主导产品丁子香酚、丙环唑、啶虫脒、苯醚甲环唑等制剂及原药均为自主知识产权产品，其市场占有率在同行业中名列前茅。

企业近两年经济效益情况：

技术开发能力

山东亿嘉农化有限公司产品分为原药和制剂

两大类，拥用涵盖杀菌、杀虫、杀螨、一百多个登记品种的完整制剂产品线及丁子香酚、丙环唑、啶虫脒、吡虫啉、苯醚甲环唑、氟硅唑、烯酰吗啉、甲维盐等十余个新型主流化合物及中间体的合成工艺，具备加工：水悬浮剂(SC)，干悬浮剂，水分散粒剂(WDG)，可湿粉(WP)，微乳剂(ME)等多种先进环保剂型年产万吨的生产能力。原药产品主要市场定位在国内杀虫杀菌剂制造商以及东南亚国家杀虫、杀菌剂制造商，目前在山东省内占主导地位，市场份额占到20%以上。制剂产品以中高档产品为主，产品分布全国各地，主要市场为广东、陕西、云南、四川、山东五大省份，平均占据同类产品市场份额的10%，这五大省份销量占据公司制剂总销量的50%左右。

近年来，我公司坚持科技创新，不断加大科研投入与力度，成立了专门的研发中心，由数位高端人才担任研发人员，配备了一系列高、精、尖的仪器设备，从而使得公司具备了相当强的研发实力。2008年，寿光亿嘉生物工程研究所成立，标志着我公司的研发实力又上了一个新的台阶。2009年，公司研发中心被潍坊市科技局认定为“亿嘉农药工程技术研究中心”。目前，公司“潍坊市企业技术中心”的认定正在进行中。公司《0.3%丁子香酚可溶性液剂新产品研究》和《年产1000t/a苯醚甲环唑中间体工艺研究》已通过由潍坊市科技局组织的科技成果鉴定。其中，0.3%丁子香酚可溶性液剂为生物农药制剂，产品效果好，对环境无污染，不但符合国家产业政策，部分更填补了国内空白，拥有良好的经济与社会效益。这两项成果的成功转化与实施，必将推动行业的技术进步。

目前，我公司已有发明专利两项，分别为“一种瓶装农药及其生产方法”和“一种水基质杀菌剂及其制备方法”，另有三项发明专利“一种植物杀菌乳粒及其制备方法”、“一种用于制备植物杀菌制剂的络合物”和“一种植物杀菌组合物”正在申请中，已经收到中华人民共和国国家只是产权局的专利申请受理通知书。另外，六项生产流程控制实用新型专利已获批，证件正在办理中。

开拓国际国内市场情况

公司在2006年取得进出口权，经过几年的努力，现产品远销中东、东南亚的孟加拉，巴基斯坦，土耳其，越南等国、欧洲的英国、瑞士等、南美的哥伦比亚、巴西等国和南非市场，出口的产品包括原药、制剂和中间体，截至现在为止，今年的销售额已突破2000万美元，产品获得外商的一致好评，公司利用寿光菜博会邀请了部分客户到亿嘉做客，了解亿嘉并洽谈业务，取得了良好的效果，为公司外贸的提升和海外市场的开拓打下了坚实的基础。国内市场方面，近几年，在各地政府的大力支持，公司积极贯彻“服务三农”的理念，积极开拓国内市场，取得良好效果。现在，公司业务已经遍布全国各地，并纷纷在外地设立了销售分公司，使得公司的业务量得到了大幅提升，为国家创造了良好了经济和社会效益。

品牌建设情况

亿嘉农化的发展经过几年的历史积淀，2004年“亿嘉农化”商标正式在国家注册。经过多年的不懈努力，“亿嘉农化”已成为中国农药行业最具影响力的品牌之一。企业象珍惜生命一样培育和保护着自己的品牌，“以创造品牌为已任”的观念深入贯彻到企业的各个环节之中。企业在品牌的培育和保护方面做了巨大资金投入。自公司成立起，就不懈的进行品牌的建设余推广，公司每年参加全国植保会、山东植保会和上海农交会等农业类大型会议，极力的推广亿嘉品牌，在潍坊和全国各地作亿嘉产品广告，广告业务和农药推广遍布全国各地，志创农药拔尖企业。电视广告、报纸媒介、墙体广告、有奖促销等，企业利用一切有效的手段扩大企业的知名度，取得了显著的效果，也让企业品牌达到了一个空前的高度。2010年，公司更是投入巨资助力“首届中国农业电视论坛”的召开，进一步扩大了企业的品牌影响力。公司产品“苯醚甲环唑制剂及原药”为山东省名牌产品，09年此产品销售总量全国第一；另外“啶虫脒制剂及原药”和“丙环唑制剂及原药”的山东省名牌正在申请中；“亿嘉”商标的山东省著名商标也正在申请中。

产品质量情况

长期以来，我公司始终不渝地坚持“质量第一”的宗旨，严格过细，依靠科学，认真做好企业的各项管理工作，为品牌发展打下了扎实的基础。“精益求精，争创一流”等朴实的质量口号都来自于生产一线，产品质量“一票否决制”、“绿色通道制”等已成为企业的规章制度并实践于企业的各个领域。我公司同科研院所和高校联合进行新产品开发、技术改造和管理上档次、上水平。企业把贯彻《产品质量法》、《标准化法》、《计量法》、《进出口商品检验法》作为企业普法教育的重要内容，进一步提高了广大职工的质量法制观念和提高产品质量的自觉性。

我公司通过了“ISO9001：2000质量认证体系”、“计量保证确认合格”和“AA级标准化良好行为”认证。企业运行着一套完善的质量管理体系，在设计、采购、工艺准备、生产制造、检验试验、包装贮运、销售及售后服务等进行全过程的严格质量控制，确保与产品质量有关的各个环节、各类人员始终处于受控状态。企业注重营销和售后服务网络建设，在国内有销售服务点1000多个，由5个业务部和分公司以及独家代理机构负责全国各地的业务和服务。我公司不断加强信息网络平台建设，在企业推广应用ERP管理。2008年我公司加入全国产品质量电子监管网，使产品的质量管理又上了一个新台阶。

人才队伍建设

人才是企业的发展之本，公司特别重视人才的培养，公司每年有近百万的资金作为培训基金。公司现有在职员工887人，其中专业技术人员183人，其中高级技术人员35人，中级技术人员69人，产品技术开发人员50人，平均年龄26岁，80%是大学专科以上学历。企业利用多项措施加强了人才队伍建设：新员工必须要72小时上岗培训；全公司每年组织安全培训；研发人员每年参加由中国农药学会、农药协会等组织的行业知识、专业知识学习；生产人员参加现场管理学习；供应、销售人员参加培训会、研讨会；同时根据发展需要，每年年初组织产品培训、营销集训、植保知识培训并考核，还邀请专家学者和有关人士来公司传授有关知识，每年听课超过1000人次。公司形成了一套较完善的人才培养、使用、考核、激励机制。

社会责任及所获荣誉情况

公司坚持发展不忘社会责任，在环保、节能、关心职工、公益事业方面做出了积极贡献。是潍坊市文明单位、潍坊市安全生产先进企业。公司关爱社会，热心公益，不断赞助支持社会文化体育事业和公益慈善活动。我公司积极参加扶贫活动，利用加工生产配套的方式，为上万名农民创造了就业机会。近几年，公司针对本市弱势群体和贫困家庭的进行爱心捐助，是寿光市慈善总会创始人和永久会员。公司主要荣誉：“潍坊市农业龙头企业50强企业”；潍坊市农业生产资料协会副理事长企业；“中国专利山东明星企业”；“质量服务满意单位”；2002中国（寿光）国际蔬菜科技博览会上，双星牌新型杀菌剂“万霉敌”和“地菌灵”荣获“无公害蔬菜专用农药”金奖；2005年，通过了国际ISO9001：2000质量管理体系认证；2006

年，山东寿光双星农药有限公司被农业部农药检定所授予“农药科学与管理理事单位”；2009年，被山东省农业厅评为“山东省农药生产十强企业”；“潍坊市民营科技企业”；“中国农资经营放心单位”；“山东省明星企业”；“潍坊市亿嘉农药工程研究中心”等。

数年的发展，凝聚了亿嘉人的心血和奋斗。着眼未来，亿嘉人将以“服务三农”为根本出发点，提升产品质量，提高服务水平，加大品牌投入，使亿嘉真正成为农化界的一片旗帜，成为老百姓心目中信赖的名牌！

江苏联化科技有限公司

地址：浙江省台州市黄岩区江口开发区永椒路8号

电 话：0576-8427 8080/86，8427 5016，8472 2051/56

传真：0576-8427 8081，8472 2109

邮编：318020

邮箱：market@hlchem.com

公司简介：

江苏联化科技有限公司始建于2003年10月，公司隶属于联化科技股份有限公司，注册资本12677万元，公司是一家专业从事农药及其中间体制造的精细化学品的企业，公司占地360亩，公司已投入了资金54500万元，完成厂房土建工程105000余平方米，共有10多个产品20余幢车间投入生产，公司产品80%以上销往西欧、美国、日本等国际市场，主要客户包括重要客户为美国FMC、杜邦，德国巴斯夫公司，瑞士先正达、科莱恩公司，日本住友公司等国际性的大型农药及化工企业。07年主营业务收入32458万元，08年主营业务收入34739万元，09年主营业务收入55726万元，净利润7247万元，所得税2554万元。

2007年公司通过了ISO IS09001质量管理体系、IS014001环境管理体系、OHSAS18001安全和职业健康认证。公司按“ISO三合一”质量管理体系运行。

江苏联化科技一直重视科研工作，企业创建之初就成立了研究所，公司研发中心设在位于浙江黄岩的联化科技总部，在江苏联化科技有限公司也设有技术部，建有实验室，用于新开发项目的工业化和已生产项目的技术改进，同时公司在上海张江高新科技园投资建设了新的研发中心，提高了对高素质技术人才的吸引力，也改善公司研发信息交流平台。研发中心现有研究人员 85 人，其中博硕士 10 人，大专及本科学历 69 人，其中具有高级职称的研究人员 8 人，中级职称的研究人员 32 人，高工 5 人，外聘的专家教授级高工 4 人。

公司生产的高效低毒的农药及中间体品种，大多销往国外市场，主要产品均占据较大市场份额，国际市场占有率处于精细化工行业前列。面对未来，江苏联化科技有限公司将继续致力于建立现代企业制度，通过大力引进人才，不断提高管理和科技创新能力，不断增强企业核心竞争力，通过引进先进的技术装备，实现高标准生产，更好的地服务于我们的客户。

江苏剑牌农药化工有限公司

地　址：江苏省建湖县城冠华东路 1008 号 224700

邮　箱：sword@swordchem.com

网　址：http://www.swordchem.com

电话 : 0515-86253585

传真 : 0515-86255033

江苏剑牌农药化工有限公司是集农药化工、医药化工、科研开发、国际贸易、物流运输于一体的民营科技型企业，是全国三唑系列农药最主要的产销基地之一，江苏省高新技术企业，国家高新技术企业，拥有博士后科研工作站。公司科技力量雄厚，开拓创新能力强，始终把技术创新作为企业发展的原动力，倡导绿色农药，注重社会效益与经济效益并举。在以前多次承担并圆满完成了国家科技项目的攻关任务的基础上不断开拓，以安全、高效、低毒的产品投放市场，赢得市场。产品质量保证系统完善，检测设施齐全，处于国内同行先进水平， 公司通过了ISO9001、ISO14000、OHSAS18001三体系认证。“剑”牌商标为中国驰名商标。

目前公司现有固定资产8500万元，注册资本3020万元，并在上海建立国际贸易窗口和医药研发基地。公司农药化工拥有杀菌剂、杀虫剂、除草剂、植物生产调节剂、化工中间体五大系列，四十多个产品，产品畅销全国26个省、市、自治区，出口欧洲、非洲、东南亚和中东16国家和地区。医药化工已开发了α－四氢萘酚，2，3-环戊烯并吡啶等多个产品。

公司在综合发展运营过程中，董事长张志勋倡导的“友爱、自信、求实、进取”的企业精神和“始于客户满意，终于客户满意”的经营理念，已成为企业文化的主题，科技立业，以人为本，得以经济持续、稳定、协调的发展。面对全球经济一体化，公司严格按照全球化竞争法则，着力关注国际农药前沿科学，参与国际市场竞争，热忱欢迎广大国内外朋友与之携手，共创辉煌。

剑牌管理方针是：满足顾客和相关方要求，严格过程控制；强化质量环境安全意识，实现持续改进；遵守环保安全法律法规，创建和谐剑牌。

山东曹达化工有限公司

公司地址：山东菏泽市经济开发区松花江路一号

（广州路与黄河路十字路口向北 100米）

邮　　编：274400

人力资源部：0530-5038335

市场推进部（产品）：0530-5038386

传　　真：0530－5155688

E－mail：shandongcaoda@163.com

山东曹达化工有限公司成立于1995年，

是山东省农药界唯一的科技型中型企业。多年来，曹达公司秉持“敬业、协作、求实、创 新”的企业精神，按照公司制定的战略目标，不断奋斗，不断改革，不断前进。公司拥有一支以邵珠鹏董事长为核心朝气蓬勃的高素质领 导班子近年来，按照公司战略发展规划，一年一个台阶，一年一个进步，使企业迈入了规范化健康发展的轨道。 公司现设有人力资源部、 财务部、供销推进部、技术中心、国贸部、市场推进部、生产工厂以及销售公司八个部门。公司本着打造鹰雁团队的理念，采取各种手段 不断提高全体员工的综合素 质，组织结构的建立和不断优化，为曹达的快速发展打下了坚实的组织和管理基础。现已发展成为在职员工逾 千人，拥有杀菌剂、杀虫剂、杀螨剂、植物生长调节剂、除草剂、农药助剂等六 大类，证件资源达200多个，1000多个品规，占地面积 200余亩的自动化生产车间，农药助剂合成车间10座包装、灌装自动生产线40多条，标准分析化验室、实验室10个，以及5000多个平方米的综合办公大楼，年生产能力达几十亿元的大型农药经济实体。为适应市场经济的发展，公司不断地改革和创新，技术中心在农药制剂、表面活性剂单体与高效渗透剂方面，一直坚持以农药作用原理、农药助剂的合成、增效机理的研究为主攻方向；以农作物纤维渗透和 虫体脂肪渗透为重点，在突出虫体脂肪渗透的基础上，首创了细胞膜穿透与溶解技术，率先提出正打反死的 概念，研发出一系列高效高质 的农药混配制剂，大大提高了农药复配制剂的速效性和持效性。曹达公司还引进采用了国内外最先进的研究成果，与本公司多年积累的科 研结果相结合，研发出一系列水乳剂、微乳剂，水分散粒剂等新型环保产品。特别是引进领先于国际同行业的德国科研成果，使曹达公司昂首阔步地迈入新的征程。

品质至上是曹达人对产品质量的不懈追求，公司严格执行ISO9002质量保证体系，原料进厂前检验，每批次制剂成品罐装前检验、生产 过程包装质量检验、库检、发货前检验……确保产品 出厂合格率百分百。

与时俱进，只争朝夕。为了适应当前企业发展的需要，曹达公司又不失时机地进行了股份制改造，在企业新的管理理念下，公司开始 二次创业的新里程：全面推行5S管理，建立健全了教育系统、硬件管理系统、软件管理系统、产品管理系统、动态和静态管理系统、纵向和横向管理系统、作业流程管理系统，坚持全员额、全方位、全时制管理，公司进一步向规范化、系统化、科学化发展。按照科学的管理 系统，对生产车间进行了技术和设备改造，再造了各个生产工艺流程。公司吸纳了全国各地的行业精英，组建了一支年轻有为的生产、科研、采购、管理和销售 队伍使产品焕然一新，销售收入成倍增长。

我们遵循“合作、和谐、发展、双赢”的原则，与全国供应商建立了深厚的友谊和良好的合作关系，在风云变幻的市场经济大潮中共 谋发展；我们坚持“诚信、品牌、服务、创新”的经营 理念，在激烈竞争的农化市场中共铸品牌塑造和谐营销，建立双赢的战略合作伙伴 关系。

公司秉乘敬业、协作、求实、创新的企业精神；坚持以农为本的原则；以诚信、服务、品牌、创新为营销理念；营造和谐曹达、快乐 曹达、快乐工作的工作氛围；坚信执行力是企业核心竞争力之一的工作理念；提倡快速反应马上行动的工作作风；以让经销商赚钱，让农民得到实惠为服务宗旨，树立了良好的企业形象，赢得了极佳的品牌美誉度。诚信周到的客户服务、深厚的科技底蕴、过硬的产品质量、经验丰富的管理团队，使曹达公司在全国已拥有了一批区域性品牌产品，为公司赢得了庞大的忠实的客户网络。我们曹达公司的目标是经过努力成为行业中佼佼者，研发并生产出质量一流、满足市场需求、领航潮流的富有竞争力的产品，力争“创树中国农药第一品牌，把环 保农药和丰收的喜悦带给大众。”

诚信服务，导创财富。与曹达合作，就是与财富握手，这是曹达人多年来对您的期待与承诺！岁月流逝，承诺不变，期待永恒！我们 确信，在全国各地优秀经销商与供应商的支持下，在全体曹达人的共同努力下，我们宏伟目标一定能够实现。

如今的山东曹达化工有限公司，正以自信骄人的姿态拥抱着一往无前的改革浪潮，以溢满激情的活力与斗志、挑战着日益激烈的市场 竞争。她！鹰击长空，雁阵长鸣，壮志在胸；她！足踏大地，锐意创新，迅速崛起；她！沐浴着灿烂的阳光，昂首阔步，走向辉煌。

江苏天容集团

地　　址：江 苏 省 南 京 市 中 山 东 路 300 号 长 发 中 心 B 座 10 楼

电　　话：86-25-84563002

传　　真：86-25-84563003

邮　　编：210002

江苏天容集团是集科研开发、生产经营、国际贸易、对外投资于一体的高科技企业集团，下辖 3 个生产企业、1 个国际贸易公司和 1 个研究机构，长期以来锁定“机制创新、技术创新、管理创新”的理念，弘扬“团结、务实、高效”的企业精神，经过 36 年的辛勤耕耘，步入了“国家重点高新技术企业”、“全国守合同重信用企业”、“中国化工行业技术创新示范企业”、“中国化工百强”、“中国农药十强”行列。“溧化”商标被国家工商总局认定为中国驰名商标，被评为“中国农药行业十大影响力品牌”。

江苏天容集团技术力量雄厚、科研设施先进、生产装备精良、产品质量优异，集团拥有省级仿生农药工程技术中心 1 个，市级企业技术中心 2 个，拥有发明专利 26 项，获得包括全国科技大学奖（即国家科技进步奖）在内的国家级、省部级各种奖励达 100 多项；“溧化”牌沙蚕毒素类仿生农药—杀虫单、杀螟丹、杀虫环产销及出口连续五年位居全国之首，被认定为“江苏省名牌产品”；“溧化”牌芳氧基苯氧基羧酸类高效除草剂，产量、质量均居国内第一；“瑞禾”牌水分散粒剂、水乳剂等多种环保型农药新剂型，多次获得政府和行业科技奖励。

江苏天容集团现已成为世界上最大的仿生农药生产基地和我国农药新剂型重点研发、生产、出口企业。

浙江海正化工股份有限公司

厂　　址：浙江省台州市椒江区外沙路 97 号

邮 编：318000

电话：0576—88827835

传真：0576—88827836

E-mail：sales.intl@hisunchem.com ，hisunchem@vip.163.com

公司简介：

浙江海正化工股份有限公司创建于1998年12月，是国投高科技投资有限公司、浙江海正集团有限公司、浙江省医药保健品进出口有限责任公司等多家企业共同投资设立的国有控股企业。公司共占地面积312000平方米，总资产逾4亿元，科技人员占35%以上。

海正化工本部位于浙江省台州市，下设两个全资子公司、两个国外合资控股公司、一个省级高新技术企业研究开发中心。公司成立以来，先后通过了ISO9000、ISO14001、中国农药行业首批AA级信用企业、国家高新技术企业、浙江省安全标准化示范企业等认证。阿维菌素产品分别获原化工部科技进步一等奖、国家“八五”科技攻关重大科技成果奖、国家“八五”技术改造优秀项目奖。公司还承担了甲氨基阿维菌素产品国家“九五”科技攻关项目，微生物源杀菌剂长川霉素产品被列入国家“十一五”科技支撑计划原药创制项目。公司的原药及制剂产品覆盖了杀虫、杀菌、除草、园林等多个领域，其中必绿、啶咪磺隆、镇害产品等多个属专利产品，获独家登记。

海正化工全面实施EHS管理，追求和发挥高品质优势，85%产品行销于世界50多个国家和地区，与拜耳、先正达、勃林格殷格翰、科麦农等跨国公司建立了长期战略合作伙伴关系。公司抱持“为股东、为员工、为社会”的经营宗旨，坚守“诚信，创新，团队，勤奋”的核心价值，崇尚“海纳厚生，正道修远”的海正精神。以先进的制造水平、高效的研发能力、勤劳朴实的员工、奋进和谐的文化，把公司建设成中国新世纪新型的农药、医药、兽药工业的典型代表。

Brief Introduction

Zhejiang Hisun Chemical Co.,Ltd (hereafter called as ”Hisun Chemical), founded in 1998, is a state-holding enterprise invested by State Development&Investment Corporation(SDIC), Zhejiang Hisun Group and ZMC Co.,Ltd. The company now covers an area of 312,000 square meters and 35% of its staff members are technicians.

With its total assets of nearly USD 60 million, HIsun Chemical has created a niche in agrochemical field through its sustainable researching, marketing efforts and strong distribution network. The company, with its headquarter located in taizhou,Zhejiang, now has two wholly-owned subsidiary companies , two Sino-foreign joint ventures and one Provincial Hi-tech R&D Centre.

Since it was established, Hisun Chemical has already passed ISO9000&ISO14000 and gained lots of honors like "First AA-level Credit Enterprise of China Pesticide Industry" and "National Hi-tech Enterprise", etc. Its product, Abamectin has also gained such awards as "First Prize of S&T Advance Award of China Chemical Industry", "Major Achievements in National Technologies R&D Program of the 8th Five-year plan of China" and " Outstanding Project Award in National Technology Innovation Program of the 8th Five-year of China". Meanwhile, Hisun Chemical has also undertaken the project of Emamectin Benzoate in National Key Technologies R&D program of the 9th Five-year plan of China. And Ascomycin, a kind of its biofungicides, has been listed in "National S&T Pillar Program of Technical Material Development in the 11th Five-year plan of China."

Based on full implement of EHS system and high quality product, Hisun Chemical has been one of the suppliers to many multinational companies, like Bayer, Syngenta, Boehringer Ingelheim and Cheminova, establishing long term business relationship with them. Hisun Chemical exports 85%of its products, ranging from Insecticides, Herbicides to Fungicides, directly to more than 50 countries over the world. Among those products, its patented products such as Oxine copper & Flazasulfuron have obtained exclusive registration in China.

Hisun Chemical adheres to "For Shareholders, For Staff, For Community" as its management purpose, "Honesty, Innovation, Collaboration& Diligence" as its core values, and "Broad Mind& Integrity" as its spirit. With advanced technology, and R&D, Hisun Chemical will strive to become a representative of Agrochemical, Pharmaceutical &Animal Health Field in the 21st century.

抚顺丰谷农药有限公司

地址：抚顺市顺城区寒江路 1 号

电话：0413-7601269

传真：0413-7601398

邮箱：fsfg_nongyao@yahoo.com.cn

邮编：113006

公司简介：

抚顺丰谷农药有限公司公司的前身是抚顺农药厂。该厂是以生产经营化学除草剂为主的专业厂家，始建于 1966 年，是我国最早生产化学除草剂的企业之一•，是原化工部直属的重点农药生产企业。2003 年，企业经转制重组为抚顺丰谷农药有限公司。

公司的理念是：以人为本，求实创新，品牌制胜，坚持双赢，忠诚服务于绿色农业。

公司的主要产品有：丰谷牌 56%2 甲 4 氯钠粉剂、13%2 甲 4 氯钠水剂、16% 敌稗乳油、26%2 甲•灭草松。今年又加大科技创新、开发新产品力度，并取得丰硕成果，24% 烟嘧磺隆•莠去津和 750 克 /2 甲 4 氯胺盐已先后被国家农业部批准进入田间试验阶段。其中，750 克 /2 甲 4 氯胺盐属于我国国内首次登记产品，即原进口百阔净。

我公司特别重视产品质量，严格执行国家标准和行业标准，深受用户信赖，其中 2 甲 4 氯钠为辽宁省优质产品。

我公司原与国内同行一道携手并肩为打造绿色农业服务。

用丰谷农药，保五谷丰登，是我们的理想和追求，也必将是用户的可靠选择！

海南博士威农用化学有限公司

地　　址　海南省海口市龙昆南路隆基大厦A座10楼

邮　编　571100

电话　0898-65868371

传　真　0898-65801696

公司简介：

海南博士威农用化学有限公司1996年创建于风景秀丽的海口市，属国家工信部和农业部定点生产厂家，是集科研、开发、生产、销售于一体的高科技新型农药企业。公司是全国民营化工优秀企业和海南省新型工业十佳企业，海南省高新技术企业，“315”授予中国制造质量过硬知名品牌，国家火炬计划项目及科技支撑计划项目课题承担单位。

公司科研实力雄厚，生产设备先进，拥有专业的研发团队、精密的质检仪器、现代化的生产厂房和设备，并和中国农业大学、上海农药研究所、海南大学等多家农药研究机构紧密合作。公司以技术为依托，以市场为导向，开发的“博士威”系列高新剂型产品，一直居国内同行业领先地位，荣获香港国际专利技术博览会金奖，连续多年入选上海市政府推荐无公害农药品种。

经过多年的推广应用，“博士威”系列产品已被公认为是实现无公害瓜果、蔬菜生产的理想农药。热销中的农哈哈、新科、绿卡、年年乐等已成为国内知名品牌产品，已推出的3%（2%、5%）甲维盐微乳剂、20%苯醚甲环唑微乳剂、10%啶虫脒微乳剂、25%嘧霉胺乳油、灭蝇胺、氟硅唑、丁醚脲、噻螨酮等多个产品技术水平国内外领先。正在研制开发的虫螨腈、烯啶虫胺、醚菌酯、戊唑醇、丙森锌、烟嘧磺隆等更多更好的高新剂型产品将陆续推向市场。

博士威公司将立足中国、面向世界，锲而不舍地坚持超高效、无公害的产品理念，以高科技打造一流品牌，以高质量服务绿色农业。快速发展的“博士威”愿与各界朋友通力合作，共同铸造中国农药美好明天。

河北济泰农业服务有限公司

地址：石家庄市桥西区428号（原永壁粮站）

邮编 050222

邮箱：zhaogang@jitainy.com

传真 0311-82257356

公司简介：

河北济泰农业服务有限公司是以经营农药制剂为主的专业农资营销公司。成立于1995年，现有正式员工60余名，硕士以上高级管理人员3名，大中专以上学历占64%。公司创立十多年来，以“创建美好生活，实现人生价值，打造受人尊重的企业集团”为公司愿景，恪守“勤奋、自信、宽容、正直”的做人理念，自立自强，艰苦创业，目前已发展成为以石家庄为轴心，两个分公司为辐，网络覆盖河北及周边省份的农药专业营销公司，公司年营业额保持在5000万元人民币左右。

公司不断地发展壮大，首先得益于一支具备专业技术服务水平和良好服务意识的团队。公司现有中、高级农艺师10余名。他们常年活跃在田间地头、经销商的门店里，活跃在面向农民、面向经销商的植保知识培训课堂上。通过实实在在的服务赢得了基层经销商和农民的信任，建成了一种休戚相关的战略合作伙伴关系。在员工培养方面，公司全年紧抓培训工作，不仅安排进行公司级培训，还有部门、岗位定期培训，并设实习基地为社会、学校和学生提供理论与实际相结合展示自我的实践平台。

公司的发展壮大还离不开上游厂家的大力支持，公司借助合作了十多年的国内外优秀厂家保证了优质产品的供应。主要战略合作厂家有：湖北沙隆达；江苏宝灵；上海农乐；先正达；日本旭化学；美国杜邦；浙江石原金牛；西安近代；四川省化工研究院等。公司经营的产品有杀虫剂、杀菌剂、除草剂、植物生长调节剂等百余个产品。

公司的发展壮大更离不开国家、省、市各级政府管理部门及农药管理单位的大力支持。公司的信誉度和美誉度逐年攀升，受到社会各界的广泛好评。2006年被中国农药工业协会和中国农业生产资料流通协会评为“2006年度全国农药诚信经营百优单位”、2007年被石家庄市工商行政管理局评为“守合同、重信用企业”、2009年被中国农药发展与应用协会评为“放心农药经营单位”。

公司的目标是立足石家庄，面向河北省，争创河北农资经营第一品牌，打造中国一流农资经营企业走向全国，为实现这一目标，信心百倍的济泰人，以市场为先导，以知识为载体，视质量为生命，本着对社会负责的态度，将优质产品推向市场，服务农民，服务社会。为开创中国农业的美好未来做出自己更大的贡献。

湖北蕲农化工有限公司

地址：湖北蕲春县南门街 **23** 号

电话：**0713-7504108**

传真：**0713-7502036**

邮编：**435135**

公司简介：

湖北蕲农化工有限公司在原沙隆达蕲春有限公司基础上改制新设，公司始建于1966年，是国家农药原药、制剂和光气生产定点企业，注册资金为6800万元。公司下属湖北神昌化工有限公司、蕲春县蕲隆化工有限公司、蕲农化工研究所、与德国特立福利公司合资组建的武汉特利隆生物科技有限公司。公司已通过国家质量管理体系ISO9001：2000、环境管理体系ISO14000：2004、职业健康安全管理体系GB/T28001—2001认证。经过四十余年的发展，企业技术力量雄厚，工艺设备先进，检测手段完备，市场覆盖面广。公司主导产品：原药类，多菌灵、毒死蜱、丙溴磷；中间体类，1.5万吨乙基氯化物、1万吨硫化物、5000吨硫氢化物、2000吨醚醛、2000吨三氯甲苯、1000吨次氯酸钠、苯甲酰氯、氯丙酰氯等合成产品，年合成能力5万吨；制剂有粉剂、乳剂、水剂、胶悬剂、颗粒剂等剂型，产品有印楝素、多菌灵、氧乐果、毒死蜱、辛硫磷、助壮灵、克百威等，年加工能力4万吨。

公司座落在明代医生李时珍故里古城湖北蕲州，占地320亩，紧临黄金水道长江，沪蓉高速，京九铁路临厂而过。

我们奉行“诚信为本、合作共赢”的经营宗旨。愿与各位朋友同心携手，服务“三农”共建和谐社会。

Hubei Qinong Chemical Co., Ltd. is reformed based on Former Sanonda Qichun Co., Ltd. The company was founded in 1966. It is the national designated enterprise engaged in production of Technical, Formulation and Phosgene. The registered capital is RMB 68,000,000. There are 5 subordinate enterprises of our company, Hubei Shenchang Chemical Import & Export Co., Ltd., Qichun Qilong Chemical Co., Ltd. and Qinong Chemical Research Institute. Our company has passed the standard attestation of ISO9001:2000 International Quality Management Systerm, ISO14000:2004 Environmental Management System and GB/T28001-2001 Occupational Health and Safety Management System. After developing for more than 40 years, our company has now possessed abundant technical advantages, advanced processing facilities, complete inspection means and extensive market coverage. Our main products including Technical (Carbendazim, Chlorpyrifos and Profenofos), Intermediate (15000MT DETCL, 10000MT DETA, 5000MT Sulfhydrate, 2000MT MPB, 2000MT Trichlorotoluene, 1000MT Synthetics of Sodium Hypochlorite/ Benzoyl Chloride/ Chloropropionyl Chloride, annual synthesis capability is 50000MT), and different types of Formulation (DP, AS, WDG, GR, etc.) including (NeemAzal, Carbendazim, Omethoate, Chlorpyrifos, Phoxim and Carbofuran + Monosultap, etc., annual processing capability is 40000MT).

The company is located in Qizhou, Hubei, which is the hometown of the famous Doctor, Li Shizhen, and covers an area of 320 acres. It conveniently close to Yangtze River, Chengdu - Shanghai highway and Beijing - Kowloon railway.

Our business tenet is ‘Honesty first

and win-win cooperation in practice'. Sincerely hope to establish business relationship with you!

济南兆龙科技发展有限公司

公司地址：济南市二环东路 3362 号润昌商务大厦 402 室

联 系 电 话：0531—88326221 400-666-3916

传真：0531—88326220

邮编：250013

邮箱：www.zlstd@126.com

网址：www.zlstd.com.cn

济南兆龙科技发展有限公司成立于 2008 年，是集农化产品、种子、植保器械销售、农副产品及农化产品进出口贸易，农业新技术项目开发及农化产品营销咨询为一体的公司。

引领中国农资行业价值行销理念的龙头企业　兆龙科技率先争当中国农资行业的诚信企业，打造科技团队，引领农资市场。被中国农药工业信息协会评为“2009 中国农药企业最具成长性 100 强企业”“2010 中国农药杀菌剂 50 强”“2010 中国农药诚信零售商”荣誉称号！同时，兆龙科技还是山东农药学会、山东农业生态环保学会、山东马铃薯协会的理事单位。

中国最具竞争力的农药运营商　面向全球购销优质农药制剂、原药助剂等产品，并致力于向客户提供一流的农化技术服务。主营中化化肥、沈阳化工研究院、先正达等十几家世界知名企业的名牌产品。

打造中国专业的土壤医院　主要提供土壤熏蒸消毒和土壤活化服务。专业治理土传病虫草害。公司目前致力于中国土壤熏蒸的应用研发及推广工作。有较成熟的熏蒸及活化技术、专业的应用器械及队伍。

做农民放心的农资品牌　兆龙科技与中化化肥、先正达等十几家农药界知名企业一起参评，选出“山东省百家诚信连锁零售商”并成立了客户俱乐部，与之搭建合作平台，着力为衣食父母提供高效、安全、农民信赖的产品及技术服务。

兆龙科技在未来的发展道路上，坚定“厚德载物、诚实做人、踏实做事、奉献社会”的核心价值，服务于中国农化。

公司使命：

1. 提供从农田到餐桌的全过程作物健康解决方案！

2. 提供健康放心的食品！

公司目标：

1. 做有机农业的先行者！

2. 做百年优秀农化企业！

3. 做中国最大的土壤医院！

口号：兆龙科技发展，值得中国衣食父母信赖！

兆龙科技发展，值得龙的传人骄傲！

公司精神：

企业报国、大雁团队、激情勤奋、善良智慧

公司文化及核心价值

厚德载物，诚实做人，踏实做事，奉献社会

安全，守法，绿色，健康，人性化

公司经营理念：

双赢诚信，技术先导，合作发展

做高尚人品，销世界精品，传知识产品。

山西三维丰海化工有限公司

地址：山西省运城市运解公路二十里店南

电话：03598691179　13100190519

传真：03598691197

E-mail:xyg01234@yahoo.cn

http:www.swfh-chem.com.cn

公司简介 ：

山西三维丰海化工有限公司，是本着“强强联合，优势互补”的精神，由山西阳煤丰喜肥业（集团）有限公司和山西康得利精细化工有限公司联合投资创建的一座现代精细化工企业，是山西阳煤丰喜肥业（集团）有限公司的控股子公司。公司注册资金 8000 万元，占地 300 亩。是山西省重点精细化工企业，国家定点农药生产企业。

三维丰海始终坚持“追求时代卓越，铸造精细品牌，服务现代农药”的企业宗旨，年产氯乙酸 5000 吨，三氯乙酰氯 10000 吨，三氯吡啶醇钠 8000 吨，毒死蜱原药 8000 吨，制剂 5000 吨，其主导产品三氯吡啶醇钠和毒死蜱原药，具有自主知识产权，产品质量优良。

三维丰海遵循“以人为本，开拓创新”的经营理念，秉承晋商风格，弘扬关公文化，恒守诚信商德，追求互惠双赢，广泛建立和发展海内外合作关系。董事长薛振海，总经理任明炎和全体员工，真诚欢迎各界朋友加盟合作，互谋发展，谱写新的篇章。

Shanxi Sanwei Fenghai Chemical Co.,Ltd is a modernization of Fine chemieal enterprise, which is a specialized subsidiary company of Shanxi Yangmei Fengxi (Group)fertilizer industry Co.,Ltd. It is a joint venture company established by Yangmei Fengxi (Group)fertilizer industry and Shanxi Kangdeli Fine chemical Co.,Ltd, based on the belief "Powerful cooperation, beneficial complementation"。With the registered Funds RMB 80,000,000 yuan , covered an area of 300 acres. Deserving the title of main Fine Chemical Corporation in Shanxi and the national designated pesticide corporation。

Sanwei Fenghai Group will always stick to its "excellence pursuance , brand specialization ,and pesticide modernization " business philosophy , with the out of Chloroacetic acid 5,000 tons , Trichloro-aceticchloride 10,000 tons, Trichloropyridinolsodium 8,000 tons , Chlopyrifos 8,000 tons, pharmaceutics 5,000 tons. Its predominant products Trichloropyridinol sodium and Chlopyrifos are in possession of intellectual property and of good quality。

Insisting of the "Man-oriented and Innovation-oriented" management conception, SanweiFenghai Group promots the idea "cooperate to win-win , interact to mutual development" to establishing and developing a broad cooperative relations with customers between home and abroad .The board chairman Xue Zhenhai , general manager Ren Mingyan , togethered with all the staff ,sincerely welcome our customers to cooperate with us ,and achieve good prospect in all。

四川利丰化工有限责任公司

地址：成都市武侯区武侯祠大街 30 号

邮编：610041

E - mail：cryscb@163.com

联系电话：028-85536877　85551623

传真：028-85552321　85557512

公司简介：

四川利丰化工有限责任公司隶属于四川化工控股(集团)有限责任公司，是主要从事农药、农药中间体、精细化工以及无机化工等领域的科研开发、生产经营、商贸和技术服务的国有高科技企业。公司注册资金 6000 万元，资产总额 8.5 亿元。

利丰公司实行集团化管理模式，拥有专业从事农药化工产品技术研发的科研单位四川省化学工业研究设计院以及经营制造为主的三家企业，分别是四川华英化工有限责任公司、四川省化学工业研究设计院双流试验厂、四川省化学工业研究设计院广汉试验厂。

一、生产经营的主要产品

农药原药及制剂产品，主要有三唑酮、稻瘟灵、杀螺胺乙醇胺盐、硝虫硫磷、草甘膦、草除灵、多效唑、叶枯唑、三环唑、喹硫磷、烯效唑、毒死蜱等，农药原药生产能力达 20000 吨 / 年，制剂 20000 吨 / 年；

2、化工产品及中间体，主要有亚氨基二乙酸、双甘膦、磷酸一铵、磷酸二铵、磷酸二氢钾、三氯化磷以及亚磷酸等。

二、科研成果

利丰公司下属企业四川省化学工业研究设计院是始建于 1964 年的国有省级科学事业单位，科研开发实力雄厚，成果丰硕，尤其是在农药新产品研发、行业技术开发及成果转化方面，一直处于国内先进水平。现拥有中国发明专利 7 项，获国家发明奖、国家重大科技成果奖、四川省科技进步奖等 60 余项。主要创新成果有：

1、10000 吨 / 年草甘膦原药新工艺技术

草甘膦的生产是采取亚氨基二乙腈为起始原料，经双甘膦制取草甘膦的新工艺技术，具有原药产品收得率高、三废处理彻底、资源综合利用率高等特点，达到国内领先水平；

2、创制农药 3000 吨 / 年硝虫硫磷原药

硝虫硫磷是自主开发成功的一种高效、低毒、安全、杀虫谱广的农用有机磷独新品种，具有独立自主知识产权；

3、创制农药 500 吨 / 年叶枯唑

叶枯唑是国际首创的新型杀菌剂，其化合物和制备方法及用途获国家发明专利，具有高效、低毒、低残留、持效期长、内吸性强等特点。

三、品牌优势

利丰公司现拥有“川研”商标，产品包括杀菌剂、杀虫剂、除草剂、植物生产调节剂在内的 10 多个原药品种，制剂已达 40 多个。“川研”牌农药系列产品被中国国际名牌协会和中国产品质量管理协会评为“中国著名品牌”，2008 年被首届农资行业峰会组委会评为“最喜爱的农资品牌”。其中“三唑酮”、“稻瘟灵”、“杀螺胺乙醇胺盐”被评为四川名牌产品。川研”牌农药以其优质高效、绿色环保，正在为我国农药工业品种结构调整及实施高毒农药替代发挥重要作用。

利丰公司将以“务实创新，科学发展，强企富员，兴业报国”的企业理念，积极推进企业改革，增强企业持续发展的能力，和广大客户互利合作共谋发展。

Sichuan Lifeng Chemical Co., Ltd. is a state-operated company established by Sichuan Chemistry Industry Research and Design Institute and Sichuan Natural Gas Research Institute, and it is ass° Ciated to Sichuan Chemistry Industry Holding Group Co., Ltd. With the registered capital 60,000,000 yuan and 850,000,000 yuan total assets, the company mainly engages in the production, running, technology service, research and development of fine chemical industry area, including pesticide, pesticide intermediate, cyanide, etc.

Lifeng company has a marketing branch and 7 subsidiary enterprises : Sichuan Chemistry Industry Research and Design Institute, Sichuan Natural Gas Research Institute, Sichuan Tianzheng Chemical Industry Co., Ltd., Chongqing Lanke Chemical Industry Co., Ltd., Sichuan Huaying Chemical

Industry Co., Ltd., Sichuan Chemistry Industry Research and Design Institute —Shuangliu Trial Plant, Sichuan Chemistry Industry Research and Design Institute—Gunaghan Trial Plant. The main products include :

1, The raw material drug and preparation of pesticide, such as triazolone, isoprothiolane, niclosamide ethanolamine, xia° Chongthion, glyphosate, tricornox, paclobutrazol, bismerthiazol, tricyclazole, quintiofos, uniconazole, chlorpyrifos, etc. with the annual capacity of raw material drug 20,000 tons/year and preparation 20,000 tons/year.

2, Cyanide and C_5 series, such as iminodiacetonitrile, sodium ferr° Cyanide, N- nitrile of phenylglycine, methylbutynol, etc. with the annual capacity of 65,000 tons/year.

Lifeng company has two brands "Shuangchuan" and "Chuanyan". "Shuangchuan" was granted Sichuan Famous Brand and the "Shuangchuan" products, such as sodium ferr° Cyanide and N- nitrile of phenylglycine, were granted Sichuan Famous Brand Products; "Chuanyan" series pesticide was granted "China Famous Brand" by China International Famous-brand Ass° Ciation.

With the philosophy of "factualism and innovation, scientific development, strengthening enterprise, entrepreneurial spirit", the company actively promotes the enterprise reformation, increases the sustainable development of enterprise and cooperates with customers on the basis of mutual benefit to co-develop

公司网址：http://www.pesccy.com/

北京中农植奥科技发展有限公司

联系电话：**010-59754716**

图文传真：**010-59754716-830**

联 系 人：刘杰夫

企业网址：**http://www.bjznza.com**

联系地址：北京市海淀区清河水木天成 **2-305** 室

邮政编码：**100085**

公司简介：

公司概况：北京中农植奥科技发展有限公司是集科研，开发，营销为一体的现代农资企业。公司以中国农业大学为技术依托，专门从事高、精、尖农资产品的科技研发和销售推广。公司员工 100% 拥有大专以上学历，可为经销商，农民朋友提供专业的植保服务。

企业文化：客服理念：用真心回馈每一位真诚的您

经营理念：以高端的农资产品为纽带，以科学的经营模式为手段，以 100% 的热情服务为宗旨，搭建绿色农业平台，构建你我诚信合作的桥梁。

营销口号：激情成就梦想　拼搏造就未来

经营目标：凭借高端产品，充当绿色农业及三农伟大事业的先锋

团队精神：颠倒泰山　众人推

营销理念：高端的产品 ---- 您的镇店之宝

优厚的价格 ---- 您的满意利润

严格的销售渠道 ---- 您的价值、利益

多方式的促销手段 ---- 您的市场业绩

About Company Profile: Beijing Olympic Technology Development Co., Ltd middle peasants plant is a research, development, marketing as one of modern agricultural enterprises. The company, China Agricultural University for the technical support, specializing in high precision and advanced technology products, agricultural R & D and sales promotion. 100% of employees have a college education, for dealers, friends of farmers to provide a professional plant protection services.

Corporate Culture: Service concept: good faith with each and every sincere your feedback

Business philosophy: high-end agricultural products as a link to a scientific mode of operation as a means to 100% of the warm services for the purpose, build green agriculture platform, build a bridge between you and me honest cooperation.

Marketing slogan: fighting dream of passion create the future success

Business objectives: With the high-end products, as green agriculture and the great cause of the Pioneer Agriculture

Team spirit: everybody push reverse Taishan

Marketing idea: high-end products ---- treasure your Zhendian

Excellent price ---- Your satisfaction profits

Strict sales channels ---- your values, interests

---- More promotions the way you market performance

北京市东旺农药厂

地址：北京市房山区良乡固村

邮编：102488

电话：86-010-89364553

传真：86-010-89357027

企业简介：

北京市东旺农药厂是国家农药定点生产企业，始建于1992年，位于房山区良乡城西，厂房占地面积8325平方米，现有职工100多人，科技管理人员30多人，其中本科以上12人，科研人员大部分为化工、植保、农药等专业，注册商标为"东旺"， 2006年被评为北京市高新技术企业。2007年销售收入2716万元，上缴税额223万元；2008年销售收入2772万元，上缴税额249万元，2009年销售收入2814万元，上缴税额292万元。

主要生产烟草用药，主导产品为"混脂·硫酸铜"和"甲戊·烯效唑"，全部为高效、低毒、低残留、环境友好型产品，均为农业部和工信部批准许可生产产品，"混脂·硫酸铜"产品2002年被列为国家星火计划项目，同年被评为北京市高新技术成果转化项目，该产品主要用于诱导烟草抗病基因的表达，增强烟草免疫力，提高抗病相关蛋白、多种酶、细胞分裂素的含量，以提高烟草的抗病能力；甲戊·烯效唑主要抑制分生组织细胞分裂和伸长，抑制腋芽生长，改善烟叶品质，提高烟草产量，产品主要销往云南、湖北、湖南、福建、贵州、广东、河南、陕西等省市烟草公司，据统计市场占有率85%，产品得到烟农的普遍好评。

我厂管理体系健全，逐步与国际接轨，2005年9001：2000质量管理体系；ISO14001：2004环境管理体系；OHSAS18001：2001职业健康安全管理体系三项国际体系认证，企业2003年度、2004年度被评为非公经济企业先进单位；2005年度、2006年度被评为文明单位；2008年被中国石油和化学协会评为A级信用企业，2009年被北京市地方税务局评为纳税信用A级企业，2009年被北京企业评价协会评为北京市信用企业,2009年我厂质量检测中心通过中国石油和化学工业协会B级认证。

宁波奥晟机械有限公司

地址：浙江省余姚市临山镇工业园区

电话 :574-62036288　62037808

传真 :574-62037800　62078952

http://www.aosheng.com.cn

邮箱 :aosheng@aosheng.com.cn

公司简介：

宁波奥晟机械有限公司是一家专业从事小型汽油机、植保机械和园林机械设计生产的中外合资企业。目前公司已形成年生产能力 600,000 台，包括 60 多种型号的割灌机、汽油机、喷雾喷粉机、绿篱剪的综合生产能力。公司现拥有专业加工技术，CNC 加工中心、数控机床、压铸机、注塑机、吹塑机等各种专机 100 余台。公司占地 25,000 平方米，现有员工 500 余人，固定资产 RMB50,000,000。.

公司自创建以来，以精湛的技术、卓越的产品、优质的服务赢得了市场，赢得了广大用户的支持，并在诸多领域取得长足的进步。

长期以来，公司充分发挥管理、人才、技术上的优势，在汽油机、喷雾机、高速直联离心泵等产品的研制、生产、销售和服务等方面取得了可喜的成绩，良好的信誉与可靠的质量使公司的发展日新月异，本公司现已形成二冲程、四冲程汽油机，配套生产植保、园林、排灌等机械系列产品。公司的质量方针是“精益求精，开拓创新，用户至上，确保产品质量和优良服务”。

公司为了长远的发展和各大高校结成长年技术合作关系。同时也引进了国外的先进生产技术和工艺装备，提高生产能力，加快研发速度，增强了技术创新能力。公司本着“市场多元化，产品系列化，管理科学化”的方针，以实施“奥晟”品牌的战略核心，积极开拓国内外市场。

本公司已通过 ISO9001 国际质量体系认证、3C 认证、CE 认证等。为企业的进一步发展奠定了坚实的基础，为产品质量提供坚实的保障。在业绩不断刷新、效益不断提高的今天，本公司愿以十倍的热情、百倍的信心和千倍的努力迎接新的挑战，开创美好的明天。

Ningbo Aosheng Machine Co., Ltd. is a sino-foreign co-invested enterprise which is specialized in the design and the production of small gasoline engines, plant protection machines and landscape garden machines . At present, the company has formed an annual production capacity of 6000,000 sets produt including more than 60 models of brush cutters, gasoline engines, mist-dusters, hedge trimmers etc. It owns specialized processing technology,

CNC processing center, digital control lathe , die casting machines and 100 other special machines. The company occupies 25,000 square meters, has more than 500 staff and possesses the fixed asset of PMB 50,000,000.

Since the founding , the company rapidly occupies the market share and wins customers' supports owning to its elaborate technique , preeminent product and excellent service. It also achieves great progress in many fields.

The company fully brings into play the advantages of its management, human resource and technique. In the research, production , sale and service of gas engine, atomizer, high speed centrifugal pump , the company has got great achievements . The good reputation and reliable quality enables it to develop at a fast speed . Now it has developed the two-stroke and four-stokegas engine . Machinery products for planting , gardending and irrigating are also within its business scope. The company's quality principle is " being excelsior, innovative, customer foremost, high quality and excellent service".

For the long-term development , the company has established the technical cooperation relationship with several universities. Meanwhile, it introduces the advanced technique and equipment from foreign countries to improve its throughput,speed up the research and development , and increase the power of technical innovation . Based on the principle of" multiple business, serialized products and scientific management", the company takes "Aosheng" as the core of strategy , and actively develops domestic and overseas markets.

Aosheng Company has passed ISO 9001 , 3C , CE certification, which lays a firm foundation for the further development of enterprise and the assurance of high quality. Today the company re-writes its achievements everyday. But it will keep exerting its enthusiasm, confidence and effort to face new challenges.

成都邦农化学有限公司

公司地址：成都市双流县金桥镇

Tel:028-85851202

E-mail:cdbn888@163.com

公司简介：

成都邦农化学有限公司自二00一年五月正式成立，是国家定点农药生产企业、四川省农药工业协会常务理事单位。

公司登记机关：成都市工商行政管理局，注册号：5101222801481-1，批准经营范围：研制、开发、生产、销售农药、叶面肥等。

公司位于成都市双流县金桥镇，设有一个生产基地和一个中心化验室，现占地50亩，投资1000万元的新厂区正在建设中，公司具有新型肥料产品和有机化工中间体、农药等相关产品的化验分析能力。

公司拥有的主要生产设备有2吨不锈钢反应釜1套、0.5吨电热搪瓷反应釜2套、离心机2套、过滤机1套、真空泵2套、混合搅拌机1套、粉碎机1台、自动分装机1套、封口机5台、1.5吨叉车1台、2吨叉车1台、灌装机3台、贴标机2台等。化验室分析仪器：气相色谱仪1套、电子天平1台、吸收光谱1套、电脑3台、常规仪器设备等。公司现有在编管理及技术员工共75人，其中有高级技术人员3人，中级技术人员12人，初级技术人员20人，技工15人。

成都田丰农业有限公司

地址：四川省成都市青白江区祥福镇

邮编　610306

邮箱：techforce0909@yahoo.com.cn

传真　83666500

电话　83666500

成都田丰农业有限公司是国家农药定点生产企业，成立于2002年，是一家集农药研制、生产、推广于一体的股份制高新农业科技企业。公司现有员工30人，中专学历10人，本科学历16人，硕士学历2人。公司下设技术开发部、市场营销部、供应部、生产部、财务部、办公室。公司目前所登记注册的产品涉及杀虫剂、杀菌剂、除草剂，它们均具有科技含量高，针对性强，效果优越，价格合理等特点。 公司本着"真、诚、精、进"的企业精神，坚持"全心全意为农业服务，倾力倾情助农民致富"的经营宗旨，倡导"以提高农业技术水平和经济效益为己任，以植保技术为核心，以农药、肥料生产销售为主营业务，以高科技产品开发为发展方向，凭实力推动公司高效快速发展，建成一流的农业技术公司"的经营方针。作为新兴企业，在激烈的市场竞争中，公司力求按现代企业制度谋求发展，建设起点高，目标明确，凭借扎实的技术实力，生产与管理井然有序，活而不乱，正体现出企业蓬勃的发展活力，企业品牌正声名鹊起。公司愿以优质的产品、周到的服务、诚信的作风与海内外朋友开展互利合作，共同发展。

广西平乐农药厂

单位地址： 桂林市平乐县城黄浦路307号
邮政编码： 532400
传　　真： 0773-7882671
联系电话： 0773-7882556
电子邮件： plny@glbip.com

公司简介：

广西平乐农药厂成立于1969年，是国家定点的农药生产、加工企业，场址位于桂林市平乐县平乐镇珠子洲，全厂占地面积34420平方米，建筑面积3172平方米。企业现有员工101人，各类技术人员18人，基本上都是农学、化学、化工、销售等专业毕业；企业管理机构完善，设置有办公室、营销中心，产品研发部，生产部以及财务部等；企业严格按照ISO9001：2000国际质量管理体系进行，办公实现电脑自动化、网络管理化，逐步向科学化、标准化、制度化、规范化的现代企业管理模式跨进。长期以来一直关注客户需求，坚持“科技创新”的经营理念，实施品牌战略，致力于打造企业名牌。

广西平乐农药厂原属国有企业，一直是以合成农药生产为主，在合成农药原药的生产技术和管理方面积累了丰富的经验，1988年广西区石油化学工业厅下文批准成为杀虫脒和杀虫双原药生产企业；1990年和1991年经广西区石油化学工业厅批准分别成为嘧啶氧磷和异稻瘟净生产企业；1992年经化学工业部计划司核准成为三唑磷生产企业。自建厂以来先后生产过的原药有：六六六、九二0、二硫化碳、杀虫净、杀虫脒、杀虫双、氰戊菊酯、异稻瘟净、草甘膦等十多个产品。

主要产品用途简介

噻嗪酮，化学名：2-特丁基亚氨基-3-异丙基-5-苯基-1,3,5-噻二嗪-4-酮（英文通用名称：buprofezin），是一种新型高选择性杀虫剂，可有效防治水稻上的飞虱科和叶蝉科，马铃薯上的叶蝉科，柑橘、棉花和蔬菜上的粉虱科，柑橘上的蚧总科、盾蚧科和粉蚧科等害虫。

草甘膦，化学名：N-（磷酸甲基）甘氨酸（英文通用名：glyphosate），系高效、低毒、无残留的高安全性、广谱性除草剂，它通过喷施在杂草叶面经吸收传导到根部致使杂草根部腐烂而枯死，可灭除一年生和多年生等恶性杂草，特别是对危害极大，又难于用人工机械方法根除的多年生源杂草，如白茅、狗牙根、香附子等有独特效果。

杀虫双，化学名：2-N,N-二甲胺基-1,3-双（硫代磺酸钠基）丙烷（英文通用名：bisultap），是一种人工合成的沙蚕毒素的类似物（杀虫剂），属神经毒剂（有较强的胃毒、触杀作用）昆虫接触和取食药剂后表现出迟钝、行动缓慢、失去侵害作物的能力、停止发育、虫体软化、瘫痪、直至死亡。杀虫双有很强的内吸作用，能被作物的叶、根等吸收和传导，被广泛地应用于防治甘蔗、茶叶、果树、水稻、玉米、蔬菜等作物上60种以上的害虫，是一种低毒、高效、广谱、低残留杀虫剂。

贵州拜斯特农业有限公司

公司简介：

拜斯特，志存高远，高贵血统与生俱来；矢志成为农业专家与植物保健医生。

拜斯特，着眼前瞻性，鼎立打造科技的、绿色的、和谐的国外进口产品方阵。

拜斯特，崇尚低调做人，高调做事，奉行外圆内方原则，对外亲和社会、亲和用户；对内则致力于标准与流程的构建，致力于专业化、职业化团队构建。

拜斯特，专注、专业、专心于农业，做更好的科技服务只是一种习惯，并总以投资角度出发，使回报超出您的想象。

我们的成长和您的成功、成就，在走向辉煌历程中，携手并肩在一起！

合肥星宇化学有限责任公司

总经办：0551-5376917　　7602118

采购中心：0551-5376917　　7602117

国内贸易部：0551-5321227

国际贸易部：0551-5324421

财务中心：0551-5324442

生产部：0551-7375344、7375355

公司简介：

合肥星宇化学有限责任公司，是一家科技型民营股份制企业，国家定点农药生产企业，国家高新技术企业，国家知识产权试点企业。公司注册地在合肥市肥东县，注册资本 3025 万元，到 2009 年底，拥有净资产 8651.3 万元，资产总额达 1.82 亿元，资产负债率 57.57%。公司于 07 年入驻合肥循环经济示范园建设新的占地面积 62 亩的现代化生产基地，是入园较早的企业之一。公司主要从事精细化工产品的研制与开发，产品范围主要涉及农药及农药中间体、精细化工中间体、医药中间体。公司目前已经拥有 40 多种农药原药和剂型产品的登记证。

公司现有正式职工 157 人，其中硕士 3 人，本科学历 28 人，大专 37 人，中专及以下 89 人。在公司员工中，正高级职称 2 人，副高级职称 7 人，中级职称 12 人，初级职称 21 人。公司拥有 30 名专职研发人员，占职工总数的 19.1%。公司形成了以董事长赵邦斌为核心的科研管理团队，技术团队专业配套齐全，年龄结构合理，具有极强的研发能力，极大地促进了星宇公司的研发工作。

公司具有很强的科研和成果转化能力。公司成立伊始就建立了结构规范、制度完善、实力较强的企业技术中心。依托这一中心，公司 2009 年立项实施了总计 10 项研发项目，其中自主研发 7 项，合作研发 3 项，科研总投入达到 488 多万元。2009 年新开发的产品共计实现销售额 3533.5 万元，占公司全部销售额的 23.3%。在这些已经转化的成果中，有包括灭草松原药在内的多项成果的技术水平处于国内领先。受益于强劲的科研能力及成果转化能力，星宇公司自创业以来，业绩增长迅速。2006 到 2009 年，年平均资产增长率达到 76.7%，年平均销售额增长率达到 74.1%。

公司制定了科学的发展战略，配套了详细发展规划。公司的发展战略是：以农药制剂为基础，以有机合成为核心，以技术创新为动力，兼顾国内国际两个市场，打造可持续发展的植物保护产品优秀供应商。公司的总体发展目标是：到 2015 年创业 12 周年的时候，成为销售额为 10 个亿的上市公司。

The Introduction of Hefei Xingyu Chemical Com.,Ltd

As a Private joint-stock enterprise, Hefei Xingyu Chemical is a State Designated Pesticide Manufacturer, National Hi-Tech Enterprise and National Intellectual Property pilot Enterprise. We are located in Feidong county in Hefei and has Registered Capital 30.25 million yuan. At the end of 2009, we have Net assets 86,513,000 yuan and the total assets is 182 million yuan. What's more, the Asset-liability ratio is only 57.57%.We settled in Hefei Circular Economy Demonstration Garden as one of the earlier admission and covered an area of 62 acres in the new modern production base. The company mainly engaged in research and development of fine chemical products including pesticides and pesticide intermediates, fine chemical intermediates, pharmaceutical intermediates. The company now has more than 40 kinds of registration license for technical and formulation products.

The existing staff in Hefei Xingyu Chemical are 157 persons, including 3 masters, 28 undergraduate education, college 37, secondary school and below 89. Among them, there are 2 for senior title, 7 for vice senior title, 12 for intermediate title and 21 for primary title. The company has 30 professional researchers, accounting for 19.1% of the total. Our company has formed a scientific research and management team and Chairman Zhao Bangbin was considered as a leader and core. Besides professional employees, the reasonable age structure and the strong ability of development has greatly promoted the process of Xingyu.

The company has a strong ability to research and Achievements. At the beginning of founding, we have established a strong technic center with normative structure and complete system. Because of this, we implemented ten research and develop projects in 2009 which got a total capital investment of more than 4.88 million yuan, including 7 independent research projects and 3 cooperative projects. The new products carried out in 2009 achieved a total sales of 35.335 million yuan, accounting for 23.3% of total sales. Among these achievements that have been transformed, a number of projects such as Bentazone TC were in the domestic leading technical level. Benefit from the strong research capacity and transformation capacity, Xingyu Chemical has a rapid growth since its establishment. From 2006 to 2009, the average asset growth rate comes to 76.7% and average sales growth rate comes to 4.1%.

The company determined a scientific development strategy with a detailed development plan. The development strategy is: consider pesticide formulations as base, organic synthesis as the core, technical innovation as power. Take both domestic and international market seriously, try to be a outstanding supplier which can realize Sustainable development and supply excellent plant protection products. The development objectives is: when we celebrate the 12th anniversary in 2015, we can realize the sales of 10 billion and become a Listed Company!

河北新兴化工有限责任公司

公司总机：**0312-3615555　3615556**

传　　真：**86-0312-3902143**

地　　址：中国·河北·涿州·松林店镇

邮　　编：**072761**

公司主页：**http://www.hbxxhg.com.cn/**

邮　　箱：**xinxing@hbxxhg.com.cn**

公司简介：

河北新兴化工有限责任公司在被誉为“天下第一州”的河北省涿州市，地处北京经济圈的京津保三角地带，有着优良的地理环境和区位优势。新兴化工公司的前身是中国人民解放军第九七一五工厂，原属北京军区的国家“大二”化工企业。始建于1971年，1998年移交给河北省保定市。1999年企业改制，组建有限责任公司。2001年根据保定市国企改革规划，企业继续深化改革，进行资产重组，国有股本减持，成为职工持股会控股的有限责任公司。现公司注册资本5012万元，占地260亩，在岗职工800余人，专业技术力量雄厚，法人治理结构规范，基础设施比较完备，形成了有效保障生产的电力、热力、供水、制冷和污水处理等五大系统。

公司主要产品有：氢氧化钾、液氯、合成盐酸、高纯酸、杀虫剂氧乐果、除草剂嗪草酮、试剂盐酸、盐酸乙脒、光敏剂等，还有与农药生产配套的原料中间体和副产品：三氯化磷、五氯化磷、氯乙酸、氯乙酸甲酯、氯甲烷、付产盐酸以及高效低毒农药多品种的复配和分装制剂。年产值近两个亿。

河北新兴化工有限责任公司是国家农药定点生产企业。主要产品“燕军牌”40%氧乐果乳油是一种用于防治吮吸式口器害虫的杀虫杀螨剂。产品质量稳定，杀虫效果显著，行销全国二十几个省市、自治区，深受农民信赖。

企业曾获“全军先进企业”、“全军环保先进单位”、“北京军区先进企业”、“北京市先进企业”、“河北省工业企业利税超千万元大户”、“河北省质量效益型先进企业”等荣誉。从1997年起，通过了ISO9001--2000国际质量体系认证。

燕军牌40%氧乐果乳油部分荣誉

1993年燕军牌40%氧乐果获“全国用户满意产品”称号；

1994年燕军牌40%氧乐果被评为“国际化工展推荐产品”；

1995年被评为河北省著名商标企业；

1996年燕军牌40%氧乐果被评为“河北省著名商标”；

1996 年燕军牌 40% 氧乐果被提名为中国名牌产品；

1997 年燕军牌 40% 氧乐果获综合满意度前十名产品称号；

1997 年燕军牌 40% 氧乐果被介绍为中国名牌商品；

1999 年燕军牌 40% 氧乐果为保定市推荐名牌产品；

2000 年燕军牌 40% 氧乐果获“农资产品信得过奖”；

2000—2002 年燕军牌 40% 氧乐果被评为河北市场农资质量放心产品称号；

2009 年燕军牌 40% 氧乐果获得“2009 中国农药企业品牌 100 大”称号。

董事长、总经理：王文学

电　话：0312 － 3615555　　　传真：0312 － 3902143

地　址：河北省涿州市松林店镇

电子邮箱：liww5555@163.com

湖南昊华化工有限责任公司

地址：湖南省株洲市石峰区丁山路 **69** 号

Address:Dingshan Road 69# Shifeng distrisct

联系电话：**86-0731-22969047**

Zhuzhou city Hunan Province

传真：**86-0731-22969136**　　**Tek:86-0731-22969047 Fax:86-0731-22969136**

网址：**http://www.jynychem.com**　**http://www.jynychem.com**

邮编：**412005**　　**P.C.:412005**

公司简介：

湖南昊华化工有限责任公司是中国化工集团公司所属中国化工农化总公司的在株全资国有企业，原系中国人民解放军总后勤部序列工厂，始建于 1970 年 7 月，曾用名“广州军区农药厂”、“中国人民解放军第九七六三工厂”， 1998 年与部队脱钩交地方政府管理。1999 年 7 月正式移交湖南省石油化学工业局管理，同时更名为湖南金源农药厂，2001年经国家经贸委批准，整体划归中国昊华化工总公司。工厂坐落在湖南省株洲市石峰区清水塘，占地面积153880平方米，自备铁路专线，公路、水路交通运输均十分便利。

企业拥有“利丰”牌农药和“雪松”牌化工产品。主要有60000吨/年18%杀虫双水剂，6000吨/年杀虫单原药，4000吨/年杀螟丹原药，2000吨/年亚磷酸，300吨/年吡蚜酮。其中杀虫双、杀虫单、杀螟丹的生产能力目前全国最大，产品销售国内以长江以南为主，国际市场以亚洲大部分国家和南美、非洲、东欧国家为主。

企业现有员工1100人，其中专业技术人才180人，公司现资产3亿元，年销售收入2.5亿元，年出口额1.5亿元。我公司将坚持以诚信经营，树立品牌为战略目标，把现有的产品做精、做细、做大、做强，同时根据总公司的整体规划要求，在“十一五”期间，销售收入要达到8亿元。为实现这一目标，公司愿与一切志同道合的商企，真诚合作，共同发展，力争创造双赢的局面。

Hunan Haohua Chemical Co.,Ltd

Introduction

Hunan Haohua Chemical Co.,Ltd is a state-owned agrochemical enterprise, which is the subsidiary company of ChemChina. It was established by Chinese People's Liberation Army General Logistics Department in 1970, used name “Guangzhou Military Area Pesticide Plant”, “No.9763 Plant of PLA” . In 1998, the company disengaged from the army, while the local government was in charge of the company . In 1999, the company formally handed over to Hunan Petroleum and Chemical Industry Bureau., and changed its name into Hunan Jinyuan Pesticide Chemical Plant in this year. In 2001, the company was placed under the China Haohua Chemical (Group) Corporation with the confirmation of the State Economic and Trade Commission. Hunan Haohua Chemical Co.,Ltd is located at Qingshui Pond Shifeng District Zhuzhou of Hunan province, covering an area of 153,880 square meters. The company have convenient transportation, and the railway arrives the producing district directly.

The company owns the products of brand "Lifeng" pesticide series and brand "Xuesong" chemical series. The products including

18% bisultap(60,000t/y),monosultap(6,000t/y),cartap(4,000t/y),phosphorous acid(2,000t/y) and pymetrozine(300t/y).The annual outputs of cartap, monosultap, phosphorous acid, bisultap are the largest ones in China. The sale network covers not only all the chinese domestic crop production are but also cover the world market, such as South East Asian, Eastern Europe, South American and Africa.

Our company has 1100 employees, among which 180 employees are in charge of technology, and total assets reach 300 million yuan , the annual sales revenue reach 250 million yuan and volume of export reach 150 million yuan. Our company will adhere to the goal of setting up a reputable brand through sincerely and faithfully running business, making our current lines of products more refined, detailed, reputable and strong. As the requirements of parent company, the sales revenue will mount to 800 million yuan during the period of "11th Five-Year Plan". In order to realize the objective,our company is willing to work with all like-minded enterprises and create a win-win situation for both enterprises.

乐斯化学有限公司

地 址：浙江省乐清市乐怡大厦七楼

电 话：0086-577-61609981(农 药)，61609983(染料)

传 真：0086-577-61609990，61609980

邮 箱：rosichem@zjip.com

乐斯化学有限公司创办于1989年，系浙江省第一批重点骨干企业、浙江省第一批诚信示范企业、浙江省第一批清洁文明生产示范企业，是同行业内第一批通过ISO9001质量体系认证和ISO14001环境体系认证的双重企业。现企业已多元化发展为广谱低毒农药、高档酸性染料、医药大制剂、五星级酒店四大支柱行业。公司连续十多年被评为浙江省、温州市、乐清市先进企业、明星企业以及乐清市百强纳税大户，浙江省信用等级

AAA 企业，浙江省著名商标等荣誉称号。产品远销亚、欧、美、非等十几个国家和地区。企业现拥有1100余员工，由资深高级工程师、博士、硕士研究生等专业技术人员组成的高科技队伍和纯进口的配备为企业新产品的开发发展奠定了厚实的基础。

Rosi Chemical Co., Ltd. is a collection of scientific research, manufacturing, international and domestic market integration of pesticides, biomedicine, hotel service and acid dyes as the main industries covered by the four major high-tech enterprises. The company was founded in 1989 and currently employs more than 1,000 with engineering and technical personnel more than 25%. As the end of 2010, the company has total assets of 100 million US dollars, the main business income of 120 million US dollars.

Rosi Chemical Co., Ltd. is operating with rigorous internal administration and neat environment; the products are in high quality. The company enjoys high reputation in credit, and it has got the certificate of ISO 9001 and ISO 14001.

The company focuses on the science and technology and aim to excel in the chosen field and contribute completely to the growth and development of the world community.

山东济南克邦农业科技发展有限公司

地址：山东省济南市历城区历山北路东首

电话：0531-55568261

传真：0531-55568265

公司简介：

是一家集科研、开发、生产、销售、售后服务、技术咨询于一体的生化高科技企业。公司以山东农业科技院，邹平农药厂为依托，精心开发出一批科技含量高，畅销面广的克邦系列产品。

公司拥有强大的技术研发团队，不断创新，

致力于新型农业的开发，服务现代农村。公司秉承先进的农药生产及经营理念，是质量为企业生存之本，以年经人特有的朝气为动力，蓬勃发展正走在现代农业发展的前沿。

公司定位未来的农业发展，提出以先进的理念引导客户，延伸产品的内在价值，努力使各级经销商的事业和经营可持续性发展。

公司致力与新型农药的研发，生产工艺不断改进和创新研究开发了国内首家"烯啶虫胺、苯甲丙环唑、醚菌酯、联苯菊酯等系列产品"。目前已拥有克邦三大系列品牌，产品涵盖杀虫剂、杀菌剂、植物生长调节剂三大类几十个品种。

公司将坚持质量第一、用户第一、科技第一为目标，全面加强企业的科学管理，努力把公司建成科技领先、质量领先、产品一流、服务一流、现代农业的发展，必将走向绿色、集约、精准、高效的模式，我们将以此为契机，与中国农业共前进。

江苏快达农化股份有限公司

地　址：江苏省如东县马塘镇建设路 2 号

邮　编：226401

电　话：0513-84415648（国际贸易）

0513-84415599（国际贸易）

0513-84415666（国内贸易）

0513-84415638（国内贸易）

传　真：0513-84542863（国际贸易）

0513-84548320（国内贸易）

公司简介：

江苏快达农化股份有限公司（原如东农药厂）始建于 1970 年，系综合性农药化工生产企业、国家火炬计划重点高新技术企业、国家五十强农药骨干企业、江苏省高新技术企业，现有总资产 4.3 亿元，占地面积 40 万平方米。企业现有如东县马塘镇和洋口化工园两个生产厂区，主要生产除草剂、杀虫剂、杀菌剂三大系列农药产品和医药、染料化工中间体共 80 多个品种，具有光气、氧气、氯碱等基础化工原料。公司拥有进出口自营权，产品畅销全国并远销欧美、东南亚等 40 多个国家和地区。

公司建有省级企业技术中心和江苏省光气应用化学工程技术研究中心，拥有各类专业技术人才 262 人，试验设施完善。先后荣获省、市科技进步奖项 7 次，拥有国家级重点新产品 10 个、江苏省高新技术产品 8 个，江苏省名牌产品 3 个，“银海”商标为江苏省著名商标、“快达”商标为中国驰名商标。

公司先后承担实施了国家火炬计划项目 5 个，省级科技计划项目 3 个，完成国债项目 1 个、国家级技改项目 8 个，主要经济指标连续多年位居国内同行前列。先后被评为江苏省技术改造先进单位、南通市重合同守信用企业、南通市工业经济先进企业、南通市百强民营企业，2007 年度被评为南通市“三名”企业，现为中国建设银行 AA 资信企业、江苏省民营科技型企业和重点培育高成长型企业。

公司建有完善的生产、营销、财务等管理体系，拥有国家 A 级质检机构和国家计量保证确认管理体系，已通过 GB/T 19001 、GB/T 24001 、GB/T 28001 管理体系认证，为企业可持续发展奠定了基础。

公司将继续以“发展经济、繁荣社会、回报股东、造福职工”的宗旨，沿着科学管理、效益与发展相得益彰的模式快速发展，生产出更多更好的产品。

CORPORATION PROFILE

JIANGSU KUAIDA AGROCHEMICAL CO., LTD. (RUDONG PESTICIDE FACTORY) was established in 1970. It is a comprehensive agrochemical & chemicals enterprise, the State Torch Plan Key High-tech enterprises, the backbone of the national top fifty pesticide companies, and the high-tech enterprises in Jiangsu Province. The company has total assets of 430 million yuan, covers an area of 400,000 square meters. The company has two production factories in Matang town and Yangkou Chemical Park in Rudong. It mainly produces three series of pesticide products like herbicides, insecticides, fungicides and pharmaceuticals, dyes chemical intermediates which were more than 80 varieties, and also with phosgene, oxygen, alkali, and other basic chemical raw materials. The company has the right to import and export. Products are sold and exported to more than 40 countries and regions for example Europe, America, Southeast Asia and so on.

The company has a provincial enterprise technology centers and Jiangsu province Phosgene Engineering Research Center of Applied Chemistry, with 262 professional and technical personnel, and test facilities are perfect. Our company has won the provincial and municipal scientific and technological progress awards seven times, has 10 national key new products, 8 high-tech products in Jiangsu Province, 3 famous products in Jiangsu Province, "Silver Sea" trademark as famous brand in Jiangsu, and "KUAIDA" is well-known trademark in China.

The company has undertook 5 national Torch Programs, 3 provincial science and technology projects, and completed a bond-financed project, 8 state-level technology projects the main economic indicators among the forefront of the domestic counterparts for many years. It has been rated as advanced units in Technological transformation in Jiangsu Province, Nantong contract and trustworthy enterprise, advanced enterprise of Nantong industrial economy, Nantong hundred private enterprises, was named in 2007 in Nantong City, "three famous" companies. And it is now building in China Bank AA credit enterprise, private technology enterprises in Jiangsu Province, and focus on cultivating high-growth companies.

Company built a sound of producing, marketing, finance, management systems, has national A grade quality inspection organizations and state Measurement Assurance confirmation management system, and has passed GB/T19001, GB/T24001, GB/T28001 management system certificates. All of these are for corporate sustainability laid the foundation for development.

The company will continue to the purpose "develop the economy and prosperous society, return to shareholders for the benefit of workers". Along scientific management, efficiency and development complement each other in the mode of rapid develop, it will produce more and better products.

海利贵溪化工农药有限公司

公司名称： 海利贵溪化工农药有限公司

地　　址： 江西贵溪市柏里工业区

邮　　编：335400
电　　话：0701-3322888，3322808
传　　真：0701-3322888
电　　邮：shxzq700@126.com
网　　址：hlgx.chemnet.com

公司简介：

海利贵溪化工农药有限公司是由湖南海利化工股份有限公司与贵溪市金茂资产经营中心共同出资组建的国有企业。组建于1997年，其前身为江西贵溪农药厂，贵溪方资产由贵溪市金茂资产经营中心托管。公司现有员工400多人，注册资本6200万元。是一家农药定点生产企业。建有江西省唯一一套光气及甲基异氰酸酯生产线，主要产品有杀虫剂、杀菌剂及精细化工产品近二十个品种。公司组建十多年来，依托海利总部的技术、资金、人才和管理的优势，以科技为先导，以创新为动力，以市场为导向，以推行规范化管理为切入点，企业实现了跨越式发展，由合资前年产原药500吨、产值2000万元、濒临倒闭的小企业发展成为年产原药7000吨、产值2个多亿、利税近两千万的江西省最大的化工农药生产企业。企业呈现健康良性发展态势，连续十多年保持年盈利不断上升的势头，为当地经济发展及社会就业作出了较大贡献。2005年，公司通过了ISO9001、ISO14001、GB/T28001 “三整合”体系认证。连续几年被评为全国农药行业百强企业、江西省先进企业，企业综合效益进入全国农药行业前50强，成为江西省唯一入选企业。2007年底通过了由江西省环保局及江西省经贸委组织的清洁生产审核。2008年通过了由江西省安全生产监督管理局组织的安全标准化的考评。

江西正邦生物化工股份有限公司

联系地址：　江西省高安市新世纪工业城
邮政编码：　330800
联系电话：　0795-5266680

公司网址： www.zhengbang.com

电子邮件： huagong@zhengbang.com

企业简介：

江西正邦生物化工股份有限公司隶属于农业产业化国家重点龙头、中国制造业企业500强企业——正邦集团，是全国农药生产定点厂家之一，是一家集现代生物农药、绿色环保剂型农化产品研发、生产、销售和植保技术服务于一体的股份制农化企业，是一家拥有自主知识产权的高新技术企业。拥有“正邦”、“贝嘉尔”、“劲农”等多个品牌。正邦公司秉承“以人为本、以正兴邦”的理念，遵循“员工进步、企业发展、广泛联合、永远惠民”的经营宗旨，树立“把小公司做成大公司，把大公司做成大家的公司”的核心价值观。

正邦公司建立了持续创新的研发、推广、技术服务体系。通过多年的持续投入和积累，创造了行业内领先的产品，拥有全国较为先进水基化制剂研发及江西、广西、青岛三大产业化基地。打造了业界综合素质最高的技术服务型营销队伍，建立了覆盖全国的渠道网络，通过县级核心经销商、数以万计衷心的零售店直接向农户提供全面的植保技术解决方案。正邦人相信“以用户为中心，解决用户需求，以产品为核心的品牌”的核心理念和崇高使命，致力通过正邦二次创业深化改革，立志把正邦生化打造成为全球最优秀的农药企业，在农业产业化的道路上成就正邦伟业。

Jiangxi Zhengbang Biological and Chemical Corporation under the national leading agricultural industry, manufacturing enterprises in China 500 - Zhengbang Group, is one of the manufacturers designated national pesticide production, is a modern bio-pesticides, green and formulation of agricultural products R & D, production, sales and plant protection services in one joint-stock agricultural enterprise, is a high-tech enterprises with independent intellectual property rights. Have a "Zhengbang", "Beijia Er", "Jin agriculture" and many other brands. Zhengbang company of "people-oriented to being prosperous country" concept, following the "employee progress, enterprise development, a broad coalition, always Huimin" business purposes, to establish "the little company made big companies, to large companies made our Company "core values.

Zhengbang Company to establish a sustainable innovative R & D, marketing, technical service system. Through many years of sustained investment and accumulation, has created the industry's leading product, with the country of more advanced water-based formulations R & D and Jiangxi, Guangxi, Qingdao, three major industrial . To create the industry's highest overall quality of technical service marketing team, establishing a nationwide distribution network, the core of dealers by county, tens of thousands of retail stores directly to the farmers wholeheartedly provide comprehensive solutions for plant protection. Zhengbang believes, "user-centered, address user needs to products as the core brand" of the core ideas and noble mission to deepen reform by Masakuni second start, determined to build the Zhengbang biochemical pesticides the world's best companies in the the path of agricultural industrialization success Masakuni Albert.

四川省乐山市福华通达农药科技有限公司

联系地址：四川省乐山市五通桥区桥沟镇共裕村

邮政编码：614800

联系电话：0833-3359989

电子邮件：fuhuanongyao@163.com

公司简介：

四川省乐山市福华通达农药科技有限公司是由四川乐山市福华农科投资集团控股、香港软银赛富风险投资基金和澳洲 NUFARM 公司参股的中外合资企业，公司成立于 2007 年 12 月，是西南三省唯一一家具有规模生产草甘膦原药的生产厂家，是国家发改委批准的草甘膦原药定点生产企业，福华通达农药科技有限公司现有生产能力草甘膦 7 万吨 / 年、离子膜烧碱产能 20 万吨 / 年。年销售额超过 10 亿元人民币，公司现有员工 1200 余人，公司主要产品为草甘膦原药及水剂、烧碱、硅材料相关产品等，公司产品主要销往国外。公司现设有四川省草甘膦清洁生产技术中心。

公司的发展战略是以资源为支撑，以氯碱为基础，以草甘膦为中心，大力发展硅材料产业。现已形成从卤矿开采、氯碱化工、草甘膦原药生产、草甘膦制剂生产、利用草甘膦副产氯甲烷生产有机硅材料的循环经济产业链，卤矿可开采储量 7500 万吨，自备热电装机容量 37500KW，供汽能力 220 吨 /h，草甘膦原药生产装置设计配套年产能 12 万吨，已投入产能 7 万吨，规模居全国第二位，配套三氯化磷装置年产能 18 万吨，亚磷酸二甲酯装置年产能 12 万吨，成套引进英国 ENOS 离子膜电解槽设备及其工艺技术，离子膜烧碱年产能 20 万吨、液氯年产能 16 万吨、盐酸年产能 10 万吨。

凭借乐山地区丰富的水电、卤矿、磷矿、煤炭资源性优势，公司正在打造国内最完整的草甘膦产业链，通过技术创新推进废弃物的资源化利用，并转化为高附加值的产品，使企业的核心竞争力和可持续发展能力得到提升，最终把公司打造成全球最具成本竞争力的草甘膦原药生产基地。

公司是四川省政府确定的全省 22 家重点扶持的出口企业和四川省政府确定的“十二五”上 100 亿规模的重点扶持企业。

<u>临海市建新化工有限公司</u>

地址：浙江省化学原料药基地台州临海园区

电话：**+86-576-85588488**

传真：**+86-576-85588477**

网址：**www.sfcc.com.cn**

公司简介：

系浙江日出控股、国家特许专业生产经营溴甲烷产品的企业，持有国家颁发的农药登记证和生产许可证。公司拥有先进的生产技术和检测手段，具备年产 2500 吨溴甲烷的生产能力，已通过 ISO9001:2000 国际质量体系认证。溴甲烷是一种世界上迄今开发的最有效最经济的熏蒸剂以及作为医药化工方面优良的甲基化剂，广泛应用于口岸进出口商品的检疫熏蒸、林木熏蒸杀虫、经济作物土壤熏蒸消毒、医药化工、香料及农药中间体合成等领域。为积极履行国家保护臭氧层义务，公司锁定溴甲烷生产规模，压缩与控制土壤熏蒸消毒用途。

公司产品已列入国家质检总局颁发的《准许在检验检疫系统内使用的卫生处理药品器械名录》。热烈欢迎新老用户和各位领导、专家莅临考察、指导！

嫩江绿芳化工有限公司

电话：0456-7508131

传真：0456-7508133

网址：www.njlfhg.com

邮箱：njlfhg@163.com

地址：黑龙江省嫩江县嫩兴路 56 号

一、成立化工公司的背景和条件

嫩江绿芳化工有限公司是中储粮北方农业开发有限公司下属的国有独资企业，成立于 2003 年，注册资金 1000 万元，总投资 2000 万元。2001 年响应中央军委号召，原总后嫩江基地率先转制移交到中国储备粮管理总公司。2003 年嫩江绿芳化工有限公司成立后，先后被黑龙江评为高薪技术企业；被国家四部委批准为国家级高新产品推广项目单位，被黑龙江省工商管理局和黑河市工商局评为守合同、重信用企业，2011 年被黑龙江省消协评为黑龙江省名牌产品。

二、主要产品

公司成立以来，积极探索发展之路，不

断扩大生产规模，由起初的简单设施、设备发展为具有生产、灌装、检验等设备齐全的农药生产基地。公司可生产 96% 2.4D 异辛酯原药、900 克 / 升 2.4D 异辛酯乳油、62%2.4D 异辛酯乳油、12.5% 烯禾啶乳油、25% 氟磺氨草醚水剂等水、旱田制剂达 10 个品种以上，形成完整的生产工艺流程。 2008 年后，96%2.4D 原药生产能力可达到年产 1000 吨以上，可配制剂型 3000 吨，其他各类品种年生产能力在 2000 吨以上。同时可按不同地区需求承揽定制各种剂型的水、旱田除草剂。公司生产的 2，4-D 异辛酯作为 2，4-D 类农药的换代产品，成为全国农药企业仅有的几家生产单位，发展前景广阔。

三、销售情况

目前，公司销售网络已覆盖东北三省、内蒙古地区，部分产品销往河北、河南、山东等省市，尤其是黑龙江省已遍及各市县，吉林、辽宁也已辐射到了大部分地区，公司现有固定的产品经销商 130 余家，形成稳定合作关系的农场近 10 个。通过几年来实际使用效果的检验，绿芳产品因质量稳定可靠，除草效果显著，不易伤害作物而著称，得到了广大用户的认同和高度赞扬，在各地知名度逐步提高。公司竭诚欢迎各地、各界朋友光临指导、洽谈业务、共同发展、共创美好明天。

青岛海利尔药业集团

地址：青岛市城阳区国城路 216 号

电话：0532-85975666

传真：0532-85722222

E-mail: zhb@hailir.net

公司简介：

青岛海利尔药业集团创立于 1999 年，是从事各类新型农药研制、开发、生产和销售的国家定点农药生产企业、国家高新技术企业。经过 10 多年的努力，现已拥有固定资产 4 亿多元，2009 年销售收入近 9 亿元，上缴税金突破 3000 万元。企业整体实力位于全国农化生产企业前十五名，农药制剂产品产值和销售额位居国内同行业前三甲之列。

企业已连续 9 年被中国农业银行青岛市分行

授予“AAA”信誉等级，是中国农药工业协会常务理事单位、山东省农药工业协会副理事长单位、青岛总商会副会长单位。自2006年以来，公司“外尔”牌杀虫剂先后被评为“青岛名牌产品”和“山东名牌产品”；“外尔”商标被评为“青岛市著名商标”、“山东省著名商标”和“中国驰名商标”。

集团公司2003年起成立企业技术中心，2006年被青岛市政府认定为市级企业技术中心，2009年被认定为省级企业技术中心。2008年，经青岛市科技局批准成立了青岛生物源农药工程技术研究中心。中心现有研发人员97人，其中博士3人，硕士研究生22人、本科72人。中心引进了国外先进的粒径仪，气相、液相色谱仪，气质联用仪等设备，设备原值2316万元。中心与南开大学元素所、中科院海洋所、湖南化工研究院、沈阳化工研究院、青岛农业大学等院校和研究部门建立了密切的战略合作关系，先后开发了吡虫啉、啶虫咪、虫酰肼、甲氨基阿维菌素等高科技原药产品及水乳剂、微乳剂、水悬浮剂、水分散粒剂、微胶囊剂等6大系列200余个高效、低毒、环境友好型的水基化农药制剂产品。先后承担国家863计划项目1项；国家发改委中央重点产业振兴和技术改造项目1项；国家星火计划5项；国家火炬计划2项。现已申请发明专利60项，通过初步审查35项，授权4项。参与了13个国家标准的制订。荣获山东省科技进步三等奖1项；青岛市科技进步二等奖3项；城阳区科学技术最高奖及城阳区科学技术星火一等奖各1项。

企业规划在未来1-2年内，要创建国家认定企业技术中心，创建博士后流动工作站；创建GLP实验室并通过OECD认证；申报国家生物源农药工程技术研究中心。

2012年前至少再投入4000万人民币，在巴西（世界第二大农药用药国），登记下10个以上系列有市场前景的产品，争取在我国同行业做第一个自主登记、拥有自主品牌的跨国公司。

公司2010年重点进行企业购并重组，完成全国整体战略布局，2012年前完成上市。到2012年达到销售收入20亿的目标，企业综合实力进入中国农药行业五强，十年内进入国内行业整体实力前三名。

北京佳禾高科化学技术有限公司

联系方式：**010-62930948**

传　　真：**010-82708293**

电子邮箱：**jhgkbj@163.com**

地　　址：北京市海淀区上地高新技术产业园

北京佳禾高科化学技术有限公司坐落在北京市海淀区中关村产业园内，是集科研、开发、生产、销售为一体的高新技术企业。并同中国农科院等科研单位长期建有合作关系，公司拥有一支高素质的员工队伍，聚集了农药、化工、植保、营销、人力资源、资本运营等多方面优秀人才。公司紧抓国内外农药发展的最新动态，以市场为导向，不断加大科技投入，依靠科技创新，提高产品档次，增强市场竞争能力，坚持走技术营销道路，加强与客户联盟合作，公司目前拥有除草剂、杀虫剂、杀菌剂和调节剂四大系列产品，其中包括烟嘧磺隆、氰氟草酯、炔草酯和甲维盐等原药品种和 6% 嘧啶肟草醚、90% 禾草丹 +20% 双草醚、15% 氰氟草酯、40% 丙草胺 + 苄嘧磺隆、36% 二氯喹啉酸钠盐 + 苄嘧磺隆、48% 烟嘧磺隆 + 莠去津、10% 烟嘧磺隆、10% 阿维菌素、37% 苯醚甲环唑等产品畅销全国几百个县、市，公司正以坚定的信念，积极的姿态，顽强的斗志，昂首阔步地向产业化、集团化、国际化方向迈进。

山东先达化工有限公司

地址：济南市高新区舜华路 **750** 号高新创业服务中心 **A508**

电话：**0531-88873317**

传真：**0531-88870305**

企业邮箱：**HR@cynda.cn**

公司简介：

山东先达化工有限公司成立于 1998 年，系国家农药生产定点企业，国家重点高新技术企业，山东省高新技术企业，已通过 ISO9001\ISO14001\OHSAS18001 三个国际体系认证，具有自营进出口权，为外向型高科技企业。其主导产品咪唑啉酮类除草剂（咪草烟、灭草喹、灭草烟）全球最大；环己烯酮类除草剂（烯草酮、烯禾啶）、广灭灵除草剂、烯酰吗啉杀菌剂亚洲第一，全球第二；产品70%出口到国外。

经过先达人的不懈努力和开拓创新，现已形成以山东先达化工有限公司为主体，拥有潍坊先达化工有限公司、济南先达化工科技有限公司两家全资子公司，员工900余人，其中专业技术人员200余人，硕士以上学位及高级职称专家20多人，年销售收入5亿多元的集团化中型企业。

公司以科技和研发起家，在研究开发方面投入了大量的资金、人力，在产品开发方面取得了骄人的成绩。公司先后自行研发了原药、除草剂、杀菌剂、医药中间体四大类三十余种新产品，公司几大产品均为国内首创或专利产品。“豆施乐”已成为东北大豆田除草剂首选产品，并于2007年获“山东省著名商标”；五种产品国家四部委认定为“国家重点新产品”。55%福·烯酰可湿性粉剂获国家发明专利，产品远销南美、东欧、澳洲等国家和地区。

山东鑫星农药有限公司

通讯地址：山东省青州市东青高速公路王母宫下道口南1公里

邮政编码：262500

联系电话：0536-3524077

传真：0536-3521908

企业简介：

山东鑫星农药有限公司位于309国道北侧，济青高速公路与东青高速公路交汇处青州下道口向南1公里，南北贯穿东青高速公路，横贯胶济铁路，交通十分便利。

公司始建于二零零一年四月，属国家农化定点生产企业，产品由公司自行研制开发。公司占地面积3万余平方米，建筑面积7千余平方米，现有职工60人，管理人员18人，工程技术人员5人，化验人员2人，拥有现代化高科技气流粉碎机、半自动、全自动生产设备10台；并拥有化验室一处，化验室配备有气相色谱、液相色谱、分析天平、定氮仪、色谱柱等。主要生产各种冲施肥、叶面肥、有机无机复混肥、氨基酸液体肥及各种农药（除草剂、杀虫杀螨剂、杀菌剂、植物生长调节剂等100多个产品）的生产销售。

本公司销售网络已遍布全国各省、市、自治区，产品畅销全国各地，深受广大农民朋友的信赖。

山东鑫星农药有限公司以质量求生存，以效益求发展，以长远的战略眼光、现代化的管理机制不断开展业务，不断开发新产品，不断建立新客户，为农民服务，为农业的增长增收做出自己的贡献。

山东中新科农生物科技有限公司

电 话：**0086-0531-88774848**

传 真：**0086-0531-88774848**

地 址：山东省济南市晨光大厦

公司主页：**http://www.zhongxinkenong.com/index.asp**

公司简介：

山东中新科农生物科技有限公司是一家集农药的科研、生产、销售为一体的新型现代化企业，是国家农药定点生产企业，注册资金1000万元人民币。公司主要生产杀虫（蚜、螨）剂、杀菌剂、除草剂、植物生长调节剂和生物有机肥料等，产品具有高效、持久、安全、环保等特点，在全国及各级检查化验中产品质量均合格、优质，在全国各地久负盛誉和欢迎。

公司于2008年完成企业搬迁和技改扩建工程，新建厂区面积100000平方米，建成新型现代化标准车间8座。并配有完善的质检中心，拥有国内外一流的质量检测设备和仪器，公司目前拥有自动包装流水线16条，日生产能力液体类可达80吨以上，粉剂类可达30吨以上，完全可以满足客户和市场需求。

公司目前拥有高级工程师6人，中、

初级专业技术人员36人，并常年与中国农业大学、沈阳化工研究院、上海农药研究所、山东农业大学等多家科研机构和大专院校广泛的进行技术交流和科研合作，公司2009年度被中国化工学会农药专业委员会评为“中国农药企业最具成长性100强”，2010年度被评为“中国农药企业100强”、“中国农药企业杀虫剂50强”、“中国农药企业杀菌剂50强”、2011年度被评为“现代化管理示范企业”、“2011农民放心农资企业”、“2011中国农药十大省市支农排头兵”、“中新科农”牌农药系列产品荣获“中国著名品牌”，企业依托强大的科研力量和得天独厚的资源优势，紧盯世界农化行业前沿科技成果，针对中国农村现状，以服务“三农”为己任，竭诚为广大农户提供最优质的农药产品。

公司目前拥有完善的生产、科研系统和健全的销售网络，坚持“以市场为导向，以客户为中心”的经营之路，弘扬科技，注重实效，公司发展的宗旨是“更好的产品、更高的价值、卓越的未来”，公司遵循的精神是“团结拼搏，共同创造美好明天”！

法孚莱能源技术有限公司

地　　址：上海市天目西路**547**号恒基不夜城广场**A**座**3006**

联系电话：**021-63537920**

联系传真：**021-63530029**

电子邮件：**market@farfly.com**

公司简介：

法孚莱能源技术有限公司是化工机械的专业生产厂商，公司以科技为主导，致力于高新技术的应用，主要从事精细化工及相关领域的机电一体化设备和工业自动化控制的研发、设计、生产与销售。

我们秉承“解决方案的提供者，企业建设的服务者”的经营与服务理念，已经为涂料、油墨、印染助剂、液体洗涤剂、化妆品、水处理、制药、造纸等领域提供了众多的服务、技术和设备支持，行业涉及化工、核工业、冶金及电力等。

如今我们已从单一的单机设备和零部件生产商，发展成为以乳化、分散与研磨加工为主要核心的工作领域的完全方案的供应商与服务者。我们可以提供的生产设备包括：搅拌设备、分散设备、高剪切分散乳化设备、湿法研磨设备、粉体混合设备、各种反应釜等。并且能够完成以我们产品为核心的相关领域生产线的整体设计、集成、及安装。

我们拥有出色的设计研究、生产、销售、客户服务队伍，可为您提供优化的设计方案、详尽的技术咨询、高品质的生产设备、高质量的设备安装调试和完善的售后服务。

相信您能感受到我们的合作精神和专业水平，希望我们成为相互信赖的合作伙伴。

FARFLY Energy Technology Co., Ltd specialize in manufacturing chemical equipment. Led by advanced technology, we are engaged in fine chemical industry, mechanical & electronic integration equipment and design, R&D, manufacturing, sale of chemical equipment.

Based on the logos of providing optimal solution project and serving for corporation wholeheartedly, we have already supplied service and technology support in the field of coating, printing ink, dyeing, liquid detergent, cosmetic, water treatment, pharmacy and paper making.We have developed from a manufacturer of stand-alone equipment to a whole project supplier in the field with a core of emulsification, dispersion and grinding.

We can provide mixing equipment, dispersing equipment, high-shearing emulsification equipment, wet process milling equipment, powder mixing equipment and reaction kettle, etc. and complete overall design, integration and installation of production line with the core of our products. We have an excellent team with design, R&D, manufacturing, marketing and customer service, and we can provide you with tailormade solution, elaborate technology consultation, high-quality equipment, swift machine installation & debugging and consummate after-sale service.

We believe you can feel our spirit and professional, hope we could be collaborator with mutual trust.

上海惠光环境科技有限公司

联系电话：**021-64148568**

传真：**021-34120203**

通讯地址：上海市闵行区莘建东路198弄8号10层

邮编：**201199**　网址：**www.huikwang.com**

公司简介：

本公司系1994年由化工部发布“化计规发（1994）086号”文件核准成立的消化吸收国内生产的农药原药，加工生产、经营各类农药制剂德尔台资企业。

公司总投资约500万美元，厂区面积3万平方米，于1996年8月投产。拥有齐全、先进的加工、包装、检验、三废处理等设施和仪器设备。管理水平先进。公司现有员工88人，其中高级工程师1人，工程师4人，专业技术人员16人。生产能力可达每年5千吨各类制剂。

本公司属基建、设备全新建设的企业。拥有国内一流的花园式厂区和生产设备及品质管制的仪器设备。目前已投入生产的主要装置有：一条设备、工艺处国内领先地位的可湿性粉剂、超微粉剂加工生产线；三条粉剂自动充填包装流水线；二条全自动颗粒剂生产线，七台液剂大吨位调配槽；三条液剂自动充填包装流水线；五台液剂铝箔包装充填机。此外，配备了较完整先进的品管仪器：包括全进口日立高效液相色谱仪一台、岛津液相色谱仪一台，气象色谱仪二台、紫外/可见光光谱一台及其他配套仪器和化学测试仪器。

公司除建设有优美的生产环境、先进的生产设备外，管理上亦追求国际的先进水平，信奉“品质创造信誉，信誉保证品质”的企业最高质量方针。公司投产后，逐步沿袭母公司——台湾惠光化学股份有限公司整套已取得IS009002认证的管理制度，于2000年11月取得IS009002认证。并于2002年取得IS009001：2000认证，自96年8月试生产以来，严格管理品质质量，至今无一例投诉事件。产品品质已获得客商和用户的一致好评。

公司在注重为广大用户提供高效、优质产品的同时，亦相当注重环保。本公司属对环境影响相当小的制剂加工、包装企业，但也投入巨大的投资建设了标准高于大部分原药合成厂的废水处理设施和粉尘收集装置，从而最大限度地降低环境污染好资源浪费，保护生产工人的身心健康。

上海同瑞生物科技有限公司

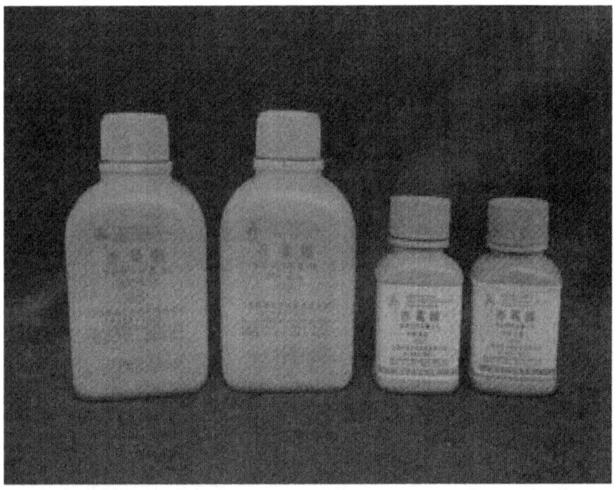

公司地址：上海市奉贤区南奉公路 **3528** 号

邮编：**201414**

电话：**021-57561309** 传真：**021-57561319**

公司产品总经销：上海同仁药业农资销售有限公司

地址：上海市广灵四路 **48** 号甲 邮编：**200083**

总机：**021-55399820** 销售热线：**021-55399826** 传真：**021-55399825**

网站地址：**http://www.tong-rui.com**

电子邮箱：**sale@tong-rui.com** **marketing@tong-rui.com**

公司简介：

上海同瑞生物科技有限公司于 2002 年由原上海第十八制药厂改制成立的。公司位于中国经济发展前沿阵地的上海，具有得天独厚的区位优势和经济发展环境，是一家主要生产经营生物农药、植物生长调节剂、微量元素生物有机复合肥等系列产品的现代化高科技企业。公司占地 165 亩，有 100 多人，其中专业技术人员及具有高级以上职称人员占 30%。

公司自成立以来，立足高起点，奉行“严谨务实，树一流企业；追求卓越，创一流品牌”的企业精神，注重开发具有国际先进水平的高科技产品，在不断提高产品质量和档次的同时，强化市场开拓，逐步形成了从生产原料药到生产制剂成品，从以国内销售为主到内销出口并举，从开拓市场到占领市场的良好循环。公司拥有完善的销售和生产网络，年销售量达 70 多吨，产值 1 亿元，销售额 1 亿元，国内同类产品市场占有率稳定在 50% 以上。

公司主要产品为赤霉酸系列产品。赤霉酸是一种活性很强的植物生长调节剂，能够广泛使用于各种农作物上，效果十分明显。为了适应市场需求公司不断更新产品，目前已经拥有片剂、粒剂、粉剂、乳油等多种剂型产品，能够更方便快捷地适应不同气候、地理环境、农作物生长周期等因素的需要。主要产品“三六”牌赤霉酸（920），质量技术指标在国内均处于领先地位，曾在1999年中国国际农业博览会上获得名牌产品称号。

公司拥有高素质的产品研发人员，一流的生产检验设备、完善的生产工艺技术以及严格的内部管理系统，确保产品安全，保质生产。在2004年5月公司通过了ISO9001国际质量管理体系的认证，朝着“科技领先、质量至上、开拓创新、完善服务”的目标坚定有力迈进。同时公司注重新产品研发（被国家发展改革委员会列入“星火计划”），设立了新品开发实验室，为长久服务客户打下了坚实的基石。

沈阳科创化学品有限公司

地　址：　沈阳市铁西区沈辽东路8号

电　话：　86-024-25853917

公司主页：　http://www.syrici.com.cn/jianjie/siyancang.htm

公司简介：

沈阳科创化学品有限公司（以下简称“公司”）前身为沈阳化工研究院试验厂，由世盈（厦门）创业投资有限公司与沈阳化工研究院共同投资设立，是沈阳化工研究院（以下简称“沈阳院”）最重要的生产企业，是中国中化集团公司（以下简称“集团公司”）三级企业。始建于1950年，1989年工商登记注册，公司净资产5.11亿元，资产负债率25%，现有职工534余人，其中教授级高级工程师4人，高级工程师20人，技术人员占职工总数的32%。

公司以沈阳院的农药、染料、精细化工专业为发展方向，以沈阳院的科技优势为后盾，致力于国家纵向项目课题的中试研究及沈阳院的高技术产业化发展。成立以来，累计承担了300余项科研成果的开发与中间试验，试生产品种达170多项，是我国新农药产品开发的主要试验基地；科创公司现有20多个主导产品，拥有100多个三证齐备的生产技术，全部是沈阳院近年来陆续自主开发的高新技术。其中有2个产品获得国家科技发明二等奖，6个产品获国家和化工部科技成果奖，有7个项目是国家科技攻关项目，氟吗啉、烯肟菌胺等4个产品是沈阳院拥有知识产权的创新品种。这些产品是目前国内外较为先进的高效、低毒、广谱、对环境友好的除草剂、杀菌剂、杀虫剂，投放市场后，深受农民的欢迎，创造了良好的经济效益和社会效益。近年来，我们与国外几个大型农化公司，包括Syngenta、Bayer、BASF等建立了密切的合作关系，项目合作不断深入，逐步成为了沈阳院产业布局的重点和竞争优势。

公司现有生产基地3个，包括位于铁西的公司本部、于洪区的分厂及位于细河经济区的新厂区。市内部分占地约50亩，建有国家农药工程研究中心和国家染料工程研究中心两个多功能车间；两个农药原药生产车间，主要生产咪草烟、氟吗啉等产品；二分厂占地面积80亩，建有三个农药原药及精细化学品生产车间和一个辅助生产车间，主要生产烯草酮、稀禾啶、肟草酮等环己烯酮系列除草剂，环酯草醚、欧霸、达草特等新产品以及沈阳院自主开发的具有自主知识产权的农药品种；2007年我们抓住沈阳市建设细河经济区的机遇，购置了近350亩土地，拟投资45000万元建设新厂区，项目计划分三期建设。按年度划分，三期工程分别在2008年、2009年、2010年完成。一期工程建设项目为扩链剂、制剂加工、公用工程及辅助生产设施；二、三期工程则主要建设咪草烟、吡蚜酮、灭草松、环己烯酮系列除草剂（烯草酮、稀禾啶、肟草酮）、农药制剂车间、医药中间体、多功能车间以及相关辅助生产设施及公用工程后续配套。项目完成后，科创公司将被建设成为一个现代化的精细化工产品生产基地，具体包括14个农药原药和其它精细化学品生产车间、3个农药制剂加工车间、1个多功能车间（国家农药、染料工程中心多功能车间）以及包含“三废”处理、质检、水电汽供应在内的公用工程及辅助生产设施。

公司战略定位为：依靠技术优势，积极参与集团公司农药业务整合，成为集团农药产业的龙头企业；建设工程化研究平台，成为沈阳院和集团内科研成果转化基地；继续以产业收益为沈阳院科研部门提供经费支持；成为国内市场领导者和国际市场主要的供应商之一。

公司战略目标为：2011 年形成完善的以效益为中心的企业运营体系、以质量为核心的生产管理体系；形成 5000 吨原药和 20000 吨制剂的生产能力，实现销售收入 10 亿元，主营业务利润 2.5 亿元，利润总额 1 亿元以上；成为集团公司的精细化学品产业化平台，成为整个为集团的全球精细化学品业务布局提供支撑。

公司是辽宁省认定的高新技术企业，被沈阳市命名为《沈阳新农药产业园》，通过了 ISO 9001：2000 质量管理体系和 GB/T 28001 职业健康安全管理体系认证。公司拥有一支素质较高的技术人才队伍和先进管理的工艺流程、完善精良的生产检测设备，具有强大的产品开发能力、科技创新能力和良好的经营管理能力。多年来始终秉持“产业报国、勤奋创新”的企业原则和“以人为本、以质取胜、精益求精、追求卓越”的宗旨。我们在巩固和强化国内市场开发的同时，致力于开拓国际市场，产品远销东南亚、欧洲、南美等国家和地区，极大地提高了我们产品在国际市场的知名度，加快产品市场国际化进程。

我们愿与新老客户一如既往、携手共创美好的未来。可预见的未来，公司将实现一个跨越式的发展，以优良的业绩回报股东和社会。

山东胜邦绿野化学有限公司

生产地址：中国山东省济南市章丘刁镇工业园

邮编：250204

传真：＋86 － 531 － 88725001

网络服务：＋86 － 531 － 88725088

公司简介：

山东胜邦绿野化学有限公司成立于1991年，1997年末由山东胜利股份有限公司（股票代码：000407）出资控股，注册资金14000万元，是国家定点农药生产企业，中国最大的除草剂生产基地之一。公司总部位于济南，下设东营胜利绿野农药化学有限公司、济南胜邦国际贸易有限公司、山东瑞立博作物保护技术有限公司，并与多家农药生产厂建立合作伙伴关系。公司技术力量雄厚、生产设备先进、工艺科学领先、产品质量、性能及生产能力在同行业中均居前列。公司多次荣获山东省"高新技术企业"等称号。公司现有员工500多人，其中各级管理、技术人员300多人，大中专以上学历占总人数的74%，公司员工平均年龄29岁，形成了一支知识丰富、应变迅速、综合素质高的年轻化管理队伍。

近几年来，公司一直保持稳步快速的发展势头。各项生产安全进行，国内外市场逐步扩大，在中国除草剂行业中具有较高的市场占有率、知名度和美誉度。通过生产高科技含量的产品，增强了市场竞争力。经过十几年的发展，公司集生产、科研、经营为一体，主要从事以除草剂为主，以杀菌剂、杀虫剂为辅的农用化学品和精细化工产品的科研与生产。原药生产能力达30000多吨，制剂生产能力达40000多吨。除草剂有酰胺类除草剂、均三氮苯类除草剂等；杀菌剂有：国家专利产品菌毒清原药及制剂等。

2005年，公司草甘膦项目正式投产。草甘膦属内吸非选择性高效广谱除草剂，具有广谱、低毒和无残留的特点。剂型有41%和10%的水剂和77%的可溶性粒剂等，是有机类强内吸型茎叶处理灭生性除草剂。20世纪90年代以来，转基因抗草甘膦作物如大豆、玉米等的创制和大面积种植，使全球对草甘膦的需求持续增加。全球农药市场有向农业生物技术市场转移的趋势。转基因耐除草剂作物的发展，大大推动了草甘膦等非选择性除草剂的发展。为此，公司积极迎合国际市场的需求，适时扩大草甘膦生产能力，迎合草甘膦国际市场的需求，促进自身发展。截止目前，公司草甘膦生产能力已达到1.2万吨/年，极大促进了公司发展。

开拓国内外市场：经过十几年的发展，胜邦绿野顺应市场发展大潮，与时俱进，已经成为除草剂行业中一支强大的力量，在广大消费者中享有较高声誉，成为老百姓值得信任的品牌。公司在国内建立了完善的营销体系，覆盖面广，信誉度高，品牌意识强，成为众多消费者的首选。目前已形成覆盖全国28个省、市、自治区，包括农资、农技、植保三大体系800余个长期客户的销售网络及推广体系，在行业内外享有极高的知名度。国际贸易方面，产品主要出口到北美洲、东南亚、欧洲，南美洲、非洲，中东地区等，并在阿根廷、巴基斯坦、尼日利亚、约旦、土耳其，乌拉圭等多个国家进行产品登记。2008年度出口额已达到3375.7万美元，被评为“济南市出口星级企业”。

品牌建设：公司始终坚持“品牌第一，现金为王”的经营策略。走高端路线的同时，加强品牌建设，依靠品牌的力量增强企业竞争力，每年培养出1-2个全国优势品牌产品，带动其他产品占领市场，进一步实现市场拓展，培育长久市场，保持稳定的发展势头，确立并扩大自己的竞争优势。依靠坚持不懈的努力实现品牌建设，推进了公司长足发展，并具备了公司长盛不衰的核心竞争力。

在实际工作中，品牌建设带来的效益可见一斑。玉农思是公司经营多年的产品，已经成为玉米田除草剂的第一品牌。近年来，由于种种原因，销量没能实现突破式增长。经过深入分析，目前市场代理商及消费者对品牌已经有了较高的依赖度。2007年8月，公司产品玉农思被评为山东省著名商标。以此为契机，公司加大宣传力度，并结合“科技下乡、服务三农”等活动，再次提高了玉农思产品的知名度和美誉度，使得这一老产品的销量有了较大幅度上升，成为消费者值得信赖的品牌。品牌的力量得到肯定， 2008年，公司经过重点加强品牌建设和不懈的努力，品牌建设又上新的台阶，公司被评为“山东出口名牌”，草甘膦产品被评为山东名牌。

技术创新：为提高企业自主创新能力，公司与南开大学、山东农业大学等众多高等院校、科研院所建立合作关系，成立了技术开发中心，为济南市（副省级城市）开发中心，专门负责公司新产品的开发研制、老产品的工艺改造、对外技术转让咨询等技术工作，拥有专利产品菌毒清。公司重视科研经费的投入，每年投资约占销售额的2.3%，用于科研开发。技术中心拥有高级工程师1人，工程师8人，其中研究生2人；各种分析检测仪器设备齐全，拥有各种分析检测仪器设备近50套。现拥有7台气相色谱仪，4台液相色谱仪，1台红外光谱仪，3台紫外光谱仪，1台原子吸收光谱仪等多台进口大型仪器设备。以及 3 台梅特勒 - 托力多电子分析天平，2 台微量水分测定仪，2 台 C-R7A 色谱工作站，1 台 SC1100 色谱工作站，5 台 SePu3000 色谱工作站等几十套小型分析检测设备及配套设备等，有效促进产学研工作开展。

产品质量保证与社会责任：公司拥有完善的质量控制体系。1999 年，公司顺利通过 ISO9001：2000 质量体系认证，2008 年通过 ISO 14001:2004 环境管理体系认证、OHSAS18001:1999 职业健康安全管理体系，更加有力的保障了企业稳步发展。ISO9001 质量体系认证，帮助公司改进了管理和提高质量、产品质量，进一步提高了企业声誉和用户信任； ISO14000 系列标准的实施，使公司加强了环保意识和环保行为。从产品的原料采购到成品加工制造及流通的整个过程考虑环境问题，公司采用清洁生产和高新技术，实现节能减排，污染物达标排放最大限度地降低了产品成本，提高了产品在市场上的竞争能力，促进了公司的自身可持续发展。通过职业健康安全管理体系，提高员工安全意识，降低故障成本，帮助公司提高工作积极性和生产效率。通过三项体系认证，在企业内部各项生产经营活动得到规范，工作更加流畅、高效；在外部也有助于增强企业竞争力。

公司重视低毒高效农药的生产，积极响应省政府的号召，强化自身管理的同时，公司以身作则，积极开展打假活动，维护农药市场质量。农药安全是三农建设的重中之重。为减少假农药坑农害农事件的发生。在“科技下乡、服务三农”的活动中，我们推广了辨别真伪产品的方法。同时在公司内部我们强化自身管理，增强自我保护意识；外部积极配合上级政府工作，加强市场监督，净化市场，一旦发现假劣农药坑农害农行为，立刻报告相关部门，绝不姑息。在此我们郑重承诺，从各个环节入手，加大管理力度，生产合格产品，配合政府部门的工作，强化企业打假意识，用实际行动承担企业的社会责任，维护农民朋友的利益，为推进新农村建设和构建和谐社会做出新的贡献。另外，公司持续开展打击假冒伪劣产品，并于 2008 年，参加了济南市“绿剑护农”活动，并加入中国农资打假维权网，充分维护消费者和企业的共同利益。

人才队伍建设：公司坚持人人是人才，人才是资本的理念。思想上、行动上关心人才的成长，建立激励机制保证人才的需求。培训是公司送给员工的最大福利，公司组织的各项培训都得到员工一致好评。公司坚持对员工培训。开展绿野学苑培训班，培训采取全脱产的培训方式，培训内容不仅有专业知识的系统学习，还有职业化态度训练、安全生产、企业文化、公司制度、环保、车间工艺规程和品管、仓储、技术相关知识等方面的知识，切实提高基层操作人员和各级管理人员的工作技能和自身素质，打造一支技能过硬、团结敬业、训练有素的高效团队，进而为公司的永续发展奠定坚实根基。

随着公司规模的不断扩大，对人才的需求也日趋增长。公司每年新招聘一批应届毕业生和拥有专业知识的技工。通过岗前培训，坚持竞争上岗的原则，选拔培养一批忠于公司、热爱公司、自觉奉献的新人充实到不同岗位上来，为公司增加新鲜血液，增强企业活力。

拓展训练是公司近几年新增加的培训内容。公司每年对中高层员工、新晋员工和部分骨干员工进行拓展培训。通过拓展训练，员工之间经历一次心与心的沟通，创造性地发挥团队协作能力。拓展项目能够挑战极限，磨砺斗志，激发潜能，培植自信，有助于提高工作效率和发扬迎难而上的攻关精神。

公司的快速发展，得到了社会各界的高度认可，多次被评为“省直重合同守信用企业”、“AAA级信用企业”、“物价计量信得过单位”、“安全生产先进单位”“济南市高新技术企业”；玉农思（莠去津产品）被评为“山东省著名商标” 和中国名牌。为回馈社会各界的认可，2007年，公司联合山东省农药协会、省科技报社等部门开展了“科技下乡，服务三农”的活动，投入资金80余万元，为三农事业做出积极贡献，赢得了政府部门、媒体和消费者的一致好评。5.12汶川地震发生后，公司积极做出反应，组织员工发起募捐，向灾区救援及重建工作奉献一份力量。以后公司将继续承担更多的社会责任，做出更多的奉献。

在今后的发展中将根据公司发展需要，大量的招聘有志有才之士加盟，公司将为他们提供广阔的职业发展空间，丰富而有效的培训与开发，富有竞争力的薪酬福利，实现员工与企业的共同发展。

石家庄市伊诺生化有限公司

联系电话：**0311-83629146**

传真：**0311-83629146**

邮箱：**yinuoshenghua@sohu.com**

网址：**yinuo.ebtow.com**

联系地址：河北省石家庄市桥西区西二环南路 4 号

邮编：**50000**

公司简介：

石家庄市伊诺生化有限公司成立于 1999 年，是国家农药定点生产企业，拥有现代化的生产设备，先进的生产工艺及完善的质量保证体系。现已获得“杀虫剂”、“杀菌剂”、“杀螨剂”、“植物生长调节剂”等四大类 32 个产品的登记，其中“永斗”、“锐猫”等产品在市场中已形成品牌，深受客户及农民朋友好评。

我公司占地 60 亩，注册资金 500 万元，现有员工 120 人，其中有高级职称 2 人，中级职称 6 人，高级技工 60 人。随着生产技术的不断提高，公司生产产值与销售呈递增式发展，现在固定资产总计 4400 万元，流动资产 2700 万元。

面对当前的市场竞争和机遇，伊诺公司秉承“农民受益、客户获利、公司发展”的三赢理念，坚持真诚待人，诚信为本的原则，以质优价廉的产品，新颖的包装，独特的销售模式，依靠科研开发，技术创新及完善的企业内部和市场管理体系，确保客户及农民利益，并能及时针对需求推出高效低毒绿色环保的各类产品。

四川省川东农药化工有限公司

企业地址：四川省四川渠县渠江镇东大街

邮政编码：635200

联系电话：0818-7344232

传真号码：0818-7346346

企 业 简 介

四川省川东农药化工有限公司（简称“川东农药”）始建于一九八六年，系国家工信部、农业部核准的农药定点生产厂家，是一家集绿色环保型，科、工、贸于一体的股份制公司。系市级农业产业化重点龙头企业、四川省著名商标企业、四川省名牌产品的全国知名农化企业，并已通过ISO国际质量管理体系认，曾先后多次荣获国家部委及省、市、县多项荣誉称号。

公司座落于美丽的渠江之滨，依山傍水、山青水秀、人杰地灵，东邻襄渝铁路主干线，西接遐迩闻名的邓小平故居园，水陆交通四通八达，占地面积约50000余平方米，绿化面积达6000余平方米，员工300余人，其中高、中级技术人员60余人。具有20余年农药研发和生产历史，总资产达1.2亿元。年生产农药5000余吨，销售额近亿元，部分原药及成药出口北美洲、南美洲、东南亚国家和地区。所生产的杀虫剂、杀菌剂、除草剂、保鲜剂等产品畅销全国30多个省、市、自治区，深受用户喜爱。

“工欲善其事，必先利其器”。公司一贯注重产品科技研发与创新。企业技术力量雄厚，生产设备精良，检测手段先进。主要从事各类农化产品的配方研究与制剂开发。现有经国家农业部获准登记的杀虫剂、杀菌剂、除草剂、植物生长调节剂和微量元素肥料等五大类100多个品种。主要合成原药有稻瘟灵、三唑酮、毒死蜱、氰戊菊酯、草甘膦等系列产品，并拟开发合成螺螨酯原药及医药化工中间体等。

技术营销和售后服务是川东农药的灵魂，公司科学合理构建的营销网络遍布全国，拥有2000多个具有战略同盟关系且有雄厚经济实力的经销商。企业的社会责任是企业软实力的重要组成部分。善尽企业社会责任，是川东农药“厚德载物，创新理念，科技兴企，琢石成玉”的企业价值观的具体体现。川东农药自始至终以“团结、求实、自强、创新、亮剑”作为川东农化人恪守和追求的永恒企业精神。遵循“铸生命活力，造万物生机”的发展宗旨把产业的发展、农业的进步和农民生活的改善放在与企业自身成长壮大同等重要的位置。

公司将以“西部大开发”为契机，遵循站稳川东、立足四川、面向全国、走向世界的战略构想，以“做农民喜爱的企业、贡献于人类社会的企业”战略制高点为指引，以高度的使命感、责任感致力于实现企业在经济、社会与环境方面的全面、协调、可持续发展。

四川国光农化股份有限公司

电话：028-66876908

传真：028-82003030

邮箱：scggic@ scggic. com

邮编：610100

地址：四川省成都市龙泉驿区北京路 899 号

公司网址： http://www.scggic.com

公司简介：

我公司创建于 1984 年， 2010 年 1 月改制为四川国光农化股份有限公司。公司以“做质量、做诚信、做品牌、做特色、做服务、做祥和、做百年”为理念，通过二十多年的发展，现已成为一个集科研、生产、贸易于一体，拥有自营进出口权的知名的综合性企业。

公司是专业从事植物生长调节剂、杀菌剂、杀虫剂、高效螯合复合剂、果树及大树输液品、营养品、保鲜剂生产、销售的企业，多项产品技术在国内处于领先地位，有的已经达到国际先进水平。公司拥有 70 多个农药、肥料产品登记证，230 多个注册商标证。并在美国、德国、法国、俄罗斯、澳大利亚、伊朗、越南等 11 个国家办理了“国光”商标涉外注册，涉外注册个数居国内行业之首。

公司拥有原药合成车间、酯化车间、粉剂加工车间、水剂加工车间、可湿性粉剂车间、乳油加工车间、彩印加工车间、机修等 10 多个车间，配备了现代化生产设备设施。拥有原材料、半成品、成品、包装等 20 多个仓库。公司在全国设有 20 多个销售办事处，产品覆盖 30 个省（市、自治区）、2200 余个县（区）、7000 多个销售服务网点，广泛应用于农业、林业、园艺、绿化等领域，并出口到欧美、东南亚等地。

公司是我国农药行业十大知名企业之一，国家农药定点生产企业、四川省高新技术企业，四川省级企业技术中心、四川省诚信示范企业、四川省农药工业协会副理事长单位、中国农药工业协会理事单位、中国石油和化学工业协会“A级质检机构”认证单位、通过了ISO9001:2000质量管理体系认证；是四川省质量管理协会会员、四川省 “AA级质量信用等级”企业、四川省质量管理先进企业，“国光稀施美”产品是AA级绿色食品生产资料。“国光”是“中国驰名商标”，国光矮丰系列植物生长调节剂是四川省名牌产品。

公司拥有“一种多功能输液袋”等八项专利和“国光椰甲必治”等两项科技成果。

公司研发的产品先后荣获四川省星火奖（科技类二等奖），四川省优秀新产品二等奖，四川省乡镇企业科学技术进步奖，全国新技术新产品展销会金奖。

多年来，公司不断提供优质的产品满足客户的需求，产品和技术广泛深入农村和环境生态园地，贴近用户，产生了“国光产品好，用户都知道”的效应。

未来，公司将坚持走品牌发展的道路，坚持做特色，并把这一理念始终贯穿于企业的整个经营过程中，把“走诚信路、做百年厂、祥和似家”作为指定政策和行动的指南。进一步加大对植物生长调节剂产品及系列农化产品的研发力度，大力开发新产品，扩大生产规模，不断推出高效高新产品以满足市场的需求，加大外贸出口，提高产品的市场占有率，创造更大的经济效益，同时通过自身的不断发展为国家创造更大的社会效益。相信国光对自己的良好定位和利用进一步健全完善的市场网络、强大的研发能力、众多的高素质人才的优势，必将发展成为中国农化领域内有特色的、专而强的小巨人。

浙江钱江生物化学股份有限公司

地 址：浙江省海宁市西山路598号

电 话：销售一部（农化）：0573-87035289 87023955

传真：0573-87026402

销售二部（兽药、食品添加剂）： 0573-87046039 87010635

传真：0573-87020637

进出口部：0573-87026183 87042816 传真：0573-87042055

董事会办公室：0573-87038237

总经理办公室： 0573-87023977

邮 编：314400

E-mail： sales@qianjiangbioch.com

Http:// www.qianjiangbioch.com

www.600796.com

公司简介：

浙江钱江生物化学股份有限公司是国家重点高新技术企业、中国最大的微生物发酵农药生产企业之一、中国生物农药企业第一家上市公司。公司拥有发酵全过程自动电脑控制系统以及先进的产品检测仪器、设备齐全的省级技术中心、研发中心。

公司主要生产农用杀虫剂、植物生长调节剂、农用杀菌剂产品以及兽药饲料添加剂、食品添加剂、医药中间体等，其兽药产品通过GMP验收。

阿维菌素被认定为浙江省高新技术产品，60%A高纯度井冈霉素粉剂被列入国家火炬计划项目及国家高技术产业化项目。目前公司拥有省级鉴定的新产品3项；国家级重点新产品1项；国家级专利6项。

《钱江》牌生物农药获“浙江省名牌产品”和“中国驰名商标”称号，公司通过ISO9001：2000质量体系和14000环境体系认证、测量管理体系认证、国家标准化良好企业确认。公司是全国“重合同守信用”单位、“浙江省诚信农资示范企业”、“浙江省技术创新优秀企业”、“浙江省文明单位”。

公司以“质量是企业的生命”为主题，经过几年来的努力，生产的阿维菌素产品技术水平已达到国内领先水平，近三年科研经费占产品销售收入的比重都在5%以上。

公司将一如既往，抓质量、树品牌，以“品质至上，顾客满意”的质量方针，不断开发高技术、高附加值、低能耗、环保型的生物农药产品，为企业发展、行业进步而作出贡献。

Company & Product profile

Zhejiang Qianjiang Biochemical Co., Ltd, which is one of the biggest microorganism fermentation manufacturers of pesticide in China, is the pioneer of Biopesticide Corporation entering in the domestic stock market .It is honorably regarded as the country’s keystone enterprise with new-high technology. The company has the complete equipment provincial-class technique and research center, advanced testing instrument as well as a whole automatic computer control system in the fermenting process.

The company' s main product includes insecticide, plant growth regulator, farm-use bactericide, animal feed additive, food additive and medicine intermediate etc. Its animal feed product is through GMP inspecting.

Abamectin is recognized as Zhejiang Province new-high technological output, 60%A high purity Validamycin powder is listed in the national torch plan and state' s high technological industrialization project. The company has province-identified new product -three items; national-grade emphasized new product -one item and state-patent -six items.

Qianjiang brand biopesticide get the title of "Zhejiang Province Name Brand " and "China Famous Logo", the corporation also has passed state-grade enterprise standardized corporation attestation, measurement management controlling system attestation, quality management system ISO9001:2000 and environment management system attestation ISO14001.The company is famous for 'focus on contract and credit', 'Zhejiang Honest-trust Farming Modeling Enterprise', 'Zhejiang Technical Innovative Excellent Enterprise', 'Zhejiang Civilization Unit.'

The company gives the priority of 'quality is the life of enterprise', through these years' efforts, the production line of Abamectin technique has reached advanced level in China, it takes more than 5% of incoming to research and develop in last three years.

The company will run true to form, concentrate on quality and establish its brand, according to guideline 'quality first, customer satisfied', continuously developing high tech, high attached value, low energy consumed and environmental biopesticide, for devoting to company's development and industry progress.

浙江威尔达化工有限公司

地址：浙江省杭州市余杭区超山风景区

销 售 热 线：0571—86372687 86311597 86375788

公司总机：0571-86375888

营销部：0571-86376588

外贸部：0571—86381888

开发部：0571—86311391

生产部：0571—86375868

质检部：0571—86311315

传真 :0571-86373116

邮编 :311106

E-mail:well-done@welldonechem.com

公司简介：

浙江威尔达化工有限公司位于杭州市余杭区超山，是国家发改委农药生产定点企业，余杭区百强工业企业。公司成立于1984年，公司注册资金为2100万元，员工197人，企业拥有总资产1.5亿元，公司占地面积6万平方米，建筑面积3.5万平方米。

公司和多家科研单位及大专院校建立了长期科研合作关系，并根据市场需求不断开发高效、低毒、环保的新产品。我司主要产品涉及杀虫剂、杀菌剂、杀螨剂、除草剂及植物生长调节剂等共计50个品种。其中天王农达、保尔丰、富米乐、威保、威尔达甲托等都是我司的主打产品，公司生产的“威尔达”牌农药产品畅销全国31个省、市和地区。公司年生产销售额已连续多年超亿元，在全国农药加工企业行业排名中名列前茅。

公司凭借先进的工艺设备，一流的产品质量，健全的管理制度，公司连续二十年获得“重合同、守信用”单位，获得浙江省工商企业信用AA级“重合同、守信用”单位，获余杭区十佳重才企业，十佳劳动和社会保障工作企业。“威尔达”商标于2000年被评为浙江省著名商标，公司“威尔达”牌系列杀虫剂于2003年荣获浙江省名牌产品。2005年获得杭州市余杭区百家示范企业人力资源示范企业和现代营销示范企业；2006年荣获杭州市市级企业技术中心。2007年“威尔达”商标荣获中国驰名商标，余杭区诚信示范企业。2008年获得国家高新技术企业，和谐劳动关系企业，并荣获“浙江省诚信农资示范企业”称号。

公司提倡“以人为本、认真学习、用心做事”的企业文化和“友好合作，共同发展”的企业经营理念，以及“不求所有，但求所用”的人才使用理念，公司将继续发扬“团结拼搏、务实创新”的威尔达精神，为中国农药工业的发展再创新的辉煌。

浙江一帆化工有限公司

地址：浙江温州工业园区中兴路136号

邮编：325013

联系电话：0577-86637855

传真：0577-86636638

网址：www.chianyifan.com

E-mail:yifan@hi2000.com

公 司 简 介：

浙江一帆化工有限公司创建于一九九二年，是国家定点农药生产企业、国家级高新技术企业。公司占地总面积66000平方米，建筑总面积29500平方米，下属江苏云帆化工有限公司占地面积153000平方米。公司现拥有江苏云帆化工、一帆精细化工、一帆实业、洲际贸易和风扬生物科技等五家子公司，致力于集团化建设和一帆品牌的国内、国际化运作。公司拥有国家进出口自营权，产品远销欧洲、北美、南美、澳洲、东南亚、中东、非洲几十个国家和地区。依托国际一流化工生产设计方向和丰富的信息资源，以及先进经营管理方式，公司迅速发展壮大，树立了卓越的一帆品牌形象。

企业本着“以人为本，任人唯贤”的用人原则，十几年来组建了一支优秀的员工队伍，现有员工500余人，其中大专以上研发、工程技术人员60余人。企业全面导入ISO9001质量体系管理，并通过ISO14000环境管理体系认证，在管理不断得到提升的基础上，不忘企业的社会责任，实现了企业的可持续发展。2005年企业被国家科学技术部火炬高技术产业开发中心授予“国家火炬计划重点高新技术企业”；浙江省科学技术厅授予“浙江省高新技术企业”、“省级高新技术研究开发中心”；2005年获得温州市人民政府授予的“温州市知名商标”；2008年温州市安监局授予“安全标准化企业”。

朝气蓬勃的一帆人运用智慧和心血在董事长吴正绍的带领下，为把一帆化工建设成为管理科学、技术领先、效益一流的现代化企业集团而努力！

中农立华生物科技股份有限公司

公司地址： 北京市车公庄西路25号
邮　　编： 100048
电　　话：010-58725986 58725988 58725992
传　　真： 010-88416629

公司简介：

中农立华生物科技股份有限公司（以下简称“中农立华”）由中国农业生产资料集团公司（以下简称“中国农资”）于2009年初与国内大型农药生产、销售、专业投资、行业咨询等合作伙伴共同出资设立，注册资金8000万元人民币，是目前中国最大的国有控股农药经销公司。

中农立华主要经营国内外知名品牌的农药（包括原药），助剂，微肥，化工中间体，依托中国农资集团优势，销售网络遍布全国，在主要农业产区均设有销售网点和技术指导站，在黑龙江、吉林、辽宁、河北、山东、河南、天津、上海、江西、广东、四川、新疆12个省市区建有20多个仓库和配送中心，为合作伙伴提供全方位服务。

中农立华资金雄厚，信誉卓越，“选择中农，选择放心”已经成为业内共识。中农立华承接中国农资与国内外诸多厂商的多年合作关系，在继续巩固扩大国内市场的同时，积极开拓国外市场，目前已与欧美，日本的十余家国外著名农药供应商和国内数十家知名供应商开展了良好的业务合作。

作为国家重点支农企业，中农立华依托中国农资与国家有关部委的紧密关系，在享受国家多项优惠政策的同时，不忘所肩负的社会责任，公司以服务三农，繁荣农村经济，改善农民生活为己任，全力打造遍布全国的有序畅通，高效运转，服务功能齐全的网络体系，为农民提供安全、优质、高效的农资产品和农化服务。

面向未来，中农立华将继续秉承尊重、诚信、负责、协作、开拓的经营理念，坚持拓展商机，共创财富。

Company profile

Sino-Agri Leading BioSciences Co.,Ltd(SAL BioSciences)was established in early 2009,jointly founded by China National Agricultural Means of Production Group Corporation (CNAMPGC) and its major business partners in the industry, as well as strategic investors across China.With a registered capital of 80 million RMB and current turnover of 1.13 billion RMB,SAL BioSciences is claimed to be the largest state-owned pesticide sales company in China.

SAL focuses on dealing with well-known foreign and domestic pesticide brands (include Technical Material), Adjuvants,micro-nutrient fertilizer and intermediates. Availing CNAMPGC`s advantages and its nationwide networks, SAL has established sales shops and technical service stations in major China agricultural production zones, and set up over 20 warehouse and distribution centers in 12 provinces including Heilongjiang, Jilin, Liaoning, Heibei, Shandong, Henan, Tianjin, Shanghai, Jiangxi, Guangdong, Sichuan and Xinjiang. SAL is committed to provide integtated solution to our business partners.

With strong financial strength and renowned reputation, SAL has been enjoying the “Choose Sino-Agri, Choose trust” consensus of the industry. Inheriting CNAMPGC`s years of cooperation relationships with suppliers in china and from abroad, SAL strives to achieve larger market share in China, and explores overseas market opportunities. SAL now enjoys good business partnership with more than 10 famous overseas pesticide suppliers and dozens of local suppliers.

SAL maintains close relationship with related ministries carried forward from CNAMPGC, and enjoys many favorable policies from the country. As the Nation`s major backbone company to support China`s agriculture, SAL shoulders social responsibility and is dedicated to serve the Nation`s “3-Agr(Agriculture, Farmer and Rural Area)” mission, to prosper the rural economy, and to farmers life. SAL spare no effort building a more organized and effective nationwide distribution network with completed extension functions, to provide farmers with quality, effective and safe products services.

SAL will carry forward the values of respect, trust, responsibility, cooperation and exploration, and progress hand in hang with domestic and overseas business partner under the principals of exploration, co-creation of wealth, fairness and sharing.

重庆中邦药业（集团）有限公司

电话(Tel)： 86-023-72386873

网址(Web)： http://www.zonbon.cn

传　真： 023 72386870

地　址： 重庆 重庆市 涪陵区太极大道东段7号 查看地图

邮　编： 408000

公司简介：

重庆中邦药业（集团）有限公司是在2002年由南京红太阳股份有限公司和重庆市涪陵投资集团共同出资组建的以农药生产为主的新型现代化大型企业。2005年改制后由西安步长集团控股，有了西安步长集团的强大经济后盾，以及企业快速成长的经验，公司得到了飞速的发展。公司现有员工500多名，固定资产6000多万元，产值1.8亿多元，2009年销售收入1亿5千多万元。公司现有博士

2名，硕士5名，大专以上学历员工300多人；公司营销员大多数来自重点农业大学，有着丰富的专业理论知识和多年的从业经验。公司总裁张灿峰是农药学博士，拥有多项农药发明专利。在他的带领下，中邦人本着“诚实信用、回馈社会”的经营理念，一步步地走向新的高点。

公司一直致力于森林害虫的防治，目前已成为森防系统不可或缺的一支生力军。2004年3月重庆中邦药业（集团）有限公司正式与中国邮政局签定战略合作协议，为中邮物流最大的农药供应商之一，2009年全年中邮物流有限公司为公司分销配送产品近亿元。2007年公司开始开发传统农资渠道，多年以来，公司凭借优良的产品质量和良好的售后服务体系赢得了农资经销商的良好赞誉。目前，公司已成长为西南最大的农药生产企业之一。

公司不仅拥有最先进的农药生产设备和研发技术，而且与国内外的科研院校建立了良好的合作关系。2007年10月，重庆市农药剂型研发中心正式在公司挂牌成立，公司在产品研发上的大力投入为公司做强、做大奠定了良好的根基。公司连续多年被评为重庆市高新技术企业，今年7月公司正式获得国家级高新技术企业认证。在成绩面前，中邦人又为自己提出新的奋斗目标：建百年企业，创世界名牌。为了这个矢志不渝的奋斗目标，重庆中邦药业（集团）有限公司，这个迅速崛起的农药企业，正满怀信心、一步一个脚印的向前迈进！

大连瑞泽农药股份有限公司

辽宁省大连市金州区南窑101号
邮编：　222200
电话：　0411-7692218
公司网址：　http://www.razer.com

大连瑞泽农药股份有限公司是国家农药生产定点单位，全国50家重点农药生产企业之一，国家火炬计划重点高新技术企业，也是东北最大的农药生产基地。公司占地9万平方米，共有员工564人，其中工程技术人员占30%以上。

公司自九三年改组为股份制以来，积极开拓、不断进取，引入现代化的管理，使企业得到了长足的发展，仅用十多年时间就从一个负债企业发展成为年产值 7 个亿、拥有多家子公司和二家农药研究所及一个生测中心的国家大二型企业，在中国农药界综合实力和经济效益排名中位居前茅。

瑞泽公司长期注重企业科技进步，注重人才的引进和培养，汇集了一批植保应用、精细化工合成、化工机械、市场营销等方面的科技人员，并配备了良好的实验和检测设备以及优越的工作环境。目前已开发出一批具有世界先进水平的高效、低毒、低残留、环境友好的高科技农药产品，形成了以除草剂、杀虫剂、杀菌剂、农用肥料四个系列近八十多个产品组成的产品体系。在瑞泽研究开发的二十多种新产品中，一项填补国内空白，三项为国家级新产品，省级新产品和市级优秀新产品数个。近两年研发的阔镰刀、瑞泽秋莎、瑞得金、克草胺及其混剂、烯草酮等产品，科技含量高，被专家公认为我国农药优质品种 . 公司还进行了新产品的创制工作，目前已拥有授权发明专利 13 个，国际专利 2 个。此外，伏虫灵、灭蝇胺被国家认定绿色食品专用农药品种。瑞泽农药的新产品具有强烈的时代气息和超前意识，成为引领行业的先行者。

目前公司主要产品的国内市场占有率达到 80% 以上，覆盖全国 20 多个省市。同时瑞泽产品已打入国际市场，产品远销东南亚、独联体、欧共体、南美洲等许多国家和地区。英国出版的农药专刊（WOOOMAEKEZIN）称：中国大连瑞泽农药股份有限公司生产的产品效果甚佳，魅力独特，公司的董事长兼总经理王正权是中国农药之王。

“以质量求生存，增效益求发展”是瑞泽公司的经营理念。98 年公司率先在农药界通过了 ISO9002 质量体系认证，公司质量管理的整体水平又上了一个新台阶。由于严格的质检把关，公司以乙草胺、甲氰菊酯为代表的多种产品曾获中国农药学会优秀产品奖、全国星火计划金奖、农民信得过产品、省政府优质新产品奖、农业部农药博览会金奖等殊荣，被国家农药质量监督检验中心列为推荐和监检产品，是全国几千家农药企业中唯一获此荣誉的企业。

“瑞泽农药，诚信可靠”是瑞泽公司的广告定位语。公司把诚信提升到战略高度来认识和筹划，建立与客户、供货商、金融部门及外国公司的良好关系，以诚信为企业基调，靠诚信制胜。多年来，瑞泽的产销率、货款回收率一直居全国同行业前列。公司被国家工商局评为全国首批520家重合同守信用单位之一，连续十多年被评为辽宁省重合同守信用单位，AAA级信誉企业。

2000年瑞泽公司进一步深化企业改革，将股权进行调整，国有股全部退出，同时实施新的用人机制、激励机制、管理机制。整个改革进程顺畅，被誉为无震荡产改企业的典范。2001年瑞泽公司作为农药界唯一代表参加了国家经贸委等部门筹办的“国有企业改革与技术创新成果展览会”，受到国家领导人的检阅和好评。2006年，公司"瑞泽"商标被国家商标局认定为中国驰名商标．至此，公司的发展又进入了一个新的里程碑。

今天的瑞泽公司正在向集团化、产业化、规模化、多元化的方向迈进。到2005年，拟将发展成为具有国际竞争力的中国市场最大的农药生产基地。在国内和国际市场牢牢树立“瑞泽农药、诚信可靠”的品牌地位。

天津市天庆化工有限公司

地址：津南区咸水沽小营盘

电话：28396858　28390610

28516858　28513156

传真：（022）28391969　28519688　电挂：2239 天津　邮编：300350

国际网址：http://www.tq-hg.com　电子信箱：E-mail:tqhg@bf2000.

公司简介：

Enterprise Introduction

天津市天庆化工有限公司（英文简称：TTCC）创建于1984年3月。26年来，先后为国内外大中型灭鼠杀虫任务提供了约10万吨新型高效的产品，为保证灭鼠杀虫任务的完成和创建良好的社会环境作出了巨大贡献。

公司为国家发改委定点生产灭鼠剂、杀虫剂单位。目前为国内唯一的中央医药资金储备杀鼠剂单位。属中国企业联合会、中国质量协会、中国农药工业协会、中国鼠害与卫生虫害防制协会、中国植保学会鼠害防治专业委员会、天津市工商业联合会（商会）、天津市企业联合会、天津市质量协会、天津市农药行业协会等会员单位。全国农作物病虫害技术推广网理事单位、全国农业新技术单位传播网网员单位。

目前，公司拥有高水平的科学技术，先进一流的设备，制造工艺，拥有完善的检测设备。在管理方面，具有健全完善的质量保证体系。产品经有关专家鉴定和国内有权威单位检测，各项技术指标均达到要求，符合制造标准，均已达到国际同类产品技术水平。

公司具有年生产灭鼠剂“溴敌隆原药”10吨、“溴鼠灵原药”10吨、“鼠得克原药”5吨、母粉、母液年产5000吨，灭鼠剂毒饵年产50万吨，及所需加工配套制剂生产流水线的能力。产品剂型品种多、规格全，灭鼠剂系列产品均为填补天津市空白产品。溴敌隆、溴鼠灵系列产品为天津市“九五发展的星火计划”。

公司为化工制造行业，获得产品标准证、生产批准证书、农药登记证、卫生许可证等，是国家技术监督局核发的二级计量企业。多年来，产品畅销全国各省市，供不应求，原药主要出口匈牙利、香港、韩国、巴西、泰国、科威特、巴基斯坦、英国、印度、土耳其、新西兰、德国、美国等国家。公司坚持以高科技为主导，以上乘的产品质量和周到满意的售后服务为宗旨，多年来在经营过程中赢得广大用户单位的信赖和社会的好评。

公司获得：全国十佳诚信企业、全国企业管理创新示范单位、中国优秀企业证书、1998年被天津市人民政府颁布为天津市百强私营企业、被评为2007年第二届中国中小企业100强、1998-2007年被天津市人民政府命名为“守信誉　重合同”单位、2009年被授予“中国优秀民营企业先进单位”。连续多年被评为市级先进优秀企业，天津市工商联合会（商会）优秀会员单位。荣获“市场知名企业”，荣获“农业部全面质量管理达标企业”，1998-2007年被评为“天津市用户满意企业”。

公司产品获得：“中国名牌商品”、“中国名牌标志”、“全国用户满意产品”、“全国消费者信得过产品”、2009年度天津市著名商标“天津市高新技术百佳产品”称号、

"全国爱卫会除四害专家委员会认定产品"、全国农业技术推广服务中心、全国农作物病虫害防治技术推广网点推广产品。

公司具有健全的组织机构，完善的经营管理体制，雄厚的技术力量，丰富的管理经验，精干的领导班子。公司注重高新技术的投入，不断进行技术创新，已成为产与研一体化综合机构。坚持"客户第一，质量第一，信誉第一"的原则，决心为人类社会环境保护和可持续发展做出不懈地努力。竭诚与国内外用户和同行携手合作，建设一个在世界上具有较强影响力和竞争力的现代化企业。

台州市大鹏药业有限公司

电　话：0576 － 88861889
传　真：0576 － 88861900
法　人：徐学春
网　址：www.dppharm.com
地　址：浙江省台州市椒江区君悦大厦A座

台州市大鹏药业有限公司是生产医药原料药及中间体、农药原药及农药成品的股份制民营企业，已经逐步形成向做精做细做强，系列化规模化发展的，特色明显的产品格局。公司地处国家化学原料

药生产基地——浙江临海区块。

公司始终秉承"诚信取天下、科技创未来"的核心发展理念。始终把科技创新作为企业发展的源动力，与国内外多家科研院校进行广泛的技术交流和合作。公司配备了先进的分析检测设备和一流的实验条件，汇集了大量高素质的技术人才，有力地保障了产品的品质。在管理上通过了 ISO9001:2000 质量管理体系认证和 ISO14001 环境管理体系认证；2000 年细胞分裂素 6-BA 原料药及制剂荣获浙江省科学技术进步奖；2002 年被认定为省高新技术企业；2006 年通过生态化改造；2007 年被评为浙江省诚信农资示范企业；2008 年通过清洁生产认证。2007 年建成江苏生产基地，同年在台州市椒江成立营销中心；2010 年建成山东生产基地。

随着江苏、山东的生产基地的建成与投入使用以及营销中心的成立与营运，加快了我公司的产业升级步伐。公司正重点着手构建原料药和制剂两大产业链、两大研发体系和两大销售体系，进一步推进和深化国际化发展战略，全面融入国际制药产业链，努力打造国内一流、国际知名、极具竞争力的制药企业。

我们坚信大鹏药业的明天将与中国经济的腾飞比翼齐进。我们更愿与国内外的朋友和有识之士

通力合作，共谋发展。

<u>天津市绿亨化工有限公司</u>

通信地址　天津大港石化产业园区凯旋街1239号　邮编　300270

E - mail　tjslhhg@163.com

传真　022-63233997

电话　022-63233998

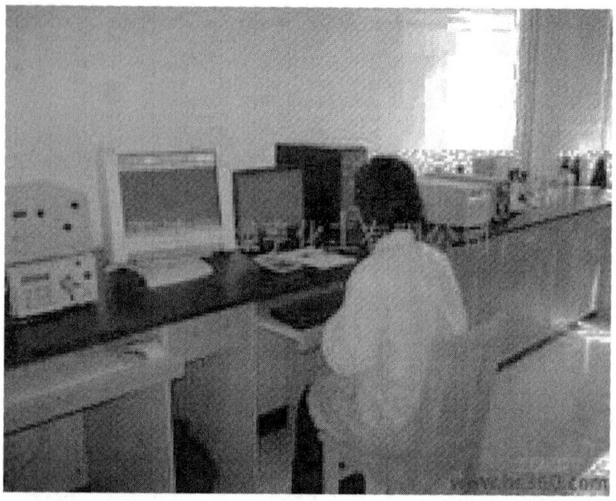

天津市绿亨化工有限公司是国家农业部农药定点生产企业，位于天津市滨海新区大港石化产业园区内，占地35亩，2007年公司投资3000万元建成1000吨/年农药复配项目，成为天津市首家进驻化工园区的农药企业。公司不但拥有独立的科研部门及专业的研发队伍，同时拥有标准化的乳油、水剂、悬浮剂、水乳剂、可分散液剂、可湿性粉剂、可溶粉剂七大系列产品生产流水线，拥有国内领先的超微气流粉碎机、全自动铝箔封口机、全自动灌装机等先进的生产设备，以及国际领先的质量检测仪器，确保产品质量过硬。现有农药品种近50个，全部为一高四低品种（即高效、低毒、低残留、低污染、低能耗），既符合行业发展要求，也满足了广大农民的利益。为保证产品质量，公司制定了详细的生产操作流程，建立了完善的质量管理体系，从质检人员、设备方面做大量投入。除此之外，公司采取了一系列行之有效的管理措施，比如：严把原料进货渠道，做到源头进货，货比三家，每个原料供应商都要有详细的档案记录，保优舍劣。同时生产流程中严格按操作程序确保每个环节生产。另外，成品运输方式选取专用汽车集装箱，保证货物完整、安全到达目的地。

在总经理尹家楼的领导下，支持科技创新，

立足服务“三农”，稳步发展壮大。目前有着一批稳定的技术骨干队伍，生产管理日趋科学化、规范化。形成了符合国家技术质量要求的产品系列，被广大经销商及用户所认可。多年来，先后有国家质检总局、农业部、天津市质检局、天津市农药检定所对本公司产品抽检，合格率 100%。本公司技术力量雄厚，人才结构合理。既有中青年技术骨干，又有多年从事科研教学的老专家，专业门类齐全，有农学、植物保护、作物栽培、农用化工、农业经济管理等专业人员，现有人员总数 40 人，大专以上人员 20 人，主要管理人员 11 人，全部大专以上文化水平，平均年龄 30 岁。技术开发人员 8 人，占员工总人数的 20%，生产人员 20 人，占员工总人数的 50%。已成功开发出 1.4% 复硝酚钠水剂、10% 灭蝇胺悬浮剂、30% 福·嘧霉悬浮剂、35% 福·烯酰可湿性粉剂、3% 甲霜·噁霉灵水剂等。已完成 8% 氟硅唑微乳剂项目的中试和推广应用。正在开发的项目 2% 阿维菌素水乳剂、45% 咪鲜胺水乳剂、50% 氯溴异氰尿酸可溶粉剂、200 克 / 升吡虫啉可溶液剂等产品及应用效果的研究，正在进行产品登记申报，取得初步成效，现已进入制剂的测试和小试阶段。公司计划每年科技投入占企业年销售收入的 8% 以上。

2004 年公司申请了科技成果转化资金项目—8% 氟硅唑微乳剂中试填补了国内空白，被列为国家级星火计划项目，科技部农业科技成果转化资金项目，天津市农委农业科技成果推广项目。2005 年天津市绿亨化工有限公司被中国质量万里行评为产品合格企业。2007 年 10% 灭蝇胺悬浮剂被列为国家重点新产品。2010 年公司顺利通过了天津市科技型中小企业认定。2011 年申报的“80% 恶霉·福美双可湿性粉剂”作为大港科技型中小企业孕育初创项目近期获得批准。

目前的天津市绿亨化工有限公司已是一个稳健、成熟的生产企业，将以“创新、发展、精品”的宗旨走可持续发展道路。

<u>江苏嘉隆化工有限公司</u>

通信地址　徐州南郊三堡镇　邮编　221112

E - mail　jszhanghf@sohu.com

传真　051685030332

电话　051685136808

江苏嘉隆化工有限公司（原铜山农药总厂）是一家集农药、精细化工、医药中间体、高浓度复合肥生产经营、科研于一体的综合性民营企业，江苏省高新技术企业，全国农药百强企业，全国农药AA级企业，质量信得过AAA级企业，重合同守信誉企业，徐州市民营企业五十强企业，其“铜农”商标连续多年被认定为“江苏省著名商标”。

公司现有净资产2.3亿元，在职员工536人，下辖光气化精细化工产品生产基地，农药生产基地，国家农药剂型工程技术中心徐州基地和光气化产品研发中心，并控股一家中美合资企业——徐州裕农农药化工有限公司，形成了化工中间体合成、农药原药合成及剂型加工一条龙的生产体系。公司现具有年产3.5万吨精细化工及农药产品的生产能力，能够生产光气化系列精细化工产品25种，农药原药、农药制剂80余种。2009年公司完成销售收入2.9亿元，利税3200万元。

公司拥有一支朝气蓬勃、开拓创新的人才团队。其中各类工程技术人员130人，由从事农药合成、剂型加工，工程机械、化工工艺、应用化学、植物保护、化工分析等20个不同专业人员组成，各类专业人才结构合理，具有较强的技术研发和技术转化能力，在同行业中有较强的人才优势。

公司始终坚持“以市场需求为导向，以产品创新的主线，以技术转化求发展”的可持续发展理念，与沈阳化工研究院、安徽化工研究院、南京农业大学等高等院校和科研院所建立了长期的技术协作关系。公司内部设有农药研究所、国家农药剂型工程技术中心徐州基地，徐州市农药化工工程技术中心、中心检测分析室、光气化产品实验室等研发机构，为农药合成、剂型加工等技术研发及工程放大创造了较好的条件，具有较强的科技成果转化能力。公司曾先后承担和完成了省级以上计划项目11项，多个产品填补国内和省内空白，其中5个产品被认定为江苏省高新技术产品和国家级新产品。

经过多年的发展，公司已形成了一条从邻苯二酚→呋喃酚→克百威→丁硫克百威合成的产业链体系，并沿节点分别向下游开发了5个产品群，能够生产105种各类化工中间体和农药品种，增强了企业的抗风险能力。

多年来，公司始终把营销工作作为各项工作的重点，坚持发挥技术和品牌优势，精心培育市场，培育了一批与公司利益休戚相关且诚信可靠的经销商队伍，销售网络覆盖全国各地。

根据国家对化工企业入园进区的要求，江苏嘉隆化工有限公司拟将企业整体搬迁至连云港化学工业园，建设年产5万吨精细化学品及农用化学品综合生产装置，并在搬迁过程中淘汰落后的工艺和产品，采用国内先进技术、工艺和装置，开发系列化新产品，优化产品结构，以增强企业的市场竞争能力。该项目计划总投资4亿元，全面建成投产后可实现年销售收入14亿元，年利润3.3亿元。

Profile of Jiangsu Jialong Chemical Co., Ltd.

Jiangsu Jialong Chemical Co., Ltd is a comprehensive private enterprise integrating production, operation and research of pesticides, fine chemicals, medical intermediates, high-concentration complex fertilizer, and is appraised as the Jiangsu High-tech Enterprise, National Pesticide Top 100 Enterprise, National Pesticide AA Enterprise, Quality Trustworthy AAA Enterprise, Contract-Honoring and Faith-Keeping Enterprise, Xuzhou Top 50 Private Enterprise, and its brand "Tongnong" has been recognized as the "Jiangsu Top Brand" for several successive years.

The company currently has net assets of RMB0.23 billion and 536 employees, and has a phosgenation fine chemical production site, a pesticide production site, national engineering research center for pesticide formulation Xuzhou branch and a phosgenation production R&D center under its command, and takes control of a Sino-U.S. joint venture - Xuzhou Yunong Pesticide Chemical Co., Ltd., and has formed an integrated production system including chemical intermediate synthesis, raw pesticide synthesis and formulation processing. The company can produce 35,000 fine chemicals and pesticides every year, covering 25 types of fine chemicals of phosgenation series and more than 80 types of raw pesticides and pesticide formulations. In 2009, the company achieved sales revenue of RMB0.29 billion with profit tax of RMB32 million.

Besides, the company has an energetic and creative talent team, among which, there are 130 engineering technicians, comprising various professionals from 20 different specialties, such as pesticide synthesis, formulation processing, engineering machinery, chemical processes, applied chemistry, plant protection, chemical analysis, etc, and all of them are allocated in a rational talent structure and have strong technical R&D and conversion ability with outstanding talent advantage in the same industry.

Guided by the sustainable development philosophy of "Take market demand as the guide, production innovation as the main line and seek for development through technical conversion", the company has established long-term technical cooperation relationship with many universities and scientific research institutes, such as Shenyang Research Institute of Chemical Industry, Anhui Research Institute of Chemical Industry, Nanjing Agricultural University, etc. Several R&D institutes have been set up within the company, for example, Pesticide Research Institute, National Engineering Research Center for Pesticide Synthesis Xuzhou Branch, Xuzhou Pesticide Chemistry Engineering Technology Center, Central Detection and Analysis Laboratory, Phosgenation Product Laboratory, etc, creating a good condition for technical R&D and engineering amplification of pesticide formulation and formulation processing with high scientific fruit conversion capacity. The company has successively undertaken and completed 11 programs over provincial level, among which, there are many products filling the gaps at home and in Jiangsu and 5 products are recognized as Jiangsu

High-Tech Product and National Level New Product.

After several years of development, the company has formed an industrial chain system from pyrocatechol → Furan phenol → carbofuran to carbosulfan synthesis, and has developed 5 product groups from every node respectively, capable of producing 105 chemical intermediates and pesticides, strengthening the company' s market competitiveness. This project is expected to need a total investment of RMB0.4 billion, and can achieve annual sales revenue of RMB1.4 billion and annual profit of RMB0.33 billion after entering full operation.

江苏七洲绿色化工股份有限公司

联系电话： 0512-58609838

传真号码： 58608378

邮政编码： 215621

通讯地址： 江苏张家港

江苏七洲绿色化工股份有限公司座落于江苏省张家港市东沙化学工业园北区，位于沪苏锡 1 小时经济圈内，是以生产高效、环境友好型农药为主的国家火炬计划重点高新技术企业和江苏省高新技术企业。

公司始终坚持依靠科技进步和突出以人为本的管理，逐步形成并提升企业核心竞争力，发展成集研发、生产、营销为一体的专业绿色环保农药和精细化工品的科技型、外向型企业，发展成为亚洲最大的除草剂嗪草酮生产基地和中国最大的三唑类杀菌剂研发中心和生产基地。公司市场网络覆盖全国大部分省市及欧洲、美洲、非洲、大洋洲及东南亚等国家和地区。公司通过了 ISO9001 质量管理体系、ISO14001 环境管理体系和 OHSAS18001 职业健康安全管理体系认证，是中国农药工业协会“AA”级信用企业、江苏省“AAA”级明星企业和苏州市科技创新示范企业。公司建有省级企业技术中心、研究生工作站和博士后科研工作站。先后获得国家科技进步奖、国家技术发明奖、江苏省科技进步奖、中国驰名商标、江苏省名牌产品、江苏省著名商标等多项荣誉并拥有多项发明专利。

″诚信经营，服务至上”是我公司的经营宗旨。发展壮大中的七洲竭诚欢迎国内外客户加盟合作，携手共创美好未来。

广西钦州谷虫净总厂

通信地址　钦州市黄屋屯镇　邮　编 535033

E-mail　gucj1886@163.com

传真　0777-3525966

电话　0777-3525158

广西钦州谷虫净总厂创建于1988年9月，是国家定点从事农药加工的企业，位于钦州市黄屋屯镇，海陆交通方便。占地面积26530平方米，厂房面积2121平方米，总厂自建厂以来，超速发展，现具有年产6000吨溴氰·八角油产品的能力，固定资产2580万元。

企业通过ISO9001：2000国际质量体系认证，主要生产储粮杀虫剂——溴氰·八角油。主要性能指标达到国内同类产品的先进水平，产品畅销广东、广西、湖南、湖北、福建、江西、河北、浙江、云南、四川等多个省市，有部份销往东南亚，具有完成的销售网络。

总厂设有独立的生物工程研究所，主要从事农业高新科技、生物性农药的研究与开发，并与中国华南农业大学等科研机构建立起长期的合作关系，设立了华南农业大学的研究生科研基地，使本厂的产品保持技术领先，质量一流。

经过了十多年的快速发展，总厂拥有了一支高素质的农药剂研究队伍，专门从事农药剂型的研究，现已形成了科学的经营管理体系，拥有一批专业生产人员和卓有成效的市场营销队伍，各项工作稳步向前推进，产品分别荣获一九九九年国际农业科技成果博览会“优秀成果”金奖，二〇〇〇年荣获广西质量达标产品，二〇〇一年荣获中国质量服务信誉AAA级企业、江西省质量达标产品，二○○二年荣获中国星火计划名优产品奖，二○○三年再次荣获广西质量达标产品，连续三年（2000 － 2002 年）荣获钦州市钦南区纳税大户，二○○四年荣获广西名牌产品，广西著名商标，二○○六年企业通过 ISO9001 － 2000 国际质量体系认证，二○一一年荣获全国质量诚信 AAAAA 级品牌企业。目前产品畅销国内，并出口东南亚，年销量逐年上升，帮助了广大农户从虫口中夺回粮食每年大约 5000 万公斤，深受广大人民群众的欢迎。

“质量第一，信誉第一”是我们经营的原则，为社会提供成本价格最低，质量最好的产品是我们不断追求的目标。

上海化三粉体设备有限公司

公司名称：上海化三粉体设备有限公司

地址：上海市奉贤区庄行欧洲工业园区浦庄路 33 号

TEL:021-57460338 021-57460358

FAX:021-57463615

英文网址：www.hsfsj.com www.shhuasan.com

中文域名：化三.Cn 通用网址：上海化三

Email: shhs0358@163.com shsl2009@126.com

上海化三粉体设备有限公司是专业从事粉体装备的研究、设计、制造、服务的科技型实体。公司生产基地位于上海市奉贤区庄行欧洲工业园区，主要从事粉碎机、分级机及配套产品的研发和生产。公司集调研、设计、开发、制造、服务于一体，拥有雄厚的技术力量、齐全的加工设备、良好的售后服务以及科学的现代化管理，率先通过了 ISO 9001.2000 质量体系国际认证，是原化工部、化工装备协会、石油化工工业协会、质量检验协会等会员企业；公司经多年创业和发展，已形成品种新、规格齐、质量优的化三系列气流粉碎机、机械粉碎机、空气分级机产品及完善的精细粉末产品检测设备与加工车间，公司荣"2010 年中国药械十佳标"称号，在新的一年里，我公司将一如既往，为广大新老客户及合作伙伴，提供更先进的产品，更优质的服务，更可靠的技术保障。欢迎您来电来函咨询洽谈设备制作及来料加工业务，我们一定会给您满意的服务！

哈尔滨利民农化技术有限公司

通信地址　哈尔滨利民经济技术开发区

邮编：150025

E - mail　liminnonghua@163.com

传真　0451-88083478

电话　0451-88083555

哈尔滨利民农化技术有限公司是一家新型的现代化农药生产企业，是国家农药生产定点企业，为黑龙江省除草剂专业生产厂。公司位于哈尔滨利民经济技术开发区。公司占地面积 46000 平方米，累积投资 5000 多万元。公司连续三年年销售额 1 亿元以上。

公司立足于黑龙江省，放眼东北地区，致力于研制开发适于东北地区农业生产特点的农药新品种、新剂型。目前为止，已研制开发出丰秋®牌三大系列五十余个农药制剂产品。投放市场后，受到各级经销商和广大农民朋友的好评。其中封杀 1 号、圣铲、金粒多三个除草剂品种，于 2001 年被黑龙江省质量管理协会授予黑龙江省消费者满意产品。2005 年我公司产品被授予黑龙江省最受农民欢迎的农药品牌，我公司被认定为中国质量万里行·质量信誉双保障实施单位，2005 年以来，我公司连续四年被哈尔滨市人民政府授予守合同重信誉单位。2007 年公司被授予省级守合同重信誉单位。2007 年我公司注册商标丰秋®被黑龙江省工商局认定为黑龙江省著名商标。2010 年公司丰秋®牌除草剂被黑龙江省技术监督局认定为黑龙江省名牌产品。

为目前，我公司在产品研发、生产管理、市场营销及技术服务等诸方面已经走在了黑龙江省农药工业的前列。公司发展前景十分广阔，预计在“十二·五”末，公司年产值将超 2 亿元。

植根于黑土地的利民农化，以其特有的

风姿迈出了坚实的脚步，在各届朋友的支持下，得到了迅速发展。面对新世纪的挑战，我公司将恪守“信誉是资本，进步是产品，质量是生命，客户是朋友”的原则，不断研制开发新产品，努力为广大用户提供物美价廉的农药产品。

杭州庆丰农化有限公司

通信地址　杭州萧山临江工业园区

邮编

E - mail　sgf@hzqfnh.com

传真　0571-56039700

电话　56039788

杭州庆丰农化有限公司创建于1956年，注册资金5468万元。公司主要经营范围包括制造、加工化工农药原药、农药中间体、经营进出口业务等。公司主要产品有酰胺类除草剂及安全剂、杀菌剂、生物农药、拟除虫菊酯杀虫剂、卫生用药及化工中间体等，除草剂为浙江省名牌产品。本着“质量第一，用户至上”的企业宗旨，公司的“庆丰”商标在行业中享有较高声望，“庆丰”牌农药产品销往全国各地，并远销美洲、欧洲、东南亚等国外地区。公司下有全子公司杭州危险品转运站、控股公司安徽绩溪庆丰天鹰生化有限公司和杭州庆丰进出口有限公司。

2007年10月至2009年12月公司全面搬迁，2009年12月，公司从杭州机场路225号搬至萧山临江工业园区，占地350亩。其中，临江基地主要产品为酰胺类除草剂（甲草胺、丁草胺、乙草胺、丙草胺、异丙草胺、异丙甲草胺）；杀菌剂（咪鲜胺）；表面活性剂、复配制剂等精细化工产品。绩溪庆丰天鹰生化有限公司主要产品为：生物农药、拟除虫菊酯类杀虫剂（包括氰戊菊酯、高效氯氰菊酯）、安全剂（解草啶）、表面活性剂、复配制剂等精细化工产品。

公司现有员工671人；各类专业技术人员123人，其中高级职称9人，中级职称26人，初级职称88人。

山东九洲农药有限公司

通信地址　山东省鄄城县富春金堤　邮编　274600

E - mail　sdjiuzhou@163.com

传真　0530-2471679

电话　0530-2471765

山东九洲农药有限公司始建于2000年，是国家农药定点生产企业。公司注册资金2000万元，占地面积200亩，厂房建筑面积6000多平方米，现有“乳油制剂”、“可湿性粉制剂”、“水剂”、“小包装制剂”四个车间，生产线十六条，形成年产10000吨农药制剂的加工生产能力，产品集杀虫、杀螨、杀菌、除草、植物生长调节剂五大系列、二十多个品种。

公司技术力量雄厚，固定员工120人中，高、中级工程技术人员9人、大、中专毕业生65人，同时公司注重人才培养，已建立起系统的培训体制，形成学习型企业。公司坚持走科技兴厂的路子，围绕市场搞科研，先后与天津南开大学元素研究所，中科院果树研究所等科研单位建立起稳固的合作关系，致力于高新产品的开发。

在当前优胜劣汰的激烈市场竞争中，公司抢占至高点，以出色的宣传，强大的网络，全方位的售后服务，灵活的营销方式，使产品畅销全国十八个省市。公司近年先后被评为省级重合同守信用企业；省农行AA级信用单位，企业管理、技术创新先进单位；市优秀民营企业。

公司地处鄄菏公路西侧的高新科技园内，环境优美，交通便利，有很大二期发展空间。

广西乐土生物科技有限公司

乐土生物

创新科技·服务农业

地址：南宁市高新区科园大道31号财智时代12层　　邮编：530003

电　话：（0771）3210536　　3221893

传真：（0771）3210606

E-mail:letu@china.com

Http：//www.letusw.com

广西乐土生物科技有限公司前身为广西乐土农用化学品有限公司，创立于2001年10月，是国家定点的农药、复混肥料生产企业，集农药、肥料研发、生产、销售为一体的综合性高新技术企业。自创业以来，以“创新科技，服务农业”的宗旨，超速成长，公司从一个单一的农药复配企业成长为广西农药制剂、复混肥料行业中销售成规模的大企业，现注册资金500万元人民币，年销售收入10000多万元。

公司现有合同制员工160人，其中大专以上学历员工80人，中专以上学历的员工占现有员工总数的60%以上，研发人员25人，占员工总数的16%。

公司管理机构完善，设置有办公室、营销中心，产品研发部，生产部及财务部等；企业管理上，公司严格按照ISO9001：2000国际质量管理体系进行，办公实现电脑自动化，网络管理化；逐步跨进科学化，标准化，制度化，规范化的现代企业管理模式。

广西乐土生物科技有限公司的生产厂区——明阳石油基地，坐落在南宁市郊明阳石油基地内；生产厂区占地20000多平方米，工业设施占地15000平方米；设置有乳油加工车间、粉剂加工车间、药肥生产车间；拥有搪瓷反应釜两台套，全自动灌装生产线2套，超细气流粉碎机及药肥生产线等配套设施，可进行乳油、水剂、可湿性粉剂及药肥等农药剂型生产，生产规模为乳油加工1万吨/年、水剂加工2万吨/年、可湿性粉剂加工1万吨/年及药肥、复混肥生产线10万吨/年。2009年取得广西壮族自治区安全生产监督局发放的《安全生产许可证》。

公司配备有质量监督检验机构——质检室，质检室中的仪器室、标准溶液室、天平室、化学分析室、高温室等五室分开，配置有日本岛津气相色谱仪，日本岛津液相色谱仪，日本岛津电子天平及紫外光分光光度计等检测设备，能够独立完成公司所有原材料、成品的检测分析，并可进行新产品的测试分析，制定新产品企业标准。目前质检室配备有化验员 7 名，持证上岗，能满足生产要求。

公司拥有国家发明专利 2 项、外观设计专利 3 项、注册商标 57 个，三证齐全的农药产品 11 个，复混肥料产品 31 个；农药产品涵盖杀虫剂、杀螨剂及除草剂；其中，公司品牌产品“金稻龙”除草药肥，2003 年列入国家科技部、财政部无偿拨款农业科技成果转化资金扶持项目，2004 年度列为国家级星火计划项目；2005 年度广西消费者协会推荐为消费者信得过商品；2006 年列为国家重点新产品；2008 年列为国家农业科技成果转化资金项目；2008 年列为国家火炬计划项目；2008-2013 年全国农业技术推广服务中心重点推广产品。

广东中迅农科股份有限公司

详细地址　惠州市仲恺高新技术开发区 24 号小区
E - mail　happyday288@sina.com
传真　0752-2622699
电话　0752-2631939

广东中迅农科股份有限公司成立于 2004 年，为中外合资企业，总部位于惠州仲恺国家高新技术产业园区，是一家集开发、生产和销售农药制剂、药肥、农化产品及植保服务于一体的农化企业。

公司拥有自主技术研发中心，拥有一批技术骨干及技术专家，研究领域涵盖了植物保护系统的各个学科，具有较强的新剂型及自主创新品种的开发能力，拥有多项企业自主知识产权及符合国家产业科技课题的研究开发实验室。公司每年持续推出新产品，实现了品种齐全、产品线合理，覆盖性广的产品结构，可覆盖病、虫、草害的防治，公司品种数量居国内同行业前列；目前公司已拥有“广东、湖南、四川”三大生产基地，产品制造技术居国内领先水平。

公司已建立“高效、稳定、有序”的全国性营销网络与植保技术服务体系，能为用户提供植保技术、用药指导咨询服务及产品推广。同时，公司拥有“国家级高新技术企业”等荣誉资质。

展望未来，公司将根据国家的产业政策，抓住行业发展的历史性机遇，融合科技资源优势，加强品牌管理，不断提升公司产品的市场份额，努力打造决策科学化、管理现代化、效益最大化的专业性农化企业，为顾客提供最好的产品和服务，把公司打造成为受人尊敬和最具影响力的全球领先企业。

中迅农科获得的认证证书

高新技术企业证书　2009-11-10　国家级　广东省科技厅

专利证书　2010-8-18　国家级　国家知识产权局

外观设计专利证书　2009-11-18　国家级　国家知识产权局

广东省化肥农药合法生产企业　2009年　省级　广东产品质量技术研究中心

产品合格荣誉证书　2009-3-15　省级　广东产品质量技术研究中心

上海细创粉体装备有限公司

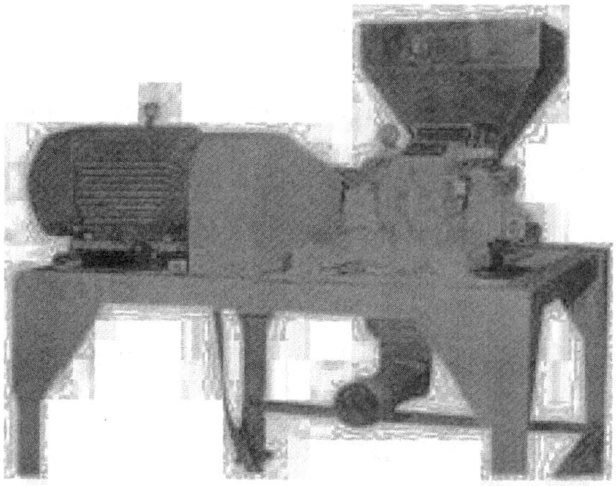

ADD 地址：上海广元西路309号612室

Rm. 612, No.309, GuangYuan(West) Rd., Shanghai, China

ZIP CODE 邮编：200030

TEL 电话：86-21-64071149

FAX 传真：86-21-64391164

E-mail：mill@hi2000.com

网址：http://www.chemmachine-3j.com

公司／产品／业务简介

上海细创粉体装备有限公司（原上海化工机械三厂）创建于1957年，是上海市粉体工程中试基地，国家气流粉碎机行业标准起草并获奖单位。我司位于上海西南梅陇地区，占地面积37720m2，建筑面积27193m2，厂房面积20338m2，现有固定资产4934万元。现有职工800人，工程技术人员120人。我公司经四十余年的拼搏开拓，现已形成了规模强大，面向全国，集科研、测试、制造、服务为一体的综合企业，产品数次获国家化工部、上海市科技进步奖和新产品奖，并通过瑞士SGS公司ISO9001质量管理体系认证，下属有四家制造厂家和二家实业公司。

我司是原化工部定点生产各种类型规格粉碎机及粉体深加工成套设备的厂家，形成了设计、选型、安装、调试一条龙服务的专业制造厂，其产品销售额居同行业前列，覆盖全国各地。超音速气流粉碎机有水平圆盘式、循环管式、对冲式、靶式、流化床式等，机械粉碎机有锤式、棒式、刀片式、剪切式等，分级机有强制涡型、强制涡超微型，拥有全国最大实验基地。该产品广泛应用于工程陶瓷、化工、轻工、冶金、食品、农药、医药、造纸、电子、建材、化妆品、矿产等行业。产品出口美国、泰国、沙特阿拉伯、新加坡和香港等国家及地区。

Shanghai Xichuang Powder Equipment Co., Ltd(Formerly Shanghai Chemical Machinery No.3 Factory) was constructed in 1957. It is the Central-test base of Shanghai Powder Technology and stipulates the National Airflow Disintegrator Trade Standard.

Our factory is located in Meilong District of Shanghai, covering an area of 37,720 sq.m.. It has fixed assets amounting to RMB49,340,000, 800 staffs and 120 technicians. After more than forty years' development, the factory has built itself into a comprehensive enterprise that comprises scientific research, test, manufacture, and service. The products have won many awards of varied levels and passed the attestation of ISO9001 Quality Control System SGS of Sweden. There are four plants and two companies affiliated to this factory.

Ultra-fine Pulverizers Plant is appointed by the former State Chemical Ministry to specialize in the manufacture of boulder crushers of varied specifications and whole sets of equipment for powder further processing. Currently it has formed a whole system comprising design, model selection installation and debugging. Its sales volume ranks among first in the domestic market. Supersonic Speed Airflow Pulverizers cover a wide variety such as Horizontal Disk-type and Circulation Tube Type, traget, liquified bed, double impacting type. JCF Classifier Mills include Hammer Type, Club Type and etc. FYW Graders include compellent whorl type, superfine compellent whorl type and three dimensions swing screen. We own the largest experimental base in China. This product is widely used in engineering pottery, chemistry, light industry, metallurgy, food, pesticides, pharmacy, papermaking, electronics, construction materials, cosmetics and mineral industry. Our products are exported to USA, Thailand, Saudi Arabia, Singapore and Hongkong

<u>湖南国发精细化工科技有限公司</u>

地　　址：中国 湖南 岳阳市云溪区 岳阳市云溪区陆城镇

电　　话：86-0730-3890748

传　　真：86-0730-3890749

湖南国发精细化工科技有限公司（以下简称为公司）是于2004年1月由国有企业改制后新组建的一家高科技民营企业，其前身是湖南临湘氨基化学品厂，系国家投资1.1亿元在“七五”和“八五”期间建成的用于取代有机磷农药产品的“氨基甲酸酯类农药生产基地”。现有产品包括氨基甲酸酯类系列农药、多菌灵、苯菌灵杀菌剂、氰氟草酯、精细化工产品、医药中间体五大类，共30多个品种。

公司拥有一支高水平的员工队伍。现有员工316人，其中大学以上文化程度的63人，大学本科以上的18人，硕士研究生11人，中级以上技术职称的29人，享受国务院特殊津贴的教授级高工1人，国家注册工程师6人，为科技创新、技术引领奠定了坚实的人才基础。

公司2004年通过了ISO9001质量管理体系认证；2008年通过了“危险化学品从业单位安全标准达标”二级企业认证；公司氨基甲酸酯类系列农药被评为湖南省名牌产品；在农药行业部门的历次抽检中，产品合格率均达100%。公司拥有自营进出口权，与国际上30多个国家和地区建立了广泛的业务往来，出口收入居岳阳市前三位，属海关A类企业。

目前，公司已成为了国内精细化工行业规模最大的光气化产品龙头企业，2010年产值达到2.3亿元，预计2011年产值可达3亿元。

公司作为岳阳市提名的环保明星企业，多年来，一直着力推行企业责任关怀，顺应行业发展趋势，加大在生产安全和环保上的投入，坚持走绿色生态化工的可持续发展之路。2009年，公司通过了国外500强企业要求的HSSE（健康、安全、安保、环保）体系认证，走在国内同行企业的前面。

公司先后被湖南省科技厅认定为省级高新技术企业，获得了“湖南省优秀质量管理小组”、“全国石油和化工民营优秀企业”、“岳阳市诚信企业”、“湖南省质量信用A级企业”、“2011中国农药百强企业”等荣誉称号。

湖南国发本着“秉承良德、领跑行业、服务三农、做优做强”的宗旨，贯彻社会性、责任性企业的经营理念，努力追求更大的利润目标，创造最大的经济效益和社会效益。

<u>南京太化化工有限公司</u>

地址：中国南京化学工业园区方水路21号
邮编：210047
电话：025-58394848/58394813，　传真：025-58394803/58392770
网址：www.tevachem.com　邮箱：sales@tevachem.com

被中国农药工业协会授予神农奖《最佳供应商奖》的南京太化化工有限公司，是集研发、生产和营销为一体的专业化农药表面活性剂高新技术企业。装置能力为5万吨/年，近五年来，农药乳化剂及助剂年销售量平均递增20%，2010年销量2.5万吨，位居同行业前列。全国工业表面活性剂行业委员会将南京太化誉为全国农药乳化剂行业龙头企业和工业表面活性剂十大领域旗舰企业之一。

南京太化在农药制剂加工的乳油、水乳剂、微乳剂、悬浮剂、悬乳剂、可湿性粉剂、可分散油悬浮剂和水剂等需要助剂的主要剂型中，都开发研究出专用乳化剂及助剂。拥有农药制剂配方1600多种，可生产乳化剂品种及型号600多个。其中乳油用乳化剂就有300多个型号，水乳剂、微乳剂等水基型制剂用助剂有150多个型号，生产的悬浮剂及悬乳剂专用助剂可用于加工90多种悬浮剂及悬乳剂制剂，可湿性粉剂专用助剂可加工30多种制剂，草甘膦及百草枯等水剂专用助剂有20多种型号，可分散油悬浮剂及其专用助剂10多种型号。

南京太化的产品更关注绿色、环保和安全，并根据需要，可生产出用于调制不同粘度或不同颜色制剂的专用助剂，可提供用于加工不同农药复配制剂的专用助剂，可提供用于制造农药助剂的多种阴离子型和非离子型乳化剂单体。技术标准与国际接轨，凡出口产品或为农药企业出口配套的产品按CIPAC方法及执行联合国粮农组织（FAO）或世界卫生组织（WHO）的标准。

公司通过ISO9001质量管理体系、ISO14001环境管理体系、OHSAS18001职业健康安全管理体系三项认证。南京市环境评价为绿色企业，并经审定为具有国内先进水平的清洁生产企业和安全管理标准化二级企业。

南京太化秉承“诚信、求实、创新、发展”为宗旨，努力为客户提供稳定的品质，优质的服务和技术的保障，为中国农药工业的发展和创新提供鼎力支持。

衡水北方农药化工有限公司

传真： 86-0318-2828217

公司主页： www.agrochemical.com.cn

衡水北方农药化工有限公司原名河北省北方农药厂，始建于1990年，系国家农药定点生产企业，是我国高纯度马拉硫磷原药生产基地之一，位于枣强县和衡水市区临界的肖张镇工业区， 106国道、京九铁路、大广高速贯穿厂侧，交通便捷，地理位置优越，且拥有交通运输、仓储服务等完善的配套设施，具有广阔的发展空间。到2011年2月，公司拥有固定资产2.4亿元，占地面积93380 ㎡，其中建筑面积21800 ㎡。有员工326人，其中工程技术人员51人，高级职称8人。拥有农药三证的产品16个，并通过了ISO9002质量体系认证。年生产能力为马拉硫磷原油5000吨/年、乳油及其复配制剂3000吨/年，烟嘧磺隆原药400吨/年、除草制剂2000吨/年。多年来，公司建立了150多个稳固的国内销售网点，并出口巴西、澳大利亚、伊朗等十几个国家，受到了广大厂家及用户的赞誉。2010年实现销售收入1.2亿元，利税2100万元。

欢迎国内外朋友来我公司参观洽谈，我们期待着与您共创辉煌！

Company profile

Hengshui north pesticide chemical Co., LTD. In hebei province, formerly known as the northern pesticide factory, founded in 1990, is a national pesticide designated production enterprise, is China's high purity malah sulphur phosphorous technical production base is located in one of the county, and the hengshui city dates as the critical shaw zhang town industrial park, 106 national highway, the Beijing-Kowloon railway, big wide high speed through factory side, the transportation is convenient, the geographical position is superior, the transportation, storage and has service perfect supporting facilities, have wide development space. By February 2011, the company has the fixed assets of 240 million yuan, covers an area of 93380 ㎡, including a building area of 21800 ㎡. A staff of 326, including engineering and technical personnel, senior title 8 51. 3 card products with pesticide 16 and passed the

ISO9002 quality system authentication. Annual production capacity is 5000 tons of crude oil horse-drawn sulphur phosphorous/year, oil and its blends with preparations for 3000 tons/year, smoke its huang long with 400 tons/year, weeding preparations for 2000 tons/year. DuoNian to, the company established 150 DuoGe firm home sales outlets, and export Brazil, Australia, ten countries such as Iran, by many manufacturers and users praise. 2010 annual sales income is 120 million yuan, tax turnover, RMB 21 million yuan.

Welcome friends at home and abroad to visit our company the discussion, we look forward to working with you to create brilliant!

地址：北京市海淀区西小口路66号D-1楼
电话：010-81829776
传真：010-82819899

北京颖泰嘉和科技股份有限公司

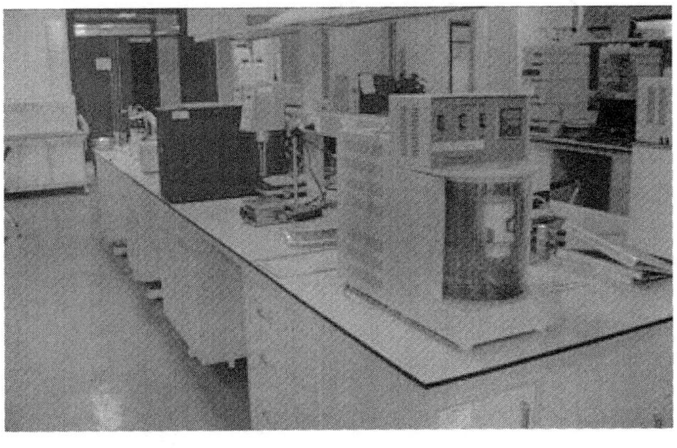

北京颖泰嘉和科技股份有限公司是一家以市场为先导、研发为动力、生产为支撑，以创新为方向，以成为“中国优秀的高科技农化公司”为中短期目标，以成为“中国最优秀的国际农化公司”为中长期愿景的中型高科技企业。公司主要从事农用化学品、医药及其中间体、其他精细化工品的研发、生产、注册和销售服务，并致力于自主知识产权新化合物的开发与应用。

公司前身为北京颖新泰康科技有限公司，成立于2003年。2007年公司启动重组，于2008年成立北京颖泰嘉和科技股份有限公司，拥有全资子公司北京颖新泰康国际贸易有限公司、浙江上虞颖泰精细化工有限公司，控股河北万全力华化工有限公司。2009年，公司GLP实验室独立成为北京颖泰嘉和分析技术有限公司。

自公司成立以来，一贯以高标准严格要求自己，始终坚持技术创新，建立从研发、生产、市场全过程的健康、安全、环保的可持续发展道路，保证在国内农化领域的领先地位。

公司在北京总部建设有近5000平米的研发中心，设有合成研究室、分析研究室、制剂研究室和工程研究室，装备了国际一流的实验设备。同时，公司聚集了一批一流的专业人才，在工艺工程优化、新剂型、新化合物研究方面不断取得突破。

公司从2004年开始，先后投资了5000万元建设了中国大陆首家获得国际认证的GLP全分析和物化测试实验室。GLP实验室于2006年通过OECD会员国的GLP审查，GLP研究报告得到美国的EPA和主要的OECD成员国认可。同时，我们也是中国农业部认定的农药原药登记全组份分析试验单位之一。

北京颖新泰康国际贸易有限公司，作为总公司的贸易平台，2008年获北京海关A类出口企业资质，并与数家国际知名农化企业在产品开发、市场开拓方面建立了战略合作关系。

在浙江上虞、河北万全，我们建立了高标准的生产基地，通过自动化控制和严格的质量保障措施，保证了产品的高品质。公司不断加强对工程工艺优化、员工培训、能源充分利用，以及三废合理处理再利用等方面的投入，使我们的产品保持技术和成本优势，并且最低限度降低化学生产对环境的影响。

上海生农生化制品有限公司

地址：上海闵行区沪闵路7866弄（莲花国际广场）2号1202室

电话：021－34685697

传真：021-54175551

E-mail：nihongdan@shengnong-pesticide.com.cn

上海生农生化制品有限公司成立于2002年7月，属国家定点农药生产企业，是一家由技术、产业和人才优化组合而成的股份制农化企业，主要从事生物农药、化学农药、卫生杀虫剂及精细化工品的开发、生产及销售。公司现为中国农药工业协会常务理事单位，上海肥料农药行业协会副理事长单位。总资产为 3.5 亿人民币 ，科技人员总人数占 20% 以上。公司本部位于上海市闵行区，加工厂在松江工业区洞泾镇分区，占地面积为 20221 平方米。生农自成立以来，先后通过了 ISO9001、ISO14001、GB/T28001-2001、上海市高新技术企业、上海市技术创新十佳企业等认证。

公司自成立以来，先后承担了多项国家“十五”、“十一五”、“十二五”及市、区科技攻关项目，取得了授权发明专利 3 项、申请发明专利 28 项，注册商标 34 个。产品覆盖了杀虫、杀菌、除草等多个品种，并拥有 10% 虬丙·吡虫啉 SC、40% 氟环·多菌灵 SC 等首家登记产品。2005 年初开始上海松江工厂建设，并于 2007 年 12 月 28 日举行了竣工庆典仪式，工厂生产装置齐全完善，能完成可湿性粉剂、悬浮剂、水分散粒剂、乳油等多项农药制剂生产。2011 年开始进行江苏如东及滨海工厂的建设，其中如东工厂占地 6 万平方米、滨海工厂占地 11 万平方米。2012 年两家厂将全面进入投产，均为国家农药定点企业。

公司依托全面 HSE 管理及高品质优势，产品行销于全国各省市，与杜邦、陶氏、富美实等跨国公司建立了长期战略合作伙伴关系。未来上海生农亦将继续秉承先进的研发技术，严谨的生产管理，优质的产品质量，以构筑绿色的中国农业为己任，为市场提供优质高效的产品，为全球作物保护做出自己的贡献。

宁夏裕农化工有限责任公司

详细地址：宁夏石嘴山市惠农区红果子工业园区

电话：0952-7681891

传真：0952-7681890

联系人：马翠玲

宁夏裕农化工有限责任公司注册于 1999 年 3 月 5 日，公司法人吴忠杰。公司位于宁夏惠农区红果子工业园区，占地面积 200 多亩。

企业年销售额 1800 万元人民币。注册资本金 1006 万元。总资产 2400 万元人民币。现有在职员工有 40 名，其中高级工程师 2 名，工程师 3 名。

公司现有装置每年可生产霜脲氰原药 150 吨，主要出口杜邦公司；杀菌剂 72% 锰锌·霜脲可湿性粉剂 100 吨；杀虫剂 21% 辛·功夫乳油 100 吨，植物生长调节剂 1.8 复硝酚钠水剂 100 吨，除草剂 41% 草甘膦 100 吨，农药主要在国内销售，市场前景良好。

本企业于 2006 年 12 月通过了 ISO9001：2000 质量体系认证，在 2007 年 4 月通过了 ISO14001：2004 环境体系认证。

江苏宝灵化工股份有限公司

地址：江苏省南通经济技术开发区通旺路 9 号

电话：0513-83513257

传真：0513-83519032

邮编：226017

http://www.baolingchem.com

江苏宝灵化工股份有限公司是集生产、科研、贸易为一体的大型股份制企业。国家定点农药生产企业，国家重点高新技术企业，江苏省高新技术企业、中国知名企业、江苏省免检企业、江苏省文明单位、江苏省质量管理优秀企业、信用江苏诚信单位、安全生产先进单位。目前有子公司南通宝胜化工有限公司、南通宝叶化工有限公司、合资建有南通市沈阳化工研究院农化公司。

公司具有较强的技术开发能力，建有市级技术中心。公司享有自营进出口权，具有 A 级质检机构，通过 ISO9001-2008 国际质量管理体系认证和 ISO14000-2004 环境管理体系认证。

公司主产品有甲霜灵、精甲霜灵、霜霉威、辛硫磷、丙溴磷、毒死蜱、虫酰肼、氟铃脲、氯啶菌酯等系列农药及化工中间体五硫化二磷、乙基氯化物、2，6- 二甲基苯胺等系列产品。同时，公司依托自身原药生产优势，开发并形成了水稻、棉花、果树、蔬菜、烟草等作物上的杀虫、杀菌剂制剂产品，为中国的农业生产提供配套解决方案。

公司积极与科研院所开展合作，研究开发高效、低毒、低残留水基化、环境友好型新农药剂型，公司建成国内领先的 5000 吨 / 年水基化农药新剂型生产装置，将宝灵制剂改造为对环境更加友好的新剂型，充分满足无公害农业生产的需求。

公司被评为中国化学农药制造企业 50 强，列为江苏省成长型企业，国家火炬计划南通市化工新材料产业基地骨干企业。

我们热忱欢迎各界朋友来公司光临指导。

新乡市倍力特振动机械有限公司

新乡市倍力特振动机械有限公司是一家集技术研发、加工制造与服务为一体的创新型企业，公司主要致力于粉磨与破碎、 筛分与输送、 节能与环保及其他相关产品的设计、制造与安装调试，同时承接业内信息咨询、 系统方案规划等相关项目。

公司位于有“振动机械之乡”美誉的新乡市，境内交通便利，地理位置优越，人文自然景观独特。京广、新太、 新荷三条铁路干线与京珠、济东等高速公路和 107 国道纵横交错而过，贯通东西南北。

公司除生产高质量的系列 VB 三次元振动筛分·过滤机、VBC 超声波筛分机、VBG 高频振动筛、VB200 数控标准检验分析筛、VBQ 立式卧式气流筛、VB450 过滤机、VB 新型壹号筛分机、惯性比重筛外，轻重型直线振动筛，YK、YA 系列圆振筛、等厚椭圆振动筛、脱水脱泥弧形筛、大型热冷矿振动筛、概率筛、变频振动筛、香蕉筛以及各种规格型号的振动电机、振动料斗、振动给料机、舱壁振动器等产品均为我公司针对现代高科技企业推出的系列成熟产品。

除此之外，我公司生产的各种规格型号的锤式破碎机、辊式破碎机、颚式破碎机、振动磨、雷蒙磨、旋振磨等磨破设备结合各种规格型号的皮带输送机、斗式提升机、垂直振动给料机、螺旋提升机、埋刮板输送机等输送设备构成完整的磨破、输送、筛分系统生产链，广泛应用于制药、食品、化工、矿山、冶金、建材、煤炭、电力、无公害处理等行业，产品遍布祖国大江南北并出口至亚非拉、俄罗斯等国家和地区，业绩斐然，赞誉极高。

倍力特人自创业以来，始终坚持借鉴、消化、吸收、创新等原则，产品日臻完善成熟。2010 年公司一举通过 ISO9001:2008 质量管理体系认证，并被河南省诚信协会评为 AAA 级质量诚信企业。

公司技术力量雄厚，检测手段完善，具有科学、规范、高效的现代化管理模式和严格有效的质保售后体系。公司现有职工 150 人，其中具有大中专以上文化程度的职工比例占 95% 以上，各种中高级职称的专业技术人才达 50 人之多。

多年来，公司与业内多家研究、设计部门和高等院校的专家学者保持着经常性的学术联系，并与威巴克、摩根森、 瑞福莱、斯派来克等世界著名振动机械研究、开发、生产制造厂商保持着良好的合作关系，为公司的发展和壮大提供了良好的外部基础。

我们的经营理念是以质量求生存以信誉谋发展。倍力特人竭诚期待与广大客户携手合作，共创大业。

二．贵公司所需产品介绍：

1. 直线振动筛

直线振动筛概述

直线振动筛利用振动电机激振作为振动源，使物料在筛网上被抛起，同时向前作直线运动，物料从给料机均匀地进入筛分机的进料口，通过多层筛网产生数种规格的筛上物、筛下物、分别从各自的出口排出。具有耗能低、产量高、结构简单、易维修、全封闭结构，无粉尘溢散，自动排料，更适合于流水线作业 。

直线振动筛工作原理：

直线振动筛采用双振动电机驱动，当两台振动电机做同步、反缶旋转时，其偏心块所产生的激振力在平行于电机轴线的方向相互抵消，在垂直于电机轴的方向叠为一合力，因此筛机的运动轨迹为一直线。其两电机轴相对筛面有一倾角，在激振力和物料自重力的合力作用下，物料在筛面上被抛起跳跃式向前作直线运动，从而达到对物料进行筛选和分级的目的。 可用于流水线中实现自动化作业。具有能耗低、效率高、结构简单、易维修、全封闭结构无粉尘溢散的特点。最高筛分目数400目，可筛分出7种不同粒度的物料。

直线振动筛使用范围

对粉状、颗粒状物料的筛选和分级，广泛应用于塑料、磨料、化工、医药、建材、粮食、炭素、化肥等行业.

直线振动筛（直线筛）系高效新型的筛分设备，广泛用于矿山、煤炭、冶炼、建材、耐火材料、轻工、化工等行业。直线振动筛（直线筛）稳定可靠、消耗少、噪音低、寿命长、振型稳、筛分效率高等优点。

处

二. 破碎机

1. 对辊破碎机

对辊破碎机说明

对辊破碎机，广泛应用于褐铁矿、赤铁矿、锰矿等矿石干式选矿过程中的细碎作业；工业制粉（磨粉）、化工、水泥、耐火材料、建筑材料、磨料等工业部门的细碎作业。用对辊破碎机细碎各种物料可以避免对矿石的过粉碎，由于对辊没有对混合物料中的细物料进行破碎，所以工作效率极高，电力消耗低。在工业生产中用于细碎瓜米石、绿豆沙石等颗粒矿料或石料。对辊破碎机比一般破碎机械具有更优异的细碎效果，即成品料粒度均匀，细粉量少，运行费用低。本公司设计的对辊采用高锰钢材料，辊面耐磨，使用寿命长。对辊破碎机还是本公司制造的磁选设备和制粉雷蒙磨机的最佳配套破碎机。

2. 鄂式破碎机

鄂式破碎机运行环境：

在将巨大石块破碎成小石块的过程中，第一道破碎机通常称为“主”破碎机。历史最长，也最坚固的破碎机是鄂式破碎机。为颚式破碎机喂料时，物料从顶部入口倒入含有颚齿的破碎室。颚齿以巨大力量将物料顶向室壁，将之破碎成更小的石块。支持颚齿运动的是一根偏心轴，此轴贯穿机身构架。偏心运动通常由固定在轴两端的飞轮所产生。飞轮和偏心支持轴承经常采用球面滚子轴承，轴承的工作环境极为苛刻。轴承必须承受巨大的冲击载荷，磨蚀性污水和高温。尽管此工作环境极为苛刻，颚式破碎机仍需非常可靠地工作，这是保证生产效率的关键一环。

鄂式破碎机工作原理：

鄂式破碎机的结构主要有机架、偏心轴、大皮带轮、飞轮、动颚、侧护板、肘板、肘板后座、调隙螺杆、复位弹簧、固定颚板与活动颚板等组成，其中肘板还起到保险作用。

该系列颚式破碎机破碎方式为曲动挤压型，电动机驱动皮带和皮带轮，通过偏心轴使动颚上下运动，当动颚上升时肘板和动颚间夹角变大，从而推动动颚板向定颚板接近，与此同时物料被挤压、搓、碾等多重破碎；当动颚下行时，肘板和动颚间夹角变小，动颚板在拉杆、弹簧的作用下离开定颚板，此时已破碎物料从破碎腔下口排出，随着电动机连续转动破碎机动颚作周期性的压碎和排料，实现批量生产。

鄂式破碎机性能特点：

1. 破碎腔深而且无死区，提高了进料能力与产量；

2. 其破碎比大，产品粒度均匀；

3. 垫片式排料口调整装置，可靠方便，调节范围大，增加了设备的灵活性；

4. 润滑系统安全可靠，部件更换方便，保养工作量小；

5. 结构简单，工作可靠，运营费用低。

6. 设备节能：单机节能15%～30%，系统节能一倍以上；

7. 排料口调整范围大，可满足不同用户的要求；

8. 噪音低，粉尘少。

徐州诺特化工有限公司

联系人：关志芹

联系电话：13056212065

联系地址：江苏省徐州市和平路64号帝都大厦30F3001

邮编：221009

徐州诺特化工有限公司

是由国家大型企业徐州溶剂厂改制后成立的国家定点的农药化工生产企业。拥有固定资产4500万元。年销售收入5600万元。公司坐落于徐州市贾汪区青山泉白集，占地63亩，地理环境优越，交通方便，环境优雅，是一个较具规模的农药化工生产单位。本公司具有一套完整的公用工程设施。水、电、汽齐全（高、低压配电装置、深井、锅炉等），能充分满足农药，化工生产的需求。

本公司技术力量雄厚，现有科技人员36名，其中中高级职称的有15名，同时有一批对农、化生产操作熟练的的技术操作工人，公司有一座独立的质量检验，化验分析场所，名室布局合理，约有100多平方。有3名专职质检人员及较完整的分析，化验设备。

本公司设备精良，现有一套年产1000吨四聚乙醛原药（原为化工产品）的生产装置。该装置设备、工艺技术先进。该产品是我公司与西安204所自1979年共同研制，86年投产，后经多次技改、是目前国内最大、技术含量较高的生产设备装置。该产品是国家级专利产品，曾多次获得国家、部科学技术进步奖，火炬计划奖。本公司有一套年产2000吨6%甲萘威·四聚乙醛颗粒剂（蜗克星），6%四聚乙醛颗粒剂（蜗特）的自动生产装置。该设备装置目前处于国内先进水平、从原料，到搅拌混合，造粒至振动流化干燥、烘干、筛滤、产出产品，均实现了自动化。公司还有一套年产 300 吨 80% 四聚乙醛可湿性粉剂的自动化生产设备装置。

同时我公司近年来与多家科研院所联合，已开发和正在开发出一系列的农药产品，有些产品正处于申请登记前的资料准备中，不久的将来，本公司将逐渐做大做强，努力达到国内、外市场的要求，为国家做贡献、为企业增效益。

四川施特优化工有限公司

办公地址：成都市武侯区盛隆街七号锦华楼 D座 7 号

电话：028 － 85234995 85352772

传真：028 － 85355375

网址：www.shiteyou.com

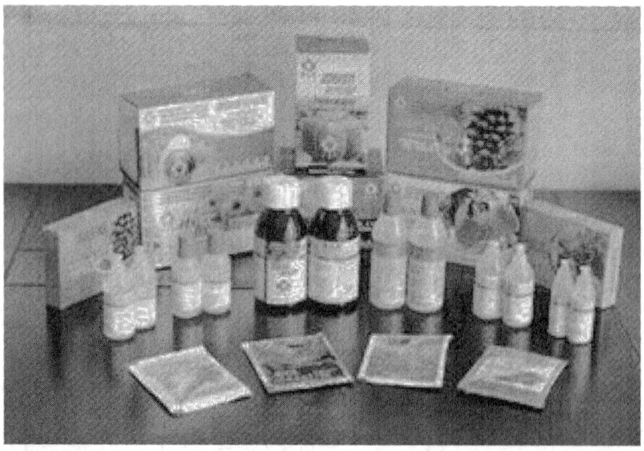

成都施特优化工有限公司创建于 1992 年。于 2012 年 5 月变更为“四川施特优化工有限公司”。公司依托于四川大学的科技和人才优势，是四川大学高科技成果转化平台。公司集科研、生产、销售于一体。具有氯吡脲自主知识产权，是国内首家将氯吡脲作为国内农药新品种登记（LS92543）1992 年）、开发和生产的国家农药定点生产企业。 是从事氯吡脲产品研发的专门厂家。它开创了氯吡脲在中国应用先河；确立了氯吡脲研制、开发、生产的领先地位。二十年来公司产品荣获数十个奖项，例如 1999 年被中国农学会定位为“优质高效农用生产资料”;2004 年第 20 届全国植保会组委会推荐为“无公害农产品生产适用农药” 等。

公司拥有一支经验丰富的专业科技队伍，并与国内多家高校和科研机构建立了密切合作关系，秉承“诚信、务实、奉献”的宗旨，二十年专注于营建一个具有高度责任感的现代化农药企业。公司今后还将不断提高产品的科技含量，力求尽善尽美，与业内同仁一道共同开创我国农用化学事业的美好明天。

产品介绍：果旺牌氯吡脲：

氯吡脲原药　　0.1% 氯吡脲可溶液剂系列产品

广东植物龙生物技术有限公司

地址（珠海）：珠海南屏科技工业园屏西七路一号　　邮编：519060

总机／传真：0756-8699333/8699849

邮箱：geolong8@163.com

广东植物龙生物技术有限公司是国家高新技术企业，国家863高科技计划承担单位，福布斯中国最具潜力中小企业200强。

植物龙以“中国作物生态诱控和高端营养领导品牌、农作物全程植保解决方案创造商、推进生防技术替代化学农药”为战略定位，坚持“开发国内领先优势产品”，走创新之路，在作物生态诱控、高端营养和生物农药研发方面，有国内领先的研发基础和技术力量，是国内农作物诱控营养领导品牌及全程植保技术领跑者。

公司于2000年在国内首家成功合成一种能使农作物大幅度增产、优质和抗逆的新型化学原药——“胺鲜酯”原药，获得国家发明专利，形成企业核心技术；通过十年来不断的创新开发，引领开启了这一新技术在中国农作物高产优质方面的巨大潜能，先后推出“诱控产业”、“根太阳”、“南方果树”、“水稻时代”、“精品农化”五大产业，构筑了宽广发展平台，成为中国最具成长性品牌和最具发展潜力的企业。

公司在国内首创“作物全程植保解决方案”商业模式：为用户提供优势作物从浸种、生根、幼苗到成熟的整个生长期内诱导促长、营养、杀菌、杀虫一条龙技术产品和服务，目前已推出包括香蕉、水稻、柑桔、荔枝（龙眼）、芒果、西瓜、甘蔗、叶菜类蔬菜、果蔬类蔬菜、棉花、苹果、烟草、葡萄、花生、木薯等作物在内的十五大专项作物全程植保技术，产品畅销全国和东南亚市场，为亿万农民带来新植保、新财富、新希望。

公司现有技术专家10人，研究团队25人，还与中科院、中国农大、华南农大、广东省农科院等国内外20多个院校和科研单位建立了合作关系，拥有专家网成员 40 多人；公司每年至少开发出 10 项国内领先的技术和产品。多个项目先后被列入国家 863 计划、国家科技攻关计划、国家农业成果转化资金计划、国家星火计划等，得到国家重点支持。

植物龙已建立起了覆盖全国和东南亚的销售和推广网络，拥有一支从各大农业院校毕业的 60 多人组成的高素质营销推广团队，在珠三角建立了直销网络，公司正力争在未来三年在全国建立 1000 家植物龙品牌店。

公司全面实行 ERP 信息化及 OA 办公自动化管理，企业管理科学高效，流程通畅。公司拥有国家二级质检机构资质，研发中心和质检中心面积达 1500m2，主要设备均从美国、日本进口，为高品质研发生产质控提供了可靠保证。

2011 年，植物龙珠海高栏港经济区新厂区启动建设，规划年产能为胺鲜酯 1000 吨、固体制剂 2000 吨、液体制剂 1 万吨，总产值可达 8 亿元。项目建成后，将进一步奠定植物龙中国农业高科技龙头企业的地位。

植物龙核心经营理念是：在我们认准的领域，锲而不舍开发优势产品，最大限度占领市场空间，尽心尽力服务中国农民！植物龙之路，创新之路、共赢之路、财富之路！

Founded in 1989, Shandong Jingpeng Bio-Pesticide Co., Ltd has developed into a company with total asset of 100 million RMB, 500 employees and 6 branches: Technical Pesticide Synthesizing Company, Pesticide Processing Company, Herbicide Procssing Company ,Plastic and Polyester Bottle Plant, Yantai Jingpeng Bio-Pesticide Research Company and Yantai Jingpeng Fruit Hi-Tech Development Company. Now it is a national designated pesticide manufacturer enterprise integration R&D, manufacture and agrochemical service.

Since its foundation, Shandong Jingpeng Bio-Pesticide Co., Ltd has been depending on her powerful researching strength, aiming to serve agriculture, ,focusing on sophist-icated science and technologhy and has developed a series of products. Now it posse-sses more than 50 knds of products including insecticide, fungicide, herbicide and plant growth regulator. Moreover, it has developed more than 10 kinds of biopesticide and biomimetic pesticide. We are majored in Nitenpyram. Clothianidin. 24-Epibrassinolide. Nicotine and Imidacloprid. These products have met the requirement of developing green agriculture and have won wide popularity in many parts of the world. Its advanced techniques will make a great contribution to China and International plant protection at large. .

We sincerely welcome you to our company for business negotiation of to make an exchange of technology and cooperation, and create the wonderful future for agriculture chemicial together.

山东京蓬生物药业股份有限公司

公司地址：山东省蓬莱市北沟镇

邮　　编：265601

传　　真：0535-5912408（营销中心）

　　　　　0535-5899677（原药部）

E-Mail: jp5911655@126.com

网　址： www.jpyy.com

山东京蓬生物药业股份有限公司创建于1989年，现有总资产1亿元，员工500人。公司下辖原药合成，农药加工，除草剂加工，聚酯瓶加工，烟台市京蓬生物科研有限公司，烟台市京蓬果业高科技发展有限公司等企业，是集科研，生产，农化服务于一体的国家农药生产定点企业。公司自创立以来，坚持以服务农业为己任，依靠强大的科研实力，着眼于尖端科技，锐益开发与创新，不断推陈出新，目前已拥有杀虫杀螨剂，杀菌剂，除草剂，植物生长调节剂等四大系列五十多个品种及生物和仿生物农药十多种。主要原药产品有烯啶虫胺，噻虫胺，24-表油菜素内酯，烟碱，吡虫啉，银果（邻烯丙基苯酚）等。

领先的科技，先进的工艺，志在为中国，为世界植物保护不懈努力。

公司拥有最大的烯啶虫胺原药生产装置，所生产原药国内含量最高，为日本住友等国际知名企业的指定原药供应商。

山东京蓬生物药业股份有限公司热烈欢迎国内外客商洽谈商贸，进行广泛的交流与合作，共创农化王国的美好未来。

西安西诺农化有限责任公司

地址：陕西省西安市灞桥区田王街特字1号　邮编：710025

公司总机：029-83605746　029-83313237

传真：029-83311421

销售部：电话：029-83313875

中国航天·西安西诺农化有限责任公司（以下简称航天西诺）坐落于美丽的古城西安—灞桥航天四院所在地，是国家发改委批准农药生产定点从事农药的研发、生产、销售于一体的航天植保高科技企业；目前公司拥有生产厂房20000平方米，WP制剂生产线4条，EC生产线3条，具备完善的标准实验室及进口的仪器检测设备和健全的产品质量控制体系，年生产能力达3000吨。

航天西诺现有在职员工150余人。大专以上学历占员工总数80%以上，在职研究生6名。公司高层管理5人，中层以上管理人员20人，下设技术部、质量部、生产部、市场部、销售部、采供部、财务部、综合管理部八大部门。

航天西诺始终坚持以“关爱作物 科学植保”为宗旨，“航天科技=卓越品质”为发展理念，“为农业、为农村、为农民、”的“三为”为服务理念，凭借航天科技的支持和与西北农林科技大学无公害农药研制中心，西北大学化学系，西北石油化工研究院，江苏农药研究所等科研单位全面合作，将航天独有的氟硅纳米技术渗透到农药制作中研发的新产品独具特色，形成了以“航天西诺(HTSINO)”，“毒蝎子”、“啶杀特”、“天富”、“航天甲托”“展膜油剂”为代表的品牌产品，这些品牌产品在市场具有较强的竞争力。企业连续三年荣获西安市人民政府颁发“重合同 守信誉”单位、西安市林业局颁发“重点龙头企业”称号。

航天西诺秉承航天科技之精髓，以“团结拼搏，攻坚克难，永不满足，永攀新高”的精神，全面推进市场整合、产品整合，技术整合，大力推进水基质剂型和颗粒化剂型以及最先进的微胶囊剂CS，不断提升企业研发水平和企业的核心竞争力。

河北省农药化工有限公司

电　话：0311-85758709

传　真：0311-85758466

联系人：李艳红

网　址：hbsnh.com

地　址：河北省石家庄市无极城北工业区

公司简介：

河北省农药化工有限公司创建于1999年11月，现隶属于河北省发展与改革委员会。主要从事农药及助剂产品的生产、加工与经营，现有固定资产1000多万元。公司本着“诚信、务实、创新”的精神，致力于开发低毒、高效、低残留农药。产品涵盖杀虫剂、杀菌剂、除草剂等几大类，其营销网络遍及全国。

公司力求在行业中树立可靠信誉，打造优质品牌，通过同科研院所合作，不断改进产品质量，为公司发展提供了坚实基础。本公司愿为您搭建丰厚的利润平台；为农民，农业的丰收保驾护航。

我们愿与各界精英精诚合作，共创明天。

辽宁微科生物工程有限公司

Liaoning Wkioc Bioengineering Co.,Ltd

公司地址：辽宁省朝阳市开发区龙泉大街二段8号

联系人：庞伟

电话：13942176111

辽宁微科生物工程有限公司（原辽宁省微生物研究所实验厂）是国家工信部定点的农药生产企业，是辽宁省微生物科学研究院产业化基地，是辽宁省重点从事微生物研究和产业化相结合的省级高新技术企业和外贸企业。公司主要研发、生产生物农药和生物肥料，年生产能力生物农药3000吨，生物肥料10000吨。

公司2005年成立，占地面积9896.4平方米，注册资金1010万元，现有员工47人，其中研发人员18人，高级职称专业技术人员13人，博士生导师1人，硕士研究生导师2人，美籍科学家3人，加拿大籍科学家2人。公司设有中控部、生产发酵车间、包装车间、微生物研究实验室、生测室、无菌室、天平室、样品室、摇床室、检测中心、菌种保藏室、营销部、国际部等部门。公司先后承担国家科研课题三项和省级课题四项，2008年公司承担的国家863计划，“康地蕾得在北方防治植物枯萎病应用技术及其产业化”（编号：2005AA001500）项目成功通过国家科技部的验收，获辽宁省科技成果奖。

公司自成立以来就十分注重研发能力的建设，致力于新产品的创新与研发，不断联合国内外科研机构和人员研发新产品。依托辽宁省微生物科学研究院和辽宁省分析科学研究院，2010年公司组建了以美籍专家李诗妇博士后、张定博士后为核心的农药研发团队，2011年组建了以加拿大土壤物理学家Rob Janzen博士和张治博士为核心的肥料研发团队，现已成功研发出“15%四霉素母液”、“

0.3%四霉素水剂”和抑制麦角固醇合成的全新化合物WK001杀菌剂以及可来沃®生物有机肥、可来沃®菌剂、梧宁®水溶肥料等产品。其中“15%四霉素母液”比现在的0.15%四霉素含量提高100倍；WK001填补了世界空白；可来沃®生物有机肥、可来沃®菌剂、梧宁®水溶肥料是世界上首个将不吸水链霉菌用于肥料的产品。由于李诗妇博士后杰出贡献，2011年9月27日被辽宁省政府授予“友谊奖”称号。这也是朝阳市唯一获此殊荣的外籍专家。

公司主要产品：

1、微生物源杀菌剂—四霉素

（发明专利证号:ZL200810012503.5）

四霉素（梧宁霉素®）是拥有自主知识产权的高科技产品，其为不吸水链霉菌梧州亚种的发酵代谢产物，内吸性强，杀菌谱广，对作物安全，并具有高效、无药害、不污染环境等特点。可用于防治农业和林业上多种真菌和细菌病害。该产品技术含量高，科学性、

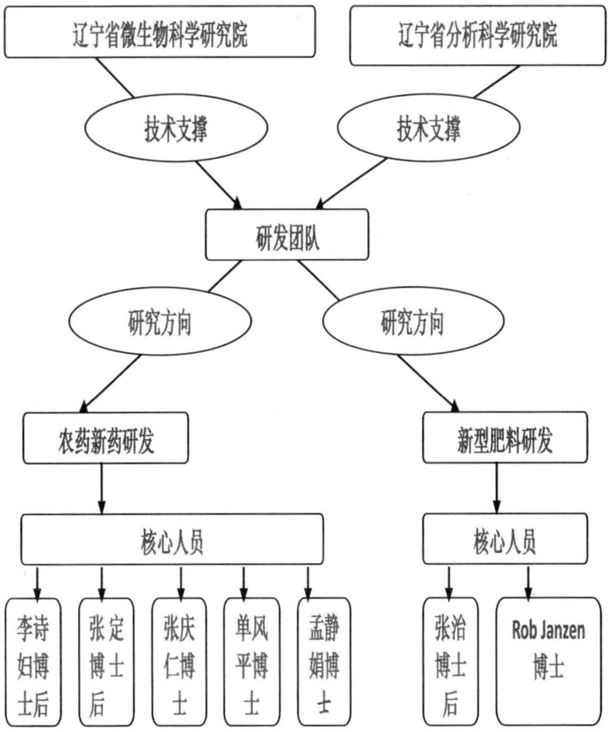

公司研发机构图

实用性强，填补了生物农药应用领域中的一项空白，其成果居国内同类项目的领先水平，曾先后获得“国际优秀成果金奖”、“国家科技成果奖”、“辽宁省科技进步二等奖”、“辽宁全国专利技术金奖”、“吉林省农业科技产品博览会金奖”等奖项。2006年6月被中国森防信息网吸收为入网推荐药剂，2010年被中国化工学会农药专业委员会评定为中国农药杀菌剂50强。“梧宁霉素”品牌先后被授予2011中国农民最喜爱农药品牌、绿色环保首选品牌、中国知名品牌、中国农药市场公认放心品牌、辽宁著名品牌产品称号。

四霉素畅销国内所有省市（除台湾外），并

出口越南、柬埔寨等国家。现已累计推广应用面积超过 4000 万亩，直接挽回农林业经济损失超过 50 亿元。在河南、黑龙江、新疆、内蒙古、浙江等省份都已将该产品列为统购药剂和重大自然灾害贮备药剂之一。四霉素已成为继井冈霉素、阿维菌素后又一农林防护上的重要生物农药。

2、生物肥料

（发明专利号：ZL200910011695.2；国家农业部登记证号：微生物肥（2010）临字（1063）号）

公司生物肥料系列产品是由公司肥料研发团队，微科生物（wkioc）加拿大土壤物理学家张治博士后、Rob Janzen 博士和辽宁省微生物科学研究院利用微生物生态学原理，首次将四霉素后产物中多种菌体蛋白和壳聚糖等有机质为培养基接种不吸水链霉菌，通过生物工程手段历时 6 年研制而成，现已研发出可来沃®生物有机肥、可来沃®菌剂、梧宁®水溶肥料、可来沃®锌肥、可来沃®铁肥等产品。

多年来公司本着“微观立业、科技兴农”的管理宗旨，以“团结、勤奋、高效、创新”的经营理念，受到了社会各界的好评。2006 年，公司被辽省科学技术厅授予“辽宁省高新技术企业”，2008 年公司通过了 ISO-9001：2008 国际质量体系认证和 ISO-14001：2004 国际环境体系认证，2009 年—2010 年，被中国化工学会农药专业委员评定为中国农药企业最具成长性和最具竞争力的百强企业，2011 年先后被中国基本建设优化委员会、中国投资协会和放心农资组委会授予 2011 农民放心农资企业称号和被中国国际名牌发展协会与中国绿色环保循环发展中心评为“绿色环保首选品牌”重点推广示范单位。

“乘风破浪会有时，直挂云帆济沧海”，微科人以锲而不舍的进取心，把握时代赋予的契机，努力开创更加璀灿辉煌的明天！

天津市恒源伟业生物科技发展有限公司

电话：+86-022-88652277, 88652299

传真：+86-022-88610288

电子邮件：hywyswkj@yahoo.cn 邮政编码：300353

地址：天津市津南区津港公路唐津高速出入口

网址 http://www.hywyswkj.com/

天津市恒源伟业生物科技发展有限公司主要致力于高效、低毒绿色植物源农药的研制、开发、生产和销售，主要产品有1.3%、2.0%、3.0%（申报中）苦参碱系列杀虫、杀菌剂。该杀虫、杀菌剂是以野生苦参为主要原料，以先进的萃取技术提取苦参碱，辅以高效助剂。具有高效、低毒、安全、环保无公害等特点。公司近期又投入资金研制出吡虫啉、阿维菌素和功夫菊酯等制剂，现正在申报中。

公司系经国家工业和信息化部、农业部批准成立的国家定点农药生产企业，紧邻天津市滨海新区，座落于建设中的“3D”城之内，交通便利，紧靠唐津高速、津岐路、津沽路、津港路等主要公路干线；公司占地面积23000平方米，一期已投入资金2277余万元，建有厂房、质检中心、研发中心、办公楼等共计8200平方米；拥有目前国内最先进的中药提取、萃取技术，和自动化制剂灌装设备，年产20000吨植物源杀虫、杀菌剂。

公司坚持以人为本，以科技为先导，把创新理念贯穿始终；以服务绿色农业，推广无公害农药、提高全民健康水平为己任。打造高水平的研发团队，引进和培养高级专业人才，拥有多名具有高级职称和中级职称技术人员，并大量引进具有大学本科学历应届毕业生。锻炼和造就了一支专业化、年轻化的销售团队，健全的销售网络和完善的售后服务体系，为客户提供满意的服务。

成都绿金高新技术股份有限公司

成都市科华北路58号亚太广场C座21楼

信息技术部 刘艳 朱新成

028-85228040

成都绿金高新技术股份有限公司的前身为成都绿金生物科技有限责任公司，2006 年 9 月中国宝安集团通过增资扩股成为该公司第一大股东。公司是一家集印楝种植、研发、生产、销售生物农药等经营农资产品的高新技术企业。背靠华南农业大学、四川农业大学等雄厚的师资力量、杰出的合作人才，拥有一支由华南农业大学昆虫毒理研究室主任徐汉虹教授、印楝种植高级专家解培惠研究员等国内知名专家组成的印楝项目专家组；拥有自己的印楝栽培及选育种基地；拥有印楝素提取及生物农药配制的先进设备及加工厂；拥有遍布全国的印楝销售市场网络；拥有一批最新科技成果和独立的知识产权。由中国宝安集团股份有限公司控股，下属有成都绿金生物科技有限责任公司（包括邛崃生产厂）、成都绿金生物科技营销有限责任公司、四川攀西印楝种植有限公司三个子公司。现有职工 65 人，其中高级技术人员 11 人，中级技术职称人员 19 名，初级技术职称人员 17 名，优秀工人 15 名，特聘专家 3 名，是一支学历高、年轻化、科研开发能力强的职工队伍。

永农生物科学有限公司

联系方式：电话 0575-82728868

传真 0575-82728867

公司总部座落于中国最具经济活力城市——温州，自 1988 年创建至今，已发展成集科研、生产、销售和服务于一体的国家级高新技术企业。现有职工 1500 多人，固定资产 4 亿多元，年产值 10 亿多元。成为拥有浙江永农化工有限公司、永农生物科学有限公司、上海永农国际贸易有限公司、山东永农作物科学有限公司的集团化大型农用化学品生产企业。

公司致力于发展有益于环境、有益于健康的优质、高效、安全、无公害的作物保护系列产品；致力于开发可持续发展的新产品、新技术以满足不断增长的市场需要。

现拥有除草剂、杀虫剂、杀菌剂三大系列产

品，产品结构日益完善，自主生产草铵膦、百草枯、敌草快、氟虫腈、甜菜安、甜菜宁、杀扑磷、炔草酸、丙溴磷、毒死蜱和氯氟吡氧乙酸等二十多个原药及50多个制剂品种，其中龙旋风（百草枯）已经成为国内除草剂行业的知名品牌。公司于2008年国内首家推出具有国际最新科技含量的优秀除草剂——百速顿（草铵膦）和甜菜安·宁。 2011年百速顿成为全国农技推广中心重点推荐除草剂之一。

开拓务实的永农人将以最优质的产品、最完善的服务与您共享丰收的喜悦！

通化绿地农药化学有限公司

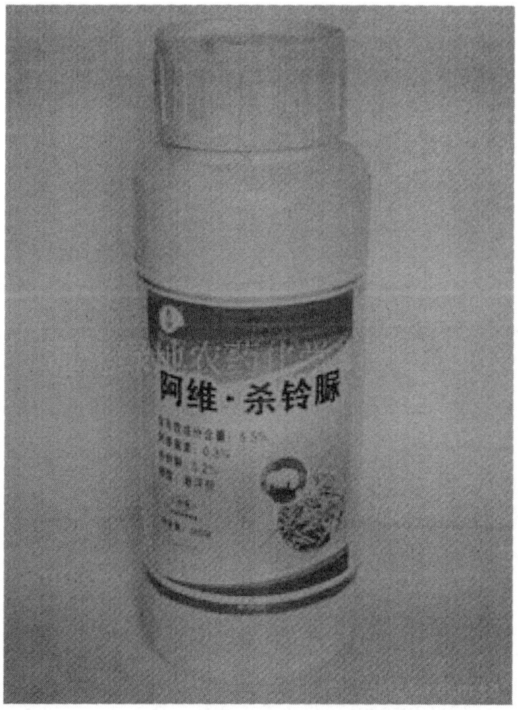

地址：吉林省柳河县柳河镇机场路

电话：0435-3213408；0435-3213409

传真：0435-3213408

电子邮箱：thlvdiny@yahoo.com.cn

通化绿地农药化学有限公司，是由通化市化学工业研究所于一九九九年十月购并柳河三株农药有限责任公司组建的股份制企业，是国家定点农药生产企业，公司占地1.1万平方米，建筑面积1万平方米。现有职工31人，工程技术人员及管理人员20人，其中高级工程师 3人，副教授1人，中级职称 5 人。公司注册资金1000万元，固定资产5000万元。本公司以“北神”牌为注册商标，拥有“原药”生产线”及“悬浮剂、颗粒剂、乳油、水剂”等四条先进的工艺生产线，完善的产品质量保障体系及先进的质量检测设备。生产的品种9个，其中有25%灭幼脲悬浮剂、5.5%阿维·杀铃脲悬浮剂、20%杀铃脲悬浮剂、5%甲拌磷颗粒剂、5%咪草烟水剂、25%氟磺胺草醚水剂、50%2,4D• 乙草胺乳油、40%辛硫磷乳油等产品，公司于2009年通过ISO9001质量管理体系认证证书、ISO14001环境管理体系认证证书。

本公司拥有原通化市化学工业研究所高素质

的研发、生产、技术、管理等人员，继承了以脲类杀虫剂研究开发的技术优势，是国内最早进行苯甲酰基脲类农药研发和生产的企业，先后研制成功的灭幼脲、杀铃脲等脲类杀虫剂的生产量和技术水平均处于国内先进地位，已获得省、市科技进步奖、吉林省优秀新产品奖。目前，本公司产品销售到国内二十几个省市和出口到澳大利亚、南非、乌拉圭、巴基斯坦等国家，市场还在不断扩大。我公司将本着“以人为本、和谐发展、服务三农”的企业理念，继续发挥技术优势，多开发一些脲类新产品及脲类混配产品，进一步致力于无公害农药的生产，努力服务绿色农业，为我国脲类农药在世界农药市场占有一席之地贡献自己的力量。

保定市地芭化工有限公司

地址：保定市清苑县第三工业园区园区路 21 号

联系人电话：13803269824

传真：0312-8012703

我单位主要生产农药复配杀菌剂及植物生长调节剂，因企业改制“保定市化工八厂”更名为“保定市地芭化工有限公司”。同时为

扩大生产，我公司地址由保定市东风东路整体搬迁至保定市清苑县第三工业园区。我公司科研人员，在原有的农药产品霜脲·锰锌（霜疫清）、复硝酚钠（保多收）的基础上，研制开发新型安全高效杀菌剂—50% 丙森·霜脲氰可湿性粉剂，及高效广谱杀菌剂 40% 硅唑·多菌灵可湿性粉剂。农民朋友可以根据作物病害发生情况选择不同的农药。

济南嘉尔信科技有限公司

地 址：山东省济南市高新技术开发区华龙路 28 号智能园 5F

手 机：13406972732 刘先生

电 话：0531-82525927 82525928

传 真：0531-82525926

济南嘉尔信科技有限公司座落于济南高新技术开发区，专业从事自动化包装设备的研发与制造。公司拥有专业的技术和科研开发队伍。公司自成立以来，成功开发出全自动在线式电磁感应铝箔封口机、全自动直列式灌装机、智能气脉冲反应调合系统。产品性能接近国际先进水平，产品广泛应用于润滑油、农药、医药、食品、化妆品等行业。其中智能气脉冲反应调合系统填补了国内空白，为许多国内企业节约了大量的资金。公司拥有山东地区最早从事喷码机技术服务和销售的专业化专业团队，目前有日本 KGK 喷码机、申瓯喷码机、美国伟迪捷（Videojet）、英国威利 Willett 等牌子。我们能够向客户提供各种喷码解决方案和长期的技术支持。

济南嘉尔信科技有限公司凭借其超过 10 年的行业知识和经验，以优质可靠的产品、完善的售后服务体系，在客户中树立了良好信誉 赢得了广大用户的信任和支持。我们会用专业化的知识和不断的创新为顾客创造出更大的价值。

我们热忱欢迎与您的合作，愿我们共同携起手来，共创美好的前程！

河南中威高科技化工有限公司

地址：郑州市农业路东 22 号兴业大厦 B 座 10 楼　　厂址：郑州中牟．中威高科技工业园区

免费服务热线：400-779-1088　电话：0371-65336807（制剂）65336802（原药）

传真：0371-65336809　邮编：450008

河南中威高科技化工有限公司是一家高速发

展的、以"研、产、销"三位一体、以农化为主营的多元化经营实体，是中国首家登记高纯度高品质复硝酚钠原药（春雨 1 号原药）的研制、生产商，是世界第一粒植物营养胶囊生产企业。

中威高科是行业内知名企业，拥有独立的进出口经营权，严格执行《中华人民共和国产品质量法》、《中华人民共和国计量法》等国家产品监督检验和计量保证体系的法律、法规，在企业中推行"全面质量管理（IQC）"，并在 2001 年通过了 ISO9001:2000 国际质量管理体系认证。中威高科的产品分粉剂、乳油、水剂、胶囊、膏剂等剂型，涵盖原药、杀虫剂、杀菌剂、植物生长调节剂、生物制剂和叶面肥几大方面。产品均系列化，针对作物层层呵护，环环关爱，绿色、高效、无公害，其中子弹头系列、神奇胶囊系列、润万物系列、壮美系列、丰产系列、化控系列、彩色肥系列、冲施肥系列、快活林系列、新姿系列、林荫大道系列等优良产品，以显著的使用效果深受全国各地用户的喜爱，获得社会各界好评。截止到 2011 年 9 月，中威高科已拥有 50 多个商标、专利权。

公司先后荣获"中国质量、服务、信誉 AAA 级企业"称号、"中国外贸企业信用体系指定示范单位"称号、"中威"商标被评为"中国著名畅销品牌"、"3.15"河南市场质量诚信评选活动中被评为"质量诚信单位"、中央电视台、河南电视台、《大公报》、《中国经贸报》、《河南科技报》《人才瞭望》等媒体都曾对发展中的中威进行了报道宣传。中威董事长张爱中先生先后荣获"河南省十大新闻人物"称号、"优秀创业企业家"称号。

同时，河南中威高科技化工有限公司拥有国家生物病理学家、旅美博士、教授、中国农科院研究员的专家团队；以提供技术支持、科技服务为主旨，珍视科技信誉，关爱生命健康，保护绿色环境为基点，致力开发、研制高品质植物营养剂。多年来，陆续开发出一系列高质量、高纯度产品：95％复硝酚钠原粉（春雨 1 号）以及春雨 1 号各个单体、春雨 2 号、春雨 3 号、噻苯隆、烯酰吗啉、DA-6、呋喃核苷酸等，其纯度均已经达到国际领先水平。特别是"春雨 1 号"（95％复硝酚钠原粉），获得国内首家生产登记；其独特的高纯度高品质，填补了国内空白，于 2002 年初被法国科技质量监督评价委员会列为向欧盟重点推荐产品。现已出口日本、新加坡、印度、菲律宾、土耳其、马来西亚、越南和中国台湾等地。“春雨1号”被国内外数千家涉及人体医学、美容、畜牧、植保、农林、化工等行业的厂家和科研机构广泛使用，是国际上已公认的绿色化工产品。

2003年9月，经过农业部农技推广中心、全国农业高新技术成果产品交流交易中心等单位的联合评定，春雨1号被列为“第四届全国农业高新技术成果产品交流交易会”重点推介产品，受到农业部农技推广中心主任夏敬源博士、原农业部副部长相重扬、中国农科院植保所所长林举儒教授的高度赞扬和评价。2004年7月，经过河南省农业厅、省农药检定所等单位联合评选，中威春雨1号原药荣获“十佳农药产品”称号。

中威高科技化工工业园区2003年7月开始全面建设，占地50000余平方米，绿化面积达9000平方米，设计建筑面积22000平方米。试验基地面积达到15000平方米，园区环境优美、设施完善、结构布局规范而不失人文色彩，成为当地一道赏心悦目的风景。2004年11月，首期工程顺利验收投入使用。2005年，随着第二期工程的开始，公司斥巨资引进世界前沿的生产监控设备和化验设备，并与国内农业机构和各农业高校权威和专家合作开发新产品、新项目，将工业园区已经发展成国内最大的调节剂基地，实现了发展道路上的又一次飞跃。

2010年10月，中威加拿大分公司NORTH AMERICAN GARDENSENSE NURSERY INC.（北美枫情公司）在温哥华正式成立，中威迈向国际化发展道路。

2012年，中威高科胸怀“中国最大的植物营养剂专家 ，世界最大的植物保健品供应商”的伟大愿景，将一如既往地遵循简单、自然、有效的规则和“精、强、稳、诚、新”的思路，致力于“植物营养剂”和“植物保健品”的研发，让作物少生病、少生虫，增强抵抗力，增加作物产量，保障作物优良品质；倾尽全力让天下的农民朋友喜迎沉甸甸的丰收，为合作伙伴创造财富，让千家万户吃上放心的粮食和蔬菜，为社会的和谐发展贡献力量！

中威全体员工衷心感谢社会各届朋友给予的信任，中威的每一点进步都来。

吉林市阡陌油之田农业科技有限公司

公司地址：吉林省白山市靖宇二道街165号

联 系 人：　杨艳

电话号码:13179074331

网址：　www.jlsqmyzt.com

销售热线：0439-7229079　8778197

吉林市阡陌油之田农业科技有限公司致力于农业高科技产品的开发和农业高新技术的推广工作，公司成立于2009年，公司以诚信为本，靠质量求生存。公司现有员工30人，中专学历4人，专科学历10人，本科学历16人。公司下设技术开发部、市场营销部、供应部、生产部、财务部、办公室。

公司本着“ 团队、拼搏、敬业、创新”的企业精神，坚持“全心全意为农业服务，倾力倾情助农民致富”的宗旨，倡导“以植保技术为核心，以种子、农药、肥料销售为主营业务，以高科技产品开发为发展方向。凭实力推动公司高效快速发展，建成一流的农业技术公司”的经营方针。

我们的专业团队本着做专、做强、做好的经营理念，将以一流的服务、一流的产品打造中国庞大的农村销售网络，搭建农村农资市场的销售平台，真诚希望与业界同行携手，精诚合作，让更多更好的农资产品走进农村，造福我国亿万农民。

公司主要经营：玉米矮壮素，生长调节剂，纳米核能叶面肥，各种人参五味子等中药材用药，各种微量元素，黄腐酸原液等.

新乡市新泰农资有限责任公司

公司电话：86-0373-5096760

移动电话：13782505549

新乡市新泰农资有限责任公司，注册资金50万元，1人独资。创建于公元2008年4月份。位于河南省、新乡市、南环路与黄河大道交叉口，新乡市综合农贸批发大市场（西门口A区1号）。地理位置优越，交通方便。

公司专注于农药、种子、化肥、农机具等各种农业生产资料的批发与零售。现有固定员工4人，现正处于迅速发展阶段，公司愿景远大，立足新乡整个地区不断完善渠道销售。目前，我公司年营业额在120万~200万之间，销售额平均每年递增25%左右。具有较强的销售活力，营业面积200个平方，有明确的经营方向，主次分明，品类齐全，对产品品质有一定的要求。同时较注重服务，现正不断扩大经营规模。

青岛现代农化有限公司

公司联系电话：0532-85253777

QQ：79528416

青岛现代农化有限公司是专业从事农用化学除草剂生产和销售的国家农药定点生产企业。公司始建于2004年，占地面积36000m2，固定资产3000万元，现有员工200人，其中大专以上学历的专业人才 60人。

公司遵循“质量第一，服务至上”“人才为根本，管理出效益”的发展方针 ，企业一年上一个新台阶，2008年经过对原药生产线的改造、扩产，2009年度可以生产烟嘧磺隆原药200吨；氟磺胺草醚及乙羧氟草醚原药200吨。目前拥有烟嘧磺隆、甲基磺草酮专用：A油悬剂砂磨机10台，全自动灌装流水线2条（ 其中一条可灌装铁罐）日产量30T，B粉剂（1气流粉碎机2水平全自动袋装包装机）一套，其它产品用液体袋装自动包装机8台，瓶装全自动灌装流水线3条，已达到百吨的日生产能力。

公司生产的氟磺系列、烟嘧系列、乙羧系列、异噁草松系列产品以稳定的产品质量深受农民信赖。现代农化产品以苗后除草剂和高端杀虫剂为主，苗前封闭和灭生性为辅。其它特色产品有：精喹禾灵系列、高效氟吡甲禾灵、精吡氟禾草灵、莠去津、乙草胺、苯磺隆、苯达松、莎稗磷、41%草甘膦、百草枯、甲维盐、氟虫腈、氟啶脲、毒死蜱等几大系列100多个产品

多年来公司坚持"技术是企业的原动力"，与国内重点农业院校保持充分接触和密切联系，构筑技术战略联盟，提高企业核心竞争力；坚持"创新是企业的永动力"，通过管理创新、技术创新、产品创新、营销创新、服务创新等有效运作，为企业持续而高速发展的整体战略奠定坚实基础。

青岛现代农化作为新型的农化企业，将以"情系三农、服务三农"的信念，本着合作、诚信、共赢、发展的原则，紧紧抓住现代化农业的需求，立足现代农业，着眼现代农村，以"现代"农资服务现代农民！ 2012年是青岛现代农化的"管理、效益"年，现代农化将在董事长郝壮的领导下，在全体员工的共同努力下，将以崭新的姿态出现在大家的面前。2012年任重而道远，青岛现代农化真诚的希望与您携手共创美好灿烂的明天！

天津百胜化工有限公司

联系电话 :022-63139308

位于天津市大港区中塘镇刘塘庄化工区，占地面积16000平米，8条现代化全自动流水生产线，生产车间8座及实验室、化验室、办公室等共5000余平方米。并拥有一支拼搏、务实的技术队伍和现代化的检测设备及具有一定专业知识的生产和销售队伍，现已发展为集科研、生产、销售、服务于一体的现代化农药加工企业。

目前我公司生产能力及可生产剂型包

括：乳油、可湿性粉剂、可溶性粉剂、微乳剂、悬浮剂等多种剂型，年生产能力达3000吨。

本企业为适应现代农业对商品量农药的需求，组建质检部门高起步，一方面购进完整的农药分析设备，如高效液相色谱仪，高效气相色谱仪、微量水分析仪、紫外分光光度计，高精度分析天平、酸度仪、恒温干燥箱等分析、化验仪器，以确保本企业质检工作的高效、准确和产品质量的稳定。

企业本着“德行创业、诚信经营、保证质量、真诚服务”的经营宗旨，以市场需求为导向，加强与客户的合作联盟。我们将以优异的品质、优惠的价格、优良的服务向广大客户提供优秀的产品。

霍州市绿洲农药有限公司

地 址：山西省霍州市大张镇靳壁村南

电 话：0357-5650666

传 真：0357-5650666

E-mail：lvzhounongyao@163.com

霍州市绿洲农药有限公司（原山西霍州市绿洲农药厂）是国家定点的重点农药生产厂家之一，是一家集科研、生产、营销于一体的大型现代化民营企业。长期以来，公司致力于全新植保理念，始终秉承“诚信、团结、拼搏、双赢”的企业精神，坚持以高科技、绿色环保农药为发展方向，形成了务实、专注、超越的企业风格。

在倡导“加强技术创新，发展高科技，实现产业化”的今天，公司凭借先进的农药生产理念，日益凸显出广阔的市场发展前景。面对新的挑战，我们始终坚持“创新为本，科技兴农”的宗旨，以科技求发展，以质量谋生存，以信誉作保障，在不断开拓进取中将公司打造成为一个充满生机和活力的现代化企业。

公司主要经营高效低毒、对环境友好的化学农药，产品涵盖杀虫剂、杀菌剂、烟雾剂、叶面肥四大门类100多个品种，以我们精湛的专业技术为农民朋友打造金牌产品。多年来，霍州市绿洲农药有限公司依靠强大的科研力量，依据我国农业现状所生产的高效产品，深受广大经销商和农民朋友的信赖和欢迎。

商海浮沉，大浪淘沙。一个新的商业时代已来临，一种新的商业精神也正在悄悄弥散开来。这是一个机遇与挑战并存的年代，它砥砺着公司的前进，也见证着公司的发展与奋斗，前进的路上，我们一直在努力。

盐城市汇豪农化有限公司

电 话：86-0515-87515298　　邮 编：224432

网址：http://www.hh87515298.com/

地址：江苏省　盐城市　江苏省阜宁县陈良朝阳路 19 号　传真：86-0515-87515298-

企业简介：　　盐城市汇豪农化有限公司，下设科研机构盐城市汇豪科技研究所，创建于 2003 年初，是以新型农化产品研发、生产、销售和技术服务于一体的高科技企业。本公司坚持以技术创新推动企业发展，视产品质量为企业生命，以创立中国农化产品第一品牌为长远奋斗目标。

徐州农丰生物化工有限公司

电话：0086-0516-87594058

传真：0086-0516-87502058

邮编：221400

网址：www.xznfhg.cv － nz.com

地址：江苏省徐州市贾汪区耿集

企业简介：

徐州农丰化工有限公司始建于 1996 年，是农业部、国家发改委定点农药生产企业，公司占地面积 3 万平方米，现有员工 136 名，各类专业技术人员 24 名。

本公司现有颗粒剂、乳油、粉剂三种剂型。分杀虫剂、杀菌剂八种产品，其中颗粒剂车间有一整套从载体烘干到筛分、混配、包装工艺先进的生产设备；乳油车间有真空泵，混配、包装工艺先进的生产设备；乳油车间有真空泵，混配釜，静置罐和全自动分装生产线：可湿性粉剂有超微气流粉碎机一组和自动包装机等先进生产设备，有完全具备生产质量检测、检验能力的高效液相色谱仪、气相色谱仪、分析天平和紫外分光光度计等各种化验仪器。质量人员全部经省级培训合格后并持证上岗。确保产品质量合格率大100%。

本公司生产颗粒剂、可湿性粉剂、乳油共8个产品，销往全国20多个省市，2005年销售收入1470万元，利税206万元。多年来，企业取得了良好的社会效益，企业多次被评为“徐州市产品质量信得过单位”、“徐州市优秀企业”等荣誉称号。

江苏中旗化工有限公司

电话 0086-025-58375015

传真 0086-025-58375450

网址：www.jszqhg.cv-nz.com

邮编：210047

地址：江苏南京市六合区化学工业园区长丰河路

公司简介：

江苏中旗化工有限公司是国家发改委定点专业从事新型农药等精细化工产品的研发、生产和国际国内销售的高科技现代化企业。公司位于国家石油化工基地－－南京化学工业园区，占地10万平方米。 公司拥有十五年农药出口经验，与多家跨国公司建立了长期原药合作关系。公司现有五十余个国外登记，农药产品畅销四十多个国家和地区，凭借可靠的品质、良好的药效，安全环保的性能，获得海内外客户广泛的认可。

无锡禾美农化科技有限公司

电话：0510-86013163

传真：-0510-86151137

网址：www.chinaruize.com

邮编：214422

地址：江苏省江阴市云亭镇

企业简介：

无锡禾美农化科技有限公司是国家农药生产定点企业，自1995年成立伊始，经过瑞泽人多年辛勤耕耘，公司已形成除草剂、杀虫剂、杀菌剂三大系列五十多个品种规格的产品结构和生产规模，其中乙草胺、丁草胺、苯噻草胺、异丙草胺、莠去津及抗蚜威等品种的生产规模，状态已处于国内领先水平。

溧阳中南化工有限公司

电话 0086-0519-87390137 87394236

传真 0086-0519-87399581

网址 www.lyznhg.cv-nz.com

邮编：213314　地址：江苏省溧阳市上黄镇

企业简介：　溧阳中南化工有限公司创建于一九九二年，中外合资，是国家农药定点生产、江苏省高新技术企业，江苏省民营科技企业。公司重合同，守信用AAA级，银行信誉AA级，通过ISO9001-2000质量管理体系认证。公司座落于长荡湖畔上黄镇，紧邻常溧239省道和宁杭、沿江高速公路，鱼米之乡，交通便利。

十多年来，公司一直奉行“科技创新、质量第一、用户至上”的经营宗旨，重产品开发、重技改投入、重内部管理、重售后服务，长期以来与农业科研院所、省、市县农技推广部门合作，融科、工、贸为一体，先后承担国家级科技项目四项，省级科技项目多项。自主创制成功高效9708表面活性剂，2006年获国家重点新产品，运用该项新技术开发出甲维·毒死蜱、井冈·蜡芽菌、井冈·蛇床素、氯氰·毒死蜱、吡虫·杀虫单、井·噻·杀虫单、噻嗪酮等新型杀虫、杀菌剂，该系列产品喷施于作物，具有很强的润湿性、耐雨水冲刷、延长药效期、提高农药利用率和防治效果，解决了当前农作物病虫害防治中药液粘着力差，流失严重，造成大量浪费和环境污染的问题。《含9708表面活性剂的新农药开发及技术推广体系建设》被国家科技部等四部委定为2008年度农业科技成果转化资金项目。

公司历经风雨磨练，扎扎实实发展，拥有一支高级、中级、技工，老、中、青相结合的技术和管理人才队伍；生产工艺先进，由气流粉碎、粉剂和乳油自动包装设备等形成现代生产线；检测手段齐全，液谱、气谱、电脑程控等重要检测工具一应俱全，使产品质量监督有强有力的保证。

公司十分重视以“质量铸就品牌、品牌占领市场”的策略，大力研发高效、低毒、低残留环保型生物农药。20%甲维·毒死蜱可湿性粉剂，5%井冈霉素A·10亿/mL蜡质芽孢菌水剂、12%苯醚甲环唑·井冈霉素A可湿性粉剂已申请发明专利，前者列入江苏、湖北省植保站，上海市农技推广中心重点推广农药，并为江苏省政府2009年采购支持“三农”的重点农药。

中南人仍将一如既往地遵循“诚信服务，商、企、农三赢的原则”，让经营者致富，让使用者丰收。

盛情邀请广大经销商前来共谋发展，同创辉煌！

黑龙江火龙神农业生物技术有限公司

电话：0451-55893997

传真：0451-55893887

网址：www.hlsny.com

邮编：150221

地址：黑龙江五常市牛家镇火龙神农业园

公司简介：火龙神农业是集复合肥、拌种剂、叶面肥、农药等相关农资产品生产、经营、科研为一体的农资企业。

郑州圣达化工有限公司

电话：0371—56629781

传真 0371—56629781　　　邮编：450000

地址：郑州市金水区德意路 8 号非常国际

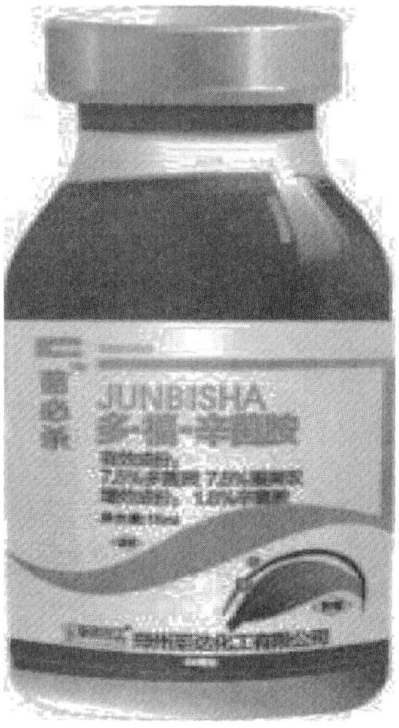

创建于 2003 年，是一家集研发、生产、销售为一体的高新技术企业，公司注册资金 600 万，占地面积 10 万平方米，拥有一流的生产设备，全套的生产检测设备，专门研发高精端杀菌剂系列产品，公司高度的战略定位、先进的管理理念、强大的技术后盾、以高品质的产品、优质的服务，屹立于农化界之林。

公司本着″以质量搏生存、以诚信赢发展”的宗旨和“诚实守信，求真务实，进取共赢”的经营理念，组建了一支集技术、服务、营销为一体的精英团队，经过公司全体人员的真诚和不懈努力，产品已遍及全国各地，并与多家制种企事业单位、农业合作社达成了定向供应合作，并得到了广大经销商和农民朋友的高度认可。

本公司本着以市场为导向，以科技委依托，不断强化管理，调整产品结构，实行全面质量管理，实施品牌战略的经营理念。我们坚定信念，充满智慧，饱含激情，以科技进步，民族发展委已任，始终屹立摘同行业最前沿。

“以质量求生存，以信誉为发展”的企业宗旨，愿与天下有志之士真诚合作，共同发展，一起面对挑战，勇于创新，追求卓越，用勤劳与智慧创造出不凡业绩，真正实现共赢，真正做到服务全球农业。

河南省南阳市丰达农药化工有限责任公司

地址：南阳市潦河农业示范园

电话 / 传真：0377-61520553

地址：河南省南阳市建设西路大官庄街 2 号

邮编：473000

全国免费服务电话：400-6018-326

服务电话：13503776017

销售热线： 18203886088 15938882772

是国家发改委、农业部农药生产定点企业。现有职工 178 人，其中高级工程师 8 人，中初级职称 26 人，营销体系健全。

公司厂区面积 13800 平方米，建筑面积 2000 平方米。生产设备齐全，拥有全自动灌装流水线两套（50-100 毫升），多针头灌封机 26 台，口服液、西林瓶灌装机 16 台，年生产能力 5000 吨以上；化验检测设备先进，达到国家要求水平。

公司生产有杀虫剂、杀菌剂、激素、微肥等数十个品种，产品畅销山东、安徽、江苏、江西、浙江、湖北、湖南、广东、广西、云南、贵州、四州山西、陕西、河北、河南等省市。

河南省安阳市农星农化有限公司

地　址：河南省滑县白道口镇东开发区 --45 号

电　话：0372-8498345

传　真：0372-8498258

邮编：473000

邮　箱：aynxnh123@163.com

网　址：http://www.aynxnh.com

始建于一九九二年。其前身是安阳市滑县华日农药厂，是一家专业生产烟剂的厂家，主要研发高新技术无公害绿色环保型产品，公司的科学管理制度，雄厚的技术力量，严谨的质量体系，完善的售后服务，塑造了良好

的企业形象。多年来，公司生产的杀虫烟剂、杀菌烟剂、冷库保鲜烟剂赢得了广大农民朋友的厚爱。

大棚杀虫烟剂：公司集众厂家之长，结合全国各蔬菜基地病虫害发生制特点，选用进口原材料、特种杀虫基因活化剂，精心复配而成。熏杀各种棚室的白粉虱、蚜虫、螨虫、蓟马等害虫，效果独特，高效彻底干净。 大棚杀菌烟剂：公司生产的杀菌粉剂，疗效显著，尤其是最近研发的烟剂产品，对霜霉病、灰霉病、白粉病、菌核病、水烂花，早晚疫病等病害均疗效显著。

冷库保鲜烟剂：本产品一九九七年获国内贸易部科技进步三等奖，是国内第一家通过原化部鉴定为蔬菜水果专用高效保鲜剂（霉得克烟雾剂）烟雾浓渗透性强，杀菌防护效果好，本产品符合无公害要求。

河南省安阳市农星农化有限公司紧邻新濮公路，座落在历史悠久的白马坡之上，交通便利、环境优美、地理位置优越，竭诚欢迎新老朋友光临惠顾、加工定做、精诚台作、共谋发展。

郑州德固马克邦迪化工产品有限公司

地址：郑州市三全路第九城市 A 座 1018 室

电话：0371—63982608 65258632

传真：0371—63982608

邮编：450000

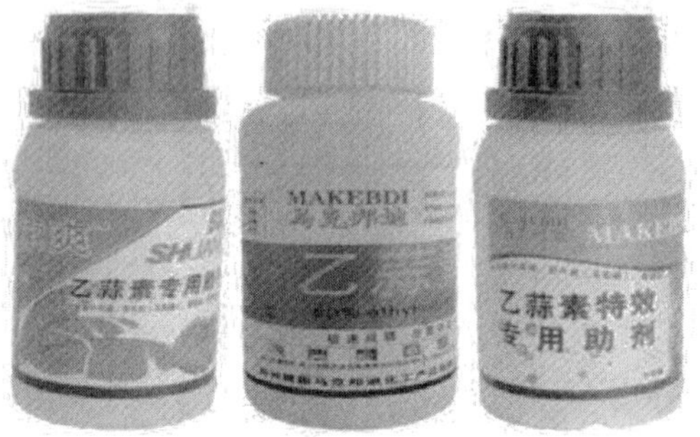

郑州德固马克邦迪化工产品有限公司是国家农业部定点生产企业．公司集科研，开发，推广，生产，销售，技术咨询于一体。具有环境优良的厂房，现代化的生产设备和仪器完善的实验室。现有高级工程师 6 名，研究生 8 名，本科以上的学历占公司 60% 以上。公司根据南北方的不同种植结构，从实际出发，依靠自己的专业人才和值保技术精心开发出一批科技含量高，适销对路的农药新产品，产品涵盖杀菌剂，杀虫剂，生长调节剂，叶面肥，冲施肥五大系列 100 多个品种，多元化的产品结构，全方位的营销策略让马克邦迪人诞生一个信念“诚信为主，以质取胜”全心全意服务全国三农事业。

开封市种衣剂厂

地址：开封市东京大道中段

• 联系电话：0378-2811333

• 移动电话：15039001888

• 传真号码：0378-2822240

•E-MAIL：kfblzyj@126.com

• 网址：www.kfblzyj.com

邮编：475000

我厂创建于 1992 年，是国家定点种衣剂生产厂家。设备精良，工艺先进，技术力量雄厚，产品三证齐全，并建有完善的质量保证体系，具有国内同类产品领先水平我厂生产的小麦、玉米、花生、棉花、水稻、大豆、蔬菜等作物悬浮种衣剂，是引用欧美最新科学配方，经实践改良而成。该种衣剂干燥快，成膜好，不脱落，抗分层，抗沉降，具有较好的商品外观。 对小麦、玉米、棉花、花生苗期病害和地下害虫有较好的防治效果，并能促进出苗、生长、达到苗全，苗壮的效果，深受用户的信赖。

河南省中裕科技有限公司

电话：0371-67618887　　邮编：450000

地址：郑州市中原区岗坡路 5 号

公司简介成立于 1996 年的河南省中裕科技有限公司已有壹拾叁年历史，河南省中裕科技有限公司位于环境优美河南省郑州市中原区；主要经营生产销售腐植酸系列产品；员工人数约为陆名，注册资金为贰億（万元）人民币，河南省中裕科技有限公司竭诚以雄厚的技术，优良的质量，实惠的价格，可靠的信誉赢得广大客户的好评.

平顶山市益农科技有限公司

电　话：0375-5186166

传　真：0375-5192599

地　址：河南省郏县城关镇龙山大道东段

邮　编：467100

到 2004 年 5 月份正式成立。至今直营店有 4 家连锁超市，加盟店现有 100 家。 现拥有一批专业管理人员，并于 05 年 5 月成立小规模物流配送。绿色产品世纪首选，您的满意是我们永恒的追求，是我们福海绿源商贸有限公司的服务宗旨。欢迎加盟，诚接厂方代理。

公司坚持〞利国、利民、利友、利已〞的企业宗旨，〞诚信为本、质量为魂〞的经营理念，〞诚信、祥和、高效、守时〞的经营原则，〞诚实做人、认真做事〞的行为准则，〞真诚、周到、及时、圆满〞的服务标准，并精心地经营着福海绿源商贸有限公司。〞福海绿源〞用智慧和汗水培育出一个响亮的品牌 --- 〞福海绿源〞以精品之作赢得了商户始终不渝的信赖。经数年的奋斗，于二00 五年九月被评为祖国经济建设所做出的贡献，特颁发共和国经济建设功勋人物荣誉证书，同时在人民大会堂与国家领导孙浮凌等亲切慰问的鼓励下，根据二 00 六年统计数，浙江丽水在京开超市将达 2 千余家，福海绿源商贸有限公司大力推出欢迎连锁加盟，特优惠政策真诚为老乡超市服务，走向正规化、规范化，为北京繁荣经济，在二 00 八年之前要达到 800 余家超市连锁店争取面向全国，甚至走出国门。建立小配送外围已有 500 家配送网络超市，诚接厂方商品代理。 公司理念公司坚持〞利国、利民、利友、利已〞的企业宗旨，〞诚信为本、质量为魂〞的经营理念，〞诚信、祥和、高效、守时〞的经营原则，〞诚实做人、认真做事〞的行为准则，〞真诚、周到、及时、圆满〞的服务标准，并精心地

安阳全丰生物科技有限公司

电话：0372-3723308

传真：0372-2713777

邮编：455000

网址：http://www.ayquanfeng.com/

地址：河南省 安阳市 安阳市北关区韩陵工业园区创业大道中段

企业简介：安阳全丰生物科技有限公司原药公司系全丰农药集团全资子公司，公司多年来专业从事植物生长调节剂的生产与研发。原药公司现拥有矮壮素、多效唑、萘乙酸、胺鲜酯DA-6、氯吡脲KT-30、乙烯利、复硝酚钠、烯效唑、吲哚丁酸钠等9条先进的植物生长调节剂原药生产线和杀虫剂除虫脲原药生产线，其中矮壮素和DA-6为国内产能最大的生产基地。

产品畅销全国近30个省份，部分产品出口欧盟及东南亚各国和地区。2009年公司的全丰牌50%矮壮素水剂产品被河南省技术监督局授予“河南省优质产品”称号。原药品牌“全丰”已经成为植物生长调节剂领域著名品牌，“全丰”商标被评为“河南省著名商标”。

全丰原药公司一如既往，为广大客户提供优质的产品和周到的服务，为中国的植物生长调节剂行业做出更大的贡献。热忱欢迎广大国内外朋友参观洽谈，期待与您的精诚合作。

睿智益农化工有限公司

电话：0371-86029716

传真：0371-86029716

邮编：450000

地址： 郑州市郑东新区金水路与聚源路交叉口中凯华府·金座515、516室

睿智益农化工有限公司成立于2007年，在竞争激烈的市场上，睿智益农化工有限公司始终凭着团结奋进，开拓求实的拼搏精神从小做起，睿智益农化工有限公司以质量第一，服务至上为宗旨，凭借专业的服务，以及全体员工的勤奋努力，有了更深一步的发展，建立了产品、运输、销售一体化跟踪步伐。公司自成立起，就开始走向市场，依靠睿智益农化工有限公司对经营积累下来的经验和对外树立的良好企业形象，积极开拓社会市场，加大对外经营力度，随着市场经济的不断发展，公司以提高经济效益为工作中心，以开拓市场为发展策略，通过加强组织领导强化内部管理；改进经营模式；调整产业结

构等措施，充分发挥自身在园林绿化方面的优势，立足市场，厚积薄发，公司以“团结奋斗，开拓创新，质量第一，信誉至上”的企业精神，全心全意为客户服务，取得了显著的经济效益和社会效益，从而形成一个符合公司自身特色的园林产业模式，获得广大客户的一致好评。为了发展，睿智益农化工有限公司曾南下北上，在事业的版图上努力跋涉，为了发展，睿智益农化工有限公司义无反顾，始终在市场的浪尖上挑战自我，当整个行业环境的脉搏悄然发生变化之时，“睿智益农”脉依然强劲。“睿智益农”的脚步依然稳健，因为在睿智益农化工有限公司身边有太多支持关注睿智益农化工有限公司，同样志在高远的朋友，有太多拥有同样梦想，奋力拼搏的同仁，“积力之所举，即无不胜也。众志智之所为，即无不成也。”意思是说：前行的道路上，睿智益农化工有限公司会继续辛勤深耕。

河南农业大学生物化工实验厂

电话 0371-65659550

传真 0371-65659807

地址：河南省郑州市东风路

电子信箱：ndbs@163.com

始建于1989年，是河南农业大学校办高新技术企业，现拥有农大•博士、地卫士土壤处理剂两大生产基地，是一家集科研、开发、生产、推广于一体的科技型企业、是国家发改委、农业部农药定点生产企业，农业部全面质量管理达标企业。河南农业大学农药研究中心和河南农业大学地下害虫研究所是我厂的产品研发机构，我厂以“振兴校办企业，服务农业生产”为己任，及时把河南农业大学的最新科研成果转化为生产力，把专家教授的创新技术推广应用到生产第一线是我厂义不容辞义务和责任。二十余年来，我厂专注于杀虫剂、除草剂、土壤处理剂的研发、生产和推广

德强生物股份有限公司

地址：哈尔滨市开发区哈平路集中区大连路18号

电话：0451-86813388

传真：0451-86813388

邮编：150060

邮箱：deqiangshengwu@163.com

（原黑龙江强尔生化技术开发有限公司）成立于1998年，是由黑龙江德强实业集团有限公司、中国科学院成都生物研究所等共同出资设立的主营生物农药的国家高新技术企业。公司是国家发改委定点生物农药生产企业，国家高技术产业化示范工程、国家高新技术企业、有机农业生产资料供应商、行业标准制定单位。公司位于黑龙江省哈尔滨市开发区哈平路集中区大连路18号，占地5万平方米，建筑面积1.8万平方米，是集研发、生产、销售为一体的、国内拥有综合性生物防治技术和产品的龙头企业。公司是全球最大也是唯一的宁南霉素生产厂家、枯草芽孢杆菌制剂生产水平世界领先，是中国唯一工业化生产销售淡紫拟青霉企业。

公司现有员工近300人，年销售额过亿元。公司拥有国内一流的生物农药研发中心、现代化的生产装备和技术营销队伍。公司是黑龙江省生物农药工程技术研究中心，与国际顶级研究机构——俄罗斯全俄植保所、全俄微生物研究所建立合作关系，是该所在中国唯一的科技战略合作伙伴；与中国科学院成都生物研究所联合组建生物防治研究开发中心；与国家南方农药创制中心（上海）联合成立国家级微生物研发中心；与黑龙江省微生物研究所、厦门大学生命科学院、沈阳化工研究院、中国农业大学、东北农业大学等科研机构及院校建立起密切的合作关系。公司拥有国际一流的以中国工程院院士沈寅初为首席科学家，以俄罗斯科学院院士、全俄植保所、全俄微生物研究所所长弗拉基米尔·阿里克谢维奇·巴弗柳申为专家的汇集国内外10余位顶级生物农药专家的技术委员会。公司具有年产万吨的生物农药生产能力和国内最先进的生物农药中试车间。公司拥有覆盖全国32个省、直辖市、自治区成熟的市场销售网络，以技术营销和品牌营销、价值营销为根基，以全程生物解决方案为模式，以技术指导和田间推广为载体，在农业林业多个板块服务广大中国农民。同时公司积极拓展海外市场，已先后在越南、泰国、韩国、印度尼西亚、秘鲁、土耳其等国家和地区实现销售，并建立起长期稳固的合作关系，为企业走向国际化打下坚实的基础。

专业创造成功，专注铸就辉煌。公司在十三年发展历程中，始终以"专注生物农药，服务绿色农业"为经营理念，以"传承社会责任、致力生态文明"为使命，以"成为全球最具价值生物农药品牌"为愿景，以"厚德不欺、自强不息"为企业精神，以生产高效、广谱、安全、环境友好生物农药为导向，致力于保障安全百姓食品安全和生态环境安全。

目前，公司已按现代化企业制度要求，实施了战略性资产结构重组，将以崭新的姿态和形象，登上中国资本市场舞台，谱写出壮丽的企业发展新篇章！

武汉武大绿洲生物技术有限公司

地址：武汉市东湖开发区高新大道888号

邮编：430206

电话：027-87227629转8051

传真：027-87393703

邮箱：bgs@wdlz.com.cn

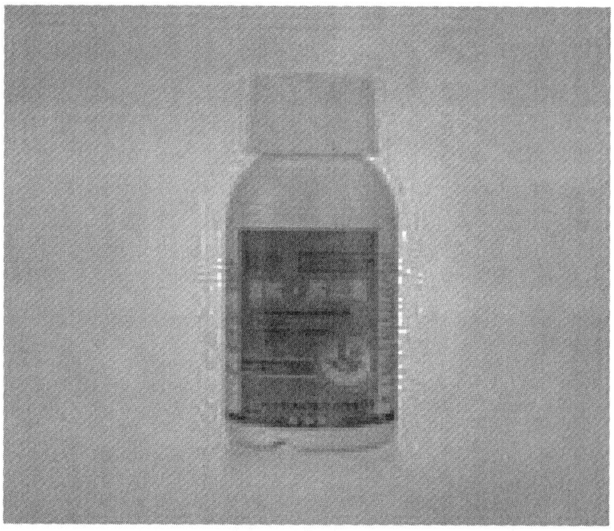

由武汉大学生命科学学院教授胡远扬（原武汉大学生命科学学院院长）、尹宜农、朱应、郭开朗等多人于1999年3月共同创建。公司自成立之初，便与武汉大学生命科学学院结成了科研战略合作联盟。2011年4月，武汉大学／武大绿洲生物技术有限公司联合研发中心在武汉大学生命科学学院正式挂牌，该中心的成立为武汉武大绿洲生物技术有限公司提供了强大的科技支撑和发展动力。与此同时，公司还与华中农业大学、中科院武汉病毒研究所、武汉市蔬菜科学研究所等国内顶级生物科研院所签定了长期合作协议。在加强与各大科研机构合作的基础上，公司还组建了以武汉大学生命科学学院特聘教授朱应为首的，包括多名中国科学院、中国工程院院士在内的科学家顾问团队。其中，两位专家曾参与昆虫病毒农药行业标准的起草，一位专家为昆虫病毒农药行业标准的评定人之一。

雄厚的科研实力打造了无可挑剔的生防产品。公司产品涵盖水稻、蔬菜、茶叶、棉花、小麦、瓜果、森林和城市卫生害虫防治等多个领域。其中，7 项产品为自主创新、世界领先。公司产品绿色环保，高效安全，是国家出入境检验检疫系统指定使用产品，是全国有机食品基地、绿色食品基地、出口农产品和无公害农产品基地的重点推广与首选生物农药产品。在农业部向全国推荐的 6 个微生物农药中，武大绿洲独占 5 个。

十多年市场竞争的洗礼，武大绿洲已发展成为国内昆虫病毒新型生物农药产业中产品种类最多、覆盖范围最广、生产能力最大的标杆型企业。公司目前承担了国家发改委“年产 5000 吨昆虫病毒新型生物农药产业化”项目，该项目同时也是国家科技部“十二五农村领域国家科技计划 863 项目”。

武大绿洲对推动我国生物农药产业发展做出了突出的贡献，备受社会肯定，先后被评为“湖北省高新技术企业”、“守合同重信用企业”、“湖北省农业园区十强企业”、“湖北省重点培育企业”、“湖北省农业科技创新示范企业”、“中国农药企业最具竞争力 100 强”、“湖北功勋企业”、“农民放心农资企业”、“农资质量信得过企业”等。

2012 年 6 月，深圳银星集团对武汉武大绿洲生物技术有限公司注资 1 亿元人民币，共同致力于发展我国绿色农药事业。在资本杠杆的撬动下，公司进一步加大了研发力度，开发生物农药新品种，增强绿色防控实力，拓展绿色食品示范基地，从而打造以生物农药为主导、绿色防控技术为支柱的综合防治体系，为发展绿色经济，建设两型社会做出应有的贡献。

武汉诺威特农业技术有限公司

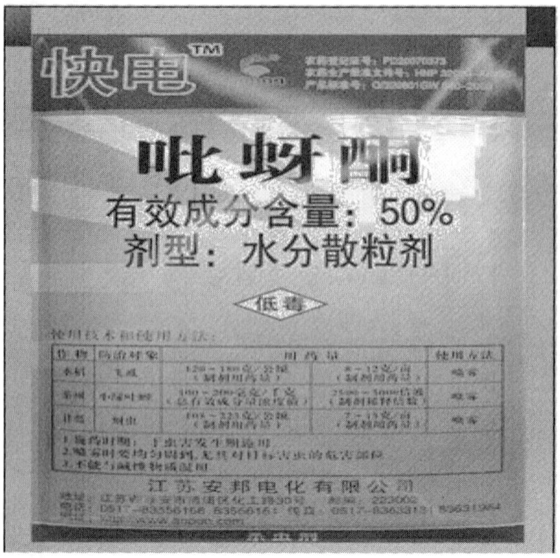

致力于农业技术服务，专注于持续发展新产品、新技术，以满足不断增长的市场需求，帮助农民提高农作物产量和经济收入。

诺威特是农业部定点微肥生产企业，有多个产品登记。诺威特是丹麦诺威特国际化工集团授权中国产品分装代理商，现有【20%丹乐硼】【15%丹力硼】【45%佳乐硼钾】【15%佳粒硼】【35%佳乐锌】【25%佳粒锌】【25%满粒锌】【60%丹力金钾】【60%美康】等多个硼肥和叶面肥料系列。

08年诺威特引进推广纯天然强壮剂，穗满多、粒粒美系列产品，经过几年大面积推广应用，在湖北、安徽、河南、湖南等地得到农民肯定。

武汉诺威特农业技术有限同时还是江苏安邦电化有限公司25%飞电、50%快电、50%双电、以色列马克西姆化学公司“道立锋”湖北代理商。

电话：027-86712142

传真：027-86717093

邮编：430000

地址：湖北省武汉市武昌区友谊大道万科金域华府2栋4单元102室

延边春雷生物药业有限公司简介

延边春雷生物药业有限公司是以生产农用抗菌素为主的民营企业、其前身是延边农药厂，创建于1972年，主要产品有多抗霉素、春雷霉素、稻洁、猎霜等安全、高效、低残留生物农药。是我国为数不多的生物农用抗菌素的生产企业。

延边农药厂于2000年进行改制，成立延边春雷药业有限公司。改制后的延边春雷药业有限公司，致力于科学管理和集约化经营，不断提高产品技术水平，巩固和扩大销售市场的同时，加强与中国科学院、中国农业科学院等国家级科研单位的联系和合作，研制开发了新多氧霉素、猎霜等国内领先水平的生物农药系列产品。使用企业自有资金1300万元对原有生产线进行了优化改造，使企业工艺技术装备水平有了较大幅度的提高。公司主导产品多抗霉素、春雷霉素、稻洁等生物农药，对人畜和环境不产生任何影响高效无公害，因此倍受广大农民用户的青睐。产品曾多次获得吉林省、北京市等省市优质产品称号，被中国绿色食品发展中心推荐为AA级和A级绿色食品生产资料，并被农业部列为全国无公害农产品生产推荐农药及上海市蔬菜标准化工程首推杀菌剂。2000年11月在泰国曼谷21世纪农牧业科技成果博览会上，春雷霉素荣获优秀产品金象奖，多抗霉素、春雷霉素于2003年2月获吉林省名牌产品称号， 2003年10月15日多抗霉素又被国家烟草总局列为烟草农药使用推荐用药。随着生产能力的提高，新公司的销售工作也迈入了新的台阶，2004年迎来了产销两旺的大好形势，主要经济技术指标均突破了历史最好水平，规模效益有了明显的提高。公司在各级领导部门的大力支持下，2005年生产形势也呈现出了可喜的发展势头。

在不断完善老产品的同时，我公司又从中国农科院引进了白僵菌、绿僵菌及大豆保根菌剂等生防制剂项目，该项目被国家计委列为国家高技术产业化示范工程项目。

我们将不断地与各大专院校、科研部门合作，拓宽产品发展领域，在杀菌剂、除草剂、杀虫剂、生物肥等全方位发展，建成我国北方生物农药生产基地。

电话：0433-2450116

传真：0433-2613125

通讯地址：吉林省延边自治州延吉市新兴街兴城胡同391号

邮政编码：133000

山东东方农药科技实业公司

山东东方农药科技实业公司简介 1993年，发展中的山东省农药研究所率先迈出成功的一步，山东东方农药科技实业公司宣告成立，它标志着农药研究所步入了市场经济时代，凭借自身的技术优势，走科工贸一体的自我发展道路。山东东方农药科技实业公司，系化工部定点的农药生产企业，拥有先进的生产设备，一流的检测手段和雄厚的技术力量。公司坚持以农药研究所的技术优势为依托，以高科技产品为主导方针，牢固树立“质量第一，用户至上”的宗旨，积极开拓市场，供应农业急需的农药品种。公司现有固定资产800万元，占地面积约30万平方米，厂区占地面积约3000平方米，职工80余人，其中高级工程师16人，中级工程师10人，技术人员12人。目前主要生产杀虫剂、杀螨剂、杀菌剂、除草剂等系列的四十多个品种，在全国二十多个省市建立销售网络，年销售额居全省同行业前列。我们在产品的开发、生产、推广应用上创立了自己的品牌——“东冠牌”。我们凭借着企业的诚信、产品的质量、完善的服务赢得了农民的赞誉，赢得了企业的飞速发展。面对竞争日益激烈的农药市场，我们始终坚持：以科学为先导，视质量为生命，以管理创效益，以信誉为保障，以创新求发展，努力使自身成为一个具有无限生机和活力的农药生产、加工、销售的现代化企业。未来的东方公司，将在挑战中抓住机遇，在竞争中力求发展。

地址：北园大街234号

电话：0531－8631838

传真：0531－8631838

邮编：250100

上海永众农资有限公司

公司创建于2002年1月，注册在上海浦东新区孙桥现代农业开发区内，是一家专业经营代理农药销售及新技术服务的农资民营企业，具有合法农资经营许可资格。在中国改革开放、市场经济涌动的浪潮中诞生并走向发展壮大。企业重视管理、以理性化的发展观，通过3年多的艰苦创业，现已成为上海乃至周边地区的知名农药销售企业。是上海地区本土化经营的农贸企业中规模最大、配送能力最强、品种最全、管理先进的企业。公司具有完善的上海地区客户网络，拥有近千家的基层客户，代理经销国内外农药品规1千多个，自行研发并全国总代销销售的品种30多个，2千多平房的仓储设施。在职员工近40人、具有高级职称2名、中级职称3名及多名具有本科学历的技术专业人才。资金实力雄厚，拥有十辆物流配送和新产品推广专车，公司自身拥有一支懂技术、精营销的新产品推广专业团队，年销售额达6000多万，其中新产品销售额达2000多万。国内外知名农药企业品牌均在本公司设上海地区营销总代理。公司与国内外知名农药企业；先正达、巴斯夫、拜耳、杜邦、深圳瑞德丰、诺普信、惠州中迅、青岛奥迪斯、浙江新安化工等等保持着良好的业务合作关系和较高业务贸易额。

公司以电脑化管理、网络化物流配送为基本运营模式、树立以客户为中心的服务观念。公司以“快捷的优质服务、合理的价格体系、齐全的优质品种、配套的技术指导”为四大发展基点。朝着现代农资物流型企业模式发展，去抗衡中国入世后农资商贸领域国外资本入驻后的挑战和竞争。

公司讲诚信、重品质，积极推崇高效低毒、无公害绿色环保新农药的引进和应用。永众营销理念：提供高品位的商品资源、高质量的综合服务、高效益的市场环境，给客户带去最大的利益，让客户通过与我们的合作获得最大利益，并科学合理地为农民解决病虫草害防治问题。

永众的发展方向：服务化、技术化、务实化、全国化的永众！

永众的目标：以人为本，员工、企业和社会和谐发展！

电话：021-62278784

传真：021-62776196

邮编：200000

地址：上海市浦东新区机场镇镇江路556号

安徽铜陵福成农药有限公司

安徽省铜陵福成农药有限公司是一个集研发、生产和销售为一体，以农药剂型业务为核心的国家定点农药制剂企业。公司坐落于铜陵市金桥开发区，地理位置优越，寓于皖江经济圈内，位于长江黄金水道南岸，紧邻芜铜快车通道和沿江高速公路，水陆交通便利。

公司成立于2002年元月9日，目前，公司产能达2亿元以上，生产检测系统完善，乳油年生产能力达 2000 吨，水剂年生产能力达 3000 吨，粉剂年生产能力达 1000 吨，水乳剂年生产能力达 300 吨。先后开发出 33 个农药产品和有机硅助剂及有机肥水溶肥料。剂型包括乳油、水剂、水乳剂、可湿性粉剂和悬浮剂及水分散粒剂等。产品包括杀虫剂、杀菌剂和除草剂等各类农药。

公司建立起了比较完整的销售网络系统，现在正向纵深推进，不断细化市场操作，大胆创新，将深度分销工作和样板市场打造深入推进。

公司在成长过程中，沉积了独特的福成企业文化，建立了一整套能够充分调动各岗位员工积极性的、激励和约束相结合的收入分配制度，形成了人人有压力、人人有动力的局面，实现了企业管理的信息化，公司今后的发展中将以科技创新和品牌化为中心，以资本化为依托，快速推动企业又快又好的发展。

“诚信、合作、共赢、发展”是本公司的经营宗旨，发展壮大的福成竭诚欢迎广大客商携手共创美好未来。

联系电话：0562-8727032

传真：0562-8727191

邮编：244000

联系地址：铜陵县钟鸣镇丰泉东路

成都市一心化工有限公司

一心致力于生产和研发全水溶全营养多元肥， 包括利宝多、肥力丰等知名品牌。我们聘请国内外资深化学、农肥和农药专家， 采用国外最新配方， 以确保一心产品与众不同。

从公司成立以来， 一心高度重视产品质量和服务。 我们已获得美国 UL 公司的 ISO9001 质量体系注册， 并通过中国质量认证中心的 ISO9001 质量认证。 我们严格按照 ISO9001 质量体系生产产品， 并精心仔细检查原料质量以保证高品质的一心产品。

一心产品已销往 40 多个国家和地区， 深受国际客户的认可； 同样优质的产品在国内各地销售， 深受广大用户的欢迎。

另外我们还与研究院校一起开发了螯合铁

ABC 干粉灭火剂以及高性能导电粉末

成都市一心化工有限责任公司下属两家合资企业：

什邡一心化工有限公司

电话：0086-010-87678103

传真：0086-010-67656159

邮编：100000

地址：北京办公室：北京市丰台区方庄南路 58 号晶城秀府 1-5-402

天津市迎新农药有限公司

天津市迎新农药有限公司，始建于 1965 年，是国家化工部农药定点企业，是以生物农药研发，原药生产合成，复配制剂加工，农药进出口，技术推广服务为一体的综合性公司。公司现位于天津市津南工业开发区内，现有员工 320 人，其中高、中、初级工程师 38 人，固定资产 1500 万元。公司现已形成以杀虫剂为龙头，杀菌剂、除草剂为两翼，以原药和植物调节剂为补充的成熟的产品结构。“打造质量稳定型、效果精确型农药制造企业”是迎新人明确的企业定位；“质量第一，信誉至上，服务三农”是迎新人一直恪守的宗旨；视用户为上帝，以农民做朋友，以规范化的商业运作是迎新人铸就“迎新农药”品牌所要走的路。

迎新科技—你身边的农药专家，在新的市场竞争形势下，全体迎新人将以全新的姿态，全新的面貌迎接新的发展机遇与挑战。

地址：天津华苑产业园鑫茂科技园 G 座 C 单元 4 层

销售电话：022-83713966 公司传真：022-23857411 公司邮箱：yingxinny@126.com

官方网址：www.tianjinyingxin.com

邮编：300000

杭州南郊化学有限公司

是杭州市一级工业企业、文明生产单位。经过二十多年的艰苦创业，公司现已发展成为拥有固定资产近四千万元，年产值逾八千万元，主要生产农药、精细化工中间体以及食品添加剂、生物医药中间体等产品的化工企

业。公司下属七个分厂，占地 6.8 万平方米，

现有职工 383 名，其中包括高级顾问及工程师在内的各类技术人员 45 名。公司拥有先进的生产设备和检测仪器，并成立了专门从事新产品研究与开发的厂办研究所。竭诚欢迎国内外新老客户莅临指导！

电话：0571-86616840

传真：0571-86612454

邮箱：310053

地址：浙江省杭州市滨江区浦沿镇

浙江浙江瑞利生物科技有限公司

（原浙江省台州生物农化厂）是原化工部和农业部定点的生产企业，专门生产环保型特色药。

主要生产果树清园剂、杀虫剂和铜基杀菌剂。“融杀蚧螨”是国内独家生产的无公害果树专用清园剂，获国家级新品称号；“蚜虱灵”是在吡虫啉基础上于国内最早开发的蚜、虱类杀虫剂“瑞扑 Reap2000”和“神铜”是我公司开发的具有国际水平的无机铜来杀菌剂；“康收”是国家石化局最新核准定点，填补国内空白的有机铜杀菌剂。

浙江瑞利生物科技有限公司依靠先进的生产技术，严格的质量管理，产品质量达到国际标准。极具特色的高效环保型产品投入市场，就受到各地客商和农户的好评及信赖。

公司地址：　浙江省常山县新都工业园区

服务专线：　0570-5188888

邮政编码：　324200

电子邮件：　ruili365@hotmail.com

网站地址：　www.kaiyan.com、www.ruili365.com.cn

宁波中化化学品有限公司

公司成立于 1958 年，前身为国家化工部定点农药生产企业 -- 宁波农药厂，隶属中化宁波

（集团）有限公司，属“世界五百强”之一的中国中化集团下属企业，现有员工近700余人，占地面积约44万平方米，包括连云港中化化学品有限公司与宁波中化化学品有限公司两个生产基地。公司为中国中化集团总公司最大的精细化工产品生产基地，中化集团三大定点农药生产基地之一。

公司集科、工、贸于一体，宁波和连云港公司先后被浙江省及江苏省认定为“高新技术企业”，公司先后通过了ISO14001环境管理体系及ISO9001质量管理体系两项体系认证，在国内同行业中率先实现了“双项体系”标准化管理。近年来，在中国中化集团的大力支持下，公司发展迅速，产品质量及生产规模等方面优势显著，在国际化、精益化、规范化方面也取得了长足进步。公司拥有完善的生产管理系统，严密的质量保证体系和现代化的检测手段，具备独立的质检和研发中心，是国内生产农用化学品和其他精细化工产品的领军企业。

地址：浙江省宁波市镇海区宁波化学工业区北海路1165号

邮编：315204

国内部：0574-87770003 87770030

国际部：0574-87774749 87776451

传真：0574-87774751

E-mail：sales@nbsinochem.com

网　址：http://www.nbsinochem.com

安徽爱戈德生物科技有限公司

爱戈德生物科技服务中心（安徽爱戈德生物科技有限公司）已有全国17家单位加盟分装，

其中3家为出口分装销售商，至今为止。各分销商无一反映鸟遁鸟类避剂的药效问题，公认是我国市场上驱鸟效果最好的驱鸟剂产品。2011年初成立以来，宋德明先生研究出第三代驱避剂鸟遁微胶囊悬浮乳剂，从根本上解决了市场普遍反映麻雀、白头翁等鸟类难以驱赶且时效短的这一难题，填补了国内驱避剂的一大空白，深受广大经销商及用户青睐。

地址：安徽省旌德县新桥经济开发区三溪路5号

电话：0563-8024467

传真：0563-8025322

网址：http://www.aigede.com

邮编：242600

北京新禾丰农化资料有限公司

北京新禾丰农化资料有限公司原为中国农垦进出口公司业务二部，2002年经股份制改造在北京成立，目前注册资金为1856万元，拥有外贸进出口经营权，多年来一直致力于优质农资产品的进口、分销、代理和技术服务。新禾丰公司秉承“技术为先导”的经营理念，根据中国农业的特点和需要，不断丰富产品线，目前，经营产品涵盖了肥料、农药、保鲜剂、生长调节剂、助剂等五大系列数十个品种，并通过试验示范、现场指导、专场技术培训等方式引导广大农民合理用药、科学施肥，公司信守“农民增收，企业发展”的宗旨，铭记农资企业的社会责任，坚持为我国农民传播最先进的农业技术，提供最优质的农资产品。

随着业务的稳步增长，北京新禾丰不断地发展壮大，企业组织结构日趋完善，先后在广州、上海、西安、乌鲁木齐、昆明设立了办事处，在广州、郑州成立了中微量元素研发中心，在武汉、长沙、成都、南京、山东、北京投资成立了合资企业。全体员工的不懈努力让公司聚集了优良的客户资源，在全国范围内逐步建立了一个强大的营销网络体系与技术服务体系，为巩固和扩大现有产品的市场份额以及新产品的推广奠定了坚实的基础。

新禾丰公司内部有着良好的学习氛围，积极向上的企业文化正在形成，日臻健全的培训制度保证员工有足够自我完善的机会与进步的空间，开放式的沟通平台让员工能经常交流营销经验、切磋农业技术，大家齐心协力，团队精神在这里尽显无遗。

“北京新禾丰，农家五谷丰”是我们最朴实的口号，北京新禾丰愿意与国内外农资生产销售企业和广大农民一起共同营造中国生机盎然的绿色农业。

地址：北京市朝阳区十里堡甲 3 号城市广场 B 座写字楼 17A

电话：010-51315531

传真：010-51315555

邮编：100025

http://www.xinhefeng.com.cn/cn/

河北润达农药化工有限公司

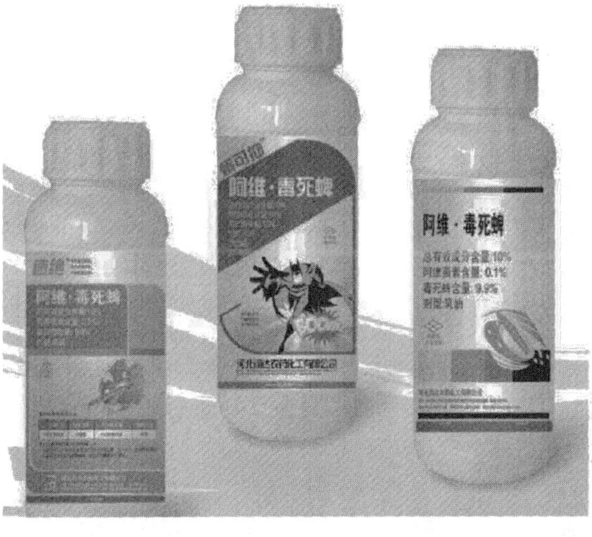

河北润达农药化工有限公司（中国农技网农业电子商务排行榜前列）是国家农业部定点农药生产企业，是集．科 研．生产．销售为一体的生产企业，公司始终本着对农民．对社会负责的态度， 坚持以“质量求生存，以信誉求发展”的宗旨，产品遵循试验．示范．推广的 原则，依靠雄厚的经济实力和技术力量，致力于新产品的开发和推广，不断提高产品和市场竞争力。

地址：石家庄经济技术开发区创业路 168 信箱

电话：0311-88315148

邮编：052160

网 址：http://www.rdpesticide.com/Info-7.html

邯郸市万惠生物技术有限公司

邯郸万惠是国家农药农肥新兴定点生产企业，是一家集科研、生产、销售、服务为一体的高新技术企业。企业一开始就把“做质量、做诚信、做品牌、做特色、做服务、做

百年”作为企业经营理念，坚信企业竞争的关键是质量、品牌和企业文化，在企业整个经营过程中，万惠始终把“走诚信路、做百年厂、祥和似家”作为制定政策和行动的指南。 未来农药竞争，只有品牌才能取胜，万惠十分重视品牌在用户心中的建立，并将“把质量和品牌建在用户心中”落实到公司各项工作中加以执行，企业的定位是使万惠成为一个有特色、专而强的小巨人。

万惠是一个学习型的企业，重视员工的教育培训，让每一个员工进公司首先学会怎样做人，学会怎样做事是万惠的特色。万惠重视人才，并大胆使用年轻人在各个岗位上发挥作用，使员工在公司有祥和似家的感觉。公司领导优秀的人品、务实的工作作风、吸引了大批优秀人才到万惠工作，使公司的形象和品牌在用户中得到了较高的评价。

万惠是一个重视产品研发和市场开拓的哑铃型企业，由生物所专家及植保专家，园艺学家组成的研究所，具有较强的研发和技术优势，原药合成和制剂加工的优势。不断研发出农业所需的新产品，特色产品投入到市场。公司植物生长调节剂制剂产量及市场占有率在国内处于领先地位。

欢迎到公司生产基地，参观、了解公司的科研、生产、管理及企业文化建设！

地址：河北省邯郸市元固乡西园古村 25 号

电话：0310-8014144

邮编：057550

网址：http://www.hdwhny.com

石家庄华松生物科技有限公司

石家庄华松生物科技有限公司是专门从事农用生物化工产品开发与生产的科技型民营企业。石家庄农用有机硅公司目前与国内外著名教授及科研单位建立了长期稳定的合作关系，具有雄厚的新产品开发能力。 本公

司已开发了杀虫剂、杀菌剂、有机硅增效剂、

高含量叶面肥、冲施肥系列产品，覆盖粮食、瓜果、蔬菜等各种农作物。石家庄农用有机硅公司技术力量雄厚，生产工艺先进，检测设备齐全，质量保证体系健全，销售服务体系完善，产品在全国市场享有较好的声誉。公司始终视质量为生命，严格自励，发奋进取，与时俱进，磨砺创新，坚持“以科技为依托，以市场为导向”的企业宗旨和“精诚合作，共赢发展”的经营理念，石家庄农用有机硅公司愿以最优惠、灵活的营销策略与广大客商携手并进共创中国三高一优农业的美好未来！

地址：石家庄市石栾路 116 号

电话：0311-80667268

传真：0311-66698761

网址：http://www.huasongkeji.com

邮编：050000

沧州长城药用包装材料有限公司

沧州长城药用包装材料有限公司位于渤海之滨——沧州市西郊三十公里处的自然风景区。我公司生产的塑料包装产品广泛应用于医药、食品、保健品、日化、兽药、农药、洗涤、化工等行业的包装，公司已有 35% 的产品远销美国、德国、日本、韩国、朝鲜等国家。

我公司占地面积 9500 平方米，拥有万级净化车间 850 平方米，十万级净化车间 1500 平方米，国内先进的注吹机、注塑机、挤吹机 56 台，年生产塑料瓶能力达 1.1 亿套。我公司于 2001 年首批取得国家食品药品监督管理局颁发的《药品包装用材料和容器注册证（I 类）》的企业之一。注册证号：国药包字 20090483（固体）、20090305（液体），属药包材 I 类产品。

本公司经多年研制，填补国内空白的高科技产品抗菌塑料瓶研制成功，并申请了专利，专利号：200910169216.X，抗菌塑料瓶采用了当今世界上最先进的现代纳米材料及具有发射负离子功能的材料研制而成，采用物理抗菌法，使自由微生物不能存活，从而达到抗菌、杀菌、自洁、不受污染，同时又能净化空气的功能，有效杀菌率达 99.9%，其永久性的功能，为包装行业解决了运输、储存、生产工艺、使用过程中的微生物超标，菌滋生和污染等问题。我公司拥有雄厚的科研力量和研发部门，配有专业产品设计师，为您单独设计包装，生产出卓越产品，满足客户的各种需要。

地址：沧州市颐和国际B座704

电话：0371-3772666

传真：0317-3774666

邮编：061000

网址：http://www.ccybc.com

永济市裕和塑业有限公司

永济市裕和塑业有限公司始建于1996年，是专业生产农药、化工包装用瓶的国内品牌企业。

公司位于山西、陕西、河南三省交界处的历史名城——永济市。公司现有员工200余人。占地面积13000平方米，主要产品有PE、PET和高阻隔复合瓶三大类，是一家集生产、科研、销售及售后服务于一体的结构完善型企业。 公司多年来倾注于农药包装，本着做专、做精、做强的企业理念，不断研发，不断创新，为众多的农药企业提供了实用、新颖的包装产品。尤其近年来，农药包装日新月异，产品的外观包装直接影响着企业的形象，我们实施供、企联手，关注国内外最新农药包装设计，为客户的每件产品实行定制量体裁衣，做到立新于众。

在经营发展中，公司始终执行三个一流标准，即“一流的产品质量;一流的供货速度;一流的售后服务”。业内人士都知道农药是一个销售季节很强的产品，每季的销售时间不可重复。另外，随着国家监管部门对农资生产企业政策制度不断的完善及严格，我们深知每年的销售旺季，包装瓶的质量保障;供货的及时性及发生意外时的售后服务等，都会直接影响企业当年的效益及长远利益。因此，我们想客户所想，忧客户所忧，全力打造品牌性的产品质量和售后服务体系。

目前，我们的客户遍及全国十几个省市和地区，在众多的客户中赢得了良好的信誉。期望与您合作，期望您来裕和考察、垂询。

地址：山西省永济市迎宾南路

电话：0359-8081335-301

传真：0359-8081335

邮编：044500

网址：www.yuhesuye.com.cn

沧州三强塑料包装制品厂

沧州三强塑料包装制品厂，是生产塑料包装制品的私营企业。主要从事塑料中空容器的制作，瓶形的开发，塑料容器的功能性改进等研究制作。　　企业技术力量雄厚，高阻隔多层复合瓶、中空吹塑PE农药瓶。PET聚酯瓶（主吹一体）三大系列，为企业提供优质全方位包装。　　企业生产能力强，产品品种多、规格齐全、样式新颖质量上乘、性价比高。产品受到了农药生产企业的广泛关注与好评。产品知名度极高，形成了庞大的客户群体，高阻隔多层复合瓶开发生产以来，赢得了广大客户的认可。　　沧州三强塑料包装制品厂一贯以“求实”、“创新”的经营理念，以品质共创，诚信为本，努力超越，追求卓越为企业精神。把“用户满意，共同发展”为宗旨。　　承蒙社会各界支持与厚爱，三强包装以精美实用领先的产品最低的价格。将竭诚为新老客户提供优质的产品，热烈欢迎新老客户垂询。

三强包装
SAN QIANG PACKING

地址：河北省沧县杜生镇

电话：0317-4914028

传真：0317-4914028

邮编：061029

网址：www.czsq.net

江西华兴化工有限公司

江西华兴化工有限公司坐落于中国瓷都城，江西省独家精细化工产业园——乐平工业园区，紧靠景鹰高速和206国道，是国家发改委及农业部定点农药生产企业。

公司秉承“以科技为先导，以创新促发展”的宗旨，与全国多所高等院校和科研单位精诚合作，是从事高科技绿色农药研究、生产、销售、服务于一体的农药生产企业。公司拥有雄厚的技术力量，精良的生产设备，并采用最先进的生产工艺和检测手段，产品质量稳定。公司主要生产苯丁锡、三唑锡、三环锡、三苯基氢氧化锡等有机锡原药及350g/L、500g/L、550g/L、600g/L的苯丁锡、三唑锡、三环锡悬浮剂。制剂产品有杀螨剂、杀虫剂、杀菌剂等，可湿性粉剂、悬浮剂、乳油、微乳剂系列制剂等，产品畅销全国二十多个省市，并批量出口欧美及东南亚、中东等国家和地区。

公司将以寻求经济增长模式的全面转变，走节约型发展道路，围绕资源的高效利用和循环利用为核心，以“减量化，再利用，资源化”为原则，以低消耗、低排放、高效率为基本特征，努力投身于绿色、环保无公害农药制剂产品的开发、生产当中，又快又好的实现企业的可持续发展。

公司董事长携全体员工以激昂的斗志，饱满的热情，真诚期待与您合作，共创辉煌！

地址：江西省乐平市工业园塔山工业区

电话：0798-6225555

传真：0798-6221111

邮编：333311

网址：www.jxhxhg.cv-nz.com

浙江菱化实业股份有限公司

浙江菱化集团有限公司是一家以化学农药、氯碱产品、无机盐生产为主的综合化工企业，公司地处太湖之滨 -- 浙江省湖州市，公司前身菱湖化学厂创建于一九四六年，已有五十多年化工产品制造史，现拥有总资产

2.7亿元，占地面积约30万平方米，拥有员工1100名，各类专业技术人员140人，年销售额近4亿元，利税3000万元，出口创汇近1000万美元，为浙江省“五个一批”重点骨干企业、湖州市重中之重企业。2001年，经过所有制改造，企业已从国有独资企业转变为多元投资主体的有限责任公司。 公司主要产品有草甘膦、甲胺磷、乙酰甲胺磷、氟啶脲等化学农药，油墨、油漆钙、微细活性钙、超细钙、小苏打等无机盐系列产品，烧碱、盐酸等氯碱产品。其中“蝙蝠”牌甲胺磷农药为浙江名牌产品，“红吉”牌沉淀碳酸钙和“蝙蝠”牌草甘膦为湖州名牌产品，“蝙蝠”商标还获得“浙江省著名商标”称号。 公司在“八五”期间曾被国务院评为“国家二级企业”，曾先后获得全国化工优秀企业“金球奖”，全国自营进出口先进企业，浙江省石化工业十强企业等几十项企业荣誉，公司于九六年率先在国内农药行业通过了IS09002质量体系认证，公司拥有自主进出口权，产品远销欧洲、美国、日本、南美及东南亚等30多个国家和地区。 回首半个世纪，弹指一挥间，展望未来，公司将以氯碱生产为基础，以高效低毒的新型化学农药和高档系列碳酸钙为发展重点，走可持续发展道路，依靠科技和管理，通过技改和产品开发，不断推动产品结构优化升级，以良好的业绩和优质的产品回报股东、服务社会。

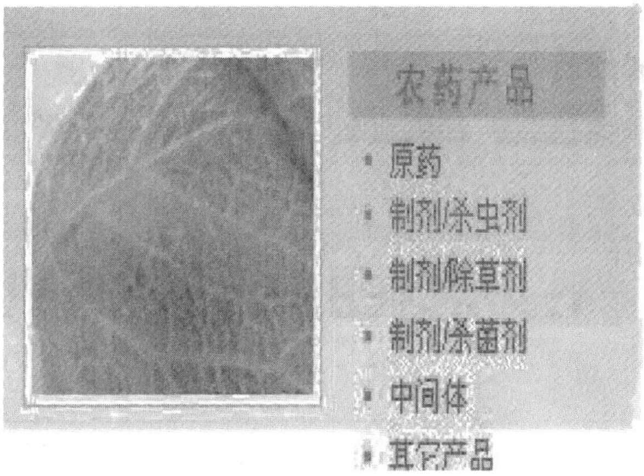

地址：湖州市南浔区菱湖镇人民北路131号

电话：0086-0572-3941995

传真：0086-0572-3942780

邮编：313018

网址：www.linghuashiye.cv-nz.com

河南翔大化工（集团）有限公司

河南翔大化工（集团）有限公司是集研发、生产和经营为一体的化工集团，主要从事农药产品的生产、经营和销售的企业。

公司拥有完善的基础设施、先进的生产工艺、齐全的检测设备。公司注册资金1200万元，固定资产2000多万元，占地面积27000平方米，员工150余名，工程师及技术顾问

15 名，专业技术人员 25 名。产品远销欧美、中亚、远东等 20 多个国家和地区，深受客户青睐。

现有国家级农药发明专利 2 项，并正在办理农药登记。

我公司有气相、液相色谱仪 2 台，检测常规化验仪器 20 多台（套），可以检测杀虫剂、除草剂、杀菌剂、植物生长调节剂等各种农药产品。

公司拥有超微气流粉碎机、微米级砂磨机、挤压造粒机、大功率烘干机、水平式软包装机、直线式粘稠全自动灌装机，直线式乳油全自动灌装机，安瓶拉丝机、半自动分体灌装机等 60 多台（套），可以生产乳油、水剂、微乳剂、可湿性粉剂、悬浮剂、悬乳剂、胶悬剂、水分散颗粒剂、泡腾颗粒剂、悬浮种衣剂等 100 多个剂型于品种。

公司具有强大的研发、后备品种，正在申请办理登记的品种有：可杀死玉米田恶性杂草香附子的三元复配除草剂、国内首家棉花高效脱叶催熟剂、国内首家含量最高的玉米田封杀双效除草剂、国内首家除草、杀菌、杀虫三效合一除草剂。

公司已步入飞速发展的快车道，感恩新老客户多年来对我公司的支持与帮助，公司将继续为新老客户提供优质的服务。以科技为先导、以质量为生命、以品牌占市场，原于各界人士和新老客户携手合作，共创美好未来！

电话：0391—8069989

传真：0391—8069906

邮箱：8663381@163.com

网址：www.hnxd555.com

鹤壁正午阳光化工公司

鹤壁正午阳光化工公司成立于 2001 年，注册资金 150 万元。是一家集科研、开发、生产、推广于一体的涉农型企业，是国家发改委、农业部农药定点企业，农业部全面质量管理达标企业。

公司主要生产除草剂：草甘膦、 百草枯、二甲四氯（小麦、玉米、水稻、棉花、甘蔗、大豆、谷子、亚麻、烟叶田等除草剂 30 多个品种）。

产品远销新疆、黑龙江、吉林、辽宁、内蒙古、天津、安徽、广西、广东，福建等二十多个省、市和自治区，深受广大农民朋友的欢迎和喜爱。

公司连年被评为先进单位、免检企业、诚信企业、消费者信得过的单位、质量信得过的单位。以质量第一、客户第一、产品第一为原则，始终坚信客户是企业的命脉，把优质高效的产品奉献给广大农民朋友。公司在团结、拼搏、奋进的企业精神激励下，立志为我国的绿色农业提供优质产品和服务，并愿广纳贤才，携手共进，和谐共赢，共创明天的辉煌！

鹤壁正午阳光化工有限公司

地址：鹤壁市淇滑路中段

电话：0392--5679777　5679888

传真：0932-5679888

网址：www.zwygsw.com

弘星利尔（河南）生物科技有限公司

弘星利尔，关爱绿色农业，一直致力于创建中国最大的绿色、环保、无公害农药研究生产基地，以提升人类的健康生活品质为责任，为国人食品安全做好忠诚卫士，为中国农资行业走向正规、高效、绿色无公害农药，把具有国际竞争力的大旗高高举起。

物华天宝，人杰地灵。2006年弘星利尔（河南）生物科技有限公司在中原大地这片古老的城市诞生了，注册资金3000万元．弘星利尔谨遵“品德是第一营销法则，诚信是我们唯一信仰”经营理念；以诚信创信，学习，责任，品质，服务，价值，团队，感恩，真实，健康，快乐为核心的大企业文化基点，健康发展，勇于突破，走出了一条弘星利尔特色的发展之。

创业以来，通过实施自主创新，立足“三农”围绕绿色环保，无公害农药为重点，利用信息工程，生物工程，环保工程等前沿科技，先后开发了填补国内空白，替代高毒，替代进口，拥有自主知识产权和国家级产品——高端小麦，玉米，水稻，花生，棉花，大蒜，土豆拌种剂，此类产品的相继投放市场，结束了农民背着药桶打药的历史，为中国及世界农民每年节约成本增加收入将近 10 亿元，打破了被欧美国家长期垄断绿色环保农药的格局，实现了环保无公害农药，中国发明创造零的突破。为我国大力发展绿色农业做了榜样，解决了病虫害和降低高毒环境污染的矛盾找到了解决的捷径，取得了国家企业，三农，环境等多赢的良好成果。

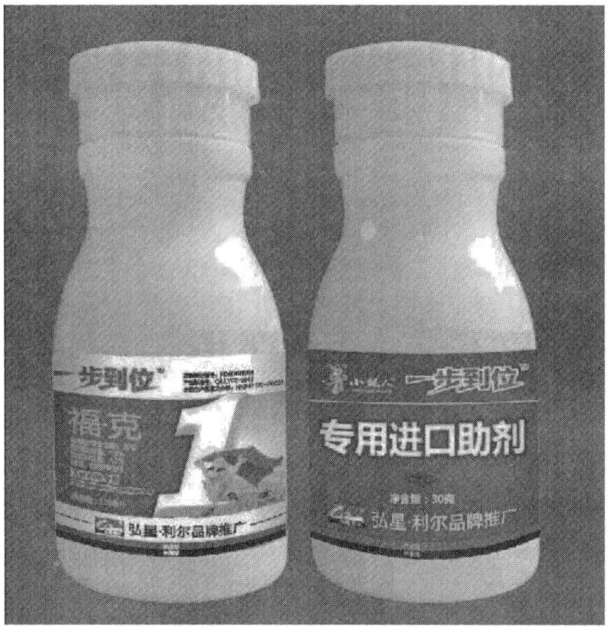

未来五年，弘星利尔将重点围绕生命科学专业，以生物工程，化学工程，环保及信息工程为平台，实施“自主创新，人才优先”，品牌战略，力争到2016年，实现单品“小惊人”亿元销售额，努力打造三个农药全国知明品牌。

领跑者，起跑心，弘星利尔致力为农民提供最有价值的农药产品而不懈努力，踏踏实实地精耕细作，不懈努力地健步迈向新的高峰。

地址：河南省郑州市花园路北段居易国际广场 2 号楼 1208 室

电话：0371-65916391

网址：http://www.hongxinglier.com

重庆双丰化工有限公司

重庆双丰化工有限公司（原重庆双丰农药有限公司），位于重庆永川，是经国家发改委，农业部批准的农药定点生产企业和重庆高新技术企业：是集科研，生产，经营于一体的综合型农药生产企业。

公司技术力量雄厚，生产工艺先进，检测手段完备，产品质量稳定；建有原药合成、粉剂、乳油、水剂、悬浮剂、农药中间体及化工原料等生产车间，主要生产氯氟吡氧乙酸、氨氯吡啶酸、二氯吡啶酸、草甘膦、吲哚丁酸、2、4-D 钠盐、2、4-D 酸等原药及除草剂，杀菌剂，杀虫剂，植物生长调节剂等四十多个制剂产品。也可根据客户需求复配制剂。其中，我公司生产的氟草烟原药纯度已经达到世界领先水平。

SFE
双丰化工

公司已全面通过ISO9001-2000国际质量管理体系认证：并将一如继往的以“质量第一、顾客至上”为宗旨，为客户提供完善、便捷的销售及售后服务；以良好的企业信誉、一流的产品质量、先进的管理理念致力于推动民族经济的腾飞.

电　话：023- 49850156

传　真：023 -49850546

地　址：中国 重庆市永川区 萱花路663号

邮　编：402160

公司主页：http://www.cq-shuangfeng.com

金坛市运通包装机械有限公司

金坛市运通包装机械有限公司位于江苏金坛市华城经济开发区，是主要生产农药、化工包装机械与油类包装机械的专业性企业。现已研制、开发、生产的自动化包装生产流水线，集进瓶、灌装、旋盖、贴标、封口、喷码、装箱、封箱、捆扎为一体。整个包装流程环保、精确、安全，加上优质的服务，深得国内外客户的一致好评。 一诺千金，你赢我荣！

地址：江苏省金坛市金胜中路96号

电话：0519 88210308

传真：0519 88210306

邮编：213200

网址：http://www.jtyuntong.com/

青岛正达化工有限公司

青岛正达化工是一家专业生产研发销售高端

调节剂高端杀菌剂，药肥，化工产品和引进国外高端植物营养产品的公司，是众多国际知名高端植物营养企业在国内的战略合作伙伴，是美国、新加坡新型磷酸二氢钾；智利硝酸钾、硝酸钙、水溶肥等产品的国内指定代理商。

青岛正达自成立以来一直致力于高效植物营养的研究和开发，为中国农业打造合理高效的植物营养方案。青岛正达还拥有一支由农化专业、职业经理人、行业精英组成的专业团队，为合作伙伴提供最优质的服务。青岛正达的理念是：始终以最优秀的产品、技术服务于中国农业。确保中国农业的高产丰收！青岛正达以远大的理想，雄厚的实力，长远的发展战略不断吸引着行业内外的精英加盟，真诚合作、共赢未来。

服务于农民的丰收：为农作物提供先进的植保解决方案

服务于客户的丰收：提供市场最具需求产品，为客户创造价值

服务于员工的丰收：提供广阔的发展空间，实现自我价值

我们的丰收：和谐农村 / 和谐农业 / 和谐社会

地址：山东曹县青岛工业区 28 号

电话：0532-66615199

传真：0532-66615199

网址：www.zhengdahuagong.com

无锡禾美农化科技有限公司

无锡禾美农化科技有限公司是国家农药生产定点企业，自 1995 年成立伊始，经过瑞泽人多年辛勤耕耘，公司已形成除草剂、杀虫剂、杀菌剂三大系列五十多个品种规格的产品结构和生产规模，其中乙草胺、丁草胺、苯噻草胺、异丙草胺、莠去津及抗蚜威等品种的生产规模，状态已处于国内领先水平。

自创业以来，瑞泽人始终坚信“科技是第一生产力”，坚持从管理、设备、工艺至技术、服务全面渗透这一理念，将最新科技成果融入专业生产和开发，最终令瑞泽旗下“云瑞”牌农药产品以高效、安全、环保之

品质特色在农药行业脱颖而出并远销欧美及东南亚地区，倍受用户赞誉。

围绕“培训一流人才，开发一流产品，实行一流管理，保证一流质量，开展一流服务，创造一流效益”的原则，无锡瑞泽遵循国际先进管理规范，通过综合型人才全方位培养，使企业管理更简约谨然，经营组织更加灵活高效，一个诚信、务实、创新的优秀团队保证公司能永续发展。

面对新的发展机遇，无锡瑞泽将踏实耕耘，勤勉奋发，与千万农民朋友们一道实现“挥撒科技，致力丰收”之产业理想，热忱欢迎新老客户光临惠顾，共创美好未来！

地址：江苏省江阴市云亭镇

电话：0510-86013163

传真：0510-86151137

邮编：214422

网址：www.chinaruize.com

利民化工股份有限公司

历经十余年风雨，利民化工已壮大为中国大型工业企业；中国农药行业骨干企业；江苏省高新技术企业；我国农用杀菌剂生产基地。

公司座落在我国华东地区交通重镇，江苏省新沂市。公司拥有亚洲最大的代森锰锌、百菌清、霜脲氰原药生产装置；拥有嘧霉胺、丙森锌、代森锰、代森锌、棚百净等十余个原药品种及六十余种剂型产品。

精良的设备、训练有素的员工和国际质量保证体系，确保公司产品的品质优良。

公司致力于服务世界绿色农业，不断研发新产品以满足现代农业发展的需求，并以其优质、高效、绿色、环保特色抢占世界植保技术的制高点。

面对全球经济一体化的浪潮，利民化工真诚希望与全球农化界的朋友携手并肩，积极参与全球经济的竞争。

新世纪我们将打造好集农药研发、生产、贸易一体化的国内外知名的农用化工集团公司，更好地与国内外同仁创造世界农药、植保事业的辉煌。

地址：江苏省新沂市新华路中段利民大厦

电话：0516--88984575

传真：0516-88923651

邮编：221400

网址：www.chinalimin.com

镇江建苏农药化工有限公司

镇江建苏农药化工有限公司是马来西亚建苏公司在中国投资的外资企业。建苏公司在马来西亚拥有雄厚的实力，致力于农药、化肥的生产和销售，在澳大利亚、东南亚许多国家均有分公司和合作伙伴。2008 年初，镇江建苏农药化工有限公司收购镇江农药厂有限公司全部股权。

镇江农药厂有限公司（前身镇江农药厂）创建于 1954 年，是国家定点农药生产企业。2001 年被评为“江苏省高新技术企业”和国家级火炬计划镇江绿色化工产业基地骨干企业。连续十六年获镇江市“重合同守信用”企业。目前，公司拥有现代化的生产设备，先进的生产工艺，一流的分析检测设施，健全的 ISO9002 质量保证体系。主要产品有杀虫剂、杀菌剂、除草剂等 30 余个品种，其中四个产品获江苏省高新技术产品和一个国家级重点新产品。企业拥有的 2 万吨 / 年捏合法颗粒生产装置是原化工部重点项目。晴菌唑是国家火炬计划项目。3% 克百威颗粒剂、48% 氟乐灵乳油和多菌灵可湿性粉剂等 6 个品种获名牌产品称号。

镇江建苏农药化工有限公司在原镇江农药厂有限公司的生产设备、生产能力基础上，提供了强大的资金支持以及新产品的发展，使企业注入了新的活力。企业将以一流的追赶目标、一流的工作业绩、一流的市场服务，迎接新的挑战，创造新的辉煌。

地址：江苏省镇江市大港孩溪路 12 号

电话：0086-0511-833603

传真：0086-0511-83355097

网址：www.kenso.cv-nz.com

上海迪盖农业科技有限公司

上海迪盖农业科技有限公司是英国雷曼斯特生物科学（中国）有限公司在中国上海投资兴建的一家专业从事农业科技领域内的技术研发、技术服务及新农药、新肥料的研究、开发、应用与推广服务性现代化高新技术企业。

公司拥有资深权威的专家团队和国际先进的科研试验室及电脑全自动化生产设备，完善先进的检测仪器，并建立了安全完善的国际质量安全管理体系，符合 ISO9001：2000 认证达标企业。公司采用人性化与制度相结合的现代化科学管理模式，依托上海化工研究院、中国农业大学、江苏农科院、河南农业大学、河南大学生物工程研究所及西北农林大学等多个科研院所机构为技术支持合作单位，为企业今后持续、健康、稳定、做大、做强的发展奠定了坚实的基础。

企业主要围绕现代可持续生态农业——绿色、健康、环保、节能等低投入高回报的发展战略目标，以质量、管理、信誉求生存，以创新、技术、服务谋发展，积极引进高级技术和现代化管理人才，发挥团队精神，合力打造以高新技术人才与现代化管理相结合的国际化跨国农化企业。

企业主要是以高端、高效、低毒、绿色、环保型农药为目标；以杀虫剂、杀菌剂、调节剂、肥料及微量元素的研发、应用与推广服务为重心，集技术研发、原药合成、制剂生产、加工、销售服务为一体。迪盖人将以高昂的激情与信心竭诚为人类的膳食生活与生态绿色农业真诚服务，愿与国内外新老朋友携手并进，共谋发展，同创辉煌。

地址：上海市金山区吕巷镇干巷金张公路 2548 号

电话：021-51601585

传真：021-6380531

邮编：201518

网址：http://www.shdgny.com

甘肃华实农业科技有限公司

前身是甘肃陇中农药厂，创建于1992年，2004年底改制成股份制企业，2009年由甘肃磐业农化有限公司控股，系国家农药定点生产企业。2009年甘肃省科技重大专项承担单位。公司注册资金2000万元，资产总额4300万元。现有职工182人，其中专业技术人员30人、高级工程师4人。公司位于定西市南川飞天路，拥有成套自动化针剂清洁生产线4条、自动化瓶装生产线2条、软包装生产线1条，共有各类农药生产加工系列机械和先进水平的检化设备及其配套装置300多台（套），年生产能力为5000多吨农药制剂。华实公司主要业务为从事农药制剂、精细化工产品的研发生产和销售，已成为国内较为出名的农化产品研发、生产和销售企业。在国家、省、市有关部门的大力支持下，企业坚持科技为先导、产业为基础、市场为导向的发展之路，从建厂时生产加工“工夫菊脂”时的单一产品发展到现在的氰戊敌敌畏、辛硫高氯氟、霜脲氰原药等二十多个产品，其中37%高渗敌敌畏乳油获“甘肃省新产品新成果”一等奖。公司与中国农大，沈阳化工研究院等科研院所建立了长期合作关系。

近年来公司抓住国家西部大开发的历史机遇，市场占有率逐年扩大，销售市场及终端代理客户遍布河北、河南、湖南、贵州、广西、甘肃、宁夏、青海、新疆、陕西等17个省市3000多家用户。并与国内一百多家知名农资生产企业建立了长期稳定的合作关系，在消费者心中树立了良好的信誉度和品牌形象，为地方经济发展做出了应有的贡献。

电话：0932-8201075 8201797

传真：0932-8201091

地址：甘肃省定西市安定区南川飞天路

山东乐邦化学品有限公司

是国家发改委定点农药生产企业，生产基地

位于美丽富饶的中国“蓝宝石之乡－昌乐”。乐邦公司拥有现代化的高科技农药生产基地，下设中试基地、新产品开发公司，是集科研、生产、经营 、检测、推广、销售和售后服务于一体的高新技术企业。公司目前国内销售的产品有三大类二十余个品种，是生产、销售以除草剂为主，以杀虫剂、杀菌剂为辅的农化产品公司。公司现有年产 20 吨的阿维菌素原药生产线，有乳油全自动灌装线三条，除草剂合成生产线五条，两个粉剂分装车间。

诚信是企业的经营宗旨：产品是企业的形象；质量是企业的生命线。乐邦公司始终坚持质量至上的企业生产宗旨。科技是企业发展之源。乐邦公司先后与山东农药研究所、山东农业大学、青岛大学、江苏省农药研究所、沈阳化工研究院等十几家大专院校和科研所的农业植保专家建立了长期合作关系，成为公司长远发展的源动力。

公司以“优质、高效、激情、卓越”的企业精神，立足国内、走向世界、服务世界农业。

电　话：0531---82375719　传 真：0531-67807266　邮编：250000　地址：山东省济南市高新区世纪大道理想嘉园 1 号楼 2014 室

郑州市益田化工有限公司

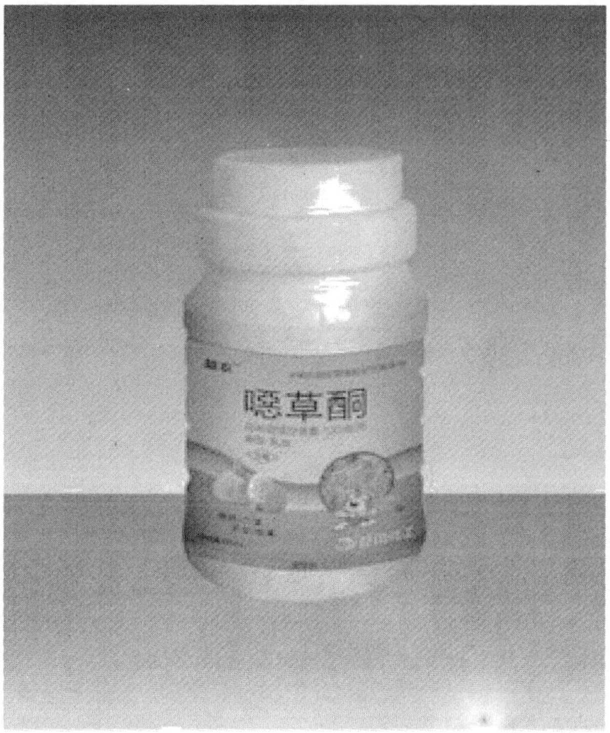

郑州市益田化工有限公司位于河南 郑州市金水区，主营化工产品 等。公司秉承“顾客至上，锐意进取”的经营理念，坚持“客户第一”的原则为广大客户提供优质的服务。

郑州市益田化工有限公司是一家集农化产品的研制、开发和技术推广为一体的新型科研企业。

公司的产品以除草剂为主，杀菌剂、调节剂、叶面肥为辅．产品采用科学配方，低毒、无残留、无公害、无污染、绿色环保。用现代化生产设备，严格的质量管理和售后跟踪服务，为农业生产、农村发展、农民致富提供持久动力。

公司以“精益求精的内外品质、贴心周到的市场服务、联盟创赢的营销体系”，引领农化潮流。在新的时期、新的环境下，公司将不断开拓进取，求实创新，继续以优质的产品，优秀的服务回报广大农民朋友。

电话：86-0371-65753097

传真：86-0371-65753020

地址：中国 河南 郑州市 金水区花园路164号

网址：http://www.zzythg.com.cn

邮编： 450000

金坛市新光机械制造有限公司

金坛市新光机械制造有限公司成立于2006年的一家民营企业，座落于江苏省金坛市金城镇丹金闸工业园区内，是一家海军总装备部信赖的机械制造加工定点企业之一。

工厂占地15000㎡，为了确保产品的品质，购置了具有国内外较先进的卧立式数控加工中心、车削加工中心等一批设备。企业现有员工80多人，其中高级职称工程专业技术人员数十人，企业现实行产业的多元化，结合市场为导向，现主要生产农药、化工、油类、食品包装机械。现已引进国内外先进的技术和本企业自身研发团队相结合，研制生产的自动化包装流水线，集进瓶、灌装、旋盖、贴标、封口、喷码装箱、封箱为一体，整个包装流水线流程稳定、精确、安全、环保等。优良的设备性能和优质的售后服务，深得国内外客户的一致好评。

地址：江苏 金坛市金城镇丹金闸路8号

电话：0519 82866288

传真：0519 82866299

邮编：213200

网址：http://jtsxgjx.cn.alibaba.com

上海苑丰化学有限公司

上海苑丰化学有限责任公司，是农业科学院为加速科技成果转化，科学研究全面走向以经济建设为主战场、按国家“十一五”规划，通过投资参股的方式与农业部农药定点生产企业进行优势互补、资源整合而成立的集科研、销售、示范，推广于一体的新型股份合作制高新技术企业。

公司总部高效座落于上海市奉贤区，成立于2007年，自成立以来，公司始终立足于高起点、高发展，致力于各类杀虫剂、杀菌剂的研发与销售，通过与国内各大科研院所紧密合作，引进吸收国际最新农化科研成果，相继推出一批品质优良、药效突出、包装精美的农化精品，深受经销商及用户好评。雄厚的技术力量、先进的销售理念、一流的营销团队、快捷的物流配送、专业的技术指导、完善的售后服务，完全解除了经销商的后顾之忧：“一切以事实说话”是苑丰人不变的承诺，在国家不断加大农业和农村投入，建设可持续农业发展政策的指引下，我们始终不忘肩负的使命，以“创造美好新生活”为己任，更加重视产品质量与服务，加快高效环保产品的开发，不断开展科研和管理创新，以高度负责任的态度为创建社会主义新农村事业贡献着自己的力量。

苑丰人竭诚欢迎国内外客户、各界人士携手共进，互利共赢。

地址：上海市奉贤区南桥镇

电话：021-67186277

传真：021-67186355

邮编：201400

网址：http://www.yuanfenghx.com

推广药械篇

Promotion of medical articles

5

推广药械篇

Promotion of medical articles

- 1、农药制剂包装不应落伍
- 2、农药静电喷雾技术及其产品在生产上的应用
- 3、新型风扇式杀虫灯试验报告
- 4、我国低空低量遥控无人施药技术达到国际先进水平
- 5、我国将研制和推广新型农药喷施机械

南通市广益机电有限公司

公司成立于一九九三年，公司始终以南京林业大学为技术依托，是江苏省高科技民营企业。多年来公司得到了国家林业局、国家林业局森防总站、省科技厅、各省市农业系统、林业系统、卫生系统等各级领导的关心和支持。

主要产品为病虫害防治机械，是全国最大的烟雾机专业制造企业，产品已应用于农业、林业、卫生、军事等领域。参加了国家林业局"八五"科技攻关"森林病虫害烟雾载药技术及设备研究"、省科技厅"十五"科技攻关"设施栽培小型脉冲式热烟雾机研究"、国家林业局"948"项目"高射程喷雾机引进"等省部级项目的研究和试制工作，科研成果获国家科技进步三等奖，国家林业局科技进步二等奖。产品远销国内外，并多次在国家各级政府采购中中标。经过多年来的努力，公司取得了很好的经济效益和巨大的社会效益。

山东华盛中天机械集团有限公司

山东华盛中天机械集团有限公司是一个具有50余年生产经营历史、集科工贸为一体的大型企业集团，全国500家最大机械工业企业之一，拥有山东华盛农业药械股份有限公司、山东华盛中天车业有限公司、临沂华盛实业有限责任公司、临沂华天工程机械有限责任公司、临沂科赛进出口有限公司、华盛德欣（美国）国际有限公司、山东华盛中天动力机械有限公司、山东卫士植保机械有限公司

等十余家全资和控股子公司。公司主要生产动力机械、园林机械、植保机械、排灌机械、发电机组、小型工程机械及各类休闲娱乐车辆等七大系列200多种产品，产品销往全国各地并出口欧洲、美洲、大洋州、非洲、亚洲等50多个国家和地区。

新近落成的“华盛中天工业园”，占地46万平方米，工艺装备和检测控制手段达到了国际先进水平，产品年综合产销能力300万台。公司建立了功能完善的省级技术开发中心，广泛应用CAD、CAM、PDM等现代化的产品研发技术和手段，是全国CAD应用工程示范企业、省级高新技术企业，拥有中、高级职称以上专业研发人员100余人，专利90余项，平均每年成功开发出20余个具有自主知识产权的新产品投放市场，公司新产品产值率在40%以上。先后通过了 ISO9001国际质量体系认证、“3C”认证，“CE”认证，“EPA”认证和“GS”认证。

公司以“创国际知名品牌、铸百年强盛企业”为目标，倾力打造“华盛泰山”品牌形象，通过实施ERP和办公自动化系统，优化整合资源配置，构建电子商务平台，实现企业管理规范现代化，提升了企业核心竞争力，提高了企业对市场的应变能力。到2010年，公司各类产品年综合产量将达到500万台，销售收入60亿元，逐步把公司建成中国最大、实力最强的通用型汽油机、园林机械、植保机械和小型工程机械的专业化生产、出口基地。

华辉动力机械（南通）有限公司

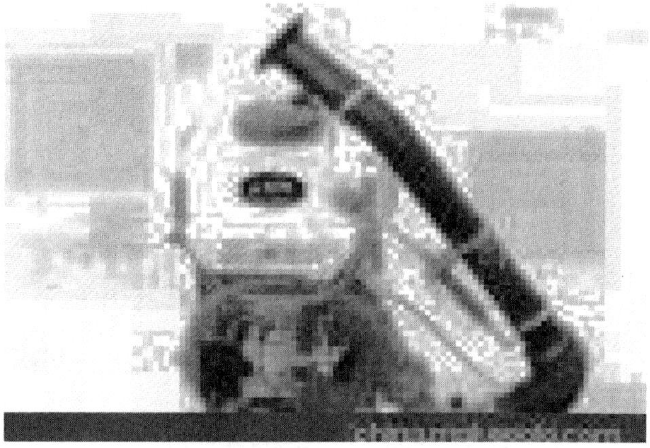

华辉动力机械（南通）有限公司是一家集科技研发、制造生产、推广销售于一体的港商独资企业。公司位于素有小江南美称的南黄海之滨，注册资金800万美元，占地面积32000平方米。

公司自成立以来，遵循“科技先导，真

诚服务”的宗旨，以发动机生产为基础，以植保机械产品为主线，以外贸出口为拓展。公司具备独立的研发能力和雄厚的技术力量，除自主研发新品外，依托省农机具开发应用中心和农业部南京农机化研究所，建立产学研合作关系，共同打造高效植保机械的创新机制，平均每年研发新品20余个。目前，公司已通过ISO9001质量管理体系、EPA认证、CARB认证、欧洲排放认证和3C强制性认证，并取得了全国推广许可证和生产许可证。

金坛市金旺包装机械有限公司

金坛市金旺包装科技有限公司坐落于江苏省金坛市金城镇工业园区内，是主要生产农药、化工包装机械的专业厂家。工厂占地16000平方米，员工150多名，专业技术人员30多名，目前已取得ISO9001质量管理体系认证和10项单机的实用专利和外观专利证书。公司依托国内著名大学和研究院专家组的先进设计理念和技术支持，结合十多年的专业机械制造经验，开发的自动化包装流水线，集进瓶、灌装、旋盖、贴标、封口、喷码、开箱、装箱、封箱为一体。使整个包装流程环保、精确、安全，该包装流水线已达到国内领先水平。目前，金旺产品遍及全国二十多个省市，并远销东南亚等海外市场。优良的性能与完善的售后服务体系获得了用户的一致好评。

昆山密友粉碎设备有限公司

昆山密友粉碎设备有限公司，隶属密友集团有限公司，经过二十多年的发展，已

成为国家特种超细粉体工程技术研究中心产业化试验基地，国家非金属矿深加工工程技术研究中心研究试样基地、国家现代中药超细粉碎产业化示范项目基地、国家经贸委制药机械技术中心站制药超新粉碎试样基地，中国最大的气

- 流粉碎机研发和生产基地。
- QYF、QYN 型气流粉碎机被命名为国家级新产品，荣获省、苏州市科技进步奖，列入国家火炬计划。中药超细粉碎机成套装备为国家产业化示范工程项目。中药超细粉碎机组、WFJ 涡轮式分级机、粉碎机的分级轮主轴气密封装置、粉碎装置、粉末分离装置、深冷中药超微粉碎装置、惰性气体保护气流粉碎机组获国家专利。且气流粉碎机系列、微米分级机系列均通过欧盟 CE 认证：符合 GMP 要求的气流粉碎机，通过全国制药装备技术评审专家
- 委员会评审的 GMP 认证。
- 密友已具备“技术研发、生产制造、工程安装”一条龙服务能力，从德国、美国、英国、瑞士、日本等国家引进多套先进的数控大型龙门加工中心、卧式数控加工中心、CNC 数控车床等设备和精密的检测仪器，为产品质量提供保障。可根据用户的需要，设计制造专用的粉碎机、分级机、大型湿法搅拌磨、砂磨机、机械粉碎机、惰性气体保护气流粉碎系统、以及其他粉碎分级系统、还提供常规粉体加工、特殊物料深冷粉碎加工和惰性气体粉碎保护加工服务。
- 本着质量第一、服务第一、平等互利、真诚合作的宗旨，热忱欢迎国内外客商来“密友”参观指导。密友将是您永远的亲密之友。

金坛市珠峰包装机械有限公司

金坛市珠峰包装机械有限公司是一家专注于食品饮料酒类、油脂、制药、化妆品、农药、日化包装机械研制、开发、生产销售于一体的江苏省民营科技企业。产品灌装机系列有直线灌装机、回转式灌装机、注射式灌装机、重力 / 压力式粘稠液灌装机、旋盖机系列有

直列式旋盖机、回转式旋盖机、压盖机、铝盖封口机、紧盖机。贴标机系列有不干胶圆瓶贴标机、上浆糊贴标机、全自动热收缩膜套标签机、水平式粉剂水剂复合膜袋包装机以及配套设备有进瓶机、输瓶机、装箱工作台、平皮带输送机共三十多个品种。以上各种机型广泛用于食品饮料、油脂、酒类、制药、化妆品、农药、日化等行业的稀薄液体、半流体、粘稠体和粉体、微颗粒物的自动化灌装、旋盖、贴标、套标签和袋包装。产品远销东南亚、中东、南美、全国二十多个省市，四百多个厂家。

本公司自创建以来着重致力于包装机械的研制、开发，不断向市场投放新产品，满足用户需求。公司占地面积 13000 平方米，有现代化标准厂房和实验楼总建筑面积五千多平方米。全新的机加工生产设备齐全，具有一定的生产规模和制造能力。公司拥有一批经验丰富的生产一线技术人员三十多名，有包装机械专业高级工程师三名，工程师八名，均从事包装机械研制开发设计已有 15 年以上。具有相当丰富的实践经验和开发设计能力。所开发的产品实现了光、机、电、气一体化的 PLC 智能化程序控制。产品技术领先同行，自动化程度高，结构简单、质量稳定可靠、造型美观新颖、品种齐全。

本企业诚守信誉、用户至上。竭诚为你提供高质量的产品和完善的服务，以及最佳价格性能比的设备。欢迎新老客户垂询，来我公司光临、参观、指导、建立广泛的合作。

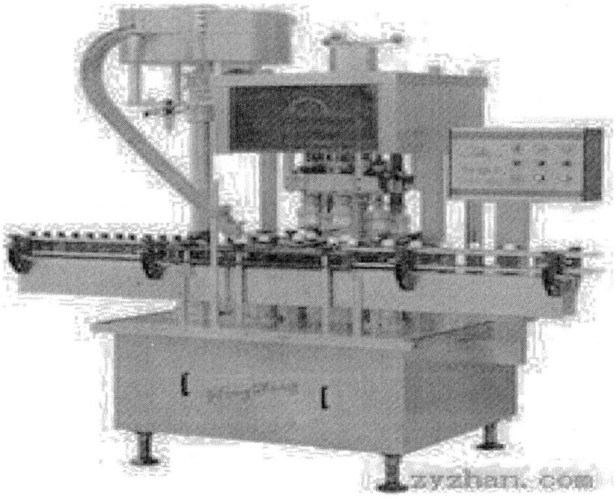

金坛市中意包装机械有限公司

本公司是集包装机械设计、研究、制造为一体的专业厂家。产品主要针对国内农药、医药、化工、食品等行业的液体包装需求而设计，具有设计先进、外形美观，计量准确、适用性强等特点

本着“与时俱进　创新发展”的企业精神和“科技使双方更强大”的双赢目的，我们将竭诚为广大客户提供可靠地产品和完善的服务。

安徽正远包装科技有限公司

安徽正远包装科技有限公司原名合肥正远机械电子有限责任公司，成立于 1995 年，现有员工 600 多人。安徽正远包装科技有限公司座落于合肥市庐阳产业园，占地 50 亩，建筑面积约 3 万平方米。公司经过十多年发展，凭着对先进技术的不断探索、研究和应用，发挥人才优势，不断壮大，迅速成为茶叶包装机、种子包装机、涂料包装机、洗衣粉包装机、食盐包装机、面粉包装机、奶粉包装机、大米包装机、杂粮包装机、休闲食品包装机、膨化食品包装机、冷冻食品包装机、火锅多种底料配料包装机、炸药包装机、颗粒包装机、粉料包装机、液体包装机、计数包装机、二次包装机、真空包装机、灌装机、农医药化工包装机械行业的龙头企业。以及重量选别机、金属探测仪、输送机、提升机和整条物流、生产输送包装线的设计与开发。安徽正远包装科技有限公司其计量充填包装技术处于国内领先水平。

正远包装产品以实惠的性能价格比及优秀的售前售后服务赢得了广大用户厚爱，诸如：

联合利华（OMO）、宝洁集团、北大荒米业（集团）有限公司、云南勐海茶业公司、北京吴裕泰茶业股份有限公司、祁门红茶、养元六个核桃、东方雨虹技术有限公司、上海佳格公司、美生日化公司、北京德农种业、山东登海种业、奥瑞金种业、丰乐种业、隆平高科种业、三全食品、华泰集团（洽洽食品）、爱芬食品（北京）公司、双汇股份公司、内蒙古小肥羊餐饮公司、香港天厨食品公司、南京金田企业、海天调味食品公司、汕头皇室公司、浙江宝纳制茶公司、深圳木电家俱公司、施普瑞生物公司、北京海关物流、新加坡道益公司、日本旭合同株式会社、以色列日化公司、乌兹别克茶叶公司等众多国内外知名公司的信赖和支持。

展望未来，人才和技术的优势为正远的再次腾飞奠定了基础。安徽正远包装科技有限公司将以“建国际一流企业，创世界知名品牌”为目标，锐意进取、自强不息，走实事求是，让老客户带动新客户的营销策略，为全球的用户带来最完善的自动称量包装机。

安徽正远包装科技有限公司的服务宗旨：从售前到售后，服务到永远！

真诚欢迎国内外客商、同行来考察指导，让我们共同发展，互惠互利，友谊久远！

常州汤姆包装机械有限公司

常州汤姆包装机械有限公司是专业研制、开发、生产各种类型的液体、粉剂、膏体、流体、半流体包装机械设备的企业，主要产品有：GP系列常压灌装、负压灌装机、增压灌装机：DGP系列电脑智能化控制液体灌装机：FJ系列粉剂自动定量包装机：旋转式旋盖机、洗瓶机、直列式旋盖机、铝箔封口机、贴标机、输送机、理瓶机、螺纹扎盖机等。汤姆包装机械2001年荣获江苏省质量监督局计量保证确认单位， 同时获得制造计量器具许可证企业;2002年通过ISO9001:2000版国际质量体系认证;到2004年底，本厂研制的新产品已获多项国家专利（专利号：ZL200320110286.6、ZL200420080670.0、ZL200420080672.X、ZL200520139994.1)；2007年8月获得江苏省高新技术企业的认定。本公司生产的DGP-C-20X型旋转式电脑灌装机于2006年12月获得江苏省高新技术产品，最使我公司值得自豪的是我厂研制的自动上盖理盖机，自动灌装锁盖机的制作标准，被国家发改委批准为国家行业标准（文号：国家发改委2004牋1951号）。到目前为止，我公司已拥有国内客户500多家，国外客户200多家。我公司的质量和诚信受到了国内外客户的一致称赞。我公司厂区占地26680平方米，建筑面积18800 平方米，设有TOM国际标准化车间，TOM敬业楼、TOM科技楼，TOM职工学校、TOM大学生公寓楼、TOM广场等。

作为汤姆人，我们将把“集成创新，锲而不舍”的精神发扬光大，严于律己，敢为人先，以崭新的姿态、饱满的精神为新老用户提供更好、更完美的服务。

汤姆包装机械位于常州大学城南武进高新区凤栖路 26 号，南有锡宜高速（常州南出口）与沪宁及宁杭高速相连，北有沿江高速（常州南出口）与沪宁及京沪高速相通，常州机场、高铁、312 国道近在咫尺，交通十分便利，欢迎国内外用户实地考察，光临指导！

承诺：“我们出厂的每一台机器就像是我们自己的孩子到外地去工作一样，我们会时刻牵挂着他。”

上海法孚莱能源技术有限公司

法孚莱能源技术有限公司是化工机械的专业生产厂商，公司以科技为主导，致力于高新技术的应用，主要从事精细化工及相关领域的机电一体化设备和工业自动化控制的研发、设计、生产与销售。

我们秉承“解决方案的提供者，企业建设的服务者”的经营与服务理念，已经为涂料、油墨、印染助剂、液体洗涤剂、化妆品、水处理、制药、造纸等领域提供了众多的服务、技术和设备支持，行业涉及化工、核工业、冶金及电力等。

如今我们已从单一的单机设备和零部件生产商，发展成为以乳化、分散与研磨加工为主要核心的工作领域的完全方案的供应商与服务者。我们可以提供的生产设备包括：搅拌设备、分散设备、高剪切分散乳化设备、湿法研磨设备、粉体混合设备、各种反应釜等。并且能够完成以我们产品为核心的相关领域生产线的整体设计、集成、及安装。

我们拥有出色的设计研究、生产、销售、客户服务队伍，可为您提供优化的设计方案、详尽的技术咨询、高品质的生产设备、高质量的设备安装调试和完善的售后服务。

相信您能感受到我们的合作精神和专业

水平，希望我们成为相互信赖的合作伙伴。

宁波奥晟机械有限公司

宁波奥晟机械有限公司是一家专业从事小型汽油机、植保机械和园林机械设计生产的中外合资企业。目前公司已形成年生产能力600,000台，包括60多种型号的割灌机、汽油机、喷雾喷粉机、绿篱剪的综合生产能力。公司现拥有专业加工技术，CNC加工中心、数控机床、压铸机、注塑机、吹塑机等各种专机100余台。公司占地25,000平方米，现有员工500余人，固定资产RMB50,000,000。.

公司自创建以来，以精湛的技术、卓越的产品、优质的服务赢得了市场，赢得了广大用户的支持，并在诸多领域取得长足的进步。长期以来，公司充分发挥管理、人才、技术上的优势，在汽油机、喷雾机、高速直联离心泵等产品的研制、生产、销售和服务等方面取得了可喜的成绩，良好的信誉与可靠的质量使公司的发展日新月异，本公司现已形成二冲程、四冲程汽油机，配套生产植保、园林、排灌等机械系列产品。公司的质量方针是“精益求精，开拓创新，用户至上，确保产品质量和优良服务”。

公司为了长远的发展和各大高校结成长年技术合作关系。同时也引进了国外的先进生产技术和工艺装备，提高生产能力，加快研发速度，增强了技术创新能力。公司本着“市场多元化，产品系列化，管理科学化”的方针，以实施“奥晟”品牌的战略核心，积极开拓国内外市场。

本公司已通过ISO9001国际质量体系认证、3C认证、CE认证等。为企业的进一步发展奠定了坚实的基础，为产品质量提供坚实的保障。在业绩不断刷新、效益不断提高的今天，本公司愿以十倍的热情、百倍的信心和千倍的努力迎接新的挑战，开创美好的明天。

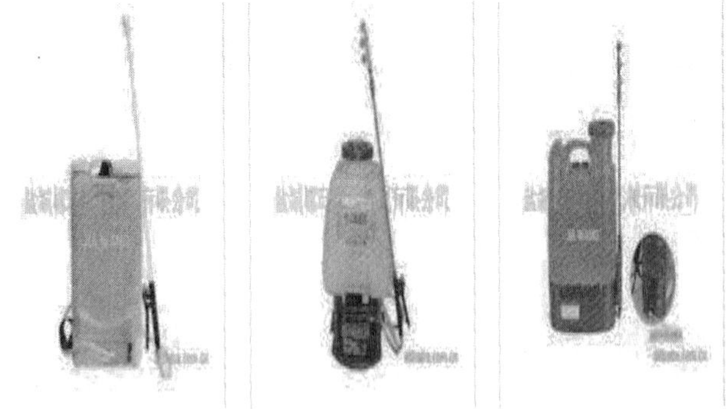

盐城稼旺植保机械有限公司

盐城稼旺植保机械有限公司坐落于东方湿地、梅鹿之乡 -- 江苏盐城。是一家集研究、开发、制造、销售为一体的科技型企业。公司自成立以来，坚持以科技创新为发展思路、以顾客满意为最高宗旨，牢固树立“团结、竞创、协作、责任”的企业精神，在各级领导和广大朋友的热情关怀和大力支持下，获得快速而又平稳的发展，已在本行业取的了良好的业绩。

公司主要研发制造各类通用汽油机、植保机械、园林机械、排灌机械和高压喷雾消毒设备等几大系列 100 多个产品。

本公司应用先进的生产工艺，技术力量雄厚，具有较强的产品科研开发能力，植保体系健全，质量性能均达到国内同类产品的先进水平，产品设计工艺精致，售后服务完善。本产品已经已经推广到多个省市和地区，，远销欧美、非洲以及东南亚等发达国家和地区，多次获得国内外荣誉和称赞，在用户中有较高的声誉。严格按照 ISO9001:2000 和 3C 的质量管理体系标准要求执行。

稼旺人方针是：以产品质量出效益，以企业信誉求生存，以优质服务赢顾客，以持续改进求发展。极力为国内外各界用户提供高品质的产品与优质的售后服务。

我们热情的邀请国内外商家于我们长期友好的合作，共荣共赢。

MAE NORTHERN
中农机·美诺

中机美诺科技有限公司

中机美诺科技股份有限公司是中国农业机械化科学研究院（集团）下属企业，专注于大马力拖拉机配套农机具的研发、生产与制造，为客户提供技术先进、质量一流的农具产品和高效、快捷、优质的服务。公司注册资本 5000 万元人民币，是国家高新技术企业，已通过 ISO9001 质量体系认证，企业信用评定等级为 AAA。

公司研发中心实力雄厚，不但承继了中国农业机械化科学研究院的专业研发队伍，而且通过不断自主创新，承担多项国家级科研项目，始终保持着在行业内的技术前沿地位。创新已经成为企业快速发展的核心动力。

公司在河北省固安县及邯郸市建有现代化的生产制造基地，专业生产马铃薯全程机械化装备、畜牧装备机械、植保机械、免耕播种机具及耕整地机械、水稻种收机械等系列农具产品。生产基地占地面积 156 亩，拥有“焊接机器人”、“激光切割机”、“五轴联动加工中心”、“数控折弯机”等大型进口设备，加工能力一流。公司以“技术创造价值、品质成就完美”为经营理念，不断增加投入，提高制造能力和水平。采取国际化采购路线，在国内外拥有近百家长期合作的供应商伙伴。关键部件通过全球采购，以确保为用户提供质量可靠的产品。公司不断完善销售和服务网络，始终把满足客户不断变化、不断提高的需求作为企业发展的推动力和目标。公司以客户服务中心为服务平台，通过国内外经销商网络，全方位的为新老客户提供优质服务。

公司一贯倡导“正直、创新、信誉、合作”的企业精神，充分利用在农业机械领域拥有的技术创新实力和产品质量优势，为农民过上轻松、快乐、幸福的生活，农业现代化以及社会主义新农村建设，提供现代化装备。

江苏巨能机械有限公司

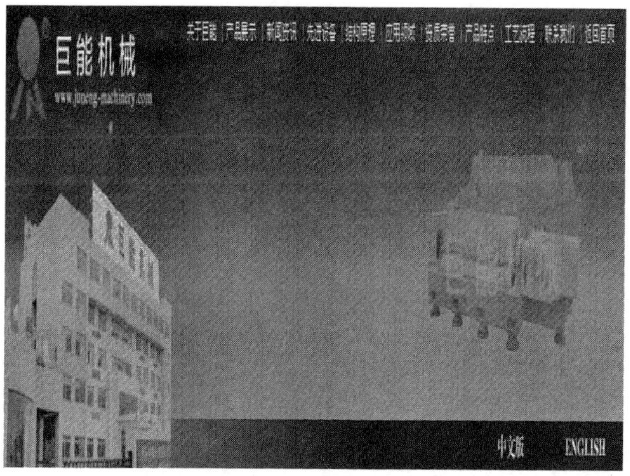

巨能机械为专业制造 过滤机，分离机的全球性集团公司，下设巨能机械（中国）有限公司、江苏巨能机械有限公司、宜兴市过滤设备厂、宜兴市工业泵厂。分别在宜兴、南京设有大型生产基地，并在香港设有进出口办事处。巨能机械是国内较早生产过滤机的厂家之一，也是目前国内过滤分离设备的大型生产基地。公司具有独立的进出口权，目前已成为全球分离设备和过滤设备的重要供应商。

公司创建于二十世纪八十年代，属股份制企业。发展到目前为止，企业占地面积达 280000m2 ，建筑面积 120000m2 ，各种中大型生产设备 1750 多台套；并中具完善的理化试验中心、无损检测实验室及超速试验室。目前拥有职工 1200 多人，其中具有高级职称人员 30 名，中级职称人员 68 名，大中专以上 260 飞、多名，销售人员 45 名，售后服务人员 50 名。

北京丰茂植保机械有限公司

公司坐落于风景秀丽的北京市怀柔区，是集技术开发、生产制造和销售服务于一体的综合性植保机械专业制造厂家。它的前身是北京市植保机械厂，已有四十多年的历史，设计制造了我国第一台背负式喷雾喷粉机。目前公司的产品分为植保机械和园林机械两大系列，主要有小型汽油机、背负式喷雾喷粉机、抛秧机、背负式手动喷雾器、背负式电动喷雾器、背负式动力喷雾机、担架式喷雾机、喷杆式喷雾机、电子灭蛾灯以及背负式 / 侧挂式割灌机、收割机等十余系列四十多个品种，年生产能力五十多万台，远销 20 多个国家和地区，并已在国内外建立了 200 多个经销服务网点，是我国目前品种最全的植保机械制造企业，其经济效益、规模实力、产品水平、知名度及售后服务等主要指标均居全国同行业前列。

“东方红”作为我国著名的植保机械品牌，多年来在国内外市场和植保系统赢得了广泛赞誉，先后获得部级推广许可证和国家强制性 3C 认证、全国工业产品生产许可证、农业机械推广证书。“东方红”系列产品是农业部全国农业技术推广中心重点推广的产品，并登录了《2006 ～ 2008 国家支持推广的农机产品》目录，是农业部 2007 年度全国通用类农业机械购置补贴产品，是国家政府采购项目的定点供应厂家，已在农业、林业、畜牧、卫生防疫等系统广泛应用。

公司现占地四万平米，其中厂房面积15000余平米，现有员工360余人，其中中、高级技术人员31人，拥有多项国家专利；公司已通过IS09001质量体系认证，是“中国植保学会植保机械与施药技术专业委员会”委员，农业部“全国农业药剂药械实验推广应用协作网”理事单位，国家林业局“全国森林病虫害防治药剂药械推广应用协作网”网员单位，“中国农业机械流通协会”理事单位。

公司以“顾客第一、信誉至上”为基本经营理念，在未来的发展道路上，将充分利用在技术、管理、资金等方面的优势和先进全面的营销服务经验，以提供高性能、高质量、高效益的植保机械为己任，不断进取，最大限度满足广大用户要求，把丰茂公司建设成为具有较强竞争力的大型企业。

丰茂公司郑重承诺：为用户提供优质的产品和满意的服务；愿与国内外广大朋友开

金坛市阳光机械制造厂

本公司是一家化妆品、制药、化工、农药和食品包装机械研制、开发、制造于一体的民营科技企业。制造的灌装机系列有直线式灌装机、全防腐灌装机、注射式灌装机、压盖机、紧盖机。贴标机系列有不干胶侧面贴标机。浆糊贴标机。水平式复合膜袋装包装机系列有粉剂水剂一机二用YGDX-180型、YGDX130型、YGDX110型。配套设备的进瓶机、输瓶机、装箱工作台、平皮带输送机共30多个品种。以上各种机型广泛应用于农药、化工、制药、食品饮料、化妆品等行业的稀薄液体、半液体、粘稠和粉末。微颗粒物的自动化灌装、旋盖、贴标、装包袋。产品远销国外和全国二十多个省市数百家厂商。

本公司创建以来着重致力于以农药、化工、日化包装机械的研制、开发，不断向市场投放新产品，满足用户需求。公司占地面积4300平方米，有现代化标准厂房和实验楼总建筑面积210多平方米。全新的机加工生产设备齐全，具有一定的生产规模和制造加工能力。公司拥有一批经验丰富的生产一线技术人员，机械设计工程师，电器工程师从事包装机械研制开发设计。具有相当丰富的实践经验和开发设计能力。所开发的产品实现了光、机、电、气一体化的PLC智能化程序控制。产品技术领先同行，自动化程序高，结构简单、质量稳定可靠、造型美观新颖、品种齐全。是您的首选品牌。

本企业将以更加正直、诚信、信任和实干的精神迎接更多的海内外朋友前来参观指导，“阳光机械”将努力用更优质的产品、更贴心的服务回包社会，愿我们真诚合作，共同携手迎明天。

斯普瑞喷雾系统（宁波）有限公司

美国喷雾系统公司成立于1937年，总部位于美国芝加哥，由Svend Bramsn和Fred Wahlin共同创立。目前喷雾系统公司已成为世界领先的专业化喷嘴研发、设计、制造和销售的跨国公司。我们开发拥有包括空气雾化喷嘴、物料冷却用喷嘴、粉尘控制用喷嘴、脱硫应用喷嘴、烟气冷却用喷嘴、防火应用喷嘴、润湿加湿用喷嘴、桶槽清洗喷嘴、喷雾干燥喷嘴钢铁用喷嘴、电子用喷嘴、食品行业用喷嘴、造纸用喷嘴，施肥及播种用农业喷嘴等22,000多种喷嘴及相关附件产品和喷雾自动控制成套技术设备，我们能够提供高质量的产品及技术解决方案以满足顾客要求。目前公司在南、北美洲，欧洲及亚洲拥有14家工厂，销售网络遍及全球。

斯普瑞喷雾系统（宁波）有限公司由美国喷雾系统公司独资设立，成立于2008年9月，工厂位于镇海经济开发区中官路。主要从事中国及东南亚地区农用喷嘴、喷雾系统的生产和销售。

青岛尚芳环境科技有限公司

尚芳环境科技有限公司隶属于尚芳企业旗下，由当初的PCO公司发展而来，成为今天专

业从事农、林、城市消杀、防疫等的机械科研开发、生产经营、销售贸易、技术服务为一体的现代化企业。企业下设青岛尚芳环境科技有限公司、青岛尚芳有害生物消杀服务有限公司、青岛尚芳畜牧养殖及环境安全研究所、青岛尚芳企业生产基地。

公司秉承纵向一体化的经营理念，对每一样主业和产品都力求产业链的内部化和专业化，极大的加快了新技术消化吸收和创新的进程。公司主营的电动超低容量喷雾器、大型弥雾机、消毒泡沫机等是近两年新进入的产品系列，本着三高的原则——高起点、高标准、高要求，得到了市场的高度评价和认同，已成功成为美国杜邦等国际公司的设备供应商。“以人为本，诚信服务、口碑相传、永续经营”的理念伴随着尚芳走过激情如歌的创业岁月。也铭刻着尚芳人对这片事业的无限执著与热爱。

公司致力于做全球最先进的畜牧设备供应商。“尊重、快乐、健康”的价值体系和行为标准伴随着尚芳走过激情如歌的创业岁月，也铭刻着尚芳人对这片事业的无限执着与热爱。

福安市多元电机有限公司

福安市多元电机有限公司成立于 1996 年，坐落在“中国中小电机之都”——福建省福安市。公司专业生产电动喷雾器、微型水泵、便携式汽车清洗机等系列产品，是一家集研发、生产、销售、服务于一体的现代化高效节能企业。

公司严格按照 IS09001 质量管理体系，国家强制性产品 3C 认证的要求生产运营。产品获得国家知识产权局颁发的一百多项项国家设计专利，并通过 CE、ROHS 等多项国际认证。多年来，公司产品已远销至五大洲 30 多个国家和地区，且因产品质量稳定、价格合理，而得广大客户的一致好评！

公司自创办以来，始终奉行以人为本、以信誉为本、以质量为本的经营理念，以市场为导向，不断加大技术创新，致力将质量稳定、价格合理、外观新颖的产品推广到世界各地。

福安市多元电机有限公司真诚欢迎海内外客商前来洽谈合作，携手共创未来！

上海化三粉体设备有限公司

双龙集团有限公司是一家专业从事粉体装备的研究、设计、制造、服务的智能型实体大型集团企业。经过十多年的发展，拥有嘉定南翔、奉贤、和松江新浜等四个制造基地，总占地面积达 21 万平方米，总部设在南翔工业开发区，距沪嘉高速公路仅 2 公里，近沪宁、沪杭高速和虹桥机场；现有员工 500 多人；主要产品为粉碎、混合、包装、监控工程系统、防爆电机，广泛应用于化工、农药、医药、染料、颜料、冶金、矿山、建材、食品、橡胶、饲料等行业。

FQL气旋式气流...

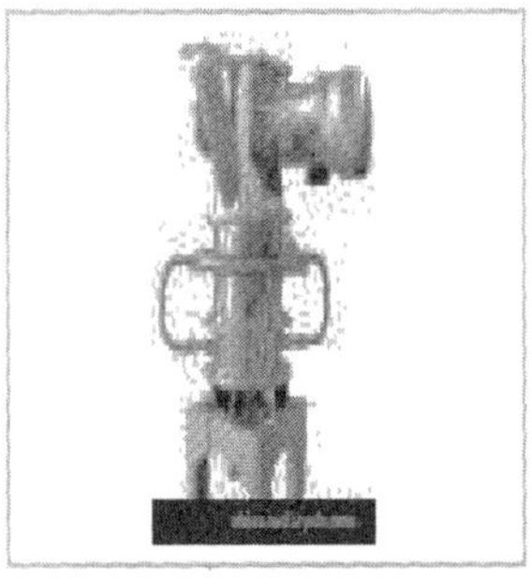
鑫源气流粉碎机

供应三星机械/7...

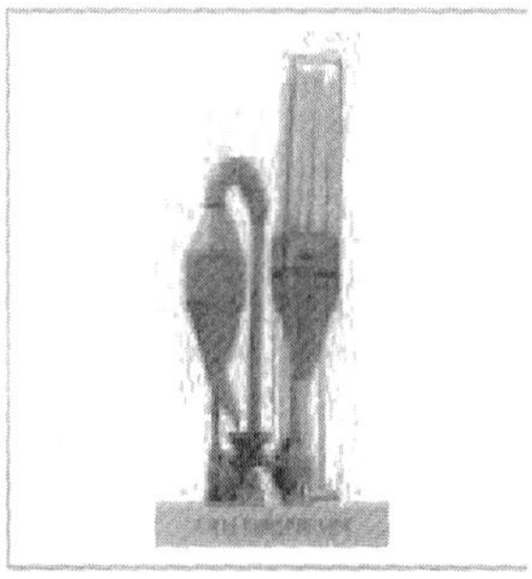
气流粉碎机 超细...

上海化三粉体设备有限公司（原上海双龙粉碎设备有限公司）为双龙集团核心下属企业，主要从事系列气流、机械粉碎机，空气分级机及配套产品的研发和生产。引进德国先进的动平衡测试仪等加工设备，提高了双龙粉碎设备的性能和精度。

集团通过了 ISO9001：2000 国际质量体系认证、CE 认证，拥有先进的专业检测设备和几十年开发经验的技术组；采用 MIS 管理系统微机网络化管理、设计、制造、检测，确保产品质量；2001 年与美国 Munson，韩国 SEJI 开展技术交流与合作，包括定制 OEM 设备，美国 Munson，韩国 SEJI 是全球著名的粉体设备生产厂商之一，随着双方卓有成效的技术交流合作的不定期开展，双龙制造加工水准时刻保持在国际先进水平。

双龙人以“提高品质、满足客户、完善体系、开拓创新”为质量方针，在“诚信、合作、学习、创新”的旗帜下，开拓创新、团结奋进、精益求精、锐意进取，服务社会，不断实现经济效益和社会效益的完美统一。

我公司将一如既往，深化执行 ISO9001.2000 质量管理体系条例，为广大新老客户提供更先进的产品、更优质的服务。竭诚欢迎海内外各界企业，携手共创新的辉煌！

上海细创粉体装备有限公司

JCL320双轴微粉碎机

JBL系列棒式机械粉碎机

JJ（A）500剪切式粉碎机

JCF型机械粉碎机

上海细创粉体装备有限公司（原上海化工机械三厂）创建于 1957 年，是上海市粉体工程中试基地，国家气流粉碎机行业标准起草并获奖单位。

我厂位于上海西南梅陇地区，占地面积 37720m2，建筑面积 27193m2，厂房面积 20338m2，现有固定资产 4934 万元。现有职工 800 人，工程技术人员 120 人。我厂经四十余年的拼搏开拓，现已形成了规模强大，面向全国，集科研、测试、制造、服务为一体的综合企业，产品数次获国家化工部、上海市科技进步奖和新产品奖，并通过瑞士 SGS 公司 ISO9001 质量管理体系认证，下属有四家制造厂家和二家实业公司。

超细粉碎设备厂是原化工部定点生产各种类型规格粉碎机及粉体深加工成套设备，形成了设计、选型、安装、调试一条龙服务的专业制造厂，其产品销售额居同行业前列，覆盖全国各地。超音速气流粉碎机有水平圆盘式、循环管式、对冲式、靶式、流化床式等，机械粉碎机有锤式、棒式、刀片式、剪切式等，分级机有强制涡型、强制涡超微型，拥有全国最大实验基地。该产品广泛应用于工程陶瓷、化工、轻工、冶金、食品、农药、医药、造纸、电子、建材、化妆品、矿产等行业。产品出口美国、泰国、沙特阿拉伯、新加坡和香港等国家及地区。

“团结、实干、优质、创新”是我厂的企业精神，高新技术是我们的依托，高质量是我们的承诺，热忱欢迎国内外客商光临我厂洽谈业务，参观、合作、互利互惠，共同发展。

临沂市金奥机械有限公司

临沂金奥机械有限公司，是一家中型农机开发销售于一体的专业化公司，拥有固定资产3000 万元，占地 90000 多平方米．现有员工300 余人，其中各类专业技术人员 80 人，高级技术人员 10 余人．| 本公司已通过 3C 国家强制性产品认证和 ISO9001-2000 质量管理体系认证，并在获得中国著名品牌和临沂市名牌产品称号．| 公司生产的主要的产品有植保机械、通用汽油机、排灌机械、园林机械、塑料制品、压铸铝制品、化油器等七大系列，其中我们新近研制成功的一些新产品，技术性能优越，质量可靠，已成为公司新的经济增长点． 目前公司年生产能力已达 35 万台套。公司凭借独特的营销理念，可靠的产品质量，先后几次被评为中国产品质量协会会员。| 公司拥有生产线六条，测试设备 10 台，技术力量雄厚，检测手段完善。现生产的金奥牌系列产品，已畅销全国三十多个省市自治区及远销新加坡、越南、韩国等多个国外市场，并形成多元化的市场销售网络，完善

的售后服务。| 公司愿与国内外广大朋友开展广泛的业务合作，共同发展开创美好未来。

常州市益民干燥设备有限公司

• 常州市益民干燥设备有限公司，坐落于中国干燥业的发源地－常州市焦溪镇工业园区，毗邻京沪高速，沪宁铁路，沪宁高速横山道口 5 公里，是中国干燥行业及制药机械重点骨干企业，现有公司占地 13200 平方米，建筑面积 8000 平方米，随着公司不断努力，新厂二期工程于 2005 年 4 月正式破土动工，占地面积 3.5 万平方米，建筑面积 3.2 万平方米。公司总占地面积达到 5 万平方米。公司拥有现代一流的大型生产车间及设备，固定资产 2850 万元人民币，员工 160 余人。公司创始人范逸明先生十多年来一直致力于干燥设备的研制、生产和经营，同时也汇集了一批集科研、设计、生产、服务于一体的高素质人才，并长期同有关院校实行横向合作，对产品不断进行更新与开发。

• 目前公司拥有加工设备 180 多台（套）技术力量雄厚，年产各类干燥、混合、制粒、粉碎、除尘、筛粉等设备 1500 多台（套），产品已发展到十大系列 300 多个规格和品种，广泛用于制药、化工、食品、饲料、矿产、农副、电子、轻工等行业，产品遍布全国，远销美国、日本、俄罗斯、香港、台湾等地。

• 工厂还备有大型试验车间，品种样机齐全，欢迎客户带料试验和订货。

上海尚贵流体设备有限公司

上海尚贵流体设备有限公司是中国石油和化学工业协会会员，公司前身专业致力于流体混合设备加工制造十五年之久，2004年在现任公司总经理蔡曙光先生的创议下，公司再一次吸收了多位行业技术专家和管理骨干大胆改革，于05年初，重新组建成立上海尚贵流体设备有限公司，在结合自身多年的专业加工基础上，同时引进在乳化混合设备研发具有国际影响力的美国和德国先进技术，自行又开发研制了新一代化工乳化混合设备。近年来“尚贵牌”新一代化工乳化混合设备在石油化工、重油乳化、农药、食品工业、纳米材料、生物医药、日化产品行业中得到广泛应用，并在液体与液体、液体与固体的混合、分散、研磨、搅拌、乳化等生产设备上获得多项专利，已在行业内具有一定的影响力和发言权。

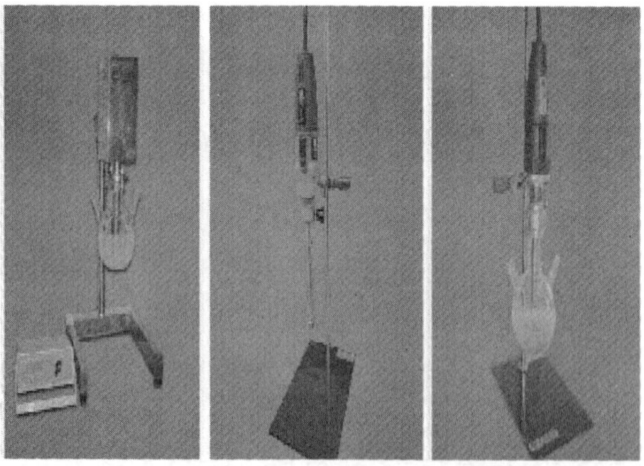

目前公司具有高级工程师职称的技术人员6人，高级管理人员13人，中级技术员42人，市场项目工程师8人，已形成集开发、设计、生产、销售和技术服务为一体的规模。公司旗下以二个加工生产基地，一个销售公司和一个专业研发队伍为经营实体。“诚信为本，技术率先”是尚贵公司发展的理念。一流的研发中心和现代化的制造工厂为尚贵的用户提供了有力发展保障。“为客户创造更高价值”正是尚贵公司核心最终体现。

XY-120 推车式机动喷雾机

3WF-3 机动喷雾喷粉机

TF-22 动力喷雾机

台州信溢农业机械有限公司

台州信溢农业机械有限公司是从事喷雾器、割草机等农业机械及园林机械的专业生产厂家。现占地面积约30000平方米，建筑面积约40000平方米，具有各种设备300台套。检测设备齐全、技术开发力量雄厚、产品品种多、种类全，是国内植保机械的骨干企业之一。

工厂已形成年产动力喷雾器8万台和年产手动喷雾器200万台的生产规模。通过并全面推行 ISO9002 质量体系标准。NS-5、NS-16、TF-45、TF-900 等产品的技术指标均达到国际先进水平，产品畅销美洲、欧洲、东南亚、中东等 90 多个国家和地区，深受广大客户的信赖和好评！

本厂位于东海之滨，紧靠 104 国道，距黄岩机场仅 5 千米。有朋自远方来，诚邀天下朋友莅临指导，共创辉煌！ 86-0576-89221698

金坛市晨光轻工机械有限公司

我公司座落在金坛市环城南路南戴，是一家从事包装机械设备研制、开发、生产的专业企业。企业占地面积为 16000 平方米，建筑面积 5000 平方米左右，拥有固定资产 1000 多万元。　　主要产品有“京九”牌系列微电脑全自动灌装机、智能化称重灌装机、注射式灌装机、微真空常压灌装机、低真空灌装机、直线式灌装机、多功能旋盖机、直立式旋盖机、螺纹封口机、粘合式贴标机、不干胶贴标机、全自动袋装粉剂包装机、全自动袋装水剂包装机、进瓶机、输瓶机、装箱台及塑膜收缩机等，产品获国家三项专利（ZL97236312.2ZL9730515.5），并已通过江苏省技术监督局鉴定、定型，证号 Y96F2606-32。产品销往全国二十多个省市、四百多个厂家，投放市场深受用户的青睐和好评。为了不断壮大企业规模，我公司始终以技术改造为切入口，以大专院校、科研院所为依托，形成了自我研制、开发、生产的能力。

我公司处于交通十分便利的城南，东邻常州经通上海，西穿茅山直抵南京，北经丹阳可达镇江，南过宜兴即下杭州。竭诚欢迎国内外客商、厂家来我晨光光临惠顾，并与我公司建立广泛的合作，共创美好的未来。

合肥三冠机电设备有限公司

合肥三冠机电设备有限公司（原合肥三冠机械厂）座落于中国安徽省、合肥市国家级经济技术开发区内，厂房面积5000平方米。是一家集科研、制造、销售计量器具，包装机械自动化控制为一体的专业制造商。自2000年始建以来，公司本着技术就是生命的创业式发展理念，经济效益平步增长。目前主导产品已囊括了包装机械类中的七大系列和二十多个品种。产品广泛用于化工、肥料、饲料、农药、种子、粮食、食品、医药、调味品、茶叶等诸多行业，并远销中东、东南亚、南非及等十多个国家和地区。三冠公司研发并制造的获有自主知识产权的适合多类物料特性的自动称量机械、包装机械设备在技术、质量、稳定性上均要优先于国内同类产品和填补了国内空白。更大程度上满足了市场的要求并提高了用户的生产和经济效率。同时三冠公司还具备很强的技术创新能力，能为用户在新建项目，工程配套等方面进行全方位的设计制造、安装调试服务来满足市场多元化的要求。近年来公司得到了如“山东胜利股份”、“安庆石化”、“山东荷泽沙土瓜子公司”、“河南省种子站”、“河南金博士种业股份有限公司”、“上海傣妹餐饮有限公司”、“内蒙古伊利实业集团股份有限公司”“双汇集团”、“浙江天通股份”“宁夏枸杞产业集团”“皖垦种业”“成都芳草药业”、“松本林化”“三棵树涂料股份有限公司”、“CHINATRADEGL08ALLIMITED”等众多国内外知名企业的信赖和支持。特别是有了中国科学技术大学科研人员的联手加盟后，更加使三冠公司在包装机械的科研领域游刃有余、成果倍出！三冠公司在创造一流产品的同时，始终把服务放在首位，最大限度的确保设备正常运转的连续性和维护产品的优质声誉。让您能在您的同行中得知三冠公司产品优越的性能、良好的售后服务。我们同样会为之自豪！公司的经营方针是：把优质、优惠的产品奉献给客户，与客户您一起朝着更高的水平发展。

临沂三禾永佳动力有限公司

临沂三禾永佳动力有限公司是一家专业从事小型汽油机、植保机械、园林机械生产的新加独资企业。公司占地 12 万平方米，拥有标准化厂房 5 万余平方米，公司现有员工 1200 余人，固定资产达 1.6 亿元。

目前，公司已形成年产 300 万台套、100 余种规格型号的汽油机、割草机、喷雾喷粉机、手动喷雾器、绿篱剪、油锯、手推式草坪机等的综合生产能力，现已发展成为我国植保及园林机械行业的龙头企业。

公司在“以人为本，以质取胜”的经营理念指导下，全体员工始终贯彻“高品质、零缺陷、严要求、再创新”的质量方针，利用从日本、德国、台湾等引进的先进技术、数控加工设备和检测设备严格控制每一道生产工序，以确保产品质量稳居同行业之首。

我公司被认定为山东省“高新技术企业”，并先后荣获 “农业部全面质量达标单位”、“优秀出口创汇企业”、“山东十大竞争力品牌”等称号；继首批取得国家强制性 3C 产品认证后，又顺利通过欧盟 CE 认证、欧Ⅱ 排放认证、美国 EPA 认证和 ISO9001：2000 国际质量管理体系认证。

公司生产的“永佳”牌背负式喷雾喷粉机被评为“山东名牌”产品，八大系列产品畅销海内外，目前已经形成了遍布全国 30 多个省、市、自治区的销售网络，并远销亚洲、欧洲、美洲、澳洲、非洲的几十个国家和地区，赢得了国内外用户的一致好评。

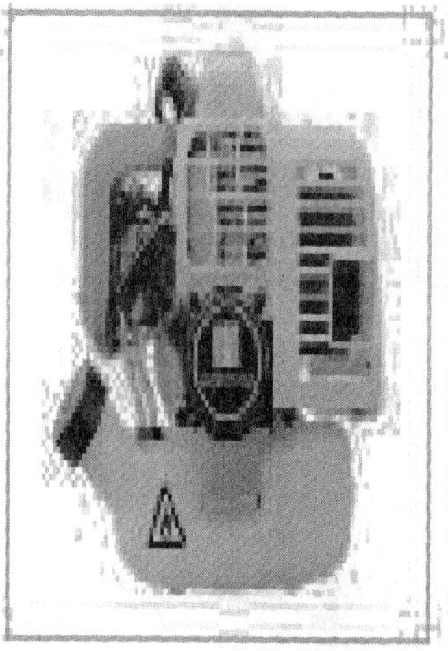

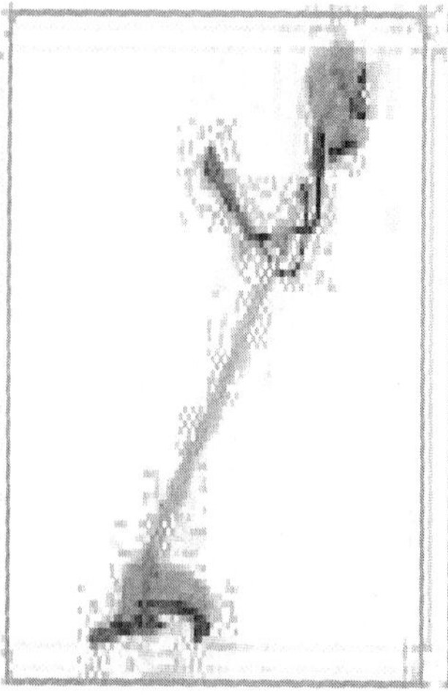

山东华盛农业药械股份有限公司

山东华盛中天机械集团有限公司（原山东临沂农业药械厂、临沂华盛企业集团总公司）成立于 1951 年，有近 60 年的专业制造历史。公司坐落于山东临沂高新技术开发区，公司占地约 80 万平方米，总资产 10 亿元，现有员工 3000 余人；是一家拥有山东华盛农业药械股份有限公司、山东华盛中天动力机械有限公司、山东卫士植保机械有限公司、临沂华盛实业有限责任公司、山东华盛中天工程机械有限责任公司、临沂科赛进出口有限公司及临沂洪福酒业有限公司 7 个全资或控股子公司，集科工贸为一体的大型企业集团，是全国“五一”劳动奖状获得单位、中国机械 500 强、全国机械工业文明单位、机械工业管理进步示范企业、机械工业管理现代化企业，是中国最大的小型通用型汽油机、园林机械、植保机械、森林防护机械和小型工程机械生产出口基地，经济效益、规模实力、产品水平等多项主要经济技术指标多年来始终位居全国同行业首位。

经营范围：公司主要产品有 30 马力以下二冲程和四冲程通用型汽油机、二冲程和四冲程燃气机、园林机械、植保机械、排灌机械、发电机组、小型工程机械以及各类农用和休闲车辆等七大系列 350 余个品种。销售网络及售后服务遍布全球，其中公司小型通用型汽油机、园林机械、植保机械三大系列主导产品产销量、出口量均居行业全国第一位，公司产品国内市场占有率居主导地位，并出口到全球 80 多个国家和地区。

行业地位：公司是国家大型企业，是中国农业机械工业协会植保机械与清洗机分会理事长单位和秘书长单位、中国内燃机工业协会小型汽油机分会副理事长单位、中国林业机械协会常务理事单位。近年来先后主持起草国家标准、行业标准9项，参与起草13项。“华盛泰山”注册商标被评为“中国驰名商标”，主导产品曾荣获“国家免检”并先后多次获得国家银质奖、国家科技进步二等奖、全国推广示范产品、全国重点推广产品、全国用户满意产品、中国农业知名品牌等国家级荣誉称号。公司2008年被山东省认定为高新技术企业。

技术实力：公司研发实力雄厚，1995年被认定为省级技术中心，2009年被认定为国家认定企业技术中心，拥有国家认可实验室，是全国CAD应用工程示范企业、省级高新技术企业，拥有中、高级职称以上专业研发人员300余人，产品研发手段先进，拥有专利近100项，每年有10余个具有自主知识产权的新产品通过省级鉴定投放市场，近期研制开发、达到欧盟II阶段和美国II阶段排放标准汽油机、燃气机及航模、车模、船模汽油机等，代表了当今小型汽油机的尖端水平，满足了欧美发达国家客户及模型爱好者的的需求，公司新产品产值率在30%以上，取得了显著的经济效益和社会效益。

装备水平：公司技术装备先进，先后引进了日本、意大利、德国、美国等国家的现代化加工和检测实验设备使工艺装备和检测控制手段达到了国内同行业的先进水平，拥有各种主要生产设备1200余台套，其中：各，种生产线80余条，机电一体化设备330台，检测、试验设备130余台。

质量管理：公司从1979年起推行全面质量管理，三十多年来一直坚持不懈，1998年开始贯彻实施ISO9001标准，建立健全了企业的质量管理体系，ISO9001标准贯穿在生产经营的全过程，公司积极采用国际上越来越多的先进质量管理理念、思想、技术、方法，在21世纪“大质量”观的影响下，公司开始实施质量战略对改善经营绩效的促进作用，追求卓越绩效已成为公司打造品牌提升国际竞争力的一项重要措施。

认证情况：公司于1999年通过了ISO9001：1994质量体系认证，2002年通过了ISO9001:2000质量管理体系认证，于2009年通过了ISO9001:2008质量体系认证，国内首家农机产品的3C认证，2002年至今共有70种不同型号、不同种类的产品通过了CE认证，有10种类型的割灌机通过了德国的

GS认证，有16种小型汽油机通过了美国第二阶段的EPA排放认证及EMC认证，有10种割灌机通过欧洲的噪声认证，有12种汽油机通过欧盟II阶段的e-Mark排放认证。通过实施上述国际认证，公司产品质量达到国际先进水平。

管理水平：公司积极推行精益生产等现代化管理手段，投入巨资实施了ERP企业资源管理系统，实现了企业内部各种数据、信息的集成和共享，达到了“业务程序化、办公自动化、管理规范化、企业数字化”。信息化的成功运用，全面提升了企业的现代化管理水平和综合竞争能力，公司被认定为全国机械行业50家“现代化管理示范企业”，也是ERP在全国机械行业成功实施的典范。

战略规划：在长期的发展过程中，一代又一代的华盛人以他们的勤劳与智慧创造了一个个奇迹，并不断续写着新的辉煌。面对新的发展机遇和激烈的竞争环境，全体员工在公司领导的带领下，勤于拼搏、勇于创新、与时俱进，以“创国际知名品牌铸百年强盛企业”为目标，努力持续为用户提供优质产品和服务，倾力打造中国行业第一品牌，把公司做大做强，始终保持中国最大的小型通用型汽油机、园林机械、植保机械和小型工程机械的龙头地位。“十二五”公司将不断加大对技术创新的投入，重点发展技术含量和附加值高的产品，到2015年，公司各类产品年综合产量达到800万台，销售收入60亿元。以“让用户更满意让员工更幸福让祖国更富强”为宗旨，创建具有国际影响力和企业文化内涵的现代化大型企业集团。

济南山诺经贸有限公司

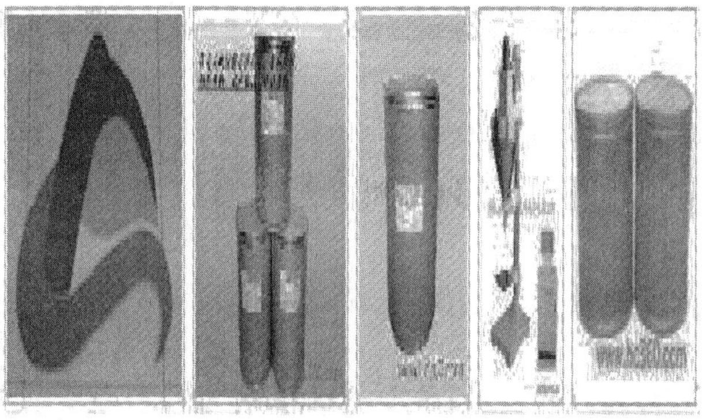

济南山诺经贸有限公司总部坐落在美丽的泉城济南。公司现已发展成拥有青岛、滨州、南昌三家分公司机数家办事处的包装设备、包装材料专业生产企业、高新技术企业。公司自成立以来，一直致力于包装设备的研究和开发，引进国内外先进技术，汲取同类包装机械的工艺精华，生产出具有自助产权的铝箔封口机、灌装机、粉剂包装机、旋盖机、标签机、上料机、分页机及输送带等系列产品；同时，山诺公司还是美国伟迪捷等世界知名品牌喷码机的代理商。为适应市场需求及公司集团化的发展方向，总部分别在青岛和滨州设立了包装材料厂，专业生产各类塑料瓶及塑料制品。山诺公司致力于为农药、医药、化工、饮料、食品、调味品等行业提供质量上乘的机械设备和包装材料，公司产品已经覆盖全国，同时，山诺经贸以先进的技术和人性化的设计准备开始进入国际市场。山诺公司将本着“诺言如山，信誉永恒”的企业经营理念、诚信、精准、细致的为客户创造优良的产品和服务，共存共荣，为我们的合作插上腾飞的翅膀。

台州市超达工具有限公司创建于1988年，是生产中空吹塑盒，喷雾器，健身踏板，篮球架，防护眼镜的企业，占地面积12000平方米，建筑面积11000平方米。职工400人。公司下设吹塑车间、注塑车间、组装车间、模具车间，五金车间，拥有优秀的产品开发人才及先进的生产设备，公司拥有40余台塑机并引进先进的全自动中空成型机，该机采用日本原装MOOG公司的30点--100点壁厚控制器，具有精密度高、壁厚均匀等优点，公司还拥有5000克以下注塑机8台.

公司已通过ISO9001：2000质量管理体系认证，在此引导下积极拓宽业务渠道，依托生产中空吹塑盒的优势，引进各种先进的生产设备和检测仪器，开发生产手动工具、电动工具等各种组套工具产品，出口欧美、东南亚、非洲、南美洲等国家和地区。2003年开始致力于智能电动喷雾器的研发，于

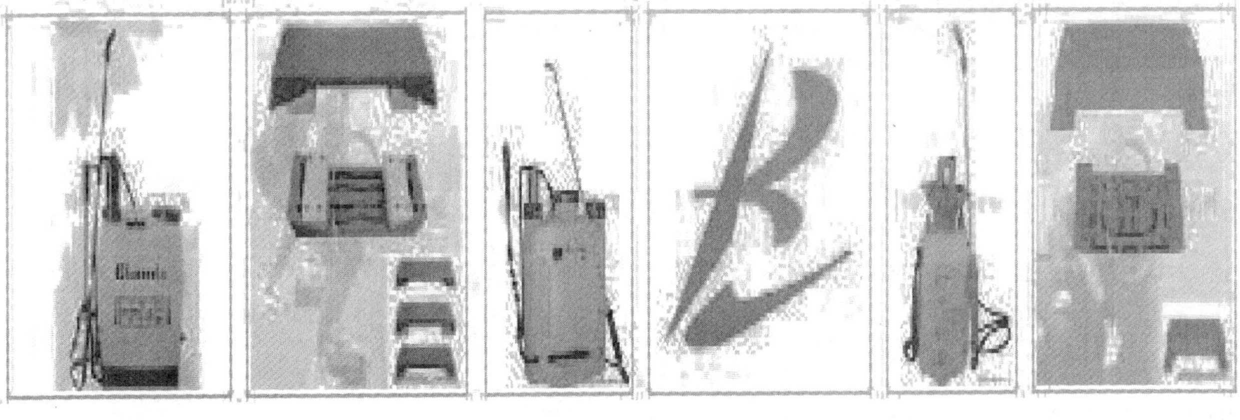

台州市超达工具有限公司

2005年开发成功历时两年，此产品由美国专家设计具有省时，省力，压力大，雾化好，效率高，费用低，易养护耐用等优点，产品一经投入市场在国内外引起巨大反响。2004年为了更好的发挥主业优势，公司开发成功篮球架系列和健身踏板系列，产品全部销往欧美市场．

超达公司将以领先的技术、严格的管理、完善的质量管理体系，为海内外客户提供品质上乘的产品和优良的服务，竭诚欢迎海内外客户莅临洽谈合作。

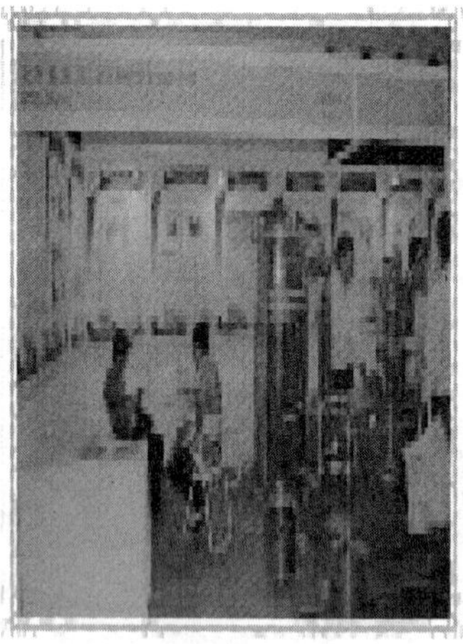

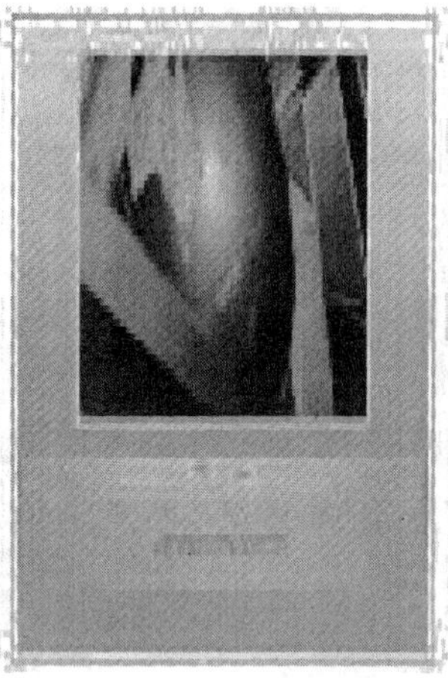

密友集团有限公司

密友集团有限公司是专业从事纳米金属粉、纳米自修复剂、高温、高压机械密封、压力容器、粉碎设备、硅微粉、重质碳酸钙、方解石矿开采、房地产开发的高新技术企业，是国家工商总局注册的国家级集团公司。“密友”是江苏省著名商标，中国驰名商标已被国家商标总局受理。

密友集团有限公司坐落于昆山市国家高新技术产业园区，公司拥有总资产2.8亿，总注册资本2.1亿，拥有世界一流的现代化加工及检验设备218套，通过ISO9001：2008 国际质量体系认证、CE认证，取得高压、大轴径机械密封生产许可证（证书编号：XK06-043-00077)，第三类低中压容器生产许可证（证书编号：TS2210A67-2014)．公司十分注重科技创新及产学研合作，在行业内具有突出领先地位：

中国化工机械动力技术协会密封技术专业委员会主任委员单位；

全国机械密封标准化技术委员会副主任委员单位；

全国颗粒表征与分检及筛网标准化技术委员会成员单位；

国家特种超细粉体工程技术研究院中心特殊材料产业化试验基地；

国家现代中药超细粉碎产业化示范项目基地；

国家非金属矿深加工工程技术研究院中心研究实验基地；

国家经贸委制药技术中心站制药超细粉碎试验基地；

东北大学、南京工业大学、江苏工业大学合作企业；

德国安全劳动医学会，德国克劳斯特尔大学合作企业；

国内粉碎行业唯一通过粉碎设备 GMP 认证的企业；

江苏省最大的纳米金属粉碎体和纳米自修复剂系列产品产业化基础；

江苏省工程技术研究中心；

江苏省企业技术中心；

苏州市企业技术中心；

苏州市纳米金属粉体工程技术研究中心；

拥有发明专利、实用新型专利 55 项；

28 项产品获得国家新产品称号和省、市科技进步奖，产品质量达到国内领先、国际先进；

密友具有强烈的社会责任感，本着质量第一、和谐沟通，开拓创新，加大科技投入，不断开发高新技术产品，保持行业中最具规模和竞争力的一流企业。

密友集团愿与全球有识之士真诚携手、合作共赢、共创辉煌！

中科京工（北京）...

深圳佳亲环保科技...

园林绿化设备

园艺用具园林绿化...

国内机械密封行业制定标准最多的单位，现已制订国家标准 1 项、行业标准 7 项；

北京百瑞盛田环保科技发展有限公司

北京百瑞盛田科技发展有限公司是集研发、

生产和制造新型环保机械产品的专业公司，生产基地位于北京市丰台科技园区，是研发、制造新型环保机械产品的专业公司，2009 年公司被评定为国家高新技术企业（证书号：GR200911000397）、中关村高新技术企业。

公司于 2006 年 7 月 6 日成立，先后研发了 BR-11A 型、BR-11B 型园林喷雾车；BR-2.2B 型车载喷雾机；BR-11CF 型封闭式喷雾车；BR-2.2C 封闭式升降喷雾车等系列喷雾设备；BR-2.2E 电动喷雾机；十二项技术分获国家发明专利及实用新型专利，四项技术获国家版权局颁布的“计算机软件著作权”专利。

公司产品广泛应用于农业、林业、牧业、园林绿化养护、公共设施消毒等领域。

2008 年奥运期间，北京突发“草地螟”灾害。我公司生产的设备作为奥运主场馆鸟巢、水立方有害生物防治的专用设备，在开幕式前五日内，对在场馆内外爆发的“草地螟”灾害快速扑杀，保障奥运会开幕式顺利进行，为此受到“奥运应急办”表彰（见资格证明文件）。

2008 年残奥会期间，因垃圾场异味，诱发群众游行，引起中央高度重视，北京市委和朝阳区委紧急处理奥运场馆周边垃圾填埋场异味干扰场馆运行问题，应北京市奥运应急办要求，投放 160 台大型喷雾车从根本扼制异味生成，为保障“残奥会”顺利进行作出突出贡献。

国内第一部园林喷雾专用车

08 年我公司与北汽福田汽车股份有限公司合作以 BR 系列高射程车载喷雾机为上装主机，采用“福田”欧马可系列主力车型为底盘，开发出国内第一台园林喷雾专用车，并通过“国家工程机械质量监督检验中心”认证并在国家发改委汽车公示网站公布，公布型号：BJ5069GPW-1，BJ5069GPW-2。

2009 年，公司获得国家级高新技术企业称号；同年，BR-11B 型园林喷雾车、BR-2.2B 型车载喷雾机获得北京市第五批自主创新产品证书，从而优先进入政府采购目录。2010 年，BR-11B 型园林喷雾车；BR-2.2B 型车载喷雾机通过中华人民共和国农业部“农业机械推广鉴定证书”；2011 年，BR-11B 型园林喷雾车、BR-2.2B 型车载喷雾机进入北京市发改委节能低碳技术推荐目录。

几年来，百瑞盛田的车载喷雾机以其精工细做的外观、高科技的品质保证、卓越的性价比在同类产品中脱颖而出，其自动化程度高、操作简便、人性化设计，深得用户信任和青睐，相对于国外产品的“高价格，少功能”的现状具有强大的吸引力。

北京百瑞盛田环保科技发展有限公司正以“科技实业、报效国家、回馈社会”为己任，积极投身国家重点项目，广泛参与重要社会活动，力争在行业技术创新和履行社会责任等方面成为国内行业企业的领跑者。

适用范围：适用于疾控中心、医院，学校，宾馆，银行，军队，防疫站、环卫、园林，农林牧业，养殖场，孵化场，畜牧兽医站，，沙厂，纺织厂，印刷厂，电子工业，企事，业单及 消杀公司等。

重庆红旗化工机械有限公司

重庆红旗化工机械有限公司是依照《公司法》组建的、以开发生产研磨、分散、输送、过滤机械专用设备为主，同时研究开发其它机械产品及化工设备的企业。

公司全体员工始终坚持发扬“以质量为本、以用户为中心、面向市场、为用户提供优良的产品和优质的服务，以更多的新产品、更合理的价格、更可靠的质量、更全面的服务回报广大用户”的宗旨，努力搞好我们的各项工作。

公司拥有标准厂房 2500 余平方米和齐备的各种加工设备及完善的质保体系，完全能满足设计要求的工艺手段和技术力量、配套网络强大。公司既有规格型号齐全的主机及备件，发运渠道畅通，发货及时可保证用户一次询盘即可放心购买，及早产生经济效益。

重庆红旗化工机械有限公司将始终坚持“以技术领先和产品优良为中心，以稳定持久的产品质量作保证向广大用户提供满意的服务”的经营方针，坚持“求实、开拓、发展”的企业精神，按照“坚定依靠技术进步，稳步拓展经营领域，滚动发展壮大企业”的总体战略，力争国内领先，与国际接轨。

重庆红旗化工机械有限公司一直致力于：为油漆、油墨、建筑涂料、磁性材料、农药、非金属矿等行业提供优良的研磨、分散、过滤、输送设备。三十多年积累的专业制造经验使重庆红旗化工机械有限公司成为用户可信赖的制造商，公司销售部及设立在北京、杭州、广州、成都等地的办事处可为用户购买设备提供咨询、订货和现场安装、调试等各项售后服务。

重庆红旗化工机械有限公司始终坚持——为用户提供优质服务时公司一切工作的奠基石。公司以能够为广大用户提供高质量的产品和周到的服务为荣，并为新老用户选择重庆红旗化工机械有限公司的产品而深感自豪。

尊敬的用户：也许我们曾有过愉快的合作，是我们的老朋友，也许你刚与我们结识，是我们的新朋友。我公司都将以先进合理的产品结构、优良的产品，诚实做人的态度、及时完美的售前售后服务，促使我们之间的友好合作，用实实在在的工作业绩增进相互间的真诚友谊。共某发展，共创辉煌。

河南万丰农林设备有限公司

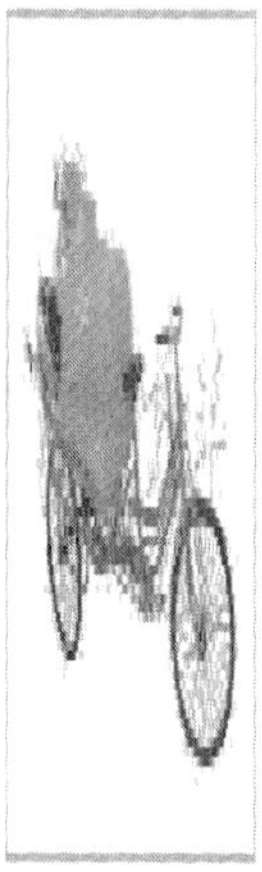

河南万丰农林设备有限公司成立于2003年5月（原鹤壁市燕龙农林药械有限责任公司），注册资金1510万元，占地面积28000 ㎡，位于素有“农业大省”之称、集全国铁路、公路交通枢纽，物流发达的中原地区—河南郑州。

我公司专业研制、生产、销售各种农业、林业、畜牧业喷雾消毒药械。主要产品包括：车载风送式远射程喷雾机，拖车式高压动力喷雾机，车载式高压动力喷雾机，推车式动力喷雾机，手抬式动力喷雾机，超远程高压动力喷雾机，具有操作简单，安全性高，雾化均匀，喷洒面积大，省力，省药等优势，适用于病虫害防治及喷水，降尘及降温，大面积的消毒和防疫；超高压清洗机，防疫通道以及园林植保机械，并且还专业设计安装养殖企业人行、车辆消毒通道、养殖场整体消毒降温系统。产品以较高的质量，最低的价格畅销全国各大、中型城市，并以完善周到的售后服务深得新老客户的信赖。

工厂已通过了ISO9001质量管理体系认证，产品通过了3C等国内市场准入认证。2007年被评为豫商最具成长性50强，2008年中国信用企业认证体系示范单位等荣誉称号。

公司全体员工怀着对事业的饱满热情，秉承以质量求生存，以信誉求发展的经营管理理念，全力以赴，勤奋敬业，不断超越，直面挑战，成就卓越品牌。河南万丰愿携手国内外有识之士为全球的植物保护以及卫生防疫事业做出贡献。

新乡市倍力特机械有限公司

新乡市倍力特振动机械有限公司位于历史文化名城、国家优秀旅游城市--新乡市，是振动机械的专业设计、开发、制造商， 技术力量雄厚。公司全面吸收国内外同类产品的先进技术，坚持科技创新，以人文为中心，为客户量身定制一流的高品质的机械产品。

倍力特专业生产高质量的VB系列振动筛分过滤机、VBC系列超声波筛分机、数控标准检验筛、下排筛系列、VB系列直线振动筛、VBQ系列气流筛，VB系列卧式、立式振动电机，VB系列振动输送机，系列给料机，提升机等均为我公司针对现代高科技企业推出的系列成熟产品，广泛用于制药、食品、化工、矿山、冶金等行业。

倍力特人将一如既往地以雄厚的技术力量、高品质的产品、合理的价格和完善周到的技术服务作为不懈进取的准则，以高素质，富有凝聚力的员工队伍，精湛的制造工艺和完备的加工检测设备，生产出让客户满意的产品。

我们经营理念是以质量求生存，以信誉谋发展。倍力特人竭诚期待与广大客户携手合作，共谋发展。

热点解读

Hot Topics

1、农药制剂包装不应落伍

2、农药静电喷雾技术及其产品在生产上的应用

3、新型风扇式杀虫灯试验报告

4、我国低空低量遥控无人施药技术达到国际先进水平

5、我国将研制和推广新型农药喷施机械

农药制剂包装不应落伍

随着科技的发展，我国农药产品质量和技术含量都得到了快速提升，但包装过程却依然原始。不少企业主要还靠人工包装，包装车间搞得是人海战术。特别是固体制剂品种的包装，在转料、投料、包装现场主要靠人工操作，粉尘飞扬，工作环境极差，每个工作面都属于典型的脏、苦、累岗位，导致岗位人员更换频繁，由此出现招工难、用工荒。

更重要的是，这样的条件下，包装的品质不稳定、计量差别大、成品漏瓶漏袋。产品没有形成规模化生产，大都是市场需求什么企业就生产什么，往往一条包装线一天换几次品种，存在潜在的交叉污染风险。

出现这样的情况原因在于，很多企业包装车间没有经过功能化设计，只有简单的包装设备，是间歇式生产方式。特别是很多农药制剂企业扩产或新建生产基地没有进行系统的设计，主要表现在先建厂房、然后在建好的厂房内布置设备，这样就限制了先进的生产工艺及合理的设备布局，也没有考虑除尘、除味、通风环保设施，更没有考虑以后的发展，没有预留扩产空间，只是适应现时的产能要求。

其实，我国农药制剂的生产时间较短，在2000年之前主要是乳油和可湿性粉剂的生产，这些产品的包装基本处于粗放式包装阶

段，还算合理。但随着我国农药制剂新品种、新剂型的开发和推广，很多企业仍处于作坊式包装阶段，就显得不合时宜。

农药制剂需要清洁化包装。2010年颁布的《农药产业政策》已经为企业指明了优化包装方式的道路：加大技术改造力度，加快工艺技术和装备水平的提升，提高新技术和自动化在行业中的应用水平。并提出，到2015年，制剂加工、包装制剂研究要全部实现自动化控制。

笔者认为，农药制剂包装是农药生产的重要组成部分，具体应该从以下几个方面加以改进。一是制剂包装车间的工程化设计，包括包装工艺流程、设备布局、物流人流通道、车间内部的功能化设施、安全环保、洁净生产等方面的标准化设计；二是逐步研制出先进的包装机械设备，实现农药制剂包装自动化、智能化、安全环保、洁净生产，逐步把人从包装流水线上解放出来；三是农药制剂转料包装过程要封闭、连续化、自动化，彻底解决农药制剂包装的污染问题；四是研制适合不同制剂、不同规格的包装材料；五是包装形式和包装材料要逐步实现标准化。

农药清洁化包装只有硬件支持是远远不够的，还需要多方面的努力。国家要有洁净生产的相关政策、法规加以引导，企业负责人要有清洁化包装的意识，制定出相关的管理制度去支撑。

有了多方努力，农药清洁化包装的目标一定会实现。（作者：尹奋中　来源：中国化工报）

农药静电喷雾技术

及其产品在生产上的应用

农药静电喷雾技术是一项先进的喷药技术，是喷雾机械发展的方向之一，它很好的解决了传统喷药技术过程中存在的药液浪费严重、费工、费时等问题。

静电喷雾技术的核心是高压静电发生装置，通过该装置使用药滴带电，经喷头雾化后，雾滴作定向运动而吸附在目标的各个部位，带电增加了药液在植株叶片表面的吸附力和沉积量，减少了雾滴飘移散失少、改善生态环境。

静电喷雾的优势主要表现在：

1、药效高。雾滴带有静电，雾滴细而吸附力强，微风情况下药液基本都被吸附到目标上，不但使叶片正面，而且在叶片反面和植株隐蔽部位均能受药，提高了药效。

2、省农药。由于雾化程度高，吸附力强，无需反复喷洒，用药量少，同时，药液被叶片吸附后不易被雨水冲刷掉或蒸发，可延长药效期，减少喷药次数，因此可节省农药 50%以上。

3、省人工。由于药效高，作物单位面积施药量减少，因此工作效率大为提高，针对各种不同作物，可喷洒 3 ～ 10 亩 / 小时。

4、够环保。由于静电场力的吸附作用，药液雾滴绝大部分被吸附作物上，在空气中飘逸散失少，药液也不会淌到地面，因此对大气、大地和水源污染极少，环保效果好。

目前国内企业苏州稼乐植保机械科技有限公司的静电喷雾器产品及其技术处于领先地位。

为积极推进农作物病虫害专业化统防统治、蔬菜标准园建设、三年环保行动计划的实施，蔬菜技术推广部门正积极推动静电喷雾器在生产上的应用。

（设备展示）

（大田作业）

（静电喷雾实验过程）

新型风扇式杀虫灯试验报告

杀虫灯是根据昆虫趋光性等特性将昆虫诱至灯下杀灭的光电诱杀方法，是一项安全无污染的农业害虫物理防治技术。为了验证新型杀虫灯灭虫效果，在金山区做了不同厂家杀虫灯的诱虫效果试验，现将结果报告如下。

1 、材料及方法：

1.1、试验材料：新型风扇式杀虫灯、佳多频振式杀虫灯、台州隆皓自刷网式杀虫灯各一盏。

1.2 试验地点：

试验安排在地势较开阔的金山区吕巷镇刘门蔬菜园艺场进行，蔬菜面积 240 亩，该场是我区绿色综合防治示范点。主要种植作物：西兰花、青菜、生菜、甘蓝。

2、试验方法：

2.1 试验时间：2010 年 9 月—10 月。

2.2 试验设计：三盏杀虫灯依次安排在园艺场主干道一侧，每盏灯间距 80 米左右。杀虫灯接虫口距离地面高度为 100cm。三盏杀虫灯每天傍晚 7：00 时开灯，次日凌晨 6：30 时关灯，观察三盏杀虫灯诱虫种类、诱虫量、对益虫的杀伤力等。在 9 月 17 － 27 日期间，每天清理杀虫灯，统计诱虫种类与数量。

2 、试验结果与分析

2.1 调查结果： 三盏杀虫灯诱虫种类及数量见附表。

2.2 分析

2.2.1 益虫和害虫比：以 9 月 17 － 27 日共十天诱虫情况分析，三盏杀虫灯的害益虫头数比分别为 2328：0、1908：0、1900：0。数据表明三盏杀虫灯对天敌诱杀力非常小，它的使用可以起到杀灭害虫，维护生态平衡。

2.2 诱杀害虫效果比较：

新型风扇式杀虫灯、佳多频振式杀虫灯及台州隆皓自刷网式杀虫灯平均每天诱杀害虫总数量分别为 233 头、191 头、190 头，其中鳞翅目害虫每天诱杀量分别为 113 头、89.5 头、91.2 头；鞘翅目害虫每天诱杀量分别为 13.9 头、1.7 头、1 头。数据表明，佳多频振式杀虫灯和台州隆皓自刷网式杀虫灯鳞翅目害虫、鞘翅目害虫效果相近，新型风扇式杀虫灯诱杀效果较好。

3、小结

3.1 三种杀虫灯杀虫谱广且基本一致，杀虫量较大。可明显降低田间害虫基数，有效减少农药使用量、保护菜田天敌和避免害虫产生抗药性，具有良好的生态效益、经济效益和社会效益。

3.2 新型风扇式杀虫灯诱虫量比佳多频振式杀虫灯、台州隆皓自刷网式杀虫灯略多，且对金龟类害虫诱杀效果更理想，建议在蔬菜生产中推广应用。

金山区蔬菜技术推广中心

（生态农业概念）

（实践大棚）

我国低空低量遥控无人施药技术达到国际先进水平

11月24日，由山东卫士植保机械有限公司承担研发的“低空低量遥控无人施药机”通过了山东省科技厅组织的成果鉴定，整机整体性能达到了国际先进水平，使我国低空低量遥控无人施药器械及其配套技术研发取得了突破性进展，标志着我国低空低量遥控无人施药技术达到了国际先进水平。

该项目鉴定委员会主任由华南农业大学教授、中国工程院罗锡文院士共同担任，中国农业科学院曹坳程研究员、农业部全国农业技术推广服务中心邵振润研究员、国家植保机械质量监督检验中心主任陈小兵研究员、北京航空航天大学无人机所陈铭教授、山东省农机鉴定站站长孟凡记研究员、江苏大学邱白晶教授担任专家组成员。中国农业大学药械与施药技术研究中心主任何雄奎教授、山东卫士植保机械有限公司等研发团队等共同出席鉴定会。

据悉，山东卫士植保机械有限公司作为农业部在全国设立的唯一一家施药机械中试开发基地，十分注重现代施药技术和产品研发，早在2008年就提出了植保机械向“海陆空”立体化防控的发展理念，并与承担的“公益性行业（农业）科研专项经费项目—植保机械关键技术优化提升与集成示范”项目的中国农业大学药械与施药技术研究中心强强联合，共同完成了“低空低量遥控式多旋翼施药机”的研发，是产学研的完美结晶。

该机采用多旋翼飞行器作为航空施药平台，相比单旋翼或者油动力飞行器类结构简单，性能稳定，无单一故障点，多旋翼自动平衡，维护方便，重量轻，作业速度最高可达 4 米 / 秒。与常规施药机械作业效率相比，防治效率可提高百倍。载药量 5-10 公斤，平均每架次 15-20 分钟，低空低量喷雾技术，可喷洒作业 30 亩以上，每架农用植保机年均作业能力约为 6 至 10 万亩。飞行控制系统具有自主导航功能，操作简单，无需专用起降场地，可以超低空作业，不受障碍物限制，可靠性和安全性好；离心雾化效果好，实现了可控雾滴喷雾，下沉气流均匀稳定，雾滴穿透性好，提高了农药在作物的沉积分布均匀性，有效地减少农药用量 40%，农药利用率提高 60 倍以上。

目前，该机已经在山东、河北、吉林、江苏、湖南、四川等地进行了示范应用，解决了水田、高秆作物等地面植保机具难以下田的问题，成为植保机械立体化作业体系的主力军之一，对大力推进专业化统防统治具有重大意义。

（飞防玉米田）

（飞防水稻田）

我国将研制和推广新型农药喷施机械

我国将大力研制和推广一批新型的农药喷施机械，以改变我国此类产品质量普遍不高的毛病，提高农药的使用效益，这是最近在长沙结束的全国农药使用安全工作会议传出的信息。

我国的农药喷施机械市场很大。目前，我国每年生产手动喷雾器 800-1000 万台，背负式机动喷雾、喷粉机 30 万台左右，担架式机动喷雾机 5-6 万台。但我国的植保机械质量普遍不高，国产的植保机械 20 多个品种，80 多个型号。其中 70% 左右处于国际 20 世纪 60-70 年代的水平，行业缺乏准入标准，技术含量不高，尤其是手动喷雾器存在“跑冒滴漏”的突出问题。

农业部农技推广中心一位负责人在会上强调：一是要大力推广新型的手动喷雾器；二是要认真做好适合果园、保护地应用的施药机械的引进、开发、研究和试验工作；同时，积极筛选适合西部地区节水用的新机械；三是积极开展施药技术和方法的研究，不断改进施药技术，通过示范和现场引导，逐渐改变农民不正确的施药习惯，改传统的高容量、大雾滴喷洒为低容量、细雾滴喷洒，提高防治效果，尽快改变我国目前施药技术水平落后的状况；四是通过试验和筛选，及时向基层推介一批效果比较好，质量比较高的施药器械。

（无人喷施）

（林业喷施）

（大型机械喷施）

（新兴人工喷施）

南京太化
Teva-Chem.
保安全 保环境 保药效
让助剂企业与制剂企业携手确保共赢
新农药 新剂型 新助剂
为中国农药成世界强国立足创新发展
京太化化工有限公司
anjing Teva-Chem.Co.,Ltd.
地址：南京化学工业园区方水路21号 邮编：210047
电话：025-58394802 58394804 传真：025-58394803
网址：www.tevachem.com 邮箱：sales@tevachem.com

标兵农资篇

Model of agricultural

6

标兵农资篇

Model of agricultural

喜洋洋农资连锁有限公司
黑龙江省沃必达农业科技开发有限公司
湖南省南天实业股份有限公司
中农山东联合生物科技有限公司
中农立华生物科技股份有限公司
石家庄锦绣农药营销有限公司
泰安市泰山现代农业科技有限公司
沈阳市沈北新区绿色春天科技农资中心
河南福瑞农农资销售有限公司
北京绿禾宝生态农业科技开发中心
济南赛普实业有限公司
广东天禾农资股份有限公司
安徽农满忆农化有限公司
黑龙江富尊农业综合服务连锁有限公司
河北济泰农业服务有限公司
济南兆龙科技发展有限公司
保定市科胜邦植物有限公司
贵州拜斯特农业有限公司
伊犁金禾科技发展有限责任公司
四川省兴丰农化有限公司
济宁市以涛农业科技有限公司
大连广达农药有限责任公司
沈阳朗农科技有限公司
北京瑞泽星科技有限公司
中诚国联农业科技（北京）有限公司
广西九合植保化学有限公司
北京威而廉生物技术有限公司
广西幸福农业科技集团有限公司
北京安达禾欣科技发展有限公司
湖南省湘农农业生产资料集团有限公司
沙隆达春华益农（商丘）农资有限公司
宜城市梅缘农资商贸有限责任公司
武汉新农基资发展有限公司
湖北农家富农资股份有限公司
黑龙江凯威农业科技有限公司
洛阳市雅良农业有限公司
青岛威美特生物科技有限公司
山东荣达生物科技有限公司
青岛约克生化有限公司
张家口市科胜邦农化有限公司
吉林市成金农业生产资料有限责任公司
吉林省益丰农业技术科技有限公司
陕西荔民农资连锁有限公司
陕西省大荔县洛滨大道西段
浙江松阳县绿农农资有限公司
江苏徐州丰县诚信农资有限公司
济南牧禾商贸有限公司
河北金桥农资有限公司
广西贵港市五丰农业有限公司
银川田野农业科技服务公司
北京富力特农业科技有限公司
合肥市久易农业开发有限公司
陕西新华农农资有限公司
重庆远东东农农资有限公司
郑州鼎盛农药销售有限公司
云南崟农达农资连锁有限公司
云南穗丰农资连锁有限公司
邢台新合作威远农资集团有限公司
厦门隽农农资销售有限公司
西安瑞邦集团农业科技有限公司
武汉仲泰农资有限公司
四川彭山世纪农药科技有限公司
沈阳绿色春天科技农资中心
双鸭山市农达农资经销公司
深圳市华农生物工程有限公司
陕西鑫盛世纪农业科技股份有限公司
陕西康泽化工科技有限公司
山西省农科院棉花所三联农化实验厂
齐齐哈尔四友化工有限公司
辽宁省壮苗科技开发有限公司
南宫市惠丰源销售有限责任公司
江苏米米农资超市有限公司
江苏淮安中诚国联农资有限公司
济宁华英农资有限公司
湖南农大海特农化有限公司
红河森菊生物有限责任公司
杭州三阳农资有限公司
哈尔滨瑞丰农业科技发展有限公司
赣州德邦农药化肥有限公司
福建省建瓯市丰农农资有限公司
福建鼎天农业科技有限公司
顶尖科技农药生物有限公司
德士邦作物保护（江苏）有限公司
成都伟农农资有限公司
北京京港贝达商贸有限公司

喜洋洋农资连锁有限公司

安徽喜洋洋农资连锁有限公司成立于2007年3月，是一家专业从事农资销售和服务的连锁企业，公司一直致力于农资连锁经营模式的创新和发展。目前已经形成完整的企业文化、组织管理、品牌策划、产品供应、物流配送、专家服务、信息技术、培训支持八大系统。现有员工280多人，其中行业专家100多人，在国内已经拥有8家控股子公司，连锁加盟店3600多家，终端销售网点15000多家。

公司汇集国内外优质资源，目前销售产品600多种，涉及农药、肥料、种子、农膜、农用器械、饲料、兽药等，销售网络遍及全国及海外市场，合作厂家有华星化工、FMC、加拿大龙灯等国内外知名企业近百家。

公司发展特许加盟连锁，建立农资连锁分销体系，秉承强强联合、重信守诺、互惠互利、共赢未来的经营理念，致力于绿色农业的发展。公司计划3-5年内，通过资本运作，在全国建立30000家农资连锁店，实现销售收入100亿元，力争在A股上市，成为中国农资连锁第一品牌。

地址：安徽省合肥市高新技术开发区红枫路7号富临广场A座12楼

邮编：230088

连锁中心：0551-5848153

销售中心：0551-5848158

传真：0551-5848164

黑龙江省沃必达农业科技开发有限公司

黑龙江省沃必达集团有限公司，是绿色农业生产资料、绿色农业高新技术产品研发、生产、销售、技术推广和物流服务一体化经营的高科技民营企业，国家肥料和农药定点生产企业。历经十五年发展，总资产达 3.1 亿元人民币；全方位占地面积 5.88 万平方米，其中生产中心占地 5.5 万平方米；总建筑面积 4.1 万平方米，其中生产中心建筑面积 1 万平方米。集团下设黑龙江省沃达农业科技开发有限公司，绥化市寒地黑土沃必达绿色产业有限公司，黑龙江省沃必达种子有限公司，黑龙江省沃必达农业贸易有限公司，绥化寒地黑土绿色产业培训中心，绥化市金长城酒店有限公司，北京润世通农业科技开发有限公司，同时分别在香港和美国注册登记，成立香港百隆达国际有限公司，美国 OBT 农业科技开发有限公司。沃必达生产中心现有自动化生产线 4 条，大型造粒设备 2 台套，铁路专用线 900 延长米，获得生产设备和包装设计专利 16 项，发明专利 4 项，企业率先通过 ISO-9001 国际管理体系认证和 ISO-14001 国际环境管理体系认证，公司生产和销售以水稻育苗母乳为代表的 A 级绿色食品生产资料。公司所属的科技培训大厦，是绥化市唯一的四星级酒店，具有会议交流、商务洽谈、技术培训和寒地黑土绿色物产展示等综合服务功能。

沃必达集团依托高科技人才团队和雄厚的研发实力，先后同黑龙江省农科院、东北农大、中国农大、中国农科院、上海交大、中国化工协会和中科院河南农业现代化研究所开展技术合作，聘请一批农化、土肥、植保、农药、质检和企管等方面的学科带头人，对公司产品研发和企业经营管理进行全面指导，同时还以美国 OBT 农业科技开发公司为龙头，与韩国农友公司及台湾汉龙国际有限公司开展技术合作，使沃必达集团成为全国作物育苗产品和绿色食品生产资料开发的龙头企业。积极引进国内外先进农业科学技术，坚持试验示范和推广应用相结合，实现了产品研发、生产、销售同基地需求的紧密对接。通过采用复配、吸附、增量DSK核心技术和科学组装，成功开发出拥有自主知识产权的农作物育苗母乳，填补了国内药肥混合制剂生产开发的空白，被誉为引领作物育苗的植物营养专家。目前，沃必达产品在黑龙江省累计推广7000万亩，连续多年销往吉林，辽宁、内蒙、山东、江苏、浙江、安徽、江西、湖南、湖北、四川、云南、新疆等十几个省区，还在台湾进行实验，对水稻、西瓜、辣椒、番茄、油菜和棉花等作物增产增收效果非常显著，共增产粮食30余亿公斤，增加农民收入55亿元。同时，沃必达育苗母乳还走出国门，在日本、韩国、马来西亚和乌拉圭等国开展试验示范，得到了当地农业部门和农民的充分肯定。

“保养土地，农业增产，农民增收，人民增寿，造福子孙”，是沃必达集团不懈追求的企业宗旨和发展理念。十几年来，应用沃必达产品的土地，通过施入全价营养元素，逐步达到投入产出平衡，培育的作物挺拔苗壮，生产的农产品优质安全，满足了人民群众身体健康需求。沃必达产品是位于作物营养和育苗领域前沿的产品，具有强大的发展后劲和广阔的市场前景。

沃必达集团在绥化市开发1000亩有机食品水稻生产基地，每年向市场提供优质高端有机食品大米300吨以上，实现了由绿色食品生产资料开发，向农产品精深加工和农业产业化经营的跨越。

沃必达的成长壮大，得到了各级政府的关怀、支持和认可。先后被评为黑龙江省高新技术企业、民营科技型企业，黑龙江省农业产业化重点龙头企业；被国家科技部认定为国家中小企业技术创新中心，国家星火计划龙头企业技术创新中心；被国家工商总局授予重合同、守信用企业。沃必达水稻育苗母乳被中国绿色产品发展中心认定为A级绿色食品生产资料，被中国名牌产品战略推进委员会评为中国驰名品牌，获得中国寿光国际蔬菜博览会金奖，第七届中国杨凌农业高科技成果博览会后稷金像奖，伦敦国际专利博览会金奖。沃必达公司董事长许百成，凭借对农业高新技术的执著追求和对农业生产发展的重大贡献，先后获得全国农村科普工作先进个人，中国优秀民营科技企业家和全国劳动模范等多项荣誉，现任中国化工学会肥科专业委员会副理事长。

“世界是人民的，沃必达是农民的”。“沃必达，富万家”。在许百成董事长的带领下，沃必达集团正以崭新的风貌，向集团化、现代化、国际化方向迈进。沃必达公司将坚持打造人才团队，提高员工素质，为企业发展注入活力；继续增强研发实力，推出水稻现代化高层育苗技术及农业科技“套餐”，推动精准农业、节能农业和可持续农业发展；不断优化企业管理，推进先进工艺流程和标准化生产运行；强化财物管理，在财税、金融和证券部门的指导下努力实现企业包装上市；倾情关注农村、关心农业、关怀农民，坚持不懈地为“三农”服务，为精准农业发展服务，为农业产业化服务，为农业可持续发展服务，以不断开发优质产品和提高服务质量，造福农民，造福群众，回报社会。

地址：黑龙江省绥化市北林区黄河北路 1 号

电话：0455-8321766

传真：0455-8329266

网址：www.wobida.com

湖南省南天实业股份有限公司

湖南南天实业股份有限公司成立于 1993 年，是由始建于 1950 年的湖南农药厂（国家大型二档）独家发起设立的。公司位于长沙、湘潭、株洲三市交汇处，占地 37 万平方米，固定资产 1.6 亿多元。厂区濒临湘江，紧靠 107、320 国道和京广铁路，湖南省农资交易市场在公司正对面。公司自有专线铁路货栈和航道码头，交通极为便利。｜公司主要生产农药、化工、医药三大类产品，主导产品“握

手牌”农药系列全部获部优和省优，“握手牌”商标获湖南省著名商标。主要产品原药甲胺磷、乙酰甲胺磷、三唑磷、敌敌畏、杀虫双、杀虫单、百菌清、吡虫啉、速灭威、敌百虫、甲基对硫磷、氧乐果，复配产品特效灵、生傲、维傲、剿虱、菌乃安、等深受农民朋友和经销商喜爱。| 公司坚持“质量第一、用户至上”的宗旨，以完善的生产管理、先进的质量监测手段、严格的质量检验制度保证产品的质量。| “您我握手、南天朋友”我们热忱欢迎海内外有识之士和各界朋友携手合作，共创南天。

电　话：86 0731 53280562

传　真：86 0731 53280562

地　址：中国 湖南 湘潭市 湖南省湘潭市易家湾

邮　编：411103

中农山东联合生物科技有限公司

山东中农联合生物科技有限公司隶属中国农业生产资料上海公司，设有山东省联合农药工业有限公司和泰安联合生物化学科技有限公司两家国家定点农药生产企业，中国农药工业协会副理事长单位、山东省农药工业协会理事长单位，“中国农资质量万里行百佳名优农资企业”。

公司以“为人类生产绿色农药”为己任，坚持“科技领先、管理科学、结构优化、品质卓越”的战略和“服务三农”的宗旨，致力于高科技农化产品和生物技术产品的研发、生产和经营。不断抢占技术制高点，开发高效、低毒、环保型农药新品种。

目前，公司在致力于杀虫、杀菌剂新产品开发的同时，正加紧进行除草剂原药的研发。

公司主导产品有：年生产能力1000吨哒螨灵

原药、 2000吨啶虫脒原药、1000吨吡虫啉原药、300吨腈菌唑原药、200吨乙霉威原药、500吨霜霉威原药、50吨甲氨基阿维菌素原药、氟铃脲、联苯菊酯、功夫菊酯和水合肼、特丁基肼、苄硫醇、二氯五氯甲基吡啶、二氯哒嗪酮、乙基氯化物、环氧化合物等农药中间体。公司拥有三证齐全的制剂品种达70余个，市场占有率和美誉度不断提高，已成为深入民心的名牌产品。

公司拥有雄厚的固定资产和人才充分发展的空间，在绿色生态农业领域茁壮成长、不断壮大。公司以为人类生产绿色农药为己任，实现科研开发、药效试验、原药及制剂规模生产、销售服务全面贯通、产品以过硬质量通过国家和各专业研究机构认可和推荐，并行销欧美及东南亚等国家和地区，赢得合作伙伴的高度赞誉。

公司始终以科技为先导，坚持科技领先战略，面向现代农业，加速科技创新步伐，先后与日、韩、美、英、德等国外化工公司和国内20多家高等院校、科研院所建立了密切合作关系，共同研制、开发、生产高效低毒杀虫剂、杀菌剂、除草剂等，形成了新产品、新剂型、新技术研究体系。

2007年，中农联合投资8000万元，进行二氯五氯甲基吡啶生产线的扩建，建成全球第二大吡啶类生产基地，中农联合成为全球最大的啶虫脒原药生产企业；投入1800万元，改善环保设施；投资5000万元，在潍坊海化工业园成立潍坊中农联合生物科技有限公司，建立中农联合第二个生产基地。

公司坚持以客户为中心，实施名牌战略，使“联合农药”品牌在亿万农民心中形成较高的知名度和美誉度，为企业带来巨大的市场竞争优势。建立了覆盖全国大部分省区的农药产品推广网络。

公司坐落在素有“泉城”之称的中国历史文化名城济南，是京沪、胶济铁路交汇点，境内有贯穿中国的京沪、京福高速公路、104国道及通往省内各地市的高速公路，周围煤炭、石油、盐、黄金等资源丰富，有优越的交通、电力、能源、通讯条件，是发展现代化工的理想位置。

山东中农联合生物科技有限公司以服务世界农业为己任，欢迎国内外客商来山东做客，共谋发展大计。

地址：山东省济南市历城区桑园路 28-1 号

电话 :0531-88975776 86401682

传真 :0531-58815851

邮箱 :znlh@sdznlh.com

中农立华生物科技股份有限公司

中农立华生物科技股份有限公司成立于 2009 年，由中国农资集团原农药部改制而来，注册资金 8000 万元人民币，是中国农业生产资料集团的控股子公司。中农立华是目前中国农药流通领域最大的分销商。主要经营国内外知名品牌的农药（包括原药）、助剂、作物营养剂、化工中间体等农化产品。正处于快速成长阶段，近几年销售收入连续递增，2011 年销售总额 18.2 亿，年均业务增长率约 20%。

中农立华服务网络遍布全国，在主要农业产区均设有销售网点和技术指导站，在黑龙江、吉林、辽宁、河北、山东、河南、天津、上海、江西、广东、四川、新疆等 12 个省市区建有 20 多个仓库和配送中心，在天津武清开发区拥有一家占地 150 亩、年生产能力 9000 吨的生产基地，在北京、新疆设有分公司，在湖南、湖北设有子公司。

作为农资流通服务行业的国家队，中农立华在大力开拓市场的同时，积极履行服务“三农”的社会责任：承担国家农资下乡、现代化流通网络建设、农药救灾储备工作等多项任务，获得广泛的社会好评；努力拼搏争得多项资质和荣誉：是农业部农药评审委

员会副主任委员单位，工信部农药生产批准证书评审委员单位，中国农药发展与应用协会副会长单位，中国农药工业协会常务理事单位。

地址：北京市西城区宣武门外大街甲一号环球财讯中心 C 座 9 层

电话号码：　010 - 59337345

传　　真：　010 - 59337468

电子邮箱：　master@sino-agri-sal.com

石家庄锦绣农药营销有限公司

石家庄锦绣农药营销有限公司是一家农药、化肥专业营销公司，公司总部设在河北省省会石家庄，公司员工全部为大专以上文化程度其本科以上占 50%；公司实行现代化管理制度，本着“真诚、勤奋、协作、责任”的文化宗旨，整合农资厂家、物流、网络资源，立足河北，面向全国，为农业生产提供物超所值的产品及服务，构建诚信多赢的营销模式，打造质优价廉的锦绣品牌。

公司为厂、商架起了沟通的桥梁，桥梁就是平台，平台把大家连在了一起，在这个平台上，大家资源共享，利益共享，共谋发展，共同进步。公司整合市尝资源、网络。多年精诚合作的厂商和完善的营销网是公司最大的资源。质优价廉、富有竞争力的产品，乘坐我公司的“直通车”，驶向“高速公路”---完善的营销网络，借着我公司的营销网络和分销渠道，直到销售终端形成规模销售。同时，给厂商反馈回终端需求信息，指导产品的开发和生产。最具吸引力的是公司先进的营销理念和现代化的管理方式，厂商实现了零风险，经销商剔除了产品价格中的风险金，大家的利润都达到了最大值。在整个产品的销售链上，大价各进其责、协调工作、共同发展。您的进步就是公司的进步，您的发展就是公司的发展，愿我们携起手来，服务于农业，服务于农村，服务于农民，共同肩负起中国农业发展的重任，一起走向锦绣前程！

- 邮编：050051
- 网 站：http://ny.qincai.net/corp-284323.html
- 地址：中国河北 石家庄市 桥西区工农路 300 号
- 传真：86-0311-3800096
- 电话：86-0311-3800096

泰安市泰山现代农业科技有限公司

泰山现代农业科技有限公司坐落于东岳泰山之侧，是一家集农药科研、技术开发、生产、加工、国内外贸易为一体的“国家农药定点生产企业”。拥有固定资产 6000 万元，职工 200 余名。公司与中科院农药研究所、山东农业大学教科研机构建立了长期的战略伙伴关系，完成了从研发到生产的基地化建设，并有多名博士生导师被聘为公司技术研发顾问。公司现拥有杀虫剂、杀螨剂、杀菌剂、除草剂四大系列四十多个品种，产品高效、优质、配方独特，受到了广大农民朋友和各地经销伙伴的一致好评，市场欢迎度高！杀线剂系列产品，更是以高效、低毒、环保的特点独占鳌头。

【地址】山东省泰安市泰山区碧霞湖路
【邮编】271000
【电话】0538-8506399
【传真】0538-8506399

沈阳市沈北新区绿色春天科技农资中心

沈阳市沈北新区绿色春天科技农资中心简称《绿春科技》，是专营生物农药，生物肥料的企业，现在已经汇集了一系列优秀的生物药、肥品种，研究总结出了一套行之有效的新的应用技术，可以全过程全方位地为作物栽培和病虫害防治提供有效的服务。生物药、肥可以解决许多化学药、肥难以解决甚至无法解决的问题，也可以和化学药、肥配合使用产生更好的效果；使用生物药肥又是生产绿色、有机食品的最佳途径，是农业生产发展的必由之路。我们真诚的希望有志于推广应用生物药肥，有志于生产绿色、有机食品，幼稚与推广应用作物栽培和病虫害防治新理念、新技术的朋友们和我们携起手来共同努力，为农业的发展，为农民的增产增收做出积极的贡献！

地址：沈阳市沈北新区道义北大街 162 号种子农药市场 D 区 27 号

电话：024-86116505 89744119

河南福瑞农农资销售有限公司

我公司专业代理高档进口农药 致力打造中国农资代理第一品牌有最先进的农资营销方案与瑞士先正达 美国科聚亚 日本柱友等多个国外知名厂家有密切的合作关系 美国科聚亚 卫副种衣剂 全国总代理 奥美特杀螨剂 全国总代理 先正达 菲格杀菌剂

电话：0371-69180276

地址：郑州市北环路 57 号

北京诚禾佳信农资贸易有限公司

北京诚禾佳信农资贸易有限公司成于2006年从德国引进了植物源产品—碧护。它是德国科学家历时30年由德国政府资助研发的纯天然高科技产品。

碧护在国外商业化15年，在中国9年的推广应用过程中，以其显著的植保功效和增产效果，受到了各地政府重视、媒体关注和农民朋友的喜爱。2006、2008年两次被上海市政府、上海农技中心评为“上海市重点推荐农药”；2007年被北京市政府列为 “安全新型农药及药械推广与蔬菜安全保障体系建设”中标产品；2008年以强劲优势入选为“中国有机农业产业发展联盟”的主推产品；2008被全国农技中心列为“减轻冻害、恢复生产”的重要推荐产品；2008年入围园林绿化无公害农药政府采购项目及北京市农技推广中心的抗旱节水项目；被北京奥组委列为残奥会场馆驻地植保用药；2008、2009年连续2年被河北省政府列为“无公害农药政府采购项目”，2009全国农技中心将碧护作为重点推广产品，在苹果、香蕉、梨、枣、芹菜等作物上进行推广；2009年与国家杂交水稻工程技术中心、中国农业科学院植物保护研究所等多家科研单位合作，进行产品推广。与国家杂交水稻工程技术中心合作，验证了碧护对超级稻的高温不育和提高产量等方面的作用。CCTV7《聚焦三农》栏目、山东乡村季风栏目、陕西农林卫视等多家媒体对碧护进行了报道；农民日报，山东科技报、北方蔬菜报、农业科技报、中国花卉报、西北园艺、中国园艺文摘、辽宁植保信息、动植物工作委员会会刊、农家女、金牌农资等多家报刊也对碧护进行了专题报道；安徽农民广播电台、农博网特邀对碧护进行了技术讲座……

地址：中国北京 北京市西城区 西城区
传真：86-010-65821632
电话：86-010-62050484

北京绿禾宝生态农业科技开发中心

北京绿禾宝生态农业科技开发中心是一家蓬勃发展、充满朝气的现代化综合企业，拥有占地面积 120 亩的国家农药定点生产企业两个，生产能力达到 10000 吨；营销中心位于中国最具活力的城市—郑州，1200 平方米的三层立体化透明办公楼彰显生机和活力；5000 亩的生态农业基地为公司的发展提供强有力的后盾。

公司先后与中国农业大学、中国农科院、瑞士先正达公司精诚合作，开发出具有国际领先水平的科研成果若干项，获专利两项，成功推出杀虫、杀菌、除草、植物生长调节、拌种剂五大系列 60 多个产品，成功研制水乳剂、微乳剂、水分散粒剂、悬浮剂等先进剂型，目前公司产品已遍及河北、河南、山东、江苏、山西、陕西、湖南、湖北、四川、江西、福建、安徽、黑龙江、辽宁、广西、海南等二十几个省份，深受当地经销商和农民的一致好评。公司致力于新品种、新工艺的开发与改进，利用高科技技术，提高产品质量，降低生产成本，全方位满足客户需求。

良好的产品质量，先进的营销理念，强有力的团队支持，完善的售后服务，赢得了各地经销商和农民的高度认可，成为 2010 年中央电视台（CCTV-7）黄金时段上榜品牌，并被国家权威部门评为“2011 年农民放心农资企业”。被中国农业大学授为“中国农业大学 MBA 教研基地”。

公司已在国家商标局正式注册的商标有：“京绿禾宝”、“绿禾宝麦霸”、“实诺”、“赛欧亚”、“拌有益”、“真拌乐”、“剿漫”、“先赢”、“诺迩森”等，正在国家商标局注册的商标有二十多个，商标由本公司独家拥有使用，仿冒必究。

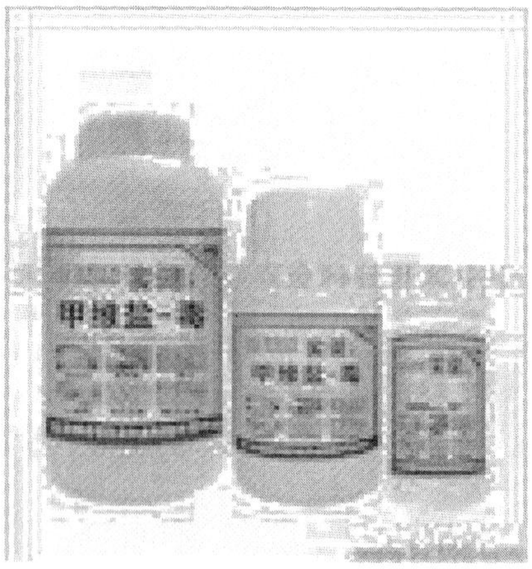

地　　址：北京市海淀区八里庄 1 号

办公电话：0371-86107198　86107998

传　　真 :0371-63791736

济南赛普实业有限公司

济南赛普实业有限公司是国家发展和改革委员会核准的农药定点生产企业，山东省农药工业协会会员单位。主要从事高效、低毒新农药的研究开发、生产和经营，是集科、工、贸于一体的综合性实业公司。

赛普公司现有专兼职各类员工四百多人，主要由从事农药行业多年的专业人员构成，具有大中专以上学历的员工占90%以上，其中具有高级技术职称的25人，中级职称的80人，实验室有专业技术人员20人，此外我公司与山东大学、山东农业大学、山东省农药研究所、山东省农科院等多家高等院校和科研机构有密切的技术合作关系，联合致力于新剂型、新产品的开发与研制，使公司新产品源源不断推向市场，从而奠定了赛普农药强劲的品牌地位。公司现有八项科研成果通过省级科技成果鉴定，填补国内空白。公司现有市场化产品涉及杀虫杀螨剂、杀菌剂、除草剂三大系列，畅销全国23个省、直辖市、自治区。同时我公司每年都将申报一批农药登记，以保证可持续不断向市场供应新型、高效、畅销产品。

赛普公司连续多年获得“农民信得过产品”等荣誉称号，我公司生产的1.8%阿维菌素·甲氰菊酯乳油、25%高效氯氰菊酯·辛硫磷乳油、33%氯氰菊酯·矿物油乳油、35%高效氯氰菊酯·矿物油乳油、40%毒死蜱·矿物油乳油、70%福美双可湿性粉剂、72%福美双·福美锌可湿性粉剂、60%多菌灵·代森锰锌可湿性粉剂、50%多菌灵·福美双可湿性粉剂2003—2008年连续六年被济南市农业局评为“放心农资产品”。

“品质、创新、营销、服务”是我公司的经营理念，并体现到每一件产品、每一项服务中，面对竞争日趋激烈的农药市场，公司规范管理，高效运作，提高品质，不断创新，以营销为手段，以服务为终端，勇于挑战，追求卓越，为争创国内一流的农化企业而不懈努力！赛普人坚信自己的事业“广阔天地，大有作为”！

总部地址：济南市高新区三庆世纪财富中心

A3 座四层 邮编：250101

联系电话：0531 － 86510701

传真：0531 － 86510705

广东天禾农资股份有限公司

广东天禾农资股份有限公司（简称“广东天禾”）于 2009 年 3 月通过股份制改组设立，公司主营化肥、农药、种子、仓储物流等业务，是广东省重点农业龙头企业。

公司取名“天禾”，有“应天时，合地利，与人和”的含义，“天时、地利、人和”是国家兴旺、事业成功的基础。广东天禾将在社会主义市场经济的大潮中，努力把握好发展机遇，以广东这片改革开放的热土为事业发展基地，求真务实，创新进取，广纳人才，在激烈的市场竞争中团结拼搏，并努力与广大农资客户和业界同仁真诚合作，和衷共济，共同构建和谐的“三农”消费市场。

广东天禾加强推进“配送网络终端化、物流体系立体化”的战略转型，做强做大农资主营业务，积极发挥广东省及华南地区农资商品供应的主渠道作用。公司将严格按照上市公司的要求，设立完善的公司法人治理结构，建立健全各项管理制度，选拔重用优秀的经营管理人才。

广东天禾目前已在广东省的主要农资商品集散地建立了 21 家配送有限公司，发展了 6000 多家核心门店，还在湖南、海南、广西、云南、河南、山东、江西、福建等地建立了农资经营机构，形成了覆盖全省、辐射周边、面向全国的现代农资流通网络。

目前，广东天禾已成功引进战略投资者，注册资本达到 1.862 亿元，并争取到 2014 年底把广东天禾打造成为年销售额 100 亿元的大型农资流通龙头企业。

地址：广州市越秀区东风东路 709 号（510080）

电话：020-87302004

传真：020-87754117

邮　箱：gdthhr@gd-tianhe.com，hr87302004@126.com

安徽农满忆农化有限公司

安徽省农满忆农化有限公司 经销批发的农药、种子、肥料畅销消费者市场，在消费者当中享有较高的地位，公司与多家零售商和代理商建立了长期稳定的合作关系。安徽省农满忆农化有限公司经销的农药、种子、肥料品种齐全、价格合理。安徽省农满忆农化有限公司实力雄厚，重信用、守合同、保证产品质量，以多品种经营特色和薄利多销的原则，赢得了广大客户的信任。

• 电话：86 0558 7252321

• 传真：86 0558 7220002

• 地址：中国 安徽 涡阳县 安徽省涡阳县淮中大道 392 号

黑龙江富尊农业综合服务连锁有限公司

黑龙江富尊农业综合服务连锁有限公司是在黑龙江省工商局注册的大型农资连锁经营企业，执照许可经营项目包括：农药、化肥、种子、药械、信息与技术咨询等。注册资金为 1000 万元人民币，现主要从事农药、种子经营。

黑龙江富尊农业综合服务连锁有限公司前身成立于 1998 年，经过 15 年的成长，现已成为黑龙江省农药经营龙头企业，全国农药经营知名企业，先后被中国农药工业协会和农业生产资料流通协会评为“全国农药诚信经营十佳单位”被中国农药应用与发展协会评为“国家级农药经营放心单位”被黑龙江省工商局授予“黑龙江省十大农资品牌企业”被中国农药发展与应用协会推举为“中国农药发展与应用协会理事单位”被黑龙江省工商局推举为“黑龙江省市场协会副会长单位”“黑龙江省市场协会农药分会会长单位”被商务部批准为“万村千乡市场工程”省级承办企业。

富尊公司是有深厚文化底蕴的企业，“诚信、进取、合作、智慧”是富尊公司企业文化核心，也是企业、企业负责人、全体员工共同的行为准则。优秀的企业文化营造了良好的企业环境和氛围，使富尊公司在业内迎得了良好的口碑，成为最受人尊重的高层次企业，富尊公司的员工也都在学习型组织的环境中，使自己的职业素质、知识水平和工作能力得到快速提高，受到业内的普遍好评，业内一致认为，在富尊公司工作能实现自身的快速增值，是富尊公司能为员工创造的最高价值。富尊公司的愿景为1用较短的时间完成企业发展支撑体系的构建，使富尊公司成为东北地区农药流通第一品牌，全国农药流通最优品牌2随着公司实力的增强，将经营领域逐步向同农药经营可共用资源的其它经营领域延伸，地域向全国市场延伸，把富尊公司打造成面向全国农村市场、以农民群众为服务对象的综合性商业集团。3随着公司的发展壮大，不断拓展员工的事业成长空间，实现员工在公司内部的持续升值。随着公司资本资源积累的加厚，不断改善员工的工作、生活环境和条件，逐步提高员工的工资收入和福利待遇，并持续营造公司内部融洽、和谐的人际环境，使员工能快乐工作、快乐生活、快乐成长。

公司地址：哈尔滨市南岗区红旗大街 289 号龙珅花园 C 座 605 室

电话： 0451-82362283 82363038 87004565

传真： 0451-82362683 邮编： 150090

JITAI 济泰农业

河北济泰农业服务有限公司

河北济泰农业服务有限公司是一家专业从事农资产品销售和农业工程技术服务的公司。公司自成立以来，始终坚持“用专业服务农业”的发展宗旨，建立了专业化的服务团队和全方位、多元素的服务体系。目前，在农资产品销售方面，公司有国内外知外农资品牌产品千余种，销售范围辐射河北省及部分周边省市地区。在农业工程服务方面，公司可提供技术方案设计与实施指导，工程设施设计、项目承包、培训、咨询等各种农业工程技术服务，目前已签定多家种植基地、种植户、生态观光园的长期服务合同。

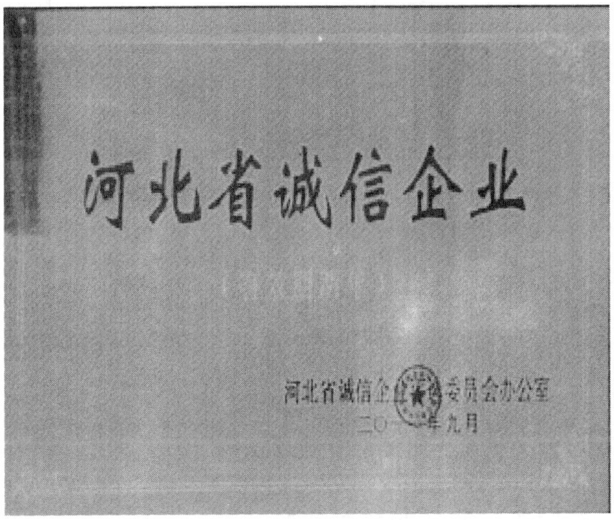

电　话：0311-86010956
传　真：0311-86010386
地址：石家庄市仓兴街16号F-04座
邮编：050000

济南兆龙科技发展有限公司

济南兆龙科技发展有限公司成立于2008年，是集农化产品、种子、植保器械销售、农副产品及农化产品进出口贸易，农业新技术项目开发及农化产品营销咨询为一体的公司。

引领中国农资行业价值行销理念的龙头企业兆龙科技率先争当中国农资行业的诚信企业，打造科技团队，引领农资市场。2009年被中国农药工业信息协会评为“2009中国农药企业最具成长性100强企业”！同时，兆龙科技还是山东农药学会、山东马铃薯协会的理事单位。

中国最具竞争力的农药运营商面向全球购销优质农药制剂、原药助剂等产品，并致力于向客户提供一流的农化技术服务。主营中化化肥、沈阳化工研究院、先正达等十几家世界知名企业的名牌产品。

打造中国最大的土壤医院主要提供土壤

熏蒸消毒和土壤活化服务。专业治理土传病虫草害。公司目前致力于中国土壤熏蒸的应用研发及推广工作。有较成熟的熏蒸及活化技术、专业的应用器械及队伍。

做农民放心的农资品牌兆龙科技与中化化肥、先正达等十几家农药界知名企业一起参评，选出“山东省百家诚信连锁零售商”并成立了客户俱乐部，与之搭建合作平台，着力为衣食父母提供高效、安全、农民信赖的产品及技术服务。

兆龙科技在未来的发展道路上，坚定“厚德载物、诚实做人、踏实做事、奉献社会”的核心价值，服务于中国农化。

地址：济南市二环东路 3362 号润昌商务大厦 402 室、506 室

手机：13505401578

电话：0531-88326221

传真：0531-88326220

全国统一免费热线：400-666-3916

仓库电话：0531-88600261

邮箱：zlstd@126.com

个人邮箱：zlding@yahoo.com.cn

邮编：250013

保定市科胜邦植物有限公司

科胜邦公司自 1997 年成立至今，已逾十年。公司秉承“科技制胜，与农结邦”的企业使命，以“构建完善的销售渠道，提供优质高效的技术服务，为农民输送质优价廉的产品”为企业宗旨，积极开拓新型的利民便民的销售渠道。十年来，我们遵循“发挥优势，渐进发展”的方针，在不断提高自身实力，逐步扩大销售网络的同时，针对各地的种植结构努力发挥渠道的过滤作用，为农民输送了一批批优质高效的产品。这期间，我们于 2000 年成立了张家口科胜邦农化有限公司，形成以保定为主，两地共同发展的局面。经过十年的努力，公司由最初年销售额不足千万、职工不足十人、辐射区域仅为保定的小企业，发展到今天年销售额逾亿元、职工人数近百人、销售市场辐射全国的河北省最大的农资流通企业。

我公司主营包括杀虫、杀菌、调节、除草、杀线虫等几大类在内的所有农药制剂产品。以速克灵、克得灵、速灭杀丁、果霉宁等多个行销全国的产品为主，辅以其他质优价廉的产品。

地　　址：河北 保定市南市区 中国 河北 保定市南市区 利民街 462 号 19 号楼

电　　话：86 0312 2125158

贵州拜斯特农业有限公司

贵州拜斯特农业有限公司在原服务性销售中分离出以服务意识来督促服务性营销、集合技术，整合资源、创新推广的措施，确保服务到位，从而改变传统的销售方式。研究植物保护理念与现代调控技术、病害的发生与治理；进行定期示范与农民培训，将产品定位、深度合作。传授农业新技术，坚持走可持续发展道路 ，服务于新农村建设。本公司位于贵阳金阳世纪城CBD，以贵阳为中心，先后与跨国公司为代表的德国巴斯夫、德国拜耳、美国富美实、加拿大龙灯、中国农资集团等公司紧密合作，成为贵州的服务平台。并与贵州农科院、贵州大学密切合作，为我公司的技术方案奠定了基础，公司本着服务无限的经营理念，为农民增产增收，对环境友好安全，从而为生产出无有机、公害、绿色食品提供保障。

电话：0851-4821477

传真：0851-4122218

地址：金阳世纪城写字楼 3 号楼 4 楼 4 号

伊犁金禾科技发展有限责任公司

伊犁金禾科技发展有限责任公司坐落于伊宁市开发区上海路，成立于 2006 年 6 月，注册资金为 3123.6 万元人民币，是集农资配送、农作物优良品种的选育、生产、加工、销售及农业技术服务于一体的综合性涉农企业。

伊犁金禾科技发展有限责任公司于 2011 年 8 月自治区商务厅列为“万村千乡市场工程”承办企业。

公司地址：伊宁市开发区上海路

联系电话： 0999-3299781

四川省兴丰农化有限公司

四川省兴丰农化有限公司是一家综合性农资营销公司，经营网络覆盖川渝两地 。公司主要经营杀菌剂、杀虫剂、除草剂、杀螨剂，以及进口和国产的多种功能型肥料、复合肥、水溶肥、土壤改良调理剂和大量微量元素肥料。

公司目前全面代理辉丰股份—上海迪拜、江苏长青、升华拜克、英联国际、广州统联住商、澳大利亚纽发姆、日本科研制药、印度联合磷化物有限公司、德国巴斯夫、美国仙农、保加利亚艾格利亚有限公司、意大利绿色肥料集团等国内外优秀农药化肥企业的优质产品。公司拥有一支专业化、年轻化的营销团队，公司坚持以“品牌”“实力”不断创新的差异化运作模式来发展，已成为西南区域内具有很高知名度和美誉度的营销公司。目前公司已拥有县级网络客户 200 家以上，年度销售额名列行业前茅。先进的管理模式、文明的办公环境、优质的上游供应商、自信好学的销售团队，我们坚信兴丰农化将成为西南地区农资行业中的一支强势品牌。中国化工学会农药专业委员会和中国化工情报信息协会连续授予我公司“中国农药诚信经销商”的称号。

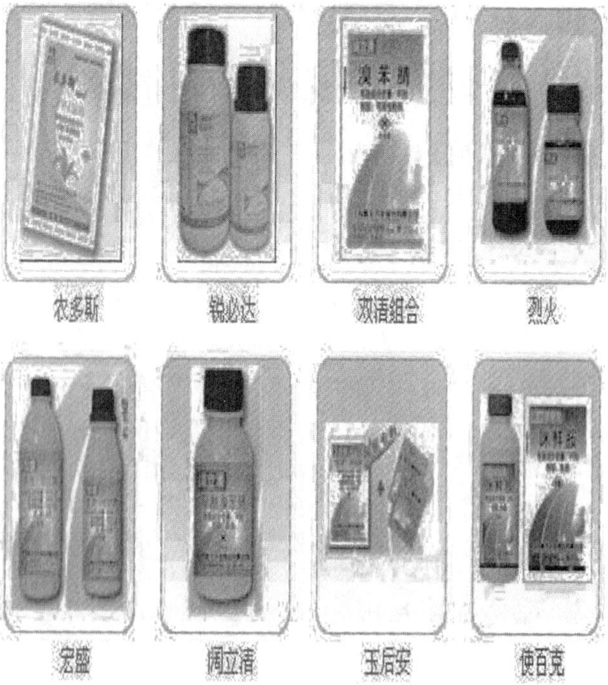

公司地址：成都市静居寺南街 188 号 1 栋 4 单元 10 号

销售热线：028-84783596

传真号码：028-84783596、028-62494288

技术热线：400-069-0969

联 系 人：仲庆根先生（总经理）

公司网址： www.scxfnh.com

电子邮箱：SCXFNH@126.com

邮政编码：610066

济宁市以涛农业科技有限公司

济宁市以涛农业科技有限公司是一家集农技推广、农技咨询和农资销售服务于一体，专业经营农药、种子、肥料及农副产品的综合性企业。公司秉承创新的农资经营理念，坚持以高科技、生物技术为导向，引领经营发展新潮流，服务三农。该公司注册资金 100 万元，下设 15 个分支机构，年销售额过 1000 万元。现经营优质高效的杀虫剂、杀菌剂、除草剂、植物生长调节剂、化肥等系列产品 200 多种，深得农民的信赖，成为家喻户晓的诚信经销企业。

公司始终坚持“本土、本质、本分、稳定、稳健”的精神，把诚信、责任、创新、敬业、协作奉为我们的核心价值观。本着“诚信为本，互惠双赢”的经营理念，认真落实“质量第一、市场第一、客户第一、服务第一”的经营原则，积极拓展农村的农资市场，随时随地满足老百姓的需求，为农业发展与粮食安全生产而奋斗！ 公司拥有持续拓展的终端直营网络和众多人脉广、实力强、信誉好的加盟商，市场覆盖面大，群众基础雄厚，所在区域均为农业主产区，市场开发前景广阔。

公司拥有严格的物流管理组织机构和先进的信息平台。在合作中，能为合作伙伴提供及时的供货服务。拥有高效、安全、便利的仓储设施，为合作伙伴提供最经济的储备条件。公司拥有快速的信息反馈机制和市场信息收集渠道，能第一时间掌握市场动态，及时提供给合作伙伴，帮助 合作伙伴料变于先，捕捉商机。敬业的专职信息收集分析队伍会为合作伙伴提供权威、准确的市场咨讯，以此作为决策的参考，降低整个供应链的经营风险 。未来的市场竞争是供应链的竞争，总经理携全体员工热诚欢迎您成为农源链的一员，风雨同舟，共谋大业。

甲硫·异菌脲(美无缺)

甲硫·异菌脲(恒喜)

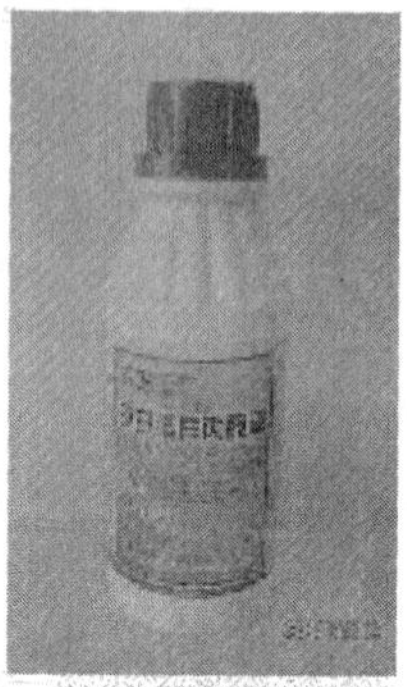
草甘膦异丙胺盐

百草枯(红太阳)

联系人：韩经理　　　电话：0537-5287568
15963737886　　　手机：13562795699
公司地址：济宁市　邹城市长青路 163 号

大连广达农药有限责任公司

公司座落于辽东半岛南端，美丽的海滨城市——大连。是国家发改委农药定点生产企业，集原药生产、制剂加工、科研开发、销售于一体的综合性企业。

公司始建于 1989 年，2002 年改组为股份制公司以来，积极开拓、不断进取，引进现代化管理，使企业得到长足发展。

公司注重企业科技进步，注重人才的引进和培养，汇集了一批植保、应用精细合成化工、市场营销等方面的优秀人才。开发研制生产了一批具有行业先进水平的高效、广谱、低毒、低残留的高科技产品，尤其是本公司粉剂产品生产中的油性配方新技术已达到行业领先水平。本企业严格按照 IS09001:2000 质量管理体系及 IS01400 环保管理体系标准进行生产管理。

本公司生产的除草剂、杀虫剂、杀菌剂、调节剂等系列品种已畅销全国各地，尤其水田除草剂中多个产品已形成品牌产品。

一直以来，大连广达以市场需求为导向，凭借产品的差异化，独到的营销模式，极具创意和系统性的传播策略，为经销商的加盟创造了先天的决胜系统保障。

传真：0411-3678883

联系电话 0411-3678883

联系地址 ：西岗区民权街 6 8 号新型公寓

2 5 － 4

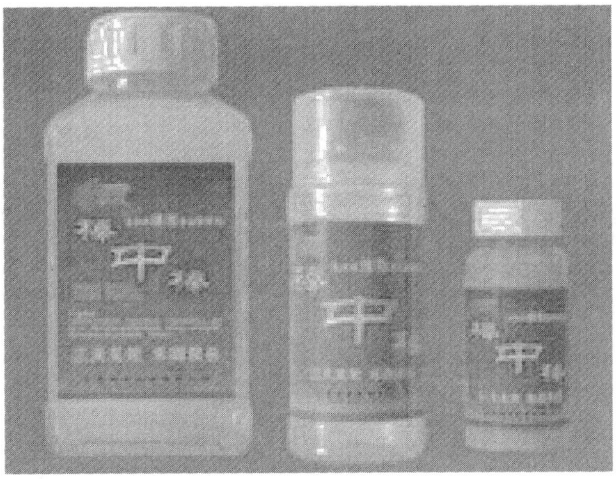

沈阳朗农科技有限公司

沈阳朗农科技有限公司是集科研、开发、生产、销售、服务为一体的股份制科技型企业，主要从事新型农药专用助剂的开发、生产、销售以及农药环保型制剂配方的开发和工艺研究，并为农药企业提供相关技术服务和咨询等。

我公司拥有先进的农药悬浮剂、水乳剂、悬浮乳剂、、微乳剂等、水分散性粒剂、可溶性粉剂新型环保制剂的加工技术，主要产品有烟嘧磺隆悬浮剂、烯草酮乳油、乙羧氟草醚乳油、甲基化植物油助剂等。

公司现有技术人员 8 名，其中高工 2 人，公司另外聘请客座专家 1 人。公司拥有完善的农药新制剂和新助剂的研究设备和配套的检测手段，与国内从事多所大学和研究所建立了合作关系。

公司拥有国内领先的农药制剂生产线、农药新剂型研究中试基地，可进行助剂产品和新剂型的加工。

公司竭诚为各农药化工企业及外贸公司提供技术服务，并承接农药制剂的研制和代加工业务，展开信息交流、技术合作和贸易往来，互惠互利。

- 邮编：110021
- 网站： http://www.langnong.com
- 地址：中国辽宁 沈阳市 沈阳市铁西区兴华南街 56 号
- 传真：86-24-25601765
- 电话：86-24-25601765

北京瑞泽星科技有限公司

北京瑞泽星科技有限公司成立于1998年。公司专业从事化工高科技产品和技术的研究、开发、咨询、引进以及市场营销和销售一体化服务，同时代理多家跨国公司的产品在中国市场的营销、销售、以及产品服务等；公司产品涉及基础化工产品、精细化工中间体、农药原药、化工（成套）设备等领域。 自公司建成初始，先后成功从印度引进了高质量、低成本、高效、低毒的拟除虫菊酯类农药产品氯氰菊酯和溴氰菊酯，以及农药中间体二溴菊酸、间苯氧基本甲醛、二氯菊酰氯、三氯乙酰氯、三氯吡啶酚钠以及化工产品金红石型钛白粉，并和广大的印度化工、农药界朋友开展了多领域的技术、产品交流与合作。国际市场，我们的百草枯、草甘膦、双甘膦、毒死蜱、乙基氯化物以及各种农药制剂成为我们的主打品种。 在化工设备方面，我率先引进了全封闭的、无原料浪费的、快速的、安全环保的可内部洗涤的多功能过滤器和干燥器。尤其是成套化工设备，我们针对国内的市场需求，联合欧美合作伙伴，以低廉的价格引进一些技术先进、性能优良、低污染、市场前景乐观的二手设备，开创了国内低成本销售成套化工设备的先河。 我们愿意以成功的经验，领先的技术优势和国际化的服务理念，与国内外同仁携手共同创造更加美好的明天。

电话：010-64970826，64973057

传真：010-84351678

网站：http://www.luckystarchem.com/

地址：北京市朝阳区芍药居北里101号世奥国际中心A座1809

邮编：100029

中诚国联-96%异丙甲草胺　　中诚国联-阔汰汰　　中诚国联-氰氟草酯

中诚国联农业科技（北京）有限公司

中诚国联农业科技（北京）有限公司，是一家专业从事农资连锁经营的公司。公司的核心理念是：诚信经营，服务三农。公司的核心竞争力在于创造一个新连锁、新平台、新模式、新远景的“四新”农资连锁网络，引领农资营销变革的新潮流。公司的盈利模式是：以网络营销扩大销量，直销终端压缩环节，科学管理减少费用，统一采购降低成本。公司的目标是建立全国性的以农资连锁为主导的农资流通、农技服务以及农副产品流通的综合性服务平台。为贯彻科学发展观，建设社会主义新农村作奉献。

企业电话：：010-82629310-8012

企业传真：010-82629250-8001

企业网址：http://shuju.aweb.com.cn

企业地址：北京市海淀区苏州街33号苏州公寓803室

广西九合植保化学有限公司

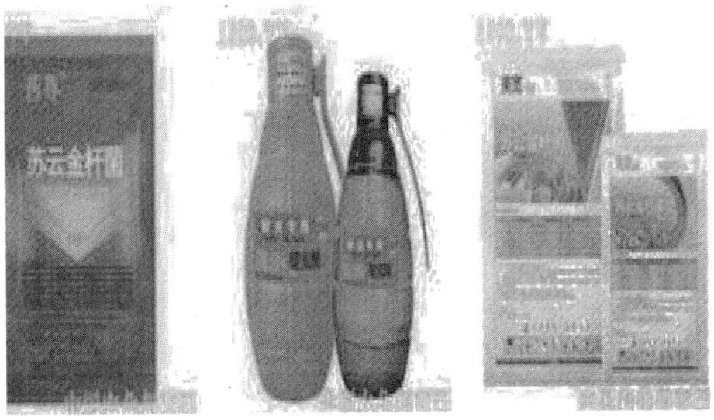

广西九合植保化学有限公司　前身为广西金禾生物科技连锁有限责任公司，公司成立于2004年8月，设立于广西壮族自治区农业厅14楼，是一家致力于农药研发、生产、销售，农业项目投资、开发、服务为一体的综合性农资企业。

公司本着“以人为本，科技为先，创新发展，服务至上”的经营理念，以生物高新技术为依托，以务实创新，诚信经营为导向，采用高效运行的现代科学管理模式，发展至2007年，已经成为广西农业行业的佼佼者。

2007年4月，公司大胆创新，自主研发了高效农药“杀虫手雷”， 并且产品外观“手雷瓶”申请了国家专利。这也为公司向全市场进军做好了铺垫。

2008年，公司“杀虫手雷”系列产品在全国几十个县市做产品试点推广，经过一年的经销商推广和农户使用，产品的性价比高，效果好，得到了经销商和农户的一致认可。

2009年初，公司正式开拓全国市场，在全国九个省市的200多个县市建立了优质的客户网络销售额达两千多万元。公司在高速发展的同时，也与全国多家大型农药生产企业、权威的农药研发机构建立了良好的战略合作关系，在技术研发、生产、和营销上得到更进一步的加强。

2009年10月，为了更好的发展，向定点企业迈进，公司正式更名为“广西九合植保化学有限公司”。

公司发展至今，不仅在产品的营销方面有了丰富的成功经验。在服务上也力求务实创新，为客户提供一系列的客户发展壮大的品牌建设的支持。重点以构建中国杀虫手雷营销联盟体系为目标的杀虫手雷品牌，真正实现由产品营销到品牌营销的战略转变。

2010公司计划在全国范围内，收购两家农药定点厂，全年销售额超过一个亿，为实现五个亿的伟大目标而奋斗！

我公司的诚信、实力和产品质量获得业界的认可。欢迎各界朋友莅临参观、指导和业务洽谈。

联系电话：0771-2805596

图文传真：0771-2805596

联系地址：广西南宁市高新技术开发区科园大道68号

邮政编码：530007

邮箱：renjiandiyu@126.com

北京威而廉生物技术有限公司

北京威而廉生物科技有限公司位于北京市门头沟区雁翅镇政府院内１０９室。坚持以一流的专业水准，一流的敬业精神，一流的服务意识，勤奋细致的工作态度为客户服务。我们发挥公司多年积累的优势与有利条件，以效益为中心，以改革促发展，以创新求进步，加快发展步伐，逐步实现“创造大众的信心与价值，造福于大众富裕与安宁”的公司长期发展愿景。公司具有完善的法人治理结构，优秀的管理团队，先进的经营理念，科学的发展战略，良好的运行机制以及健全的规章制度。不断的发展和完善企业，坚持“稳步发展、竞中求存、务实图谋、执著大成”之企业发展策略。

电话：68178798

地址： 北京市门头沟区雁翅镇政府院内１０９室

广西幸福农业科技集团有限公司

广西幸福农业科技集团有限公司 我们定位于成就客户——致力于每位客户的满意和成功；我们的使命是创业创新——为客户利益而努力创新并快速而高效地推动其实现；我们的核心价值观是诚信正直——信任、诚实和富有责任感；我们希望多元共赢——与客户、合做伙伴互相理解，合作共赢。欢迎您访问我们的企业商铺，我们期待您的惠顾，并竭诚为您服务！

电 话： 86-0771-4018450

地 址： 广西南宁市南宁市银海大道 827 号

邮 编： 530000

北京安达禾欣科技发展有限公司

北京安达禾欣科技发展有限公司系北京市一家专业从事农药、肥料产品科研、生产和销售的企业，公司坚决奉行全国农业技术推广服务中心“公共植保、绿色植保”的指导方针，紧密保持与中国农业大学，中国农科院植保所、吉林农业大学、东北农业大学等国家级科研单位的战略合作关系，在开发具有特色的农资产品，提供全面的技术服务的道路上励精图治，为打造农资行业的一流产品，为农民朋友提供一流的农化产品。

企业宗旨：致力于农业与自然的和谐发展，倡导绿色农业。

经营理念：服务以质量为本，合作为共赢而生。

企业口号：团结协作，锐意创新，全心全意为中国农民服务。我们承诺：保证为广大农民朋友提供最有品牌信誉的农资产品，让所有与安达相关联的人都过上好日子！

A-Agriculture

N-Natural

D-Development

A、N、D 分别为农业、自然、发展的英文缩写，象征安达公司倡导绿色农业，为实现农业与自然的和谐发展而不懈努力！And 同样寓意着我们寻求商业伙伴间的合作实现共赢。And 上方的红色火焰，即使我们的无限激情，也是我们对农业的美好憧憬！

粉萼　　翠维　　3%甲霜·恶霉灵

地址：北京海淀区马连洼北路 59 号

电话：010-62894926 62897640

网址：www.bjand.net

邮箱：bjand@bjand.net

湖南省湘农农业生产资料集团有限公司

湖南省湘农农业生产资料集团有限公司是在原湖南省农资总公司改制后成立的涉农企业，主营化肥、农药、农机具等农业生产资料，

是湖南省人民政府确定的全省农资经营主渠道。

公司于2002年5月注册登记。至2006年底，资产总额过15亿元，员工1500多人。公司本部设办公室、人力资源部、财会部、审计部、企业管理部、投资管理部、工业管理部、业务管理部、综合经营部、农化服务部、物业管理部、工程部等12个部室。直辖湖南湘农农资连锁有限公司、湖南湘农农资贸易有限公司（含湖南农资批发交易市场）、湖南湘农物流有限公司、上海华海农资有限公司、深圳华港农资有限公司、湛江华湛农资有限公司、郴州桥氮化工有限公司、湘阴大地化工有限公司、湖南一施佳复合肥有限公司、湖南湘农化工有限公司、湖南鑫茂能源开发有限公司、湖南金和再生资源有限公司、湖南湘农山香油脂香料有限公司、湖南湘农农产品有限公司、湖南湘农园林开发有限公司等15个全资和控股子公司。参股湖南天润化工发展股份有限公司和湖南明园蜂业有限公司。其中：湖南湘农农资连锁有限公司已在全省各地共建立直营子公司16个，经营网络已覆盖到全省大部分市县及部分乡镇。“湘农”品牌已为全省农村社会所熟知，成为全省涉农行业知名品牌。

公司的发展思路和主要工作措施是：以服务“三农”为宗旨，以建设社会主义新农村为契机，着力实施“新网工程”，大力发展农资连锁经营；同心多元，稳步向农资延展领域拓展；积极实施项目建设，推进各产业优化升级；逐步建立农资物流和市场体系，完善经营配套设施；参与农业产业化经营，助农增收；盘活存量资产，引进战略合作伙伴，拓宽融资渠道；实施人才兴企战略，提高员工队伍素质；突出制度建设，强化内部管理，确保企业又好又快发展。在国家“十一五”和公司“一五”期内，形成化肥生产能力100万吨、仓储能力40万吨，建成六大农资物流中心和一个国家级农资大市场，建成区域性分销中心50个、乡镇中心店2000个、农家店10000个。使公司总资产过20亿元，年销售额和产值过100亿元（其中农资年销售额过50亿元），省内农资市场占有率达60%（其中大化肥市场占有率达75%），为国家经济发展、社会进步和推进社会主义新农村建设作出新贡献。

公司主营化肥、农药、农膜、农机具等农业生产资料，兼营山苍籽油、蜂产品等农产品的生产加工。2003年公司山苍籽油、蜂产品加工总产值为 7000 万元，占企业总产值的 10%，占总增加值的 90%。作为公司重点发展的农产品生产加工项目，山苍籽油系列产品的总产值 6000 万元，占总增加值的 77%。

电话 :86 0731 5137950

传真 :86 0731 4451918

地址 : 中国 湖南 长沙市 韶山北路 1 9 2 号；湘农大厦；

邮编 :410011

沙隆达春华益农（商丘）农资有限公司

沙隆达春华益农（商丘）农资有限公司是一家专业农资营销连锁服务公司，主要运营农药、化肥、种子、农机具、原药等五大系列产品。公司现有员工 102 人，其中：高级职称技术人员 12 人，中级职称技术人员 30 人，营销、策划、服务人员 60 多人，员工平均年龄 30 岁。并配有外置专家、培训师、企业顾问、法律顾问 10 余人。公司设置有 5 大部门：采购部、市场部、人力资源部、财务部、行政部 实现了专业专项服务。

联 系 人： 张君怡

联系电话： 67889886

联系地址： 河南省郑州市新东新区商务外环 28 号

宜城市梅缘农资商贸有限责任公司

我公司是一家专业从事农业技术推广、农资产品销售、小麦种子生产、瓜苗生产销售、礼品西瓜、甜瓜、草莓、水果黄瓜、樱桃西红柿等生产销售。拥有专业技术人员八名，已建成有机稻米、无公害礼品西瓜、特菜、奶油草莓示范园区。

地 址：宜城市新村路 39 号

电 话：0710-4262228

传 真：0710-4260902

邮 箱：ycmynz1998@163.com

武汉新农基资发展有限公司

武汉新农基农资发展有限公司位于青菱乡长征村四组。公司将本着“以人为本、绩效理念、团队精神、追求卓越”的核心理念。“诚信、务实、创新”??——公司正是坚守着这样的经营理念。公司秉承“以人为本、和而不同”的企业发展理念，倾力打造一个融合、 友爱、进取的发展环境，夯实公司跨越式发展的基础。我们努力的方向是为客户创造价值！

电话：88125611

地址：青菱乡长征村四组

湖北农家富农资股份有限公司

湖北农家富农资股份有限公司于 2005 年 12 月成立，注册资本 1000 万元，拥有流动资金 3000 万元，各种配送车辆 18 台，在职员工 78 人，其中专业技术人员 8 人，中专以上文化程度占 90%。主要经营农药、化肥、种子，目前是鄂西北地区经济实力最强的农资经营企业。公司下设财务部、农业部、种子部、化肥部、技术服务部、市场开发部以及襄阳、宜城、枣阳、老河口四个配送中心，业务辐射襄樊、十堰、南阳、荆门、随州等周边地区。2006 年公司被国家商务部批准为“万村千乡市场工程”试点企业，四年多来，共建立各级农资连锁店 786 家，已被商务部验收合格并授予牌匾的 238 家，为当地的农业生产、农民增收做出了积极的贡献。公司先后被省市农药管理部门、工商部门授予“质量信得过单位”、“诚信经营单位”、“消费者满意单位”，被省商务厅授予“万村千乡市场工程优秀企业”，受到了众多经销商及农民朋友的信赖和好评。

公司组建以来，靠过硬的产品质量、灵活的经营方式、优质诚信的服务、方便快捷的物流配送、合理的市场价格吸引了众多的经销商及农民朋友。公司的经营业绩稳步上升，

年销售额连续几年突破 5000 万元。

公司秉承“诚信为本、服务至上、合作共赢、勇创一流”的经营理念和“抓住机遇、发展连锁、卖名优精品、创百年老店”的经营宗旨，按照中央、国务院关于大力发展农资连锁若干意见的要求，面向市场，挖掘资源、资金、管理、品牌四大优势，通过整合营销渠道、优化网点布局、开拓业务范围等一系列举措，积极构建完善的市场营销网络，抢占市场和网络制高点，将公司逐步建设成科学化、现代化、网络化的新型农资流通企业。

在今后的工作中，我们将紧紧抓住国家对农业加大投入的良好机遇，以湖北农家富农资股份有限公司为龙头，各县市配送中心为依托，以“农家富农资”为同一品牌，制定系列优惠措施，增强服务功能，多方吸纳各路英才，进一步提升农家富的社会知名度，为农业生产及农民增收做出新的更大的贡献。

公司地址：襄樊市襄阳区航空路肖湾

邮政编码：441100

销售热线：0710-2814400 2813358

传真：0710-2818120

黑龙江凯威农业科技有限公司

黑龙江凯威农业科技有限公司成立于 2007 年，其前身为黑龙江农业技术推广站农资经销部。公司全体员工团结合作，经过努力已经发展成为集推广，咨询，销售及售后

服务为一体的农资销售企业。

公司内部管理本着“以人为本”的现代化企业管理理念，高薪聘任各类专业人才，实行科学化管理，内部机构设置健全，合理，运转高效。以全新的市场营销理念为指导，以技术指导为先导直接服务于广大农户。公司创业之初便将“以礼待人，互动合作，共同发展”作为经营宗旨。与德国拜耳科学有限公司，澳大利亚纽发姆有限公司，延边春雷生物药业有限公司等国内外著名厂家建立了长期良好的合作关系，独家代理50余个农资品种。公司视信誉为企业生命，及时准确预测市场，不断转变经营观念，开拓创新，努力为农民服务，全心全意为经销商服务。

“服务”是公司全体员工永不变更的主题，既为厂家提供的产品服务，找到最适合其应用的地区，同时为各级经销商服务，又为广大农户服务，让农户收获丰收的喜悦。近年来，公司提倡新品种运作前大面积实验示范，从中不只让农户认可到产品的作用及价值，同时也让公司员工第一时间清楚农户需求，以便更好的为农户服务。

“创新”是公司全体员工始终坚持的追求，不仅要在产品上有创新，更主要的是在市场上的创新。永远没有不变的市场，必然也就没有不变的企业，只有我们不断的追求创新，在创新中寻求更好的发展。

“打造品牌”是全体员工努力奋斗的目标，我们努力让每一个所做的品种都是农户心中的首选，努力让农户体会到凯威的真诚，热情，有信，从而打造一流的凯威品牌！

凯威公司营销网络已经覆盖黑龙江，吉林两省，推广营销品种坚持“安全，高效，守法”为前提，均有国家认证，当地试验，示范总结，产品质量有可靠保证！公司销售的品种主要有进口产品及国内知名企业的产品。主要有德国拜耳公司生产的阿罗津、施保克、太阳星、高巧、农多斯、银法利、拿敌稳等多个品牌产品。澳大利亚纽发姆公司生产的铜高尚。以及吉林延边春蕾公司生产的春蕾霉素、田翔等产品。

社会在变，时代在变，农资行业也在变化着，但我们凯威农业打造一流品牌的信念永不变，服务农户的热情永不变。

电话：0451-82336199

邮编：150090

地址：黑龙江省哈尔滨市南岗区闽江路

洛阳市雅良农业有限公司

我公司位于河南省的西部，属于豫西地区，公司详细地址在洛阳市洛龙区豫西农资贸易中心，以销售为主，主要是经营农药\化肥\种子，注册资金100万元，属于私营企业，年营业额在2000万元左右，公司员工有三十多人．公司销售覆盖整个洛阳及其周边地区，公司逐年壮大，市场也在逐年的扩大．

联系人：薛怀立经理

地　址：中国．河南省．洛阳市洛阳市雅良农业有限公司

电　话：86-0379-5973383

青岛威美特生物科技有限公司

1999年美国威美特公司正式登陆中国最美丽的旅游城市青岛，成立青岛威美特生物科技有限公司（实验厂），拓展国内业务并依靠美国先进农化技术，服务中国农业。青岛威美特生物科技有限公司坐落在依山傍海、风光秀丽，气候宜人的崂山区，交通便利、通讯方便，占地面积8000平方米，现有职工200余人，科研人员22人，高级农技师6人，本公司管理严格，检测手段先进，工艺设备齐全，是集农药研制、开发、生产、经营于一体的专业化农药生产企业，属国家农业部和国家经贸委农药定点生产企业。

本公司管理、技术人员来自多所国内知名高校，可谓人才济济，坚持以科技为先导，以众多农药专家为依托，致力于科技成果转化、新产品开发、新技术引进，特别重视环保型无公害产品的研制，引进推广，使产品始终保持技术领先、质量一流、防效最佳。自主研制并生产的品种有杀虫剂、杀螨剂、杀菌剂、除草剂、植物生产调节剂五大类，共计百十个品种，且多种产品属国内首创，在本行业享有较高声誉。产品开发紧随市场，定位准确，价格合理，公司产品已销往全国各地，现正大力拓展国际市场，我们以层出不穷的新产品研发，稳定上乘的产品质量，良好周到的售后服务，赢得了广泛赞誉。

立足青岛，放眼世界，我们自信，我们会成为中国农药合成界的成功典范，欢迎各界朋友光临指导！青岛威美特人愿与社会同仁志士共创美好未来。

地址：郑州市中州大道与连霍高速交叉口向北 100 米鸿禧家园 7 栋 3 单元 5 楼西

电话：(0371)69120581

山东荣达生物科技有限公司

山东荣达生物科技有限公司是一家农业的企业，是经国家相关部门批准注册的企业。主营各类农药，公司位于中国山东鄄城县鄄城县高新科技园。山东荣达生物科技有限公司本着“客户第一，诚信至上”的原则，与多家企业建立了长期的合作关系。热诚欢迎各界朋友前来参观、考察、洽谈业务。

电话 :86 0530 5976289

传真 :86 0530 5976289

地址：山东鄄城县高新科技园

青岛约克生化有限公司

主要从事农化产品的研发、生产与销售。凭借科学的管理，先进的设备和技术，坚持科学创新之路。以专业化的优势带动业绩增长。赢得了良好的知名度和美誉度。 开发了颗粒剂、海藻酸系列叶面肥、甲壳素、水剂、粉剂等富有市场竞争力的前沿产品。 拥有一支专业化、年轻化、知识化、富有激情的团队。公司崇尚集体主义，员工平等协作，共创企业的美好前景。销售网络遍部全国各地，畅通的信息反馈和完善的售后服务为公司的发展打下了坚实的基础。 以诚信、务实、严谨的经营态度对待每一个客户，认真研究客户的反馈信息，秉承“客户的业绩就是我们的业绩”。

单位地址	青岛市香港中路18号A座906室		
电　话	0532-85849778	E-mail	york9778@163.com
传　真	0532-85824966	联系人	李先生

售网络的同时，针对各地的种植结构努力发挥销售渠道的过滤作用，为农民输送了一批批优质高效的产品。现有张家口科胜邦、保定科胜邦、安新科胜邦，形成以保定为主、两地共同发展的局面。

经过十几年的努力，公司由年销售额不足千万、职工不足十人、辐射区域仅为保定的小企业，发展到今天年销售额逾亿元、职工人数近百人、销售市场辐射全国的河北省最大的农资流通企业。

地址：河北省张家口市西山产业集聚区佳禾路 11 号 -2 栋。

电话：0313-4872830，5950515。

传真：0313-5950515

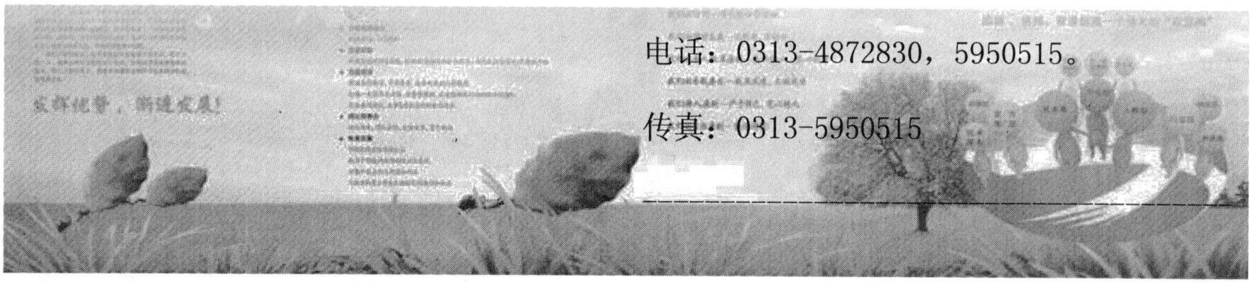

张家口市科胜邦农化有限公司

科胜邦公司自 1997 年成立至今，已十几年。公司秉承“科技制胜，与农结邦”的企业使命，以“谋求构建完善的销售渠道，提供优质高效的技术服务，为农民输送质优价廉的产品”为企业宗旨，积极开拓新型的利民便民的销售渠道。

十几年来，我们遵循“发挥优势，渐进发展”的方针，在不断提高自身实力，逐步扩大销

吉林市成金农业生产资料有限责任公司

吉林市成金农业生产资料有限责任公司位于长春路繁荣胡同１２号。我公司在蓬勃发展的历程中不断探索进取，努力提升技术水准、管理水平，同时注重业务拓展，努力建立与客户的良好沟通。以质量求生存，创新求进，为消费者提供高质、经典的品牌产品。坚持

以一流的专业水准，一流的敬业精神，一流的服务意识，勤奋细致的工作态度为客户服务。我们积累了丰富的管理经验，凝聚了大批专业技术力量，重视行业内部的职能管理与专业素质提升，加强同行业的横向交流与学习，使企业管理更规范，工作效率更高。

地址：长春路繁荣胡同１２号

邮编：132012

电话：4890213

吉林省益丰农业技术科技有限公司

吉林省益丰农业科技有限公司，前身是洮南市农用物资商店。公司成立那天起，我们就坚持方便农民，让利农民，服务农民，相互依存，共同发展的经营宗旨。使公司从几千元的资产，经过十多年的奋斗，发展为资产近亿元，公司集种子科研教育，生产，加工，化肥，农药，农用物资集一体，结合本地杂粮市场的优势，一定满足广大农民的需要。益丰农业科技有限公司将在市委，市政府的正确引导下，在各有关部门的大力支持下，在各个商家的通力合作下，在良好的外部环境助推下，在新老顾客的鼎力支持下，在市内外，省内同行的精诚合作下，吉林省益丰农业科技有限公司定会创造一流的企业，为推动全市农村经济的发展和加快社会主义新农村建设进程作出应有的贡献。

联 系 人：张海珍

联系电话：13843615288

联系地址：富文东路 1153 号

陕西荔民农资连锁有限公司

荔民农资连锁是由专注农资流通二十年的民营企业家汪战仓，发起成立的现代化农资流通企业，公司注册资金 1000 万元，拥有在农资行业资深营销专家十余名，各类管理人员、农技专家、服务人员 200 余人。

荔民连锁自 2008 年在陕西大荔县运营以来，两年时间已拓展连锁门店 120 余家，其中 105 家未曾接触过农资销售，但在荔民连锁模式的引领下，2009 年取得了 3000 余万的销售业绩！

荔民连锁积极响应国家政策号召，顺应

了农资流通行业发展大势，秉承“整合+服务”的核心经营理念，发展农资农技双连锁模式，严格遵循连锁模式的“六个统一”，构建了农资产品三级配送网络。荔民连锁通过电子零售终端及财务系统、农户数据库系统、视频会议系统，网络视频专家大院系统、农资预收款系统等八大系统，实现了对零售商的掌控，对农民的会员式管理。

荔民连锁在农技服务上走出了“技企结合”的新路子。“政府出钱养兵，企业投资打仗”，“农民点菜，科技送餐，企业买单”。具体做法是：“县建专家团，乡（镇）设特派员，村聘技术员”，建立三级技术服务网络，十八项便农服务为农民提供了产前、产中的立体服务；

陕西省大荔县洛滨大道西段

电 话：0913-3228297　0913-3224422

传 真：0913-3228297

西安运营中心：西安经济技术开发区未央路138号豪盛花园A座

电 话：029-83138910

传 真：029-83138910

安徽泗县民丰农资有限公司

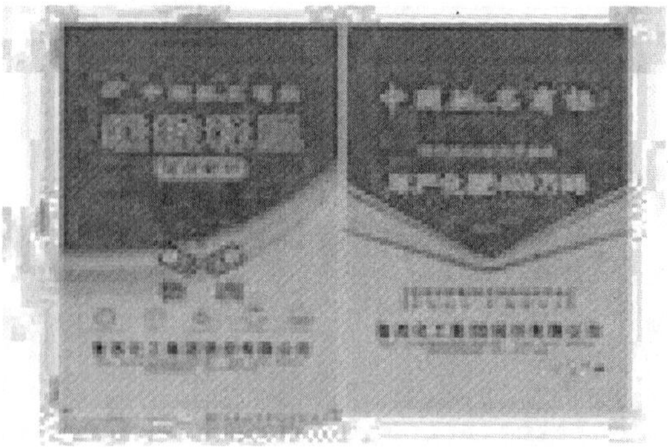

我们是一家由原来的民丰农业专业合作社经过社员共同出资，重新组建的一个以服务和贸易为主的合作化集团公司。我们从事农业农化类的销售与加工还有农副产品的购销等等。我们的服务网点很多，目前有300多个，遍布市区及周边各个乡镇。我们以热情的服务迎接各地的百姓。

联系电话：0557-7095925

联系地址：宿州市泗县北关

浙江松阳县绿农农资有限公司

浙江省松阳县绿农农资有限公司是以农资批发零售兼营的公司现已是多家大型有限企业的浙南代理商。拥有较广阔的市场及营销网络，本公司始终坚持“诚信、和谐、精进、创新”的企业理念，“诚信为本，合作双赢”

的经营原则，“真诚为客户”的服务精神，得到客户的大力赞扬及支持 主营产品：农药新品种 、化肥、种子 ；区域代理。

电话：86-0578-8663868

传真：86-0578-8663868

地址：浙江省松阳县西屏镇北山路 6 号

江苏徐州丰县诚信农资有限公司

本公司是当地最大的复合肥批发企业，拥有自己的营销网络，下辖有 3 个大型的农民合作社，拥有 5 个千亩无公害特种蔬菜基地，现有大专以上学历农技师 5 人，特高级农技师一人。

联系电话： 0516-89279371

联系地址： 江苏丰县金陵街 16 号

湖北美联丰商业贸易有限公司

美联丰商业贸易有限公司是一家经国家相关部门批准注册的企业。美联丰商业贸易有限公司凭着良好的信用、优良的服务与多家企业建立了长期的合作关系。美联丰商业贸易有限公司热诚欢迎各界朋友前来参观、考察、洽谈业务。主营 12% 井冈 . 烯唑醇；漯效王；农药制剂；叶面肥；

电话 :086 0728 3310081

济南牧禾商贸有限公司

山东济南牧禾商贸有限公司隶属北京牧禾集团，北京牧禾集团是以北京牧禾生物科技有限公司、北京新农绿业生物工程有限公司为核心的生态农业高科技企业集团，坐落在北京市风景秀美的通州高新科技园。公司以“让员工成功、企业价值为基础”的原则，重视人才团队建设，现拥有生物、植保、畜牧、渔业、农药、肥料、分析检测、计算机、经营管理等专家、学者三十多人。高、中级职称占总人数的70%，汇集了知识化、专业化、现代化的大批行业领军人物。充分保证了公司在农资行业的主导地位。牧禾携旗下众多品牌，实施立体运作，全面覆盖多种品牌战略，以首都为中心，席卷中华大地。

2004年，国务院总理温家宝指出：品牌，是一个国家经济实力的象征，是一个民族整体素质的体现。国家提出从中国制造到中国创造的发展理念，品牌中国运动席卷五湖四海，一副波澜壮阔的品牌中国的图景在我们面前展开。

地　址：山东省农科院科技服务中心 济南市工业北路196－1号2110室

手　机：15963104765

电　话：0531-83178361

传　真：0531-83178361

邮　箱：sd.mh@163.com/10

邮　编：250100

河北金桥农资有限公司

河北金桥农资有限公司下设：景州、吴桥、王瞳、龙华、沧州、衡水、河间、保定、石家庄九个农资配送中心，六个化肥经营部及丰必得肥业公司，主要经营：化肥、农药、农地膜兼营复混肥生产、物流配送等业务。公司注册资金3018万元，仓储面积15万平方米，流动资金1.5亿元，年销售各种化肥35--40万吨，销售收入7亿元左右。是河北省重要的农资经销企业。

近年来，公司紧紧依靠全体员工，立足农村，服务农民，诚实守信，合法经营，经营规模不断扩大，经济实力不断壮大，经济效益连年攀登新台阶。实现了超常规发展，取得了良好的经济效益和社会效益。

抓资源，推行代理。通过多年来艰苦扎实的推广工作，得到了一大批全国重点农资生产企业的认可和赞誉。公司目前已同贵州瓮福、云天化国际、中化涪陵、湖北宜化、湖北祥云、湖北鄂中、湖北三宁、湖北东圣、天脊集团、中农集团、中化公司、中海化学、浙农爱普、鲁西化工、青海联宇、沧州大化、华鲁恒升、冀州银海、山西天泽、四川新都等国内五十多家名优农资商品生产厂家建立起总经销、总代理关系，购销网络遍及国内 20 余个省、市、自治区。

讲诚信、树立形象。严把进货关口、确保农资商品质量，杜绝假冒伪劣农资商品流入市场。近年来，公司销售的几百万吨农资商品从未发生质量问题。以过硬的商品质量，优质的服务，得到了基层经销商及广大农民朋友普遍赞誉，树立了“金桥农资”的金字招牌。

抓连锁，促进经营。公司以“四统一”为管理模式，大力开展农资连锁配送为农服务工程，目前已初步建成基本架构为“总部 + 配送中心 + 连锁店（乡）+ 农家店（村）”的新型连锁配送网络体系，所属经营网点 800 多个，辐射周边 50 多个县、市。

公司是全国供销合作总社命名的农资经营重点龙头企业；是中国农资流通协会理事单位、中国农资传媒常务理事单位；全国供销合作社系统 “先进集体”、“文明服务示范单位”、“百强企业”；2011 年公司又相继获得了中国化工学会“中国农资十大优秀企业”、中国农资流通协会“中国农资流通企业综合竞争力第五十一名”、“全国百佳（优秀）农资经销商、中国品牌质量管理中心“重质量守信誉消费者满意单位”等多项荣誉称号，温家宝总理曾到公司视察并听取工作汇报，对公司的发展和工作给予了充分肯定。

财务部：0318-4263888

市场部：0318-4263088

邮箱：hbjqnzyxgs@sina.com

网址：http://www.hebeijinqiao.com

地址：景县景安东大街 62 号

广西贵港市五丰农业有限公司

我公司是一个农药经销公司，成立于1999年，现是贵港地区最大农药批发商，营销网点有200多个，遍布三区两县所有乡镇，有配送车辆五台，年销售额三千万左右，员工二十多人，公司资产一千多万的大型企业。

电 话：-4561603

传 真：-4561603

地 址：广西贵港市

银川田野农业科技服务公司

本公司主要经营煤炭等。本公司秉承“顾客至上，锐意进取”的经营理念，坚持“客户第一”的原则为广大客户提供优质的服务。欢迎广大客户惠顾！

电话：86-0953-8869002

地址： 宁夏青铜峡市汉坝西街

北京富力特农业科技有限公司

北京富力特农业科技有限责任公司于1995年由中国科学院发文，经发改委批准成立的农药定点生产企业，是集科研、生产、经营、农业专家系统开发于一体的综合型高新技术企业。富力特一贯追求产品的高功效性、高安全性、高环保性，全身心致力于农业科技发展，在中国科学院农办的领导下，依托中科院雄厚的科研实力，外联中国农业大学植保

学院与理学院的专家、教授，开发出一系列广泛获得市场赞誉的科技产品及新兴应用技术。

富力特产品现有乳油、微乳剂、水剂、可湿性粉剂、可溶液剂等几大系列数十个品种，涵盖了杀虫、杀螨、杀菌、植物生长调节、复合肥、植物抗性诱导等几大方面。公司一直致力于新成果产业化、新剂型研究及病虫害抗性治理研究。

电话：0086-010-81284458

传真：0086-010--81285731

公司地址：大兴区西红门镇新建工业区南路 2 号

合肥市久易农业开发有限公司

合肥久易农业开发有限公司是经国家工信部核准的农药原药及制剂定点生产企业，为安徽省高新技术企业、安徽省民营科技型企业、“AAA 级”标准化示范企业。公司通过 ISO9001：2008 质量管理体系认证和安全标准二级企业认定，拥有省级高新技术产品 5 个、专利 4 项，农作物新品种 2 个，注册商标 32 个。现坐落于合肥循环经济示范园，公司总资产约 8000 余万元，生产基地 66000 ㎡、现代化厂房 15000 ㎡及 1500 ㎡的企业技术中心。 公司主要从事农药原药、化工中间体、农药制剂以及农作物新品种的研制、开发、生产和销售。公司各部门分工明确，制度完善，运营机制灵活，以人才为根本，以市场为导向，已形成农药原药、化工中间体、农药制剂及农作物良种的自主研究、开发、生产与销售的一体化服务体系。公司科研人员曾获得“安徽省劳动模范”、“合肥市青年专业技术拔尖人才”、“安徽省科学技术奖”、“安徽省农村科技奖”等多项奖励，多项科研成果通过省级以上科技成果鉴定或申请知识产权保护。

电话：0551-5578277

传真：0551-5576693

网站：http://www.jiuyinongye.cn/

地址：安徽省合肥市高新技术开发区科学大道 103 号浙商大厦 18F

陕西新华农农资有限公司

陕西新华农农资有限公司是新华农（中国）在陕西投资成立的全资子公司，注册资金 2000 万元，负责陕西省村级植保公司的建设、承办上游资源和入网产品物流流通等相关工作。

在 2009 年和 2010 年公司先后在咸阳，延安，滑南等陕西苹果产区选拔了3000多名村级植保公司负责人，该负责人从本村村干部、种植大户、种植能手中层层筛选，经过西北农林科技大学和陕西省农业厅下属农业干部培训学院相关培训，在本村拥有较高的威望和基本果树用药知识。目前，该网络内覆盖区域农药流量6-8亿元，网络正在向陕西大部和甘肃、山西主要果树大县辐射，预计2011年将建成7000家以上村级植保公司，覆盖农药流通量16-20亿元，农资流通量100亿元。

联系电话： 029-87996111

联系地址： 西安市高新区锦业路1号

重庆远东东农农资有限公司

中外合资企业——重庆远东东农农资有限公司是由重庆东方农药有限公司与远东国际企业集团（香港）投资有限公司共同投资组建，注册资金3200万元，位于风景秀丽的三峡库区腹心——重庆忠县。公司致力于农业生产资料的销售以及农业资源的整合，并为市场客户提供农业技术服务；公司主要从事农药、肥料等农资产品的销售以及进出口贸易业务。

公司股东重庆东方农药有限公司成立于1993年，注册资金1200万元，总资产1.079亿元。公司属国家定点农药生产企业、中国农药企业100强、重庆市高新技术企业、重庆市市级龙头企业、忠县工业重点企业、中国农业科学院柑桔研究所农药中试基地，公司按现代企业管理制度形成了科学、规范的企业组织结构、生产经营管理团队、精干的营销队伍以及质量过硬的多种类农药、肥料产品。

公司股东远东国际企业集团（香港）投资有限公司其前称为香港远东国际企业投资有限公司，成立于1992年。公司由建筑板材生产、销售国际贸易起步，逐步转型以建筑工程重机械、印刷高科技设备、医疗设备、通讯、军工科技精密器材、金融租赁、房地产、港口码头等为主流业务。公司在全港设立32个代理分行并在埠外的越南、韩国、俄罗斯、加拿大等多个国家设立了分公司，拥有强大的资金实力和遍布海内外的营销网络。

重庆远东东农农资有限公司依托上述两个股

东的综合优势，结合市场实际情况大胆引进并制定了一整套先进、合理、完善的经营管理模式，为企业的健康发展奠定了良好、坚实的基础。公司自成立伊始就迅速组建了覆盖国内市场以及部分海外市场的营销精英团队，代理了重庆东方农药有限公司以及其他生产企业的农药、肥料等农资产品在国内外的市场营销工作。

重庆远东东农农资有限公司通过与各加盟企业的强强合作、优势互补，建立起生产厂商、代理加盟商、产品经销商等相互合作与相互信赖的桥梁，把消费者塑造成为生产厂商的忠实客户，达到整合市场营销资源并最大限度提高合作各方的经济效益、社会效益以及创建农资品牌的目的。

YUANDONG
DONGNONG
远东东农

电话：023-54233955

地址：重庆市忠县忠州大道巴王路 10 号

邮箱：cqyddnnz@126.com

郑州鼎盛农药销售有限公司

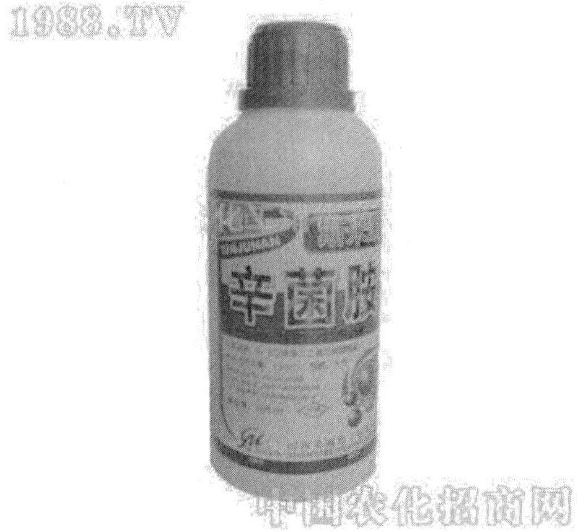

郑州鼎盛农药销售有限公司是一家专业从事国际国内知名产品销售，推广农技服务的农资公司。公司培育了一支具有国际营销理念，有服务销售网络经验的精干队伍。携手厂家共创双赢，打造了鼎盛金品牌。
鼎盛农药“以培训专业合作社网员植保技术，指导服务农民使用的方针”，推广高科技产品。

电　话：0371-63633616 65360841

传　真：0371-63633616

联系 QQ：　2857487403　　2803847066

网　址：http://dsny.1988.tv/

地　址：中国河南郑州市金水区 郑州市黑庄农资大市场 2 区 45 号

云南崟农达农资连锁有限公司

云南崟农达农资连锁有限公司成立于2004年11月16日，注册资本500万元。是一家集科研开发、生产加工、销售与植保技术服务为一体的综合性农资企业。公司坚持以人为本，一质量求生存，凭信誉求发展的经营理念，在云南省内外享有较高的声誉，公司不断拓宽服务领域，形成了以杀虫剂、杀菌剂、除草剂、冲施肥、叶面肥为主的系列产品。

公司本着以“品质、服务、完善、效率”的价值观，构建“公司厂部 / 供应商 + 经销商 + 农户”的综合服务体系，以客户为先导，诚信为理念，打造现代专业农资企业形象，以“与农民同欢乐；与合作伙伴同成长；与社会同进步”为宗旨，努力打造一流销售模式，开创农资营销新时代。

企业的发展离不开社会各界的大力支持，公司在云南省商务厅和云南省农业厅的大力支持下，成为云南省有资质的三大农资企业之一。

云南崟农达农资连锁有限公司在经营过程中一贯坚持: 质量第一、信誉第一、服务第一“的理念。崟农达人愿与有志之士携手，不断进取，共创伟业，昂首阔步地向产业化、集团化、国际化方向迈进！

联系电话： 0871-7352306

联系地址： 昆明市官渡区杨二甲

云南穗丰农资连锁有限公司

企业宗旨

以诚信为先导，以创新为出路，以共赢为目标

企业文化

客户成功、员工成功、企业成功

云南穗丰农资连锁有限公司，成立于2004年，

注册资金500万元。主要在全省范围内连锁经营农药、化肥、生物肥等农资产品。

2012年，在条件较好的乡镇，我们设立了模拟农资连锁店并聘任模拟店面经理，经公司培训后上岗，负责各村的技术咨询及使用农资后的问题反馈工作，并将农资产品进行配送销售；公司共开展了238场次免费讲座，模拟统一配送的农资产品均为三证齐全的名牌产品。结合农技员的田间指导，实现了为农户增产增收的目的。

电　　话：86 0871 3569897

传　　真：86 0871 3569897

地　　址：中国 云南 昆明市官渡区 新亚洲体育城五环锋尚D8栋1单元102

邮　　编：650000

云南省宾川年丰农资有限责任公司

本公司主要经营电力，生活用品等。本公司秉承"顾客至上，锐意进取"的经营理念，坚持"客户第一"的原则为广大客户提供优质的服务。欢迎广大客户惠顾！

- 电话：86 0872 7376753
- 地址：中国 云南 昆明市 昆明市

邢台新合作威远农资集团有限公司

邢台新合作威远农资集团有限公司，是集农资产品研发、生产、营销和物流于一体的现代化高科技综合性农资服务企业。从2002年建立之初，威远集团就秉承"农科先锋，农服典范"的企业使命，奉行"用感恩之心做人，用报恩之心做事"的企业价值观，扎根市场，一路引领着农业科技推广的新方向，贴近农民，不断树立着农业服务的新榜样。威远集团从农资流通行业开始起步，威远人依靠"先人一步，全力以赴"的企业精神，威远聘请了专职农业、林业技术研究员、专家，与各界棉花协会、生产协会、果树协会合作，数十年如一日的举办专题培训及新产品示范推广，到田间地头给农民讲授种植技术，讲给农民听，做给农民看，带着农民干。经过十几年的发展，在获得德国钾盐公司，四川新都化工等数十家国内外品牌化肥、农药和农膜企业独家代理权的同时，建立了华东、华西、华南、华北、新疆库尔勒五个分销公司，年销售额超过三亿元，营销网络遍布全国。

先后荣获“河北农资经营示范单位”；“河北省优秀民营企业”；“河北省消费者信得过单位”；“中国化肥流通体制改革辉煌 10 年贡献奖”；连续三年荣获“中国百佳优秀农资经销商”称号。为了实践“客户决定品质，市场成就品牌”的营销理念”和“科技第一，服务唯一”的品牌理念，弥补产品结构的缺失，实现资源本地化，服务贴身化，2005 年威远集团启动自主品牌战略，筹建了河北远大国际化肥有限公司，作为威远集团旗下的第一个自主品牌生产基地，远大国际装备了新型大功率挤压造粒设备和目前国内最先进的电脑自控、单袋混配的复混肥生产线。先后通过了 IS09002：1994 国际质量体系认证、IS009001：2000 国际质量体系认证，并完成了 IS014000 环境管理认证、IS018001 体系认证，正在通过美国 FDA 和欧洲 COS 认证。“威远”、“远大理想”、“喜多丰”、“中农燕阳”等自主品牌产品，填补市场空缺，满足农民需求的同时，赢得了经销商和农民的广泛认可，2008 年远大国际被评为“河北省消费者信得过单位”。　　为了实现“科技立威，服务永远”的企业愿景，威远集团 2007 年建立了河北根力多生物科技有限公司。河北根力多与中国农科院、中国农大和省、市农业技术专家合作，在全国率先研制推出了“根力多”系列生物蛋白控释肥，“根菌特”系列生物菌肥，“冲劲”系列水溶性经济作物肥，开创了新一代全功能复合肥料的先河。为了继续发扬“好产品，好服务，好收成”的“三好”经营理念，2010 年威远集团在“新合作威远农资配送中心”的基础上，投资 2.1 亿元兴建“河北三好农资物流园”，将威远集团的“研发－制造－营销－物流－服务”整条核心价值链融为一体，形成了适应新时代发展的独特商业模式。威远这艘农资界的巡航舰，已经扬帆出海，诚愿与有志于农资行业的各界同仁携起手来，共谱农资事业的新篇章。

- 电话：86-0319-2696110
- 传真：86-0319-2690390
- 地址：河北邢台市河北邢台市桥西区郭守敬南路 345-21 号

厦门隽农农资销售有限公司

厦门隽农农资销售有限公司位于一座风光旖旎、闻名的通商口岸，环境幽雅、宁静，四季草木葱茏，自远古以来就有“鹭岛”之称的风景城市。

厦门隽农农资销售有限公司是一家综合性的进出口贸易公司。有着多年国内外销售农药经验，以低毒、生物的杀菌杀虫剂等农药销售为主；以农资产品、化工产品、食品、家居用品等为辅的进出口贸易公司。公司拥有一批专业的技术人员和销售人员，产品远销东南亚、中东及欧美地区。

厦门隽农农资销售有限公司坚持“明礼诚信，求真务实”的经营宗旨，以高科技的生物农药为销售主导；以优质的产品、合理的价格、周到的服务为纽带，为国内外的厂家和客户提供双赢的销售平台。

厦门隽农农资销售有限公司愿与海内外各界朋友精诚合作，共创美好明天！

公司地址:	海沧区沧虹路717号金龙商城9幢205室
邮政编码:	361026
公司电话:	05926059329
公司传真:	05926584871
公司网址:	http://www.metalnews.cn/junnong.co/
联 系 人:	郑建和 （先生）
手机号码:	13358337228

西安瑞邦集团农业科技有限公司

瑞邦集团由美国瑞邦生物工程有限公司、西安瑞邦农业科技有限公司及郑州瑞邦化工产品有限公司共同组建而成，是一个集科研、开发、生产、销售为一体的综合性企业。瑞邦集团和国家科学院，北京农业大学等高校科研单位，长期建有合作关系，坚持“质量第一、信誉至上”为经营宗旨，以诚信为原则，

打造瑞邦品牌。瑞邦人坚持以生物、环保、高效低毒农药为发展领域，业务涵盖农药、肥料、微肥、叶面肥、植物生长调节剂、饲料、除草剂、化工产品及原料、生物产品等高新产业。瑞邦拥有一支高素质的员工队伍，聚集了农药、化工、植保、营销、人力资源，资本运营等方面的优秀人才和管理人才。以雄厚的资金为后盾，多方面、多渠道地对产品进行整体营销，公司将秉承“科技为先、创新为本、品质至上、联盟合作、共同发展”的经营宗旨，以市场需求为导向，充分发挥自身科技优势，坚持走技术营销道路，加强与客户的联盟合作，为国家大力倡导的科技兴农和绿色农业的伟大工程做出贡献。

- 电　话：0135-92596225
- 邮　箱：490953677@qq.com

武汉仲泰农资有限公司

武汉仲泰农资有限公司，主要经营农药（杀虫，杀菌，除草剂，叶面肥）；同上，公司的办公地址设在中国 湖北 武汉市 东西湖区吴家山（舵落口）农资大市场2-35，欢迎您来我公司参观和洽谈业务。

- 公司注册地址：() 中国 湖北 武汉市 东西湖区吴家山（舵落口）农资大市场2-35
- 营业范围：

1. 农药（杀虫
2. 杀菌
3. 除草剂
4. 叶面肥）

- 座机电话：027-83899951
- 传真：86-027-83214926

四川彭山世纪农药科技有限公司

公司的前身是农药批发部，于2002年因业务发展需要成立公司，公司主要以农药批发为主。公司以做强，做大为信念，坚持重品牌，保质量，报务好三农。公司在2002年时只做一个县，做到现在以变成了四县一区。并成立了一批公司连锁店。现在销量相对稳定。

联系电话： 086 － 028 － 37628402

联系地址： 彭山县龙门桥

双鸭山市农达农资经销公司

农大农资经销处 位于黑龙江 宝清县，主营农资、农药、农资、农药 等。公司秉承“顾客至上，锐意进缺的经营理念，坚持“客户第一”的原则为广大客户提供优质的服务。欢迎惠顾！

- 地址：中国黑龙江 宝清县 黑龙江省双鸭山市宝清县小城子镇种畜场
- 传真：86-0469-516249
- 电话：86-0469-51000011

沈阳绿色春天科技农资中心

沈阳绿色春天科技农资中心是辽宁省唯一专营生物农药和生物肥料的企业。现有 50 多个生物药肥品种，可以为绿色食品、有机食品生产提供全过程全方位的技术服务。有志于生产绿色食品和有机食品的企事业单位和农民朋友可以期待得到我们有效的支持和服务。

生物农药和肥料具有许多化学农药所没有的特点，可以解决许多化学农药难以甚至无法解决的问题。必要时可以与化学农药配合使用产生更好的效果。生物农药的推广使用将为植物病虫害的防治输入新的观念，提供新的技术，开阔新的途径，必将在植物保护领域掀起一场影响深远的变革。

沈阳绿色春天科技农资中心主要的品种有：OS- 施特灵（氨基寡糖素）、奇茵植物基因活化剂、兰迪多邦促生、抗逆、防治病虫害多功能生物制剂、氨基多糖生物制剂（根复特、一施壮、聚糖果乐、黑星 21 ），植物源低聚糖素、康地蕾得、特立克、绿品印楝素、超浓缩生化黄腐酸丰抗剂、垦易微生物肥等。

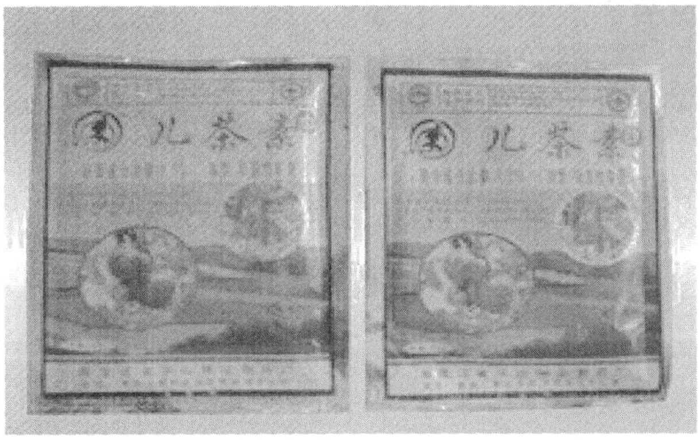

电 话：024-86116505 13898125401

传 真：024-86116505

地址：沈阳道义北大街 162 号沈北新区种子市场 D 区 27 号

公司简介

关注人类食品安全，崇尚绿色环保事业

——深圳市华农生物工程有限公司

深圳市华农生物工程有限公司

“鱼与熊掌”，经常是我们现实生活和经济发展目标中遇到的二难选择。长期以来，既要杀死虫，又要无公害，就像孟子说的鱼与熊掌，不可能同时兼得，人类为保护农作物，在大量使用高毒农药杀死害虫的同时，也带来了环境污染、农药残留等一系列危害人类生命健康的严重问题。

既要杀死虫又要无公害，既保护农业生产，又保护人民生命健康，既造福生产者，又造福消费者，让鱼和熊掌同时兼得！多年来，追寻着这样美好的梦想，本公司以对市场高瞻性的预见，以敢于承担风险的勇气，以真诚合作的态度，投入巨额资金与著名高等学府携手合作，致力于新型无公害生物农药的开发和研究。如今，这样的梦想已经实现本公司把我们与华南农业大学多年合作的心血，一种新型的无公害植物性杀虫剂“欧美德”隆重奉献给社会！

华南农业大学昆虫毒理学科创始人、中国科学院院士赵善欢教授，被称为中国“杀虫植物研究的开山祖”，现在的华南农业大学杀虫植物标本园已搜集种植了200多种天然杀冲植物，在整个亚洲独一无二。赵善欢院士和他的学生徐汉虹教授等一批科学家，在新农药的理论研究和技术创新方面也取得了长足进展。

这种梦想的实现，不是亦步亦趋，坐享现成的一种轻松收获，而是敢于冒风险，勇于创新，“艰难困苦，玉汝于成”的结果！上世纪九十年代，当“无公害生物农药”还只是一种“概念农药”的时候，当从天然植物中提取杀虫剂还难以在生产上推广使用的时候，本公司在选择新项目资金投入时，就把眼光投向了这个没人敢吃的螃蟹！1998年，本公司与华南农业大学昆虫毒理研究室携手合作，共同进行“非洲山毛豆杀虫成份的研究”。在当时，业内人士普遍认为，该项目研发投资风险大，市场化目标难以确定。比如，能否从非洲山毛豆成功提取有效杀虫成份？能否在华南地区大面积引种种植非洲山毛豆？能否达到高效杀虫且使用安全无残留？能否降低产品制取成本并在生产上大面积推广？如此等等，都还是一个未知数。“风物长宜放眼量”！作为有远见的项目投资者，我们一直深信：随着经济的发展，人们对食品安全问题日益重视，既要杀死虫，又要无公害，是农药工业必须破解的难题！我们必须要承担这样的社会责任：要让老百姓吃得好，吃得放心；要保护人民的生命健康，要保护我们生存的环境；要促进我国农产品安全出口，打败日益森严的“绿色壁垒”！为此，我们必须要研发并生产出具有完全自主知识产权的无公害生物农药，替代在生产上大量使用的高毒农药！

追寻这样的梦想，本公司牢固树立“关注人类食品安全，崇尚绿色环保事业”的理念，在实验室研究、产品中试、申请有关资质证和许可证、原材料的引种、征地大面积种植非洲山毛豆、成果鉴定、征地兴建厂房，做了大量开创性工作，承当的研发项目取得了巨大成功：2003 年 9 月，公司与华南农业大学合作完成的“非洲山毛豆杀虫成份的研究”，顺利通过了由广东省科技厅组织、广东省教育厅主持的成果鉴定，鉴定委员会认为“该成果总体上处于国际先进水平，其中在毒性机理研究方面达到国际领先水平”；2004 年 8 月，双方合作研究的年产 2000 吨 2.5% 鱼藤酮乳油项目被列为 2004 年度国家级星火计划项目；2004 年 10 月，“欧美德”在深圳第六届中国国际高新技术成果交易会中被评为“优秀产品奖”；“鱼与熊掌同时兼得”的梦想已经实现！本公司隆重向社会推出最好的无公害生物农药“欧美德”！我们依托华南农业大学这一强大的技术后盾，组建了一套精干的农药开发机构，不断进行新农药的研究和开发。“诚信为本”的经营作风，使华农生物工程公司的业务扩展迅速，在广大用户中树立了良好的企业形象。我们华农生物公司全体员工的共同愿望是：为客户想得更细，服务得更好！

总部办公：深圳市南山区海德三路天利中央广场二期 B 座 1404

生产厂址：中国·深圳市国家级高新技术产业园区

联系电话：86+ 755+ 26861444　26864111

传真：86 ＋ 755 ＋ 26853555　26865444

邮编：518054

邮箱：huanong@hlsatum.com

陕西鑫盛世纪农业科技股份有限公司

创新是一个民族发展的灵魂，是一个国家进步的推动力；创新是时代的步伐，是知识经济时代发展的必然。在这样一个充满激情和挑战的新经济时代，鑫盛世纪作为一个综合科技型企业，始终以锐意创新的积极心态，面对机遇与挑战，如一的保持着创新的激情和活力，努力奋斗，不断攀登新的高峰。

新经济时代的今天，市场经济迅猛发展，经济全球化竞争日益激烈。鑫盛世纪敏锐的把握时代脉搏，立足于高新绿色农业产业化，形成了长、中、短项目兼备，基础行业和高科技相依托；工，农业并举，眼前利益和长远利益相结合的集团发展趋势。公司秉承“诚信为本，不懈努力”的永恒理念，不断进行技术创新和产品创新，把最新的成果带给客户，推进科技进步与全面发展。

鑫盛世纪是一个充满激情、满怀信心、同心协力、勇于创新的优秀团队。鑫盛世纪人将一如既往的发扬以人为本、团队合作的精神，用开放的视野和包容的态度迎接未来，探索无限的可能性，发挥个体的创造性，以创新、勤奋、踏实、热忱、执著的不懈奋斗精神，将最好的产品奉献给社会。

在前进的每一步里，我们深深的感受到政府的亲切关怀；客户和合作伙伴的鼎立支持；员工团队的辛勤汗水。这让我们更加坚信鑫盛世纪的明天更加美好！更加灿烂！更加辉煌！

陕西鑫盛世纪农业科技股份有限公司

总裁　邓利平

地　址：西安市高新技术产业开发区高新路42号金融大厦建行9层

电　话：（029）88222219

陕西康泽化工科技有限公司

陕西康泽化工科技有限公司成立于2005年，为西北农林科技大学合作民营企业，厂房坐落在古城西安风景优美的泾河工业园。公司自成立以来，逐步成立了拥有多套先进的试验设备和一批经验丰富科研人员的实验室，依托高校雄厚科研力量，先后研制出多项高新技术成果并顺利转化为生产力，为农民的增产提供了强有力的保障！目前本公司高级药技师 18 人，高级农技师 26 人，农林本科以上学历 56 人，中级以上职称 4 人。公司以速效调节剂、高效杀菌剂、优质叶面肥为主要研发对象，已先后研发出赤霉芸苔素、速效膨果王、氟硅唑咪鲜胺等数个金牌级产品，产品效果突出，深受全国各地经销商和广大农民朋友的青睐，在农资界赢得了很高的声誉度和信誉度。

康泽化工
KANGZEHUAGONG

- 电　话：029-82866655
- 地　址：陕西西安市泾河工业园
- 邮　箱：kangzehg@163.com

山西省农科院棉花所三联农化实验厂

山西省农科院棉科所三联农化实验厂隶属于山西省农业科学院棉花研究所，国有性质，是集科研、开发、生产、经营于一体的农业高新技术企业。本厂始终坚持“以科技为先导、以市场为导向、视质量为生命、待顾客为上帝”的宗旨。先后自行研制、开发、生产了科能牌杀虫剂、杀菌剂、叶面肥三大系列共 20 多种农化产品，行销全国十多个省、市、自治区，销售网点达一千多个，为我国农业生产保驾护航作出了贡献。其中研制生产的 20% 根康宝，获第三届中国科技新产品名优产品博览会金奖及“八五”山西省优秀科技产品（成果）奖；花果丰系列叶面肥，获第五届中国科技新产品名优产品博览会金奖；32% 保苗灵获中国星火计划实施十周年暨“八五”农业科技攻关成果博览会优秀项目及“八五”山西省优秀科技产品（成果）奖；14% 麦拌宁，获 98’山西省青年高新科技成果博览交易会金奖。

- 电　话：0359-2127092
- 传　真：0359-2162710
- 地　址：山西运城市黄河

齐齐哈尔四友化工有限公司

齐齐哈尔四友化工有限公司坐落在“丹顶鹤的故乡”中国魅力城市、绿色食品之都——黑龙江省齐齐哈尔市。始创于一九八八年，是集科、工、贸于一体的股份制民营企业；是黑龙江省高新技术企业；市级“守合同重信誉”企业；其中康润Ⅱ号、康润Ⅰ号、苗菌敌、稼泰为黑龙江省高新技术产品。

公司占地面积9781.5平方米，建筑面积3200平方米。注册资金500万元，现有资产2444万元。公司拥有门类齐全的农药加工设备及先进技术水平的检测设备。可加工片剂、粉剂、乳油、水剂、烟剂等剂型的产品。是黑龙江省农药制剂生产的龙头企业。

公司已研制生产出符合环保要求的高效、低毒、低残留系列农药，包括：杀菌剂、杀虫剂、植物生长调节剂、除草剂等四大系列19个全部在农业部农药检定所进行了注册登记产品，其中：20%病毒A曾被国家科委列入八五攻关项目和火炬计划，填补了世界上应用化学制剂防治植物病毒病的空白，四友必多收产品通过了绿色食品生产资料认证。取得了多项国家专利技术。先后与中国农科院、东北农业大学、齐齐哈尔大学等科研院所建立了长期的合作伙伴关系，为高品质的产品提供了充分的科技保障。公司在市场上建立了庞大而坚固的国内销售网络，拥有固定客户300余家，以高质量的产品赢得全国三十个省市、自治区用户的好评。

电话：0452-2654293

地址：齐齐哈尔市建华区曙光村四队（原区机关农场）

邮编：161000

南宫市惠丰源销售有限责任公司

南宫市惠丰源销售有限责任公司成立于2005年．现在良好的信誉和经营网络．欢迎与各生产企业携手共同发展。

电话：86 0319 5221355

• 地址：中国 河北 南宫市 南宫市育才路

辽宁省壮苗科技开发有限公司

本溪经济开发区壮苗科技开发有限公司是一家迅速崛起的民营高科技企业，座落于山川秀美、人杰地灵的山城本溪。公司成立于一九九六年，是国家批准的定点农药生产企业，辽宁省“腾龙企业”和“东北三省优秀民营高科技企业”，享有独立的进出口经营权。公司以生产，经营系列种衣剂、除草剂等农化产品为主，正向生物农药和肥料领域深入发展。

公司秉承“重科学、讲诚信、服务农民”的经营宗旨，十分重视技术进步及新产品开发，现有的种衣剂、除草剂共40多个品种，其中壮苗“虫黑消、结大棒、防茬灵等”种衣剂已成为东三省知名品牌，除草剂中的“封地隆、盖地金、隆大拿等”品种深受农民朋友的欢迎。

2007年壮苗公司将有一系列新产品隆重上市，主要有“22%毒死蜱•福美双•戊唑醇悬浮种衣剂、38%福美双•戊唑醇干粉种衣剂、50%多菌灵•甲霜灵干粉种衣剂、13.8%氟磺胺•异恶松微乳剂、120克/升烯草酮乳油。

【地址】辽宁省本溪市经济开发区滨河工业园区（石桥镇园区西路28栋）

【邮编】117004

【电话】0414-5858931

【传真】0414-5858931

江苏米米农资超市有限公司

江苏米米农资超市有限公司现有江都市雷力绿色肥业连锁经营加盟店和江都市天补农资连锁经营有限公司两个全资子公司和五个直营中心。目前已在江都市、邗江区、仪征市、高邮市、宝应县注册建立农资连锁经营网点59个，辐射23个镇100多个村，成为新型“农资连锁经营示范店”。2007年注册成立了“江都市雷力粮油作物种植专业合作社”建设试验示范基地300亩，已带动农户种植面积450亩，逐步实现农副产品产、供、销一条龙服务。

公司实行现代连锁管理制度，独创了以“农友之家”为平台的连锁运行机制，在全市农资流通非公企业首家成立了以党支部为核心的企业文化体系，总结出连锁超市+“农友之家”相结合的现代农资经营服务模式，得到了工商、农林部门的好评，生产企业的欢迎，农民朋友的赞扬。扬州市人大副主任高瑞芹率人大代表来考察后，并在人大会上作了介绍。农业部市场信息司的王运浩司长、种植司王国强处长率领部、省、市三级领导来公司视察给了很高的评价：“你们已经走在了别人的前面！”2009年2月22日扬州新闻播放了人大提案：米米农资超市使用pos销售系统，规范农资连锁经营。

2007年公司在全省首家研发了农资 “POS”销售管理系统，2008年又投入巨资在中国电信技术支撑下创新研发了农技视频传媒系统取得成功并投入使用，使POS系统和“农友之家”对农民培训覆盖所有连锁加盟店，实现农资销售、农资农技双连锁，构建新型农资经营网络，畅通放心农资下乡进村通道。

由于公司内部管理规范认真，规章制度齐全、加强网点的监督考核严格，诚信经营亲情服务，创造了良好的品牌形象，利用信息化手段实行实时的进销存的管理，电信局域网专家在线、远程农技培训，建立农户农业生产电子档案，从源头保障了农业投入品的绝对安全。先后被政府有关部门评为“党员经营户”、“文明经营示范户”、“诚信单位”、 公司负责人被评为江都市“十佳创业之星”。连续三年被江都市农林局评为“放心农资经营单位”。 展望未来我们将积极创建企业文化，打造核心竞争力，提升企业自身的凝聚力、向心力；走品牌经营之路，以完善的服务、创新的理念赢得市场和效益。

地址：江都市仙女镇张纲江平路 7# 电话：嵇先生 13305259422 陈先生 1335813369 邮编 225212

江苏淮安中诚国联农资有限公司

江苏淮安中诚国联农资有限公司始创于 1998 年 4 月，原名“淮安人禾农化有限公司”，为了适应公司发展的需要，2008 年更名为“江苏淮安中诚国联农资有限公司”，公司现有六家连锁直营店，设如下几个机构：(1)“中联农资储运中心”，(2)“中联农资三丰植保农民技术培训学校”，(3)“中联农资农民专业合作社”．公司拥有“三丰植保”服务性商标．(2008 年经国家工商总局正式核准登记）

现有员工人数 25 人，技术员以上职称 3 人，其中高级农艺师 1 人，年销售农药 1500 万元，化肥 300 万元，种子 60 万元．为了适应公司快速发展的需要，2008 年在宁连高速淮安南出口新征十亩商业用地，用于公司仓储、办公、经营、生活等需要．第一期 3200 平方米综合办公楼已竣工使用，第二期仓储中心正在建设中．

公司现有大小送货车辆 9 部，具有完善的配送，质量管理体系．

公司属下的“中联农资三丰植保农民技术培训学校”以培训农民种田大户为目标．兼顾培训农资经销商，用规范的管理，完善的服务为农民大户和农资零售商提供更多、更优质的农资产品和技术．2010 年刚建立的短信群呼系统、语音呼叫系统能在最短的时间内将病虫草害的防治信息、新产品新技术使用信息传达给每一个受服务的农民大户和零售商客户．同时建立的“中诚国联连锁店财务管理系统”能将财务管理、货品管理、农民客户信息管理用最快的手段实现总部和分店信息资源共享．正在建设的“电视电话会议平台”将直营店和加盟商能实现面对面的视频、音频同步交流对接，让农民大户在各直营店和零售商店能面对面的接受中诚国联农资有限公司总部专家的技术和产品培训，真正地实现技术资源共享．

2006 年、2007 年、2008 年、2009、2010 年公司先后获得 (1) 清浦区人民政府重合同守信用企业，(2) 淮安市人民政府重合同守信用企业，(3) 淮安市工商局颁发的诚信经营单位，(4) 淮安市农业局颁发的放心农资经营单位等荣誉，（5）被淮安市人民政府评为农资龙头企业。

电话：86-0517-83801870

传真：86-0517-83801416

E-mail：123132063@qq.com

济宁华英农资有限公司

济宁华英农资有限公司作为经营的企业，我们始终坚持诚信和让利于客户，坚持用自己的服务去打动客户。

我们公司是在济宁市，如果有济宁市的朋友欢迎来我公司参观指导工作，具体的地址是：济宁市任城区接庄镇八里营村。

您如果对我们的产品感兴趣的话，也可以直接在线提交采购信息我们会及时跟您联系。

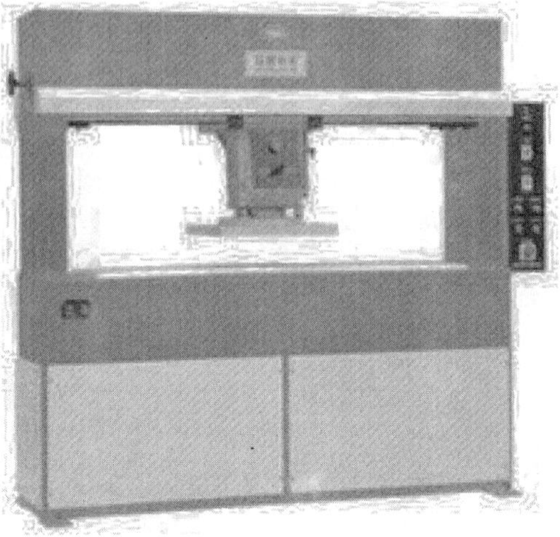

• 地址：济宁市任城区接庄镇八里营村

• 座机电话：13905379953

• 网址：http://jining.11467.com/28326

湖南农大海特农化有限公司

湖南农大海特农化有限公司前身系湖南农业大学新试验厂，公司成立于 1999 年，是经原国家石油和化学工业局批准具有农药生

产权的企业。2006 年 3 月由惠州市中迅化工有限公司和惠州中迅美联肥业有限公司联合收购。同年，美国 SINOQUICK 公司注入巨额资金，欲将湖南农大海特农化有限公司打造成中国大田作物农药制剂的第一品牌。

公司定位于农药及农药生物制品的研究、开发、生产和销售，同时提供农业技术咨询及技术服务。公司产过亿元，现有技术管理人员 70 余人，其中高级技术人才 35 人，长期从事作物栽培、植物保护、应用化学、生物技术等方面的科学研究和开发，技术力量雄厚。公司根据自身能力，一方面自主开发，使科技成果产业化，一方面寻找合作伙伴共同开发科技成果。公司的目标是运用高新科技手段，将先进的农业生产技术和科技成果形成物化产品，运用于生产实践，服务农业。

公司目前主要生产 23% 苄·异丙甲可湿性粉剂，35% 苄·丙草可湿性粉剂，40% 苄·二氯可湿性粉剂等除草剂；30% 毒·灭乳油，1.3% 吡·咪悬浮种衣剂等杀虫、杀菌剂。公司将始终把产品质量和用户利益放在首位，竭诚为广大农民朋友提供省工节本、增产增收的高科技实用新产品，实现作物栽培轻型化，减轻农民负担，增加农民收入，为我国的农业现代化作出贡献。

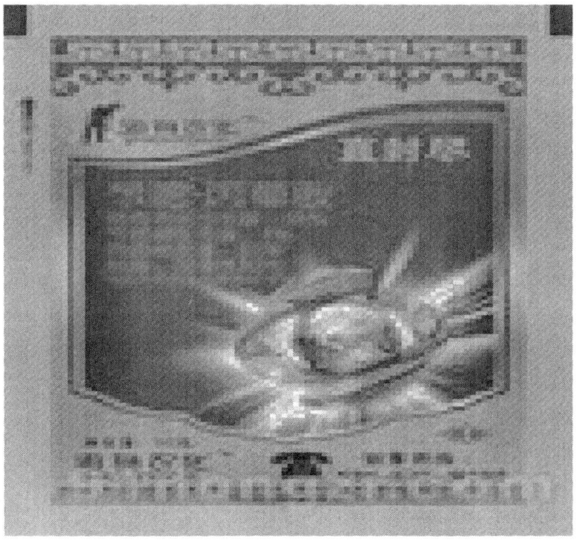

联系电话：86-0731-2790680

联系地址：长沙市经开区开元路 177 号

红河森菊生物有限责任公司

红河森菊生物有限责任公司成立于 2000 年 8 月，公司注册资金 4000 万元。我公司以云南省生物资源为依托，致力于天然除虫菊产品的开发和生产，是目前中国最大的专业从事天然除虫菊种植、生产及产品深加工开发的高科技企业。

『红河森菊』是中国首家从国外引种除虫菊试种，公司在开发生产除虫菊素原油的基础上，成功开发出系列天然除虫菊产品，目前的产品有：除虫菊中间产品、“云菊”系列农用杀虫剂、除虫菊系列卫生杀虫剂三大系列。具体的有：除虫菊干花粉、除虫菊素精油（25%、50%、75%）、5％除虫菊素乳油、除虫菊素水基乳剂、除虫菊素可湿性粉剂、除虫菊花香袋，除虫菊香苞等等。用于防治蔬菜、果树、大田作物、森林及仓储等方面的害虫，同时用于家居、宾馆、饭店、医院等公共场所及动物饲养场所杀灭蚊子、蟑螂、蝇类、蚤类、蚂蚁、蜘蛛等卫生害虫。

红河森菊生物有限责任公司与中国科学院昆明植物所和昆明动物所合作组建了除虫菊科研中心，成功地解决了除虫菊素的光稳定性等多项重大难题。公司与国内外技术先进的其他公司联合设计、安装的先进的超临界 CO_2 萃取加工工艺，是生产高品质除虫菊原油产品的保障。

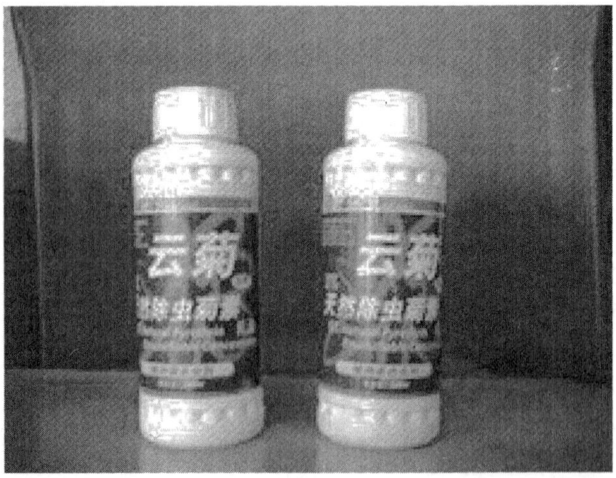

『红河森菊』是云南省除虫菊行业标准的制订者，并申报了 32 项国家专利，其中现已取得 11 项发明专利证书，3 项实用新型专利证书。公司在种植、生产、加工领域的多项技术居国内外领先水平。除虫菊产业符合现代农业的发展方向，对中国乃至世界的绿色农业和环保事业有深远的影响。天然除虫菊杀虫产品，以其自身高效、安全、无残留、环保的特点完全迎合了现代农业发展和社会消费的需要，市场前景广阔。

我公司主要产品——云菊牌 5% 除虫菊素乳油是获得农业部农药登记的第一个除虫菊制剂，该产品在日本、美国等发达国家被指定为生产有机农产品的特许农药，在我国也是 AA 级有机产品生产推荐使用的主要生物农药，2005 年还取得了有机产品生产资料认证证书。2005 年 11 月 1 日红河森菊生物有限责任公司生产的 5％天然除虫菊素乳油获得了农业部北京中绿华夏有机食品认证中心颁发的有机食品生产资料证书。

在全国 3000 多家农药生产企业中，被国家发改委批准作为替代甲胺磷等五种高毒农药的生产企业一共有 26 家，红河森菊生物有限责任公司就是这其中的一家。我司还获得第二届“云南优秀民营科技企业奖”和第二届“云南优秀民营科技企业家奖”的“云南民营科技企业双优奖”。

『红河森菊』在唐国平总经理的带领下，秉承 “依靠人才，依靠科技，开拓创新，回报社会” 的企业宗旨，用鲜花成就了美丽的事业。公司发展基本思路是，以生产天然除虫菊酯油为基点，开发除虫菊酯油深加工为重点，大规模开发生产天然除虫菊酯系列产品，创立森菊品牌，最终达到组建股份制生物集团公司，实现我国天然除虫菊的产业化发展。

• 地址：中国云南 昆明市 昆明市滇池路云检培训中心 3 楼
• 传真：86-871-4602961
• 电话：86-871-4604936

==

杭州三阳农资有限公司

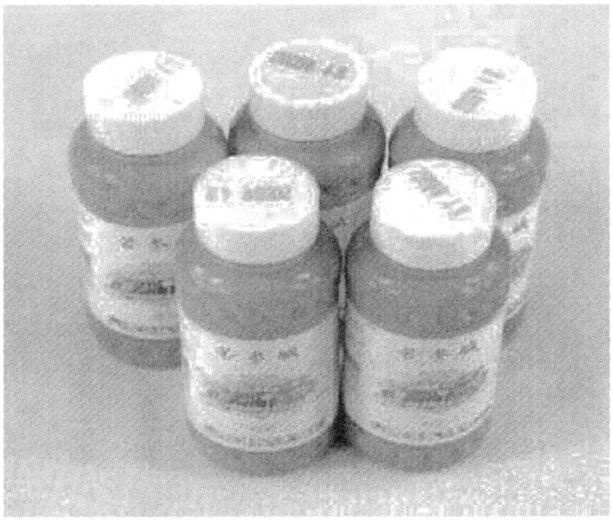

杭州三阳农资有限公司座落于观潮圣地钱塘江畔萧山区境内，公司遵循“以质量求生存，以效益求发展”为方针，本着平等互利．诚信经营的原则， 不断扩大各种贸易业务，以优质的 产品、合理的价格、 高速的效率、竭力满足客户的各种要求，尽心为多方朋友热情服务。

联系电话： 0571-83296610，82704092
联系地址： 肖山机电市场 10 号楼 405 室

==

哈尔滨瑞丰农业科技发展有限公司

我公司是集农药、化肥生产、销售于一体的农药企业。在哈尔滨注册成立至今十余年，目前农药品种涉及除草剂、杀虫剂、杀菌剂、叶面肥等多个类型，生产的钾肥在黑龙江省每年销量都稳中有升。为了互惠互利，和谐共赢，诚邀各个大型农资企业与我们合作。

联系电话： 86-0451-83378877

联系地址： 哈尔滨市道里区爱建滨江紫园

赣州德邦农药化肥有限公司

本公司是一家集零售批发为一体的农药贸易公司，主要经营河北威远、山东滨农、升华拜克、安邦电化等众多知名公司，我公司立足赣州，誓做赣州农药贸易方面的领军人物，公司在总经理赖厚平的领导下，正在茁壮成长……德邦公司需要你的宝贵意见，我们会不断努力，不断进步，为您提供更优质的服务。

福建省建瓯市丰农农资有限公司

福建省建瓯市丰农农资有限公司成立于2003年，注册资金100万元。公司闽北销售网络全面展开，物流配送迅速快捷，并在建阳、浦城、顺昌、邵武、光泽、松溪、武夷山等地设立了分公司，供货客户达1000多户，在闽北地区是最有影响力的农资销售龙头企业之一。先后被评为“南平市守合同重信用企业”、“315质量信誉跟踪单位”。

近年来，公司本着“诚信经营，服务三农”的理念，科学管理、规范经营，企业得到了突飞猛进的发展。公司现有员工40多人，代理经营的产品有先正达公司、德国巴斯夫公司、美国陶氏益农公司、美国富美实公司等国内外著名品牌公司的产品，年销售额达3000多万元，持续发展的后劲充足。

诚招天下客，同心谋发展。丰农公司期待与您共创美好未来。

- 电 话： 86 599 8231221
- 传 真： 86 599 3822788
- 地 址： 中国 福建 建瓯市 建瓯市中山路22号 邮 编： 353100
- 公司主页：http://www.fengnong.cc ; http://www.fengnong.net.cn
- E-mail: fengnongcwj@163.com

福建鼎天农业科技有限公司

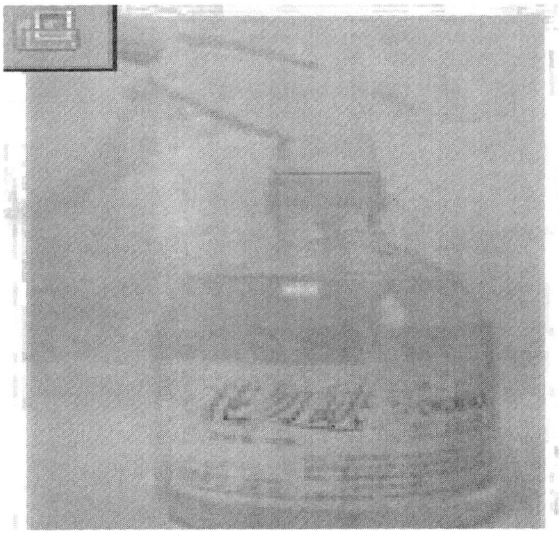

福建鼎天农业科技有限公司是花卉营养液、花卉肥料、植物营养液、植物肥料、农资产品、农药、复合肥、有机肥、花卉浓缩液、水培植物营养液、土壤等产品专业生产加工的有限责任公司，公司总部设在福建省福州市，福建鼎天农业科技有限公司拥有完整、科学的质量管理体系。福建鼎天农业科技有限公司的诚信、实力和产品质量获得业界的认可。欢迎各界朋友莅临福建鼎天农业科技有限公司参观、指导和业务洽谈。

- 电话：86 0591 87319161
- 传真：86 0591 87319161
- 地址：中国 福建 福州市台江区 鳌峰路 168 号海峡电子商务产业基地 A 区 9 层
- 公司主页：http://www.dtagri.com

顶尖科技农药生物有限公司

顶尖科技生物有限公司是位于云南省河口县，紧邻越南。属于一家外贸农药经营企业。主要以农药原药、农药制剂、作物营养等为主。本公司欢迎广大客商来美丽的边疆城市 --- 河口来旅游指导！！

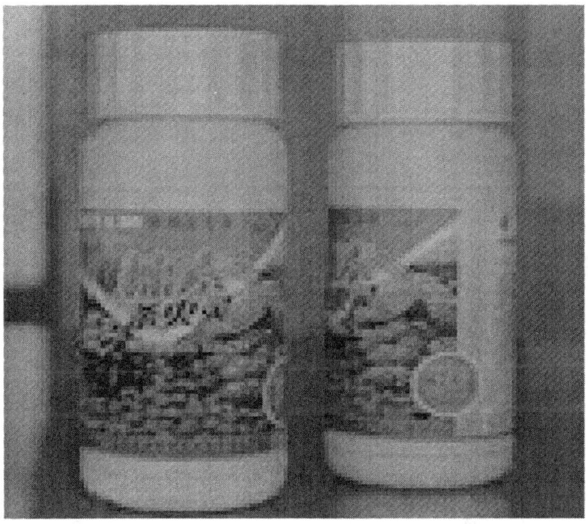

联 系 人： 李军

联系电话： 15925356219

联系地址： 云南省河口县

德士邦作物保护（江苏）有限公司

德士邦作物保护（江苏）有限公司是一家集科研开发，生产，销售于一体的股份制企业。公司拥有完善的产品开发，生产、销售管理体系，有一批年轻的专业科技队伍和充满朝气的销售团队。

公司以专业、专注、创新的思维立足于农化行业。以高品质、绿色无公害的宗旨服务于中国农业。

公司产品以高端杀菌剂，杀虫剂，精品肥料为主，以产品质量第一，服务第二，价格其次为主导思想与广大农资人一起携手共赢。

公司的格言：浩然正气存胸间，德行兼备行天下，真功实心植大地，益民益农吾益兼。

地址：大垛工业园

手机：13838296320

电话：400-6301020

传真：0523-83307018

邮箱：qy13838296320@163.com

成都伟农农资有限公司

伟农农资一切为农！

本公司是由科班出身具有多年农业大企业从业经验之人士共同投资创立，公司主要代理销售农药，肥料，种子，农机；兽药、饲料添加剂、消毒剂，同时从事农产品保鲜，水果购销，茶叶加工销售等。

公司的理念：一切为农民服务，农民利益高于一切！

- 电话：86 028 88746427
- 地址：中国 四川 邛崃市 邛崃市城区，新车站往东 50 米

北京京港贝达商贸有限公司

贝达化工有限公司于 1993 年成立于香港，主营农药生产、加工及销售。在国内外市场享

有良好声誉。

为更好的服务客户，香港贝达化工有限公司在北京全资组建了北京京港贝达商贸有限公司。专注于农药的开发及销售。

贝达化工主要产品为杀螟丹、克百威、甲维盐、联苯菊酯、联苯醇等，各种产品均达到国内先进标准。贝达化工致力于提供优质的产品，被誉为有竞争力的供应商。

贝达化工的经营理念：学习市场，研究市场，服务市场。与时俱进，不断发展。

贝达化工发展的根本：优质的产品，有竞争力的价格，良好的服务，长期的信誉。服务客户，共创未来。

联 系 人：徐东海 （销售）
联系电话：86-010-58931966-803
传真号码：86
联系地址：中国 北京 北京 北京市

FENGLE
ANHUI FENGLE AGROCHEMICAL CO.,LTD.

安徽丰乐农化有限责任公司

安徽丰乐农化有限责任公司是国家农药生产百强企业，农业部全国农技推广服务中心，全国农作物病虫害防治推广网理事单位，高新技术企业，拥有省级优秀企业技术中心。企业通过了ISO9001:2000质量管理体系认证，获得“安徽省质量管理奖”。

建业以来，丰乐农化一直致力于环保型农用化学品，特别是高效、安全除草剂的研发与生产，已成为安徽省最大并在国内有较高知名度的农药生产企业。企业拥有多套原药合成生产装置和制剂自动化生产线。产品涵盖除草剂、杀虫杀螨剂、杀菌剂、生物农药、种衣剂、新型肥料、化工中间体等，拥有系列化产品50多种。其中精喹系列产品被评为“安徽省名牌”。产品销往全国大部分地区，年销售额逐年快速增长。

"呵护绿色生命，奉献金色收获"，丰乐农化心怀农友，放眼世界，以不断创新的产品和服务致力于绿色农业的发展，把丰收的快乐带给农民。

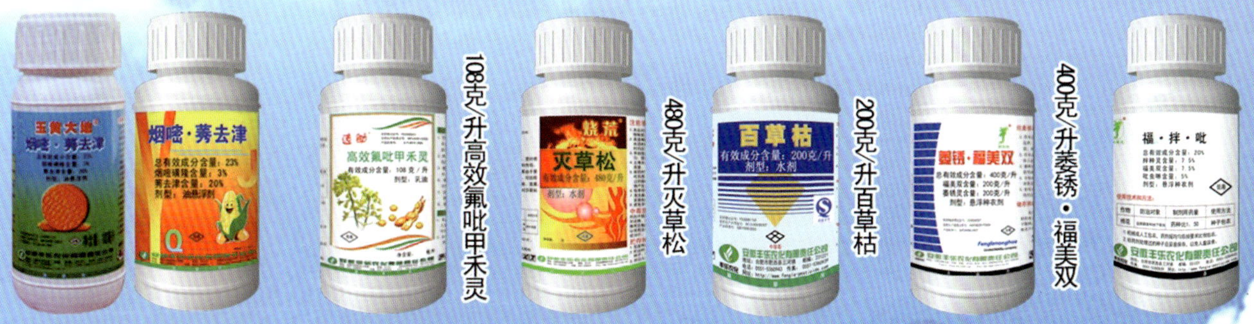

108克/升高效氟吡甲禾灵　480克/升灭草松　200克/升百草枯　400克/升萎锈·福美双

玉黄大地　玉收　选锄　烧荒　百草枯　卫富　福·拌·吡

23%烟嘧·莠去津

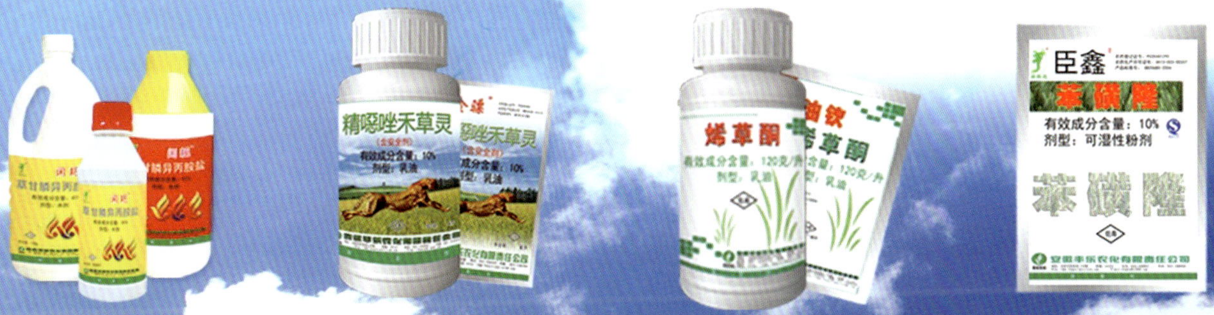

闲耙　金骠　油钦　臣鑫

41%草甘膦异丙胺盐　10%精噁唑禾草灵　108克/升高效氟吡甲禾灵　10%苯磺隆

丰乐农化

地址：合肥市肥西县三河镇　邮编：231221　电话：0551-5360943　贸易：5571834　传真：0551-5360939

网址：Http://www.fengle-pesticide.com　E-mail:fengle@fengle－pesticide.com　ahflnh@yahoo.com.cn

7 领航上市篇

The pilot listed

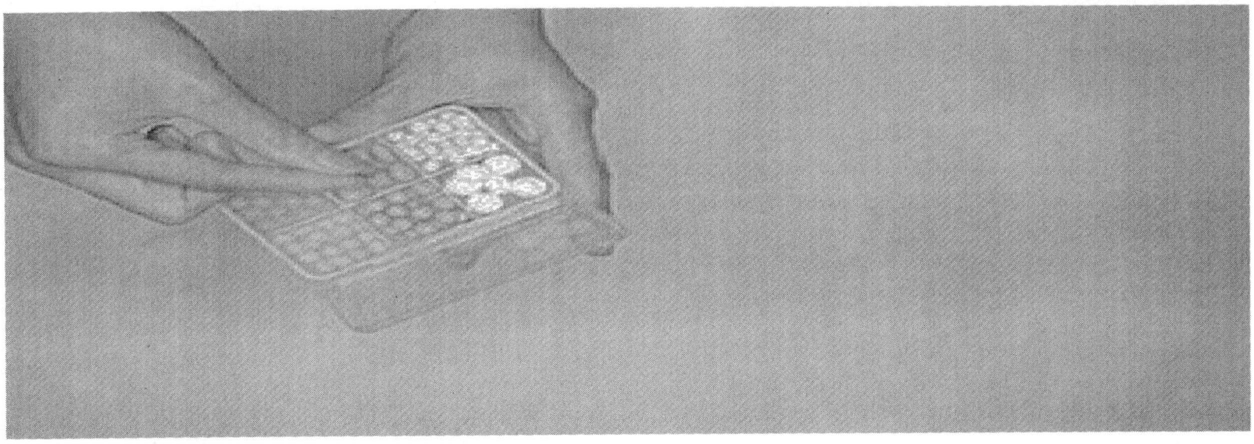

解读上市

Interpretation of listed

1、中国农药上市公司发展问题思考和建议

2、2011-2012 年中国农药上市企业业绩概要

3、2012 年草甘膦价格上涨导致相关上市公司股价上扬

4、世界农药公司收购兼并合作大事记

5、中国农药上市公司统计

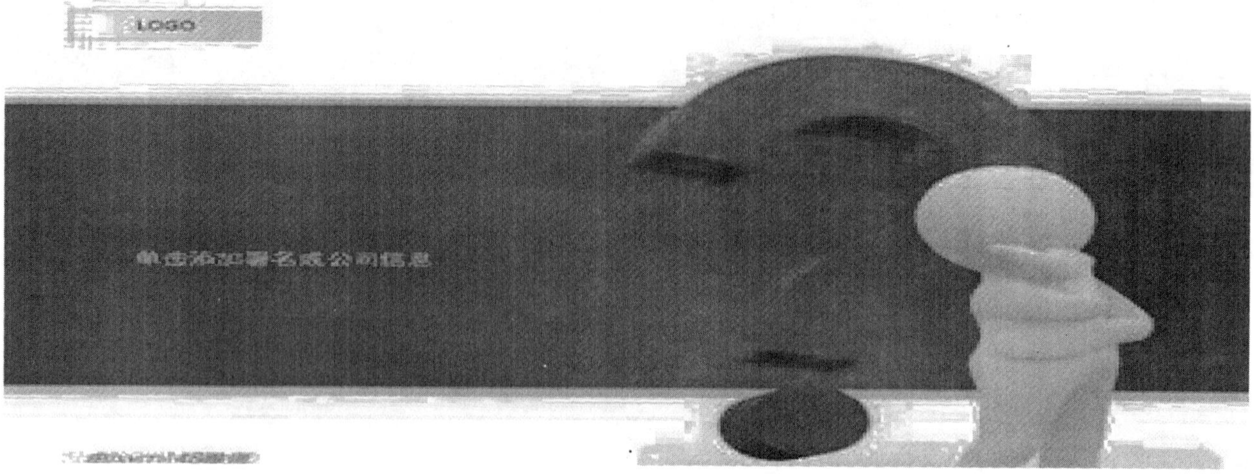

中国农药上市公司发展问题思考和建议

要点预览：

1、如何增强农药企业的抗风险能力？

2、搬迁是不是企业发展的合理模式？

3、为什么不少企业总销售额增加，而总利润下降？

4、生物农药企业如何才能大踏步前进？

5、诺普信的成功给我们什么启示？

6、几点建议

2011 年中国农药上市公司整体表现差强人意，分析 2011 年农药销售额超过 3 亿元的 18 家农药上市公司（表 1），可以看出如下特点：

1） 除了山东大成以外，17 家上市公司的营业总收入都增加，占公司总数的 94.4%。

2）总利润比上一年增加的公司有 7 家——扬农股份、沙隆达、长青农化、蓝丰生化、利尔化学、红太阳和华星化工（后两家公司是扭亏为盈的上市公司），占 38.9%；总利润下降的公司 7 家，占 38.9%；4 家公司——南通江山、山东大成、华阳科技和北海国发，是连续两年亏损的公司，占 22.2%。5 家亏损公司中，新安化工是 2011 年首次亏损的公司。利润下降和连续两年亏损的公司达到 11 家，占 61.1%。

3）18 家上市公司中，总利润超过 1 亿元的公司 3 家——扬农股份、长青农化和升华拜克，占16.7%。

表1 2011年18家上市公司的营业总收入与总利润（亿元）

序号	公司	项目	2011	2010	2011/2010，%
1	新安化工	营业总收入	48.53	43.46	11.66
		营业利润	-0.6324	1.0025	-163.09
2	扬农股份	营业总收入	18.43	15.67	17.61
		营业利润	1.6474	1.3302	23.85
3	沙隆达	营业总收入	19.01	15.70	21.08
		营业利润	0.7316	0.2977	145.75
4	诺普信	营业总收入	15.55	14.56	6.80
		营业利润	0.8135	1.1879	-31.51
5	南通江山	营业总收入	26.01	19.84	31.08
		营业利润	-0.3785	-1.3498	—
6	红太阳	营业总收入	57.89	38.09	52.00
		营业利润	0.2482	-0.3794	165.43
7	辉丰农化	营业总收入	10.48	7.92	32.24
		营业利润	0.7519	1.0570	-28.87
8	长青农化	营业总收入	10.01	7.55	32.53
		营业利润	1.1258	1.0901	3.28
9	利尔化学	营业总收入	9.36	4.45	110.19
		营业利润	0.7228	0.6991	3.39
10	湖南海利	营业总收入	8.72	8.52	2.39
		营业利润	0.0605	0.1106	-45.35
11	蓝丰农化	营业总收入	11.43	9.14	25.07
		营业利润	0.9894	0.8908	11.06
12	华星化工	营业总收入	9.08	8.59	5.64
		营业利润	0.00254	-1.1615	—
13	升华拜克	营业总收入	17.66	17.62	0.18
		营业利润	1.1670	1.3624	-14.34
14	威远生化	营业总收入	17.78	15.79	12.54
		营业利润	0.5180	0.9252	-44.01
15	山东大成	营业总收入	6.93	7.88	-12.07
		营业利润	-3.6809	-0.8000	—
16	华阳科技	营业总收入	6.31	5.66	11.48
		营业利润	-0.6248	-0.5449	—
17	钱江生化	营业总收入	5.59	4.32	29.39
		营业利润	0.0267	0.5014	-94.67
18	北海国发	营业总收入	5.29	3.63	45.73
		营业利润	-0.3801	-0.6271	—

信息来源：各上市公司年报

结合 2011 年农药上市公司的运行情况，笔者提出以下几个问题，希望与业界同仁探讨：

1、如何增强农药企业的抗风险能力？

这是农药界普遍关心的问题。为什么像新安化工、南通江山这样好的农药企业，也会出现亏损，面临困境？以新安化工为例，做一些粗浅的分析。

浙江新安化工公司是中国农药销售连年第一的企业。2008 年，最辉煌的业绩是实现营业总收入 72.19 亿元，同比增长 88.59%，利润总额 21.85 亿元，净利润 16.9 亿元，增长 239.73%。农药利润达到 7.6 亿元。可是，从 2009 年开始，公司一直处于困境之中。由于金融危机、全国草甘膦与有机硅产能都严重过剩，加上原材料涨价等因素的影响，2009 年公司净利润下降了 82%。2010-2011 年，新安化工的两大支柱产品——草甘膦和有机硅，继续处于生产低迷的困境，致使公司在 2011 年出现了亏损的局面，见表 2。

表 2 2010-2011 年新安化工经营状况（亿元）

项目	2011	2010	2011/2010，%
营业总收入	48.53	43.46	11.66
营业利润	-0.6324	1.002	-163.09
净利润	0.1735	1.68	-89.65
农药销售额	21.43	18.73	14.38

从农药角度看，新安化工农药发展战略的根本问题是产品过于单一。“独木难成林”，可以说是“一棵树上吊死”。这种状况，加上国内农药产业政策上执行的过失——2008 年后草甘

膦“失控的大发展”，致使草甘膦全国产能从2008年的40～50万t/a，膨胀到目前的116万t/a。因此，不管是像新安化工和南通江山这样的“大舰”，还是新、老建成的上百只“小船”，都在草甘膦产能极度过剩的狂澜中颠簸，甚至下沉！这是中国农药工业的惨痛教训。这也给企业以警示。像新安化工，在农药产业上没有一个“产品网”来覆盖市场，是公司缺乏抗风险能力的根本原因。虽然，此间新安化工也收购了宁夏三喜公司，增加了多菌灵、敌草隆等产品，但是，并没有显示出很好的经济效益。这就是农药产业发展战略的第二个问题——缺乏创新的产品。新安化工现有的产品和收购的产品都太老了。创新产品不光是指自己创制的新化合物，还包括具有创新工艺的专利过期产品和高技术水平的新剂型、新混剂产品等等。

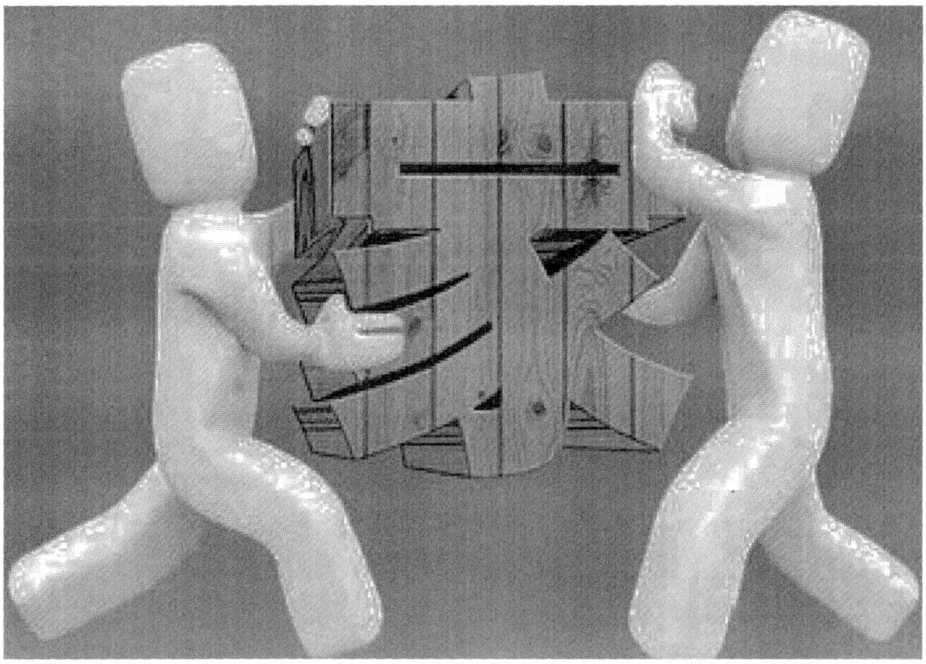

2、搬迁是不是企业发展的合理模式？

目前我国不少农药企业迫于环境压力，纷纷搬迁到工业欠发达省份或地区，或搬入工业园区。从产业集中、三废统一处理、减少运行费用的角度来看，迁入工业园区是合理的。但是，除了由于城市规划要求，这些企业必须迁出的情况之外，农药企业的搬迁并不是上策之举。解决三废的根本办法是加强科技创新，开发清洁工艺，变废为宝，将三废资源化，从而减少对环境的污染。而这些目标完全可以“就地实现”，不需要搬迁。例如，德国拜耳作物科学公司的所在地，就是拜耳公司的总部、农药生产、研发基地与几十万老百姓“和谐共处”的地方，那里照样是蓝天白云，空气清新，河水清澈透明。巴斯夫公司的所在地也是如此。所以，就地治理才是最上策。

南通江山农药化工公司花费 24.4 亿元进行了工厂的整体搬迁。结果是 2008 年净利润 3.02 亿元，2009 年自公司上市以来首次亏损 9455.33 万元。2010 年亏损 1.3498 亿元，2011 年亏损 3784.6 万元。搬迁使企业“元气”大伤。当然，除了搬迁的原因之外，农药产品老化也是亏损的一个重要原因。

3、为什么不少企业总销售额增加，而总利润下降？

在 18 家上市公司中，2011 年总销售额增加的企业有 17 家，占 94.4%。可是，利润上升的只有 7 家，占 38.9%。有 7 家企业总销售额上升，而总利润下降，见表 3。

表 **3 2011** 年总销售额增加而总利润下降的上市公司（亿元）

公司	总销售额	**2011/2010，%**	总利润	**2011/2010，%**
新安化工	48.53	11.66	-0.6324	-163.09
诺普信	15.55	6.80	0.8135	-31.51
辉丰农化	10.48	32.24	0.7519	-28.87
钱江生化	5.59	29.39	0.0267	-94.67
威远生化	17.78	12.54	0.5180	-44.01
升华拜克	17.66	0.18	1.1670	-14.34
湖南海利	8.72	2.39	0.0605	-45.35

销售额上升而利润下降的 7 家公司，在农药产业方面都有一个共同的缺陷 —— 产品老化。它们大多是依靠增加产品的产量、销量来实现企业的发展。因为缺乏高附加价值的拳头产品，所以销量增加而利润下降。像先正达公司，由于一些新的、高附加价值的产品已经发展成“一鸣惊人”的产品，它的 3 个拳头产品 —— 除草剂硝磺草酮、杀虫剂噻虫嗪和杀菌剂嘧菌酯，潜在年销售峰值就达到 35 亿美元，嘧菌酯的年销售额已经超过 10 亿美元。拜耳作物科学公司的吡虫啉，2010 年的销售额仍然达到 6 亿欧元。跨国公司的这些高附加价值产品，加上高水平的制剂和混剂，给公司带来了丰厚的回报。

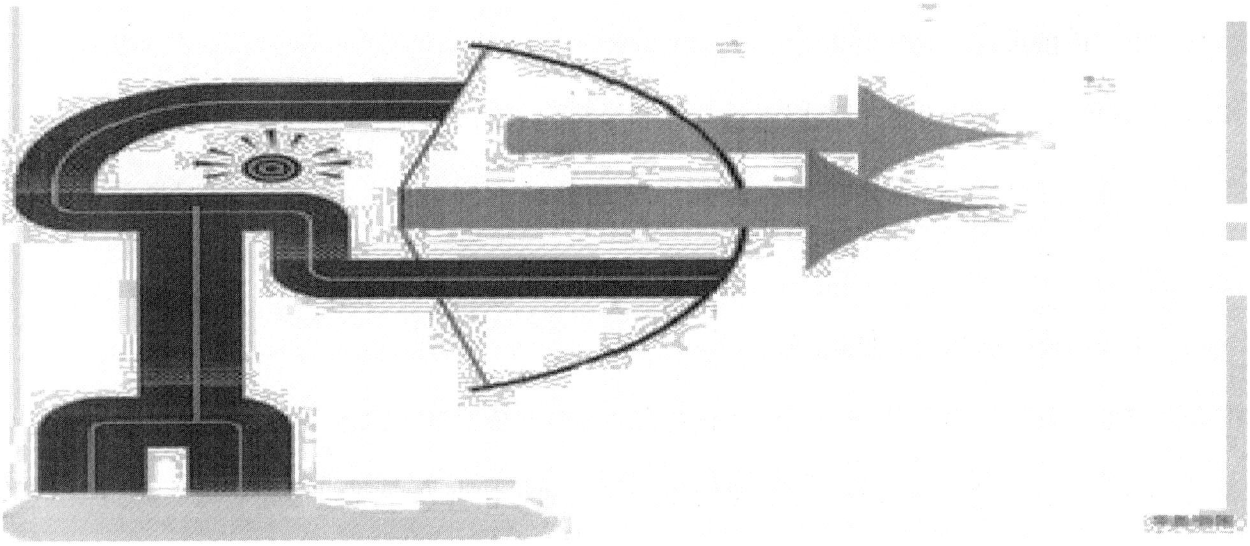

4、生物农药企业如何才能大踏步前进？

在 18 家上市公司中，涉及生物农药的有 3 家企业 —— 威远生化、钱江生化和升华拜克，它们的经营状况都是总销售额上升，而总利润下降。根本问题也是产品老化，而且单一，缺乏竞争力，经济效益差。阿维菌素是这 3 家公司共同的拳头产品，产能过剩，压价竞争，效益下降。

相对来说，钱江生化的生物农药产品结构比较合理，有植物生长调节剂赤霉酸、杀虫剂阿维菌素和杀菌剂井冈霉素。但阿维菌素和井冈霉素都是供大于求，而且井冈霉素的化学合成替代品的成本低于井冈霉素，从而使生物农药的销售额和经济效益都下降。

生物农药公司必须在开发生物农药新品种的同时，大力开发科学、合理的使用技术和剂型，特别是混剂，只有这样才能改变生物农药“叫好不叫座”的状况。

5、诺普信的成功给我们什么启示？

诺普信是 18 家农药上市公司中唯一一家农药加工企业。而且 2011 年它的农药销售额保持了全国农药销售额第四的地位，达到 15.342 亿元，增长 6.98%。

诺普信的成功主要在以下两个方面：一是增加产品种类和数量，提高产品的质量和技术含量；二是在营销策略上下功夫。它们推广营销“两张网”战略，并实施品牌整合战略。销售渠道下沉，拓展面加大，在技术服务、物流配送和品牌建设上下功夫，取得了好成绩。

6、几点建议

（1） 加大科技投入

实现技术创新是促使上市公司克服困难、提高经济效益的关键。国外跨国公司的农药研发投入一般占农药销售额的 9% ～ 13%，而国内仅有 1% ～ 2%，这是我国农药工业落后的根本原因。

（2） 抓住当前杀菌剂的发展机遇

根据全球农业转基因技术的开发与产业化状况，在各类农药中，杀菌剂具有最大的发展空间。建议国内各大企业针对国内外农业病害防治的需要，尽快开发专利即将到期的农药品种，及时占领杀菌剂市场。

（3） 加强剂型，特别是助剂和混剂的开发

（4） 着力开发农药的非农用市场

首先从现有农药品种出发，开发非农业的新用途，这将是事半功倍的举措。

（5）认真分析 2011 年我国年利润过亿元的 3 家农药上市公司的成功经验，从中吸取营养，改进自己的工作。2011 年我国利润过亿元的农药上市公司见表 4。

表 4 我国 2011 年利润过亿元的农药上市公司（亿元）

企业	2011 年利润	2010 年利润	2011/2010，%
扬农股份	1.6474	1.3302	23.85
长青农化	1.1258	1.0901	3.28
升华拜克	1.1670	1.3624	-14.34
蓝丰生化[1]	0.9894	0.8908	11.06

[1] 2011 年利润接近 1 亿元。

（6） 跟踪分析和学习国外 6 大跨国公司的发展战略与成功经验，找出差距，为本企业寻找最科学、合理的发展道路。2011 年 6 大跨国公司的业绩见表 5。

表 5 2011 年 6 大跨国公司的农药[1]销售额

2011（2010）年排名	公司名称	美元 / 百万[2]	报告币种 / 百万	增长率 / 美元，%	增长率 / 报告币种，%
1（1）	先正达[3]	10162（8878）	10162（8878）美元	14.5	14.5
2（2）	拜耳作物科学[4]	8963（8157）	6435（6143）欧元	9.9	4.8
3（3）	巴斯夫	5801（5355）	4165（4033）欧元	8.3	3.3
4（4）	道农科[5]	5655（4869）	5655（4869）美元	16.1	16.1
5（5）	孟山都[6]	3240（2872）	3240（2872）美元	12.8	12.8
6（6）	杜邦[7]	2900（2500）	2900（2500）美元	16.0	16.0

注：[1] 除非另有说明，均指农药业务；[2] 采用 2010 和 2011 年的平均汇率；[3] 不包括 2011 年 31.85 亿美元和 2010 年 28.05 亿美元的种子销售额；[4] 不包括 2011 年 8.20 亿欧元和 2010 年 6.87 亿欧元的种子销售额；[5] 包括未公开的种子销售额；[6] 截止到 8 月 31 日，不包括 2011 年 85.82 亿美元和 2010 年 76.11 亿美元种子销售额；[7] 不包括 2011 年 63.00 亿美元和 2010 年 53.00 亿美元的种子销售额；[8] 括号内均为 2010 年数据。

2011-2012 年中国农药上市企业业绩概要

日前，农药上市企业纷纷公布 2011 年业绩报告，在记者统计的 15 家上市公司中，净利润下降或亏损的达到 10 家，且多数下滑幅度惊人。而且，即便在净利润表现增长的 5 家上市企业中，多数也并非因自身经营情况改善所致。

多重利空致盈利能力差

低迷的行业大环境是农药上市企业业绩不佳的主要因素。记者统计发现，各个上市公司对业绩下滑的原因说明主要集中在产能过剩、原材料价格上涨、人工成本提高、异常气候以及人民币升值等方面。

在业绩下滑的上市公司中，以草甘膦企业尤为严重，如新安股份以及江山股份，其净利润均大降 80% 以上。

阿维菌素行业同样惨淡，来自中国农药工业网的信息显示，2011 年阿维菌素原药市场需求在 2500 吨左右，但正规企业销售约为 2100 吨上下，其他市场被无证企业占据。非法企业众多，且无需进行废水处理，成本大大低于正规企业，低价倾销致使正规企业面对已经过剩的阿维菌素原药市场只能压低出厂价格，生存环境更加雪上加霜。龙头企业威远生化净利润下降 63.07%，钱江生化也预计利润下降 50% 以上。

值得注意的是，以营销见长的诺普信的净利润同比下降 23.43%，这也是其净利润自 2009 之后两年出现负增长，其 2011 年三季度更是出现亏损。诺普信称，这主要是公司推广营销“两张网”战略和实施品牌整合战略。营销渠道下沉的力度、拓展面加大，在技术服务、店面维护、物流配送、品牌建设及人员费用等方面投入的费用较大。

报表“靓”并非业绩改善

在五家业绩增长的上市企业中，红太阳、华星化工、沙隆达 A 三家上市企业的表现让人眼前一亮，其净利润同比增长超过 100%。然而，通过分析公告，其经营情况却并非均似报表那么“靓”。

自 2010 年出现业绩巨亏后，华星化工 2011 年实现扭亏为盈，净利润同比增长 103.02%。但其公告显示，公司 2011 年的营业利润仍亏损 8953.38 万元，净利润实现扭亏主要是收到和县财政局的 7500 万元财政补助，正是由于这笔“及时雨”，让华星化工成功避免了连续两年亏损的命运。

南京红太阳也同样是成功实现扭亏为盈，公司 2010 年的净利润亏损达 1164.72 万元。其业绩变动的主要原因是因资产重组合并，报表范围增加了安徽国星、南京生化、国际贸易三家公司，带动了整个农药产业收入和利润的同步增长所致。

蓝丰生化的增长则可归结为市场因素。作为国内为数不多的有资质利用光气为原料大规模生产农药的企业，下游产品如多菌灵、苯菌灵、甲基硫菌灵、环嗪酮、敌草隆等均以光气资源为依托，准入门槛及其产品在行业集中度高。而多菌灵等杀菌剂近年来市场也表现稳步增长。此外，目前正进入重组的沙隆达 A 的业绩在近几年出现罕见的大幅度增长，其重组后的表现值得期待。

2012 年上半年，5 家上市农药公司的销售均有不同程度的下跌。其中 3 家企业净利润同比降幅在 30% 以上。从已有数据来看，上半年农药企业经营仍旧延续着金融危机期间的跌势，利润普遍继续缩水。

湖北沙隆达股份有限公司业绩预告显示，该公司上半年净利润 880 万~2200 万元，较 2009 年同期的 4412 万元下降 50%~80%。利尔化学股份有限公司上半年 4144.24 万元的净利润也较去年同期下降 35.95%。而安徽华星化工股份有限公司上半年净利润同比 90%~100% 的跌幅更让业界为之一惊。另外两家企业的盈利表现也不乐观，江苏长青农化股份有限公司预计上半年净利润同比下跌 5.63%，深圳诺普信农化股份有限公司预计净利润同比下跌幅度最高可达 20%。

业内人士分析，上半年我国自然灾害频发显然是导致农药企业利润下滑的主因之一。长青农化、华星化工、深圳诺普信等企业均表示，上半年我国西南干旱、北方低温冰雪、华东阴雨、长江流域和华南水灾等一系列极端异常气候，致使市场需求大幅度萎缩，严重地影响了农药产品销售。

此外，大宗农药原材料价格同比上扬，而销售价格受市场需求压迫保持低位也是导致农药企业利润缩水的原因。以草甘膦为例，因受全球供需关系变化影响，销售价格上半年仍处于低位运行。华星化工公司上半年该产品毛利率约为 10.04%，而去年同期草甘膦经资产减值冲回后的毛利率为 27%，16.96 个百分点的同比降幅直接影响到公司上半年的业绩。吡虫啉等部分产品销售价格下调也让一些企业毛利润缩水。长青农化公司上半年虽然营业收入同比增长 11.25%，但营业利润却较 2009 年同期下降 10.08%，净利润也同比下降 5.63%。据该公司业绩公告显示，上半年除草剂、杀虫剂、杀菌剂的毛利率同比分别下降 2.68%、5.72% 和 10.58%。

2012年草甘膦价格上涨导致相关上市公司股价上扬

因草甘膦价格近期的持续上涨，跟草甘膦相关的上市公司，近期股价逆市上扬，涉及企业包括江山股份，六国化工，新安股份，扬农化工，沙隆达等。

草甘膦价格上涨自去年8月开始，今年草甘膦价格更是加速上行，目前草甘膦原粉价格在27000元/吨左右，较2011年8月初21000元/吨的价格上涨6000元/吨，涨幅近30%；2012年以来上涨约3250元/吨，涨幅15%左右。

到7月16日，草甘膦出厂价则在27000元/吨~28300元/吨之间，与6月初的26000元/吨的出厂价相比，月余时间，草甘膦每吨已上涨1000元~2300元。据统计，2012 年上半年，草甘膦产量增长22%，行业量价齐升、一货难求，供应持续吃紧。

2008年草甘膦曾经历一波价格暴涨，但是由于行业门槛较低，国内的大小草甘膦企业纷纷扩产，随即草甘膦行业形成了严重的供大于求格局，草甘膦价格从2008年最高峰的 12万元/吨到2009年一季度暴跌至1.9万元/吨，之后进入了长达3年多的调整期。

据证券方面专业人士分析，2011年草甘膦全行业正常开工产能大约在80万吨，而停工1~2年以及停工2 年以上的产能则分别为14万吨和7万吨左右。一旦草甘膦价格大幅上扬，目前停工的产能将在利润的诱导下重新投入使用。如果今年下半年环保政策继续收紧，则草甘膦价格有望突破30000元/吨（涨幅空间13%），最高可能达34000元/吨（涨幅空间28%）；若环保部门监管不力导致没有废水处理环节的厂商复工，则草甘膦价格峰值或将维持在29000元/吨（涨幅空间 9%）.

世界农药公司收购兼并合作大事记

在过去的一年，农化领域最大的收购事件莫过于中国化工集团收购以色列农药商马克西姆阿甘公司，这场旷日持久的并购案也让中国公司跻身于农化知名公司之列，但同样来自南亚农药强国的联合磷化公司也悄无声息的开始了南美市场布局，先后收购了巴西合资公司 Sipcam Isagro Brasil 和 DVA Agro Brazil；美国生物农药商 Marrone Bio Innovations 公司也先后与先正达、FMC、Scotts 等公司展开全球市场合作战略。2011 年世界农药公司收购兼并合作大事具体如下：

一、股权 / 产品收购及合资建司

1. Piemme S.r.l. 公司增持了 1.9% 的 Manisa S.r.l. 股份，控股比例达到 53.9%，从而间接增持 Isagro S.p.A. 公司股票，达 22.3%。

2. 12 月，印度 Murugappa 集团旗下 Coromandel International 公司完成对另一印度农药商 Sabero Organics 的股权收购。Coromandel 对 Sabero Organics 控股比例达 67.75%，使之成为 Coromandel 的附属公司。

3. 住友化学（SCC）收购韩国 LG 公司噻唑菌胺杀菌剂业务。

4. 日本农药公司将于 2012 年 1 月 Agro-Kanesh 收购拜耳作物科学位于日本茨城县的研发中

心。Agro-Kanesho 计划将这个研发中心暂时更名为 Yuki Operations Center，进行公司的研发工作，并随后在这里重建新工厂，重组公司的产品结构。

5. 美国消费品公司 Spectrum Brands 从 Homax 集团处收购了 Black Flag 及 TAT 家用杀虫剂产品线。这些产品包括液剂、喷雾剂、饵剂和陷阱技术。

6. 中国化工集团的全资子公司－中国化工农化总公司最终以 24 亿美元的价值完成了对以色列非专利农药生产商马克西姆－阿甘公司的收购。自收购之日起，马克西姆阿甘公司的属性即转变为私人公司，中国化工集团将持有其 60% 的股权。

7. 日本三井化学旗下农化品业务公司三井农化、日本日产化学公司分别收购了 Iharabras 公司 11.89% 、3% 的股份，二者分别与该公司股东 Agroinvest Kayatani 公司达成收购协议。

8. 陶氏益农通过收购股权的方式对一澳大利亚育种公司 HRZ Wheats 进行投资，两家公司将交换分享各自的种质资源。

9. 美国特殊专业产品商 Specialty Professional Products 公司成功收购 Townsend Chemcial 公司。

10. United Phosphorus 已收购德国作物保护公司 DVA Agro 的巴西子公司 DVA Agro Brazil 51% 的股权，从而实现了对后者的绝对控股。三月，从意大利 Isagro 处收购其合资子公司 Sipcam Isagro Brasil 50% 股权。

11. 德国专业化工公司 CABB 已收购芬兰专业化工公司 KemFine，双方均提供农化品及中间体的合同代工业务。

12. 三井化学收购泰国农药商 Sotus 公司 10% 股权。

13. 日本农化商爱利思达公司收购英国 Plant Impact 公司 460 万股股份。Plant Impact 公司称将用此次融资的一半金额用于上述市场开发。此外，两家公司均表示将继续在非洲，亚洲，拉美等新兴市场展开合作。

14. 瑞士合同研究和农业管理咨询公司 SGS 收购了美国合同研究公司 GRA。

15. 日本 Idemitsu Kosan 公司将对本国农药商 SDS Biotech KK 公司进行要约收购，拟通过瑞穗银行的投资资金以每股 960 日元的价格收购 SDS 公司 53% 的股份，此收购案预计将耗资 40 亿日元。

16. 住友公司增持 1.3%Nufarm 公司的股份，住友对 Nufarm 公司的控股比例增加至 21.3%。并计划将这个比例增至 23%。

17. 印度联合磷化公司完成对巴西合资公司 Sipcam Isagro Brasil（SIB）公司 50% 股权的收购，和另一股东 Sipcam-Oxon 共同控股 SIB。

18. 荷兰种子包衣公司 Incotec 成功收购了美国种子技术公司 AgriCoat。

19. 中国原药生产企业沈阳科创化学品有限公司合并了制剂生产型企业中种集团农业化学有限公司。

20. 中国原药生产企业安徽华星化工股份有限公司合并了同为原药生产企业的江阴凯江农化有限公司。合并后企业名称仍为安徽华星化工股份有限公司。安徽华星以 500 万元收购江阴凯江农化公司部分固定资产包括一些设备、备件等，无形资产包括24个农药品种制剂加工工艺，多菌灵等原药的生产工艺规程、农药登记证书及其他技术资料。

21. 中国原药企业江苏蓝丰生物化工股份有限公司，合并了原药企业太仓大塚化学有限公司，合并后企业名称仍为江苏蓝丰生物化工股份有限公司。据蓝丰公司报告，此次股权转让费用为260.00万元。

22. 中国制剂生产企业陕西汤普森生物科技有限公司并购了同为制剂生产企业的陕西省汉中农药化工厂。

23. 华邦制药与巴西 CCAB AGRO S.A. 签署投资协议，拟以自有资金不超过 2000 万美元参与 CCAB 的增资扩股，取得其 7.5%的股权。

24. 拜耳作物科学同意以未知数额金额收购美国种子公司Hornbeck Seed。后者主要在美国南部供应大豆，水稻和小麦种子，并且该公司拥有育种能力和专有种质库。

25. 美国农药公司American Vanguard收购了美国Summerdale公司两个灭生剂产品的专利权。Amvac公司将在全球开发后者的两种产品在收获前后用作杀菌剂、干燥剂或收获辅助剂等。

26. 美国AMVAC公司从拜耳公司处完全收购了棉花脱叶剂脱叶磷的全球业务。AMVAC拥有一家脱叶磷的生产工厂，并且拥有Folex品牌。拜耳公司旗下的相关品牌将并入公司的原有品牌Folex中，巴西也将成为公司这个产品的销售重点。

27. 陶氏益农通过收购西北植物育种公司（Northwest Plant Breeding Company）的资产扩大其小麦产品库。陶氏益农公司此次收购还包括一个研究站、种质资源库及几个原药和植物新品种保护的专利。

28. 日本大冢农科通过收购拜耳作物科学水稻除草剂呋草黄（benfuresate），成功挤进除草剂市场。

29. 马克西姆阿甘公司将收购杜邦公司非混配除草剂敌草隆的全球性业务。此次收购包括杜邦非混配除草剂敌草隆产品的版权，登记及相关的登记资料数据和两个相关品牌：Direx 和 Karmex。

30. 丹麦农化商Cheminova公司同Chemifert将共同成立了一家名为AGRINOVA S.A.L的公司，专门在MENA地区（中东和北非）经销植保产品。

31. 美国农化商Gowan公司和哥伦比亚生物商EcoFlora签署了合作协议，并合资组建了一家名为EcoFlora Agro的公司，Gowan及其全球分销公司将成为EcoFlora的独家合作伙伴，对后者植物提取类生物农药产品进行市场登记开发和销售工作。

32. 日本Nippon Soda公司将和三菱公司及韩国大型肥料商Namhae Chemical公司在韩国成立一家名为Nisso Namhae Agro的合资公司，生产公司的杀菌剂产品Top Sin-M中的原药甲基硫菌灵。

二、市场/研发/生产合作

1. 杜邦和Rosetta Green有限公司已就鉴定和分离玉米和大豆中耐旱基因达成战略研发协议。根据该协议，Rosetta Green将使用其专利技术和生物信息学技术确定与耐旱有关的小分子RNA。

2. 拜耳作物科学和德国Caprotec生物分析公司（柏林）就后者的质谱分析法追踪化合物技术（CCMS）签署了研发合作协议。德国公司将使用该方法来分析拜耳一个未公开的新原药在相关生物系统中的相互作用。

3. 中化集团旗下首家上市公司中化国际与扬农集团签署了项目合作协议。中化国际将投资

30亿元，在扬州化工园区建设35万吨苯酚丙酮、12万吨双酚A项目。同时，中化国际、扬农集团以及江苏扬州市政府签署了三方战略合作协议。

4. 孟山都与以色列植物基因组公司Evogene延长研发合作期限一年，包括后者的Gene2Product计算技术。孟山都将使用后者Athlete计算技术重点关注与玉米、大豆、棉花和油料作物产量、逆境、肥料使用有关的关键植物基因的鉴定。

5.Certis （美国）公司与蒙大拿州立大学波兹曼分校及Montana BioAgriculture Inc. of Missoula公司达成全球许可协议，拟共同开发和商业化基于蕈状芽孢杆菌分离株BmJ的新型植物疾病控制技术。

6.Kumiai公司指定Certis（欧洲）为其杀菌剂Japica（嘧菌胺，Mepanipyrim）在西班牙的分销商。Certis公司将在下个季节经销该产品。

7. Hexima公司与孟山都签订小麦研发协议，主要合作进行小麦抗真菌病害研究，研究结果将有可能进一步商业化。

8. Evogene与杜邦旗下先锋良种国际签订了一项多年合作协议，将使用前者技术研发抗锈病大豆品种。这是本月内双方签订的第二次合作协议，之前双方协定合作研发耐旱的玉米及大豆品种。此次合作将扩展到抗病研究领域。

9. 美国农业技术公司Arcadia Biosciences与南非甘蔗研究机构SASRI签署了开发高氮利用率甘蔗的研发合作协议。根据协议，SASRI将独家拥有Arcadia公司的氮效率（NUE）技术，在非洲进行甘蔗研究。

10. 美国生物农药商 MBI（Marrone Bio Innovations）公司同园艺产品商 Scotts Miracle-Gro 签署独家研发合作协议。Scotts 公司将可利用 MBI 公司全部的生物农药一研发新产品用于草皮和园艺市场，新品研发过程将由两家公司合作进行，MBI 之后负责新产品的生产和供应，Scotts 公司则负责全球领域的产品销售工作。

11. 杜邦公司同美国生物农药商 AgraQuest 公司签署了一项生物杀菌剂产品合作协议，两家公司将合作开发和经销一种由短小芽孢杆菌 QST 2808（Bacillus pumilus QST 2808）得到的生物农药 DPX RNP3。

12. 拜耳作物科学与荷兰 Koppert Biological Systems 公司就一新生物杀菌剂产品 Shemer 的营销、登记及生产达成一项独家授权协议。该产品在酵母菌株 Metschnikowia fructicola 的基础上得以开发。

13. 日本三井公司五月份和泰国 Sotus 公司签署了农化品制剂代工协议，由后者进行呋虫胺杀虫剂的制剂生产，并将产品通过当地经销商进入印度市场，预计相关制剂产品今年就可在印度上市销售。

14. 巴西农业研究院 EMBRAPA 同植保品公司 ISCA 签署合作协议，将共同开发用于防控大豆椿蟓的信息素类产品。

15. 英国农化开发商 Eden 公司同美国康奈尔大学签署独家授权协议，将可对后者的萜类化合物相关杀虫产品进行独家商业开发和再次授权。

16. 巴斯夫公司和阿根廷国家农业技术学院 INTA 签署了合作协议，将进行技术共同开发生

物技术产品和植保品，开发目标定位为符合本国和领国需求的产品。此前他们曾共同开发的耐咪唑啉酮类除草剂类转基因类作物，还共同开发了昆虫信息素类产品。

17. 拜耳作物科学同比利时研究机构 VIB-UGent 签署合作协议，将共同从事高产抗逆作物的开发。

18. 先正达公司和美国生物农药商 Pasteuria Bioscience 签订产品合作协议，将草皮杀线虫剂 Econem（Pasteuria usgae）的独家经营权转让给先正达公司，协议内容还包括 Pasteuria 公司未来开发的草皮产品。

19. 瑞士化学品生产商 Lonza 公司和美国生物农药商 Pasteuria Bioscience 公司签署了一项生物农药代工协议，将由 Lonza 公司在捷克境内的生产工厂为后者生产供应生物线虫剂 Pasteuria spp 细菌孢子，预计将今年年底开始正式生产。

20. 瑞士巨头先正达公司和菲律宾种子商 East-West 公司就高地作物性状产品的市场开发达成合作，由后者对先正达开发的胡萝卜、大白菜、包心菜等作物的性状产品进行独家分销，负责全部的销售，市场开发工作。

21. 拜耳作物科学同 Coopavel Cooperativa Agroindustrial，Copacol Cooperativa

Agroindustrial，Sementes Roos 三家巴西公司展开合作，拜耳将对这三家公司提供专业技术援助。

22. 哥伦比亚科学技术部 Colciencias 同阿根廷科技和生产革新部签署了一项开发合作协议，此项协议还将启动中小型企业之间的合作工程，以共享资源开发新的生物技术产品。

23. 荷兰种子包衣商 INCOTEC 公司同美国 TJ Technologies 公司签署合作协议，将用后者的品牌产品 TJ QuickRoots® 中的技术和自己种子包衣和增强技术结合开发新产品，并获得 TJ QuickRoots 技术相关产品的独家销售权。

24. Certis Europe 公司已经同 Futureco Bioscience 组成市场战略联盟，两家公司将共同合作开发西班牙和葡萄牙植物保护品市场。

25. FMC 公司和生物农化商 Marrione Bio Innovations（MBI）公司就生物农药 Regalia MaXX 签署市场合作协议，将由 FMC 公司独家在拉美市场对 Regalia MaXX 进行销售和市场开发。

26. 非洲两农化商 RMG Concept 公司和 Wienco 公司已达成市场战略联盟，将共同在非洲进行市场开发和运作。

27. FMC 公司和 Chr. Hansen 达成两项全球性独家合作协议，将共同进行芽孢杆菌类生物农药在农业和观赏性植物市场领域的开发和合作。

28. 三井公司旗下美国生物农药商 Certis 公司和加拿大农化商 Engage Agro 签署了产品销售协议，指定后者为生物杀虫剂 Cyd-X 在加拿大市场的经销商。

29. Plant Health Care 与荷兰 INCOTEC Group BV 签订了非独家的多年期合作协议。双方将合作开发及营销融合 Plant Health Care 的 Myconate 技术及 INCOTEC 特有的种子包衣技术的产品。

30. 陶氏益农与美国 Donald Danforth 植物科学研究中心签署了转基因抗病木薯中基因表达技术的非排他性技术转让协议。该技术由美国 Scripps 研究机构开发，陶氏益农获得了独家授权。

31. 美国制药公司 Scynexis 与英国公益集团 IVCC 签订开发新型公众健康杀虫剂协议，Scynexis 将对其丰富的化学品库进行原药筛选，以开发产品控制散播疟疾的蚊子。

32. 南非微生物产品生物防治公司 PHP（Plant Health Products）与本地生物农产品公司 MSA（Madumbi Sustainable Agriculture）签订了合作协议。MSA 将负责 PHP 产品在南非的营销及分销，使 PHP 专注于生产及开发具有潜力的产品。

33. 拜耳与法国 RAGT Semences 公司签署小麦品种研发及授权协议。拜耳将获得 RAGT 冬小麦种质库及相关分子标记的使用权，法国公司将对协议中拜耳研发的相关小麦性状产品的销售具备许可权。

34. 先正达公司与 Pasteuria Bioscience 公司合作开发生物杀线虫剂的产品。两家公司开发的第一个重点产品是控制大豆胞囊线虫（SCN）的种子处理剂。

35. 以色列农化商马克西姆阿甘公司和意大利农化商 Isagro 公司签署合作协议，获得后者的独家全球授权，可以在种子包衣剂产品中使用后者专有的杀菌剂 kiralaxyl（精苯霜灵）。

36. 孟山都公司和另一农化商 AMVAC 公司签署合作协议，自 2012 年起，将由 AMVAC 公司向孟山都公司提供 Impact 除草剂，以供孟山都公司的 Roundup Ready Plus 体系中使用。

中国农药上市公司统计

中国一共有 32 家涉及农药的上市公司

浙江：海正药业、钱江生化、升华拜克、新安化工、巨化股份、联化科技。

江苏：辉丰股份、扬农化工、红太阳、长青股份、江山股份、蓝丰生化

湖北：沙隆达、东湖高新、湖北宜化

湖南：湖南海利

广东：诺普信

广西：北海国发、桂林集琦

山东：胜利股份、山东大成、华阳科技、青岛碱业

河北：威远生化、华北制药

四川：利尔化学

安徽：丰乐种业、华星化工

福建：福建三农

北京：大北农、中化国际

江西：正邦科技

以上共 32 家，其中云大科技已经退市，原云大科技股票已变更为太平洋证券，东湖高新在

2005 年以前是武汉科诺的大股东，持有 87% 的股份，由于 05 年的科诺农药造假（添加隐性成分）、出售过期翻新产品被曝光，东湖高新已将武汉科诺股权转让给其他公司，湖北宜化于 2010 年 4 月收购了湖北仙隆（以下不做分析），也涉入了农药产业。北海国发由于业绩很差，募集资金投资的项目均没有成功，农药项目一直未能开工，已被 ST，已被其他行业公司重组，海正药业（医药）和海正化工（农药）属于海正集团的下属公司，虽然 2 家是关联公司，但是上市部分海正药业的业务应该不包括海正化工的农药业务，正邦科技的情况于海正基本相似，正邦科技（饲料）和正邦生化（农药）属于正邦集团，但上市部分不包含农药业务。所以真正涉及农药业务的上市公司有 29 家，以下只分析其中 28 家相关上市数据及公司介绍，有些公司参数及数据有出入，仅供参考资料。

公司情况介绍

[1] 红太阳（000525）：

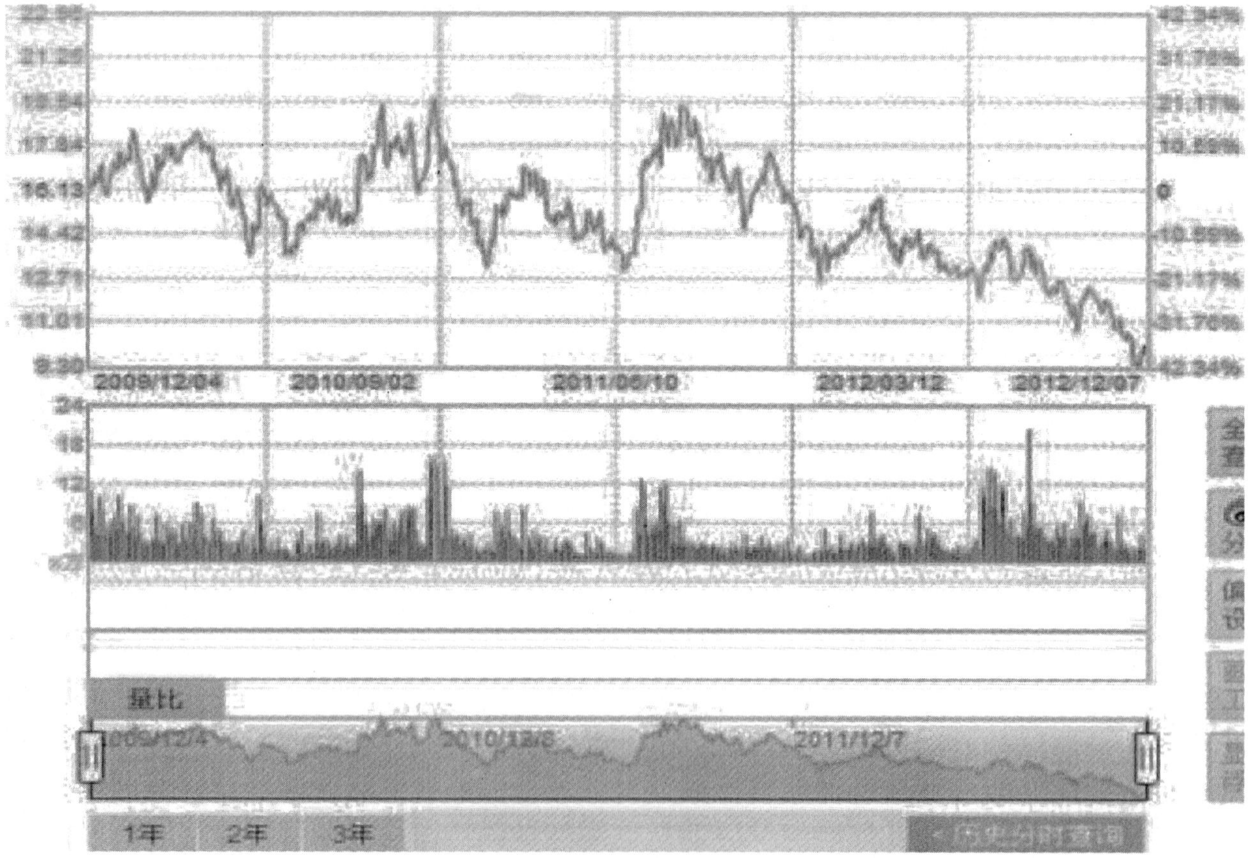

公司主营业务为农药、三药中间体 -- 吡啶碱及精细化工产品的生产、销售、技术咨询和服务；化肥经营；公司是国家农药行业重点骨干企业之一，为国家火炬计划重点高新技术企业，主

要生产高效、低毒、低残留、环保型的第三代仿生性拟除虫菊酯类和第四代杂环化合物类杀虫剂。

[2]、华星化工（002018）：

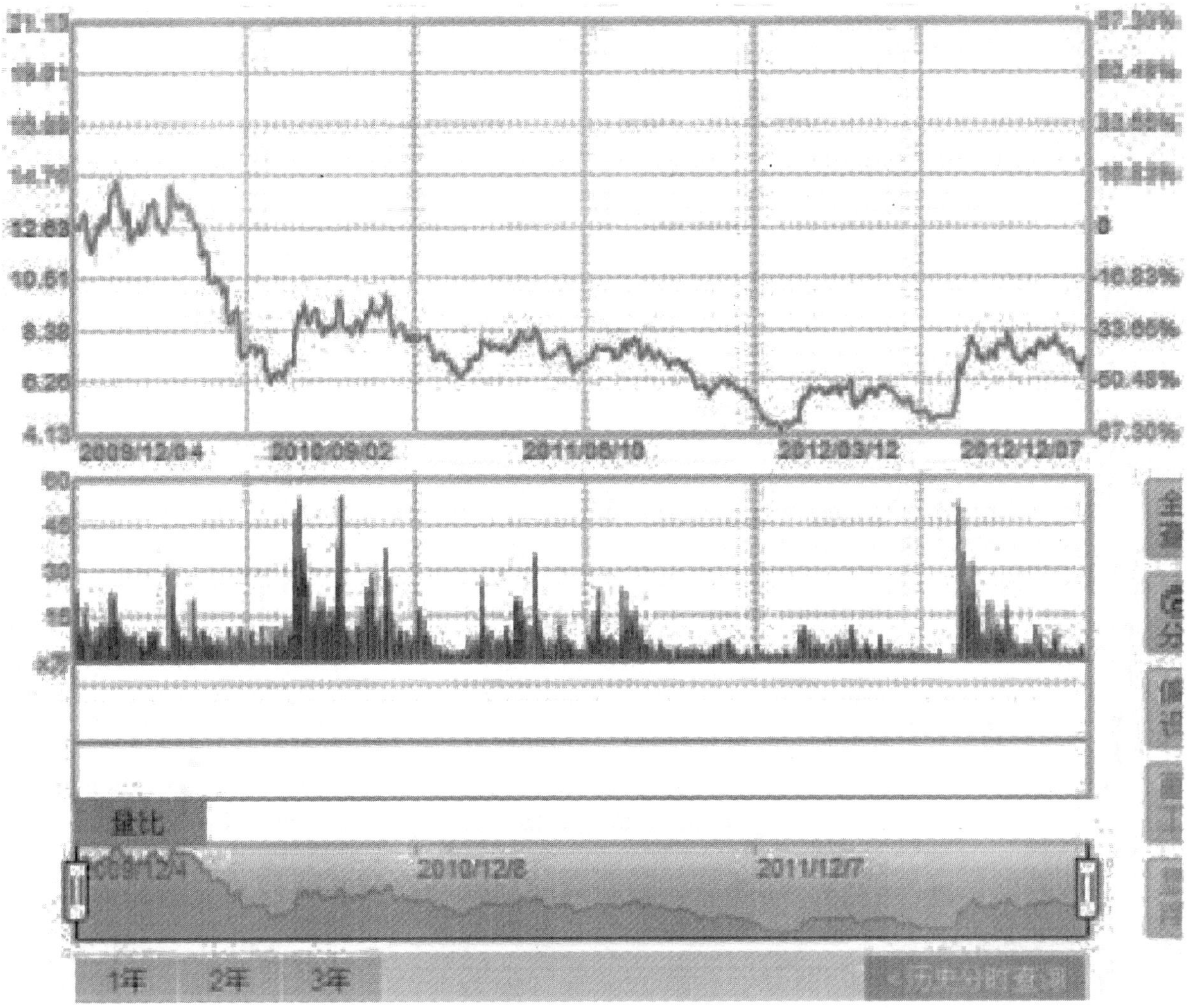

公司主要是研发、生产和销售杀虫双、杀虫单以及精恶唑禾草灵、草除灵乙酯、苄嘧磺隆等高效低残留农药产品。虽然华星化工的主导产品草甘膦原药在2008年给公司带来了很可观的利润收益，但是由于草甘膦受国际供需变化影响很大，因此公司将从重视出口转变为保证在原有出口规模的基础上，大力开拓国内市场。公司还针对草甘膦制剂价格稳定、附加值高等特点，将重点慢慢从原药向制剂转移。

3]、升华拜克（600226）：

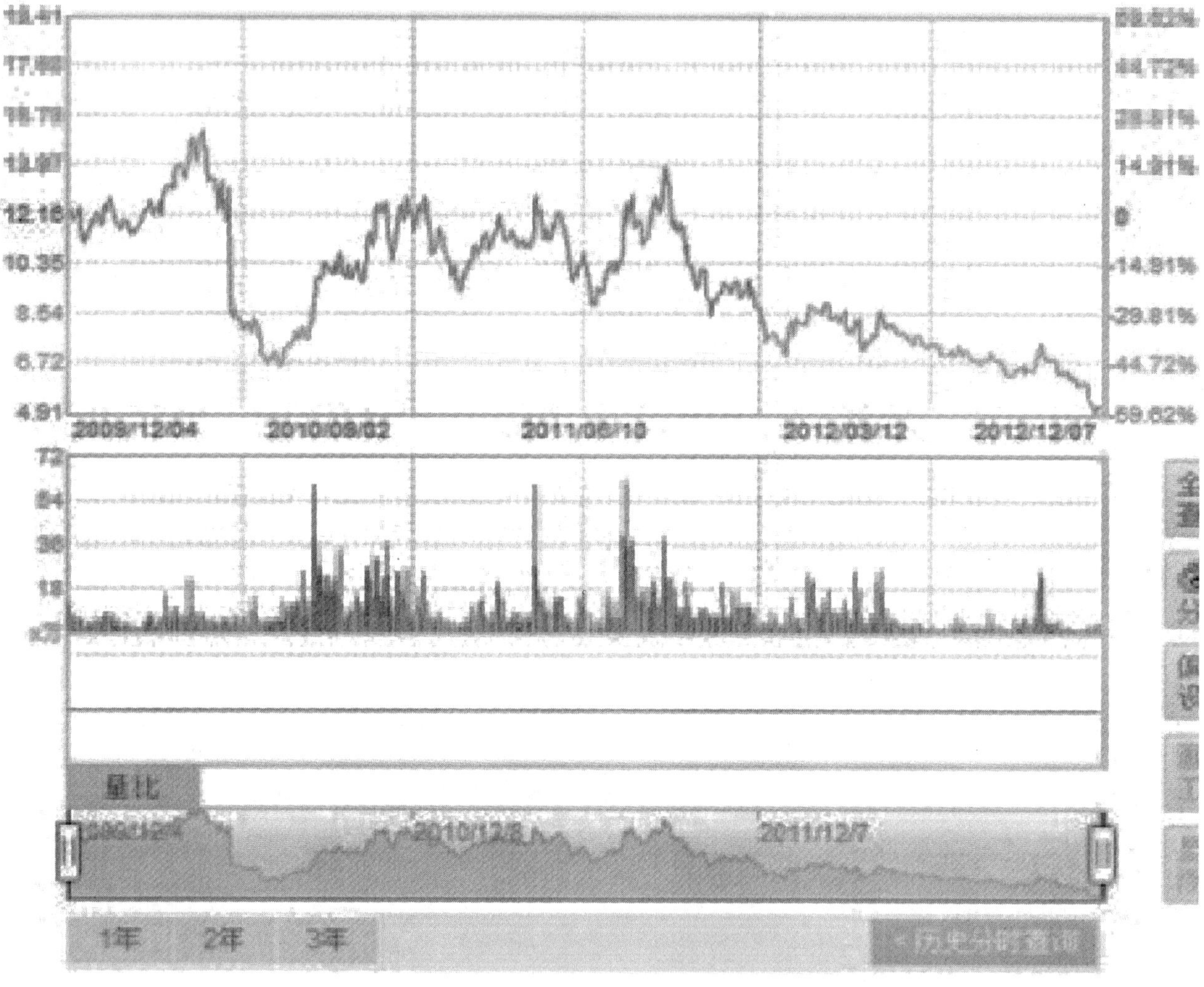

公司属化学原料及化学制品制造业；从事兽药、农药原料药及制成品、相关饲料添加剂的生产经营。产品有锆系列、草甘膦系列、马杜霉素、阿维菌素、伊维菌素、迪克拉苏、盐霉素兽药、农药原料药及制品等。公司主要生产的如阿维菌素以及草甘膦属高效农药。

[4]、新安股份（600596）：

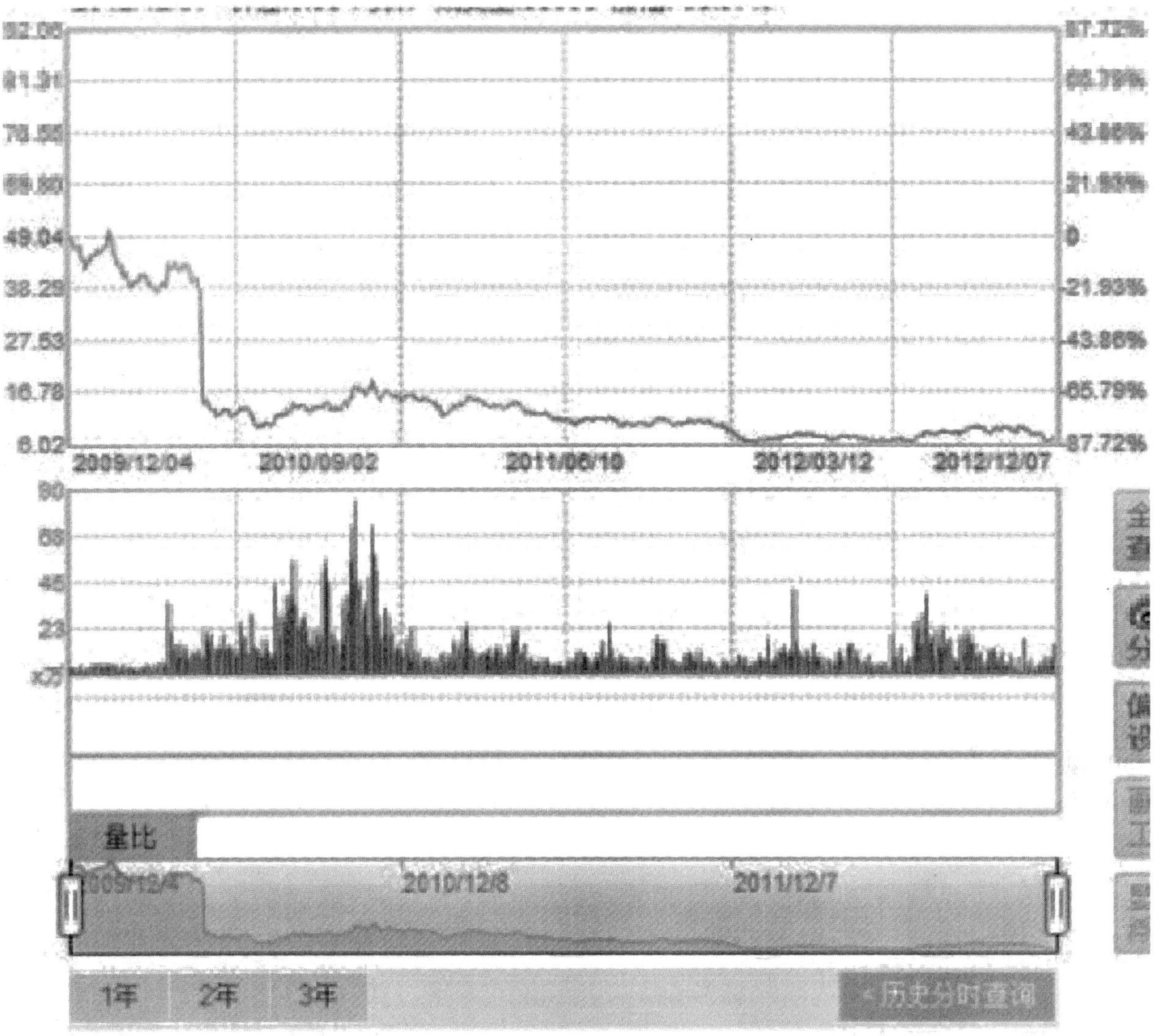

主营草甘膦、毒死蜱等高效低毒类农药产品开发、生产与销售；有机硅单体及其下游产品的研制和生产经营；精细及生物化工产品开发、生产和经营。随着非农业用途扩大及草甘膦转基因系列作物在全球范围的广泛种植，草甘膦生产和应用将更加广泛，短期内很难会由另外一种除草剂代替草甘膦的地位。但由于进入草甘膦行业的壁垒相对较低，去年产能扩大导致竞争更为激烈。

[5]、扬农化工（600486）：

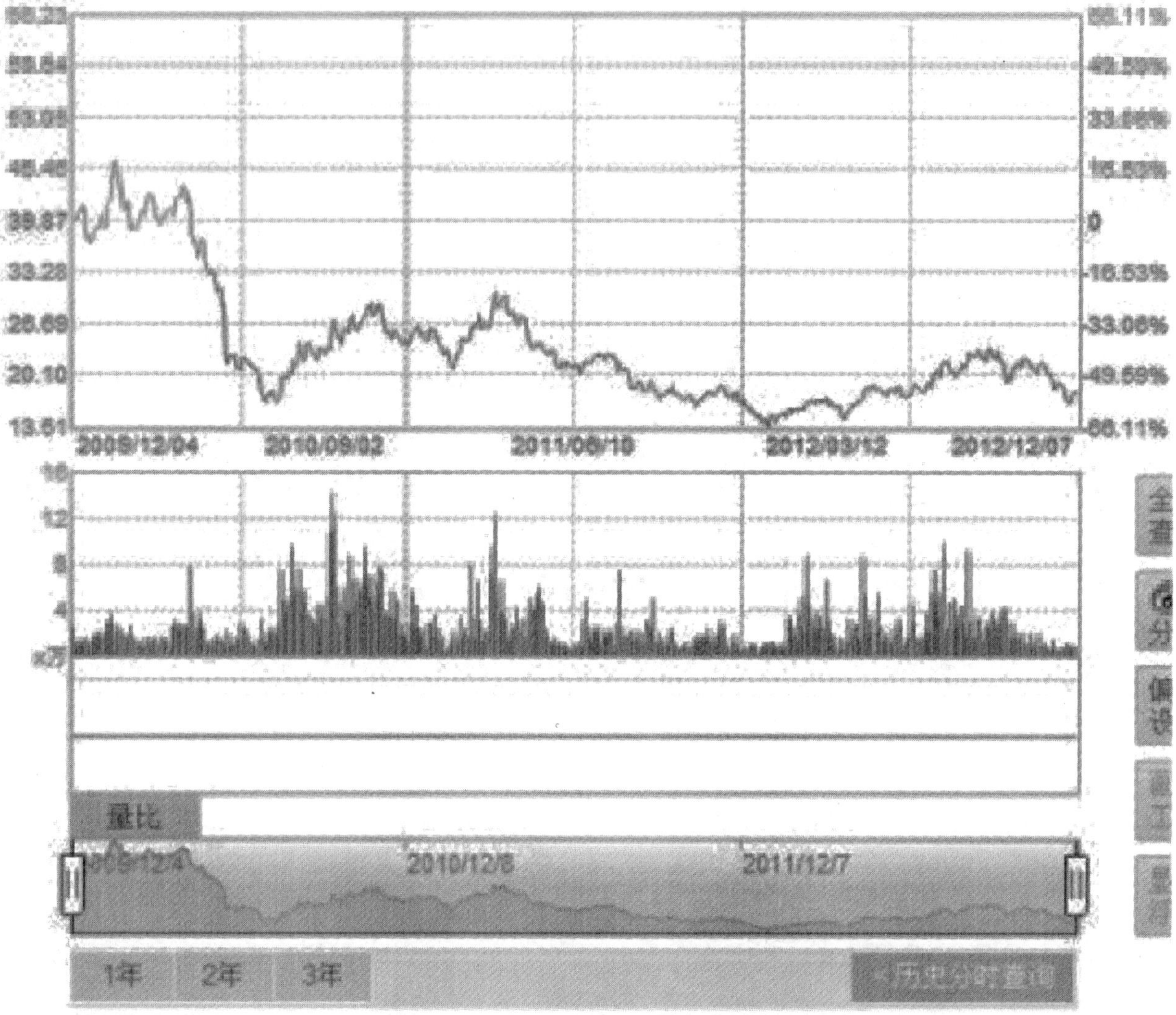

主营拟除虫菊酯农药的生产、销售，菊酯原药龙头。上半年除草剂实现销售收入 38,467.19 万元，同比下降 7.44%，产品毛利率基本稳定。募集资金用于对控股子公司江苏优士化学有限公司增资，实施 3 万吨 / 年草甘膦原药项目。该项目的实施有利于公司充分发挥自身比较优势，调整产品结构，把握草甘膦行业的发展机遇，进一步提高公司核心竞争力和盈利能力。

[6]、江山股份（600389）：

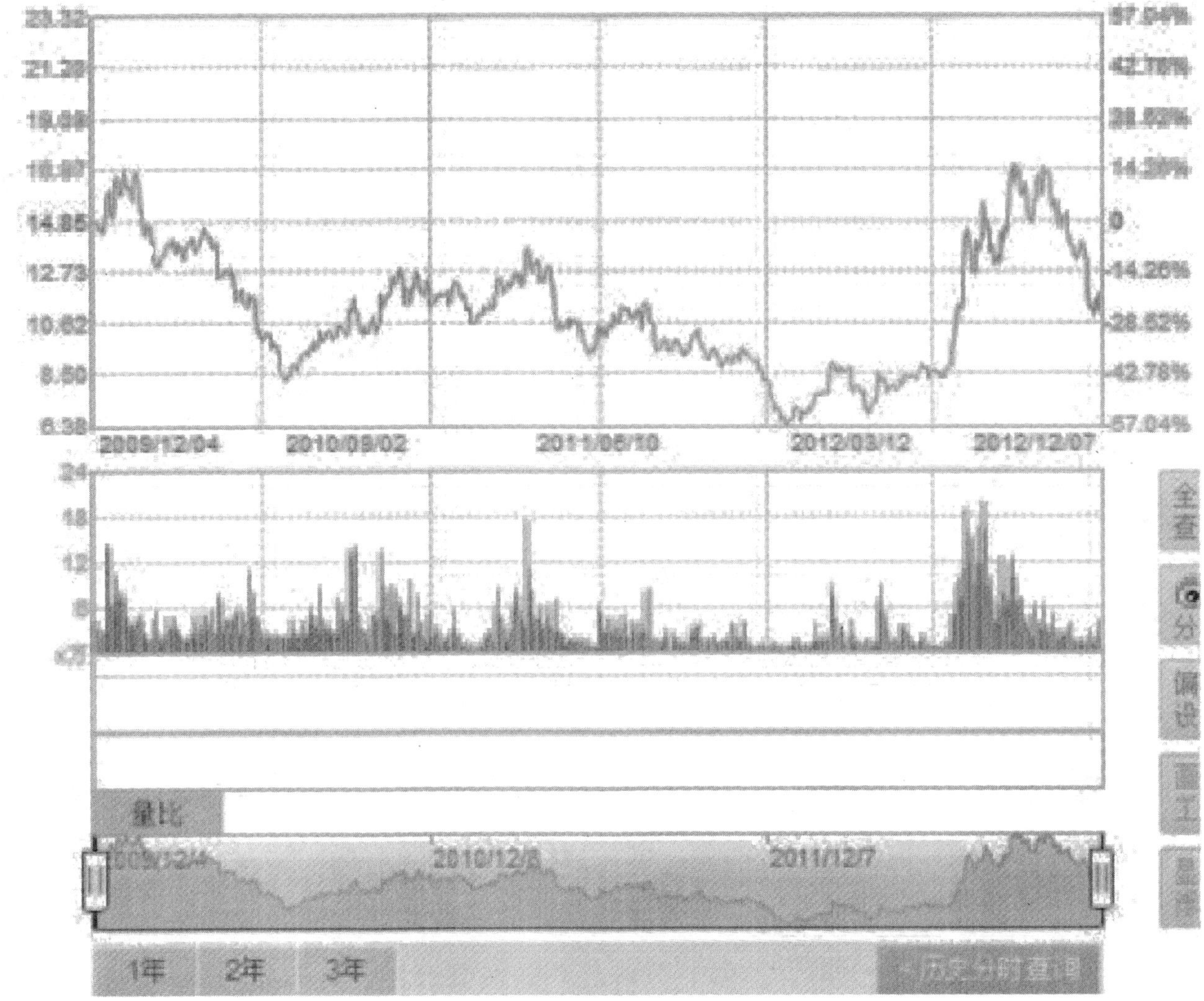

主营化学农药、有机化学品，无机化学品、高分子聚合物等制造、加工、销售。产品有敌敌畏、草甘膦、树脂产品、烧碱等。目前 2.5 万吨 / 年 IDAN 草甘膦除草剂项目已建成投产，2 万吨 / 年酰胺类除草剂项目的前期筹备工作进展顺利，项目资金来源包括自筹资金和银行贷款。

[7]、联化科技（002250）：

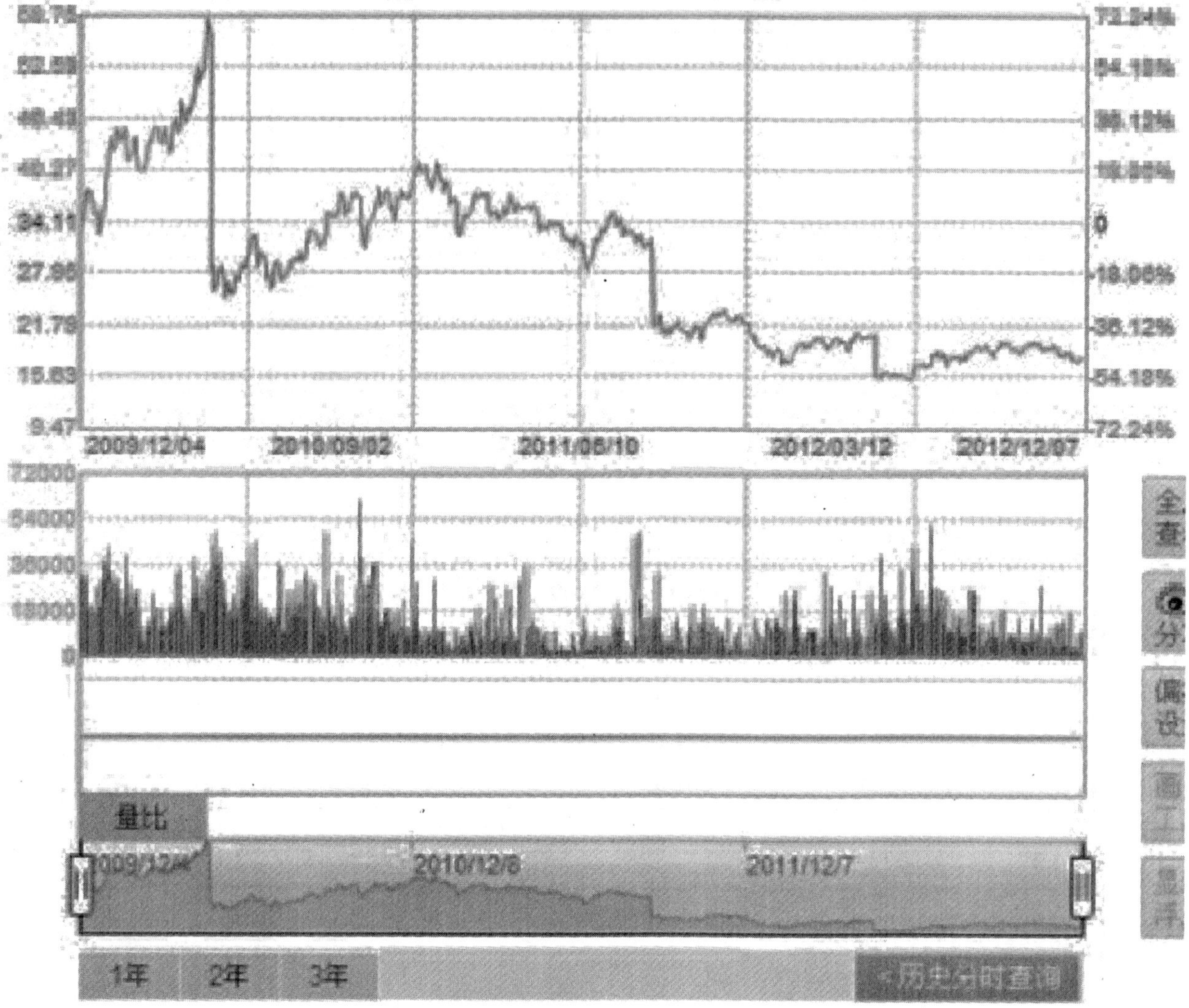

从事各类精细化学品的研究、开发和产业化生产。产品为医药中间体、农药中间体、染料中间体等。公司募集资金主要投向于年产 2500 吨卤代芳腈产业化技改项目、年产 600 吨 XDE 生产线建设项目以及高新技术研究开发中心技改项目，三项目总投资在 24293.6 万元。

[8]、华阳科技（600532）= *ST 华科（600532）：

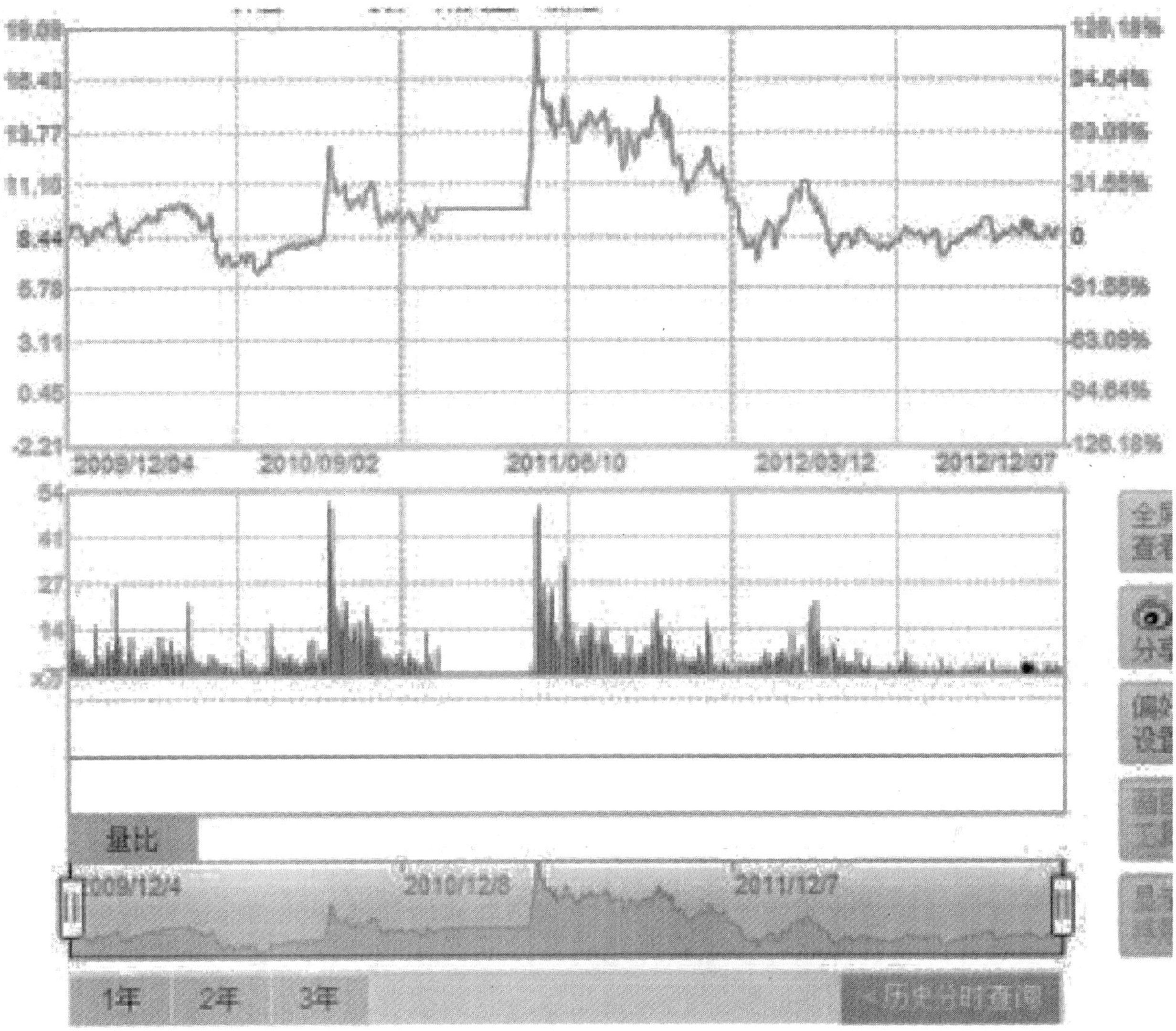

主营产品包括杀虫剂、杀菌剂、除草剂、种衣剂等。具体有灭多威乳剂、毒死蜱、灭多威粉剂、乙草胺、毒死蜱乳剂、克百威、涕灭威、灭多威、氯乙酸、2，4-DJ 酯、次氯酸钠、氯甲酸乙酯、甲氨基甲酰氯、乙酰甲胺磷、精胺、氯氰菊酯原药、二甲戊乐灵、硫双灭多威、仲丁威原药、仲丁威乳油、异丙威原药、异丙威乳油、速灭威原药、速灭威乳油等。

自 2012 年 12 月起，公司已从农药化工的生产销售企业成功转型为以铁矿石开采、铁精粉加工销售为主营业务的企业。

[9]、沙隆达 A（B）（000553/200553）：

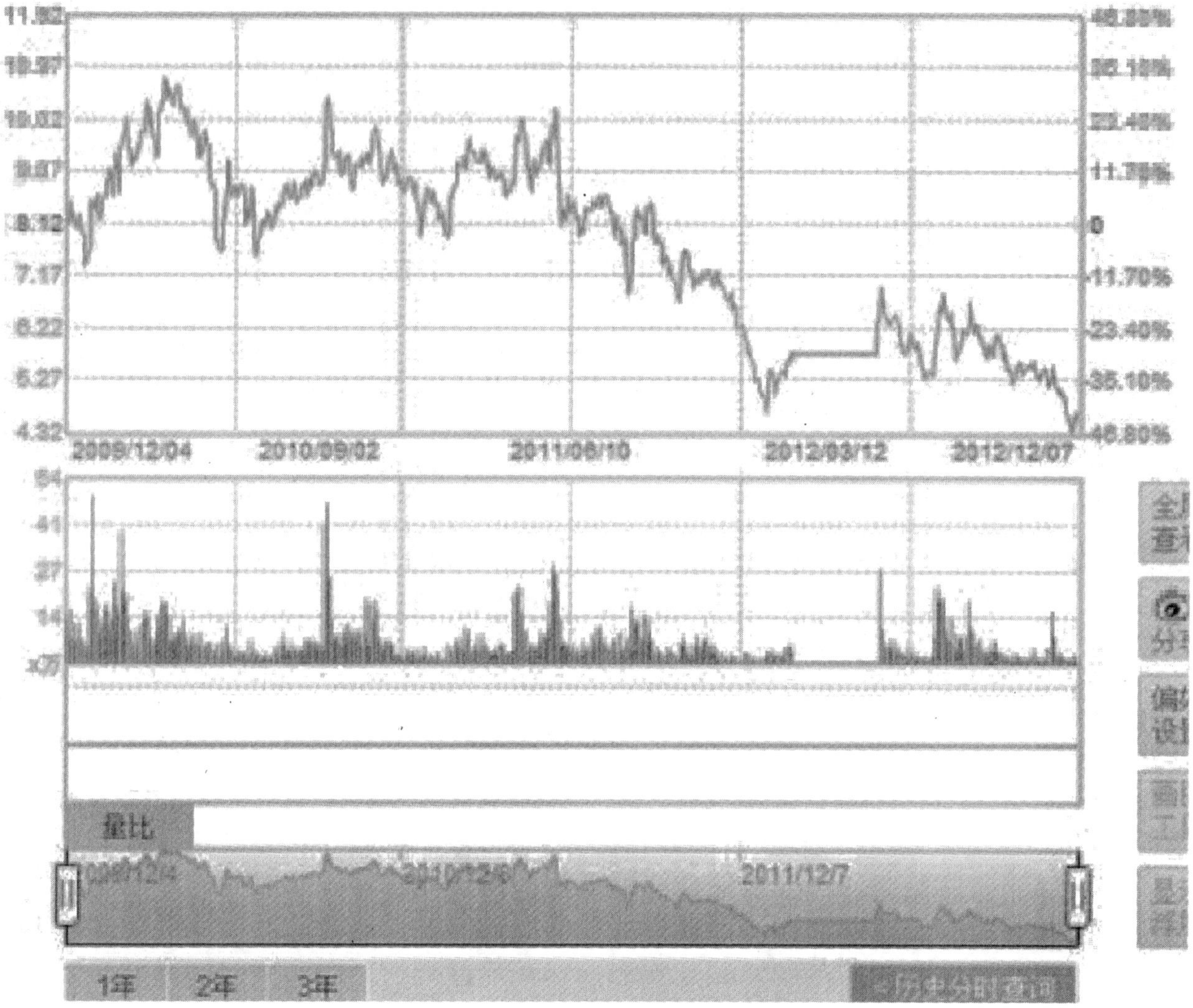

主营农药化工产品。公司相继完成了离子膜烧碱项目建设、草甘膦、精胺、敌敌畏、百草枯以及吡虫啉等项目的扩建工作，进一步完善了公司产品结构，并在 2008 年的生产经营中发挥了良好效果。

[10]、利尔化学（002258）：

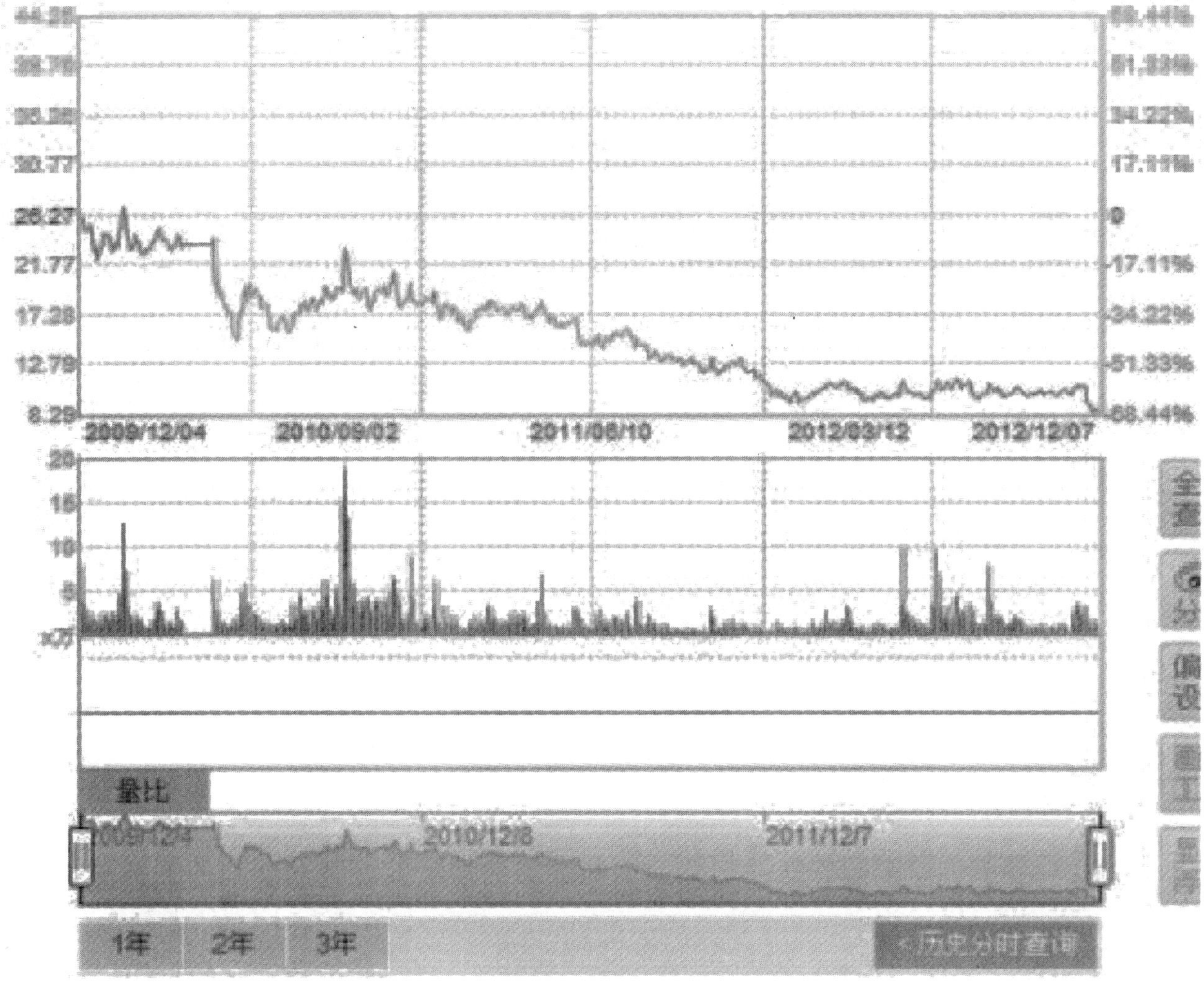

利尔化学股份有限公司是于 1993 年由中国工程物理研究院发起设立的中外合资企业，是一家以科研为基础的农化企业。公司总部位于四川省绵阳市经济技术开发区。现有员工 800 余人，拥有博士、硕士在内的一大批具有丰富经验的优秀科研工作者，建立了省级企业技术中心和成都研发中心，是四川省最大的农用精细化学品开发生产企业，国内专业的氯代吡啶类精细化学品制造基地。主营从事吡啶类农药原药及制剂的研究、生产和销售。产品包括除草剂、杀虫剂、杀菌剂三大系列。公司是继陶氏益农之后全球第二家成功掌握吡啶类化合物催化氯化系统集成技术的企业，积累了一系列居国内领先水平的完整核心技术，具备了大规模生产氯代吡啶类农药原药和制剂的能力，形成了稳定、成熟的规模化生产工艺与稳定的产品质量。

[11]、湖南海利（600731）：

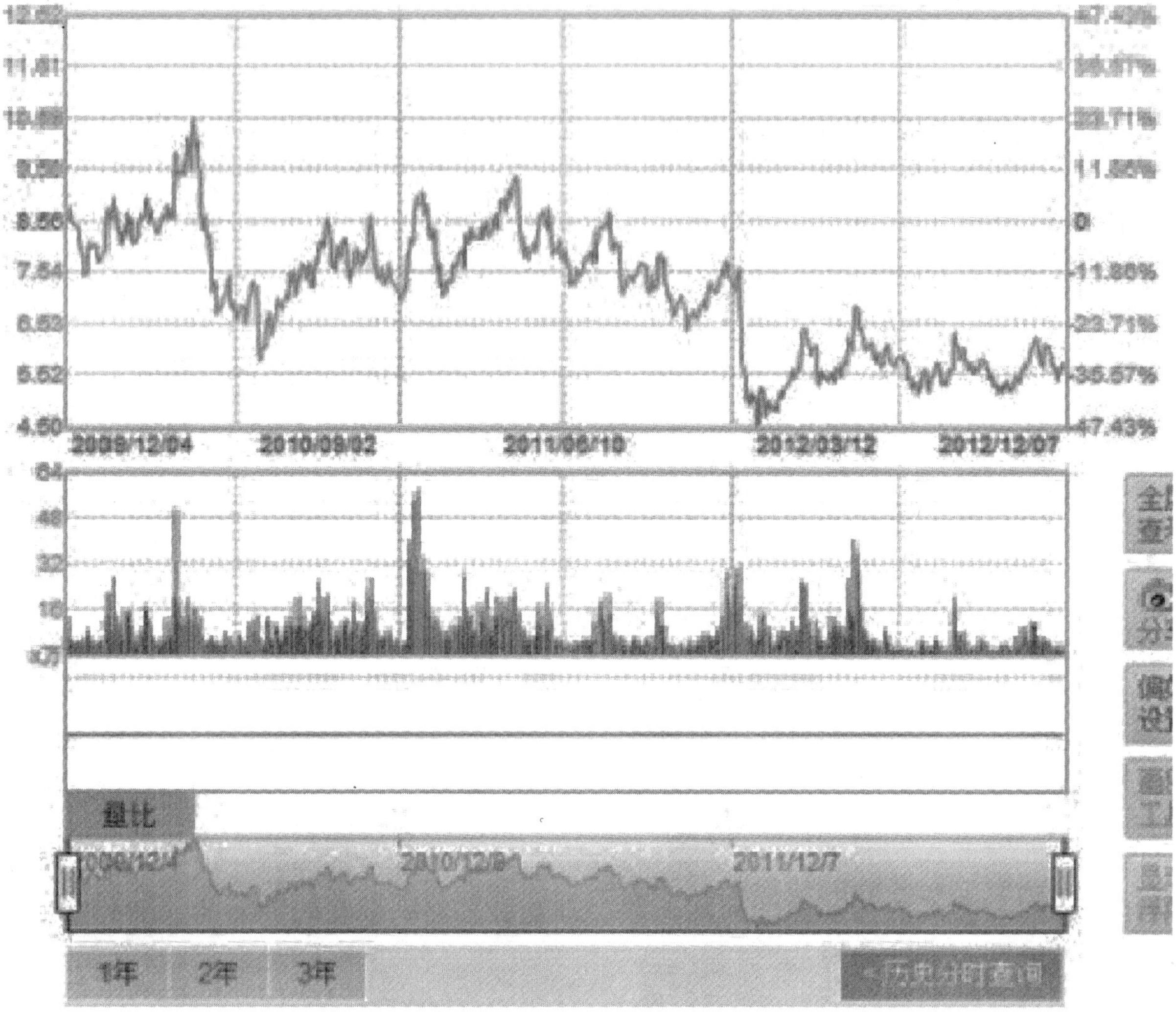

主营农药、精细化工产品。湖南海利拥有亚洲最大的年产万吨规模的克百威、仲丁威、甲萘威、好安威、残杀威、异丙威、灭多威、速灭威等氨基甲酸酯类农药原药生产装置，拥有亚洲最大的年产万吨规模的呋喃酚、邻仲丁基酚、邻异丙基酚和邻异丙氧基酚等烷基酚生产装置，拥有年产万吨乐果、甲基嘧啶磷等有机磷农药生产装置，依托 10000 吨 / 年和 5000 吨 / 年两套光气生产装置，湖南海利开发投产了异氰酸酯类、氯甲酸酯类、碳酸酯类、脲类系列光气化学品，并承接定制化学品加工。

[12]、钱江生化（600796）：

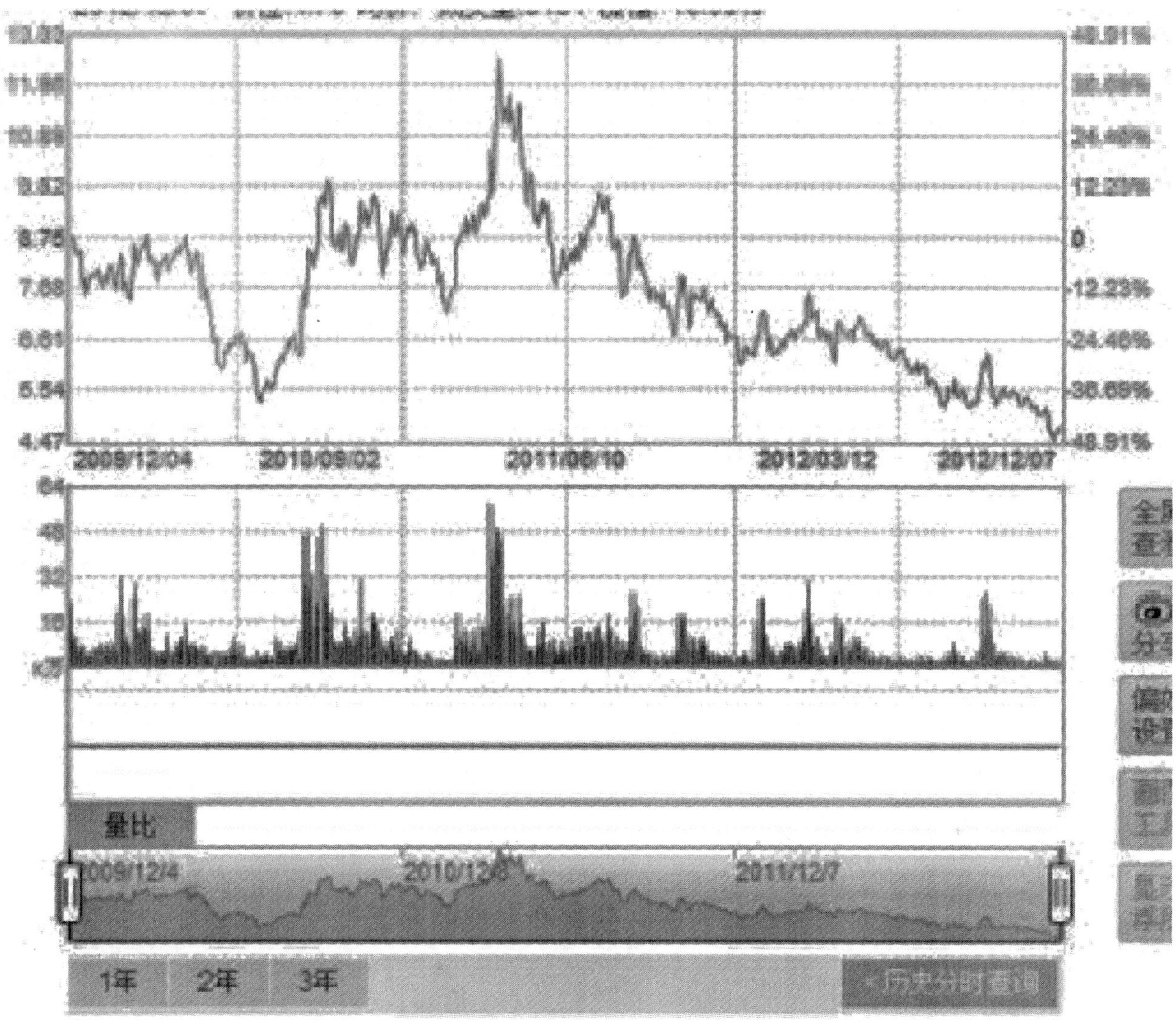

主营生物农药、生物兽药的制造。产品包括生长调节剂类、杀虫剂、杀菌剂类农药等。公司所处农药行业随着国家宏观调控的变化，有利于产业的健康发展，特别是生物农药市场需求的进一步扩大，给公司发展带来机遇。阿维菌素制剂水稻终端市场已经形成，对市场的控制能力直接决定了该产品的发展潜力。公司原药生产的优势相比北方工厂差距缩小，因而品牌与营销尤为重要。

[13]、威远生化（600803）：

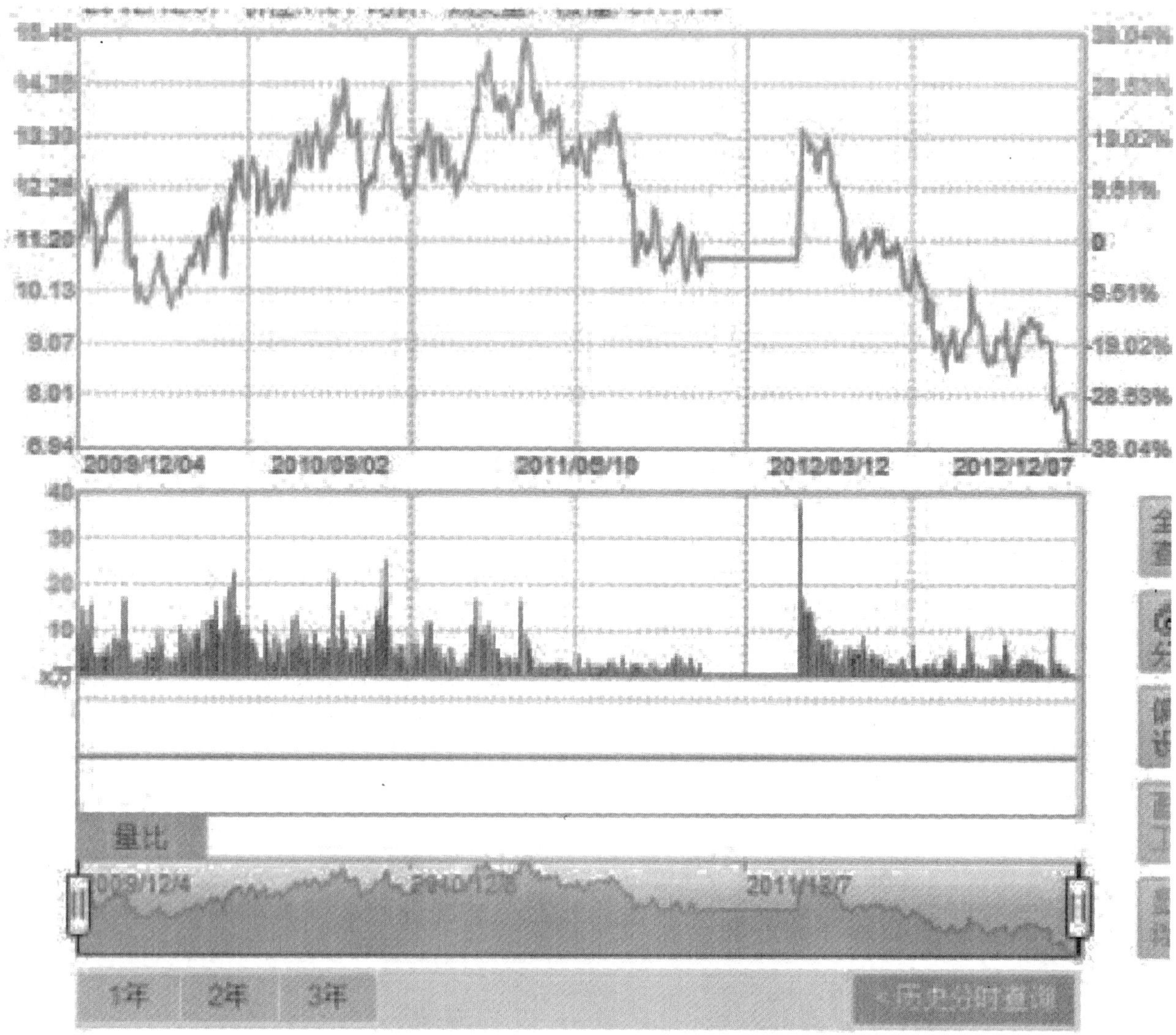

主营生物化工产品、精细化工产品的制造。针对高毒农药禁用带来的市场机遇，公司充分利用 2008 年度营利、蓝锐两个核心产品在大田作物市场的推广经验，经过细致的策划，继续推出鸿甲、4A、喆燕等新型制剂产品，扩大威远生化阿维菌素产品在大田作物市场的品牌优势。公司杀虫剂、除草剂类新产品的研发工作正在逐步推进，公司研发中心还筛选了部分系列化产品技术，为优化产品结构做前期技术准备。

14]、大成股份（600882）= 华联矿业：

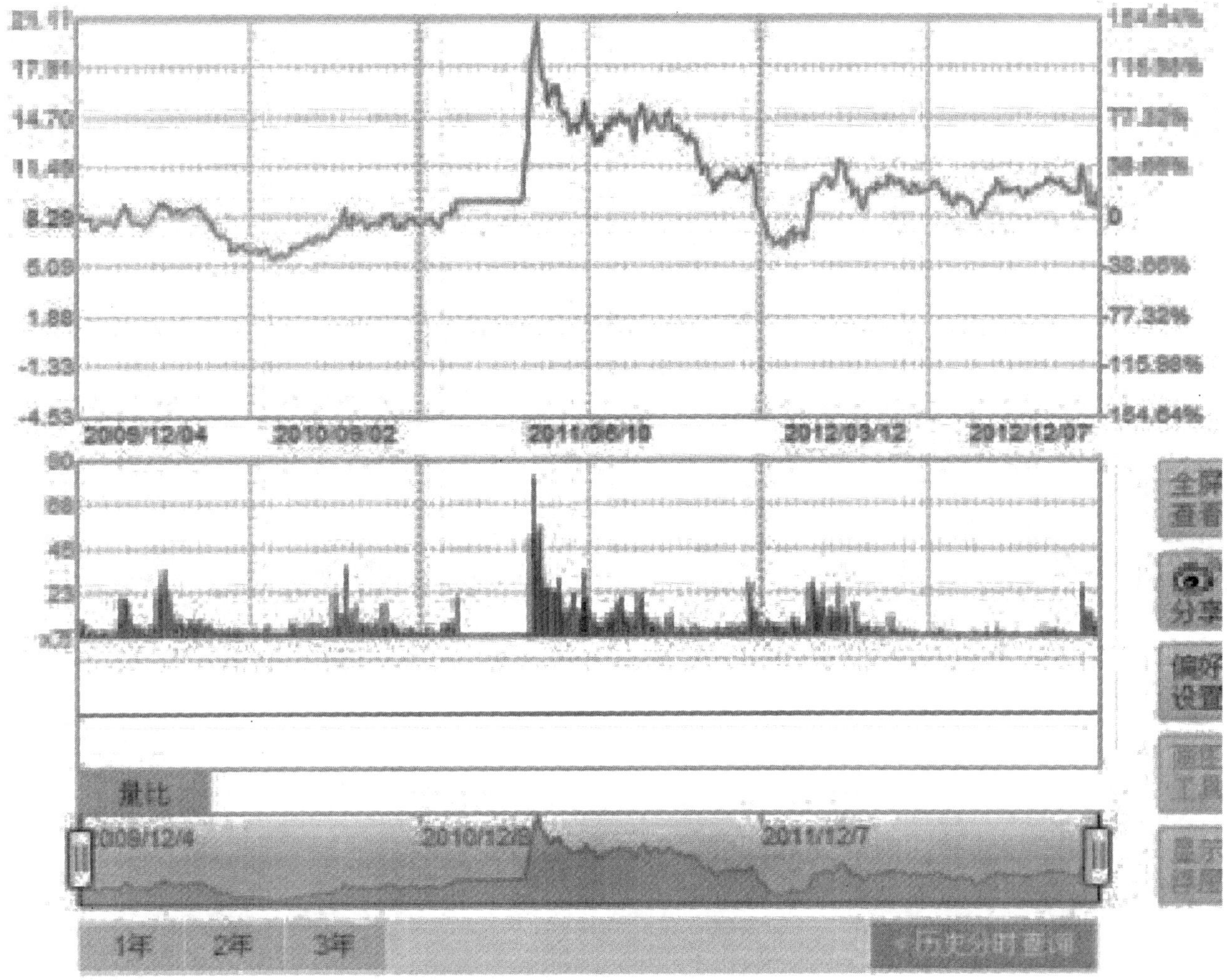

主营化学农药、基本化学原料的生产。产品包括敌敌畏、烧碱、百草枯等。2008 年公司实施重点技改项目 8 个，其中离子膜烧碱生产能力由 6 万吨 / 年扩至 10 万吨 / 年，百菌清由 1000 吨 / 年扩至 2000 吨 / 年，三氯化磷由 22000 吨 / 年扩至 34000 吨 / 年，新建了 3000 吨 / 年甘氨酸项目等。重点发展化工产品和农药中间体，大力扶持“双百”（百草枯、百菌清）等农药品种。

[15]、北海国发（600538）：（具体情况见前介绍）

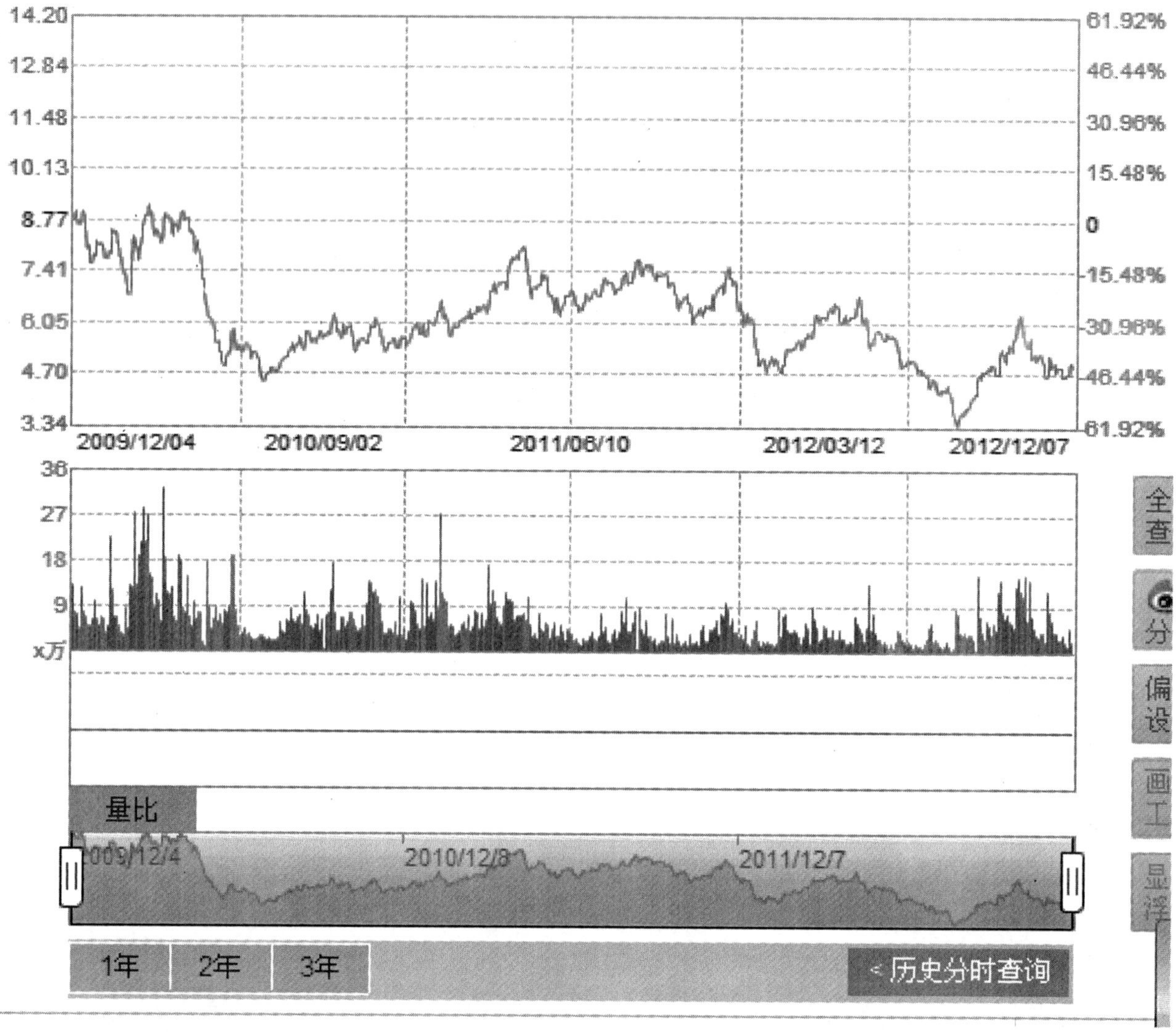

湖南国发开展了氟氰草酯型除草剂的自主创新研究开发，成功完成了苯菌灵项目、异酯第 3 套系统、克百威 23 系统生产装置的安装和调试，将闲置的功夫生产装置改造成杀螟丹生产装置，大大提升了原药的生产能力。国发制药厂完成了酒精棉球、食用酒精、金银花凉茶、海蛇王酒等新项目的申报工作并取得了相关批文，丰富了公司自制药品的品种。国发农药完成了氨基寡糖素粉剂、氨基寡糖素母液产品配方和生产工艺的改进工作。

[16]、诺普信（002215）：

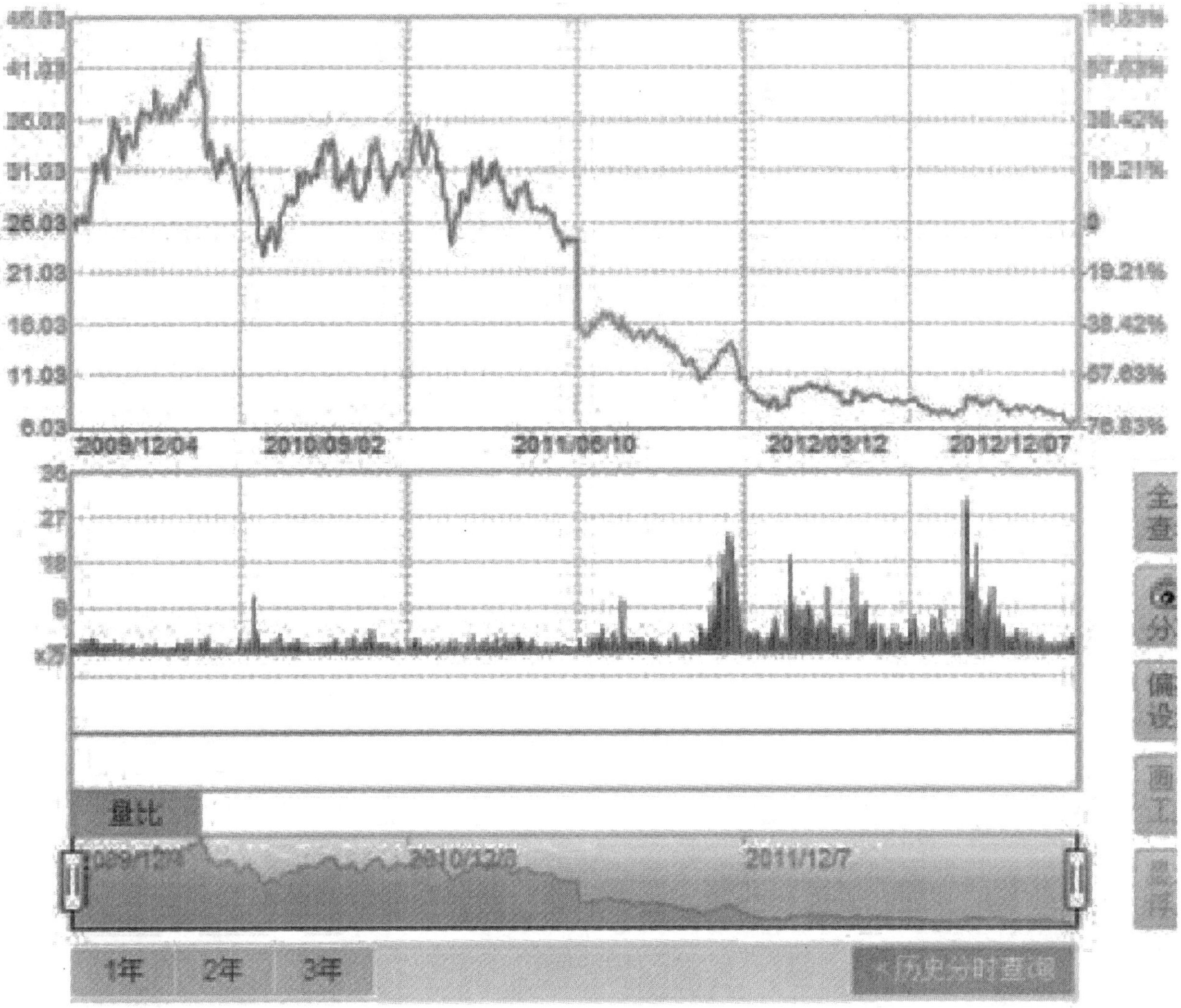

农药一般分原药和制剂。国内农药销售前 20 强中，诺普信是唯一的纯农药制剂企业。目前，诺普信是国内规模最大、品种最全的农药制剂厂家，也是最大的农药水基化制剂研发及产业化基地。基于对国内主要农作物的病虫草害的长期跟踪以及多年来研发积累，诺普信形成了分布合理、覆盖面广的产品结构，已登记产品 395 个，涵盖了大多数农用化合物和病虫草害防治领域，包括杀虫剂、杀菌剂和除草剂三大系列。

[17]、青岛碱业（600229）－农药股：

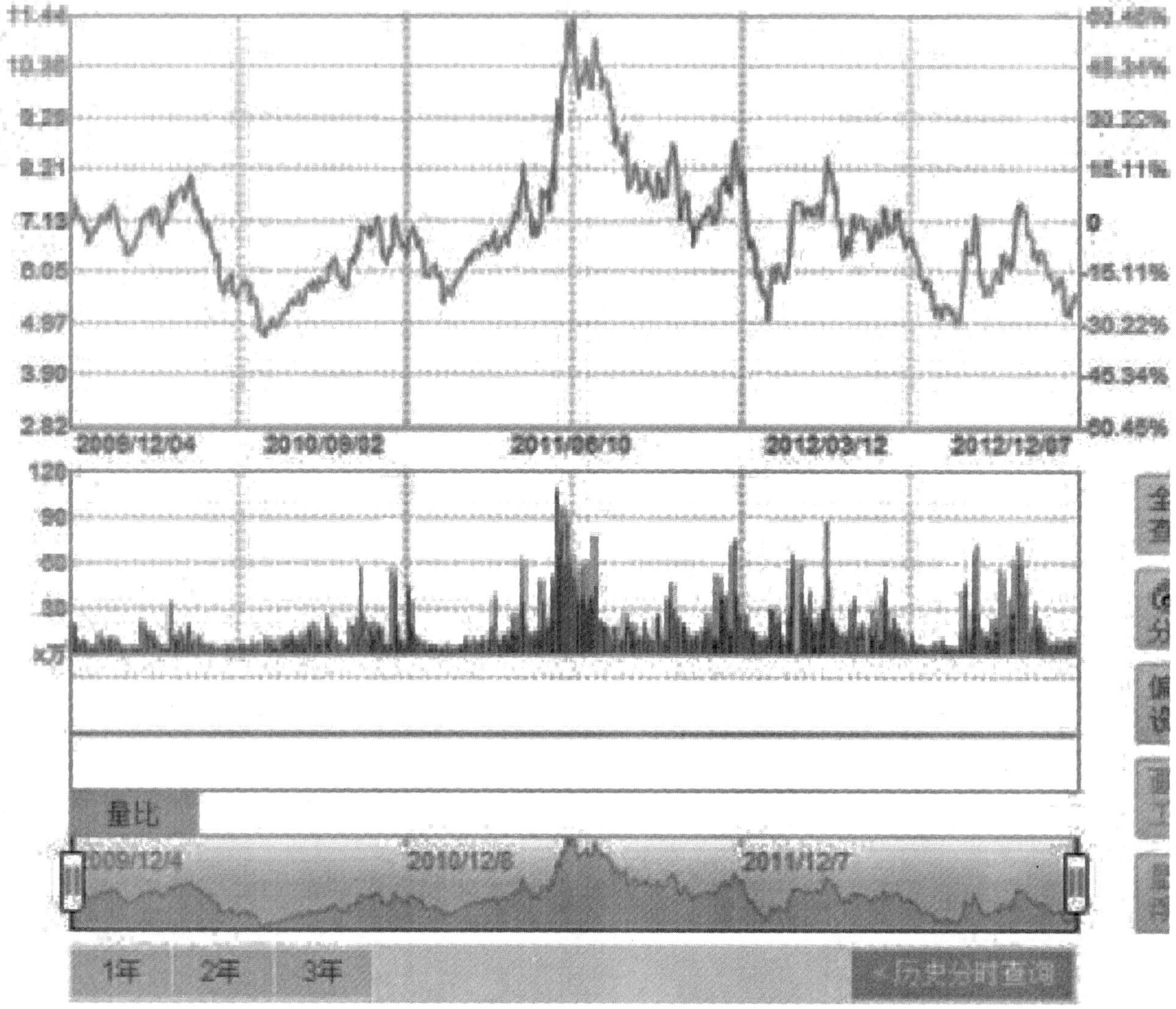

（以上表格为公司股，并非单项农药股数据）

主营纯碱、化肥、农药及其它化工产品，公司未来 2-3 年的业务发展计划及目标是：在完成纯碱节能技术改造项目、白泥与二氧化硫双向治理项目、30 万吨 / 年复合肥项目、30 万吨 / 年硫磺制酸装置项目以及 2 万吨 / 日海水淡化五个项目的基础上，力求在生物化工寻求突破，在条件允许的情况下争取到 2010 年形成生物化工产业链的雏形，争取实现销售收入超过 40 亿元，公司综合经济实力将显著提高，为公司未来长期可持续发展打下坚实的基础。

[18] 正邦科技（002157）：

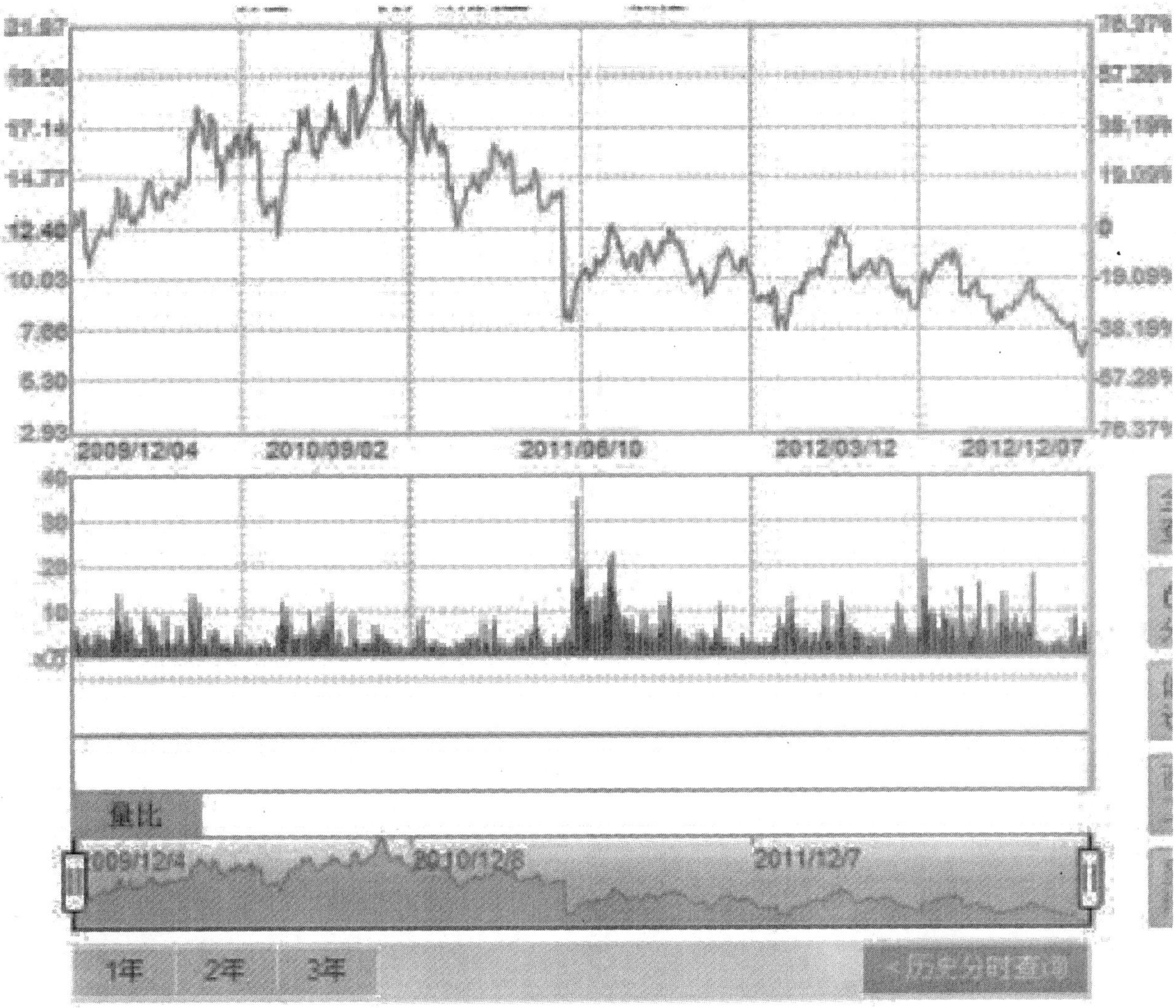

属于成立于 1996 年的正邦集团，是农业产业化国家重点龙头企业，国家农产品加工技术创新机构，拥有博士后科研工作站和江西省唯一国家生猪核心育种场，先后荣获中国名牌产品、全国饲料企业 30 强、中国制造企业 500 强、中国养猪行业百强企业等称号。

2007 年 8 月，旗下江西正邦科技股份有限公司在深圳证券交易所上市，成为江西省民营企业首发上市公司。

2010 年集团下属农牧、农资、粮油、零售、金融投资五大产业，三百多家子 / 分公司，遍布二十多个省市、自治区，总产值突破一百五十亿大关，规模进江西省前九位。

[19] 大北农 (002385)：

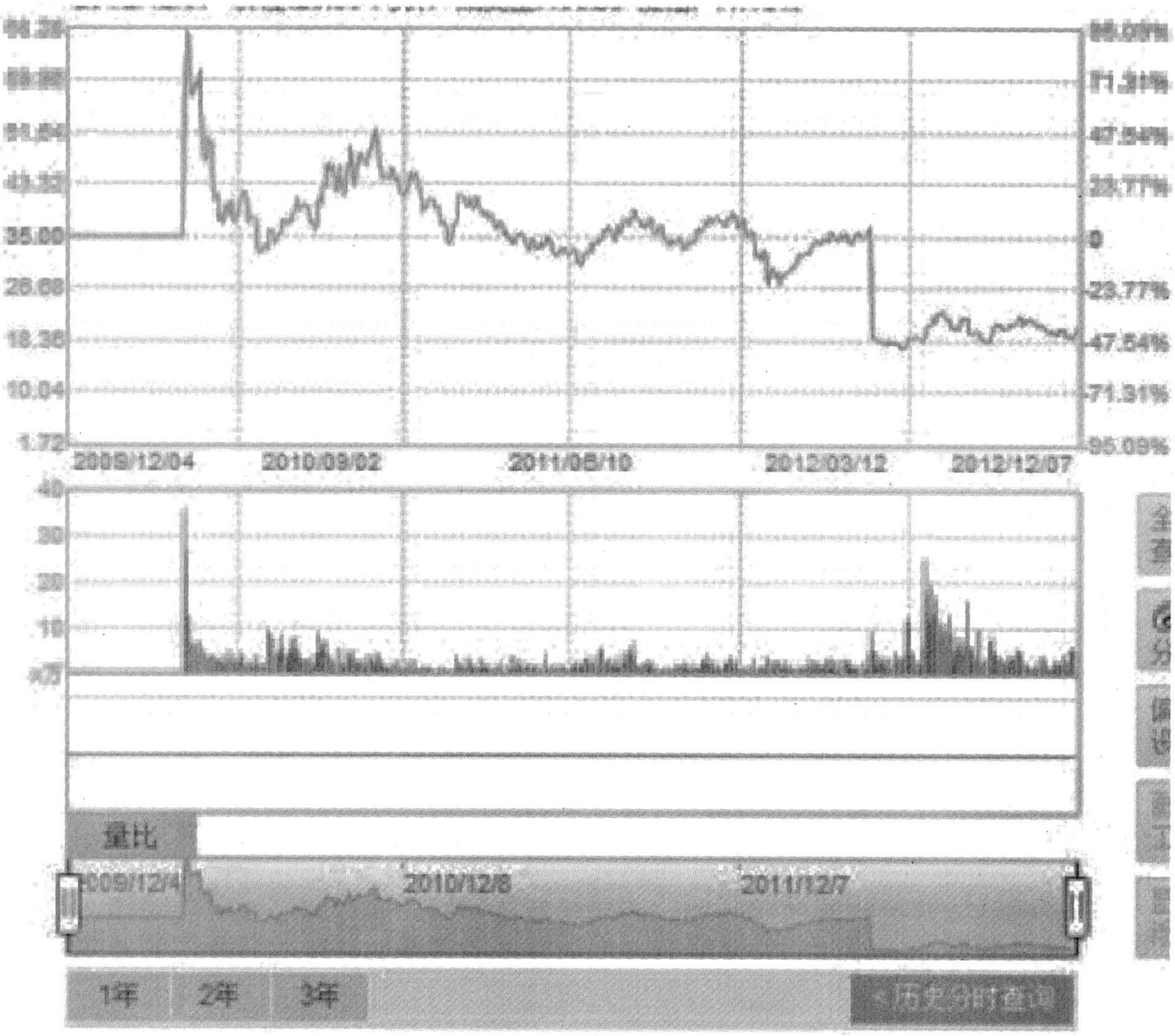

（以上表格为公司股，并非单项农药股数据）

本公司的主营业务是饲料产品生产、销售和农作物种子培育、推广，上述两类主营业务分别围绕养殖业和种植业展开。为充分发挥本公司科研实力和营销网络优势、提升产品之间的协同效应，公司还分别从事动物保健产品和植物保护产品的生产、销售，作为饲料产品和种子产品的两类辅助业务。

---

[20] 桂林集琦药业股份有限公司（以下简称：公司）是一家集研究、生产和销售为一体的高新技术制药企业。公司前身是 1969 年创办的桂林市第三制药厂，1993 年改制成股份公司，

000750，是广西医药行业和桂林市首家上市公司。 公司投资 2.2 亿元建设的产业基地集琦科技园已于 2003 年底竣工投产，集琦科技园的主要生产设备和检测仪器达到世界先进水平，其片剂、颗粒剂、胶囊剂、软胶囊剂、滴眼剂、搽剂和溶液剂共六条生产线、七种剂型已全部通过药品 GMP 认证，形成单班…

---

[21] 山东胜利股份有限公司（股票代码：000407）

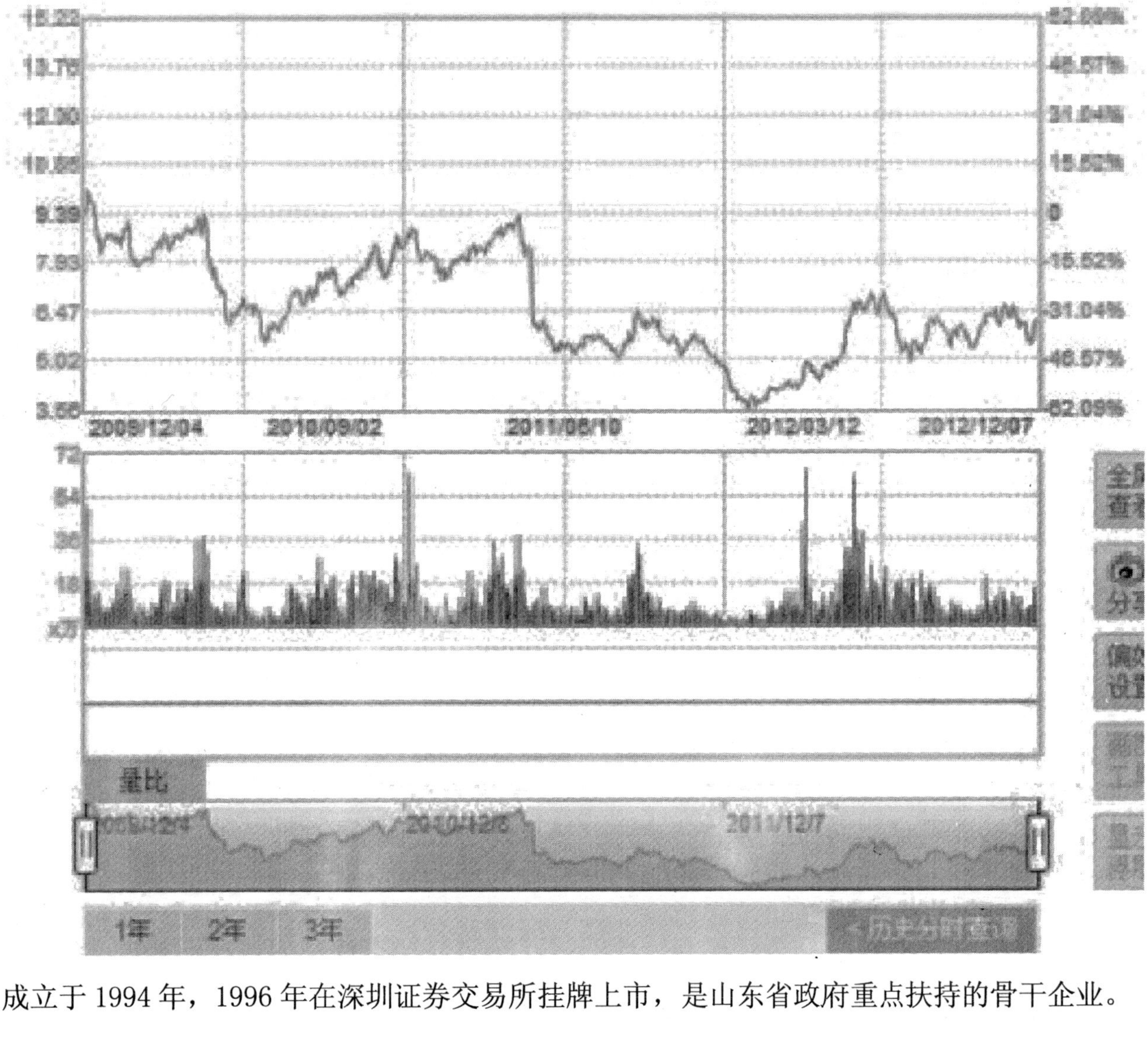

成立于 1994 年，1996 年在深圳证券交易所挂牌上市，是山东省政府重点扶持的骨干企业。公司自成立以来，始终保持快速、健康的发展势头，在涉足的生物、农化、塑胶、地产与投资领域内均取得了长足的发展。旗下生物产业名列中国兽药原料药生产企业 10 强，“胜利生物”在行业内享有极高的品牌美誉度，主导产品出口市场占有率多年稳居全国第一；农化产业是国家定点农药生产企业，“胜邦绿野”生产基地被誉为中国最大的专业除草剂生产基地之一；塑胶产业是国内最具实力的专业聚乙烯管道系统供应商之一，“胜邦管道”被广泛应用于国家城市建设及“西气东输”等大型项目中。子公司青岛胜信滨海置业发展有限公司积极开展城建开发、项目投资等经营活动，投资的青岛欢乐滨海城3000亩土地的“填海造地”项目顺利完成，在“环湾保护、拥湾发展”的战略思想下，正在实施宏大的濒海规划的建设中；子公司青岛胜利石化产品销售有限公司拥有成品油批发经营权与进口燃油经营权，经营规模与市场份额在成品油批发市场上具有较大的区域影响力。

---

[22] 福建三农 (000732)= 泰禾集团：

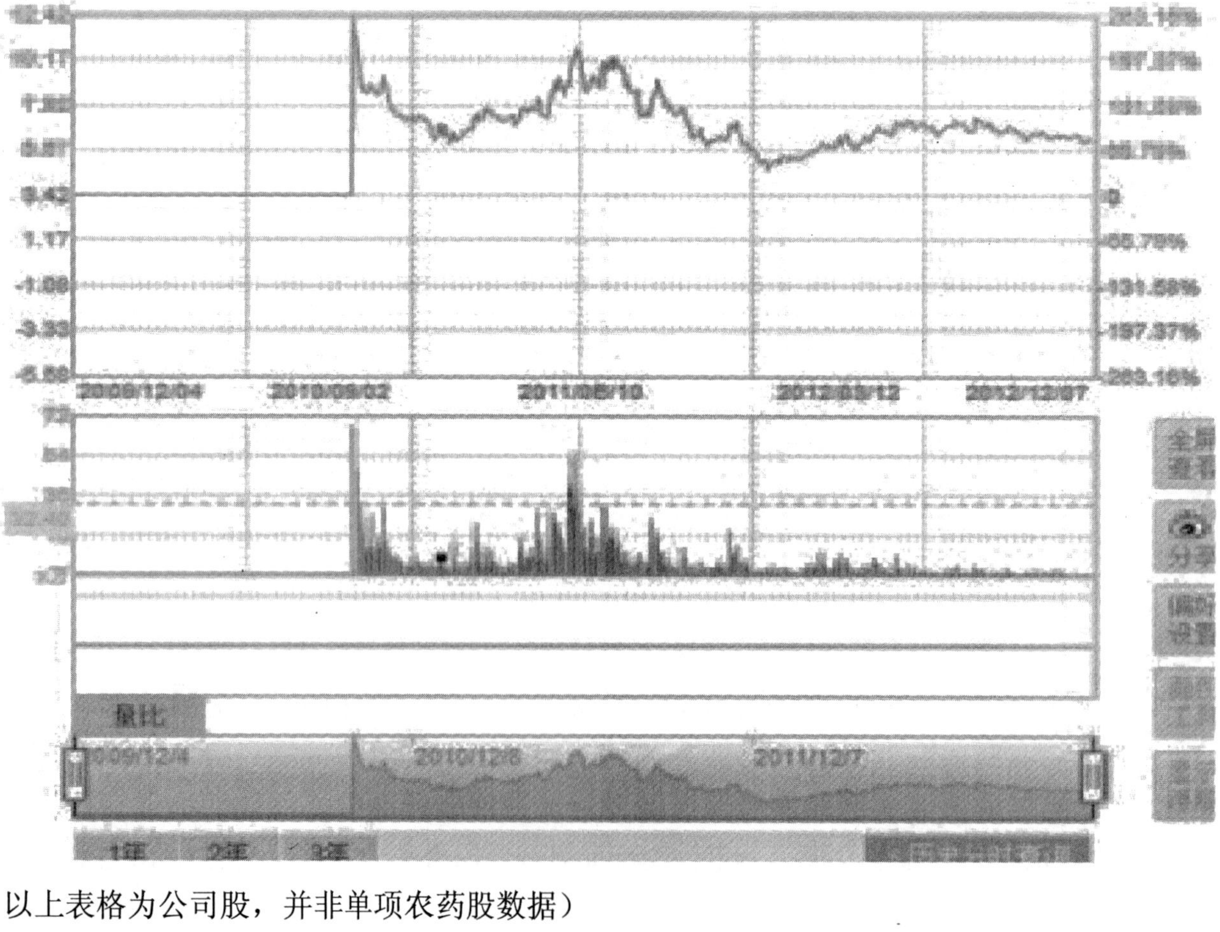

（以上表格为公司股，并非单项农药股数据）

泰禾集团始创于 1996 年，2010 年借壳福建三农成功上市，正式进军中国证券主板市场，成为当年全国范围内唯一实现上市的房地产类企业，并涉足矿业、氟化工等崭新领域，实现多元经营。

福建三农集团股份有限公司，是一家以生产有机磷和精细化工为主，集医药、科研、外贸于一体的国家大一型企业，是国家定点和福建省最大农药生产企业及全国主要农药出口企业之一，也是福建省百家重点企业（集团）和省政府重点扶持的企业。1997 年 7 月在深交所挂牌上市，公司现有总股本 19846.944 万股，其中流通股 11529.7 万股，总资产 33169.5 万元。拥有三家全资子公司福建汇天生物药业有限公司、福建三农农化有限公司、福建省三农化学进出口有限公司。母公司占地面积 25 万平方米，在职员工 1000 多人，其中各类专业技术人员 200 人，具有年产农药原药 2 万吨及年产化工产品 5 万吨的生产能力。下设 7 个生产车间，1 个省级技术中心，现有草甘膦、福草灵、烧碱、氯乙酸、医药中间体等 30 多个产品、40 多个品种，并通过 ISO9001/ 2000 质量体系认证，“白菜牌”系列农药产品荣获“福建省名牌产品”、“福建省著名商标”称号。企业拥有自营出口权，建有省内最大的农药连锁经营销售网络，在湖南、湖北、江西、四川等 14 个主要农业大省设有销售网点。2004 年，公司被农业部评为“全国农资连锁经营重点企业”，产品远销东南亚、欧洲、拉美、非洲等 30 几个国家和地区。

---

[23] 蓝丰生化 (002513):

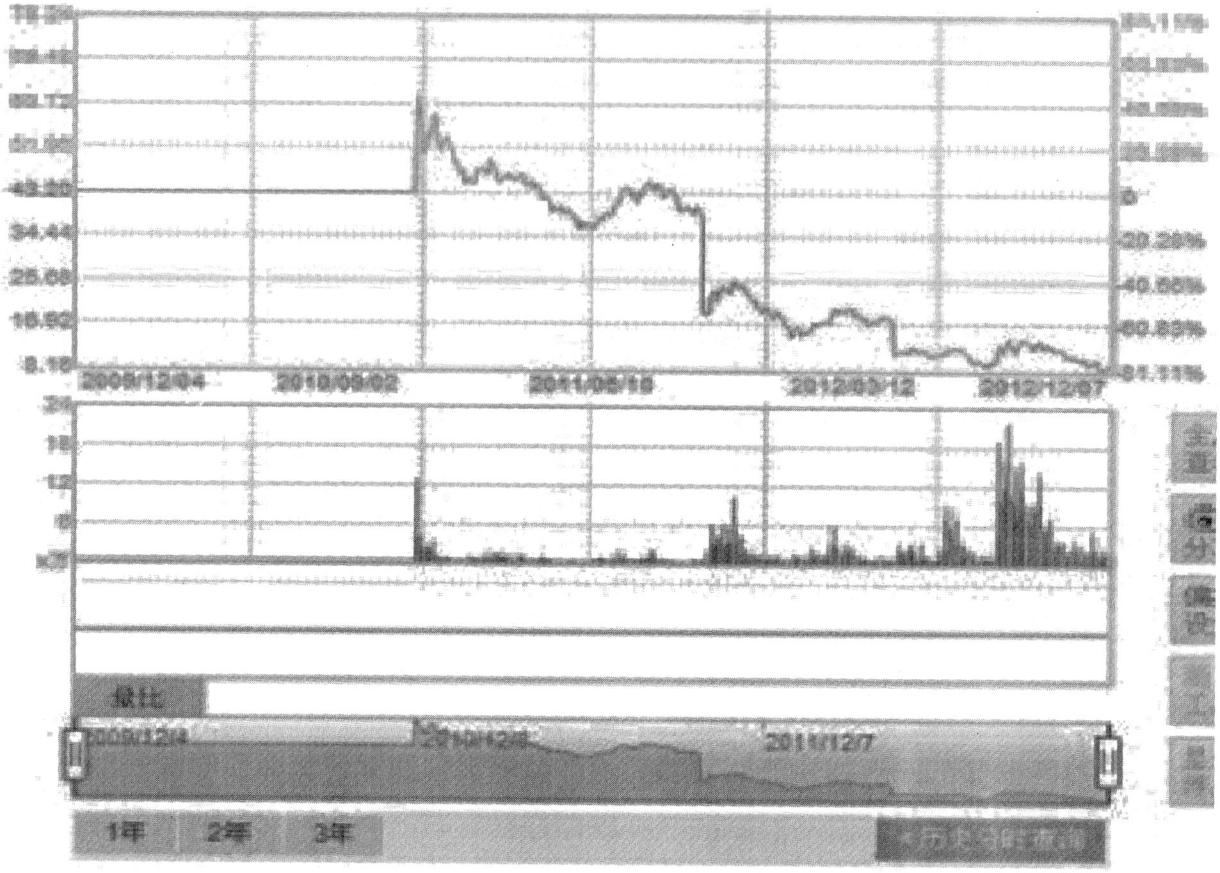

江苏蓝丰生物化工股份有限公司（原江苏苏化集团新沂农化有限公司）是在江苏省新沂农药（厂）有限公司基础上，由江苏苏化集团有限公司、新沂市华益投资管理有限公司、苏州格林投资管理有限公司、苏州国嘉创业投资有限公司等四家公司参股成立的大型农化企业。公司技术优势明显、产品结构合理、质量过硬、市场发展潜力巨大。主要生产杀虫剂、杀菌剂、除草剂及精细化工中间体四大系列的产品，是中国最大的甲基硫菌灵原药生产基地，公司依据拥有光气的优势，可生产高质量的农药、医药及化工中间体。

[24] 丰乐种业(000713)：

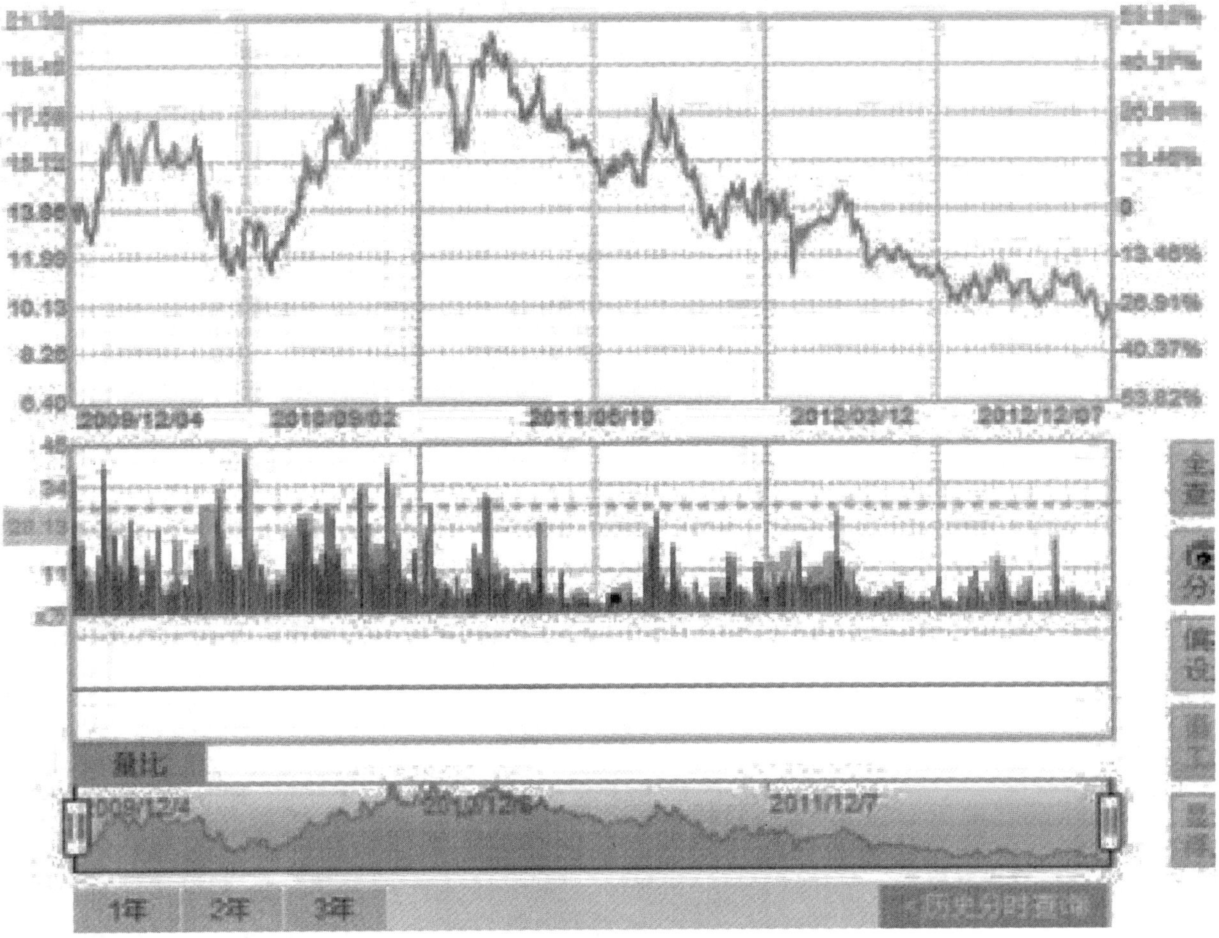

丰乐种业是中国种子行业第一家上市公司，被誉为“中国种业第一股”（股票代码：000713），注册资本 2.99 亿元。公司是以种业为主导，农化、香料产业齐头并进，跨地区、跨行业的综合性公司，集农业产业化国家级重点龙头企业、国家高新技术企业、国家级企业技术中心、安徽省西瓜甜瓜工程技术研究中心等多项荣誉于一身，同时，也是行业内唯一一家同时拥有两块中国名牌和驰名商标的企业 ---- 丰乐水稻种子和玉米种子是“中国名牌”产品，丰乐商标 是“中国驰名商标”，综合实力与规模居中国种子行业前列。公司各项产业蓬勃发展，是中国产销量最大的“两系”杂交水稻种子公司和西甜瓜种子公司；农化产业行业排名 50 强；香料产业产销量国内第一，被誉为“亚洲之香”。

---

[25] 辉丰股份（002496）：

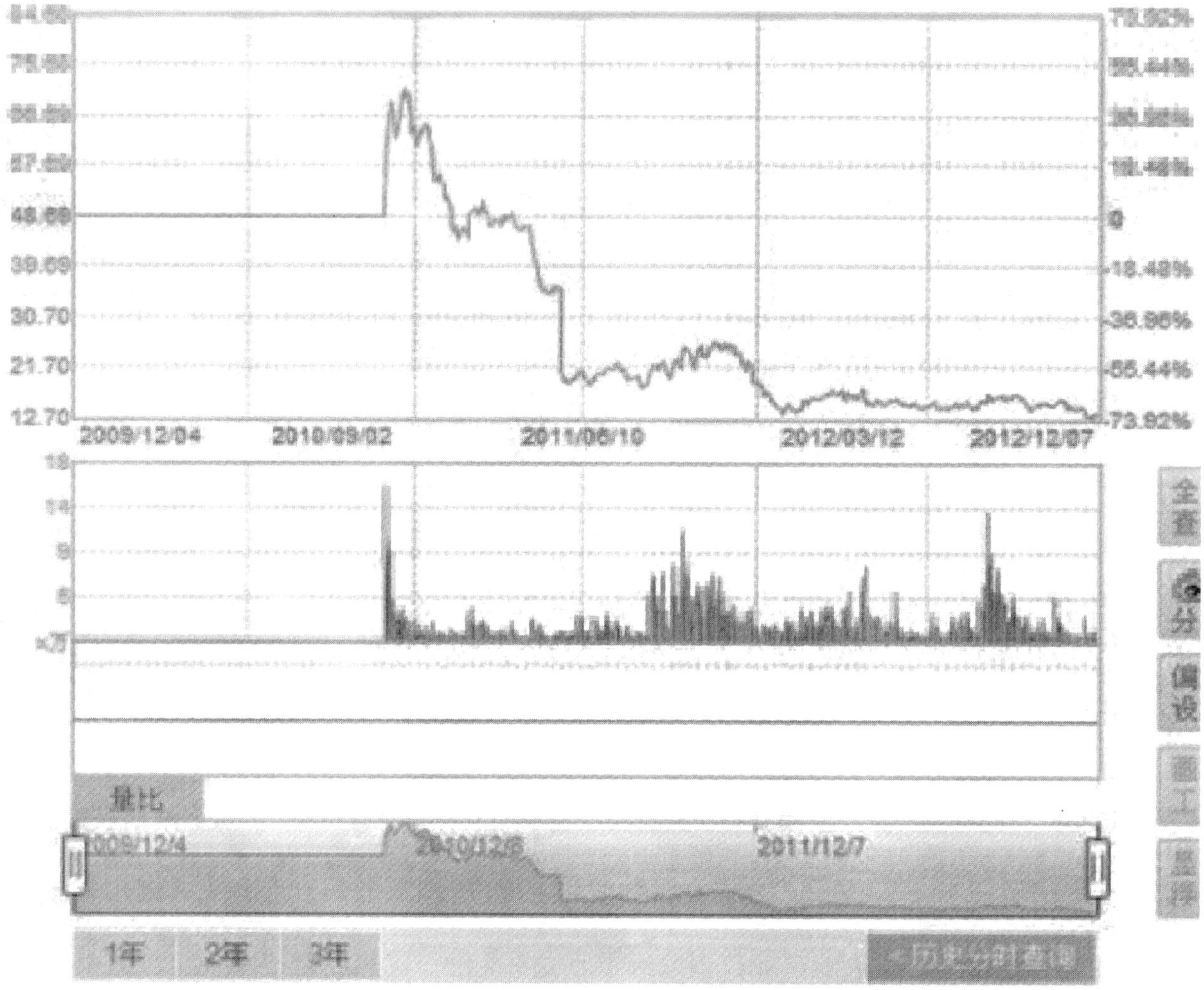

江苏辉丰农化股份有限公司系国家农药定点骨干生产企业、国家火炬计划重点高新技术企业。公司成立于 1989 年，1999 年经江苏省人民政府批准，通过股份制改造，发起成立江苏辉丰农化股份有限公司。经过 20 多年的拼搏发展，从一个名不见经传的小企业，发展成为如今集研发、生产、国内市场、渠道、国际贸易于一体的全国知名农药企业。公司拥有两个生产事业部和一家全资控股公司上海迪拜植保有限公司。具有合成原药、加工、复配制剂 10 万吨的生产能力，成为世界第一的咪鲜胺研发和产业化基地。拥有生产能力中国第一、世界第二的 2,4-D 原药、氰氟草酯原药和辛酰溴苯腈原药的单线生产装置。

[26] 长青股份（002391）：

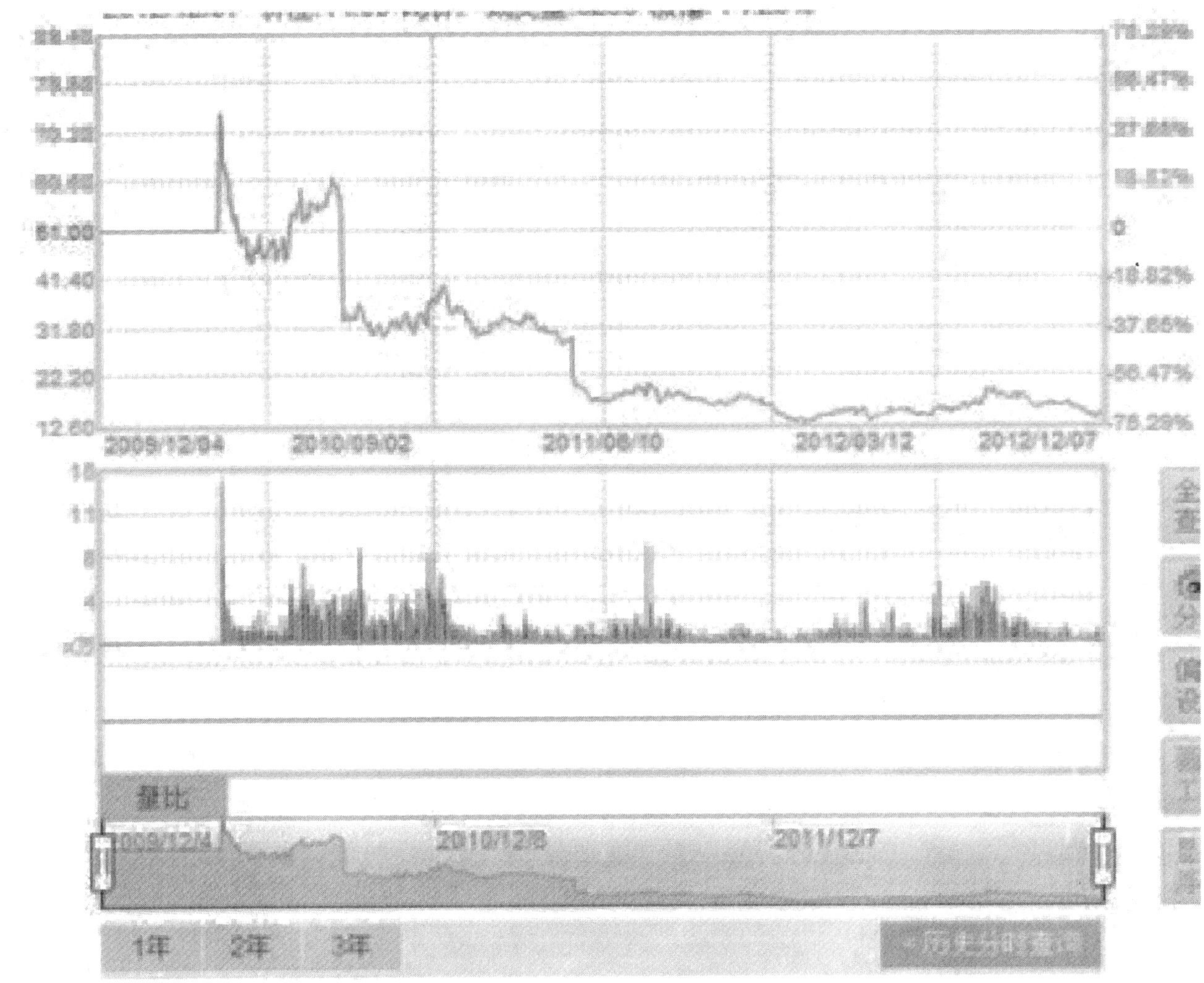

江苏长青农化股份有限公司系国家定点农药生产企业，国家高新技术企业。公司于 2010 年 4 月在深圳证券交易所上市，证券简称“长青股份”，股票代码 002391。公司现有员工 700 多人，占地面积 32 万多平方米，总资产 16.57 亿元，净资产 15.61 亿元。公司设备精良、自动化程度高，以合成农药、农药中间体为主，同时生产多种剂型制剂，现已具备年产万吨原药和数万吨制剂的生产能力。公司的“长青”商标为“中国驰名商标”，现有产品中拥有中国名牌产品，国家重点新产品，省高新技术产品，省名牌产品。一流的产品质量和完善的售后服务使长青产品畅销国内 20 多个省、市、自治区，远销欧美、东南亚。

[27] 华北制药 (600812)：

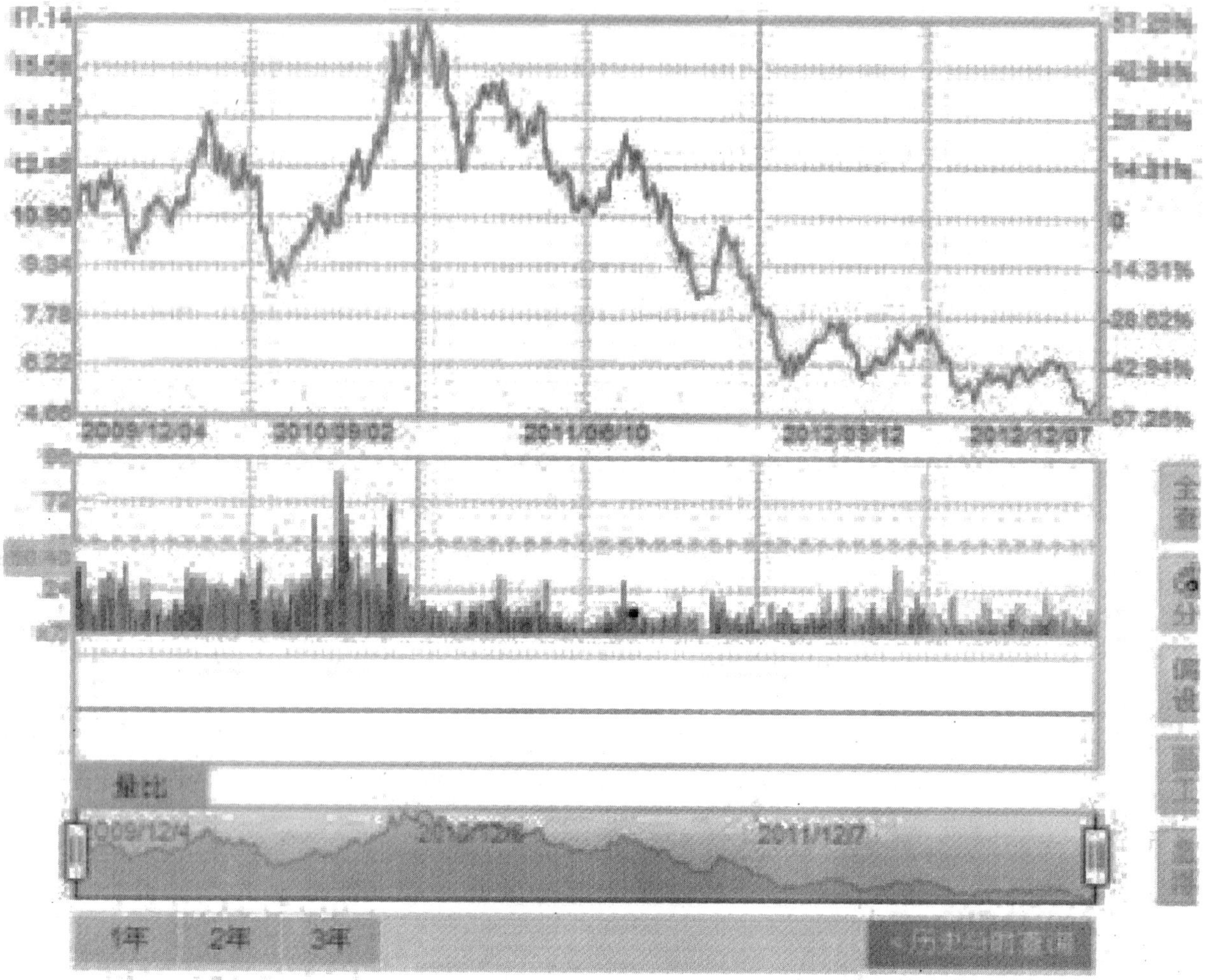

华北制药集团有限责任公司是我国最大的制药企业之一，位于河北省省会石家庄市。公司的前身华北制药厂是中国〞一五〞计划期间的重点建设项目，由前苏联援建的 156 项重点工程中的抗生素厂、淀粉厂和前民主德国引进的药用玻璃厂组成，1953 年 6 月开始筹建，总投资 7588 万元，1958 年 6 月全部投产。华北制药厂的建成，开创了我国大规模生产抗生素的历史，结束了我国青霉素、链霉素依赖进口的历史，缺医少药的局面得到显著改善。

建成五十多年来，华药稳健经营，逐步壮大，经营范围不断拓展，销售额持续增长，业绩保持优良，主要经济指标始终处于国内同行业前列。与投产时相比，主要产品由 5 个增加到目前的包括抗生素原料药（中间体）、维生素及营养保健品、生物农兽药、现代生物技术药物、制剂五大系列 700 余个品种；

[28] 海正药业(600267)：

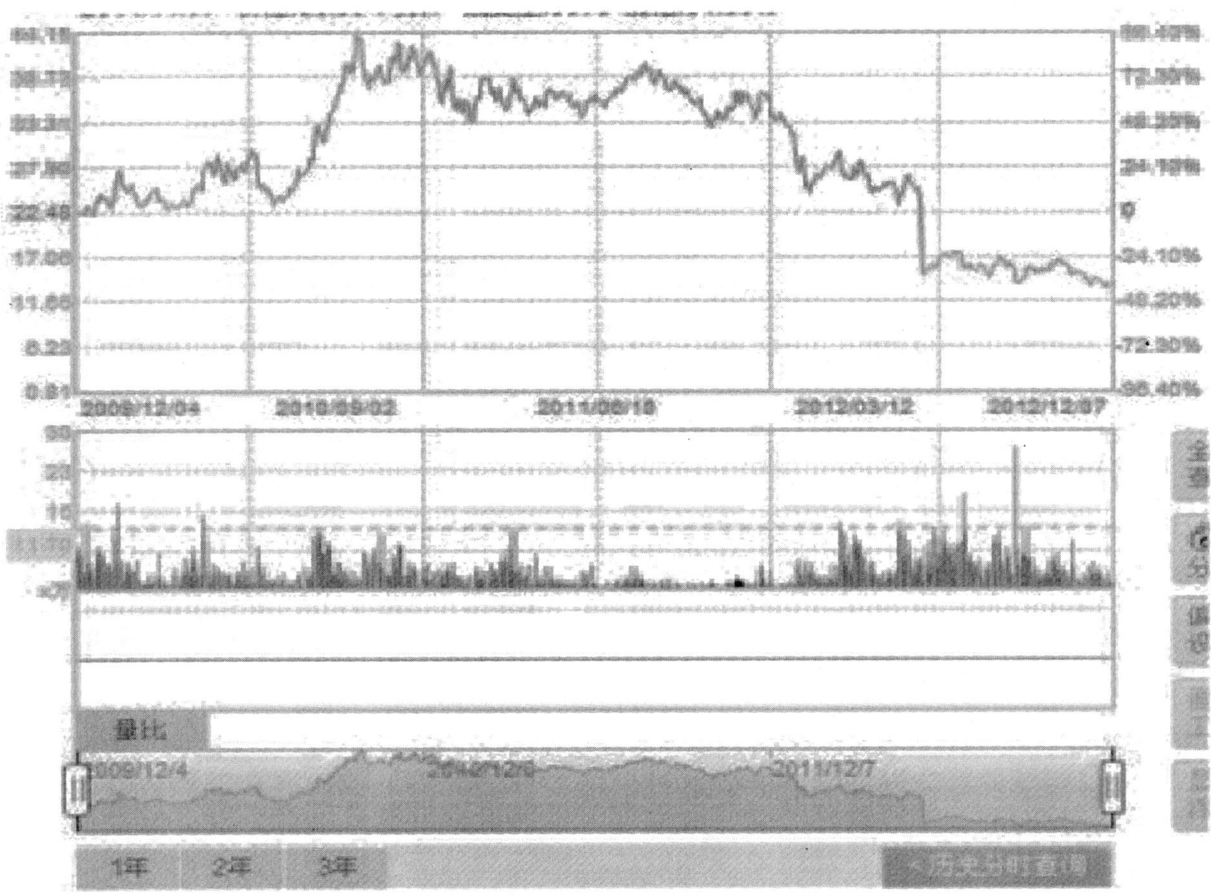

浙江海正化工股份有限公司系浙江海正集团旗下国有控股子公司，创建于1998年，是国家定点农药综合性生产企业。海正化工占地面积312000平方米，总资产逾4亿元，科技人员占35%以上。公司本部位于浙江省台州市，下设两个全资子公司，两个国外合资控股公司，一个省级研究开发中心。公司成立以来，先后通过了ISO9000、ISO14001、中国农药行业首批AA级信用企业、国家高新技术企业、浙江省安全标准化示范企业等认证。阿维菌素获原化工部科技进步一等奖、国家〃八五〃科技攻关重大科技成果奖、国家〃八五〃技术改造优秀项目奖等奖项。承担了甲氨基阿维菌素国家“九五科技攻关”项目，微生物源杀菌剂长川霉素被列入国家“十一五”科技支撑计划原药创制项目。原药及制剂产品覆盖了杀虫、杀菌、除草、园林等多个领域，并拥有必绿、啶咪瑱隆、镇害等多个独家登记及专利产品。海正化工85%产品行销于世界50多个国家，与拜耳、先正达、勃林格殷格翰、科麦农等跨国公司建立了长期战略合作伙伴关系。

河北新兴化工有限责任公司

河北新兴化工有限责任公司（原中国人民解放军第九七一五工厂），是一家有着40多年辉煌历史、实力雄厚的国家定点生产企业。1971年建厂，注册资金5012万元，总资产4.3亿元。现有员工1000多人。公司于1997年通过ISO9000国际质量管理体系认证；1999年计量管理通过国家级确认；质检中心、财务中心通过国家二级认证；拥有省级技术中心。技术力量雄厚。

主要产品：杀虫剂：80%氧乐果原药、40%氧乐果乳油、98%双甲脒原药。除草剂：95%嗪草酮原药、50%、70%可湿性粉剂；94%恶草酮原药及12.5%、25%恶草酮乳油。基础化工原料：氯甲烷。医药中间体：盐酸乙脒等。

农药产品40%氧乐果乳油是一种被广泛应用的大田杀虫剂。是小麦蚜虫、水稻飞虱、纵卷叶螟害虫防治的首选药剂。40%氧乐果乳油为中等毒，低残留，杀虫效果好。多年使用的药效表明，在防治小麦蚜虫上的防治效果达95%以上，在消费者中有着非常好的信誉。

我公司于1982年从事氧乐果生产，是目前国内氧乐果原药生产仅存的三大厂家之一。生产能力为制剂9000吨/年，产品收率达67%，居全国氧乐果生产厂家首位。2010年，公司40%

企业名录篇

Enterprise directory

8

企业名录篇

Enterprise directory

安　徽 Anhui

北　京 Beijing

重　庆 Chongqing

福　建 Fujian

甘　肃 Gansu

广　东 Guangdong

广　西 Guangxi

贵　州 Guizhou

海　南 Hainan

河　北 Hebei

黑龙江 Heilongjiang

河　南 Henan

湖　北 Hubei

湖　南 Hunan

江　苏 Jiangsu

江　西 Jiangxi

吉　林 Jilin

辽　宁 Liaoning

内蒙古 Neimenggu

宁　夏 Ningxia

青　海 Qinghai

山　东 Shandong

上　海 Shanghai

山　西 Shanxi

陕　西 Shanxi

四　川 Sichuan

天　津 Tianjin

新　疆 Xinjiang

西　藏 Xizang

云　南 Yunnan

浙　江 Zhejiang

后记：辉煌永不落幕-致所有企业

本栏目由 上海化三粉体设备有限公司冠名

企业名录
Enterprise directory

安徽 Anhui
北京 Beijing
重庆 Chongqing
福建 Fujian
甘肃 Gansu
广东 Guangdong
广西 Guangxi
贵州 Guizhou
海南 Hainan
河北 Hebei
黑龙江 Heilongjiang
河南 Henan
湖北 Hubei
湖南 Hunan
江苏 Jiangsu
江西 Jiangxi
吉林 Jilin
辽宁 Liaoning
内蒙古 Neimenggu
宁夏 Ningxia
青海 Qinghai
山东 Shandong
上海 Shanghai
山西 Shanxi
陕西 Shanxi
四川 Sichuan
天津 Tianjin
新疆 Xinjiang
西藏 Xizang
云南 Yunnan
浙江 Zhejiang

安徽 Anhui

厂家名称：安徽昌山日用化工有限公司
厂家地址：安徽省合肥市霍邱路 87 号
邮政编码 :230061
联系电话 :0551-2236983

厂家名称：安徽常泰化工有限公司
厂家地址：安徽省东至县香隅镇化工园区
邮政编码 :247260
联系电话 :0566-8167462
传真 :0566-8171018

厂家名称：安徽长城生化有限公司
厂家地址：安徽省宿州市砀山县砀城东四公里
邮政编码 :235300
联系电话 :0557-8865606

厂家名称：安徽春辉植物农药厂
厂家地址：安徽省阜阳市阜口路袁寨西 2 公里
邮政编码 :236151
联系电话 :0558-3325118
传真 :0558-3322563

厂家名称：安徽迪邦药业有限公司
厂家地址：安徽省砀山县城北郊一公里
邮政编码 :235300
联系电话 :0557-8890488
传真 :0557-8890488

厂家名称：安徽东盛制药有限公司
厂家地址：安徽省淮南市经济技术开发区振兴路 1 号
邮政编码 :232007
联系电话 :0554-3312862
传真 :0554-3311021

厂家名称：安徽繁农化工科技有限公司
厂家地址：安徽省繁昌县孙村镇工业园西区
邮政编码 :241206
联系电话 :0553-7252086
传真 :0553-72520856

厂家名称：安徽丰乐农化有限责任公司
厂家地址：安徽省合肥市肥西县三河镇
邮政编码 :231221
联系电话 :0551-5360938
传真 :0551-5572534

厂家名称：安徽丰特农化有限公司
厂家地址：安徽省桐城市吕亭镇
邮政编码 :231420
联系电话 :025-84392733
传真 :025-84392733

厂家名称：安徽阜阳开发区忠孝制香厂
厂家地址：安徽省阜阳县开发区京九办事处木庄村老庄
邮政编码 :236000
联系电话 :0558-3956037
传真 :0558-3956037

厂家名称：安徽阜阳天方化工农药厂
厂家地址：安徽省阜阳市阜口路袁寨西
邮政编码 :236151
传真 :0558-5111143

厂家名称：安徽富田农化有限公司
厂家地址：安徽省东至县香隅化工园区
邮政编码 :247260
联系电话 :0566-5291867
传真 :0566-5291869

厂家名称：安徽广信集团铜陵化工有限公司
厂家地址：安徽省铜陵市铜陵县金城工业园
邮政编码：242200
联系电话：0562-8836000
传真：0562-8836000

厂家名称：安徽广信农化股份有限公司
厂家地址：安徽省广德县新杭镇彭村
邮政编码：242235
联系电话：0563-6038999
传真：0563-6832665

厂家名称：安徽国星生物化学有限公司
厂家地址：安徽省马鞍山市当涂经济开发区程桥外滩红太阳
邮政编码：211300
联系电话：025-57888659
传真：025-57886828

厂家名称：安徽海成生物化学有限公司
厂家地址：安徽省界首市天安集团5号楼2楼
邮政编码：236500
联系电话：0558-4820923
传真：0558-4821912

厂家名称：安徽禾丰农药厂
厂家地址：安徽省阜阳市阜涡路周棚西三公里阜阳市棉种场
邮政编码：236027
联系电话：0558-3520193
传真：0558-3520116

厂家名称：安徽华星化工股份有限公司
厂家地址：安徽省巢湖市和县乌江镇
邮政编码：238251
联系电话：0551-5620568/5848148
传真：0551-5848144

厂家名称：安徽嘉联生物科技有限公司
厂家地址：安徽省桐城市新渡镇新港路1号
邮政编码：231470
联系电话：0556-6810777
传真：0556-6810777

厂家名称：安徽佳田森农药化工有限公司
厂家地址：安徽省东至县香隅镇化学工业园区
邮政编码：247260
联系电话：0556-8167355
传真：0556-8167358

厂家名称：安徽金色地丰农化有限公司
厂家地址：安徽省利辛县利张路工业区
邮政编码：236700
联系电话：0558-8801658
传真：0558-8801658

厂家名称：安徽金泰农药化工有限公司
厂家地址：安徽省肥东县循环经济示范园纬四路
邮政编码：231600
联系电话：0551-7602008
传真：0551-7602066

厂家名称：安徽锦邦化工股份有限公司
厂家地址：安徽省合肥市合裕路惠商大厦
邮政编码：230011
联系电话：0551-4532424,4528127
传真：0551-4523256

厂家名称：安徽九泰农药有限公司
厂家地址：安徽省宿州市埇桥区杨庄乡奎河西
邮政编码：234118
联系电话：0557-4311699

厂家名称：安徽康达化工有限责任公司
厂家地址：安徽省亳州市谯城区亳魏路2号
邮政编码：236822
联系电话：0558-5559611
传真：0558-5559234

厂家名称：安徽康宇生物科技工程有限公司
厂家地址：安徽省滁州市天长市西城区工业园天滁路
邮政编码：239300
联系电话：0550-7621188
传真：0550-76211876

厂家名称：安徽科立华化工有限公司
厂家地址：安徽省宿州市经济开发区科苑工业园
邮政编码：232100
联系电话：0557-3327007
传真：0557-3327007

厂家名称：安徽科苑植保工程有限责任公司
厂家地址：安徽省合肥市庐阳区农科南路40号
邮政编码：230031
联系电话：0551-5160911
传真：0551 — 51609026

厂家名称：安徽立康杀虫制

品有限公司
厂家地址：安徽省六安市经济开发区皋城东路1号
邮政编码:237000
联系电话:0564-3636622/3636637
传真:0564-3636623

厂家名称：安徽陆野农化有限责任公司
厂家地址：安徽省亳州市谯城区十河工业区
邮政编码:236839
联系电话:0558-5226003
传真:0558-5663240

厂家名称：安徽美科达农化有限公司
厂家地址：安徽省巢湖市无为县十里乡工业园
邮政编码:238300
联系电话:0565-6322915/6397777
传真:0565-63977776

厂家名称：安徽美兰农业发展股份有限公司
厂家地址：安徽省合肥市国家高新区望江西路800号创新产业园D2楼6层
邮政编码:230088
联系电话:0551-8500918
传真:0551-8500918

厂家名称：安徽全力集团有限公司
厂家地址：安徽省潜山县舒州东路49号
邮政编码:246300
联系电话:0556-8935199

厂家名称：安徽三荷日用品有限公司
厂家地址：安徽省六安市经济技术开发区
邮政编码:237000
联系电话:0564-3680475
传真:0564-3680475

厂家名称：安徽沙隆达生物科技有限公司
厂家地址：安徽省淮南市谢家集区东津渡路
邮政编码:232033
联系电话:0554-5683125

厂家名称：安徽生力农化有限公司
厂家地址：安徽省宁国市汪溪镇石村
邮政编码:242300
联系电话:0563-4308777
传真:0563-43089156

厂家名称：安徽省安庆市南风日化有限责任公司
厂家地址：安徽省安庆市渡江路11号
邮政编码:246003
联系电话:0556-5207272
传真:0556-5208175

厂家名称：安徽省安庆市兴隆化工有限责任公司
厂家地址：安徽省安庆市华中东路250号
邮政编码:246003
联系电话:0556-5200796

厂家名称：安徽省安庆市茁壮农药有限公司
厂家地址：安徽省安庆市岳西县前进路19号工商大厦4楼
邮政编码:246600
联系电话:0556-2172655
传真:0556-21726556

厂家名称：安徽省安庆一枝梅日化有限公司
厂家地址：安徽省安庆市人民路25号
邮政编码:246003
联系电话:13033199488
传真:0556-87262806

厂家名称：安徽省蚌埠九采罗化学有限公司
厂家地址：安徽省蚌埠市华光大道1135号
邮政编码:233045
联系电话:0551-2628349

厂家名称：安徽省巢湖市农药化工厂
厂家地址：安徽省巢湖市光明路13号
邮政编码:238000
联系电话:0565-2337206
传真:0565-2337206

厂家名称：安徽省池州新赛德化工有限公司
厂家地址：安徽省池州市杏村西路318号
邮政编码:247000
联系电话:0566-2031558
传真:0566-2031558

厂家名称：安徽省丰臣农化有限公司
厂家地址：安徽省利辛县利张路工业区
邮政编码:230031
联系电话:0551-5578135
传真:0558-8051388

厂家名称：安徽省广德县农药厂
厂家地址：安徽省广德县三关岭
邮政编码:242200
联系电话:0563-6022389
厂家名称：安徽省广德县青

山卫生实验厂
厂家地址：安徽省广德县祠山岗乡祠山岗村
邮政编码：242200
联系电话：0551-286067

厂家名称：安徽省国家农药剂型工程技术中心
厂家地址：安徽省合肥市阜阳北路 363 号
邮政编码：230041
联系电话：0551-5536014
传真：0551-55360146

厂家名称：安徽省合肥飞雁日用化工厂
厂家地址：安徽省合肥市东七站塘路天使苑 18 幢 204 室
邮政编码：230000
联系电话：0551-3438487, 4410602
传真：0551-3438487

厂家名称：安徽省合肥福瑞德生物化工厂
厂家地址：安徽省合肥市庐阳区庐江路 64 号 14 幢 306 室
邮政编码：230061
联系电话：0551-7336887
传真：0551-7336189

厂家名称：安徽省合肥海明日用化工厂
厂家地址：安徽省合肥市肥西县北张乡
邮政编码：230012
联系电话：0551-2655635
传真：0551-2655635

厂家名称：安徽省合肥精细化工公司
厂家地址：安徽省合肥市龙岗工业区 B 区
邮政编码：230041
联系电话：0551-5578277
传真：0551-5578277

厂家名称：安徽省合肥农药厂
厂家地址：安徽省合肥市庐阳区濉溪路 254 号
邮政编码：230041
联系电话：0551-5617445
传真：0551-55210056

厂家名称：安徽省合肥天润日用化工公司
厂家地址：安徽省合肥市蒙城北路和煦园 18 号楼 1104 室
邮政编码：230041
联系电话：0551-5552522-801
传真：0551-5552522-805

厂家名称：安徽省合肥益丰化工有限公司
厂家地址：安徽省合肥市龙岗工业区 A 区
邮政编码：231633
联系电话：0551-7686636
传真：0551-7685500

厂家名称：安徽省合肥正宇工贸有限公司
厂家地址：安徽省合肥市瑶海工业园合磨路站北社居委
邮政编码：230000
联系电话：0551-4320299
传真：0551-4320277

厂家名称：安徽省恒发种衣剂厂
厂家地址：安徽省泾县城北郊
邮政编码：242523
联系电话：05631-586300

厂家名称：安徽省化工研究院试验工厂
厂家地址：安徽省合肥市庐阳区阜阳北路 363 号
邮政编码：230041
联系电话：0551-5527958
传真：0551-55242696

厂家名称：安徽省怀远县常灵化工厂
厂家地址：安徽省怀远县
邮政编码：233413
联系电话：0552-8671267

厂家名称：安徽省淮北市农药厂
厂家地址：安徽省淮北市经济开发区凤凰山工业园
邮政编码：235000
联系电话：0561-3230308
传真：0561-3889147

厂家名称：安徽省淮南市田家庵区九龙杀虫剂厂
厂家地址：安徽省淮南市田区洞山上湖
邮政编码：232001
联系电话：0554-2118715
传真：0554-26797496

厂家名称：安徽省黄山市农业化工厂
厂家地址：安徽省黄山市屯溪区资口亭路 82 号
邮政编码：245000
联系电话：0559-2512886

厂家名称：安徽省界首市速灵灭蚊制品厂
厂家地址：安徽省阜阳市界首市新阳西路 55 号
邮政编码：236500
联系电话：0558-4821996
传真：0558-4825909

厂家名称：安徽省锦江农化有限公司
厂家地址：安徽省巢湖地区庐江县泥河镇
邮政编码 :231561
联系电话 :0565-7776866

厂家名称：安徽省蒙城县凯源日用化学品厂
厂家地址：安徽省亳州市蒙城县蒙涡路 312 号
邮政编码 :233500
联系电话 :0558-7622993
传真 :0558-7634779

厂家名称：安徽省潜山县强立香业日用品厂
厂家地址：安徽省安庆市潜山县西环路 88 号
邮政编码 :246300
联系电话 :0556-8933323
传真 :0556-89333236

厂家名称：安徽省来安县扬子气雾剂有限责任公司
厂家地址：安徽省来安县高级职业中学内
邮政编码 :239200
联系电话 :0550-3258669
传真 :0550-3258669

厂家名称：安徽省宁国市朝农化工有限责任公司
厂家地址：安徽省宣城市宁国市宁阳西路 288 号
邮政编码 :242300
联系电话 :0563-4180918
传真 :0563 — 41801046

厂家名称：安徽省庆丰农化有限责任公司
厂家地址：安徽省滁州市来安县张山乡玉带村
邮政编码 :239200
联系电话 :0550-5612687
传真 :0550-56133666

厂家名称：安徽省利辛县消杀药剂厂
厂家地址：安徽省利辛县王人经济开发区
邮政编码 :236714
联系电话 :0558-8079218

厂家名称：安徽省宁国市农药化工总厂
厂家地址：安徽省宁国市宁阳西路 70 号经贸大楼
邮政编码 :242300
联系电话 :0563-4028958

厂家名称：安徽省全椒县济民化工厂
厂家地址：安徽省全椒县南屏大道 136 号
邮政编码 :
联系电话 :0550-5016248
传真 :0550-5016248

厂家名称：安徽省灵璧县通达化工厂
厂家地址：安徽省灵璧县朝阳镇南首
邮政编码 :234221
联系电话 :0557-6581688

厂家名称：安徽省宁国县农药厂
厂家地址：安徽省宣城地区宁国县河沥溪东马路 160 号
邮政编码 :242300
联系电话 :05639-423314

厂家名称：安徽省全椒县椒陵精细化工厂
厂家地址：安徽省滁州市全椒县武岗镇中心街道
邮政编码 :239525
联系电话 :0550-5255429
传真 :0550-5255429

厂家名称：安徽省六安利庭日用化工有限公司
厂家地址：安徽省六安市裕安区私营经济园
邮政编码 :237005
联系电话 :0564-3284406

厂家名称：安徽省农科院皖江生物技术实验工厂
厂家地址：安徽省巢湖地区庐江县泥河工业开发区
邮政编码 :231561
联系电话 :0565-7776866

厂家名称：安徽省全椒县龙雾精细化工有限公司
厂家地址：安徽省全椒县武岗镇中心街道
邮政编码 :239521
联系电话 :0550-5255438

厂家名称：安徽省六安市种子公司安丰种衣剂厂
厂家地址：安徽省六安市经济开发区
邮政编码 :237161
联系电话 :0564-3630242
传真 :0564-3630002

厂家名称：安徽省农业生产资料公司农药分装厂
厂家地址：安徽省合肥濉溪路 270 号
邮政编码 :230041
联系电话 :0551-5547366
传真 :0551-5522842

厂家名称：安徽省瑞特农化有限公司
厂家地址：安徽省当涂县姑孰镇提署东路 10 号附 1
邮政编码 :243100
联系电话 :0555-6735063

传真：0555-6735571

厂家名称：安徽省圣丹生物化工有限公司
厂家地址：安徽省合肥市阜阳北路436号骏豪商务中心1406
邮政编码：230041
联系电话：0551-5535365

厂家名称：安徽省四达农药化工有限公司
厂家地址：安徽省和县乌江镇精细化工园区
邮政编码：238251
联系电话：0555-2568108
传真：0555-2568100

厂家名称：安徽省宿县农药厂
厂家地址：安徽省宿县地区宿州市汴河路66号
邮政编码：234000
联系电话：0557-2011763

厂家名称：安徽省宿州市化工厂
厂家地址：安徽省宿州市埇桥区东十里
邮政编码：234000
联系电话：0557-3338986
传真：(0557)3338979

厂家名称：安徽省太和县东兴助剂有限公司
厂家地址：安徽省太和县经济开发区太何路6号
邮政编码：236600
联系电话：0558-8629122
传真：0558-8652219

厂家名称：安徽省太和县绿环宝生物消杀剂有限公司
厂家地址：安徽省太和县镜湖西路26号5楼2号门302室
邮政编码：
联系电话：0558-8655301
传真：0558-8630047

厂家名称：安徽省太和县农药厂
厂家地址：安徽省太和县县城北关经济技术开发区
邮政编码：236600
联系电话：0558-8622045
传真：0558-8622045

厂家名称：安徽省太和县鑫露达日化有限公司
厂家地址：安徽省太和县人民南路建设巷2号2门202室
邮政编码：236600
联系电话：0558-8625037
传真：0558-8625037

厂家名称：安徽省太湖睡安蚊香厂
厂家地址：安徽省太湖县徐桥镇新街111号
邮政编码：246400
联系电话：0556-4519088
传真：0556-4519088

厂家名称：安徽省天长市天洋农药化工有限责任公司
厂家地址：安徽省天长市杨村工业区
邮政编码：239304
联系电话：0550-7762198
传真：0550-7762198

厂家名称：安徽省桐城市凤凰香业有限公司
厂家地址：安徽省桐城市三十铺镇
邮政编码：231420
联系电话：0556-6567088
传真：0556-65671116

厂家名称：安徽省铜陵福成农药有限公司
厂家地址：安徽省铜陵县钟鸣镇丰泉东路
邮政编码：244121
联系电话：0562-8727032
传真：0562-8727191

厂家名称：安徽省铜陵有色鑫江实业有限责任公司金兰冶化厂
厂家地址：安徽省铜陵市铜官山区梅塘新村
邮政编码：244101
联系电话：0562-2864170

厂家名称：安徽省望江县名城化工有限责任公司
厂家地址：安徽省望江县城西路152号
邮政编码：246200
联系电话：0556-7171657

厂家名称：安徽省涡阳县化工总厂
厂家地址：安徽省亳州市涡阳县谯城区
邮政编码：236822
联系电话：0558-5661958

厂家名称：安徽省芜湖邦妮洗涤用品有限责任公司
厂家地址：安徽省芜湖市中山南路183号
邮政编码：241002
联系电话：0553-4814562-6040
传真：0553-4814355

厂家名称：安徽省芜湖市南新日化有限责任公司
厂家地址：安徽省南陵县城关芜南路

邮政编码 :242400
联系电话 :0553-6823535

厂家名称 : 安徽省萧县农药厂
厂家地址 : 安徽省萧县丁里镇
邮政编码 :235200
联系电话 :0557-5566242

厂家名称 : 安徽省益农化工有限公司
厂家地址 : 安徽省六安市舒城县城关镇县城城南郊 206 国道边
邮政编码 :231300
联系电话 :0564-8622435
传真 :0564-86248846

厂家名称 : 安徽省银山药业有限公司
厂家地址 : 安徽省合肥市祁门路 1777 号辉隆大厦 4 楼
邮政编码 :230022
联系电话 :0551-64393207
传真 :0551-64393203

厂家名称 : 安徽省亳州市百施乐生化有限责任公司
厂家地址 : 安徽省亳州市谯城区亳古路 18 号
邮政编码 :236840
联系电话 :0558-5185222
传真 :0558-51855886

厂家名称 : 安徽省亳州市海日农化有限责任公司
厂家地址 : 安徽省亳州市谯城区亳古路 19 号
邮政编码 :236800
联系电话 :0558-5689389
传真 :0558-5130706

厂家名称 : 安徽天恒农化科技发展有限公司
厂家地址 : 安徽省泾县琴溪镇 3 甲 30 号
邮政编码 :242523
联系电话 :0563-5400300
传真 :0563-5400924

厂家名称 : 安徽桐丰农药化工有限公司
厂家地址 :
邮政编码 :231400
联系电话 :0556-6200028
传真 :0556-6200028

厂家名称 : 安徽喜洋洋农资连锁有限公司
厂家地址 : 安徽省庐江县移湖北路 189 号
邮政编码 :230088
联系电话 :0551-5848148

厂家名称 : 安徽亚华医药化工有限公司
厂家地址 : 安徽省淮南市大通区上窑镇工业区
邮政编码 :232007
联系电话 :0554-3601898
传真 :0554-3601898

厂家名称 : 安徽亚孚化学有限公司
厂家地址 : 安徽省宿州市北十里
邮政编码 :234000
联系电话 :0557-3338888
传真 :0557 － 3312239

厂家名称 : 安徽扬子化工有限公司
厂家地址 : 安徽省池州市东至县香隅化工园区
邮政编码 :247200
联系电话 :0519-83561282

厂家名称 : 安徽永丰农药化工有限公司
厂家地址 : 安徽省宿州市汴河东路 144 号棉麻综合楼东单元 7 楼
邮政编码 :234000
联系电话 :0557-3050966/3068668
传真 :0557-3068668

厂家名称 : 安徽正峰日化有限公司
厂家地址 : 安徽省六安市经济开发区经六路
邮政编码 :237001
联系电话 :0564-3633699
传真 :0564-3633699

厂家名称 : 安徽中山化工有限公司
厂家地址 : 安徽省池州市东至县香隅化工园区
邮政编码 :247260
联系电话 :0566-8167588
传真 :0566-8167688

厂家名称 : 安徽中天化工有限公司
厂家地址 : 安徽省合肥市青阳北路颐和花园 4 幢 101 室
邮政编码 :230031
联系电话 :0551-5114969
传真 :0551-5114969

厂家名称 : 安徽众邦生物工程有限公司
厂家地址 : 安徽省合肥市蜀山区高新技术产业开发区众邦路 8 号
邮政编码 :230031
联系电话 :0551-5313411
传真 :0551-5131411

厂家名称 : 安徽琪嘉日化有

限责任公司
厂家地址：安徽省淮北市烈山区宿丁路888号
邮政编码:235000
联系电话:0561-4083228
传真:021-56873721

厂家名称：安徽榄菊日用制品有限公司
厂家地址：安徽省明光市工业园区
邮政编码:239400
联系电话:0550-8153973
传真:0550-8153973

厂家名称：安徽砀山圣丰生化有限公司
厂家地址：安徽省砀山县经济开发区
邮政编码:235300
联系电话:0557-8811518
传真:0557-8811896

厂家名称：安庆博远生化科技有限公司
厂家地址：安徽省安庆市经济技术开发区三期工业园
邮政编码:246008
联系电话:0556-5422966
传真:0556-5422968

厂家名称：安庆美程化工有限公司
厂家地址：安徽省安庆市蜡烛山省化校内
邮政编码:246005
联系电话:0556-5372109
传真:055653755976

厂家名称：安庆强华益农化工有限责任公司
厂家地址：安徽省安庆市迎江区棋盘山路212号
邮政编码:246003
联系电话:0556-5349516
传真:0556-55836526

厂家名称：澳大利亚拜迪斯有限公司
厂家地址：安徽省合肥市高新区红枫路7号A座12楼
邮政编码:230088
联系电话:0551-5848158
传真:0551-5848164

厂家名称：池州飞昊达化工有限公司
厂家地址：安徽省东至县香隅化工开发区
邮政编码:247260
联系电话:0566-8171227
传真:0566-8171227

厂家名称：合肥丰乐科技有限责任公司
厂家地址：安徽省合肥市长江西路727号
邮政编码:230031
联系电话:5328121
传真:0551-5322151

厂家名称：合肥汉氏风生化科技有限公司
邮政编码:238231
联系电话:0551-8500938
传真:0551-8500938

厂家名称：合肥久易农业开发有限公司
厂家地址：安徽省合肥市科学大道103号浙商大厦18F
邮政编码:230088
联系电话:0551-5368882
传真:0551-5576693

厂家名称：合肥科奥生物科技有限公司
厂家地址：安徽省合肥市水湖路碧雨花园6－501
邮政编码:230061
联系电话:0551-5780451
传真:0551-5780451

厂家名称：合肥三冠机电设备有限公司
厂家地址：安徽省合肥市经济开发区开发路19号
邮政编码:231000
联系电话:0511-3514723
传真:0511-3518470

厂家名称：合肥星宇化学有限责任公司
厂家地址：安徽省合肥市望江西路539号鲲鹏产业园3-102室
邮政编码:230088
联系电话:0551-5324421
传真:0551-5324421

厂家名称：合肥正远机械电子有限责任公司
厂家地址：安徽省合肥市望江西路197号西城工业区
联系电话:0551-5584727
传真:0551-5578898

厂家名称：黄山力神日用品有限公司
厂家地址：安徽省歙县北岸经济开发区
邮政编码:245251
联系电话:0559-6840368

厂家名称：绩溪农华生物科技有限公司
厂家地址：安徽省绩溪县红星工业园区
邮政编码:245300
联系电话:0563-8155810
传真:0563-8160325

厂家名称：绩溪县庆丰天鹰生化有限公司
厂家地址：安徽省绩溪县华红路 1 号
邮政编码 :245300
联系电话 :0563-8168383
传真 :0563-8163586

厂家名称：江苏瑞隆化工（宿州）有限公司
厂家地址：安徽省宿州市埇桥区化工园
邮政编码 :220116
联系电话 :0516-83506009
传真 :0516-83506009

厂家名称：利辛县百胜农药化工有限责任公司
厂家地址：安徽省合肥市循环经济工业园纬五路南
邮政编码 :230031
联系电话 :0551-5575060
传真 :0551-5575060

厂家名称：利辛县大雷达生化有限公司
厂家地址：安徽省利辛县张路工业区
邮政编码 :236700
联系电话 :0558-8801658
传真 :0558-8801658

厂家名称：临泉县龙祥生物农药有限公司
厂家地址：
邮政编码 :236400
传真 :0558-6539767

厂家名称：六安美家日化用品有限公司
厂家地址：安徽省六安市经济开发区皖西大道
邮政编码 :237000
联系电话 :0564-3182889
传真 :0564-3182889

厂家名称：宁国市百立德生物科技有限公司
厂家地址：安徽省宁国市经济技术开发区宜黄线
邮政编码 :242300
联系电话 :0571-56031518

厂家名称：寿县喜丰收农业科技有限公司
厂家地址：安徽省寿县八公山乡团进村
邮政编码 :230031
联系电话 :0551-5780451
传真 :0551-5780451

厂家名称：太湖县卓创化工有限责任公司
厂家地址：安徽省太湖县经济开发区
邮政编码 :246400
联系电话 :0556-4161117
传真 :0556-4161117

厂家名称：天长市天祥精细化工厂
厂家地址：安徽省天长市杨村镇经济开发区
邮政编码 :239304
联系电话 :0550-7762444

厂家名称：天长市正德卫生用品厂
厂家地址：安徽省天长市杨村镇工业园区
邮政编码 :239304
联系电话 :0550-7763865
传真 :0550-7762198

厂家名称：桐城市兴隆日化科技有限公司
厂家地址：安徽省桐城市民营经济开发区兴隆路 8 号
邮政编码 :231400
联系电话 :0556-6567899
传真 :0556-6567899

厂家名称：芜湖市多威农化有限责任公司
厂家地址：安徽省繁昌县孙村镇黄浒
邮政编码 :241207
联系电话 :0553-7230088
传真 :0553-7230099

厂家名称：印度百瑞特有限公司
厂家地址：安徽省安徽华星化工股份有限公司代理
邮政编码 :230061
联系电话 :0551-2832305
传真 :0551-2832315

厂家名称：中土化工（安徽）有限公司
厂家地址：安徽省合肥市长丰县双墩工业园
邮政编码 :230061
联系电话 :0551-2226616
传真 :0551-7126811

北京 Beijing

厂家名称：北京华戎生物激素厂
厂家地址：北京市朝阳区北辰西路 69 号
邮政编码：100029
联系电话：010-58772543
传真：010-58772543

厂家名称：德国拜耳作物科学公司
厂家地址：北京市朝阳区呼家楼京广中心 34 层
邮政编码：100020
联系电话：010-65893000
传真：010-65893232

厂家名称：美国孟山都公司
厂家地址：北京市朝阳区工体北路甲 2 号盈科中心写字楼 B 座 901
邮政编码：100027
联系电话：010-58290888
传真：010-58290808

厂家名称：美国陶氏益农公司
厂家地址：北京市东城区东长安街 1 号东方广场 W3 办公楼 1103 室
邮政编码：100738
联系电话：010-85279199
传真：010-85279299

厂家名称：巴斯夫欧洲公司
厂家地址：北京市朝阳区麦子店街 37 号盛福大厦 15 层
邮政编码：100125
联系电话：010-65876607/8
传真：010-65876786

厂家名称：百农思达（北京）农用化学品有限公司
厂家地址：北京市海淀区东北旺农场 1 号办公室 608
邮政编码：100193
联系电话：010-85768383
传真：010-85768282

厂家名称：北京科林世纪海鹰科技发展有限公司
厂家地址：北京市昌平区流村镇北流村科技园环岛西 600 米
邮政编码：102204
联系电话：010-89774383
传真：010-89774783

厂家名称：北京顺意生物农药厂
厂家地址：北京市顺义区北石槽镇
邮政编码：101300
联系电话：010-60421788
传真：010-60422390

厂家名称：北京沃特瑞尔科技发展有限公司
厂家地址：北京市海淀区上地西里
邮政编码：100085
联系电话：010-62964685
传真：98898

厂家名称：北京燕化永乐农药有限公司
厂家地址：北京市通州区永乐店镇德仁务村
邮政编码：102488
联系电话：010-89360210
传真：010-89360213

厂家名称：北京中农大生物技术股份有限公司奇克农药厂
厂家地址：北京市海淀区中国农业大学 29 号楼 C 座
邮政编码：100083
联系电话：010-82375726-220
传真：010-82375730

厂家名称：澳大利亚拜迪斯有限公司
厂家地址：北京市复兴门内大街 28 号凯晨世贸中心中座 10 层
邮政编码：100031
联系电话：010-59569550
传真：010-59569662/59568010

厂家名称：澳大利亚环球科技有限公司

联系电话：010-84120980
传真：010-84113628

厂家名称：澳大利亚加德士石油公司
厂家地址：北京市东直门外大街21号
邮政编码：100600
联系电话：010-65326731
传真：010-65324606

厂家名称：澳大利亚卡灵顿哈文有限公司
厂家地址：北京市朝阳区高碑店北路甲3号
邮政编码：100025
联系电话：010-85754681
传真：010-85772623

厂家名称：拜耳（四川）动物保健有限公司
厂家地址：四川省成都市西南航空港经济开发区长城路一段189号
邮政编码：610225
联系电话：028-85860347
传真：028 — 85860302

厂家名称：拜耳环境科学公司
厂家地址：北京市朝阳区呼家楼京广中心34层
邮政编码：100020
联系电话：010-65893000
传真：010-65893232
厂家名称：北京宝力轻化高新技术公司
厂家地址：北京市海淀区清华附中旁边培训楼202室
邮政编码：100084
联系电话：62561144-3537

厂家名称：北京北农天风农药有限公司
厂家地址：北京市通州区工业开发区广源东街3号
邮政编码：101113
联系电话：010-61567798
传真：010-61505030

厂家名称：北京北农稳健应用化学技术开发中心
厂家地址：北京市海淀区圆明园西路2号中国农业大学应用系
邮政编码：100094
联系电话：010-62891356

厂家名称：北京比荣达生化技术开发有限责任公司
厂家地址：北京市朝阳区南十里居17号楼1701
邮政编码：100016
联系电话：010-60435529
传真：010 — 64385696

厂家名称：北京长辛店二中校办工厂分装
厂家地址：北京市丰台区长辛店桥西扶
邮政编码：100070
联系电话：010-818345

厂家名称：北京晨阳植保制剂厂
厂家地址：北京市朝阳区大郊亭
邮政编码：100022
联系电话：010-67783914 84311851
传真：010-67783914 84311851

厂家名称：北京东方圣邦生物技术有限公司
厂家地址：北京市通州区永乐经济开发区
邮政编码：101100
联系电话：010-51296179

厂家名称：北京东华强盛生物技术有限公司
厂家地址：北京市房山区窦店工业园区
邮政编码：102434
联系电话：010-80318095
传真：010-80318046

厂家名称：北京富力特农业科技有限责任公司
厂家地址：北京市大兴区西红门镇新建工业区南路2号
邮政编码：100076
联系电话：010-81284458/81284569
传真：010-81284458-0

厂家名称：北京格林华生化技术开发有限公司
厂家地址：北京市海淀区圆明园西路2号
邮政编码：100094
联系电话：010-87721120
传真：010-87721121

厂家名称：北京光彩鹤香香制品有限公司
厂家地址：北京市怀柔区雁栖镇镇政府西院
邮政编码：101407
联系电话：010-61642028
传真：010-61642028

厂家名称：北京国际气雾剂有限公司
厂家地址：北京市通州区倚店乡管站院内
邮政编码：101107
联系电话：010-9524340

厂家名称：北京海慧召兴科伟业技术发展有限公司
厂家地址：北京市朝阳区成寿寺路甲 68 号
邮政编码：100078
传真：010-67665472

厂家名称：北京海农技术研究所
厂家地址：北京市海淀区马连洼竹园小区 3-1-202
邮政编码：100094
联系电话：010-62965513
传真：010-62965513

厂家名称：北京华京五方实用纳米科技开发有限公司
厂家地址：北京市海淀区紫竹院路 88 号紫竹花园 A－2206
邮政编码：100089
联系电话：010-88552551-13
传真：010-88552551-15

厂家名称：北京华龙星宇科技发展有限公司
厂家地址：北京市海淀区汇景阁 507 室
邮政编码：100089
联系电话：010-68732084, 68732085

厂家名称：北京华泰劳务服务有限公司
厂家地址：北京市丰台丰管路 5 号 3 号楼 106
邮政编码：100071
联系电话：010-83661061
传真：010-83661946

厂家名称：北京华田生物技术有限公司
厂家地址：北京市大兴区西红门镇福兴路 19 号
邮政编码：100076
联系电话：010-60252024
传真：010-60252024

厂家名称：北京华洋精细化工公司
厂家地址：北京市丰台区南苑
邮政编码：100076
联系电话：7091424

厂家名称：北京济方生物技术开发有限责任公司
厂家地址：北京市海淀区学院路丁 11 号
邮政编码：100083
联系电话：010-58815638
传真：010-58815138

厂家名称：北京嘉绿源生物化学科技有限公司
厂家地址：北京市海淀区白虎桥甲 6 号生活区 4 号楼 302
邮政编码：100083
联系电话：010-82387332
传真：010-82387332

厂家名称：北京解放军防化院昌化精细化工厂
厂家地址：北京市 1044 信箱 45 号
邮政编码：102205
联系电话：010-69760255
传真：010-69760254

厂家名称：北京金地优诺生物科技发展有限公司
厂家地址：北京市密云县十里堡镇岭东村村东 30 米
邮政编码：101500
联系电话：010-69654520
传真：010-89021114

厂家名称：北京金龙翔工贸有限公司
厂家地址：北京市通州区永顺地区西富河园 1 号院 11 楼 221
邮政编码：101101
联系电话：010-87312689
传真：010-80508036

厂家名称：北京金鹰清洁用品有限公司
厂家地址：北京市丰台区辛庄西化工厂西 150 米
邮政编码：100074
联系电话：010-62271663

厂家名称：北京京华卫康化工科技发展中心
厂家地址：北京市大兴区黄村镇芦城工业区创新路 128 号
邮政编码：102600
联系电话：010-86923051, 86600665
传真：010-61211857

厂家名称：北京京卫健技术服务有限公司
厂家地址：北京市西城区西四北大街 120 号
邮政编码：100034
联系电话：010-64029948
传真：010-64043980

厂家名称：北京科诺华有害生物防制有限责任公司
厂家地址：北京市朝阳区大郊亭商业街 31 号
邮政编码：100022
联系电话：010-67372922
传真：010-67372922

光路 55 号紫玉饭店 4106
邮政编码 :100037
联系电话 :010-68411188

厂家名称：北京雷蒙化工有限公司
厂家地址：北京市丰台区莱户营东街乙 229 号
邮政编码 :100054
联系电话 :2383509

厂家名称：北京龙兴科技股份有限公司
厂家地址：北京市西城区德外大街乙 10 号泰富大厦 602
邮政编码 :100011
联系电话 :010-82028367, 60734304-1109
传真 :010-60734324 — 1101

厂家名称：北京绿百灵化学实验厂
厂家地址：北京市昌平区流字五号
邮政编码 :102211
联系电话 :010-61792480
传真 :010-61797689

厂家名称：北京绿保生物工程技术开发公司
厂家地址：北京市海淀区北太平庄路 17 号
邮政编码 :100039
联系电话 :010-68221848

厂家名称：北京绿色农华生物工程技术有限公司
厂家地址：北京市通州区永乐经济开发区
邮政编码 :101109
联系电话 :010-80583661
传真 :010-85779974

厂家名称：北京绿土地生化制剂有限公司
厂家地址：北京市海淀区增

厂家名称：北京绿野农业重茬技术开发公司
厂家地址：北京市海淀区车公庄西路 21 号
邮政编码 :100044
联系电话 :010-68422104

厂家名称：北京绿叶世纪日化用品有限公司
厂家地址：北京市大兴区西红门志远工业大院 12 号
邮政编码 :102600
联系电话 :010-61288573
传真 :010-67023479

厂家名称：北京美尔特建材有限公司
厂家地址：北京市通州区（于家务）聚富苑民族工业区聚和五街西 2 号
邮政编码 :101127
联系电话 :010-80529250
传真 :010-80529237

厂家名称：北京摩根凯文防伪网络系统有限公司
厂家地址：北京市海淀区中关村东路 123 号都市网景 B 座 12A07 室
邮政编码 :100086
联系电话 :010-62195515
传真 :010-62141547

厂家名称：北京农业大学植物生态工程研究所 北京市密云县微生物实验站
厂家地址：北京市海淀区圆明园西路 2 号
邮政编码 :100094
联系电话 :010-62893043

厂家名称：北京普莱克斯实用气体有限公司
厂家地址：北京市朝阳区大郊亭
邮政编码 :100020
联系电话 :010-67715544

厂家名称：北京人怡生物工程公司
厂家地址：北京市朝阳区新源南路 8 号华都饭店 8408 室
邮政编码 :100027
联系电话 :010-65015843

厂家名称：北京赛诺伟业科技发展有限公司
厂家地址：北京市海淀区复兴路 83 号
邮政编码 :100856
联系电话 :010-66808421

厂家名称：北京三浦百草绿色植物制剂有限公司
厂家地址：北京市密云县十里堡
邮政编码 :100020
联系电话 :010-65911526
传真 :010-65911513

厂家名称：北京三奇技术开发有限公司
厂家地址：北京市西城区察院胡同 35 号
邮政编码 :100031
联系电话 :010-66058909
传真 :010-66058909

厂家名称：北京市埃姆生命科学技术公司
厂家地址：北京市海淀区中

关村 19 号
邮政编码 :100080
联系电话 :010-6256792

厂家名称：北京市百盟兴科贸有限责任公司
厂家地址：北京市丰台区东大街 53 号 A1138 室
邮政编码 :100071
联系电话 :
传真 :010-68725724

厂家名称：北京市宝力轻化高新技术公司山东公司
厂家地址：山东省淄博市张店区张桓路 27 号
邮政编码 :255041
联系电话 :3181749

厂家名称：北京市昌平中生微生物试验厂
厂家地址：北京市昌平县东兴
邮政编码 :102200
联系电话 :010-9746451

厂家名称：北京市朝阳区利华鼠药厂
厂家地址：北京市朝阳区小红门南里
邮政编码 :100176
联系电话 :010-87603731
传真 :010 — 87609507

厂家名称：北京市朝阳区旭东化工厂
厂家地址：北京市朝阳区金盏乡北马坊
邮政编码 :100020
联系电话 :010-6473961

厂家名称：北京市大兴县四海联营双效灵厂
厂家地址：北京市大兴县礼贤乡赵场村
邮政编码 :100081
联系电话 :010-8313532

厂家名称：北京市东旺农药厂
厂家地址：北京市房山区良乡城西固村
邮政编码 :102488
联系电话 :010-89356448
传真 :010-89357027

厂家名称：北京市房山区东方农药厂
厂家地址：北京市房山区良乡城西
邮政编码 :102401
联系电话 :010-69365949
传真 :010-69352327

厂家名称：北京市核工程研究设计院比尼新技术公司
厂家地址：北京市 840 信箱
邮政编码 :100840
联系电话 :010-68423311-2780
传真 :010-68418086

厂家名称：北京市华尔新工贸发展中心
厂家地址：北京市南长街 70 号
邮政编码 :100031
联系电话 :010-66053206

厂家名称：北京市金泰创业科技有限公司
厂家地址：北京市朝阳区百子湾石门村路 1 号
邮政编码 :100022
联系电话 :010-67712045
传真 :010-67712045

厂家名称：北京市京港生物制品有限公司
厂家地址：北京市昌平县高科技园区
邮政编码 :102200
联系电话 :010-69709134

厂家名称：北京市京通日用化学厂
厂家地址：北京市通州区张家湾镇里二泗村
邮政编码 :101100
联系电话 :010-69571995
传真 :010-69571995

厂家名称：北京市龙城化工有限公司
厂家地址：北京市顺义区大孙各庄赵家峪村西
邮政编码 :101309
联系电话 :010-61472357
传真 :010-61472953

厂家名称：北京市隆华新业卫生杀虫剂有限公司
厂家地址：北京市朝阳区平房乡平房东口工业区
邮政编码 :100025
联系电话 :010-65488356
传真 :010-65489947

厂家名称：北京市密云县微生物实验站
厂家地址：北京市密云县
邮政编码 :100094
联系电话 :62582240-315

厂家名称：北京市农科院滦平县农药厂
厂家地址：河北省承德市滦平县城东瓜园
邮政编码 :068250
联系电话 :0314-8581627

厂家名称：北京市荣昆技术开发有限公司
厂家地址：北京市东城区南二里庄31号楼
邮政编码：100027
联系电话：010-64660541,69242045

厂家名称：北京市瑞宝生物技术开发公司
厂家地址：北京市海淀区复兴路61号
邮政编码：100036
联系电话：010-68285977
传真：88286922

厂家名称：北京市瑞利昌精细化工厂
厂家地址：北京市房山区燕山羊耳峪
邮政编码：102502
联系电话：010-69317892

厂家名称：北京市顺丰农业新技术公司
厂家地址：北京市海淀区圆明园西路2号
邮政编码：100094
联系电话：010-62583089

厂家名称：北京市顺义县兴源高脂膜厂
厂家地址：北京市顺义县尹家府乡赵家峪村西
邮政编码：101309
联系电话：010-9421147

厂家名称：北京市斯普化工公司
厂家地址：北京市丰台区丰台路41号
邮政编码：100071
联系电话：010-63823744
传真：010-63823744

厂家名称：北京市天舒化工技术研究所
厂家地址：北京市海淀区圆明园西路2号
邮政编码：100094
联系电话：010-62581177

厂家名称：北京市维家日化有限责任公司
厂家地址：北京市平谷区夏各庄镇龙家务开发小区一号
邮政编码：101213
联系电话：010-89963689
传真：010-89961595

厂家名称：北京市卫生消毒材料厂
厂家地址：北京市石景山区水屯35号
邮政编码：100043
联系电话：010-68866573

厂家名称：北京市西红卫生用品厂
厂家地址：北京市宣武区南横西街甲94号
邮政编码：100050
联系电话：6336280

厂家名称：北京市兴华大学校办工厂
厂家地址：北京市宣武区长椿街63号
邮政编码：100053
联系电话：010-63016369

厂家名称：北京市永昌高效卫生用品厂
厂家地址：北京市房山区长阳农场拍庄子
邮政编码：102401
联系电话：010-9000731

厂家名称：北京市永乐店有机化工厂
厂家地址：北京市通州区永乐店德仁务东
邮政编码：101105
联系电话：010-9544401-3013

厂家名称：北京双龙伟业工贸有限公司
厂家地址：北京市大兴区黄村镇李庄子
邮政编码：102600
传真：010-69267168

厂家名称：北京顺天精细化工有限公司
厂家地址：北京市顺义县北石糟乡
邮政编码：101300
联系电话：010-9444788

厂家名称：北京四环卫生药械厂
厂家地址：北京市丰台区丰台东大街20号
邮政编码：100071
联系电话：010-63811012
传真：010-68213026

厂家名称：北京苏佳惠丰化工技术咨询公司
厂家地址：北京市朝阳区小关东里10号院润宇大厦702室
邮政编码：100029
联系电话：010-64971692
传真：010-64971698

厂家名称：北京速必洁杀虫服务有限责任公司

厂家地址：北京市丰台区草桥恋日嘉园 7-7-102
邮政编码：100067
联系电话：010-67503881
传真：010-67503882

厂家名称：北京泰铭科信技术有限责任公司
厂家地址：北京市西城区德外大街 11 号 B 座 302 室
邮政编码：100088
联系电话：010-62366258
传真：010-62367071

厂家名称：北京泰维农业化学品有限公司
厂家地址：北京市朝阳区建国路 88 号 SOHO 现代城 B 座 1209
邮政编码：100022
联系电话：010-85802188
传真：010-68588115

厂家名称：北京天青源科技有限公司
厂家地址：北京市海淀区茂林居 4 号楼 408 室
邮政编码：100038
联系电话：010-68575489
传真：010-68527770

厂家名称：北京天擎化工有限责任公司
厂家地址：北京市平谷区新平南路 126 号
邮政编码：101200
联系电话：010-89989146
传真：010-89989146

厂家名称：北京天山黑马生物技术有限公司
厂家地址：北京市丰台区中兴村科技园丰台园星火路 10 号 B-107
邮政编码：100071
联系电话：010-83682693
传真：010-83682693

厂家名称：北京万惠生物工程有限责任公司
厂家地址：北京市房山阳镇张家场村北
邮政编码：102401
联系电话：69891145/69891140
传真：69891142

厂家名称：北京万宁畜药研制开发有限公司
厂家地址：北京市昌平县德外西三旗东霍营
邮政编码：102209
联系电话：010-29111-267

厂家名称：北京雅智生化技术研究所
厂家地址：北京市宣武区右内大街右安胡同甲 1 号
邮政编码：100054
联系电话：010-63582623
传真：010-82840216

厂家名称：北京亚戈农生物药业有限公司
厂家地址：北京市平谷区东高村镇崔庄前街 13 号
邮政编码：101203
联系电话：010-89922404 89921790 89924859
传真：010-89922404

厂家名称：北京元晶制罐有限公司
厂家地址：北京市门头沟区永定镇上岸村
邮政编码：102300
联系电话：010-69802347

厂家名称：北京挚诚科技发展有限公司
厂家地址：北京市丰台区东货场路 42 号
邮政编码：100071
联系电话：010-63833314
传真：010-63849265

厂家名称：北京中龙化工有限公司
厂家地址：北京市海淀区龙翔路甲 7 号中国工业经济税总会企业部
邮政编码：100083
联系电话：010-62384310
传真：010-66019181

厂家名称：北京中农科美化工有限公司
厂家地址：北京市密云县东邵渠镇太保庄村北
邮政编码：101500
联系电话：010-62165662
传真：010-62185598

厂家名称：北京中农研创高科技有限公司
厂家地址：北京市海淀区中关村南大街 12 号中国农业科学院 187 号
邮政编码：100081
联系电话：010-62145748
传真：010-62149539

厂家名称：北京中植科华农业技术有限公司
厂家地址：北京市通州区永乐经济开发区 A 区 102
邮政编码：101105
联系电话：010-80514878
传真：010-80514868

厂家名称：北京啄木鸟新技

术发展公司
厂家地址：北京市昌平区南口镇工业开发区（七间房）
邮政编码：102202
联系电话：010-80191145
传真：010-80191190

厂家名称：北京鑫四环消毒技术开发中心
厂家地址：北京市丰台区7130信箱
邮政编码：100071
联系电话：010-63754093,63841031
传真：010-63821006

厂家名称：比利时康乃馨农化公司
厂家地址：北京市建国门外大街国贸大厦1座34层
邮政编码：100004
联系电话：010-65054702

厂家名称：大家化学株式会社
厂家地址：北京市朝阳门外大街18号A座18层
邮政编码：100020
联系电话：010-65881922-600
传真：010-65881271

厂家名称：德国阿格福莱农林环境生物技术股份有限公司
厂家地址：北京市朝阳区建国路郎家园8号A202房间
邮政编码：100026
联系电话：010-65821632/4008986280
传真：010-65821632/65810081

厂家名称：德国艾格福公司
厂家地址：北京市朝阳区建外大街19号国际大厦15A
邮政编码：100004
联系电话：010-65922288-513

厂家名称：德国巴斯夫农业有限公司
厂家地址：北京市朝阳区麦子店街37号
邮政编码：100026
联系电话：010-63918899-6218

厂家名称：德国德迪盖世公司
厂家地址：北京市海淀区复兴门外大街A2，中化大厦1211,1212房间
联系电话：010-68569166

厂家名称：德国优乐利农化有限公司
厂家地址：北京市朝阳区建国门外大街1号国贸大厦34层
邮政编码：100004
联系电话：010-65054706
传真：010-65051770

厂家名称：法国罗纳普朗克公司
厂家地址：北京市东城区建国门内大街7号光华长安大厦11层
邮政编码：100005
联系电话：010-65102222
传真：010-65102420

厂家名称：法国庄丽国际集团有限公司
厂家地址：北京市朝阳区枣营北里14号康乐写字楼303室
邮政编码：100026
联系电话：010-65075527
传真：010-65075542

厂家名称：古巴朗伯姆公司
厂家地址：北京市朝阳区日坛路6号安琪商务中心536室
邮政编码：100020
联系电话：010-65861990

厂家名称：韩国国宝药业有限公司
厂家地址：北京市北京市朝阳区樱花西街8号北方安华大厦609室
邮政编码：100029
联系电话：010-64452778
传真：010-64447190

厂家名称：韩国韩世药品公司
厂家地址：北京市海淀区广源闸5号广源大厦5036室
邮政编码：100081
联系电话：010-68703263
传真：010-68703263

厂家名称：韩国进兴精密化学株式会社
厂家地址：北京市东城区北京饭店7049
邮政编码：100004
联系电话：010-65137766-7049
传真：010-65137842-7049

厂家名称：韩国乐喜化学株式会社
厂家地址：北京市朝阳区建国路88号SOHO现代城B座

1209
邮政编码 :100022
联系电话 :010-85802188
传真 :010-85802199

厂家名称：韩国绿色制药株式会社
厂家地址：北京市朝阳区三环中路 39 号建外 SOHO 公寓 3 座 26 单元 3004 号
联系电话 :010-58691285

厂家名称：韩国清镇制药株式会社
厂家地址：北京市东城区胜古中路 1 号蓝宝商务大厦 1042 号
邮政编码 :100029
联系电话 :010-64410592
传真 :010-64440809

厂家名称：韩国泰光制药股份有限公司
厂家地址：北京市丰台区南三环中路 70 号南习大厦 D 座 2108 号
邮政编码 :100075
联系电话 :010-87875428
传真 :010-87875426

厂家名称：荷兰 Duphar B.V.，日本日商岩开株式会社代理
厂家地址：北京市朝阳区朝阳东三环路 5 号发展大厦 19 层
邮政编码 :100004
联系电话 :65010160-3
传真 :65010177，65004277

厂家名称：荷兰路森公司
厂家地址：北京市海淀区紫竹院路光源大厦 435 室
邮政编码 :100081
联系电话 :010-68726736
传真 :010-68703225

厂家名称：加拿大鼠害控制公司
厂家地址：北京市西城区旧鼓楼大街小石桥胡同 2 号庆丰大厦 202 室
联系电话 :010-64029948
传真 :010-64043980

厂家名称：马来西亚护农（马）私人有限公司
厂家地址：北京市西城区阜外大街 37 号国侨宾馆 347 室
邮政编码 :
联系电话 :010-68327420
传真 :010-68997781

厂家名称：美国恩斯特克斯公司
厂家地址：北京市海淀区学院南路 38 号智慧大厦 1503B 室
邮政编码 :100082
联系电话 :010-62251605
传真 :010-62256963

厂家名称：美国加州农化产品公司
厂家地址：北京市海淀区温泉镇温泉村山口 1 号院办公楼 207 室
邮政编码 :100095
联系电话 :010-84972446
传真 :010-84972445

厂家名称：美国罗门哈斯公司
厂家地址：北京市朝阳区亮马桥路 32 号
邮政编码 :100016
联系电话 :010-64643450
传真 :010-64643466

厂家名称：美国默赛技术公司
厂家地址：北京市海淀区农大南路 1 号万景亮城 2B702 室
邮政编码 :100084
联系电话 :010-82782833
传真 :010-82782812

厂家名称：美国氰胺公司
厂家地址：北京市海淀区亚运村汇园国际公寓 C-1103
邮政编码 :100101
联系电话 :010-64933920
传真 :010-64991419

厂家名称：美国生物物理公司
邮政编码 :100088
联系电话 :010-64452778,62251605
传真 :010-62256963

厂家名称：美国仙农有限公司
厂家地址：北京市朝阳区朝外大街 20 号联合大厦 0607 室
邮政编码 :100020
联系电话 :010-65889372
传真 :010-65889375

厂家名称：挪威劳道克斯公司
厂家地址：北京市崇文区广渠门领行国际中心 1－1 座 23 层
邮政编码 :100061
联系电话 :010-67131677
传真 :010-67137977

厂家名称：葡萄牙斯佩科农化有限公司
厂家地址：北京市朝阳区光华路甲 8 号和乔大厦北座 511A 室
邮政编码 :100026
联系电话 :010-65816127-29
传真 :010-65816136

厂家名称：山西省太原化学工业集团公司磷肥厂 北京华戎生物激素厂
厂家地址：山西省太原市西柏林区义井西路 61 号
邮政编码 :030021
联系电话 :0351-6075071
传真 :0351-6071830

厂家名称：台湾百泰生物科技股份有限公司
厂家地址：北京市大兴区西红门镇第肆村民生路北区东七条 14 号 231 室
邮政编码 :102600
联系电话 :010-60260450
传真 :010-60280450

厂家名称：台湾光华化学股份有限公司
厂家地址：北京市大兴区郁花园一里 7-5-101 室（代理）
邮政编码 :102600
联系电话 :010-60260450
传真 :010-60260450

厂家名称：陶氏益农印度私人有限公司
厂家地址：北京市东城区东长安街 1 号东方广场东方经贸城 W3 座 1101
邮政编码 :100738
联系电话 :010-85185599
传真 :010-85181251

厂家名称：香港高利曼有限公司（北京代表处）
厂家地址：北京市朝阳区静安西街 10 号，北京国展宾馆 518 号
邮政编码 :100028
联系电话 :010-64644687

厂家名称：香港莎莉公司
厂家地址：北京市朝阳区建外大街 1 号国贸大厦 31 层
邮政编码 :100004
联系电话 :010-65053411
传真 :010-65054222

厂家名称：香港英和洋行中国有限公司
厂家地址：北京市崇文区东花市北里东区 6 号 1 层
邮政编码 :100062
联系电话 :010-67113333
传真 :010-67135131

厂家名称：新加坡利农私人有限公司
厂家地址：北京市朝阳区光华路甲 8 号和乔大厦 B 座 511A 室
邮政编码 :100026
联系电话 :010-65816127 010-65816128
传真 :010-65816136

厂家名称：新加坡美亚贸易有限公司
厂家地址：北京市朝阳区和平里七区 16 楼 139 室
邮政编码 :100013
联系电话 :010-64212961-2245
传真 :64273732

厂家名称：新西兰塔拉纳奇化学有限公司
厂家地址：北京市朝阳区光华路甲 8 号和乔大厦 B 座 511A 室
邮政编码 :100026
联系电话 :010-65816127
传真 :010-65816136

厂家名称：匈牙利 Chemol 化工贸易有限公司
厂家地址：北京市海淀区塔园外交公寓 5-2-151 北京邮政信箱 330
邮政编码 :100600
电话 :65324701,65321157
传真 :65325131,65324935

厂家名称：以色列溴化学有限公司
厂家地址：北京市朝阳区建外大街建国饭店 154 室
邮政编码 :100020
联系电话 :65002233-154
传真 :65067161

厂家名称：意大利艾格汶生命科学有限公司
厂家地址：北京市朝阳区朝阳光华路甲 8 号和乔大厦北座 511A 室，新加坡利农公司北京代表处
邮政编码 :100026
联系电话 :010-65816127-29
传真 :010-65816136

厂家名称：印度比莱格工业有限公司
厂家地址：北京市朝阳区安立路 68 号阳光广场 A2-1503
邮政编码 :100101
联系电话 :010-64976259
传真 :010-64973057

厂家名称：印度格达化学有限公司
厂家地址：北京市朝阳区安立路68号阳光广场A2座1503室
邮政编码：100101
联系电话：010-64976085
传真：010-64973057

厂家名称：印度禾润保工业有限公司
厂家地址：北京市朝阳区安立路68号阳光广场A2座1503室
邮政编码：100101
联系电话：010-64976259

厂家名称：印度利农实业有限公司
厂家地址：北京市朝阳区光华路甲8号和乔大厦北座511A室
邮政编码：100026
联系电话：010-65816127-29
传真：010-65816136

厂家名称：英国艾喜益国际有限公司
厂家地址：北京市海淀区车道沟东里4号楼地下一层
邮政编码：
联系电话：010-68420622
传真：010-68420622

厂家名称：中港泰富（北京）高科技有限公司
厂家地址：北京市海淀区车公庄西路甲19号华通大厦A座835室
邮政编码：100044
联系电话：010-68700216/218
传真：010-68700212

厂家名称：中国科学院生态环境研究中心
厂家地址：北京市海淀区双清路18号
邮政编码：100085
联系电话：010-62849155
传真：010-62849155

厂家名称：中国农科院植保所
厂家地址：北京市海淀区圆明圆西路2号
邮政编码：100094
联系电话：010-62895463

厂家名称：中国农业科学院原子能利用研究
地址：北京市海淀区圆明园西路2号
电话：010-62015836

厂家名称：中种集团农业化学有限公司
厂家地址：北京市密云县工业开发区
邮政编码：101500
联系电话：010-89021114
传真：010-89021114
厂家名称：北京艾比蒂研究开发中心
厂家地址：北京市中关村科技园区超前路11号
邮政编码：102200
联系电话：010-62889649/69749401
传真：010-62888313/69749401

厂家名称：北京北农绿亨科技发展有限公司
厂家地址：北京市北京圆明园西路2号中国农大
邮政编码：100094
联系电话：010-62891285
传真：010-62896326

厂家名称：北京佳禾高科化学技术有限公司
厂家地址： 北京市海淀区上地高新技术产业园
联系方式：010-62930948
传真： 010-82708293
电子邮箱： jhgkbj@163.com

厂家名称：北京中农植奥科技发展有限公司
办公地址：北京市海淀区龙岗路水木天成商务中心2号楼305室
邮编：100092
电话：010-59754716 59754718
全国免费服务热线：800-990-0560
传真：010-59754765

企业：北京北农国信科技发展有限公司
地址：中国北京 北京市海淀区北京圆明园西路
邮编：100094
网 站：http://bz.qincai.net/corp-155084.html
传真：86-010-62976033
电话：86-010-62976033

重庆 Chongqing

厂家名称：重庆双丰化工有限公司
厂家地址：重庆市永川区萱花北路 663 号
邮政编码：402160
联系电话：023-49859888/49851266
传真：023-49860546

厂家名称：重庆重大生物技术发展有限公司
厂家地址：重庆市沙坪坝区沙中路重大科技园大楼 2 楼
邮政编码：400033
联系电话：023-65180688
传真：023-65180688

厂家名称：重庆东方农药有限公司
厂家地址：重庆市忠州忠渝路龙蛇脊
邮政编码：404300
联系电话：023-54211590
传真：023-54210215

厂家名称：重庆树荣化工有限公司
厂家地址：重庆市永川市经济技术开发区工业园内
邮政编码：402160
联系电话：023-49802777
传真：023-49583636

厂家名称：重庆川东化工（集团）有限公司
厂家地址：重庆市庆南岸弹子石新街 70 号
邮政编码：
联系电话：023-62513986
传真：023-62513836

厂家名称：重庆蝶王日化厂
厂家地址：重庆市德感坪头山
邮政编码：402284
联系电话：023-47838888
传真：023-47838888

厂家名称：重庆金合蚊香制品有限公司
厂家地址：重庆市长寿区格兰工业园区
邮政编码：401220
联系电话：023-40614889
传真：023-40613889

厂家名称：重庆净龙巴州化工有限公司
厂家地址：重庆市九龙坡区含谷镇净龙村六社
邮政编码：401329
联系电话：023-65702194
传真：023-65702871

厂家名称：重庆市白市化工厂
厂家地址：重庆九龙坡含谷镇工业园
邮政编码：631300
联系电话：15923212194

厂家名称：重庆市宏利蚊香厂
厂家地址：重庆市江津市油溪镇
邮政编码：402285
联系电话：023-47883428
传真：023-47883428

厂家名称：重庆市化工研究院
厂家地址：重庆市江北区化工村 1 号
邮政编码：400021
联系电话：023-86852598
传真：023-67661262

厂家名称：重庆市诺意农药有限公司
厂家地址：重庆市潼南县柏梓镇文明五村
邮政编码：402676
联系电话：023-43331656
传真：023-43382626

厂家名称：重庆市山丹生物农药有限公司

厂家地址：重庆市永川市南大街175号（兴南路）
邮政编码：402160
联系电话：023-49831999
传真：023-49830696

厂家名称：重庆市永川化学制品厂
厂家地址：重庆市永川何埂镇聚美
邮政编码：402185
联系电话：023-49815881
传真：023-49819889

厂家名称：重庆市优胜科技发展有限公司
厂家地址：重庆市渝中区大黄路6号竞地商务楼A5－1
邮政编码：400042
联系电话：023-68730973
传真：023-68730972

厂家名称：重庆市众力生物工程有限公司
厂家地址：重庆市江北区建新北路84号
邮政编码：400020
联系电话：023-67610806
传真：023-67611298

厂家名称：重庆泰帮化工有限公司
厂家地址：重庆市合川工业园A区
邮政编码：401520
联系电话：023-42723939
传真：(023)42723939

厂家名称：重庆永川农药厂
厂家地址：重庆市永川区化工路808号
邮政编码：402160
联系电话：023-49845558
传真：023-49845198

厂家名称：重庆正大精细化工研究所有限公司
厂家地址：重庆市沙坪坝区井口小湾8号
邮政编码：400033
联系电话：023-65181271
传真：023-65180280

厂家名称：重庆种衣剂厂
厂家地址：重庆市永川区萱花路段末5-061信箱
邮政编码：402160
联系电话： 023-49838183
传真：023-49838104

厂家名称：重庆山城蚊香制品有限责任公司
厂家地址：重庆市江津区杜市镇胡家村二社
邮政编码：402272
联系电话：023-47691579
传真：023-47694303

厂家名称：重庆西沱蚊香厂
厂家地址：重庆市石柱县西沱镇
邮政编码：
联系电话：023-73923887,73363906
传真：023-73363906

厂家名称：重庆新乐化工厂
厂家地址：重庆市北碚区水土镇水口寺
邮政编码：400714
联系电话：023-68230165

厂家名称：重庆雅佳日用化学品有限公司
厂家地址：重庆市九龙坡区含谷镇净龙村二社
邮政编码：401329
联系电话：023-65706910

厂家名称：重庆扬子江化工厂
厂家地址：重庆市南岸区鸡冠石正街166号
邮政编码：402185
联系电话：023-49822378
传真：023-49805607

厂家名称：重庆正派日化有限公司
厂家地址：重庆市荣昌县仁义镇保安乡街道
邮政编码：402460
联系电话：023-46792922

厂家名称：重庆中邦药业（集团）有限公司
厂家地址：重庆市涪陵区清溪镇平原村
邮政编码：408013
联系电话：023-72714888
传真：023-72714444

厂家名称：重庆中源工业发展有限公司
厂家地址：重庆市綦江古南镇桥河
邮政编码：401421
联系电话：023-48641054
传真：48654698

厂家名称：重庆榄菊实业有限公司
邮政编码：402760
联系电话：023-41489109
传真：023-41482368

厂家名称：重庆市晨豹日化有限公司
厂家地址：重庆市江津区几江镇五举办事处石墙村四社
邮政编码：400002
联系电话：023-47583996
传真：023-47583998

厂家名称：重庆市垫江蚊香厂
厂家地址：重庆市垫江县桂溪镇城南街上
邮政编码 :408300
联系电话 :023-74514076
传真 :023-74514076

厂家名称：重庆市合川区金鼠蚊香厂
厂家地址：重庆市合川区南办处花园村
联系电话 :0595-88150891

厂家名称：重庆市合川区农化厂
厂家地址：重庆市合川市大石镇龙燕路
邮政编码 :400546
联系电话 :023-42672323
传真 :023-42674594

厂家名称：重庆市友谊化工厂
厂家地址：重庆市沙坪坝区沙坪坝井口经济桥
邮政编码 :400033
联系电话 :023-65311830

厂家名称：重庆市植保技术服务公司
厂家地址：重庆市江北区华新村 51 号
邮政编码 :400020
联系电话 :023-67854300
传真 :023-67721800

厂家名称：重庆白象工贸有限公司
厂家地址：重庆市长寿区渡舟镇
邮政编码 :401228
联系电话 :023-66199231
传真 :023-68909875

厂家名称：重庆迪斯豪日用化工品有限公司
厂家地址：重庆市江津鹅公镇
邮政编码 :402236
联系电话 :023-47363109
传真 :023-47363109

厂家名称：重庆丰化科技有限公司
厂家地址：重庆市永川区化工路 808 号
邮政编码 :402160
联系电话 :023-49845558
传真 :023-49845198

厂家名称：重庆国威农药有限公司
厂家地址：重庆市永川市渝西大道中段 89 号
邮政编码 :402160
联系电话 :023-49807108
传真 :023-49818688

厂家名称：重庆嘉陵农药厂
厂家地址：重庆市经济桥 30 号
邮政编码 :400033
联系电话 :023-65300594

厂家名称：重庆金雕日化有限公司
厂家地址：重庆市大渡口区跳磴镇双河村
邮政编码 :401325
联系电话 :023-68535168
传真 :023-68535668

厂家名称：重庆金马蚊香厂
厂家地址：重庆市江津市油溪镇罐头厂内
邮政编码 :402285
联系电话 :023-47883166
传真 :023-47882194

厂家名称：重庆井口农药有限公司
厂家地址：重庆市沙坪坝区井口经济桥 119 号
邮政编码 :400033
联系电话 :023-65184249
传真 :023-65184249

厂家名称：重庆南洋农药联营厂
厂家地址：重庆市南岸区鸡冠石镇和平村石门社 25 号
邮政编码 :400063
联系电话 :023-62502381
传真 :023-62502381

厂家名称：重庆农药化工（集团）有限公司
厂家地址：重庆市长寿区重化工园区化南路四支路 3 号
邮政编码 :400033
联系电话 :023-65180333, 65180256
传真 :023-65180655

厂家名称：重庆巧巧化工有限公司
厂家地址：重庆市长寿区渡舟镇
邮政编码 :401228
联系电话 :023-40429243

厂家名称：重庆三江化工厂
厂家地址：重庆市綦江县三江镇
邮政编码 :401431
联系电话 :023-48200408

福建 Fujian

厂家名称：福建高科日化有限公司
厂家地址：福建省泉州市南安市东大路帽山工业区
邮政编码 :362300
联系电话 :0595-86354222
传真 :0595-86354209

厂家名称：福建省泉州德盛农药有限公司
厂家地址： 福建省泉州市永春县达埔镇德盛大厦
邮政编码 :362616
联系电话 :0595-23788178
传真 :0595-23782178

厂家名称：福建豪德化工科技有限公司
厂家地址：福建省龙岩市新罗区龙门镇
邮政编码 :364015
联系电话 :0597-2569998
传真 :0597-2569996

厂家名称：福建浩伦生物工程技术有限公司
厂家地址：福建省福州市鼓楼区湖东路 154 号中山大厦 A 座 31 层
邮政编码 :350003
联系电话 :0591-87833830
传真 :0591-87834231

厂家名称：福建浦城绿安生物农药有限公司
厂家地址：福建省南平市浦城县南浦生态工业园 17 号
邮政编码 :353400
联系电话 :0599-2831937
传真 :0599-2827564

厂家名称：福建三农集团股份有限公司
厂家地址：福建省三明市梅列区列东街北段 1829 号
邮政编码 :365000
联系电话 :0598-8238445
传真 :0598-8238015

厂家名称：福建三农农化有限公司
厂家地址：福建省漳州市龙海市角美镇上房
邮政编码 :363107
联系电话 :0596-6774411
传真 :0596-6774410

厂家名称：福建省德化蚊香厂
厂家地址：福建省德化县城关凤翅 49 号
邮政编码 :362500
联系电话 :0595-23525538
传真 :0595-23522524

厂家名称：福建省福州绿色应用化学技术开发有限公司
厂家地址：福建省福州市晋安区新店镇赤桥村 42 号
邮政编码 :350012
联系电话 :0591-87911376
传真 :0591-87911376

厂家名称：福建省福州市防治白蚁公司
厂家地址：福建省福州市古楼区五一中路 49 号先施大厦月座 7H
邮政编码 :350005
联系电话 :0591-83337717
传真 :0591-83337717

厂家名称：福建省古田县科达生物化工有限公司
厂家地址： 福建省宁德市古田县城东 614 中路八支路 1 号
邮政编码 :352200
联系电话： 0593-3881066
传真： 0593-3806278

厂家名称：福建省花仙子（厦门）日用化学品有限公司
厂家地址：福建省厦门市集美区北部工业区
邮政编码 :361021
联系电话 :0592-6100323

传真 :0592-61003306

厂家名称：福建省建阳市青松化工有限公司
厂家地址：福建省南平市建阳市民主南路 88 号
邮政编码 :354200
联系电话： 0599-5840016
传真： 0599-5822765

厂家名称：福建省建瓯福农化工有限公司
厂家地址：福建省南平市建瓯市北门
邮政编码 :353100
联系电话 :0599- 3851537
传真 :0599-3851537

厂家名称：福建省金鹿日化股份有限公司
厂家地址：福建省泉州市南安市洪濑镇东溪开发区金鹿工业园
邮政编码 :362331
联系电话 :0595-86696618
传真 :0595-86696688

厂家名称：福建省金鹿日化股份有限公司江西省瑞昌分公司
厂家地址：江西省瑞昌市黄金工业园
邮政编码 :332200
联系电话 :0792-4216698
传真 :0792-42171927

厂家名称：福建省锦江日用化工有限公司
厂家地址：福建省龙海市榜山镇雩林工业区
邮政编码 :363100
联系电话 :0596-6593188
传真 :0596-6593188

厂家名称：福建省晋江金童蚊香制品有限公司
厂家地址：福建省晋江市五里工业园 1 区
邮政编码 :362216
联系电话 :0595-88183030
传真 :0595-88183384

厂家名称：福建省晋江罗山许坑蚊香厂
厂家地址：福建省晋江罗山镇许坑村工业区 37-41 号
邮政编码 :362200
联系电话： 0595-85070525
传真 :0595-88184753

厂家名称：福建省晋江市安海万兴蚊香厂
厂家地址：福建省泉州市晋江市安海镇桐林村
邮政编码 :362261
联系电话 :0595-85701491
传真 :0595 － 85701491

厂家名称：福建省晋江市安海镇双鳄日用品厂
厂家地址：福建省晋江市安海镇庄头村玉林南里 48 号
邮政编码 :362261
联系电话 :0595-85783020
传真 :0595-85783020

厂家名称：福建省晋江市安鹿卫生用品有限公司
厂家地址：福建省晋江市罗山镇梧安工业区
邮政编码 :362200
联系电话 :0595-88195885
传真 :0595-88195865

厂家名称：福建省晋江市奔马蚊香有限公司
厂家地址：福建省晋江市罗山街道许坑平安北路 66 号
邮政编码 :362200
联 系 电 话 :0595-88196979 68581887
传真 :0595-88175977

厂家名称：福建省晋江市今日日化有限公司
厂家地址：福建省晋江市罗山镇后林村
邮政编码 :362216
联系电话 :0595-88186268
传真 :0595-88176268

厂家名称：福建省晋江市罗山黑鹰蚊香有限公司
厂家地址：福建省晋江市罗山街道许坑工业北区 52 号
邮政编码 :362216
联系电话 :0595-88171111
传真 :0595-88189026

厂家名称：福建省晋江市罗山华隆蚊香制品有限公司
厂家地址：福建省晋江市罗山镇山仔工业区 198 号
邮政编码 :362216
联系电话 :0595-88172558
传真 :0595-88173556

厂家名称：福建省晋江市金马蚊香有限公司
厂家地址：福建省晋江市罗山镇许坑村工业北区 76 号
邮政编码 :362216
联系电话 :0595-88186953

厂家名称：福建省晋江市罗山金猫日用蚊香有限公司
厂家地址：福建省晋江市罗山许坑工业区 166 号
邮政编码 :362200
联系电话 :0595-88197261
传真 :0595-88172323

厂家名称：福建省晋江市娃力日化有限公司
厂家地址：福建省晋江市罗山镇张前工业区
邮政编码 :362200
联系电话 :0595-88171897
传真 :0595-88174897

厂家名称：福建省晋江市亲亲日化有限公司
厂家地址：福建省晋江市灵源街道办事处张前东区 100 号
邮政编码 :362216
联系电话： 0595-88195882
传真 :0595-88195882

厂家名称：福建省科丰农药有限公司
厂家地址：福建省福州市新店镇埔党村省农科院内
邮政编码 :350013
联系电话 :0591-87831983
传真 :0591-87833583

厂家名称：福建省连城县萤火虫蚊业有限公司
厂家地址：福建省连城县新泉镇黄松岗工贸小区
邮政编码 :366214
联系电话 :0597-8330517
传真 :0597-8330517

厂家名称：福建省龙海市雄鹰蚊香厂
厂家地址：福建省龙海市九湖院后
邮政编码 :363100
联系电话 :0596-6637989
传真 :0596-6637989

厂家名称：福建省梦娇兰日用化学品有限公司
厂家地址：福建省漳州市龙海市龙海颜厝工业开发区
邮政编码 :363118
联系电话 :0596-6651636
传真 :0596-6666589

厂家名称：福建省莆田市荔城区康盛蚊香厂
厂家地址：福建省莆田市荔城区新度镇扬美村田洋 14 号
邮政编码 :351142
联系电话 :0594-2991765
传真 :0594-2955669

厂家名称：福建省泉州蝙蝠蚊香厂
厂家地址：福建省晋江市罗山镇许坑工业区 64 号
邮政编码 :362200
联系电话 :0595-88184321
传真 :0595-88177321

厂家名称：福建省厦门祥绿农化有限公司
厂家地址： 福建省厦门市同安区新民粮店 7 、 8 号店
邮政编码 :261022
联系电话 :0592-7108606
传真 :0592-7108606

厂家名称：福建省厦门金达威维生素股份有限公司
厂家地址：福建省厦门市海沧新阳工业区新昌路 35 号
邮政编码 :361022
联系电话 :0592-6511111
传真 :0592-6513636

厂家名称：福建省厦门市神狮工贸有限公司
厂家地址：福建省厦门市湖里区江顺里 56 号 208 室
邮政编码 :361009
联系电话 :0592-5562406
传真 :0592-5557668

厂家名称：福建省厦门市翔安区祥安家庭卫生用品厂
厂家地址：福建省厦门市翔安区马巷镇舫阳工业区
邮政编码 :361101
联系电话 :0592-7062300
传真 :0592-70637116

厂家名称：福建省厦门市消毒站
厂家地址：福建省厦门市溪岸路 100 号
邮政编码 :361003
联系电话 :0592-2136997
传真 :0592-2136996

厂家名称：福建省仙游县林字蚊香厂
厂家地址：福建省仙游县榜头镇官舍村工业区
邮政编码 :351256
联系电话 :0594-7795714
传真 :0594-7799588

厂家名称：福建省旭化学工业（漳州）有限公司
厂家地址：福建省漳州市芗城区蓝田工业开发区纵四路
邮政编码 :363007
联系电话 :0596-2107556
传真 :0596-2109472

厂家名称：福建省漳州片仔癀日化有限责任公司
厂家地址：福建省漳州市南山路 1 号
邮政编码 :363000
联系电话 :0596-2308566
传真 :0596-2308266

厂家名称：福建省漳州市芗城乐达工贸有限公司
厂家地址：福建省漳州市上街新星工业区中段
邮政编码:363000
联系电话:0596-2307430
传真:0596-2307826

厂家名称：福建省漳州市芗城猫王防预药品有限公司
厂家地址：福建省漳州市芗城区大通北路67号
邮政编码:363000
联系电话:0596-2033222
传真:0596-2033222

厂家名称：福建省漳州永恒化妆品有限公司
厂家地址：福建省漳州市诏安县闽粤边界贸易加工区北侧
邮政编码:363500
联系电话:0596-3322568
传真:0596-3350796

厂家名称：福建省漳州庄臣化学品有限公司
厂家地址：福建省漳州市龙海颜厝工业区
邮政编码:363118
联系电话:0596-6650486
传真:0596-6135111

厂家名称：福建双飞日化有限公司
厂家地址：福建省漳洲市龙文工业开发区北环城路8号
邮政编码:363005
联系电话:0596-2172811
传真:0596-2107827

厂家名称：福建厦门大中亚工贸有限公司
厂家地址：福建省厦门市杏林区杏北工业区中宛路7号
邮政编码:361022
联系电话:0592-6258718
传真:0592-6258718

厂家名称：福建新农大正生物工程有限公司 厂家地址：福建省福州市杨桥西路268号太阳城大厦6层
邮编：350002
电话：0591-28308492
传真：0591-83768749
E-mail: chen@sinodashing.com

厂家名称：蛙王（福建）日化有限公司
厂家地址：福建省晋江市罗山街道办事处许坑工业区
邮政编码:362216
联系电话:0595-88176611
传真:0595-88196611

厂家名称：云龙（福建）日用品有限公司
厂家地址：福建省永春县探花山工业园区
邮政编码：362600
联系电话：0595-23876268
传真：0595-23716868

厂家名称：福建省厦门市胜伟达工贸有限公司
厂家地址：福建省厦门市翔安区巷南璐869号
邮政编码：361009
联系电话：0592-5024238
传真：0592-7066966

厂家名称：福建省三农化学进出口有限公司
厂家地址：福建省三明市梅连区乾龙新村三农办公楼
邮政编码：365000
联系电话：0598-8238055
传真：0598-8241835

厂家名称：福建省厦门市绿地康生物工程有限公司
厂家地址：福建省厦门市同安区同安城南工业区
邮政编码：361100
联系电话：0592-7129111
传真：0592-7365789

甘肃 Gansu

厂家名称：甘肃富民生态农业科技有限公司
厂家地址：甘肃省定西市循环经济产业园区
邮政编码：743000
传真：0932-8368999

厂家名称：甘肃国力生物科技开发有限公司
厂家地址：甘肃省兰州市城关区庆阳路 258 号
邮政编码：730000
联系电话：0931-8474900
传真：0931-84762966

厂家名称：甘肃恒生源生物科技有限公司
厂家地址：甘肃省庆阳市宁县恒生源路 1 号
邮政编码：745200
联系电话：0934-6625281
传真：0934-66211436

厂家名称：甘肃华实农业科技有限公司
厂家地址：甘肃省定西市安定区南川飞天路
邮政编码：743000
联系电话：0932-8201091
传真：0932-82010916

厂家名称：甘肃金昌中药技术开发研究所
厂家地址：甘肃省金昌市东郊高新技术开发区金化集团精细化工厂
邮政编码：737100
联系电话：0935-8212222

厂家名称：甘肃农科院植保所新农药开发中心
厂家地址：甘肃省兰州市安宁区农科院新村 1 号
邮政编码：730070
联系电话：0931-7674177
传真：0931-7652625

厂家名称：甘肃三川药业有限责任公司
厂家地址：甘肃省兰州市安宁区
邮政编码：730070
联系电话：0931-7672561
传真：0931-7672560

厂家名称：甘肃省兰州固诚化工有限公司
厂家地址：甘肃省兰州市西固区环行东路 10 号
邮政编码：730060
联系电话：0931-7324311
传真：(0931)8485154

厂家名称：甘肃省兰州市农药厂
厂家地址：甘肃省兰州市西固区福利东路 49 号
邮政编码：730060
联系电话：0931-7531213
传真：0931-7531213

厂家名称：甘肃省兰州市星火化工厂
厂家地址：甘肃省兰州市城关区城关区小雁滩 44 号
邮政编码：730000
联系电话：(0910)8492684

厂家名称：甘肃省兰州卫康生物技术开发有限公司
厂家地址：甘肃省兰州市城关区南面滩 80 号
邮政编码：730000
联系电话：0931-8652596
传真：0931-8267138

厂家名称：甘肃省两西新产品开发试验中心
厂家地址：甘肃省兰州市科技街 64 号

邮政编码 :730000
联系电话 :0931-8264969
传真 :0931-8414969

厂家名称：甘肃省天水兴农化工厂
厂家地址：甘肃省天水市北道区社棠东路 42 号
邮政编码 :741023
联系电话 :0938-2781127

厂家名称：甘肃省武山县农药厂
厂家地址：甘肃省武山县洛门镇
邮政编码 :741306
联系电话 :0938-3225239
传真 :0938-3226997

厂家名称：甘肃省武山县鼢鼠防治研究所
厂家地址：甘肃省武山县洛门镇汪家村
邮政编码 :741300
联系电话 :0938-3230140

厂家名称：甘肃省武威佳农农业科技有限公司
厂家地址：甘肃省武威市建国街民建巷 2 号
邮政编码 :733000
联系电话 :0935-2216218
传真 :0935-2216218

厂家名称：甘肃省盐锅峡化工总厂
厂家地址：甘肃省临夏回族自治州永靖县盐锅峡镇
邮政编码 :731601
联系电话 :0930-8867011
传真 :0930-8868414

厂家名称：甘肃省榆中农药有限责任公司
厂家地址：甘肃省榆中县定远镇刘家坪
邮政编码 :730102
联系电话 :0931-5321322

厂家名称：甘肃省榆中植物农药厂
厂家地址：甘肃省榆中县夏官营镇
邮政编码 :730106
联系电话 :0931-5282208
传真 :0931-5282208

厂家名称：甘肃省张掖市大弓农化有限公司
厂家地址：甘肃省张掖市甘州区东北郊开发区
邮政编码 :734000
联系电话 :0936-8436169
传真 :0936-84362266

厂家名称：甘肃省植物生长素厂
厂家地址：甘肃省兰州市安宁区安宁堡上庄子 104 号
邮政编码 :730070
联系电话 :0931-7661302

厂家名称：甘肃天保农药化工有限公司
厂家地址：甘肃省陇南市武都区两水镇
邮政编码 :746010
联系电话 :0939-8519777
传真 :0939-8519777

厂家名称：兰州爱地森农化科技有限责任公司
厂家地址：甘肃省兰州市安宁区黄家滩 218 号
邮政编码 :730071
联系电话 :0931-3031252

厂家名称：兰州润泽生化科技有限公司
厂家地址：甘肃省兰州市安宁区枣林路 139 号
邮政编码 :730070
联系电话 :0931-7617688
传真 :0931-76735286

厂家名称：武威春飞作物科技有限公司
厂家地址：甘肃省武威市凉州区武南镇工业开发区华源路
邮政编码 :733009
联系电话 :0935-2716018
传真 :0935-2216218

广东 Guangdong

厂家名称：广东浩德作物科技有限公司
厂家地址：广东省肇庆市鼎湖区凤凰镇水库路 25 号
邮政编码：526070
联系电话：0755-29977276

厂家名称：广东莱雅化工有限公司
厂家地址：广东省佛山市顺德区顺峰山工业区
邮政编码：528333
联系电话：0757-22325908
传真：0757-22325978

厂家名称：广东立威化工有限公司
厂家地址：广东省茂名市茂南区金塘镇
邮政编码：525025
联系电话：0668-2366098
传真：0668-23669286

厂家名称：广东省东莞市瑞德丰生物科技有限公司
厂家地址：广东省东莞市大岭山镇大片美管理区
邮政编码：518102
联系电话：0755-29977606
传真：0755-29977896

厂家名称：广东省佛山市南海奥帝精细化工有限公司
厂家地址：广东省佛山市南海区里水镇太行路 90 号
邮政编码：528244
联系电话：0757-85666288, 85660888
传真：0757-85663883

厂家名称：广东省佛山市盈辉作物科学有限公司
厂家地址：广东省佛山市高明区更合镇白石工业区
邮政编码：528522
联系电话：0757-83872808
传真：0757-83872813

厂家名称：广东省广州立白企业集团有限公司
厂家地址：广东省广州市芳村区陆居路 2 号
邮政编码：510370
联系电话：020-81566936
传真：020-81569676

厂家名称：广东省广州市花都区花山日用化工厂
厂家地址：广东省广州市花都区花山镇坪山东村路
邮政编码：510880
联系电话：020-86848103
传真：020-86942321

厂家名称：广东省广州植物龙生物技术有限公司
厂家地址：广东省珠海市香洲区南屏科技园屏西七路 1 号
邮政编码：519060
联系电话：0756-8699856
传真：0756-86998496

厂家名称：广东省惠州市中迅化工有限公司
厂家地址：广东省惠州市惠城区仲恺高新技术产业开发区 24 号小区
邮政编码：516006
联系电话：0752-2621188/2621699
传真：0752-2622366/26223996

厂家名称：广东省江门市大光明农化有限公司
厂家地址：广东省江门市蓬江区江会路 69 号
邮政编码：529000
联系电话：0750-3508606
传真：0750-3553048

厂家名称：广东省茂名绿银农化有限公司
厂家地址：广东省茂名市茂水路 280 号
邮政编码：525000

联系电话：0668-2730668
传真：0668-2730615

厂家名称：广东省汕头市宏光化工有限公司
厂家地址：广东省汕头市澄海区溪南中心工业区金山路
邮政编码：515832
联系电话：0754-5757038
传真：0754-57524096

厂家名称：广东省英德广农康盛化工有限责任公司
厂家地址：广东省清远市英德市沙口镇红丰管理区
邮政编码：513052
联系电话：0763-2551401
传 真：0763-2551846/020-860791426

厂家名称：广东省植保蔬菜专用药剂中试厂
厂家地址：广东省广州市天河区五山省农科院大丰基地内
邮政编码：510640
联系电话：020-85514224
传真：020 — 875617576

厂家名称：广东省中山市金鸟化工有限公司
厂家地址：广东省中山市石岐区海景路 10 号
邮政编码：528401
联系电话：0760-8710318
传真：0760-87158536

厂家名称：广东省中山市凯达精细化工股份有限公司
厂家地址：广东省中山市青溪路 116 号
邮政编码：528402
联系电话：0760-8703869
传真：0760-8700139

厂家名称：广东省中山市凯达精细化工股份有限公司石岐农药厂
厂家地址：广东省中山市东区起湾路
邮政编码：528402
联系电话：0760-88713153
传真：0760-88701000

厂家名称：广东省中山榄菊日化实业有限公司
厂家地址：广东省中山市小榄镇乐丰路
邮政编码：528415
联系电话：0760-22129538
传真：0760-22281616

厂家名称：广东省珠海真绿色技术有限公司
厂家地址：广东省珠海市香洲区南屏科技园屏西七路 1 号
邮政编码：519060
联系电话：0756-8699856
传真：0756-8699849

厂家名称：广东珠海经济特区瑞农植保技术有限公司
厂家地址：广东省珠海市金湾区临港工业区大浪湾工业小区
邮政编码：519050
联系电话：0756-7268813
传真：0756-7265432

厂家名称：深圳诺普信农化股份有限公司
厂家地址：广东省深圳市宝安区西乡水库路 113 号
邮政编码：518102
联系电话：0755-29977776
传真：0755-29977516

厂家名称：保洁丽化工产品（深圳）有限公司
厂家地址：广东省深圳市罗湖区东昌路 68 号化工工业大厦二楼
邮政编码：518019
联系电话：0755-25802235, 25514203
传真：0755-25515038

厂家名称：必安住（广州）日化有限公司
厂家地址：广东省广州市番禺区东涌镇石基村市南公路东涌段南侧 14 号
邮政编码：511453
联系电话：020-34918778
传真：020-34918820

厂家名称：佛山市南海区黄岐嘉纯生物工程有限公司
厂家地址：广东省南海市黄岐泌冲工业区
邮政编码：528248
联系电话：0757-85996168
传真：0757-85996168

厂家名称：佛山市晓光农化贸易有限公司
厂家地址：广东省佛山市佛山市秀华五路金融广场十楼 C 座
邮政编码：528000
联系电话：0757-3201249
传真：0757-3381733

厂家名称：广东北大新世纪生物工程股份有限公司
厂家地址：广东省梅州市梅县锭子桥新世纪大厦
邮政编码：514700
联系电话：0753-2525191
传真：0753-25193306

厂家名称：广东澄海市玛利

日用精细化工有限公司
厂家地址：广东省澄海市莲下蔡寮工业区
邮政编码：515834
联系电话：0754-5164661
传真：0754-5164661

厂家名称：广东德利生物科技有限公司
厂家地址：广东省茂名市化州市河东桔城北路26号
邮政编码：525100
联系电话：0668-7360699
传真：0668-73522506

厂家名称：广东广州奥森农药有限公司
厂家地址：广东省广州市花都区新华镇工业大道18号
邮政编码：510800
联系电话：020-86869929

厂家名称：广东惠阳华亚农用化工有限公司
厂家地址：广东省惠州市惠阳市沙田镇东明管理区
邮政编码：516269
联系电话：0752-3752845

厂家名称：广东揭西县棉湖双发蚊香厂
厂家地址：广东省汕头市揭西县棉湖镇工业区槐茗街11号
邮政编码：515438
联系电话：0663-525525

厂家名称：广东金农达生物科技有限公司
厂家地址：广东省清远市清城区龙塘镇浩良工业园
邮政编码：511540
联系电话：0763-3695028
传真：0763-3695028

厂家名称：广东劲劲化工有限公司
厂家地址：广东省化州市鉴江开发区金锅岭
邮政编码：525100
联系电话：0668-7361922

厂家名称：广东九极日用保健品有限公司
厂家地址：广东省广州市天河区高新技术产业开发区科韵路20-22号
邮政编码：511356
联系电话：020-32223999
传真：020-32221938

厂家名称：广东俊华工贸发展有限公司
厂家地址：广东省广州市天河员村大道金华厂房BC栋
邮政编码：510655
联系电话：020-85632829
传真：020-85630956

厂家名称：广东科建白蚁虫害防制有限公司
厂家地址：广东省广州市新港西路105号
邮政编码：510260
联系电话：020-84198700
传真：020-84183832

厂家名称：广东利农康盛实业有限公司
厂家地址：广东省广州市机场西路远景街1-73号万方园大厦218
邮政编码：510403
联系电话：020-86079496
传真：020-86079142

厂家名称：广东立农生物科技有限公司
厂家地址：广东省罗定市围底开发区
邮政编码：525127
联系电话：0668-7960468
传真：0668-7311778

厂家名称：广东南海宝利华精细化工厂
厂家地址：广东省南海市机场路沙坑小学东侧蝶丽尔化妆品厂
邮政编码：528200
联系电话：0757-6435838

厂家名称：广东普宁市华泰联化工厂
厂家地址：广东省普宁市麒麟镇
邮政编码：515352
联系电话：0663-2531236
传真：0663-2531216

厂家名称：广东全美实业日用化工有限公司
厂家地址：广东省陆丰市东海经济开发区南合大道
邮政编码：516500
联系电话：0660-8805088
传真：0660-8800368

厂家名称：广东深圳益丰生化制品有限公司
厂家地址：广东省深圳市滨河大道爱地大厦18楼
邮政编码：518028
联系电话：0755-3371407
传真：3206213

厂家名称：广东省爱丽实业公司
厂家地址：广东省广州市东山区峡山镇金光路工业区1栋
邮政编码：510075
联系电话：0754-7762191
传真：0754-7762191

厂家名称：广东省保血（江门）日用制品有限公司
厂家地址：广东省江门市新会区大泽镇小泽村背江坑
邮政编码：529100
联系电话：0750-6805680
传真：0750-6805685

厂家名称：广东省博罗县园洲镇紫竹龙香加工厂
厂家地址：广东省博罗县园洲镇土瓜圩8号
邮政编码：516123
联系电话：0752-6809318

厂家名称：广东省潮安金雅日化有限公司
厂家地址：广东省潮安县彩塘镇华二后溪
邮政编码：515644
联系电话：0768-5627999
传真：0768-5627999

厂家名称：广东省潮阳市丹丽化妆品实业有限公司
厂家地址：广东省潮阳市峡山大潮绿茵大厦
邮政编码：515144
联系电话：0661-7768826
传真：0661-7774210

厂家名称：广东省潮州市城西荣兴蚊香厂
厂家地址：广东省潮州市桥东卧石工业区
邮政编码：521000
联系电话：0768-2287999
传真：0768-2287999

厂家名称：广东省潮州市农药厂
厂家地址：广东省潮州市归湖镇
邮政编码：515635
联系电话：0768-6751525

厂家名称：广东省澄海市啟裕精细化工有限公司
厂家地址：广东省汕头市澄海市澄江公路南界路段
邮政编码：515824
联系电话：0754-5708899

厂家名称：广东省澄海市启裕精细化工有限公司
厂家地址：广东省澄海市澄江公路南界路段
邮政编码：515824
联系电话：0754-5708899
传真：0754-5706083

厂家名称：广东省德庆县西江植保化工厂
厂家地址：广东省肇庆市德庆县新圩镇西景山工业开发区
邮政编码：526631
联系电话：0758-7732213/7731424
传真：0758-7732213

厂家名称：广东省东莞市华凯实业有限公司
厂家地址：广东省东莞市东城区主山大井头工业区
邮政编码：523120
联系电话：0769-2208842
传真：0769-2208842

厂家名称：广东省东莞市金凤莞香有限公司
厂家地址：广东省东莞市平乐坊36号
邮政编码：523000
联系电话：0769-2211049
传真：0769-21132156

厂家名称：广东省东莞市万江万宝日用制品厂
厂家地址：广东省东莞市万江大汾中立州工业区
邮政编码：523052
联系电话：0769-2784828/2770738
传真：0769-2183880

厂家名称：广东省东莞市威亮实业有限公司
厂家地址：广东省东莞市中堂镇下芦工业区
邮政编码：523239
联系电话：0769-8886268,2340255
传真：0769-8884033

厂家名称：广东省东莞万盛家庭用品有限公司
厂家地址：广东省东莞市万江区莫屋村
邮政编码：523041
联系电话：0769-2271310,13902647063

厂家名称：广东省东莞威乐日用化工有限公司
厂家地址：广东省东莞市虎门镇九门寨第二工业区
邮政编码：523898
联系电话：0769-5508918
传真：0769-5508906

厂家名称：广东省番禺邦腾化工有限责任公司
厂家地址：广东省广州市番禺区市桥镇禺山西路180号
邮政编码：511490
联系电话：020-84891182
传真：020-84800312

厂家名称：广东省丰顺县农药厂鱼藤精分厂
厂家地址：广东省丰顺县汤

西镇
邮政编码:514331
联系电话:0753-6857866

厂家名称：广东省佛山市大兴生物化工有限公司
厂家地址：广东省佛山市禅城区南庄镇醒群工业区
邮政编码:528219
联系电话:0757-85332748
传真:0757-85325805

厂家名称：广东省佛山市高明佳莉日用化工有限公司
厂家地址：广东省佛山市高明区更合镇合水工业园瑶村牌坊侧
邮政编码:528524
联系电话:0757-88876968

厂家名称：广东省佛山市南海里水顺风精细化工厂
厂家地址：广东省佛山市南海区里水河村西紫工业区
邮政编码:528244
联系电话:0757-85660166
传真:0757-85625125

厂家名称：广东省佛山市南海区绿宝生化技术研究所
厂家地址：广东省佛山市南海区平洲东区工业园11号
邮政编码:528251
联系电话:0757-86705280
传真:0757-86705299

厂家名称：广东省佛山市南海施乐华化妆品有限公司
厂家地址：广东省佛山市南海区金沙镇南沙新墟
邮政编码:528223
联系电话:0757-86616678
传真:0757-6615118

厂家名称：广东省佛山市南海添惠日化有限公司
厂家地址：广东省佛山市南海区松岗镇石泉铁坑工业区
邮政编码:528234
联系电话:0757-85206202
传真:0757-85206201

厂家名称：广东省佛山市顺德区香江精细化工实业有限公司
厂家地址：广东省佛山市顺德区容桂容边天河工业区
邮政编码:528305
联系电话:0765-8301202
传真:0757-28301203

厂家名称：广东省佛山市张槎蚊香厂
厂家地址：广东省佛山市石湾区张槎镇张槎乡
邮政编码:528000
联系电话:2217175
传真:2217175

厂家名称：广东省佛山市禅城区正灵日用品厂
厂家地址：广东省佛山市祖庙路1号富荣中心A916室
邮政编码:528000
联系电话:0757-82132411
传真:0757-82132411

厂家名称：广东省高州化工总厂
厂家地址：广东省茂名市高州市石仔岭
邮政编码:525200
联系电话:0668-6621627
传真:0668-66213506

厂家名称：广东省广州帝盟精细化工实业有限公司
厂家地址：广东省广州市天河区中山大道科韵路6号608
邮政编码:510665
联系电话:020-82850808
传真:020-82850618

厂家名称：广东省广州广氮农化有限公司
厂家地址：广东省广州市天河区车陂坑东沐陂工业区
邮政编码:510663
联系电话:020-82328855
传真:020-82328855

厂家名称：广东省广州家亮化工有限公司
厂家地址：广东省广州市从化桃园镇卫东村
邮政编码:510976
联系电话:020-87839938
传真:020-87839939

厂家名称：广东省广州洁华实业公司
厂家地址：广东省广州市赤岗西路266号
邮政编码:510310
联系电话:020-84206123
传真:020-84206123

厂家名称：广东省广州军区万龙生化开发中心
厂家地址：广东省广州市新市镇长红工业区
邮政编码:510515
联系电话:020-7706180

厂家名称：广东省广州农泰生物科技有限公司
厂家地址：广东省广州市花都区新华镇工业大道18号
邮政编码:510812
联系电话:020-86875496
传真:020-868754966

厂家名称：广东省广州市白云区人和神龟蚊香厂
厂家地址：广东省广州市白云区人和镇凤和街 8 号
邮政编码 :510470
联系电话 :020-86458631

厂家名称：广东省广州市白云区新东方日用化工品厂
厂家地址：广东省广州市白云区龙归镇南岭村南新路 23 号
邮政编码 :510445
联系电话 :020-86043881
传真 :020-86040135

厂家名称：广东省广州市东南消毒杀虫有限公司
厂家地址：广东省广州市天河去林河中路 152 号天誉花园高雅阁 18 楼
邮政编码 :510610
联系电话 :020-38840028-256
传真 :020-38840707

厂家名称：广东省广州市番禺区钟村都那精细化工厂
厂家地址：广东省广州市番禺区钟村镇都那村（105 国道都那路段 5 号）
邮政编码 :511495
联系电话 :020-84779128
传真 :020-84695599

厂家名称：广东省广州市广农化工有限公司
厂家地址：广东省广州市开发区萝岗街水西村樟掘地段
邮政编码 :529000
联系电话 :020-82077666
传真 :020-82077908

厂家名称：广东省广州市海珠区山田日用品厂
厂家地址：广东省广州市新窖南路龙潭三社龙三工业区内 3 号
邮政编码 :510315
联系电话 :020-83316762
传真 :020-83356637

厂家名称：广东省广州市海珠区野菊日用化工厂
厂家地址：广东省广州市新港东路 3 号 潘友珍
邮政编码 :510308
联系电话 :020-84225812
传真 :020-84225812

厂家名称：广东省广州市豪恩思精细化工有限公司
厂家地址：广东省广州市白云区罗岗村环岗一路 26 号
邮政编码 :510440
联系电话 :020-36634466
传真 :020-36634463

厂家名称：广东省广州市化工研究所
厂家地址：广东省广州市较场东路 19 号
邮政编码 :510055
联系电话 :(020)3807595

厂家名称：广东省广州市化学工业研究所
厂家地址：广东省广州市白云区石井石潭路潭村桥东
邮政编码 :510430
联系电话 :020-36371730
传真 :020-36372920

厂家名称：广东省广州市黄埔化工厂
厂家地址：广东省广州市黄埔东路 2009 号大院
邮政编码 :510730
联系电话 :020-82219793
传真 :020-82219793

厂家名称：广东省广州市黄浦华穗工贸有限公司
厂家地址：广东省广州市黄浦区石化路 170 号三楼
邮政编码 :510726
联系电话 :020-82124655

厂家名称：广东省广州市金农科技开发有限公司
厂家地址：广东省广州市花都区梯面镇达板隆
邮政编码 :510870
联系电话 :020-86781696 传真 :020-86782169

厂家名称：广东省广州市金珠江化学有限公司
厂家地址：广东省广州市芳村区芳村大道东 200 号
邮政编码 :510370
联系电话 :020-81892679
传真 :020-81891357

厂家名称：广东省广州市浪奇实业股份有限公司
厂家地址：广东省广州市天河区黄埔大道东 128 号
邮政编码 :510660
联系电话 :020-82161128-6278
传真 :020-82162986

厂家名称：广东省广州市乐迪华日用化工有限公司
厂家地址：广东省广州市白云区嘉禾镇望岗工业二路西岭 23 号
邮政编码 :510440
联系电话 :020-86327212
传真 :020-86326485

厂家名称：广东省广州市梦想精细化工有限公司
厂家地址：广东省广州市白云区良田金盆中路钱岗墩
邮政编码：510545
联系电话：020-83265555
传真：020-86265222

厂家名称：广东省广州市农作物病虫测报站农科服务社
厂家地址：广东省广州市白云区竹料镇
邮政编码：510545
联系电话：020-87446162
传真：020-87446162

厂家名称：广东省广州市神山镇石龙蚊香厂
厂家地址：广东省广州市白云区神山镇石龙圩墟
邮政编码：510460
联系电话：020-36356262

厂家名称：广东省广州市泰祥白蚁防治工程有限公司
厂家地址：广东省广州市海珠区新港东路27号江畔楼
邮政编码：510308
联系电话：020-61169390
传真：020-61169390

厂家名称：广东省广州市天河区车陂化工厂
厂家地址：广东省广州市天河区车陂广氮路
邮政编码：510660
联系电话：020-2307547

厂家名称：广东省广州市天利来技贸有限公司
厂家地址：广东省广州市天河区林和东路紫藤阁西座405
邮政编码：
联系电话：020-8810293
传真：020-38803827

厂家名称：广东省广州市益农生化有限公司
厂家地址：广东省广州市花都区新华镇工业大道18号
邮政编码：510800
联系电话：020-86863970
传真：020-86863833

厂家名称：广东省广州市越秀区恒利卫生用品厂
厂家地址：广东省广州市越秀区广园中路景泰直街68号202室
邮政编码：510405
联系电话：020-86576997
传真：020-89221939

厂家名称：广东省广州市越秀区恒利卫生用品厂白云分厂
厂家地址：广东省广州市细岗路东一街11号201
邮政编码：510260
联系电话：020-89221939
传真：020-89223223

厂家名称：广东省广州市智灵公共卫生研究所
厂家地址：广东省广州市天河区中山大道89号B8层北12号
邮政编码：510630
联系电话：020-85560984
传真：020-85560578

厂家名称：广东省广州市中达生物工程有限公司
厂家地址：广东省广州市白云区黄石路江夏越秀区
邮政编码：510420
联系电话：020-86436066
传真：020-8643783566

厂家名称：广东省广州市中龙化工有限公司
厂家地址：广东省广州市中山二路56号汇隆大厦17层
邮政编码：510080
联系电话：020-87313046
传真：020-87313045

厂家名称：广东省广州市钜友日化有限公司
厂家地址：广东省广州市白云区机场路138号兴发广场二期
邮政编码：510000
联系电话：0760-8703869
传真：0760-8700139

厂家名称：广东省广州新天地化学实业有限公司
厂家地址：广东省广州市天河区黄埔大道中87号
邮政编码：510630
联系电话：020-85675260
传真：020-85675690

厂家名称：广东省广州粤果农业化学科技有限公司
厂家地址：广东省广州市天河区五山省农科院果树所
邮政编码：510640
联系电话：020-38765869
传真：020-38765626

厂家名称：广东省海丰县华粤工贸实业公司
厂家地址：广东省海丰县附城镇西闸木村站西侧
邮政编码：516400
联系电话：0660-6402289
传真：0660-6622194

厂家名称：广东省华美加（中山）喷雾制品有限公司
厂家地址：广东省中山市石岐青溪路 116 号
邮政编码：528402
联系电话：0760-8703869，8713153
传真：0760-8700139

厂家名称：广东省化州市天力化工有限公司
厂家地址：广东省茂名市化州市人民南路
邮政编码：525100
联系电话：0668-7354178
传真：0668-7360488

厂家名称：广东省惠州高肥力国际现代化有限公司
厂家地址：广东省惠州市博罗城博文路 138 号
邮政编码：516100
联系电话：0752-6627117
传真：0752-6627038

厂家名称：广东省惠州市银农生物化工有限公司
厂家地址：广东省惠州市江北菊花头
邮政编码：516003
联系电话：0752-2803102
传真：0752-2803102

厂家名称：广东省江门市新会区农得丰有限公司
厂家地址：广东省江门市新会区会城镇河口工业大道
邮政编码：529100
联系电话：0750-6317240
传真：0750-6311073

厂家名称：广东省江门市新会区新豪雅化工有限公司
厂家地址：广东省江门市新会区会城镇永安第二工业区 25 号之一
邮政编码：529100
联系电话：0750-6310372
传真：0750-6310348

厂家名称：广东省江门市新会园田生物工程有限公司
厂家地址：广东省江门市新会区大泽镇背江坑
邮政编码：529162
联系电话：0750-6899313
传真：0750-68907686

厂家名称：广东省江门市植保有限公司
厂家地址：广东省江门市建设二路 51 号
邮政编码：529000
联系电话：0750-3287333
传真：0750-3220689

厂家名称：广东省揭阳市壹阳化工有限公司
厂家地址：广东省揭阳市东山区东山村牛路岭山地段
邮政编码：522031
联系电话：0663-8233413
传真：0663-8224179

厂家名称：广东省揭阳市渔湖中学为民蚂蚁药厂
厂家地址：广东省揭阳市渔湖中学
邮政编码：522000
联系电话：0663-8779030
传真：0663-8779030

厂家名称：广东省揭阳市榕城区榕东潮洲灭蚁药厂
厂家地址：广东省揭阳市榕城区新兴东路梅兜中路桥边
邮政编码：522000
联系电话：0663-8675468
传真：0663-8671135

厂家名称：广东省开平市马冈镇达豪粘胶日用制品厂
厂家地址：广东省开平市马冈镇涧渡路口
邮政编码：529353
联系电话：0750-2877079
传真：0750-2877079

厂家名称：广东省雷州市天品有限公司
厂家地址：广东省雷州市广海北路 269 号
邮政编码：524200
联系电话：0759-8892666，8892878
传真：0759-8891117

厂家名称：广东省利高曼（广州）有限公司
厂家地址：广东省广州市经济技术开发区东区沧联一路 3 号
邮政编码：510760
联系电话：020-82241337
传真：020-82268340

厂家名称：广东省陆丰市东海丰富日用化学品厂
厂家地址：广东省陆丰市东海金驿市场一排二幢 B 面 1-2 号
邮政编码：516500
联系电话：0660-8824815
传真：0660-8823815

厂家名称：广东省陆丰市飞龙实业有限公司
厂家地址：广东省陆丰市人民东路 12 号
邮政编码：516500
联系电话：0660-8824300，8831983

传真 :0660-8831983

厂家名称 :广东省陆丰市港达日用化学品厂
厂家地址 :广东省陆丰市潭西广汕公路南侧上埔路口
邮政编码 :516500
联系电话 :0660-8966066
传真 :0660-8968055

厂家名称 :广东省陆丰市菊聚园日用化工实业有限公司
厂家地址 :广东省陆丰市新厝仔 15 巷 41 号
邮政编码 :516500
联系电话 :0660-8906522
传真 :0660-8900533

厂家名称 :广东省陆丰市神力精细化工厂
厂家地址 :广东省陆丰市内湖工业区
邮政编码 :516513
联系电话 :0660-8269663
传真 :0660-8269663

厂家名称 :广东省陆丰市通达精细化工厂
厂家地址 :广东省陆丰市亚太工业城
邮政编码 :516500
联系电话 :0660-8821790

厂家名称 :广东省陆丰裕达企业发展公司
厂家地址 :广东省陆丰市河东青山仔
邮政编码 :516500
联系电话 :0660-8824076
传真 :0660-8810816

厂家名称 :广东省罗定市生物化工有限公司
厂家地址 :广东省云浮市罗定市太平镇工业区
邮政编码 :527231
联系电话 :0766-3271189
传真 :0766-32711896

厂家名称 :广东省罗定市兴华化工厂
厂家地址 :广东省罗定市东郊华石大桥头
邮政编码 :527200
联系电话 :0766-3920129

厂家名称 :广东省罗定市永安化工有限责任公司
厂家地址 :广东省云浮市罗定市双东镇白荷烟墩村
邮政编码 :527200
联系电话 :0766-3903368
传真 :0766-3903318

厂家名称 :广东省梅州市金云生物工程有限公司
厂家地址 :广东省梅县程江镇槐岗新村
邮政编码 :451000
联系电话 :2575001

厂家名称 :广东省美晨集团股份有限公司
厂家地址 :广东省广州市荔湾区沙面南街 48 号
邮政编码 :510030
联系电话 :020-81218321
传真 :020-81216336

厂家名称 :广东省南海市黄岐嘉生物工程有限公司
厂家地址 :广东省南海市黄岐泌冲工业区
邮政编码 :
联系电话 :0757-5996168
传真 :0757-5996128

厂家名称 :广东省南海市小塘新佳景日用化工厂
厂家地址 :广东省佛山市南海市小塘镇新境工业区
邮政编码 :528222
联系电话 :0751-6663533

厂家名称 :广东省普宁市池尾泰业蚊香厂
厂家地址 :广东省普宁市池尾镇塔丰塔山里 13 幢
邮政编码 :515300
联系电话 :0663-2286986
传真 :0663-2282187

厂家名称 :广东省普宁市洪阳三和蚊香厂
厂家地址 :广东省普宁市洪阳镇环城北路
邮政编码 :514347
联系电话 :0663-2851696
传真 :0663-2857005

厂家名称 :广东省汕头市澄海区新格精细化工实业有限公司
厂家地址 :广东省汕头市澄海区凤翔街道洲畔
邮政编码 :515821
联系电话 :0754-5502632
传真 :0754-5873621

厂家名称 :广东省汕头市哈神实业有限公司
厂家地址 :广东省汕头市升平工业区沿河路 12 号
邮政编码 :515021
联系电话 :0754-2528550
传真 :0754-2528550

厂家名称 :广东省汕头市红卫农药厂澄海分厂
厂家地址 :广东省汕头市溪南中心工业区金山路
邮政编码 :515832
联系电话 :0754-5757038
传真 :0754-5752409

厂家名称：广东省汕头市金利实业有限公司
厂家地址：广东省汕头市金新路 8 号
邮政编码 :515041
联系电话 :0754-8556988,8556668
传真 :0754-8556669

厂家名称：广东省汕头市金龙蚊香实业有限公司
厂家地址：广东省汕头市升平工业区升业北路 10 号 1 座
邮政编码 :515021
联系电话 :0754-2543287
传真 :0754-2517151

厂家名称：广东省汕头市美兰丝精细化工有限公司
厂家地址：广东省汕头市潮南区胪溪
邮政编码 :515146
联系电话 :0754-2281633
传真 :0754-2296633

厂家名称：广东省汕头市三星化学有限公司
厂家地址：广东省汕头市澄海区溪南镇埭头工业区
邮政编码 :515832
联系电话 :0754-5310688
传真 :0754-57520946

厂家名称：广东省汕头市友情精细化工实业有限公司
厂家地址：广东省汕头市潮阳区平北工业区中街 9 号
邮政编码 :515100
联系电话 :0754-8720066
传真 :0754-87232326

厂家名称：广东省深圳绿野生物技术有限公司
厂家地址：广东省深圳市
邮政编码 :518000
联系电话 :0755-82770670

厂家名称：广东省深圳赛亚气雾剂实业公司
厂家地址：广东省深圳市宝安区观兰镇福民村茜坑南路九号
邮政编码 :518101
联系电话 :0755-28024616
传真 :28014877

厂家名称：广东省深圳市彩虹环保熏蒸技术科技有限公司
厂家地址：广东省深圳市宝安区石岩镇上屋彩虹工业城
邮政编码 :518108
联系电话 :0755-27620156
传真 :0755-27620213

厂家名称：广东省深圳市华农生物工程有限公司
厂家地址：广东省深圳市南山区后海大道东帝海景 1 栋
邮政编码 :518067
联系电话 :0755-26830444
传真 :0755-26853555

厂家名称：广东省深圳市九鹏实业有限公司
厂家地址：广东省深圳市宝安区宝民一路邮电大厦 1008 室
邮政编码 :518133
联系电话 :0755-33817100
传真 :0755-33817099

厂家名称：广东省深圳市康得尔生物科技有限公司
厂家地址：广东省深圳市罗湖区翠竹北路 1 号厂房七楼
邮政编码 :518020
联系电话 :0755-5680577
传真 :0755-5680577

厂家名称：广东省深圳市龙岗区宝盛公司美沣粲厂
厂家地址：广东省深圳市龙岗区平湖镇白泥坑工业村
邮政编码 :518111
联系电话 :0755-84660797
传真 :0755-84660096

厂家名称：广东省深圳市龙奇精细化工有限公司
厂家地址：广东省深圳市罗湖区翠竹北路石化工业区 1 号厂房 7 楼
邮政编码 :518019
联系电话 :0755-5789991
传真 :0755-5789869

厂家名称：广东省深圳市农宝生物工程公司
厂家地址：广东省深圳市宝安区九区广场大厦六楼 605/606 室
邮政编码 :518101
联系电话 :0755-7751529
传真 :0755-7751530

厂家名称：广东省深圳市农业科学研究中心果树技术应用研究所
厂家地址：广东省深圳市香密湖西侧
邮政编码 :518040
联系电话 :0755-3700260

厂家名称：广东省深圳市三九精细化工有限公司
厂家地址：广东省深圳市福田区滨河路联合广场 A35 楼
邮政编码 :518026
联系电话 :0755-82911999
传真 :0755-82911998

厂家名称：广东省深圳市蛇口泰立化工厂
厂家地址：广东省深圳市南

山区妈湾仓储 A 区
邮政编码 :518054
联系电话 :0755-26523167
传真 :0755-26391767

厂家名称：广东省深圳市沃科生物工程有限公司
厂家地址：广东省深圳市龙岗区坪山镇三洋湖工业大道 19 栋
邮政编码 :518118
联系电话 :0755-84641294
传真 :0755-84647708

厂家名称：广东省深圳市医疗卫生设备服务中心制品厂
厂家地址：广东省深圳市人民北路 116 号
邮政编码 :518002
联系电话 :2283435
传真 :2283435

厂家名称：广东省深圳市云大科技产业有限公司
厂家地址：广东省深圳市南山区高新技术产业园区南区
邮政编码 :518057
联系电话 :0755-26972666
传真 :0755-26972670

厂家名称：广东省深圳市鑫百能气雾剂制造有限公司
厂家地址：广东省深圳市宝安区宝田工业区
邮政编码 :518126
联系电话 :0755-7491688

厂家名称：广东省顺德市勒流镇华力化工厂
厂家地址：广东省顺德市勒镇代星工业区
邮政编码 :528322
联系电话 :0757-5569913

厂家名称：广东省顺德市勒流镇龙眼永国粘接材料厂
厂家地址：广东省顺德市勒流镇
联系电话 :0757-25633620

厂家名称：广东省顺德市南飞蚊香有限公司
厂家地址：广东省顺德市勒流镇扶闾工业区
邮政编码 :528322
联系电话 :0765-5555155
传真 :0765-5551110

厂家名称：广东省四会市农药厂
厂家地址：广东省肇庆市四会市东城区北三棵榕
邮政编码 :526200
联系电话 :0758-3323364
传真 :0758-33233646

厂家名称：广东省遂溪县农药厂
厂家地址：广东省湛江市遂溪县城遂海路白泥坡
邮政编码 :524300
联系电话 :0759-7732768
传真 :0759-7732768

厂家名称：广东省台山市大江镇公益兴昌日用化工厂
厂家地址：广东省台山市公益东城西路 2 号
邮政编码 :529259
联系电话 :0750-5410478
传真 :0750-5410478

厂家名称：广东省台山市公益镇兴昌日用化工厂
厂家地址：广东省江门市台山市公益新上海街 308 号
邮政编码 :529209
联系电话 :0750-5410478
传真 :0750-5410478

厂家名称：广东省台山市嘉利日用精细化工厂
厂家地址：广东省台山市大江镇公益圩上海街桥头 6-8 号
邮政编码 :529259
联系电话 :0750-5411343
传真 :0750-5411343

厂家名称：广东省台山市日用化工厂
厂家地址：广东省江门市台山市大江镇公益侨园新村一号
邮政编码 :529259
联系电话 :0750-5411298/5415988
传真 :0750-5412898

厂家名称：广东省吴川市农药厂
厂家地址：广东省吴川市长歧镇
邮政编码 :524531
联系电话 :0759-5259328
传真 :0759-5258299

厂家名称：广东省五华县农药厂
厂家地址：广东省梅州市五华县水寨镇水潭线四公里处
邮政编码 :514400
联系电话 :0754-4433175

厂家名称：广东省新会宝源塔香制品厂
厂家地址：广东省新会市小岗镇南水村
邮政编码 :529155
联系电话 :0750-6400462
传真 :0750-6400462

厂家名称：广东省新会市小岗南水香厂

厂家地址：广东省新会市小岗镇南水乡
邮政编码：529155
联系电话：0755-6400792
传真：0755-6401654

厂家名称：广东省新兴县新瑞农化实验中心有限公司
厂家地址：广东省新兴县水台镇
邮政编码：527426
联系电话：0766-2511022

厂家名称：广东省兴宁市金丰农药化工实业有限公司
厂家地址：广东省兴宁市官汕一路 359 号
邮政编码：514500
联系电话：0753-3266678
传真：0753-3266187

厂家名称：广东省兴宁县农药厂
厂家地址：广东省梅州市兴宁市环城北路 31 号
邮政编码：514500
联系电话：0753-3332309

厂家名称：广东省英红华侨农药厂
厂家地址：广东省英德市坑口咀
邮政编码：513042
联系电话：0763-2501228
传真：0763-2501066

厂家名称：广东省郁南县万顷青农药厂
厂家地址：广东省郁南县大湾畓逢莲花山
邮政编码：527129
联系电话：0766-3722330
传真：0766-7710031

厂家名称：广东省粤科生物有限公司
厂家地址：广东省广州市海珠区新港西路 105 号
邮政编码：510260
联系电话：14973750
传真：020-84467173

厂家名称：广东省湛江市春江生物化学实业有限公司
厂家地址：广东省湛江市遂溪县界炮镇界洋路 68 号
邮政编码：524391
联系电话：0759-7353081
传真：0759-7353729

厂家名称：广东省湛江市甘丰农药厂
厂家地址：广东省湛江市遂溪县新桥
邮政编码：524300
联系电话：0759-7738538
传真：0759-77381986

厂家名称：广东省中山市晨美化妆品有限公司
厂家地址：广东省中山市火炬开发区中山港大道沿江东二路
邮政编码：528437
联系电话：0760-5310888
传真：0760-5598660

厂家名称：广东省中山市东升镇澳臣日用制品厂
厂家地址：广东省中山市东升镇东二马路 27 号
邮政编码：528412
联系电话：0760-8501140
传真：0760-8508797

厂家名称：广东省中山市多益化工有限公司
厂家地址：广东省中山市横栏镇茂辉工业区益辉三路 1 号
邮政编码：528478
联系电话：0760-3377880
传真：0760-3377884

厂家名称：广东省中山市华越日用制品有限公司
厂家地址：广东省中山市中山火炬开发区宫花村环村路 3 号
邮政编码：528436
联系电话：0760-2123233
传真：0760-5330116

厂家名称：广东省中山市嘉莲娜日用化工有限公司
厂家地址：广东省中山市小榄沙口大桥脚
邮政编码：578415
联系电话：0760-2118988

厂家名称：广东省中山市金凯利贸易有限公司
厂家地址：广东省中山市西区本围仓上新村一幢 304
邮政编码：528402
联系电话：0760-8703869
传真：0760-8700139

厂家名称：广东省中山市凯迪日化制品有限公司
厂家地址：广东省中山市神湾镇成鸿路
邮政编码：528462
联系电话：0760-6609446
传真：0760-6609446

厂家名称：广东省中山市树森精细化工有限公司
厂家地址：山东省青岛市经济技术开发区长江西路
邮政编码：528447
联系电话：0760-8488636
传真：0532-86721178

厂家名称：广东省中山市小榄镇电器厂
厂家地址：广东省中山市小榄镇榄均公路 232 号
邮政编码 :528415
联系电话 :0760-23377880

厂家名称：广东省中山市盈科化工实业有限公司
厂家地址：广东省中山市五桂山长命水
邮政编码 :528458
联系电话 :0760-3378888
传真 :0760-8203999

厂家名称：广东省中山市袁氏堂日用制品有限公司
厂家地址：广东省中山市东升镇兆益路
邮政编码 :528414
联系电话 :0760-2222933
传真 :0760-2228883

厂家名称：广东省中山市治德实业公司
厂家地址：广东省中山市中山港大道
邮政编码 :528437
联系电话 :0760-5597999/5598966
传真 :0760-559866

厂家名称：广东省中山兴农日用制品有限公司
厂家地址：广东省中山市沙朗镇第二工业区
邮政编码 :578411
联系电话 :0760-8552777
传真 :0760-8552775

厂家名称：广东省中山裕北涂料有限公司
厂家地址：广东省中山市三角镇南三公路段金鲤工业区
邮政编码 :528445
联系电话 :0760-5406388
传真 :0760-5546686

厂家名称：广东省珠海市华夏生物制剂有限公司
厂家地址：广东省珠海市斗门区井岸镇濠门工业区
邮政编码 :519100
联系电话 :0756-5554013
传真 :0756-51303176

厂家名称：广东省珠海市佳弘科技有限公司
厂家地址：广东省珠海市港湾大道银坑工业区一栋底层 A 座
邮政编码 :519000
联系电话 :0756-3318498
传真 :0756-3316389

厂家名称：广东省珠海市金鹰化工科技有限公司
厂家地址：广东省珠海市三灶金海大道侧业成大厦二楼
邮政编码 :519040
联系电话 :0756-7769863
传真 :0756-7769863

厂家名称：广东省珠海市绿宇生化技术研究所
厂家地址：广东省珠海市白藤湖翠湖宾馆白蕉科技工业园内
邮政编码 :
联系电话 :0756-5568051,5101205
传真 :0756-5568052

厂家名称：广东省珠海市普新科技开发公司
厂家地址：广东省珠海市前山鸡路进明科技楼二层
邮政编码 :519070
联系电话 :0756-8621077
传真 :0756-2237428

厂家名称：广东天敌高科技有限公司
厂家地址：广东省广州市东山区环东路 475 号华燕商城 112 号 2 楼
邮政编码 :510075
联系电话 :020-87789271
传真 :020-87789271

厂家名称：广东雪柔精细化工实业有限公司
厂家地址：广东省汕头市潮南区峡山泗联工业区
邮政编码 :515144
联系电话 :0754-7770666
传真 :0754-7769555

厂家名称：广东雅达日用化工有限公司
厂家地址：广东省陆河县城南工业区
邮政编码 :516700
联系电话 :
传真 :0660-5581678

厂家名称：广东永芳日用化工有限公司
厂家地址：广东省广州市农林下路 83 号广发银行大厦 3303
邮政编码 :510085
联系电话 :020-87311857
传真 :020-87311857

厂家名称：广东原沣生物工程有限公司
厂家地址：广东省化州市鉴江开发区文仙路 36 号
邮政编码 :525100
联系电话 :0668-7225928
传真 :0668-7230232

厂家名称：广州农药厂塞坝口分装厂
厂家地址：广东省广州市芳村区石围塘广东省农资总公司塞坝口仓库
邮政编码：510360
联系电话：020-81527375
传真：020-87785457

厂家名称：广州市康龙精细化工有限公司
厂家地址：广东省广州市天河区高新技术产业开发区工业园内建工路13号
邮政编码：510665
联系电话：020-85535103
传真：020-85532074

厂家名称：广州市义俊秀日用化工有限公司
厂家地址：广东省广州市荔湾区南岸路62号4楼407室
邮政编码：510400
联系电话：020-88518226

厂家名称：美商华仑生物科学公司
厂家地址：广东省化州市桔城北路26号
邮政编码：525100
联系电话：010-81610801/0668-73600877
传真：0668-7360855

厂家名称：清远市顾地丰生物科技有限公司
厂家地址：广东省清远市连南县寨岗镇阳爱村
邮政编码：513300
联系电话：0763-8481795
传真：0763-8481795

厂家名称：深圳金惠丰实业有限公司
厂家地址：广东省深圳市江荔路交行大厦
邮政编码：518028
联系电话：0755-3346441
传真：3263403

厂家名称：深圳农信达有限公司
厂家地址：广东省深圳市彩田路中银大厦B座5-0
邮政编码：518026
联系电话：0755-2500891
传真：0755-2500623

厂家名称：深圳市大广电科技有限公司
厂家地址：广东省深圳市宝安区龙华镇牛栏前新村87栋
联系电话：0755-28181777
传真：0755-28181999
厂家名称：深圳市勤丰农化有限公司
厂家地址：广东省深圳市
联系电话：0755-82376629

厂家名称：深圳市伟丰隆贸易有限公司
厂家地址：广东省深圳市罗湖区宝安北路笋岗仓库827栋桃园商业大厦六层D626
邮政编码：515100
联系电话：0755-29612691

厂家名称：神州化工（深圳）有限公司
厂家地址：广东省深圳市福田保税区红花路1001号
邮政编码：518000
联系电话：0755-83591367
传真：0755-83580434

厂家名称：四会市润土作物科学有限公司
厂家地址：广东省四会市龙甫镇禄村管理区白石塘酒厂内
邮政编码：526200
联系电话：0758-3816165
传真：020-84846233

厂家名称：肇庆市润土农药厂
厂家地址：广东省肇庆市鼎湖区桂城新城创业路
邮政编码：526070
联系电话：0758-2692222
传真：0758-2692222

厂家名称：中山富士化工有限公司
厂家地址：广东省中山市火炬高技术产业开发区出口工业区14幢
邮政编码：528436
联系电话：0760-5331390
传真：0760-55969796

厂家名称：广东福尔康化工科技股份有限公司
厂家地址：广东省普宁市燎原镇广揭公路东侧
邮政编码：515344
联系电话：0663-2687336
传真：0663-26876586

广西 Guangxi

厂家名称：博白县天地和农药厂
厂家地址：广西壮族自治区玉林市博白县南洲南路 277 号
邮政编码：537600
联系电话：0775-8336278
传真：0775-8336278

厂家名称：恭城栗桂钽铌有限责任公司农药厂
厂家地址：广西壮族自治区恭城县栗木镇马路桥
邮政编码：542503
联系电话：0773-8395079
传真：0773-8327210

厂家名称：广西安泰化工有限责任公司
厂家地址：广西壮族自治区贵港市平南县平南镇甘莲村
邮政编码：537300
联系电话：0775-7860448
传真：0775-7860448

厂家名称：广西百消净生物科技有限公司
厂家地址：广西壮族自治区南宁市桃源路 80 号
邮政编码：530021
联系电话：0771-5314815
传真：0771-5316132

厂家名称：广西拜科生物科技有限公司
厂家地址：广西壮族自治区南宁市科园大道财智时代 10 楼 A1016 号
邮政编码：530003
联系电话：0771-2275880
传真：0771-2275881

厂家名称：广西北海国发海洋生物农药有限公司
厂家地址：广西壮族自治区北海市北部湾东路 78 号
邮政编码：536000
联系电话：0779-6803692
传真：0779-6803693

厂家名称：广西北流市松香厂
厂家地址：广西壮族自治区北流县城北郊小风门
邮政编码：537400
联系电话：6222502

厂家名称：广西北流市穗丰农用化工有限责任公司
厂家地址：广西壮族自治区北流县甘村开发区
邮政编码：537400
联系电话：6332481

厂家名称：广西贝嘉尔生物化学制品有限公司
厂家地址：广西壮族自治区平南县瑞雁广场南
邮政编码：537300
联系电话：0775-7866335
传真：0775-7866335

厂家名称：广西博白县避害增有限公司
厂家地址：广西壮族自治区玉林市博白县沙河镇河中二路 023 号
邮政编码：537626
联系电话：0775-8326259
传真：0775-85539886

厂家名称：广西博白县大西南农药厂
厂家地址：广西壮族自治区博白县城长岗岭
邮政编码：537600
联系电话：0775-8330381
传真：0775-8330131

厂家名称：广西博白县农资有限公司
厂家地址：广西壮族自治区博白县沙河镇河中路 220 号
邮政编码：537626
联系电话：0775-8553988

厂家名称：广西大将日用化工有限公司
厂家地址：广西壮族自治区平南县大将开发区 307 号
邮政编码 :537300
联系电话 :0775-7805688

厂家名称：广西发昌香业有限公司
厂家地址：广西壮族自治区南宁市宾阳县大桥经济开发区
邮政编码 :530408
联系电话 :0771-8112820
传真 :0771-8112820

厂家名称：广西富利海化工有限公司
厂家地址：广西壮族自治区玉林市玉州区仁厚镇大卢村脚底山
邮政编码 :537000
联系电话 :0775-2093318
传真 :0775-2093203

厂家名称：广西柑桔研究所植保药物研究开发中心
厂家地址：广西壮族自治区桂林市普陀路 40 号
邮政编码 :541004
联系电话 :0773-5817371

厂家名称：广西广丰药肥厂
厂家地址：广西壮族自治区玉林市博白县亚山镇飞机坡工业园区
邮政编码 :537617
联系电话 :0775-8737318
传　真 :0775-8737318 83392626

厂家名称：广西桂林宝盛农药有限公司
厂家地址：广西壮族自治区桂林市灵川县普陀路 59 号
邮政编码 :541200
联系电话 :0773-6860629
传真 :0773-68609996

厂家名称：广西桂林桂开农药股份有限公司
厂家地址：广西壮族自治区桂林市灵川县花江
邮政编码 :541200
联系电话 :0773-6860735 0773-6860733
传真 :0773-68602616

厂家名称：广西桂林集琦生化有限公司
厂家地址：广西壮族自治区桂林市七星区育才路 55 号
邮政编码 :541004
联系电话 :0773-5871685
传真 :0773-58712796

厂家名称：广西桂林洁伶工业有限公司
厂家地址：广西壮族自治区桂林市骖李路国家高新技术开发区七号小区
邮政编码 :541004
联系电话 :0773-5857916
传真 :0773-5809131

厂家名称：广西桂林井田生化有限公司
厂家地址：广西壮族自治区桂林市永福县高新区世纪新城 3 幢 1 单元 1502 室
邮政编码 :541004
联系电话 :0773-5801518
传真 :0773-5800318

厂家名称：广西桂林荔浦晶鹰蚊香厂
厂家地址：广西壮族自治区桂林市荔蒲县荔平路 15-13 号
邮政编码 :546600
联系电话 :0773-7116026
传真 :0773-72161716

厂家名称：广西桂林平乐县麒麟蚊香厂
厂家地址：广西壮族自治区桂林市平乐县平乐镇马渭工业开发区
邮政编码 :542400
联系电话 :0773-7881542

厂家名称：广西桂林瑞泰化工有限责任公司
厂家地址：广西壮族自治区桂林市平乐县月城工业开发区 365 号
邮政编码 :542400
联系电话 :0773-7882633
传真 :0773-78934426

厂家名称：广西桂林市柏松卫生品有限责任公司
厂家地址：广西壮族自治区桂林市七星区穿山东路 16 号
邮政编码 :541004
联系电话 :0773-5813452,5816368
传真 :0773-58134526

厂家名称：广西桂林市宏田生化有限责任公司
厂家地址：广西壮族自治区桂林市兴安县国家高新技术开发区桑立大厦
邮政编码 :541300
联系电话 :0773-6259588
传真 :0773-6259398

厂家名称：广西桂林市龙胜各族自治县蚊香厂
厂家地址：广西壮族自治区桂林市龙胜各族县兴龙北路

罗卜滩 7 号
邮政编码 :541700
联系电话 :0773-7512717
传真 :0773-75127176

厂家名称：广西桂林市荣泰精细化工厂
厂家地址：广西壮族自治区桂林市新建路 82 号
邮政编码 :541001
联系电话 :0771-2612049

厂家名称：广西桂林五丰化学农药有限公司
厂家地址：广西壮族自治区桂林市平乐县县城东郊马蹄井
邮政编码 :542400
联系电话 :0773-7881161
传真 :0773-7887726

厂家名称：广西桂林依柯诺农药有限公司
厂家地址：广西壮族自治区桂林市荔浦县荔城黄寨工业区荔桂路桥富
邮政编码 :546600
联系电话 :0773-7231298
传真 :0773-7231266

厂家名称：广西桂林益源农化有限公司
厂家地址：广西壮族自治区平乐县平乐镇月城村小嵗
邮政编码 :542400
联系电话 :0773-7890628 0773-7665188
传真 :0773-7890628

厂家名称：广西桂林正点实业有限公司
厂家地址：广西壮族自治区桂林市苏桥工业园
邮政编码 :541800
联系电话 :0773-8476223
传真 :0773-8476223

厂家名称：广西桂林鑫烨农药有限公司
厂家地址：广西壮族自治区桂林市灵川县桂黄公路 17 公里处
邮政编码 :541200
联系电话 :0773-2638202
传真 :0773-2638202

厂家名称：广西贵港市恒泰化工有限公司
厂家地址：广西壮族自治区贵港市覃塘林场
邮政编码 :537121
联系电话 :0775-4869722
传真 :0775-4869680

厂家名称：广西国泰农药有限公司
厂家地址：广西壮族自治区陆川县陆兴路 532 号
邮政编码 :537700
联系电话 :0775-7313424
传真 :0775-7313407

厂家名称：广西禾泰农药有限责任公司
厂家地址：广西壮族自治区平南县县城郊区
邮政编码 :537300
联系电话 :0775-7860448
传真 :0775-7701302

厂家名称：广西合浦县海盛农化有限公司
厂家地址：广西壮族自治区合浦县中站
邮政编码 :536100
联系电话 :0779-7210986
传真 :0779-2072567

厂家名称：广西河池化工总厂
厂家地址：广西壮族自治区河池地区河池市东江
邮政编码 :547001
联系电话 :(0778)284881

厂家名称：广西贺州八步区贺街金龙蚊香厂
厂家地址：广西壮族自治区贺州市贺街城西大道
邮政编码 :542801
联系电话 :0774-5022893
传真 :5022893

厂家名称：广西贺州市精细化工厂
厂家地址：广西壮族自治区贺州市八步镇竹山路 76 号
邮政编码 :542800
联系电话 :0774-5278288
传真 :5278288

厂家名称：广西恒丰化工有限公司
厂家地址：广西壮族自治区南宁市二塘镇邕宾路 6 号
邮政编码 :530023
联系电话 :0771-5661259
传真 :0771-56614286

厂家名称：广西弘峰（北海）合浦农药有限公司
厂家地址：广西壮族自治区北海市合浦县廉州镇清水江 1 号
邮政编码 :536100
联系电话 :0779-7223161
传真 :0779-7223160

厂家名称：广西弘润农药有限公司
厂家地址：广西壮族自治区合浦县中站

邮政编码 :536100
联系电话 :0779-7210986
传真 :0779 — 7210986

厂家名称：广西汇丰生物科技有限公司
厂家地址：广西壮族自治区南宁市江南区明阳石油基地
邮政编码 :530267
联系电话 :0771-6722288/5684550
传真 :0771-6722277

厂家名称：广西金宏达农药有限公司
厂家地址：广西壮族自治区陆川县师范学校
邮政编码 :537700
联系电话 :0775-7229497
传真 :0775-2681308

厂家名称：广西金穗农药有限公司
厂家地址：广西壮族自治区南宁市新城区邕宾路 6 号
邮政编码 :530023
联系电话 :0771-3902168
传真 :0771-39013686

厂家名称：广西金土地生化有限公司
厂家地址：广西壮族自治区玉林市兴业县长城小区 A2-16 号
邮政编码 :537800
联系电话 :0775-3881389
传真 :0775-3880089

厂家名称：广西金燕子农药有限公司
厂家地址：广西壮族自治区贵港市港北区中山路
邮政编码 :537100
联系电话 :0775-4566138
传真 :0775-45686966

厂家名称：广西金裕隆农药化工有限公司
厂家地址：广西壮族自治区宾阳县甘棠镇平南岭
邮政编码 :530416
联系电话 :0771-8370283
传真 :0771-8370283

厂家名称：广西康赛德农化有限公司
厂家地址：广西壮族自治区南宁市 科园大道创新路西段 1 号质控大楼 420 室
邮政编码 :530007
联系电话 :0771-2310606
传真 :0771-2310520

厂家名称：广西科联生化有限公司
厂家地址：广西壮族自治区玉林市塘步岭
邮政编码 :530023
联系电话 :0771-5708791

厂家名称：广西来宾市农林美科技研究所
厂家地址：广西壮族自治区来宾市北江一路 12 号
邮政编码 :546100
联系电话 :0772-6697922

厂家名称：广西乐土生物科技有限公司
厂家地址：广西壮族自治区南宁市江南区高新区科园大道
邮政编码 :530003
联系电话 :0771-3210536
传真 :0771-3210606

厂家名称：广西荔浦东升蚊香厂
厂家地址：广西壮族自治区桂林市荔蒲县东昌镇栗木街
邮政编码 :546613
联系电话 :0773-7116230

厂家名称：广西荔浦黑蛙牌兴旺蚊香厂
厂家地址：广西壮族自治区荔浦县东昌镇新街工业区
邮政编码 :546613
联系电话 :0773-7116186

厂家名称：广西荔浦黎明蚊香厂
厂家地址：广西壮族自治区荔浦县东昌镇开发区
邮政编码 :546613
联系电话 :0773-7116285
传真 :0773-7216171

厂家名称：广西荔浦利民蚊香厂
厂家地址：广西壮族自治区桂林市荔蒲县东昌镇栗木街
邮政编码 :546613
联系电话 :0773-7116182

厂家名称：广西荔浦县东源蚊香厂
厂家地址：广西壮族自治区荔浦县东昌镇栗木东路 180 号
邮政编码 :546613
联系电话 :0773-7116518
传真 :0773-7117268

厂家名称：广西荔浦县李氏蚊香厂
厂家地址：广西壮族自治区荔浦县荔城荔柳路 126-2 号
邮政编码 :546600
联系电话 :0773-7213302

厂家名称：广西荔浦县荔东蚊香厂
厂家地址：广西壮族自治区桂林市荔蒲县东昌镇小学中心对面
邮政编码:546613
联系电话:0773-7152339

厂家名称：广西荔浦县梦香蚊香厂
厂家地址：广西壮族自治区荔浦县东昌镇栗木东路街48号
邮政编码:546613
联系电话:0773-7116899
传真:0773-7224089

厂家名称：广西灵川县新华日用卫生制品厂
厂家地址：
邮政编码:541200
联系电话:0773-6811246
传真:0773-7965003

厂家名称：广西灵川县永辉家用品厂
厂家地址：广西壮族自治区桂林市灵川县灵西路28号
邮政编码:541200
联系电话:0773-6821830
传真:0773-5823080

厂家名称：广西灵山县逢春化工有限公司
厂家地址：广西壮族自治区灵山县十里工业园
邮政编码:535400
联系电话:0777-6425128
传真:0777-5425128

厂家名称：广西柳州地区绿丰农药厂
厂家地址：广西壮族自治区柳州市古亭山开发区尖沙嘴
联系电话:0772-3510366

厂家名称：广西柳州华力家庭品业股份有限公司
厂家地址：广西壮族自治区柳州市鱼峰区东环路228号
邮政编码:545006
联系电话:0772-2615888 2629837
传真:0772-26136556

厂家名称：广西柳州市白云杀虫剂厂
厂家地址：广西壮族自治区柳州市柳南区革新路一区304号
邮政编码:545007
联系电话:0772-3955911
传真:0772-3652390

厂家名称：广西柳州市华悦气雾剂制品有限公司
厂家地址：广西壮族自治区柳州市东环路228号
邮政编码:545005
联系电话:0772-2612535
传真:0772-336888

厂家名称：广西柳州市天惠精细化工厂
厂家地址：广西壮族自治区柳州市三中路跃进村316号
邮政编码:545001
联系电话:0772-2836518

厂家名称：广西柳州市卫生消毒杀虫剂厂
厂家地址：广西壮族自治区柳州市旧机场内（原47军水泥厂内）
邮政编码:545005
联系电话:0772-3220364
传真:0772-3220364

厂家名称：广西柳州蚊敌香业有限公司
厂家地址：广西壮族自治区柳州市西江路静兰工业开发区
邮政编码:545006
联系电话:0772-3161159
传真:0772-3162878

厂家名称：广西柳州昊邦日化有限公司
厂家地址：广西壮族自治区柳州市鹿寨县中心工业园一区
邮政编码:545600
联系电话:0772-6826721
传真:0772-3215755

厂家名称：广西隆丰农药化工有限公司
厂家地址：广西壮族自治区南宁地区宾州宾黎公路七里路口
邮政编码:530405
联系电话:0771-8231008
传真:0771-8231008

厂家名称：广西路明宝农药厂
厂家地址：广西壮族自治区博白县东平镇博龙街149号
邮政编码:537619
联系电话:0775-8512128
传真:0775-8513428

厂家名称：广西绿田农药厂
厂家地址：广西壮族自治区玉林市容县石头镇
邮政编码:537519
联系电话:0775-5587120
传真:0775-5587120

厂家名称：广西绿洲农药化工厂有限公司

厂家地址：广西壮族自治区南宁市邕滨路2号
邮政编码：530023
联系电话：0771-5626295
传真：0771-5626295

厂家名称：广西蒙山县南雄化工厂
厂家地址：广西壮族自治区蒙山县蒙山镇湄江街工业开发区
邮政编码：546700
联系电话：0774-6284292

厂家名称：广西南宁化工股份有限公司
厂家地址：广西壮族自治区南宁市亭洪路80号
邮政编码：530031
联系电话：0771-2104219
传真：0771-4835643

厂家名称：广西南宁利民农用化学品有限公司
厂家地址：广西壮族自治区南宁市新城区邕宾路6号
邮政编码：530023
联系电话：0771-5709105
传真：0771-5709105

厂家名称：广西南宁神鹰卫生害虫防治有限责任公司
厂家地址：广西壮族自治区南宁市人民东路11-1号
邮政编码：530012
联系电话：0771-2822256

厂家名称：广西南宁市灵素植物生长素厂
厂家地址：广西壮族自治区南宁市五一东路15号
邮政编码：530031
联系电话：0771-4833091
传真：0771-5846274

厂家名称：广西南宁市双牛蚊香厂
厂家地址：广西壮族自治区南宁市永新区石埠镇西明村
邮政编码：530008
联系电话：0771-3277899
传真：0771-3279733

厂家名称：广西南宁泰达丰化工有限公司
厂家地址：广西壮族自治区南宁市武鸣县双桥镇
邮政编码：530100
联系电话：0771-3214916
传真：0771-2315161

厂家名称：广西南宁泰克农药有限责任公司
厂家地址：广西壮族自治区南宁市中尧南路15号
邮政编码：530003
联系电话：0771-3171067

厂家名称：广西南宁天罡生物工程有限责任公司
厂家地址：广西壮族自治区南宁市农院路10号
邮政编码：530003
联系电话：0771-5866691
传真：0771-5863308

厂家名称：广西农大生化科技有限责任公司
厂家地址：广西壮族自治区扶绥县渠黎镇
邮政编码：530007
联系电话：0771-3219691

厂家名称：广西农科植保实验厂
厂家地址：广西壮族自治区南宁市大学西路44号
邮政编码：530007
联系电话：
传真：0771-3243874

厂家名称：广西农喜作物科学有限公司
厂家地址：南宁市科园大道创新路西段1号质控大楼420室
邮政编码：530007
联系电话：0771-2310513
传真：0771-2310520

厂家名称：广西喷施宝集团有限公司博林公司
厂家地址：广西壮族自治区北海市合浦县宝塔角
邮政编码：536100
联系电话：0779-2072630
传真：0779-2050999

厂家名称：广西喷施宝有限总公司
厂家地址：广西壮族自治区北海市北部湾东路
邮政编码：536100
联系电话：0779-2050998
传真：0779-2050999

厂家名称：广西平乐农药厂
厂家地址：广西壮族自治区桂林地区平乐县平乐镇正北街307号
邮政编码：542400
联系电话：0773-7890026
传真：0773-7890008

厂家名称：广西平乐野牛有限责任公司
厂家地址：广西壮族自治区平乐县平乐镇东泉街138号
邮政编码：542400
联系电话：0773-7882218
传真：0773-7883819

厂家名称：广西平南县恒龙日用化工厂
厂家地址：广西壮族自治区南平县镇江路
邮政编码：537300
联系电话：0775-7807229
传真：0775-7801628

厂家名称：广西平南县金泰化工有限公司
厂家地址：广西壮族自治区平南县朝阳路
邮政编码：537300
联系电话：0775-7862436
传真：0775-7860155

厂家名称：广西平南县双力日化有限公司
厂家地址：广西壮族自治区平南县平南镇工业区
邮政编码：537300
联系电话：0775-7860808
传真：0775-7863146

厂家名称：广西凭祥市金泰精细化工有限公司
厂家地址：广西壮族自治区凭祥市北大路196号（吴中）
邮政编码：530001
联系电话：0771-3116004

厂家名称：广西钦州谷虫净总厂
厂家地址：广西壮族自治区钦州市钦南区黄屋屯镇
邮政编码：535033
联系电话：0777-3525158
传真：0777-3525966

厂家名称：广西全州县安农化工有限责任公司
厂家地址：广西壮族自治区桂林市全州县绍水镇
邮政编码：541501
联系电话：0773-4681153
传真：0773-4683807

厂家名称：广西上思县农药厂
厂家地址：广西壮族自治区上思县县城东郊
邮政编码：535500
联系电话：0771-5624046

厂家名称：广西省柳州市万友家庭卫生害虫防治所
厂家地址：广西壮族自治区柳州市柳邕路123号
邮政编码：545005
联系电话：0772-3161262
传真：0772-3162869

厂家名称：广西省农科院植保实验厂
厂家地址：广西壮族自治区南宁市西乡塘路
邮政编码：530007
联系电话：0771-3833461
传真：0771-3823521

厂家名称：广西施乐农化科技开发有限责任公司
厂家地址：广西壮族自治区南宁市城北区南宁市科园大道60号
邮政编码：530007
联系电话：0771-3214636
传真：0771-3214636

厂家名称：广西田园生化股份有限公司
厂家地址：广西壮族自治区南宁市创新路西段1号质控中心楼
邮政编码：530007
联系电话：0771-2310528，2310486
传真：0771-2310515

厂家名称：广西梧州蒙山县广字蚊香厂
厂家地址：广西壮族自治区梧州市蒙山县蒙山镇高堆村
邮政编码：546700
联系电话：0774-2347505
传真：0774 62811266

厂家名称：广西梧州市田七旅游用品有限公司
厂家地址：广西壮族自治区梧州市西堤二路28号
邮政编码：543002
联系电话：0774-3851508
传真：0774-3851508

厂家名称：广西兴安县农药厂
厂家地址：广西壮族自治区桂林市兴安县兴安镇兴桂南路60号
邮政编码：541300
联系电话：0773-6222579
传真：0773-6222579

厂家名称：广西兴桂农用化工有限公司
厂家地址：广西壮族自治区桂林市象山区环城西二路364号
邮政编码：541001
联系电话：0773-2835851
传真：0773-28358516

厂家名称：广西兄弟农药厂
厂家地址：广西壮族自治区大新县城南郊
邮政编码：532300
联系电话：0771-3624998
传真：0771-36225586

厂家名称：广西易多收生物科技有限公司
厂家地址：广西壮族自治区

南宁市大学路 32-1 号
邮政编码 :530007
联系电话 :0771-3244986
传真 :0771-32460306

厂家名称：广西易多收生物科技有限公司河池农药厂
厂家地址：广西壮族自治区河池市东江镇
邮政编码 :547001
联系电话 :0771-3244986
传真 :0771-3246030

厂家名称：广西玉林市百能达日用粘胶制品厂
厂家地址：广西壮族自治区玉林市一环北路西环里 153 号
邮政编码 :537000
联系电话 :0775-2098073
传真 :0775-2093388

厂家名称：广西玉林市科星化工有限公司
厂家地址：广西壮族自治区玉林市城北镇排榜村
邮政编码 :537000
联系电话 :0775-2361423
传真 :0775-2821138

厂家名称：广西玉林市农宝农药厂
厂家地址：广西壮族自治区玉林市博白江南工业区
邮政编码 :537600
联系电话 :0775-8333828
传真 :0775-8333828

厂家名称：广西玉林祥和源化工药业有限公司
厂家地址：广西壮族自治区玉林市城站路 73 号
邮政编码 :537001
联系电话 :0775-3832736
传真 :0775-3835735

厂家名称：广西植保农药厂
厂家地址：广西壮族自治区博白县城玉公公路边
邮政编码 :537600
联系电话 :0775-8338385
传真 :0775-8338386

厂家名称：广西钟山县农药厂
厂家地址：广西壮族自治区贺州市钟山县城北环东路 309 号
邮政编码 :542600
联系电话 :0774-8982606
传真 :0774-8982606

厂家名称：广西壮族自治区化工研究院
厂家地址：广西壮族自治区南宁市城北区望州路北二里 7 号
邮政编码 :530001
联系电话 :0771-3331751
传真 :0771-33155276

厂家名称：广西自主化工有限公司
厂家地址：广西壮族自治区南宁市江南区白沙大道 100 号
邮政编码 :530031
联系电话 :0771-4832589
传真 :0771-4820506

厂家名称：广西邕宁县神达卫生品有限责任公司
厂家地址：广西壮族自治区邕宁县蒲庙镇
邮政编码 :530200
联系电话 :0771-4720695

厂家名称：广西鑫金泰化工有限公司
厂家地址：广西壮族自治区贵港市平南县瑞雁广场南
邮政编码 :537300
联系电话 :0775-7866335
传真 :0775-7866335

厂家名称：桂林荔浦辉煌香业厂
厂家地址：广西壮族自治区荔浦县新坪镇道班
邮政编码 :546600

厂家名称：柳州市惠农化工有限公司
厂家地址：广西壮族自治区柳州市雒容工业园
邮政编码 :545616
联系电话 :0772-6520508
传真 :0772-6520507

厂家名称：柳州市新岩消杀药剂厂
厂家地址：广西壮族自治区柳州市雅儒路 291 号 8 栋 1-5-1
邮政编码 :545000
联系电话 :0772-3917686
传真 :0772-3917689

厂家名称：南宁市德丰富化工有限责任公司
厂家地址：广西壮族自治区南宁市创新路西段 1 号 520 室
邮政编码 :530007
联系电话 :0771-2311350
传 真 :0771-2310348，2310501

贵州 Guizhou

厂家名称：贵州拜斯特农业有限公司
厂家地址：贵州省金阳世纪城写字楼3号楼4楼4号
电话：0851-4821477
传真：0851-4122218

厂家名称：贵州道元科技有限公司
厂家地址：贵州省贵阳市白云区白云南路186号
邮政编码：550014
联系电话：0851-4485550
传真：0851-4485550

厂家名称：黔南州中心植物医院有限责任公司
厂家地址：贵州省黔南布依族苗族自治州都匀市南沙洲6号
邮政编码：558000
联系电话：0854-8282442
传真：0854-8285225

厂家名称：贵州省华鹰化学工业有限责任公司
厂家地址：贵州省遵义地区遵义市桃溪寺
联系电话：0852-8421845
传真 :0852-8421845

厂家名称：贵州铜仁地区植保技术服务公司
厂家地址：贵州铜仁市北关路2号附23号
邮政编码：554300
联系电话：0856-5223815
传真：0856-5224104

厂家名称：贵州亚净卫生用品有限公司
厂家地址：贵州省贵阳市云岩区南垭路15号
邮政编码：550000
联系电话：0851-6807300
传真：0851-6807576

厂家名称：贵州遵义全通化工有限公司
厂家地址：贵州省遵义市红花岗区上海路4号同盛华庭C栋402室
邮政编码：563002
联系电话：0852-8624626
传真：0852-86836926

厂家名称：贵州仝鑫工贸有限公司
厂家地址：贵州省平坝县夏云镇茶场
邮政编码：561104
联系电话：0853-4299898
传真：0853-4299898

厂家名称 : 贵州毕节闽黔化工有限公司
厂家地址 : 贵州省毕节市三板桥
邮政编码 :551700
联系电话 :0857-7101686
传真 :

厂家名称 : 贵州贵大科技产业有限责任公司
厂家地址 : 贵州省安顺市经济技术开发区
邮政编码 :561000
联系电话 :0853-3413058
传真 :0853-3410220

厂家名称 : 贵州利尔化工有限公司
厂家地址 : 贵州省惠水县高镇
邮政编码 :550601

联系电话 :0854-6328750
传真 :0854-6328998

厂家名称：贵州龙凤源高科技生物技术有限公司
厂家地址：贵州省贵阳中华北路 18 号银海大厦 D 座七楼
邮政编码 :550001
联系电话 :0851-6787307,6904346
传真 :0851-6904346

厂家名称：贵州南明远航蚊香厂
厂家地址：贵州省贵阳市南明区小碧乡柏腊山农场
邮政编码 :550005
联系电话 :0851-3902011
传真 :0851-3902011

厂家名称：贵州润宝化学有限公司
厂家地址：贵州省惠水县高镇八普
邮政编码 :550601
联系电话 :0854-6329066
传真 :0854-6328998

厂家名称：贵州省贵阳富民农药厂
厂家地址：贵州省贵阳市
邮政编码 :550025

厂家名称：贵州省贵阳经济技术开发区十力生物技术有限公司
厂家地址：贵州省贵阳市小河区西南环线科技大楼
邮政编码 :550009
联系电话 :0851-5517752 5529323
传真 :0851-3846336 5517752

厂家名称：贵州省贵阳农药厂
厂家地址：贵州省贵阳市孟关
邮政编码 :550025
联系电话 :0851-3900324

厂家名称：贵州省贵阳市花溪茂业植物速丰剂厂
厂家地址：贵州省贵阳市花溪区花溪乡
邮政编码 :550025
联系电话 :0851-8292170
传真 :0851-3622111

厂家名称：贵州省化工研究所实验厂
厂家地址：贵州省贵阳市水口寺
邮政编码 :550001
联系电话 :0851-5924095

厂家名称：贵州省化工研究院
厂家地址：贵州省贵阳市晒田坝路 1 号
邮政编码 :550002
联系电话 :0851-5923040
传真 :(0851)5825916

厂家名称：贵州省涟江化工厂
厂家地址：贵州省贵阳市花溪区孟关
邮政编码 :550026
联系电话 :0851-3851180

厂家名称：贵州省农科院植保所农药实验厂
厂家地址：贵州省贵阳市小河区金竹镇
邮政编码 :550006
联系电话 :0851-3760272
传真 :0851-3760272

厂家名称：贵州省黔德农药发展有限公司
厂家地址：贵州省德江县青龙镇黄木丫
邮政编码 :565200
联系电话 :0856-8525678

厂家名称：贵州省黔东南州农业开发公司
厂家地址：贵州省黔东南苗族侗族自治州凯里市文化北路 20 号
邮政编码 :556000
联系电话 :0855-8506784
传真 :0855-8500437

厂家名称：贵州省铜仁地区农药分装厂
厂家地址：贵州省铜仁地区铜仁市文笔路 103 号
邮政编码 :554300
联系电话 :0856-5257041

厂家名称：贵州省叶扶力生物厂
厂家地址：贵州省贵阳市红岩路 35 号
邮政编码 :550005
联系电话 :0851-5893140
传真 :0851-5893439

厂家名称：贵州省镇远县宝丰农化有限责任公司
厂家地址：贵州省镇远县工业园区
邮政编码 :557702

联系电话：0855-5810179
传真：0855-5810179

厂家名称：贵州省遵义地区农林农药厂
厂家地址：贵州省遵义地区遵义市洗马路7号
邮政编码：563000
联系电话：0852-8226527

厂家名称：贵州省遵义市红花岗区蒋字蚊香厂
厂家地址：贵州省遵义市新蒲镇
邮政编码：563006
联系电话：0852-8656798
传真：0852-8656798

厂家名称：贵州省遵义市务风农药分装厂
厂家地址：贵州省遵义市忠庄镇立交桥对面
邮政编码：563000
联系电话：0852-8421825

厂家名称：贵州天和农科有限公司
厂家地址：贵州省贵阳市新添塞新光路9号
邮政编码：550018
联系电话：0851-6843801
传真：0851-6849483

厂家名称：贵州天骜生物科技有限公司
厂家地址：贵州省贵阳市白云区白云南路福鑫华庭9栋3单元303
邮政编码：550014
联系电话：0851-4894246
传真：0851-4486096

厂家名称：贵州元泰科技有限责任公司
厂家地址：贵州省贵阳市富水中路富水花园B座1104室
邮政编码：550001
联系电话：0851-6866767
传真：0851-6865346

厂家名称：贵州遵义泉通化工有限公司
厂家地址：贵州省遵义市红花岗区上海路4#同盛华庭C栋402室
邮政编码：563002
联系电话：0852-8624626
传真：0852-86836926

厂家名称：遵义市黔字香料厂
厂家地址：贵州省遵义市高坪镇堰塘湾
邮政编码：563114
联系电话：0854-8610838
传真：0854-8610838

海南 Hainan

厂家名称：海南博士威农用化学有限公司
厂家地址：海南省海口市龙昆南路隆基大厦A座11层
邮政编码:571100
联系电话:0898-65801816
传真： 0898-65801696

厂家名称：海南利蒙特生物农药有限公司
厂家地址：海南省海口市世贸东路2号世贸中心E座1705室
邮政编码:570125
联系电话:0898-68591553
传真:0898-68584941

厂家名称：海南正业中农高科股份有限公司
厂家地址：海南省澄迈县老城开发区富昌村
邮政编码:570206
联系电话:0898-66722499
传真:0898-66781739

厂家名称：海南百佳化学制品有限公司
厂家地址：海南省海口市龙昆南路20号
邮政编码:570206
联系电话:0898-66704061
传真:0898-6772033

厂家名称：海南江河农药化工厂
厂家地址：海南省海口市秀英区海秀路金牛新村D1-8幢
邮政编码:570206
联系电话:0898-68917977
传真:0898－68917144

厂家名称：海南力智生物工程有限责任公司
厂家地址：海南省海口市美兰区海甸五西路15号16栋
邮政编码:570208
联系电话:0898-66286100
传真:0898-66276819

厂家名称：海南润禾农药有限公司
厂家地址：海南省海口市秀英区工业水库旁
邮政编码:570311
联系电话:0898-68661580
传真:0898-68661580

厂家名称：上海家化海南日用化学品有限公司
厂家地址：海南省海口市秀英区港澳工业区碎竹路4号海南上海家化
邮政编码：571900
联系电话：0898-68660726
传真：0898-68660726

厂家名称：海南佳禾达农业化工有限公司
厂家地址：海南省海口市龙华区文明东路258号南江小区B2-1栋
邮政编码:570206
联系电话:0898-65353609
传真:0898-65320309

厂家名称：海南金华农药厂
厂家地址：海南省澄迈县美亭镇
邮政编码:571927
联系电话:0898-7551206

厂家名称：海南南奇生物工程有限公司
厂家地址：海南省海口市秀英区海口国家高新技术产业开发区
邮政编码:570316
联系电话:0898-68635101
传真:0898-66257579

厂家名称：海南侨华农药厂有限公司
厂家地址：海南省海口市灵山琼文线公路 3 公里处
邮政编码 :571100
联系电话 :0898-65822176,68586106
传真 :0898-65822379,66825576

厂家名称：海南威远宏昶生物药业有限公司
厂家地址：海南省海口市海甸岛海达路大龙花园 D-07 栋
邮政编码 :570208
联系电话 :0898-66268920
传真 :0898-66182227

河北 Hebei

河北三农农用化工有限公司
地址：河北省石家庄市栾城窦妪工业园区
电话 :0311-85468822
传真 :0311-85468811

河北济泰农业服务有限公司
地址：石家庄中华南大街 323 号 4 层
电话：0311-67268968
传真：0311-80959678

石家庄市兴柏生物工程有限公司
电 话：0086-0311-86063746
传 真：0086-0311-86063746
地 址：广安大街 16 号美东国际 D 座 1501

河北中谷药业有限公司
电 话：-86-0317-6287002
传 真：-86-0317-6287002
联系地址：河北省盐山县辛霞路纸坊段

河北邢台市农药有限公司
地址：河北省邢台市任县邢德公路西侧
电话：15832921239
传真：0319-7572618

河北金桥农资有限公司
地址：景县景安东大街 62 号
电话 :0318-4263856
传真：0318-4263888

河北野田农用化学有限公司
地 址：河北石家庄市元氏城南工业区
传 真： 0311-85321692
电 话： 0311-85318696

河北冠龙农化有限公司
地址： 衡水市胜利东路169号京华大厦406室电话：+86-318-2036368
传真：+86-318-2035099

河北师大化工厂
地址：河北省石家庄市裕华区宋营镇西阳陵村
电话； 0311-85319004
传真：0311-85319004

河北双吉化工有限公司
地址；河北省辛集市东郊
电话；0086-0311-83372618
传真；0086-0311-83372338

河北石家庄金莫尔化学品有限公司
电话；86-0311-83315656
传真；86-0311-83315368
地址；河北辛集位伯工业园

河北省农药化工有限公司
地址；河北省石家庄市无极城北工业区
电 话；0311-85758676 85758709
传真；0311-85758466

石家庄龙汇精细化工有限责任公司
地址：河北省石家庄市赵县赵元路55号
电话：0311-84925105
传真：0311-84925150

石家庄深泰化工有限公司
地址：石家庄市石获北路6号
电话：(0311)83631011
传真：0311-87708072

张家口科胜邦农化有限公司
地址：河北省张家口市西山产业集聚区佳禾路11号-2栋。
电话：0313-4872830
传真：0313-4872830

厂家名称：保定大中方香业有限公司
厂家地址：河北省保定市长城北大街2397号
邮政编码:071000
联系电话:0312-5092500
传真:0312-5092500

厂家名称：保定鸿鑫制香有限公司
厂家地址：
邮政编码:071500
联系电话:0312-6803856
传真:0312-6802111

厂家名称：保定嘉瑞日化科技有限公司
厂家地址：河北省保定市莲池南大街
邮政编码:071000
联系电话:0312-2111505
传真:0312-2115296

厂家名称：保定杰出阳光工贸有限公司
厂家地址：河北省保定市高新区云杉路86号
邮政编码:071051
联系电话:0312-7500850
传真:0312-7500851

厂家名称：保定康宝制香有限公司
厂家地址：河北省定兴县天宫寺乡李八营村
邮政编码:072658
联系电话:0312-6880178
传真:0312-6880178

厂家名称：保定农药厂
厂家地址：河北省保定市高保路清苑西石桥开发区
邮政编码:071106
联系电话:0312-8041236,8041599
传真:0312-8040222

厂家名称：保定市地芭化工有限公司
厂家地址：河北省保定市清苑县第三工业园区路21号
邮政编码:071000
联系电话:0312-8011791
传真:0312－8012703

厂家名称：保定市动科卫生杀虫剂有限公司
厂家地址：河北省保定市史庄街99号
邮政编码:071000
联系电话:0312-2125718，7521722
传真:0312-5912038

厂家名称：保定市恒洁日化有限公司
厂家地址：河北省保定市天香街4-18号
邮政编码:071000
联系电话:0312-8621688
传真:0312-8621688

厂家名称：保定市建雷日用品科技有限公司
厂家地址：河北省保定市北市区后营工业园区107号
邮政编码:071000
联系电话:0312-6795007
传真:0312-5095007

厂家名称：保定市康美日化有限公司
厂家地址：河北省保定市天威中路 715 号
邮政编码 :071000
联系电话 :0312-2205086
传真 :0312-2163786

厂家名称：保定市南市区瞌睡虫家用卫生用品有限公司
厂家地址：河北省保定市南市区南二环 11 号
邮政编码 :071000
联系电话 :800-8032567
传真 :0312-3060078

厂家名称：保定市顺博日化有限公司
厂家地址：河北省保定市北市区后辛庄工业园
邮政编码 :071000
联系电话 :0312-5013749
传真 :0312-5013749

厂家名称：保定市天润康华日化有限公司
厂家地址：河北省保定市乐凯南大街 2989 号
邮政编码 :071000
联系电话 :0312-2199880
传真 :0312-2199880

厂家名称：保定市一诺日化科技有限公司
厂家地址：河北省保定市保新路 8 号
邮政编码 :071000
联系电话 :0312-8081288
传真 :0312-8081188

厂家名称：保定市益佳日化有限公司
厂家地址：河北省保定市永华南大街 22 号
邮政编码 :071000
联系电话 :0312-2215610
传真 :0312-3127810

厂家名称：保定市苑鑫制香有限公司
厂家地址：河北省保定市清苑县田各庄工业区
邮政编码 :071100
联系电话 :0312-8120864
传真 :0312-8120864

厂家名称：保定威冠日化有限公司
厂家地址：河北省保定市高新区云杉路 86 号
邮政编码 :0312-7500838
联系电话 :0312-7500838
传真 :071051

厂家名称：保定正大阳光日用品有限公司
厂家地址：河北省保定市清苑县孙村乡戌官营
邮政编码 :071104
联系电话 :0312-8080353
传真 :0312-8080353

厂家名称：北京海慧召兴科伟业技术发展有限公司固安佳美气雾剂厂
厂家地址：河北省固安县马庄镇南宋村村西
邮政编码 :100078
传真 :010-67665472

厂家名称：北京市农科院滦平县农药厂
厂家地址：河北省承德市滦平县城东瓜园
邮政编码 :068250
联系电话 :0314-8581627

厂家名称：北农（海利）涿州种衣剂有限公司
厂家地址：河北省涿州市中国农业大学农业科技园区
邮政编码 :072750
联系电话 :0312-3792300
传真 :0312-3792500

厂家名称：沧州正兴生物农药有限公司
厂家地址：河北省石家庄市翟营大街 356 号东方阳光园 16 — 5
邮政编码 :050031
联系电话 :0311-86757887

厂家名称：高碑店市田星生物工程有限公司
厂家地址：河北省高碑店市东大街 45 号
邮政编码 :074000
联系电话 :0312-2812066
传真 :0312-2832209

厂家名称：高阳县康华爱卫用品厂
厂家地址：河北省高阳县庞石公路西侧
邮政编码 :071504
联系电话 :0312-5655888
传真 :0312-6855909

厂家名称：故城保润生物化工有限公司
厂家地址：河北省保定市涿州市经济技术开发区环城东路
邮政编码 :072750
联系电话 :0312-3956543
传真 :0312-3953666

厂家名称：固安中农盛华植保科技有限公司

厂家地址：河北省
联系电话：010-82161577

厂家名称：馆陶县先锋精细化工厂
厂家地址：河北省馆陶县南环路
邮政编码：057750
联系电话：0310-2889798
传真：0310-2889798

厂家名称：邯郸市凯米克化工有限责任公司
厂家地址：河北省魏县城南工业区
邮政编码：
联系电话：0310-3532921
传真：0310-3532923

厂家名称：邯郸市新阳光化工有限公司
厂家地址：河北省邯郸市复兴区树脂路 29 号
邮政编码：056003
联系电话：0310-4042112
传真：0310-4041468

厂家名称：河北爱德威医药化工有限公司
厂家地址：河北省石家庄市昆仑大街 55 号
邮政编码：050035
联系电话：0311-85969679
传真：0311-85968689

厂家名称：河北安霖制药有限公司
厂家地址：河北省邯郸市高科技经济开发区科技路 2 号
邮政编码：056003
联系电话：0310-8067016
传真：0310-80650186

厂家名称：河北安瑞特化工有限公司
厂家地址：河北省邯郸市鸡泽县曹庄工业区
邮政编码：057350
联系电话：0310-7631888
传真：0310-7631899

厂家名称：河北奥德植保药业有限公司
厂家地址：河北省南宫市南环路 1 号
邮政编码：055750
联系电话：0319-5229081
传真：0319-51634966

厂家名称：河北八源生物制品有限公司
厂家地址：河北省石家庄市长安区西兆通镇店上村北
邮政编码：050036
联系电话：0311-85307866
传真：0311-85308676

厂家名称：河北博嘉农业有限公司
厂家地址：河北省石家庄市桥西区友谊南大街 46 号楼
邮政编码：050051
联系电话：0311-83027025
传真：0311-83027025

厂家名称：河北大城县博爱农药分厂
厂家地址：河北省大城县城南十八公里处化建总厂
邮政编码：065904
联系电话：0316-5702019

厂家名称：河北德美化工有限责任公司
厂家地址：河北省元氏城南工业区
邮政编码：050000
联系电话：0311-84627922
传真：0311-84627922

厂家名称：河北德农生物化工有限公司
厂家地址：河北省沧州市崔尔庄工业园
邮政编码：061027
联系电话：0317-4984444

厂家名称：河北德瑞化工有限公司
厂家地址：河北省藁城市新区 1 号路 1 号
邮政编码：052160
联系电话：0311-86597290
传真：0311-86597761

厂家名称：河北德裕祥生物化工有限公司
厂家地址：河北省石家庄市裕华区二十里铺镇大马村东
邮政编码：050031
联系电话：0311-85968298
传真：0311-85051096

厂家名称：河北定兴县恒信家化有限公司
厂家地址：河北省定兴县天宫寺乡李八营村
邮政编码：072658
联系电话：0312-6880178
传真：0312-6880178

厂家名称：河北格雷特生物科技有限公司
厂家地址：河北省南宫市邢德路 96 号
邮政编码：055750
联系电话：0319-5196611

厂家名称：河北古城香业集

团股份有限公司
厂家地址：河北省保定市清苑县发展东街030号
邮政编码：071100
联系电话：0312-7966371
传真：0312-79667776

厂家名称：河北冠龙农化有限公司
厂家地址：河北省衡水市胜利东路169号京华大厦
邮政编码：053000
联系电话：0318-2036368
传真：0318-2035099

厂家名称：河北硅谷化工有限公司
厂家地址：河北省永年县广府镇城东硅谷工业园
邮政编码：057151
联系电话：0310-6630809
传真：0310-666669

厂家名称：河北国美化工有限公司
厂家地址：河北省沧县杜林西街
邮政编码：061028
联系电话：03174837222

厂家名称：河北国欣诺农生物技术有限公司
厂家地址：河北省河间市经济技术开发区齐会大街西侧
邮政编码：062450
联系电话：0317-7685666
传真：0317-7685777

厂家名称：河北海虹生化有限公司
厂家地址：河北省南和县和阳镇东关东路南侧
邮政编码：054400
联系电话：0319-4565155
传真：0319-55256666

厂家名称：河北河间市渤奇卫生药剂厂
厂家地址：河北省河间市学府路48号
邮政编码：061000
联系电话：0317-3666207

厂家名称：河北贺森化工有限公司
厂家地址：河北省邢台市广宗县兴广北路168号
邮政编码：054600
联系电话：0319-7212184
传真：0319-72177216

厂家名称：河北华灵农药有限公司
厂家地址：河北省南宫市南关外
邮政编码：055750
联系电话：0311-84773688
传真：0311-86119710

厂家名称：河北金德伦生化科技有限公司
厂家地址：河北省石家庄市鹿泉市寺家庄镇东营北街
邮政编码：050225
联系电话：0311-82266866,82266838
传真：0311-82266866

厂家名称：河北军星生物化工有限公司
厂家地址：河北省曲周县县城西工业区军星路1号
邮政编码：057250
联系电话：0310-8896758
传真：0310-88967586

厂家名称：河北康达有限公司
厂家地址：河北省保定市天鹅中路118号
邮政编码：071051
联系电话：400-055-1989
传真：0312-3101789

厂家名称：河北阔达生物制品有限公司
厂家地址：河北省高邑县千秋西路8号
邮政编码：051330
联系电话：0311-84066686

厂家名称：河北廊坊乐万家联合家化有限公司
厂家地址：河北省廊坊市经济技术开发区金源道
邮政编码：065001
联系电话：0316-6083788
传真：0316-6083788

厂家名称：河北力威日化有限公司
厂家地址：河北省石家庄市开发区留村荣昌大街91号
邮政编码：050035
联系电话：0311-85387639
传真：0311-85386767

厂家名称：河北农佳生物科技有限公司
厂家地址：河北省邯郸县代召裴堡村南309国道南侧
邮政编码：056108
联系电话：0310-8172666

厂家名称：河北欧亚化学工业有限公司
厂家地址：河北省衡水市景县景新西大街158号
邮政编码：053500

联系电话：0318-4307288
传真：0318-42252886

厂家名称：河北普田农业科技有限公司
厂家地址：河北省石家庄市联盟路 647 号
邮政编码：050061
联系电话：0311-87708072

厂家名称：河北奇峰化工有限公司
厂家地址：河北省晋州市通达路鼓城桥北
邮政编码：052260
联系电话：0311-84323874
传真：0311-84322765

厂家名称：河北青园农药有限公司
厂家地址：河北省邢台市钢铁北路邢化街 3 号
邮政编码：054000
联系电话：0319-5906255

厂家名称：河北任丘市康远精细化工厂
厂家地址：河北省任丘市永基花园小区 1-1-501
邮政编码：062552
联系电话：0317-2756990
传真：0317-2756990

厂家名称：河北荣威生物药业有限公司
厂家地址：河北省廊坊市固安县公主府固东路南侧
邮政编码：065500
联系电话：0316-6196476
传真：0316-6196476

厂家名称：河北瑞宝德生物化学有限公司
厂家地址：河北省石家庄市栾城县樊家屯工业区
邮政编码：051430
联系电话：0311-85430988
传真：0311-85430988

厂家名称：河北润达农药化工有限公司
厂家地址：河北省石家庄市藁城市经济技术开发区创业路
邮政编码：052160
联系电话：0311-88315148
传真：0311-88315148

厂家名称：河北润农化工有限公司
厂家地址：河北省宁晋县工业园区
邮政编码：055550
联系电话：0319-5862062
传真：0319-5862062

厂家名称：河北赛瑞德化工有限公司
厂家地址：河北省沧州临港化工园区精细化工区
邮政编码：061108
联系电话：0317-5488335
传真：0317-5488335

厂家名称：河北三农农用化工有限公司
厂家地址：河北省石家庄市栾城县窦妪工业区
邮政编码：051430
联系电话：0311-85468900
传真：0311-85404297

厂家名称：河北上瑞化工有限公司
厂家地址：河北省栾城县窦妪工业区窦南路 2 号
邮政编码：050031
联系电话：0311-85666800
传真：0311-85666900

厂家名称：河北神华药业有限公司
厂家地址：河北省黄骅市经济技术开发区 7 号路
邮政编码：061100
联系电话：0317-5334888
传真：0317-53369886

厂家名称：河北省安国市益民鼠药有限公司
厂家地址：河北省安国市南仕庄
邮政编码：071200
联系电话：0312-3540888
传真：0312-3540888

厂家名称：河北省霸州京茂包装有限公司
厂家地址：河北省霸州市华北油田矿区
邮政编码：065709
联系电话：0317-2561944
传真：0317-2562210

厂家名称：河北省霸州市腾达精细日用化工厂
厂家地址：河北省霸州市南 4 公里老堤村中亭河北
邮政编码：065700
联系电话：0316-5317681

厂家名称：河北省保定安康蚊香有限公司
厂家地址：河北省保定市徐水县遂城开发区
邮政编码：072557
联系电话：0312-8903818
传真：0312-8968079

厂家名称：河北省保定甘雨助剂厂
厂家地址：河北省保定市保清路 18 号
邮政编码：071000
联系电话：0312-2150866

厂家名称：河北省保定古堡香厂
厂家地址：河北省满城县要庄乡前大留村
邮政编码：072150
联系电话：0312-7015191
传真：0312-7011291

厂家名称：河北省保定容泰卫生保健用品有限公司
厂家地址：河北省保定市容城县津保路容泰工业园 118 号
邮政编码：071700
联系电话：0312-5612780
传真：0312-5615911

厂家名称：河北省保定市保力康日化有限公司
厂家地址：河北省保定市富昌路
邮政编码：071000
联系电话：0312-3215793
传真：0312-3215793

厂家名称：河北省保定市大中方商贸有限公司
厂家地址：河北省保定市长城北大街 2397 号
邮政编码：071000
传真：0312-5072699

厂家名称：河北省保定市动科卫生杀虫剂厂
厂家地址：河北省保定市史庄街 99 号
邮政编码：071000
联系电话：0312-2125718

厂家名称：河北省保定市动科卫生杀虫剂有限公司
厂家地址：河北省保定市史庄街 99 号
邮政编码：071000
联系电话：0312-2125718
传真：0312-7521722

厂家名称：河北省保定市甘雨日化有限公司
厂家地址：河北省保定市永华南大街 22 号
邮政编码：071000
联系电话：0312-2273239

厂家名称：河北省保定市化工七厂
厂家地址：河北省保定市工农南路 30 号
邮政编码：071000
联系电话：0312-224231

厂家名称：河北省保定市金诺制香有限公司
厂家地址：河北省保定市清苑县保新路戎官营变电站南
邮政编码：071000
联系电话：0312-8080328
传真：0312-80803286

厂家名称：河北省保定市康华香业有限公司
厂家地址：河北省保定市西大街 13 号
邮政编码：071000
联系电话：0312-2035438
传真：0312-2033201

厂家名称：河北省保定市康健日用化工有限公司
厂家地址：河北省保定市利民路 1 号
邮政编码：071000
联系电话：0312-2121538
传真：0312-2125239

厂家名称：河北省保定市康宇气雾剂日用化工厂
厂家地址：河北省保定市红旗路 18 号
邮政编码：071000
联系电话：(0312)234575,224911
传真：0312-233502

厂家名称：河北省保定市科绿丰生化科技有限公司
厂家地址：河北省保定市南市区宝硕路
邮政编码：071000
联系电话：0312-5065511
传真：0312-59156886

厂家名称：河北省保定市联合家用化工有限责任公司
厂家地址：河北省保定市东外环路焦庄乡政府西
邮政编码：071000
联系电话：0312-2169938
传真：0312-2169938

厂家名称：河北省保定市南市区三利源日化厂
厂家地址：河北省保定市油田路 109 号
邮政编码：071000
联系电话：0312-2177708
传真：0312-2178133

厂家名称：河北省保定市神采美日化有限公司
厂家地址：河北省保定市东

外环路焦庄村南
邮政编码：071000
联系电话：0312-2165819
传真：0312-2160425

厂家名称：河北省保定市鼠药厂
厂家地址：河北省保定市冯庄路
邮政编码：071000
联系电话：5029712
传真：5029712

厂家名称：河北省保定市新市区开元蚊香厂
厂家地址：河北省保定市富昌园小区 4 号搂 702 室
邮政编码：071051
联系电话：0312-3174613
传真：0312-3174613

厂家名称：河北省保定市亚达化工有限公司
厂家地址：河北省徐水县交警大队南 65 号信箱
邮政编码：072550
联系电话：0312-8683157
传真：0312-8680702

厂家名称：河北省保定燕赵制香有限公司
厂家地址：河北省高阳县邢南工业区 198 号
邮政编码：071500
联系电话：0312-6803399
传真：0312—6802111

厂家名称：河北省沧州百斯特生物技术有限公司
厂家地址：河北省辛集市朗口经济园区
邮政编码：062650
联系电话：0317-4298999

厂家名称：河北省沧州华太金洁日化有限公司
厂家地址：河北省东光县棉纺路西侧
邮政编码：061600
联系电话：0317-7722885
传真：0317-7722885

厂家名称：河北省沧州科润化工有限公司
厂家地址：河北省沧州市兴济镇
邮政编码：061021
联系电话：0317-4856207
传真：0317-4856207

厂家名称：河北省沧州农药化工厂二分厂
厂家地址：河北省沧州市沧县兴济镇东路桃杏乡东侧
邮政编码：061030
联系电话：(0317)837026
传真：0317-344272

厂家名称：河北省沧州润德农药有限公司
厂家地址：河北省沧县兴济镇
邮政编码：061021
联系电话：0317-4856900
传真：0317-4856900

厂家名称：河北省沧州市天和农药厂
厂家地址：河北省沧州市运河区北环桥北小圈村
邮政编码：061001
联系电话：0317-2166388
传真：0317-21669066

厂家名称：河北省沧州天马绿化农药有限公司
厂家地址：河北省沧州市北郊兴济镇工业区
邮政编码：061021
联系电话：0317-4856568
传真：0317-4856801

厂家名称：河北省沧州天胜农药化工厂
厂家地址：河北省沧州市兴济镇
邮政编码：061021
联系电话：0317-4867026
传真：0317-48672966

厂家名称：河北省沧州正兴生物农药有限公司
厂家地址：河北省沧州市献县河城街镇后沿路 2 号
邮政编码：062250
联 系 电 话：0317-4658738 13932797658
传真：0317-46587386

厂家名称：河北省沧州志诚化工有限公司
厂家地址：河北省沧州市盐山县城东化工园区
邮政编码：061300
联系电话：0317-3301828
传真：0317-5301928

厂家名称：河北省沧州中天化工有限责任公司
厂家地址：河北省沧州市青县上伍乡小许庄村南工业园
邮政编码：062650
联系电话：0317-4286958
传真：0317-42868666

厂家名称：河北省大城县奥丽雅化妆品有限责任公司

厂家地址：河北省大城县郭底村
邮政编码：065900
联系电话：0316-5635135
传真：0316-5635135

厂家名称：河北省大城县超硕精细化工厂
厂家地址：河北省大城县大阜村
邮政编码：065900
联系电话：0316-5883688

厂家名称：河北省定兴县丽达精细化工厂
厂家地址：河北省定兴县丽达精细化工厂
邮政编码：072652
联系电话：0312-6974567
传真：0312-6974567

厂家名称：河北省定兴县五合日用化学有限公司
厂家地址：河北省定兴县北南蔡乡北蔡村
邮政编码：072652
联系电话：0312-6972189

厂家名称：河北省定兴雅皇日用化工有限公司
厂家地址：河北省定兴县北南蔡乡蔡村
邮政编码：072652
联系电话：0312-6974567

厂家名称：河北省定州市长城日用化学厂
厂家地址：河北省定州市明月经济开发区
邮政编码：073004
联系电话：0312-2590792

厂家名称：河北省东光县一鸣日用化工厂
厂家地址：河北省沧州市东光县东光镇东街新村
邮政编码：061600
联系电话：0317-7697001
传真：0317-7697001

厂家名称：河北省高碑店市白沟京南气雾剂厂
厂家地址：河北省高碑店市白沟镇白西后街 72 号
邮政编码：074004
联系电话：0312-2883775

厂家名称：河北省高碑店市神达化工有限责任公司
厂家地址：河北省高碑店市经济开发区
邮政编码：074000
联系电话：0312-2883575
传真：0312-2887807

厂家名称：河北省高阳县豪捷制香有限公司
厂家地址：河北省高阳县三利工业区
邮政编码：071500
联系电话：0312-6717281
传真：0312-6717111

厂家名称：河北省馆陶县超达精细化工厂
厂家地址：河北省邯郸市馆陶县工业小区
邮政编码：057750
联系电话：0310-2885971

厂家名称：河北省馆陶县金星精细化工厂
厂家地址：河北省邯郸市馆陶县工业开发区
邮政编码：057750
联系电话：0310-2885610
传真：0310-2885610

厂家名称：河北省馆陶县康大精细化工厂
厂家地址：河北省邯郸市馆陶县工业小区
邮政编码：057750
联系电话：0310-2886378
传真：0310-2886378

厂家名称：河北省馆陶县康明精细化工厂
厂家地址：河北省邯郸市馆陶县魏征路南段政府街 118 号
邮政编码：057750
联系电话：0310-2822576

厂家名称：河北省馆陶县神龙精细化工厂
厂家地址：河北省邯郸市馆陶县城西工业区
邮政编码：057750
联系电话：0310-2885001

厂家名称：河北省馆陶县树生精细化工厂
厂家地址：河北省邯郸市馆陶县工业小区二路
邮政编码：057750
联系电话：0310-2886345
传真：0310-2886345

厂家名称：河北省馆陶县一帆精细化工厂
厂家地址：河北省邯郸市馆陶县工业小区
邮政编码：057750
联系电话：0310-2704333

厂家名称：河北省馆陶县远

华精细化工厂
厂家地址：河北省邯郸市馆陶县建设路中段
邮政编码：057750
联系电话：0310-2885610

厂家名称：河北省邯郸市东方精细化工有限公司
厂家地址：河北省邯郸市馆陶县工业小区
邮政编码：057750
联系电话：0310-2885099
传真：0310-2885099

厂家名称：河北省邯郸市方鑫化工有限公司
厂家地址：河北省邯郸市树脂路 29 号
邮政编码：056003
联系电话：0310-4052768
传真：0310-4042655

厂家名称：河北省邯郸市建华植物农药厂
厂家地址：河北省邯郸市北环西路
邮政编码：056106
联系电话：0310-7195018
传真：0310-8103815

厂家名称：河北省邯郸市金英精细化工有限公司
厂家地址：河北省邯郸市馆陶县 城西工业区
邮政编码：057750
联系电话：0310-2885869
传真：0310-2885898

厂家名称：河北省邯郸市康华精细化工有限公司
厂家地址：河北省邯郸市馆陶县北环路中段
邮政编码：057750
联系电话：0310-2888105
传真：0310-2888105

厂家名称：河北省邯郸市瑞田农药有限公司
厂家地址：河北省邯郸市邯大公路 38 公里处
邮政编码：056700
联系电话：0310-7388368
传真：0310-7388666

厂家名称：河北省邯郸市太行农药厂
厂家地址：河北省魏县城西西邯大路北
邮政编码：056800
联系电话：0310-5208899
传真：0310-5208899

厂家名称：河北省邯郸县中威卫生杀虫剂厂
厂家地址：河北省邯郸县代台乡西侧
邮政编码：056108
联系电话：0310-8182828
传真：03108028141

厂家名称：河北省河间市长盛樟脑有限公司
厂家地址：河北省河间市行别营乡南大史村
邮政编码：062452
联系电话：0317-3898401
传真：

厂家名称：河北省衡水北方农药化工有限公司
厂家地址：河北省衡水市枣强县肖张镇
邮政编码：053100
联系电话：0318-8489235
传真：0318-8487139

厂家名称：河北省华北石油华海日化有限公司
厂家地址：河北省任丘市渤海东路 18-988 信箱
邮政编码：062552
联系电话：0317-2258888
传真：0317-2783298

厂家名称：河北省黄骅农药中试厂
厂家地址：河北省沧州市黄骅市滕庄
邮政编码：061106
联系电话：0317-5474058

厂家名称：河北省黄骅市鸿承企业有限公司
厂家地址：河北省沧州市黄骅市经济技术开发区
邮政编码：061100
联系电话：0317-5620205 5230011
传真：0317-5620207 52300156

厂家名称：河北省黄骅市绿园农药化工有限公司
厂家地址：河北省黄骅市滕庄工业区大港路 2 号
邮政编码：061106
联系电话：0317-5474058
传真：0317-5475058

厂家名称：河北省黄骅市神驿农药厂
厂家地址：河北省沧州市黄骅市滕庄工业区
邮政编码：061106
联系电话：0317-5474058

厂家名称：河北省黄骅市祥通农药有限公司
厂家地址：河北省黄骅市常

郭镇齐赵村
邮政编码:061100
联系电话:0317-5969111
传真:0317-5969919

厂家名称:河北省冀州市凯明农药有限责任公司
厂家地址:河北省冀州市飞机场
邮政编码:053200
联系电话:0318-8683376
传真:0318-8683388

厂家名称:河北省冀州市星火助剂厂
厂家地址:河北省冀州市富强街66号
邮政编码:053200
联系电话:0318-8614848
传真:0318-8614848

厂家名称:河北省康达工贸公司藁城卫生害虫药剂厂
厂家地址:河北省藁城市工业路128号
邮政编码:052160
联系电话:0311-88162029
传真:0311-88162029

厂家名称:河北省廊坊强盛精细化工有限公司
厂家地址:河北省廊坊市大城县外贸局院内
邮政编码:065900
联系电话:0316-3506156

厂家名称:河北省廊坊市奥姿化妆品有限公司
厂家地址:河北省廊坊市文安县陈黄甫开发区1号楼
邮政编码:065800
联系电话:0316-5033238
传真:0316-5033238

厂家名称:河北省廊坊市东港化工厂
厂家地址:河北省廊坊市安次区东沽港镇
邮政编码:102804
联系电话:0316-6090217

厂家名称:河北省廊坊市雅丽化妆品有限公司
厂家地址:河北省文安县黄甫工业区
邮政编码:065800
联系电话:0316-5033388
传真:0316-5033288

厂家名称:河北省廊坊天威日化有限公司
厂家地址:河北省廊坊市文安县黄庄工业区
邮政编码:065800
联系电话:0316-5057088
传真:0316-5231750

厂家名称:河北省廊房市安次区华龙精细化工厂
厂家地址:河北省廊坊市万庄石油基地
邮政编码:065007
联系电话:0316-6073592

厂家名称:河北省粮食局科学研究所化工实验厂
厂家地址:河北省阜城县东环北路
邮政编码:053700
联系电话:0318-4626666

厂家名称:河北省灵寿县福兴汽瓶厂
厂家地址:河北省灵寿县三圣院村
邮政编码:050031
传真:0311-87797291

厂家名称:河北省满城县丰泽生物有限公司
厂家地址:河北省满城县北环
邮政编码:072150
联系电话:0317-7163366
传真:0312-7163366

厂家名称:河北省农药化工有限公司
厂家地址:河北省石家庄市无极城北工业区
邮政编码:052460
联系电话:0311-85758709

厂家名称:河北省农业大学农药试验厂
厂家地址:河北省邢台市临城
邮政编码:054300

厂家名称:河北省迁安县农药分装厂
厂家地址:河北省唐山市迁安县下官营
邮政编码:064409
联系电话:0342-36174

厂家名称:河北省秦皇岛领先科技发展有限公司
厂家地址:河北省秦皇岛市开发区高科技园黄河道16号
邮政编码:066004
联系电话:0335-8500207
传真:0335-8500880

厂家名称:河北省秦皇岛市卢龙化工农药厂
厂家地址:河北省秦皇岛市卢龙县卢龙城北大街
邮政编码:066400
联系电话:(0335)7012041

厂家名称：河北省轻工业科学研究院晋州实验厂
厂家地址：河北省晋州市晋州市总十庄镇西
邮政编码:052261
联系电话:13803215966
传真:0311-4316997

厂家名称：河北省清苑县雅康制香有限公司
厂家地址：河北省清苑县东吕村工业区
邮政编码:071100
联系电话:0312-8152260

厂家名称：河北省任丘市家乐制香厂
厂家地址：河北省任丘市西环路长洋工业区
邮政编码:062550
联系电话:0317-2368812

厂家名称：河北省容城超达精细化工有限公司
厂家地址：河北省容城县东城路108号
邮政编码:071700
联系电话:0312-5611757

厂家名称：河北省容城县浩达日用制品有限公司
厂家地址：河北省容城县北环路23号
邮政编码:071700
联系电话:0312-5616185
传真:0312-5613885

厂家名称：河北省容城县宏旺日用制品有限公司
厂家地址：河北省容城县南关大街8号
邮政编码:071700
联系电话:0312-5609976
传真:0312-5609976

厂家名称：河北省容城县嘉美蚊香厂
厂家地址：河北省容城县沟西村
邮政编码:071700
联系电话:0312-5616039

厂家名称：河北省容城县鑫荣达日用制品有限公司
厂家地址：河北省容城县西关
邮政编码:071700
联系电话:0312-5615872
传真:0312-5685172

厂家名称：河北省三河气雾剂厂
厂家地址：河北省廊坊市三河市小五福乡小五福村南
邮政编码:101600

厂家名称：河北省三河中澳科技发展有限公司
厂家地址：河北省三河市李旗庄镇何屯村北李翟路东侧
邮政编码:065206
联系电话:0316-3455161
传真:0316-3455161

厂家名称：河北省深州市奥邦农化有限责任公司
厂家地址：河北省深州市双井工业区
邮政编码:052860
联系电话:0318-3517409
传真:0318-35174096

厂家名称：河北省石家庄宝丰化工有限公司
厂家地址：河北省石家庄市裕华区东二环南段西仰陵
邮政编码:050035
联系电话:0311-85318381
传真:0311-87315838

厂家名称：河北省石家庄好又多生物科技有限公司
厂家地址：河北省石家庄市槐北路459号
邮政编码:050031
联系电话:0311-85688560
传真:0311-85668591

厂家名称：河北省石家庄华农化工有限责任公司
厂家地址：河北省石家庄市栾城县窦妪工业区
邮政编码:051430
联系电话:0311-85468001
传真:0311-85468001

厂家名称：河北省石家庄化工厂胜芳分厂
厂家地址：河北省廊坊市霸州市胜芳镇建筑工程公司
邮政编码:302754
联系电话:(03252)7617887

厂家名称：河北省石家庄佳洁日化用品有限公司
厂家地址：河北省藁城市胜利路
邮政编码:052160
联系电话:0311-88048698
传真:0311-88048115

厂家名称：河北省石家庄市科旺制香厂
厂家地址：河北省正定县诸福屯镇
邮政编码:050800
联系电话:0311-88222973
传真:0311-88224398

厂家名称：河北省石家庄市绿丰化工有限公司
厂家地址：河北省深泽县南苑路 88 号
邮政编码：052560
联系电话：0311-83520670
传真：0311-83526063

厂家名称：河北省石家庄市青冠化工有限公司
厂家地址：河北省石家庄市桥西区滨河街南头
邮政编码：050091
联系电话：0311-83824531
传真：0311-83807874

厂家名称：河北省石家庄市深泰化工有限公司
厂家地址：河北省石家庄市深泽县城西正饶路路南
邮政编码：052560
联系电话：0311-83525409
传真：0311-83579620

厂家名称：河北省石家庄市天鸿绿色生物工程科技开发中心
厂家地址：河北省石家庄市中山东路一段 85 号
邮政编码：050000
联系电话：0311-88031507
传真：0311-88031507

厂家名称：河北省石家庄市卫生防疫站消杀灭技术研究所
厂家地址：河北省石家庄市栗康街 19 号
邮政编码：05011
传真：0311-6984005

厂家名称：河北省石家庄市正定福利日用化工厂
厂家地址：河北省石家庄市正定县东柏棠
邮政编码：050800
联系电话：0311-88711142
传真：0311-8711142

厂家名称：河北省石家庄市栾城县植物激素厂
厂家地址：河北省石家庄市栾城县医康街
邮政编码：051430
联系电话：834208

厂家名称：河北省石家庄益民化工厂
厂家地址：河北省石家庄市中兴路
邮政编码：052260
联系电话：0321-6323538

厂家名称：河北省宿迁市何兴精细化工厂
厂家地址：河北省宿迁市迁安镇王乜村
邮政编码：064400
联系电话：0315-7663007

厂家名称：河北省肃宁县芳溢日化有限公司
厂家地址：河北省肃宁县师素镇西淡
邮政编码：062350
联系电话：0317-5072888
传真：0317-5072988

厂家名称：河北省肃宁县伸力日用化工有限责任公司
厂家地址：河北省肃宁县付佐工业区 2 号付佐橡胶厂
邮政编码：062350
联系电话：0317-5092380
传真：0317-5092076

厂家名称：河北省肃宁县兴业精细化工厂
厂家地址：河北省肃宁县城关镇大五里
邮政编码：062350
联系电话：0312-6032111

厂家名称：河北省唐山市丰润区唐白路金升杀虫剂厂
厂家地址：河北省唐山市丰润区三女河乡许家哨村
邮政编码：064001
联系电话：0315-5436468

厂家名称：河北省唐山市京东激素农药厂
厂家地址：河北省唐山市古冶铁路南街
邮政编码：053100
联系电话：0315-3563557

厂家名称：河北省唐山市瑞华生物农药有限公司
厂家地址：河北省滦南县扒齿港镇绳庄村南
邮政编码：063502
联系电话：0315-4422197
传真：010-62812559

厂家名称：河北省唐山鑫华农药有限公司
厂家地址：河北省唐山市丰润区丰遵路压库山
邮政编码：064000
联系电话：0315-5196002
传真：0315 — 51532556

厂家名称：河北省唐县农药化工厂
厂家地址：河北省保定市唐县西安乐
邮政编码：072350
联系电话：(03246)213426

厂家名称：河北省万全农药厂
厂家地址：河北省万全县孔家庄镇
邮政编码:076250
联系电话:0313-4221601
传真:0313-4228550

厂家名称：河北省望都县泰宝精细化工有限公司
厂家地址：望都县富强大街72号
邮政编码:072450
联系电话:0312-7726855

厂家名称：河北省文安县顺发气雾杀虫剂厂
厂家地址：河北省文安县106国道105公里处西600米
邮政编码:065802
联系电话:0316-5311416

厂家名称：河北省吴桥农药有限公司
厂家地址：河北省吴桥县经济开发区宋门工业园区
邮政编码:061800
联系电话:0317-7238181
传真:0317-7238183

厂家名称：河北省武强县农药厂
厂家地址：河北省衡水市武强县
邮政编码:053300

厂家名称：河北省五达精细化工有限公司
厂家地址：河北省定兴县南蔡乡
邮政编码:072652
联系电话:0312-697488
传真:0312-697405

厂家名称：河北省新城县生物化学制品厂
厂家地址：河北省保定市高碑店市高碑店镇东大街
邮政编码:074012
联系电话:(03235)212066
传真:(03235)222329

厂家名称：河北省邢台海园农化科技有限公司
厂家地址：河北省邢台县祝村镇大吕村北
邮政编码:054000
联系电话:0319-3221456
传真:0319-3221456

厂家名称：河北省邢台市化工研究所
厂家地址：河北省邢台市中兴路
邮政编码:054000
联系电话:(0319)

厂家名称：河北省邢台市农化科技中心
厂家地址：河北省邢台市冶金北路
邮政编码:054000
联系电话:0319-2293001

厂家名称：河北省邢台市农药有限公司
厂家地址：河北省邢台市任县邢得公路西侧
邮政编码:055150
联系电话:0319-7572899
传真:0319-7572899

厂家名称：河北省雄县凯晨日化有限公司
厂家地址：河北省雄县南董庄村
邮政编码:071800
联系电话:0312-5793688
传真:0312-5793688

厂家名称：河北省雄县农用化工厂
厂家地址：河北省雄县亚古城东500米
邮政编码:071800
联系电话:0312-5818305

厂家名称：河北省徐水吉利仿生农药有限公司
厂家地址：河北省徐水县康明北路15号信箱
邮政编码:072550
联系电话:0312-8689888
传真:0312-8662088

厂家名称：河北省玉田县康利杀虫剂有限公司
厂家地址：河北省玉田县林南仓镇后湖定府农业开发区
邮政编码:064106
联系电话:0315-6578040

厂家名称：河北省元氏县冀津化工厂
厂家地址：河北省石家庄市元氏县元南路北
邮政编码:051130
联系电话:03210-623594

厂家名称：河北省张家口长城农化（集团）有限责任公司
厂家地址：河北省张家口市怀来县沙城
邮政编码:075400
联系电话:0313-6893518
传真:0313-6893518

厂家名称：河北省张家口金赛制药有限公司
厂家地址：河北省张家口市桥西区印台沟7号
邮政编码：075000
联系电话：0313-4101198
传真：0313-41009986

厂家名称：河北省张家口南龙能化有限公司
厂家地址：河北省张家口市南郊姚家房
邮政编码：075131
联系电话：0345-3512024

厂家名称：河北省张家口市绿洁环保化工技术开发有限公司
厂家地址：河北省张家口市桥西区五墩台工业开发区
邮政编码：075311
联系电话：
传真：0313-5906703

厂家名称：河北省赵县有机化工厂
厂家地址：河北省石家庄市赵县赵元路北侧
邮政编码：051530

厂家名称：河北省植保所杀菌剂科技开发服务中心
厂家地址：河北省保定市东关大街73号
邮政编码：071000
联系电话：(0312)223412

厂家名称：河北省遵化市金山神猴日化厂
厂家地址：河北省遵化市清东陵南新城
邮政编码：064206
联系电话：0315-6947907 6947807
传真：0315-6947807

厂家名称：河北省涞水县威中威制香有限公司
厂家地址：河北省保定市涞水县南桥头村
邮政编码：074100
联系电话：0312-4581570
传真：0312-4581570

厂家名称：河北省涿州市桃园农药厂
厂家地址：河北省保定市涿州市长城桥南
邮政编码：072750
联系电话：0312-3986844
传真：0312-36367096

厂家名称：河北省蠡县华松工艺制香厂
厂家地址：河北省保定市蠡县北埝开发北区
邮政编码：071400
联系电话：0312-6039977
传真：0312-6039339

厂家名称：河北省蠡县华业精细化工有限公司
厂家地址：河北省蠡县张七村
邮政编码：071400
联系电话：0312-6033045
传真：0312-60330456

厂家名称：河北省蠡县华鑫精细化工厂
厂家地址：河北省蠡县西鲍墟村
邮政编码：071400
联系电话：0312-6089619
传真：0312-6089619

厂家名称：河北省蠡县冀中华联精细化工有限公司
厂家地址：河北省蠡县传七村
邮政编码：071401
联系电话：0312-6033818

厂家名称：河北省蠡县冀蠡精细化工有限公司
厂家地址：河北省蠡县北埝乡张七村
邮政编码：071400
联系电话：0312-6033050
传真：0312-6033050

厂家名称：河北省蠡县亚泰精细化工制香有限公司
厂家地址：河北省蠡县万安镇刘铭庄
邮政编码：071400
联系电话：
传真：0312-6219686

厂家名称：河北省蠡县远大日化有限公司
厂家地址：河北省蠡县北埝乡白庄
邮政编码：071400
联系电话：0312-6036163
传真：0312-6036163

厂家名称：河北省蠡县争锋精细化工有限公司
厂家地址：河北省蠡县北埝乡泊庄
邮政编码：071401
联系电话：0312-6033535, 6036587

厂家名称：河北盛世基农化工有限公司
厂家地址：河北省沧州市沧县北环西路

邮政编码:061028
联系电话:0317-4042067
传真:0317-40423356

厂家名称:河北胜源化工有限公司
厂家地址:河北省城东工业区
邮政编码:051330
联系电话:0311-84080887
传真:0311-84080887

厂家名称:河北圣邦药业有限公司
厂家地址:河北省阜城县王集乡工业区
邮政编码:053701
联系电话:0318-4926690
传真:0318-4926193

厂家名称:河北圣禾化工有限公司
厂家地址:河北省石家庄市和平西路598号6-1-401
邮政编码:050051
联系电话:0311-87050011

厂家名称:河北圣亚达化工有限公司
厂家地址:河北省沧州市盐山县沧乐路常金路口西侧
邮政编码:061300
联系电话:0317-6320159
传真:0317-6320159

厂家名称:河北师大化工厂
厂家地址:河北省石家庄市裕华区西仰陵
邮政编码:050801
联系电话:0311-85319004
传真:0311-5319004

厂家名称:河北石家庄市龙汇精细化工有限责任公司
厂家地址:河北省石家庄市赵县赵元路024号
邮政编码:051530
联系电话:0311-86063818
传真:0311-86215339

厂家名称:河北石滦农药化工有限公司
厂家地址:河北省滦平县滦平镇庄头营村
邮政编码:068250
联系电话:0314-8586510
传真:0314-8586510

厂家名称:河北世纪农药有限公司
厂家地址:河北省衡水市枣强县裕华东街178号
邮政编码:053100
联系电话:0318-8261112
传真:0318-82680156

厂家名称:河北双吉化工有限公司
厂家地址:河北省石家庄市辛集市东郊
邮政编码:052360
联系电话:0311-83372618
传真:0311-83372299

厂家名称:河北桃园农药有限公司
厂家地址:河北省涿州市长城桥南
邮政编码:072750
联系电话:0312-3986844
传真:0312-3986776

厂家名称:河北天顺生物工程有限公司
厂家地址:河北省石家庄市无极县北苏工业区
邮政编码:052460
联系电话:0311-85760288
传真:0311-85760288

厂家名称:河北万全宏宇化工有限责任公司
厂家地址:河北省万全县郭磊庄镇
邮政编码:076250
联系电话:0313-4831054
传真:0313-4833001

厂家名称:河北万全力华化工有限责任公司
厂家地址:河北省万全县孔家庄镇
邮政编码:076250
联系电话:0313-4230078
传真:0313-4230864

厂家名称:河北万特生物化学有限公司
厂家地址:河北省衡水市大麻森乡后野营村
邮政编码:053000
联系电话:0318-85202981
传真:0318-79231066

厂家名称:河北威远生物化工股份有限公司
厂家地址:河北省石家庄市和平东路393号
邮政编码:050031
联系电话:400-800-5888
传真:0311-85915859

厂家名称:河北沃德丰药业有限公司
厂家地址:河北省赞皇县东高工业区
邮政编码:050091
传真:0311-85662579

厂家名称：河北沃德丰药业有限公司
厂家地址：河北省廊坊市大城县文大路西魏 11 号
邮政编码：065901
联系电话：0316-5882888
传真：0316---5882999

厂家名称：河北希普种衣剂有限责任公司
厂家地址：河北省石家庄市翟营大街翟营投递公司 3102 号信箱
邮政编码：050031
传真：0311-61228766

厂家名称：河北欣田生化工程有限公司
厂家地址：河北省柏乡县固路东侧 188 号
邮政编码：055450
联系电话：0319-7799399
传真：0319-7799399

厂家名称：河北新农生物化工有限公司
厂家地址：河北省海兴县农场西
邮政编码：061202
联系电话：0317-6656228
传真：0317-6657806

厂家名称：河北新兴化工有限责任公司
厂家地址：河北省保定市涿州市松林店镇
邮政编码：072761
联系电话：0312-3615555
传真：0312-39021436

厂家名称：河北宣化农药有限责任公司
厂家地址：河北省张家口市宣化区大东门外三里台
邮政编码：075100
联系电话：0313-3185125
传真：0313-31851206

厂家名称：河北野田农用化学有限公司
厂家地址：河北省石家庄市元氏县城南工业区
邮政编码：051130
联系电话：0311-85321692/84669097
传真：0311-85319009

厂家名称：河北伊诺生化有限公司
厂家地址：河北省新乐市新无公路南侧 888 号
邮政编码：050081
联系电话：0311-88680030
传真：0311-88680035

厂家名称：河北亿万家农业服务有限责任公司
厂家地址：河北省石家庄市桥东区仓兴街 12 号
邮政编码：050021
联系电话：0311-86116512
传真：0311-86116512

厂家名称：河北益海安格诺农化有限公司
厂家地址：河北省藁城市市府东段路南
邮政编码：052160
联系电话：0311-89617975

厂家名称：河北益康制香有限公司
厂家地址：河北省涞水县南关永安大街 221 号
邮政编码：074100
联系电话：0312-4522440

厂家名称：河北赞峰生物工程有限公司
厂家地址：河北省武邑县清凉店镇长兴路 19 号
邮政编码：053411
联系电话：0318-5811111
传真：0318-5815689

厂家名称：河北志诚生物化工有限公司
厂家地址：河北省晋州市工业路 45 号
邮政编码：052260
联系电话：0311-84322902
传真：0311-84322892

厂家名称：河北中谷药业有限公司
厂家地址：河北省盐山县韩集镇辛霞公路纸坊段
邮政编码：061300
联系电话：0317-6336679
传真：0317-6287002

厂家名称：河北中化滏恒股份有限公司
厂家地址：河北省石家庄市联盟路 707 号中化大厦
邮政编码：056500
联系电话：0311-87795024/2383559
传真：0310-2324581

厂家名称：河北卓诚化工有限责任公司
厂家地址：河北省内丘县清修岗工业园区
邮政编码：054200
联系电话：0319-2624298
传真：0319-26703546

厂家名称：河北昊澜化工科技有限公司

厂家地址：河北省石家庄市新华区中华北大街203号
邮政编码:050000
联系电话:0311-85468900
传真:0311－87325598

厂家名称：河北昊阳化工有限公司
厂家地址：河北馆陶县寿山寺乡麻呼寨村北
邮政编码:056800
联系电话:0310-3532921
传真:0310－3532925

厂家名称：河北馥稷生物科技有限公司
厂家地址：河北省新乐市建新街1号
邮政编码:050700
联系电话:0311-88586867
传真:0311-88586867

厂家名称：衡水景美化学工业有限公司
厂家地址：河北省枣强县肖张镇工业园
邮政编码:053500
联系电话:0318-8485678
传真:0318-84855939

厂家名称：华北制药股份有限公司
厂家地址：河北省石家庄市长安区和平东路华药东街6号
邮政编码:050015
联系电话:0311-87206965
传真:0311-87206957

厂家名称：华北制药集团爱诺有限公司
厂家地址：河北省石家庄市良村经济技术开发区兴业街
邮政编码:052165
联系电话:0311-83096353
传真:0311-83096291

厂家名称：冀州市恒伟化工有限公司
厂家地址：河北省冀州市化工园区
邮政编码:053200
联系电话:0318-5250565
传真:0318-5250583

厂家名称：廊坊亿得安化工有限公司
厂家地址：河北省固安县马庄镇辛庄户村
邮政编码:065502
联系电话:0316-6208571

厂家名称：任丘市强龙精细化工有限公司
厂家地址：河北省任丘市长丰镇崇村开发区
邮政编码:062550
联系电话:0317-3366162
传真:0317-2871968

厂家名称：蠡县华奥工艺制香厂
厂家地址：河北省蠡县北埝乡李岗村
邮政编码:071400
联系电话:0312-6031098

厂家名称：蠡县金诺达制香有限公司
厂家地址：河北省蠡县李岗
邮政编码:071401
联系电话:0312-6033818
传真:0312-6033098

厂家名称：蠡县绿康精细化工有限公司
厂家地址：河北省蠡县北埝乡泊庄村
邮政编码:071401
联系电话:0312-6036888
传真:0312-6036188

厂家名称：蠡县华奥工艺制香厂
厂家地址：河北省蠡县北埝乡李岗村
邮政编码:071400
联系电话:0312-6031098
传真：

厂家名称：蠡县金诺达制香有限公司
厂家地址：河北省蠡县李岗
邮政编码:071401
联系电话:0312-6033818
传真:0312-6033098

厂家名称：蠡县康盛香业有限公司
厂家地址：河北省蠡县北埝村
邮政编码:062350
联系电话：

厂家名称：蠡县绿康精细化工有限公司
厂家地址：河北省蠡县北埝乡泊庄村
邮政编码:071401
联系电话:0312-6036888
传真:0312-6036188

黑龙江 Heilongjiang

黑龙江省佳木斯黑龙农药化工股份有限公司
黑龙江省佳木斯市东风区长安路 114 号
电话：0454-8330810

黑龙江绥农农药有限公司
黑龙江绥化市北林区黄河北路 256 号
电话 04558310687

黑龙江省大地丰农业科技开发有限公司
黑龙江省绥化市工业开发区
电话：0455-8508678

哈尔滨瑞丰农业科技发展有限公司
黑龙江省哈尔滨市松北区万宝镇巨宝村
电话：0451-88349900

黑龙江省大庆志飞生物化工有限公司
黑龙江省大庆市让胡路区高新区宏伟园区
电话：0459-5619317

哈尔滨市益农生化制品开发集团有限公司
黑龙江省哈尔滨市道里区新农乡前进村
电话：0451-84100068

黑龙江省哈尔滨龙志农资化工有限公司
黑龙江省哈尔滨市香坊区向阳乡东长林子
电话：0451-82032504

鹤岗市旭祥禾友化工有限公司
黑龙江省鹤岗市工农区禾友路 45 号
电话：0468-3348475

黑龙江省佳木斯市恺乐农药有限公司
黑龙江省佳木斯市长安路 101 号
电话：0454-6113806

黑龙江省佳木斯兴宇生物技术开发有限公司
黑龙江省佳木斯市杏林路 307 号
电话：0454-8330400

黑龙江九洲农药有限公司
黑龙江省哈尔滨市道外区南平街 8 8 号好旺达公寓 1 5 0 3 室
电话 0451-88349900

黑龙江科润生物科技有限公司
黑龙江省哈尔滨市五常市五常镇南三道街 189 号
电话：0451-88392933

黑龙江宝丰源生物科技有限公司，
黑龙江省望奎县东升乡
电话 0455-8218341

黑龙江大龙有机农业股份有限公司
黑龙江省齐齐哈尔市建华星火开发区高头小区
电话传真：0452-8913666

黑龙江梅亚种业有限公司
黑龙江省佳木斯市富锦市中央大街 3 号
电话：0454-2335466

黑龙江禾友农化有限公司
黑龙江省鹤岗市工农区工厂路 45 号
电话：0454-3344524

黑龙江企达农药开发有限公司
黑龙江省绥化市绥兰路 288 号
电话 :0455-6888288

黑龙江禾芙康农药制造有限公司
黑龙江省佳木斯市东风区安庆路 385 号
电话 :0454-8353777

黑龙江强尔生化技术开发有限公司
黑龙江省哈尔滨市平房区大连路 18 号
电话 :0451-86813388

黑龙江省大庆新世纪精细化工有限公司
黑龙江省大庆市红岗区金杏村 39 号
电话 :0459-4999530

黑龙江省东农农药有限公司
黑龙江省绥化地区安达市
电话 :0451-5390939

黑龙江省阿城市汇丰农化有限公司
黑龙江省哈尔滨市阿城区杨树工业园 （哈五公路 613km 处）
电话 451-53874958

哈尔滨丰禾盛生物科技发展有限公司
大众嘉园 4 号楼 6 号商服
电话 13945691279

黑龙江省哈尔滨富利生化科技发展有限公司
黑龙江省哈尔滨市南岗区王岗工业园区
电话 :0451-86621166

黑龙江省大庆开发区康利有限公司
黑龙江省大庆开发区建设路 216 号
电话 :0459-6288352

黑龙江省哈尔滨广洁环境卫生用品研究所
黑龙江省哈尔滨市南岗区哈平路 134 号
电话 :0451-87506608

黑龙江省大庆卫健生物科技有限公司
黑龙江省大庆市高新技术产业开发区科技创业园
电话 :0459-6291025

黑龙江省哈尔滨合众化学有限公司
黑龙江省哈尔滨市
电话 :0451-86815810

哈尔滨硕亚化工有限公司
哈尔滨市先锋路东棵北四道街 147 号
联系我们：0451-55573426

黑龙江省哈尔滨理工大学化工厂中国农科院蔬菜花卉所
黑龙江省哈尔滨市南岗区学府路 52 号
电话 :0451-86669387

黑龙江省哈尔滨市动力区为民消杀制剂厂
黑龙江省哈尔滨市动力区电材三道街
电话 :0451-82688116

黑龙江省哈尔滨利民农化技术有限公司
黑龙江省哈尔滨市呼兰县利民经济技术开发区
电话 :0451-88083468

黑龙江省哈尔滨市联丰农药化工有限公司
黑龙江省哈尔滨市道外区松北区松北镇
电话 :0451-88109023

黑龙江省哈尔滨市道外区万宝农药分装厂
黑龙江省哈尔滨市万宝镇
电话 :0451-8114093

黑龙江省哈尔滨市绿海应用技术研究所
黑龙江省哈尔滨市道里区群力乡王家店
电话 :0451-82107557

黑龙江省哈尔滨市农丰科技化工有限公司
黑龙江省哈尔滨市呼兰区呼兰镇兰河村
电话 :0451-55635617

黑龙江省哈药集团股份有限公司
黑龙江省哈尔滨市南岗区学府路 109 号
电话 :0451-86680340

黑龙江省哈尔滨市农欢化工厂
黑龙江省哈尔滨市道外区水泥路 50 号
电话:0451-57680921

黑龙江省好人化工科技有限公司
黑龙江省哈尔滨市巴彦县巴彦港镇五星村
电话:0451-88598828

黑龙江省哈尔滨正业农药有限公司
黑龙江省哈尔滨市太平区化工路 181 号
电话:0451-82430333

黑龙江省鹤岗市农药三厂
黑龙江省鹤岗市工农区工厂路 58 号
电话:(04618)242730

哈尔滨维科生物技术开发公司
哈尔滨市香坊区哈平路 680 号
电话 0451-51661112

哈尔滨四泰生物技术开发有限公司
哈尔滨市南岗区留学生创业园
电话 0451-87009530

哈尔滨农康生物技术开发有限公司
哈尔滨市南岗区烟草街 6 号
电话 5546678268

黑龙江省鹤岗市清华紫光英力农化有限公司
黑龙江省鹤岗市工农区禾友路 58 号
电话:0468-3405275

黑龙江省哈尔滨周元有害生物防制科技有限公司
黑龙江省哈尔滨市南岗区河沟街 1 号
电话:0451-53003331

黑龙江省化工研究院
黑龙江省哈尔滨市道里区新阳路 540 号
电话:0451-84604133

黑龙江省佳木斯三兴农业技术服务有限公司
黑龙江省佳木斯市安庆街 382 号
电话:0454-8359444

黑龙江省牡丹江农垦朝阳化工有限公司
黑龙江省鸡西市密山市八五七农场
电话:0467-5079171

黑龙江省尖山农场
黑龙江省黑河市嫩江县尖山农场
电话传真:0456-7591115

黑龙江省牡丹江市水稻壮秧剂厂
黑龙江省牡丹江市西安区温春镇桥南
电话:0453-6402938

黑龙江省龙江县龙北化工厂
黑龙江省齐齐哈尔市龙江县龙江镇青平路长横街
电话:0452-5842833

黑龙江省嫩江绿芳化工有限公司
黑龙江省嫩江县前进工业小区
电话:0456-7558775

黑龙江省绿洲农药厂
黑龙江省嫩江县尖山农场场直 5 委 422 号
电话:0456-7891324

黑龙江省苗必壮农业科技有限公司
黑龙江省绥化市
电话:0455-8313218

黑龙江省平山林业制药厂
黑龙江省哈尔滨市阿城市平山镇
电话:0451-53834374

黑龙江省绥化农垦晨环生物制剂有限责任公司
黑龙江省绥化市绥庆路 4 公里处
电话:0455-8595666

黑龙江省绥化市农业高新技术开发试验中心
黑龙江省绥化市西直南三路福野招待所
电话:0455-8325000

黑龙江省齐齐哈尔市田丰农药化工有限公司
黑龙江省齐齐哈尔市龙沙区明海公路 48 号
电话:0452-2347251

黑龙江省双城市盖敌农药有限责任公司
黑龙江省双城市承旭公园路北
电话 0451-53116070

黑龙江省卫星生物科技有限公司
黑龙江省虎林市八五零农场
电话 :0467-5982329

黑龙江省沃必达农业科技开发有限公司
黑龙江省绥化市北林区西直北路 1 号
电话 :0455-8321766

黑龙江省齐齐哈尔四友化工有限公司
黑龙江省齐齐哈尔市建华区北明海公路 5 号
电话 :0452-2787111-8001

黑龙江省五常岱安农药有限公司
黑龙江省哈尔滨市五常市五常镇消防队东侧
电话传真 :0451-53540902

黑龙江五常农化技术有限公司
黑龙江省哈尔滨市五常市文化路南端
电话 :0451-53549035

黑龙江省新兴农药有限责任公司
黑龙江省哈尔滨市南岗区学府路 368 号
电话 :0451-86671254

厂家名称 : 德强生物股份有限公司
厂家地址 : 黑龙江省哈尔滨市开发区哈平路集中区大连路 18 号
邮政编码 :150060
联系电话 :0451-86786299

厂家名称 : 黑龙江科润生物科技有限公司
厂家地址 : 黑龙江省五常市背荫河镇白旗村
邮政编码 :150020
联系电话 :0451-56653000

厂家名称 : 黑龙江绿丰源生物科技有限公司
厂家地址 : 黑龙江省佳木斯市东风区长安路 107 号
邮政编码 :154005
联系电话 :0454-8333588
传真 :0454-8333588

厂家名称 : 黑龙江企达农药开发有限公司
厂家地址 : 黑龙江省绥化市绥兰路 288 号
邮政编码 :152054
联系电话 :0455-6888288
传真 :0455-6883288

厂家名称 : 黑龙江荘施美生物科技开发有限公司
邮政编码 :150056
联系电话 :0451-82046444
传真 :0451-82406732

厂家名称 : 黑龙江省阿城市化工厂
厂家地址 : 黑龙江省哈尔滨市阿城市杨树乡
邮政编码 :150314
联系电话 :0450-21621

厂家名称 : 黑龙江省大地丰农业科技开发有限公司
厂家地址 : 黑龙江省绥化市工业开发区
邮政编码 :152000
联 系 电 话 :0455-8508678 8508789
传真 :0455-85095556

厂家名称 : 黑龙江省大庆开发区康利有限公司
厂家地址 : 黑龙江省大庆开发区建设路 216 号
邮政编码 :163316
联系电话 :0459-6288352
传真 :0459-6288352

厂家名称 : 黑龙江省大庆卫健生物科技有限公司
厂家地址 : 黑龙江省大庆市高新技术产业开发区科技创业园
邮政编码 :163316
联系电话 :0459-6291025
传真 :0459-4616348

厂家名称 : 黑龙江省大庆新世纪精细化工有限公司
厂家地址 : 黑龙江省大庆市红岗区金杏村 39 号
邮政编码 :163511
联系电话 :0459-4999530
传真 :0459-4999647

厂家名称 : 黑龙江省大庆志飞生物化工有限公司
厂家地址 : 黑龙江省大庆市让胡路区高新区宏伟园区
邮政编码 :163411
联系电话 :0459-5619317

传真：0459-5619738

厂家名称：黑龙江省东农农药有限公司
厂家地址：黑龙江省绥化地区安达市
邮政编码：150030
联系电话：0451-5390939

厂家名称：黑龙江省哈尔滨丰禾盛生物科技发展有限公司
厂家地址：黑龙江省哈尔滨市南岗区哈平路138（中科院地理所）
邮政编码：150040
联系电话：0451-86651805
传真：0451-86651805

厂家名称：黑龙江省哈尔滨富利生化科技发展有限公司
厂家地址：黑龙江省哈尔滨市南岗区王岗工业园区
邮政编码：150088
联系电话：0451-86621166
传真：0451-86621877

厂家名称：黑龙江省哈尔滨广洁环境卫生用品研究所
厂家地址：黑龙江省哈尔滨市南岗区哈平路134号
邮政编码：150040
联系电话：0451-87506608
传真：0451-87506608

厂家名称：黑龙江省哈尔滨利民农化技术有限公司
厂家地址：黑龙江省哈尔滨市呼兰县利民经济技术开发区
邮政编码：150025
联系电话：0451-88083468
传真：0451-88083478

厂家名称：黑龙江省哈尔滨龙志农资化工有限公司
厂家地址：黑龙江省哈尔滨市香坊区向阳乡东长林子
邮政编码：150039
联系电话：0451-82032504
传真：0451-82044510

厂家名称：黑龙江省哈尔滨胜强农业科技开发有限公司
厂家地址：黑龙江省哈尔滨市香坊区
邮政编码：150016
联系电话：4515272
传真：4538011

厂家名称：黑龙江省哈尔滨市道外区万宝农药分装厂
厂家地址：黑龙江省哈尔滨市万宝镇
邮政编码：150029
联系电话：0451-8114093

厂家名称：黑龙江省哈尔滨市东光化工厂
厂家地址：黑龙江省哈尔滨市和平路54号
邮政编码：150000
联系电话：222960 482128

厂家名称：黑龙江省哈尔滨市动力区为民消杀制剂厂
厂家地址：黑龙江省哈尔滨市动力区电材三道街
邮政编码：150040
联系电话：0451-82688116

厂家名称：黑龙江省哈尔滨市联丰农药化工有限公司
厂家地址：黑龙江省哈尔滨市道外区松北区松北镇
邮政编码：150028
联系电话：0451-88109023
传真：0451-88109226

厂家名称：黑龙江省哈尔滨市绿海应用技术研究所
厂家地址：黑龙江省哈尔滨市道里区群力乡王家店
邮政编码：150040
联系电话：0451-82107557
传真：84110123

厂家名称：黑龙江省哈尔滨市农丰科技化工有限公司
厂家地址：黑龙江省哈尔滨市呼兰区呼兰镇兰河村
邮政编码：150521
联系电话：0451-55635617

厂家名称：黑龙江省哈尔滨市农欢化工厂
厂家地址：黑龙江省哈尔滨市道外区水泥路50号
邮政编码：150050
联系电话：0451-57680921
传真：0451-57680921

厂家名称：黑龙江省哈尔滨正业农药有限公司
厂家地址：黑龙江省哈尔滨市太平区化工路181号
邮政编码：150056
联系电话：0451-82430333
传真：0451-82430333

厂家名称：黑龙江省哈尔滨中能生物技术开发有限公司
厂家地址：黑龙江省哈尔滨市动力区安通街125号
邮政编码：150046
联系电话：0451-2948054

厂家名称：黑龙江省哈尔滨周元有害生物防制科技有限公司
厂家地址：黑龙江省哈尔滨市南岗区河沟街 1 号
邮政编码 :150001
联系电话 :0451-53003331
传真 :0451-53003332

厂家名称：黑龙江省哈尔滨庄园乐化工制造有限公司
厂家地址：黑龙江省哈尔滨市道里区安平街 20 号
邮政编码 :150016
联系电话 :0451-84502944
传真 :0451-55165375

厂家名称：黑龙江省哈药集团股份有限公司
厂家地址：黑龙江省哈尔滨市南岗区学府路 109 号
邮政编码 :150086
联系电话 :0451-86680340
传真 :0451-86680340

厂家名称：黑龙江省好人化工科技有限公司
厂家地址：黑龙江省哈尔滨市巴彦县巴彦港镇五星村
邮政编码 :151800
联系电话 :0451-88598828
传真 :0451-86233911

厂家名称：黑龙江省鹤岗市农药三厂
厂家地址：黑龙江省鹤岗市工农区工厂路 58 号
邮政编码 :154101
联系电话 :(04618)242730

厂家名称：黑龙江省鹤岗市清华紫光英力农化有限公司
厂家地址：黑龙江省鹤岗市工农区禾友路 58 号
邮政编码 :154108
联系电话 :0468-3405275
传真 :0468-33420776

厂家名称：黑龙江省化工研究院
厂家地址：黑龙江省哈尔滨市道里区新阳路 540 号
邮政编码 :150076
联系电话 :0451-84604133
传真 :0451-4601152

厂家名称：黑龙江省佳木斯黑龙农药化工股份有限公司
厂家地址：黑龙江省佳木斯市东风区长安路 114 号
邮政编码 :154005
联系电话 :0454-8330810
传真 :0454-8330847

厂家名称：黑龙江省佳木斯三兴农业技术服务有限公司
厂家地址：黑龙江省佳木斯市安庆街 382 号
邮政编码 :154007
联系电话 :0454-8359444
传真 :0454-8359333

厂家名称：黑龙江省佳木斯市恺乐农药有限公司
厂家地址：黑龙江省佳木斯市长安路 101 号
邮政编码 :154005
联系电话 :0454-6113806
传真 :0454-8332342

厂家名称：黑龙江省佳木斯兴宇生物技术开发有限公司
厂家地址：黑龙江省佳木斯市杏林路 307 号
邮政编码 :154002
联系电话 :0454-8330400
传真 :0454-83321466

厂家名称：黑龙江省尖山农场
厂家地址：黑龙江省黑河市嫩江县尖山农场
邮政编码 :161444
联系电话 :(0456)7591324
传真 :0456-7591115

厂家名称：黑龙江省龙达种衣剂厂
厂家地址：黑龙江省绥化地区安达市铁西三道街
邮政编码 :151400
联系电话 :0459-7224390,7222443

厂家名称：黑龙江省龙江县龙北化工厂
厂家地址：黑龙江省齐齐哈尔市龙江县龙江镇青平路长横街
邮政编码 :161100
联系电话 :0452-5842833
传真 :0452-58018136

厂家名称：黑龙江省绿洲农药厂
厂家地址：黑龙江省嫩江县尖山农场场直 5 委 422 号
邮政编码 :161444
联系电话 :0456-7891324
传真 :0456-78913246

厂家名称：黑龙江省苗必壮农业科技有限公司
厂家地址：黑龙江省绥化市
邮政编码 :152000
联系电话 :0455-8313218

厂家名称：黑龙江省牡丹江金达农化有限公司
厂家地址：黑龙江省牡丹江市海浪路 87 号
邮政编码：157000
传真：0454-6441444

厂家名称：黑龙江省牡丹江农垦朝阳化工有限公司
厂家地址：黑龙江省鸡西市密山市八五七农场
邮政编码：158322
联系电话：0467-5079171
传真：0467-5079464

厂家名称：黑龙江省牡丹江市水稻壮秧剂厂
厂家地址：黑龙江省牡丹江市西安区温春镇桥南
邮政编码：157041
联系电话：0453-6402938
传真：0453-6402200

厂家名称：黑龙江省嫩江绿芳化工有限公司
厂家地址：黑龙江省嫩江县前进工业小区
邮政编码：161400
联系电话：0456-7558775
传真：0456-7558785

厂家名称：黑龙江省农科院栽培所
厂家地址：黑龙江省哈尔滨市南岗区学府路 50 号
邮政编码：150086
联系电话：0451-61892

厂家名称：黑龙江省农垦生物调节剂实验厂
厂家地址：黑龙江省佳木斯市长安路
邮政编码：154007
联系电话：(0454)391159
传真：(0454)391854

厂家名称：黑龙江省平山林业制药厂
厂家地址：黑龙江省哈尔滨市阿城市平山镇
邮政编码：150324
联系电话：0451-53834374
传真：0451-53834374

厂家名称：黑龙江省齐化化工有限责任公司
厂家地址：黑龙江省哈尔滨市香坊区公滨路 2 号
邮政编码：150030
联系电话：0455-8442002

厂家名称：黑龙江省齐齐哈尔市海利农化有限公司
厂家地址：黑龙江省齐齐哈尔市建华区建设大街 139-13 号
邮政编码：161000
传真：0452-2126537

厂家名称：黑龙江省齐齐哈尔市田丰农药化工有限公司
厂家地址：黑龙江省齐齐哈尔市龙沙区明海公路 48 号
邮政编码：161005
联系电话：0452-2347251
传真：0452-2342293

厂家名称：黑龙江省双城市盖敌农药有限责任公司
厂家地址：黑龙江省双城市承旭公园路北
邮政编码：150100
联系电话：0451-53117004
传真：0451-53116070

厂家名称：黑龙江省绥化农垦奥地奥生物制品有限责任公司
厂家地址：黑龙江省绥化市绥庆路 4 公里
邮政编码：152001
联系电话：0455-7691036
传真：0455-8595558

厂家名称：黑龙江省绥化农垦晨环生物制剂有限责任公司
厂家地址：黑龙江省绥化市绥庆路 4 公里处
邮政编码：152001
联系电话：0455-8595666
传真：0455-8595558

厂家名称：黑龙江省绥化市力多农化有限公司
厂家地址：黑龙江省绥化市绥望路 4.5 公里
邮政编码：152000
联系电话：0455-8542464
传真：0455-8542464

厂家名称：黑龙江省绥化市农业高新技术开发试验中心
厂家地址：黑龙江省绥化市西直南三路福野招待所
邮政编码：152000
联系电话：0455-8325000
传真：0455-8325000

厂家名称：黑龙江省绥化岱安生物科技有限责任公司
厂家地址：黑龙江省绥化市中植北路 962 号
邮政编码：152000
联系电话：0455-8211632
传真：0455-8211632

厂家名称：黑龙江省卫星生

物科技有限公司
厂家地址：黑龙江省虎林市八五零农场
邮政编码：158422
联系电话：0467-5982157
传真：0467-5981195

厂家名称：黑龙江省沃达农业科技开发有限公司
厂家地址：黑龙江省绥化市北林区西直北路1号
邮政编码：152000
联系电话：0455-8321766
传真：0455-8321766

厂家名称：黑龙江省新兴农药有限责任公司
厂家地址：黑龙江省哈尔滨市南岗区学府路368号
邮政编码：150086
联系电话：0451-86671254
传真：0451－86668041

厂家名称：黑龙江省肇东市生物制品厂
厂家地址：黑龙江省肇东市北一道街88号
邮政编码：151100
联系电话：0455-7712968
传真：0451-7714293

厂家名称：黑龙江绥农农药有限公司
厂家地址：黑龙江省绥化市三河镇
邮政编码：152035
联系电话：0455-8313381
传真：0455-8313381

厂家名称：黑龙江五常农化技术有限公司
厂家地址：黑龙江省哈尔滨市五常市文化路南端
邮政编码：150200
联系电话：0451-53549035
传真：0451-53557450

厂家名称：黑龙江远征化工农药有限责任公司
厂家地址：黑龙江省绥化市庆安县久胜镇
邮政编码：152400
联系电话：0455-4322660
传真：0455-43226606

厂家名称：黑龙江岱安生物科技有限公司
厂家地址：黑龙江省双城市朝阳乡胜德村
邮政编码：150100
联系电话：0451-53209304
传真：0451-53540902

厂家名称：佳木斯市凯晟达生化科技发展有限公司
厂家地址：黑龙江省佳木斯市长安路107号
邮政编码：154005
联系电话：0454-8333188
传真：0454-8332123

厂家名称：牡丹江佰佳信生物科技有限公司
厂家地址：黑龙江省牡丹江市阳明区机车路55号
邮政编码：157013
联系电话：010-57283082
传真：0453-5963266

厂家名称：齐齐哈尔华丰化工有限公司
厂家地址：黑龙江省齐齐哈尔市建华区建华乡
邮政编码：161000
联系电话：0452-2560635
传真：2560635

厂家名称：齐齐哈尔盛泽农药有限公司
厂家地址：黑龙江省齐齐哈尔市富裕县塔哈乡冯屯村
邮政编码：161231
联系电话：0451-3083999
传真：0451-3134509

河南 Henan

厂家名称：爱普瑞（焦作）农药有限公司
厂家地址：河南省博爱县温博路南 4 公里
邮政编码：454450
联系电话：0391-8610516
传真：0391-86952336

厂家名称：安阳市安诺农化有限公司
厂家地址：河南省安阳市滑县白道口镇
邮政编码：450462
联系电话：0372-5571879
传真：0372-5571879

厂家名称：安阳市方圆农药科技有限责任公司
厂家地址：河南省安阳市北关区韩陵工业园区
邮政编码：455000
传真：0372-2718171

厂家名称：安阳市丰田生物农药有限公司
厂家地址：河南省滑县沙呼沱工业开发区
邮政编码：456485
传真：0372-5503188

厂家名称：安阳市九州制药厂（河南安阳第一制南省药厂二分厂）
厂家地址：河南省安阳市化工路 4 号
邮政编码：455000
联系电话：(0372)224140

厂家名称：登封市金博农药化工有限公司
厂家地址：河南省郑州市经三路 68 号金成国际广场 6 号楼东 1502-1503 室
邮政编码：450000
联系电话：0371-65793692
传真：0371-63563550

厂家名称：航空航天部正阳六九三兴华化工厂
厂家地址：河南省正阳县南关街 178 号
邮政编码：463600
联系电话：0396-8222636
传真：0396-8910186

厂家名称：河南倍尔农化有限公司
厂家地址：河南省商丘市梁园区（周集）农药化工工业园
邮政编码：476115
联系电话：0370-3488336
传真：0370-3488336

厂家名称：河南波尔森农业科技有限公司
厂家地址：河南省商丘市梁园区周集化工园张周大道西侧
邮政编码：453700
联系电话：0371-86058373
传真：0371-86058372

厂家名称：河南地卫士生物科技有限公司
厂家地址：河南省郑州市庆丰路北段路东
邮政编码：450002
联系电话：0371-63779080
传真：65659807

厂家名称：河南广农农药厂
厂家地址：河南省商丘市梁园区周集化工园区
邮政编码：473000
联系电话：0377-63727333
传真：0377-63727800

厂家名称：河南鹤壁陶英陶生物科技有限公司
厂家地址：河南省鹤壁市新区黎阳路 398 号城信社 8 楼
邮政编码：456250
联系电话：0392-2223355
传真：0392-2223676

厂家名称：河南恒信农化有限公司
厂家地址：河南省郑州市经三路 68 号 1 — 1502
邮政编码 :450008
联系电话 :0371-65388271
传真 :0371-65829623

厂家名称：河南捷利康农化有限公司
厂家地址：河南省郑州市中牟县城花桥东路北 100 米
邮政编码 :451450
联系电话 :0371-65646786
传真 :0371-65500059

厂家名称：河南金田地农化有限责任公司
厂家地址：河南省尉氏县工业基地二环路南
邮政编码 :475500
联系电话 :0378-3208809, 3208807
传真 :0378-3208806

厂家名称：河南锦绣之星作物保护有限公司
厂家地址：河南省新郑市郭店镇合欢路与轻工路交叉口东南角
邮政编码 :450008
联系电话 :0371-65826231

厂家名称：河南科邦化工有限公司
厂家地址：河南省社旗县城郊东岗工业区
邮政编码 :473300
联系电话 :0377-67912208
传真 :0377-67911762

厂家名称：河南科辉实业有限公司
厂家地址：河南省新密市白寨镇光武陈村
邮政编码 :452372
联系电话 :0371-69926888
传真 :0371-69926888

厂家名称：河南雷力农用化工有限公司
厂家地址：河南省郑州市经三路北段 63 号院 3 号楼 1 号
邮政编码 :450003
联系电话 :0371-65772890
传真 :0371-65772891

厂家名称：河南力克化工有限公司
厂家地址：河南省郑州市金水区经三路 28 号融丰花苑 A7A
邮政编码 :450046
联系电话 :0371-69191269
传真 :0371-69190671

厂家名称：河南鸣鸡蚊香厂
厂家地址：河南省遂平县城西关
邮政编码 :463100
联系电话 :0396-4922373
传真 :0396-4924397

厂家名称：河南农业大学康拓科贸公司
厂家地址：河南省郑州市东新区商务内环路 8 号楼 10C
邮政编码 :450000
联系电话 :0371-60909266, 60909288
传真 :0371-60901333

厂家名称：河南农易科技发展有限公司
厂家地址：河南省郑州市经三路 6 号院
邮政编码 :450008
联系电话 :0371-5646663
传真 :0371-5959600

厂家名称：河南赛诺化工科技有限公司
厂家地址：河南省荥阳市汜水镇清净沟
邮政编码 :450002
联系电话 :0371-65646889
传真 :0371-60155770

厂家名称：河南三宝药业股份有限公司
厂家地址：河南省灵宝市宏农路中段许家场 1 号
邮政编码 :472500
联系电话 :0398-8661989 8653374
传真 :0398 — 8663197 8662337

厂家名称：河南省安阳市安林生物化工有限责任公司
厂家地址：河南省安阳市北关区韩陵路 1 号
邮政编码 :455000
联系电话 :0372-2941379
传真 :0372-2292870

厂家名称：河南省安阳市第二油漆厂
厂家地址：河南省安阳市东工路 9 号
邮政编码 :455000
联系电话 :423329

厂家名称：河南省安阳市富洁康日化有限责任公司
厂家地址：河南省安阳县白壁镇（县机械厂院内）
邮政编码 :455100
传真 :0372-2624888

厂家名称：河南省安阳市光明化工厂
厂家地址：河南省安阳市东工路北段9号
邮政编码：455000
联系电话：(0372)2923329,2921207

厂家名称：河南省安阳市国丰农药有限责任公司
厂家地址：河南省安阳市滑县道口镇人民大道高科技开发区
邮政编码：456400
联系电话：0372-8128858
传真：0372-81288586

厂家名称：河南省安阳市红旗药业有限公司
厂家地址：河南省安阳市滑县民寨工业城
邮政编码：456462
联系电话：0372-8498666
传真：0372-84982886

厂家名称：河南省安阳市红星农化有限公司
厂家地址：河南省安阳市滑县白道口镇东开发区
邮政编码：456462
联系电话：0372-8490666
传真：0372-8490299

厂家名称：河南省安阳市化工实验厂
厂家地址：河南省安阳市北关区韩陵路
邮政编码：455000
联系电话：0372-2912107 2957901 2929727
传真：0372-2912107

厂家名称：河南省安阳市九州制药厂
厂家地址：河南省安阳市化工路4号
邮政编码：455000
联系电话：(0372)224140

厂家名称：河南省安阳市全丰农药化工有限责任公司
厂家地址：河南省安阳市北关区韩陵工业园创业大道中段路北
邮政编码：455000
联系电话：0372-3723329/3723308
传真：0372-3723330

厂家名称：河南省安阳市瑞泽农药有限责任公司
厂家地址：河南省安阳市七里店
邮政编码：455000
联系电话：0372-3979123
传真：0372-39719886

厂家名称：河南省安阳市锐普农化有限责任公司
厂家地址：河南省滑县上官开发区
邮政编码：456472
联系电话：0372-8326006
传真：0372-8326548

厂家名称：河南省安阳市天润日化有限责任公司
厂家地址：河南省安阳市益民路11号
邮政编码：455000
联系电话：0372-3964868
传真：0372-3964898

厂家名称：河南省安阳市五星农药厂
厂家地址：河南省安阳市滑县道口镇解放北路112号
邮政编码：456400
联系电话：0372-8113571
传真：0372-8115299

厂家名称：河南省安阳市小康农药有限责任公司
厂家地址：河南省安阳市北关区工业园创业大道8号
邮政编码：455000
联系电话：0372-2713399
传真：0372-2713388

厂家名称：河南省安阳市振华化工有限责任公司
厂家地址：河南省安阳市滑县白道口东工业区
邮政编码：456462
联系电话：0372-8491699
传真：0372－84926996

厂家名称：河南省安阳市植物激素化工厂
厂家地址：河南省安阳市文明大道65号
邮政编码：455000
联系电话：0372-3982058
传真：0372-3982058

厂家名称：河南省安阳市邛铁精细化工厂
厂家地址：河南省安阳市高峰区安汤路11号
邮政编码：455000
联系电话：0372-2984965
传真：0372-2984965

厂家名称：河南省安阳印铁精细化工厂
厂家地址：河南省安阳市安汤路11号

邮政编码：455000
联系电话：0372-2982670
传真：0372-3964868

厂家名称：河南省百泰生物工程有限公司
厂家地址：河南省郑州市城东南路57号
邮政编码：450002
联系电话：0371-5718519
传真：0371-5718519

厂家名称：河南省博爱惠丰生化农药有限公司
厂家地址：河南省焦作市博爱县城汽车站南2公里路东
邮政编码：454450
联系电话：0391-8695669
传真：0391-8695641，8693765

厂家名称：河南省博爱县化学农药厂
厂家地址：河南省博爱县高庙乡倒槐树
邮政编码：454450
联系电话：0391-8696344

厂家名称：河南省博爱县农药厂
厂家地址：河南省博爱县城关镇南关村
邮政编码：454450
联系电话：0391-8053307
传真：0391-8053517

厂家名称：河南省博爱县田园农化厂
厂家地址：河南省博爱县月山镇工业路
邮政编码：454450
联系电话：0391-8051769
传真：0391-8056625

厂家名称：河南省博爱县悟空卫生用品厂
厂家地址：河南省焦作市博爱县许良工业区
邮政编码：454450
联系电话：0391-8957999
传真：0391-89579996

厂家名称：河南省春光农化有限公司
厂家地址：河南省安阳市滑县白道口镇东高开区
邮政编码：456462
联系电话：0372-8492888
传真：0372-84936856

厂家名称：河南省登封县少林农药厂
厂家地址：河南省郑州市登封市王村乡二龙山
邮政编码：452476
联系电话：(03869)76068

厂家名称：河南省邓州农康化工有限公司
厂家地址：河南省南阳市邓州市南环路工业区
邮政编码：474150
联系电话：0377-63090888
传真：0377-62097839

厂家名称：河南省邓州市禾尔康农药化工有限责任公司
厂家地址：河南省南阳市邓州市工业园区018号
邮政编码：474150
联系电话：0377-62181886
传真：0377-62186689

厂家名称：河南省丰收乐化学有限公司
厂家地址：河南省郑州市金水区花园路53号
邮政编码：450003
联系电话：0371-65727259
传真：0371-65720967

厂家名称：河南省巩义市孝义富源化工厂
厂家地址：河南省郑州市巩义市石灰务工业区
邮政编码：451250
联系电话：(03889)52366

厂家名称：河南省巩义市孝义农药厂
厂家地址：河南省郑州市巩义市人民路西段
邮政编码：451250
联系电话：(03889)52879

厂家名称：河南省鹤壁市步步高精细化工有限公司
厂家地址：河南省鹤壁市淇滨经济开发区铁西工业园
邮政编码：458000
联系电话：0392-2689999

厂家名称：河南省鹤壁市农林制药有限公司
厂家地址：河南省鹤壁市浚县卫贤镇于村
邮政编码：456283
联系电话：0392-5682288，5682078
传真：0392-56822886

厂家名称：河南省鹤壁市锐沣生物科技发展中心
厂家地址：河南省鹤壁市淇滨经济开发区
邮政编码：458030
联系电话：0392-2635699
传真：0392-6989455

厂家名称：河南省鹤壁市天元黛丝日化有限责任公司
厂家地址：河南省鹤壁市山城路1号
邮政编码:458000
联系电话:0392-2650104
传真:0392-2650145

厂家名称：河南省鹤壁天元股份有限公司
厂家地址：河南省鹤壁市淇滨经济开发区
邮政编码:458000
联系电话:0392-2106888
传真:0392-2106007

厂家名称：河南省华鼎农药有限公司
厂家地址：河南省郑州市管城回族区十八里河镇柴郭村
邮政编码:450061
联系电话:0371-65521663/65521685
传真:0371-65521667

厂家名称：河南省华威化学有限公司
厂家地址：河南省荥阳市豫龙镇工业园区
邮政编码:450121
联系电话:0371-65646652/65646650
传真:0371-65646652

厂家名称：河南省淮滨县乌龙科技开发公司
厂家地址：河南省淮滨县滨河路27号
邮政编码:464400
联系电话:0397-7712758
传真:0397-6912758

厂家名称：河南省获嘉县星火化工厂
厂家地址：河南省新乡市获嘉县照镜镇樊庄城北马引桥
邮政编码:453801
联系电话:0373-4958036
传真:0373-49580366

厂家名称：河南省济源白云实业有限公司
厂家地址：河南省济源市济水大道东段
邮政编码:454652
联系电话:0391-6608655
传真:0391-66062876

厂家名称：河南省郏县绿源科技有限责任公司
厂家地址：河南省安良镇安良镇工业园区
邮政编码:467112
联系电话:0374-65352010
传真:0374-65352011

厂家名称：河南省焦作华生化工有限公司
厂家地址：河南省焦作市温县朱沟工业区
邮政编码:454850
联系电话:0391-6105738
传真:0391-61057386

厂家名称：河南省焦作市红马农药厂
厂家地址：河南省博爱县城南博张路西侧
邮政编码:454450
联系电话:0391-8903303
传真:0371-63392399

厂家名称：河南省焦作市瑞宝丰生化农药有限公司
厂家地址：河南省焦作市博爱县月山火车站东600米
邮政编码:454493
联系电话:0391-8987818
传真:0391-8987222

厂家名称：河南省金旺生化有限公司
厂家地址：河南省周口市沈丘县付井镇工业区
邮政编码:466321
联系电话:0394-5322208
传真:0394-5323406

厂家名称：河南省浚县粮保农药有限责任公司
厂家地址：河南省浚县城东工业区
邮政编码:456250
联系电话:0392-5523001
传真:0392-5523001

厂家名称：河南省浚县绿宝农药厂
厂家地址：河南省鹤壁市浚县屯子北2公里
邮政编码:456250
联系电话:0392-2223355
传真:0392-2223676

厂家名称：河南省浚县神威消杀药剂厂
厂家地址：河南省浚县善堂镇南贾村
邮政编码:456262
联系电话:0392-5779193

厂家名称：河南省开封克灵丰药业有限公司
厂家地址：河南省开封市尉氏县十八里镇
邮政编码:452171
联系电话:0378-7486660

传真 :0378 — 7486661

厂家名称 : 河南省开封市丰田化工厂
厂家地址 : 河南省尉氏县人民路西关段
邮政编码 :475500
联系电话 :0378-7539599
传真 :0378-7539799

厂家名称 : 河南省开封市浪潮化工有限公司
厂家地址 : 河南省尉氏县人民路西段
邮政编码 :452170
联系电话 :0378-7580985

厂家名称 : 河南省开封市利民农药厂
厂家地址 : 河南省开封市城北王周庄
邮政编码 :475021
联系电话 :0378-5956725

厂家名称 : 河南省开封市农药厂
厂家地址 : 河南省开封市郊区南干道东转盘南 300 米
邮政编码 :475003
联系电话 :0378-2943454
传真 :0378-2943454

厂家名称 : 河南省开封市王氏化工有限公司
厂家地址 : 河南省开封市摈河路东段 3 号
邮政编码 :475002
联系电话 :0378-2939542

厂家名称 : 河南省开封市种衣剂厂
厂家地址 : 河南省开封市南关区金梁 45 号
邮政编码 :475003
联 系 电 话 :0378-2535607 2535608
传真 :0378-2535600

厂家名称 : 河南省开封田威生物化学有限公司
厂家地址 : 河南省开封市经济开发区黄龙园区开封县科教大道 11 号
邮政编码 :475100
联系电话 :0378-6668982
传真 :0378-6662090

厂家名称 : 河南省科利化学实业公司
厂家地址 : 河南省郑州市红专路 56 号
邮政编码 :450002
联系电话 :0371-65727238
传真 :0371-65718457

厂家名称 : 河南省科学院新技术实验厂
厂家地址 : 河南省郑州市黄河桥南科技城
邮政编码 :450003
联系电话 :0371-5646266
传真 :0371-5722679

厂家名称 : 河南省快丰收植物制剂有限公司
厂家地址 : 河南省郑州市黄河路 78 号付 1 号
邮政编码 :450053
联系电话 :(0371)3923390

厂家名称 : 河南省兰考县苏豫精细化工厂
厂家地址 : 河南省兰考县城关乡高场村工业园内
邮政编码 :475300
联系电话 :0378-6915589
传真 :0378-6998346

厂家名称 : 河南省力芬日化有限责任公司
厂家地址 : 河南省鹤壁市淇滨经济开发区
邮政编码 :458030
联系电话 :0392-2642070
传真 :0392-2642070

厂家名称 : 河南省绿源化工有限公司
厂家地址 : 河南省郑州市北环路东段 6 号
邮政编码 :450008
联系电话 :0371-5646919

厂家名称 : 河南省洛阳龙邦生化科技有限公司
厂家地址 : 河南省洛阳市洛龙区花园经济开发区
邮政编码 :471023
联系电话 :0371-65360990
传真 :0379-59747626

厂家名称 : 河南省洛阳三源生物技术开发有限公司
厂家地址 : 河南省洛阳市安宜路安新乐村东 60 米
邮政编码 :471022
传真 :0379-4921931

厂家名称 : 河南省洛阳市宏达化工厂
厂家地址 : 河南省洛阳市道北苗南东路 1 号
邮政编码 :470001
联系电话 :(0379)4925814

厂家名称 : 河南省洛阳市绿野生物工程有限公司

厂家地址：河南省洛阳市涧西区天津路 70 号
邮政编码 :471003
联系电话 :0379-64282284
传真 :0379 － 64282284

厂家名称：河南省洛阳市三叶草生物工程有限公司
厂家地址：河南省洛阳市廛河回族区龙泉三街坊 31 号楼
邮政编码 :471002
联系电话 :0379-62724097
传真 :0379-62724097

厂家名称：河南省孟州市华丰生化农药有限公司
厂家地址：河南省孟州市东南化工工业区
邮政编码 :457450
联系电话 :0391-8433263
传真 :0391-8433263

厂家名称：河南省孟州市平原农药有限责任公司
厂家地址：河南省焦作市孟州市西工区
邮政编码 :454750
联系电话 :0391-8166530
传真 :0391-81665306

厂家名称：河南省泌阳县盘古农业开发有限公司
厂家地址：河南省泌阳县花园乡西杨庄
邮政编码 :463700
联系电话 :0396-7938725
传真 :0396-3204713

厂家名称：河南省南阳大华化工厂
厂家地址：河南省南阳市宛城区溧河乡经济开发区
邮政编码 :473000
联系电话 :0377-62262058
传真 :0377-62262058

厂家名称：河南省南阳市丰达农药化工有限责任公司
厂家地址：河南省南阳市宛城区北郊大庄
邮政编码 :473000
联系电话 :0377-63223639
传真 :0377-63223639

厂家名称：河南省南阳市化工厂
厂家地址：河南省南阳市七一路 5 号
邮政编码 :473056
联系电话 :0377-3136501

厂家名称：河南省南阳市轻化工贸中心
厂家地址：河南省南阳市东关王营
邮政编码 :473000
联系电话 :0377-63137315
传真 :0377-63137315

厂家名称：河南省南阳市双星试验化工厂
厂家地址：河南省南阳市东关王营
邮政编码 :473000
联系电话 :0377-63137315
传真 :0377-63137315

厂家名称：河南省南阳市宛城农药化工厂
厂家地址：河南省南阳市宛城区溧河乡何庄路口
邮政编码 :473000
联系电话 :0377-63650077
传真 :0377-63650077

厂家名称：河南省南阳卧龙农药厂
厂家地址：河南省南阳市中州西路 130 号
邮政编码 :473000
联系电话 :0377-63551825
传真 :0377-63557915

厂家名称：河南省内乡县农工商技术开发有限分公司
厂家地址：河南省南阳市文化路南段十二中
邮政编码 :474300
联系电话 :0377-66082872
传真 :0377-66082872

厂家名称：河南省内乡县农工商技术开发有限公司
厂家地址：河南省南阳市文化路南段十二中
邮政编码 :474300
联系电话 :0377-66082872
传真 :0377-66082872

厂家名称：河南省农科院植保所农药实验厂
厂家地址：河南省郑州市农业路 1 号
邮政编码 :450002
联系电话 :0371-65731962
传真 :0371-5712479

厂家名称：河南省农业科学院植物保护研究所农药实验厂
厂家地址：河南省郑州市农业路 1 号
邮政编码 :450002
联系电话 :0371-65731962
传真 :0371-65715324

厂家名称：河南省平顶山市梨园化工总厂

厂家地址：河南省汝州市广城西路
邮政编码：467500
联系电话：0375-6862027

厂家名称：河南省平顶山市郏县宜佳精细化工厂
厂家地址：河南省平顶山市郏县长桥镇豆堂村
邮政编码：467100
联系电话：0375-5381868

厂家名称：河南省沁阳市天马公司新兴草酸厂
厂家地址：河南省沁阳市南六公里太洛公路沿
邮政编码：454550
联系电话：0391-5055073
传真：0391-5694461

厂家名称：河南省商丘农药厂
厂家地址：河南省商丘市陇海南路2号
邮政编码：476000
联系电话：0370-3218171

厂家名称：河南省商丘天神农药厂
厂家地址：河南省商丘市睢阳区城东南门
邮政编码：476100
联系电话：0370-3313106
传真：0370-33130906

厂家名称：河南省商丘永佳精细化工厂
厂家地址：河南省睢县城西2公里
邮政编码：476900
联系电话：0370-8158587
传真：0370-8158914

联系电话：0371-9268268

厂家名称：河南省商丘虞城金昊精细化工有限公司
厂家地址：河南省虞城县东环路南段
邮政编码：475300
联系电话：0370-4114534

厂家名称：河南省商水艾尔植物激素厂
厂家地址：河南省商水县西环工业区（科技路3号）
邮政编码：466100
联系电话：0371-55695745
传真：0371-55695746

厂家名称：河南省沈丘县农药厂
厂家地址：河南省沈丘县新安集镇
邮政编码：466312
联系电话：0394-5681125
传真：0394-5681125

厂家名称：河南省太康县金土地农化有限公司
厂家地址：河南省太康县城郊乡谢庄
邮政编码：466321
联系电话：0394-6917196

厂家名称：河南省唐河县农业新技术应用有限责任公司
厂家地址：河南省唐河县城关镇文峰路70号
邮政编码：473000
联系电话：0377-8956810

厂家名称：河南省天源农业有限公司
厂家地址：河南省新密市苟堂镇新寨村
邮政编码：452384

厂家名称：河南省通力达科技发展有限公司
厂家地址：河南省郑州市农业路1号
邮政编码：450003
联系电话：0371-63618610
传真：0371-63618606

厂家名称：河南省尉氏县农药总厂
厂家地址：河南省开封市尉氏县西关大转盘南侧
邮政编码：452170
联系电话：0378-7585382
传真：0378-75859686

厂家名称：河南省温县金香卫生制品厂
厂家地址：河南省温县番田镇小金香村
邮政编码：454892
联系电话：0391-6512910
传真：0391-6512910

厂家名称：河南省舞阳县金凤农药厂
厂家地址：河南省漯河市舞阳县吴城镇
邮政编码：462401
联系电话：0395-7632396
传真：0395-7632396

厂家名称：河南省西华县农药厂
厂家地址：河南省西华县聂堆镇工贸开发区
邮政编码：466611
联系电话：0394-2342185
传真：0394-2342067

厂家名称：河南省项城市农药厂
厂家地址：河南省滑县上官开发区
邮政编码：456472
联系电话：0372-8326006
传真：0372-8328008

厂家名称：河南省新乡市东风化工厂
厂家地址：河南省新乡市小店工业区
邮政编码：453232
联系电话：0373-3686009
传真：0373-3686010

厂家名称：河南省新乡市东风化工有限责任公司
厂家地址：河南省新乡市小店工业区经六路
邮政编码：453232
联系电话：0373-3686009
传真：0373-3686010

厂家名称：河南省新乡市洪洲农化有限公司
厂家地址：河南省辉县市辉上路洪洲
邮政编码：453600
联系电话：0373-6668776
传真：0373-6668497

厂家名称：河南省新乡市开源化工有限公司
厂家地址：河南省原阳县城关镇原郑路 60 号
邮政编码：453500
联系电话：0373-7293428

厂家名称：河南省新乡市康大消毒剂有限公司
厂家地址：河南省新乡市新获路西环路口西 100 米
邮政编码：453700
联 系 电 话：0373-2682137 2683057
传真：0373-2682342

厂家名称：河南省新乡市生物化工厂
厂家地址：河南省新乡市化工路南省东段
邮政编码：453700
联系电话：(0373)5033534

厂家名称：河南省新乡市胜天农化有限公司
厂家地址：河南省延津县小店工业开发区
邮政编码：453242
联系电话：0373-7763277
传真：0373-7763592

厂家名称：河南省新乡市植物化学厂
厂家地址：河南省辉县西新乡市农科所院内
邮政编码：453600
联系电话：0373-6280428
传真：0373-6298900

厂家名称：河南省信阳富邦化工股份有限公司
厂家地址：河南省信阳市双井工业园 16 号
邮政编码：464000
联系电话：0376-6325999
传真：0376-6201658

厂家名称：河南省信阳市保丰农药分装厂
厂家地址：河南省信阳地区信阳市五星乡大拱桥村
邮政编码：464000
联系电话：22121-385

厂家名称：河南省星火农业技术公司
厂家地址：河南省郑州市金水区花园路 61 号
邮政编码：450008
联系电话：0371-65826095
传真：0371-65825895

厂家名称：河南省许昌晶威化工有限公司
厂家地址：河南省许昌市魏都区毓秀路北段
邮政编码：461000
联系电话：0374-2334153
传真：0374-2334453

厂家名称：河南省许昌县昌盛日化实业有限公司
厂家地址：河南省许昌县邓庄乡邓庄村
邮政编码：461113
联系电话：0374-5671115

厂家名称：河南省许昌县农药厂
厂家地址：河南省许昌市许昌县苏桥镇谢庄
邮政编码：461100
联系电话：335927

厂家名称：河南省许昌县魏南农药厂
厂家地址：
邮政编码：461101
联系电话：0374-5721029
传真：0374-5721029

厂家名称：河南省亚乐生物科技股份有限公司
厂家地址：河南省新密市未

来大道中段
邮政编码：452370
联系电话：0371-67006768
传真：0371-69203888

厂家名称：河南省虞城县韩氏化工有限公司
厂家地址：河南省虞城县大同路东段
邮政编码：476300
联系电话：0370-4130342

厂家名称：河南省禹州市百灵生物药业有限责任公司
厂家地址：河南省禹州市花园工业区
邮政编码：461670
联系电话：0374-8200548
传真：0374-8200344

厂家名称：河南省原阳县第一农药厂
厂家地址：河南省新乡市原阳县城北干道 198 号
邮政编码：453500
联系电话：0373-7291716
传真：0373-72862126

厂家名称：河南省原阳县金龙化工有限责任公司
厂家地址：河南省原阳县原齐路 88 号
邮政编码：453500
联系电话：0373-7285068

厂家名称：河南省原阳县兴农精细化工厂
厂家地址：河南省原阳县北干道东段
邮政编码：453500
联系电话：0373-7294583
传真：0373-7293776

厂家名称：河南省原阳县永丰化工有限公司
厂家地址：河南省原阳县城关镇东街新村
邮政编码：354500
联系电话：0373-7294583

厂家名称：河南省正阳县原野化工有限责任公司
厂家地址：河南省正阳县明临路
邮政编码：463600
联系电话：0396-3286589

厂家名称：河南省郑州爱力生化工产品有限公司
厂家地址：河南省郑州市经三路与广电南路交叉口金印现代城 1 号楼 2 单元 501 室
邮政编码：450004
联系电话：0371-66313180
传真：0371-66313180

厂家名称：河南省郑州创基农用化工有限公司
厂家地址：河南省郑州市金水区祭城镇北花沟王村
邮政编码：450008
联系电话：0371-5643019

厂家名称：河南省郑州大河农化有限公司
厂家地址：河南省郑州市管城区圃田乡小店村
邮政编码：450047
联系电话：0371-67217111
传真：0371-67215288

厂家名称：河南省郑州方圆化工有限公司
厂家地址：河南省郑州市农业路东段 19 号
邮政编码：450008
传真：0371-5751251

厂家名称：河南省郑州福瑞德化工有限公司
厂家地址：河南省郑州市金水区红专路 58 号
邮政编码：450002
联系电话：0371-65088389
传真：0371-65749156

厂家名称：河南省郑州富利达农药有限公司
厂家地址：河南省郑州市中牟县中牟白沙工业区富利达大道 1 号
邮政编码：451464
联系电话：0371-62366569
传真：0371-62366568

厂家名称：河南省郑州好日子卫生保洁用品有限公司
厂家地址：河南省郑州市北环路东段
邮政编码：450045
联系电话：0371-65360958
传真：0371-65360958

厂家名称：河南省郑州金迪生物技术咨询有限公司
厂家地址：河南省郑州市农科路 38 号（金城国际广场 3 号楼 21 层 01-05 房）
邮政编码：450002
联系电话：0371-61629275
传真：0371-61629265

厂家名称：河南省郑州锦绣化工科技有限公司
厂家地址：河南省郑州市丰产路 73-1 号东辰大厦
邮政编码：450008
联系电话：0371-65715931

传真：0371-65737939

厂家名称：河南省郑州九谷神生化有限公司
厂家地址：河南省郑州市文化路68号
邮政编码：450002
联系电话：0371-3944540

厂家名称：河南省郑州炼油厂农药分厂
厂家地址：河南省郑州市二里岗南街475号
邮政编码：450009
联系电话：0371-6816444

厂家名称：河南省郑州良友种衣剂有限公司
厂家地址：河南省郑州市新密市下庄河经济开发区
邮政编码：452392
联系电话：0371-63102126
传真：0371-63106326

厂家名称：河南省郑州农达生化制品有限公司
厂家地址：河南省郑州市中牟县姚家乡工业园区
邮政编码：450002
联系电话：0371-65739147

厂家名称：河南省郑州诺华化工有限公司
厂家地址：河南省郑州市中原区大岗刘乡冯湾88号
邮政编码：45000
联系电话：0371-5646783

厂家名称：河南省郑州沙隆达伟新农药有限公司
厂家地址：河南省郑州市管城回族区东南路57号
邮政编码：450009
联系电话：0371-66819824 66818806 66827075
传真：0371-66816035

厂家名称：河南省郑州生化实业有限公司
厂家地址：河南省郑州市管城回族区化工路西段
邮政编码：450042
联系电话：0371-67818724
传真：0371-67818724

厂家名称：河南省郑州圣保罗化工技术有限公司
厂家地址：
邮政编码：450001
联系电话：0371-65237315
传真：0371-65692229

厂家名称：河南省郑州市登封县生物农药厂
厂家地址：河南省郑州市登封市卢店工业区
邮政编码：452472
联系电话：(03869)81077

厂家名称：河南省郑州市金鹏化工实业有限公司
厂家地址：河南省郑州市管城区十八里河小刘村工业园
邮政编码：450003
联系电话：0371-69077656
传真：0371-69077659

厂家名称：河南省郑州市孝义制药厂附属工厂
厂家地址：河南省郑州市嵩山路5号
邮政编码：451200
联系电话：(03889)51234

厂家名称：河南省郑州天邦生物制品有限公司
厂家地址：河南省郑州市兴隆铺路5号
邮政编码：450053
联系电话：0371-63739985
传真：0371-63739985

厂家名称：河南省郑州天宝日化有限公司
厂家地址：河南省郑州市管城回族区新郑路南段（苏庄）
邮政编码：450005
联系电话：0371-66807118
传真：0371-66807118

厂家名称：河南省郑州沃尔德化工有限公司
厂家地址：河南省郑州市北环路（农化综合交易市场4区16-17号）
邮政编码：450045
联系电话：0371-5716797
传真：0371-5716797

厂家名称：河南省郑州现代化工有限公司
厂家地址：河南省郑州市邙山区花园口大庙
邮政编码：450045
联系电话：0371-65591162
传真：0371-63508393

厂家名称：河南省郑州裕通化工有限公司
厂家地址：河南省荥阳市南环路中段
邮政编码：450100
联系电话：0371-65696909
传真：0371-65697056

厂家名称：河南省郑州郑氏化工产品有限公司

厂家地址：河南省郑州市金水区农业路 72 号国际企业中心 A 座 25 层东
邮政编码：450008
联系电话：0371-63817136
传真：0371-63612752

厂家名称：河南省郑州志信农化有限公司
厂家地址：河南省新郑市欧江大道中段
邮政编码：451150
联系电话：0371-62620388
传真：0371-62621216

厂家名称：河南省郑州鑫土农药科技有限公司
厂家地址：河南省郑州市金水区经二路 2 号院
邮政编码：450008
传真：0371-67816583

厂家名称：河南省中原油田日用化工厂
厂家地址：河南省濮阳市茂名路 49 号
邮政编码：457001
联系电话：0393-4823704

厂家名称：河南省周口市德贝尔生物化学品工程有限公司
厂家地址：河南省周口市太康县符草楼镇高新经济开发区
邮政编码：466421
联系电话：0394-6792588
传真：0394-68352886

厂家名称：河南省周口市红旗农药有限公司
厂家地址：河南省项城市郑郭经济开发区
邮政编码：466200
联系电话：0394-4692888/4692999

厂家名称：河南省周口市金石化工有限公司
厂家地址：河南省周口市太康县河滨公园 3 号
邮政编码：461400
联系电话：0394-6910098
传真：0394-69100986

厂家名称：河南省周口市农药厂
厂家地址：河南省周口地区周口市周项路
邮政编码：466000
联系电话：(03851)223794

厂家名称：河南省周口市伟帝斯日化有限公司
厂家地址：河南省鹿邑县南环路
邮政编码：477200
联系电话：0394-7102528
传真：0394-7102529

厂家名称：河南省周口市先达化工有限公司
厂家地址：河南省周口市太康县城南谢庄
邮政编码：461400
联系电话：0394-6917209
传真：0394-6824133

厂家名称：河南省周口市豫东农药厂
厂家地址：河南省沈丘县老城北关
邮政编码：466333
联系电话：0394-5381199
传真：0394-5381188

厂家名称：河南省周口市中科化工有限公司
厂家地址：河南省周口市太康县毛庄镇经济开发区
邮政编码：461400
联系电话：0394-6910116
传真：0394-6910116

厂家名称：河南省驻马店地区丰望农药厂
厂家地址：河南省驻马店市上蔡县杨集镇
邮政编码：463816
联系电话：0396-6708820
传真：0396-6709218

厂家名称：河南省驻马店市高新区肽力生物工程开发有限公司
厂家地址：河南省驻马店市高新区南区
邮政编码：463000
联系电话：0396-2955338
传真：0396-2955338

厂家名称：河南省偃师市兴国日用化工厂
厂家地址：河南省偃师市翟镇翟东八组
邮政编码：471941
联系电话：0379-67458491

厂家名称：河南省郏县农药厂
厂家地址：河南省郏县景家洼
邮政编码：467144
联系电话：0375-5501112

厂家名称：河南省荥阳市豫珠实业有限公司

厂家地址：河南省郑州市有化综合交易市场 A-18 号
邮政编码：450008
联系电话：0371-5693214

厂家名称：河南省淅川县丰源农药有限公司
厂家地址：河南省郑州市经七路 18 号绿洲花园 A 座 201
邮政编码：450003
联系电话：0371-63582119 63286138
传真：0371-63286138

厂家名称：河南省淅川县宏运化工有限公司
厂家地址：河南省南阳市淅川县香花镇
邮政编码：473000
联系电话：0377-64526790
传真：0377-66090252

厂家名称：河南省漯河市康丰达药业有限公司
厂家地址：河南省漯河市漓江路东段
邮政编码：462000
联系电话：0395-2693129
传真：0395-2695091

厂家名称：河南省漯河市山鑫化工有限公司
厂家地址：河南省漯河市文化路 183 号
邮政编码：462400
联系电话：0395-6162823
传真：0395-6162823

厂家名称：河南省漯河市禹王实业有限公司
厂家地址：河南省漯河贸易区 107 国道西侧
邮政编码：462000
联系电话：0395-2155662

厂家名称：河南省濮阳市科濮生化有限公司
厂家地址：河南省濮阳市工业路北段
邮政编码：457600
联系电话：0393-8981189
传真：0393-8157123

厂家名称：河南省濮阳市农科所科技开发中心
厂家地址：河南省濮阳市建设路 6 号
邮政编码：457000
联系电话：0393-4421456
传真：0393-4430210

厂家名称：河南省濮阳市拳王日用化工有限公司
厂家地址：河南省濮阳市胜利东路 366 号
邮政编码：457001
联系电话：0393-4825466
传真：0393-4823704

厂家名称：河南省濮阳市双灵化工有限公司
厂家地址：河南省濮阳市南乐县城南 2 公里
邮政编码：457400
联系电话：0393-4431899
传真：0393-4629469

厂家名称：河南省濮阳市新科化工有限公司
厂家地址：河南省濮阳市台前县城关镇尚庄工业区
邮政编码：457600
联系电话：0393-2219288
传真：0393-22104996

厂家名称：河南省濮阳市豫北农药厂
厂家地址：河南省濮阳市范县新区
邮政编码：457500
联系电话：0393-5261231
传真：0393-5261231

厂家名称：河南省柘城县新威农药有限公司
厂家地址：河南省商丘市柘城县春水西路工业区
邮政编码：476200
联系电话：0370-7277699
传真：0370-72130536

厂家名称：河南施普瑞化工有限公司
厂家地址：河南省郑州市文化路大铺 1 号楼 19 号
邮政编码：450002
联系电话：0371-3926638
传真：0371-3926638

厂家名称：河南世诚生物科技有限公司
厂家地址：河南省漯河市孟庙镇中原路 45 号
邮政编码：462311
联系电话：0395-3126778
传真：0395-3126778

厂家名称：河南武士化学品有限公司
厂家地址：河南省武陟县西陶镇
邮政编码：454981
联系电话：0391-7566979
传真：0391-7568228

厂家名称：河南翔大化工有限公司
厂家地址：河南省郑州市金

水区柳林镇唐庄
邮政编码 :450003
联系电话 :0371-63816581
传真 :0371-65638709

厂家名称：河南欣农化工有限公司
厂家地址：河南省郑州市中原区未来大道 65 号天地大厦 505 号
邮政编码 :450002
联系电话 :0371-65930933
传真 :0371-65962721

厂家名称：河南新乡中电除草剂有限公司
厂家地址：河南省新乡县朗公庙镇新原路口
邮政编码 :453700
联系电话 :0373-5701262
传真 :0373-5703919

厂家名称：河南新新生物工程有限公司
厂家地址：河南省郑州市郑上路须水
邮政编码 :450042
联系电话 :0371-67818724
传真 :0371-67818724

厂家名称：河南银田精细化工有限公司
厂家地址：河南省新乡市原阳县原齐路 6 号
邮政编码 :453500
联系电话 :0373-7275605
传真 :0373-72750596

厂家名称：河南颖泰化工有限责任公司
厂家地址：河南省濮阳市胜利路西段路南
邮政编码 :457000
联系电话 :0393-8910798
传真 :0393-8910756

厂家名称：河南远东农药有限公司
厂家地址：河南省西华县西华营镇
邮政编码 :466001
联系电话 :0394-2321058
传真 :0394-2321058

厂家名称：河南苑丰农业发展有限公司
厂家地址：河南省郑州市管城区梁湖北街
邮政编码 :450009
联系电话 :0371-6876060

厂家名称：河南郑州福瑞得化工有限公司
厂家地址：河南省郑州市红专路 58 号
邮政编码 :450003
联系电话 :0371-5749156

厂家名称：河南郑州裕元工贸有限责任公司
厂家地址：河南省郑州市须水工贸园区
邮政编码 :450042
联系电话 :0371-67622765
传真 :0371-63940010

厂家名称：河南中天恒信生物化学科技有限公司
厂家地址：河南省郑州市农业路政七街交叉口省汇中心 B 座 2107
邮政编码 :450007
联系电话 :0371-65711277
传真 :0371-65711277

厂家名称：河南中威高科技化工有限公司
厂家地址：河南省郑州市金水区农业路东 22 号兴业大厦 B 座 10 层
邮政编码 :450008
联系电话 :0371-65336800 65336801
传真 :0371-65336809

厂家名称：河南中州种子科技发展有限公司
厂家地址：河南省济源市东郊 3 公里
邮政编码 :454650
联系电话 :0391-6606308
传真 :0391-6606250

厂家名称：河南周口威克瑞化工有限公司
厂家地址：河南省周口市周商路 18 号
邮政编码 :466000
联系电话 :0394-8272485

厂家名称：河南啄木鸟农化有限公司
厂家地址：河南省郑州市庆丰农化市场 9-8 号
邮政编码 :450002
联系电话 :0371-85698764
传真 :0371-85698764

厂家名称：鹤壁市维多利生物科技有限公司
邮政编码 :456250
联系电话 :0392-5509339
传真 :0392-5509339

厂家名称：淮阳县蓝天化工有限责任公司
厂家地址：河南省郑州市东风路 20 号河畔人家 2 号楼 4

单元3楼东户
邮政编码：450008
联系电话：0371-65771751
传真：0371-65820839

厂家名称：济源艾格弗作物保护有限公司
厂家地址：河南省济源市亚桥罡头村南
邮政编码：454600
联系电话：0391-6608855

厂家名称：焦作市华诚生物技术有限公司
厂家地址：河南省许昌县蒋李集镇寇庄开发区
邮政编码：454800
联系电话：0391-6516068
传真：0391-6516068

厂家名称：焦作市夜风日化有限公司
厂家地址：河南省武陟县西陶镇周家庄
邮政编码：454981
联系电话：0391-7568210
传真：0391-7566979

厂家名称：开封卞京蒂国生物化学有限公司
厂家地址：河南省开封市尉氏县新世纪广场东100米
邮政编码：475500
联系电话：0378-7585236
传真：0378-7585739

厂家名称：开封博凯生物化工有限公司
厂家地址：河南省开封市南郊杨正门
邮政编码：475003
联系电话：0378-2633385

厂家名称：开封大地农化生物科技有限公司
厂家地址：河南省郑州市金水区文化路北晨商务1号楼D座1201室
邮政编码：450011
联系电话：0371-63563375
传真：0371-63563375

厂家名称：开封市普朗克生物化学有限公司
厂家地址：河南省郑州市未来路71号未来花园F座1-202室
邮政编码：450008
联系电话：0371-65611343/65611344
传真：0371-65611343-801

厂家名称：联保作物科技有限公司
厂家地址：河南省郑州市新郑港区新港大道
邮政编码：450003
联系电话：0371-66238576

厂家名称：灵宝市源通化工有限公司（灵宝豫西化工厂）
厂家地址：河南省三门峡市灵宝市火车站路西段
邮政编码：472500
联系电话：
(0398)8850466,8850290

厂家名称：洛阳市嘉创农业开发有限公司
厂家地址：河南省洛阳市高新技术开发区孙旗屯
邮政编码：471003
联系电话：0379-64281612
传真：0379-64283018

厂家名称：平顶山市益农科技有限公司
厂家地址：河南省郏县城关镇龙山大道东段
邮政编码：467100
联系电话：0375-5186166
传真：0375-5192599

厂家名称：沁阳市新兴化工有限公司
厂家地址：河南省沁阳市崇义镇小金陵北
邮政编码：454550
联系电话：0391-5055073
传真：0391-5052234

厂家名称：撒尔夫（河南）农化有限公司
厂家地址：河南省禹州市朱阁工业园区
邮政编码：461670
联系电话：0374-8121568
传真：0374-8121566

厂家名称：山都丽化工有限公司
厂家地址：河南省周口市建设路东段10号
邮政编码：466001
联系电话：0394-8690100
传真：0394-86901006

厂家名称：商丘莱恩农药厂
厂家地址：河南省商丘市梁园区周集乡张周公路西
邮政编码：476115
联系电话：0371-65669602

厂家名称：商丘市大卫化工厂
厂家地址：河南省商丘市虞城县木兰大道
邮政编码：476300

联系电话：0370-4114685
传真：0370-41146856

厂家名称：商丘市梁园区豪志农药化工厂
厂家地址：河南省商丘市梁园区周集乡化工园区
邮政编码：470000
联系电话：0370-3481826
传真：0370-3481612

厂家名称：商丘市梁园区伟田农药厂
厂家地址：河南省商丘市高新技术工业园 A 区 8 号
邮政编码：454450
联系电话：0370-3481333
传真：0370-3481660

厂家名称：商丘市纽茵兰农药厂
厂家地址：河南省商丘市梁园区周集乡张周公路西农药化工工业园内
邮政编码：476000
联系电话：0371-63217739
传真：0371-63217736

厂家名称：上海沪联生物药业（夏邑）有限公司
厂家地址：河南省夏邑县夏北二环路中段路北
邮政编码：476400
联系电话：0370-6272208
传真：0370-6270850

厂家名称：上海帅克（河南）化学有限公司
厂家地址：河南省沈丘县周营经济开发区
邮政编码：466332
联系电话：0394-5581118
传真：0394-55811186

厂家名称：上海宜邦生物工程（信阳）有限公司
厂家地址：河南省信阳市八一路 152 号金源大厦 806#
邮政编码：464000
联系电话：0376-6379888/6233856
传真：0376-6258698

厂家名称：上海易施特农药（郑州）有限公司
厂家地址：河南省郑州市二七区马寨工业苑区东方路 1 号
邮政编码：450064
联系电话：0371-67860894
传真：0371-67860894

厂家名称：圣丰科技（河南）有限公司
厂家地址：河南省郑州市金水区农业路西段 60 号付 2 号
邮政编码：450053
联系电话：0371-63821968
传真：0371-63821658

厂家名称：舞阳永泰化学有限公司
厂家地址：河南省舞阳县姜店乡工业园区
邮政编码：462400
联系电话：0395-77811111

厂家名称：信阳信化化工有限公司
厂家地址：河南省信阳市东方红大道 60 号
邮政编码：464000
联系电话：0376-6207718
传真：0376-6207338

厂家名称：许昌东方化工有限公司
厂家地址：河南省许昌县张潘镇工业园区
邮政编码：461100
联系电话：0374-5699566
传真：0374-5699566

厂家名称：许昌鹏杰科技有限公司
厂家地址：河南省许昌县尚集镇工业园区
邮政编码：461100
联系电话：0374-5961227

厂家名称：许昌市鑫丰源生物化工有限公司
厂家地址：河南省许昌市八一路西段
邮政编码：461000
联系电话：0393-8159123

厂家名称：许昌魏都农药化工有限公司
厂家地址：河南省许昌市魏都区北郊陈庄
邮政编码：461000
联系电话：0374-4519408, 5975097
传真：0374-4519108

厂家名称：郑州安邦农业技术有限公司
厂家地址：河南省郑州市二七区大学路 14 号
邮政编码：450056
联系电话：0371-65202330
传真：0371-65202331

厂家名称：郑州大农药业有限公司
厂家地址：河南省新郑市薛店镇草花路东侧

邮政编码 :451100
联系电话 :0371-85908179
传真 :0371-85908178

厂家名称：郑州福瑞得化工有限公司
厂家地址：河南省郑州市金水区政七街 27 号院 3 号楼
邮政编码 :450102
联系电话 :0371-65749156

厂家名称：郑州华邦生物科技有限公司
邮政编码 :450008
联系电话 :0371-63223398
传真 :0371-63223398

厂家名称：郑州科银生物制品有限公司
厂家地址：河南省郑州市航海东路河南企业总部基地
邮政编码 :451464
联系电话 :0371-62366586

厂家名称：郑州兰博尔科技有限公司
厂家地址：河南省郑州市城东南路 57 号
邮政编码 :450009
联系电话 :0371-66813582
传真 :0371-66818876

厂家名称：郑州力祈生物科技有限公司
厂家地址：河南省郑州市西开发区合欢街 6 号
邮政编码 :450002
联系电话 :0371-69155890
传真 :0371-6679008

厂家名称：郑州领先化工有限公司
厂家地址：河南省郑州市金水区农科路 38 号 5 号楼 2 单元 2107 室
邮政编码 :450008
联系电话 :0371-65862880/65826318
传真 :0371-65862880

厂家名称：郑州农丰化工有限公司
厂家地址：河南省郑州市金水区祭城镇弓庄村
邮政编码 :450046
联系电话 :0371-65643008
传真 :0371-65643195

厂家名称：郑州强者民康害虫防治技术有限公司
厂家地址：河南省郑州市金水区柳林镇高皇寨村东南角
邮政编码 :450005
联系电话 :0371-65307887
传真 :0371-65307887

厂家名称：郑州沙隆达植物保护技术有限公司
厂家地址：河南省郑州市金水区郑花路 59 号 13 幢东 5 单元 1 层西户
邮政编码 :450000
联系电话 :0371-60909266/88
传真 :0371-60901333

厂家名称：郑州田丰生化工程有限公司
厂家地址：河南省郑州市经三路 85 号院 1 号楼
邮政编码 :450003
联系电话 :0371-65727259
传真 :0371-63396672

厂家名称：郑州万安特农化产品有限责任公司
厂家地址：河南省郑州市金水区农科路金城国际广场 4 号楼 1 单元 2002 室
邮政编码 :450003
联系电话 :0371-55011191
传真 :0371-55011191

厂家名称：郑州万荣农用物资有限公司
厂家地址：河南省郑州市中原区石佛镇瑞丰路附 4 号
邮政编码 :450005
联系电话 :0371-7980585
传真 :0371-3980585

厂家名称：郑州先利达化工有限公司
厂家地址：河南省郑州市金水区农业路 1 号
邮政编码 :450007
联系电话 :0371-65383128
传真 :0371-65383130

厂家名称：郑州豫珠恒力生物科技有限责任公司
厂家地址：河南省郑州市金水区农科路 38 号金成国际广场 4 号楼 103 室
邮政编码 :450008
联系电话 :0371-65862383
传真 :0371-65861004

厂家名称：郑州中港万象作物科学有限公司
厂家地址：河南省郑州市新郑市孟庄镇城后马工业区
邮政编码 :451161
联系电话 :0371-62469748
传真 :0371-62465819

湖北 Hubei

厂家名称：汉川瑞天利化工有限公司
厂家地址：湖北省汉川市田二河镇
邮政编码 :431605
联系电话 :0712-8752532
传真 :0712-8753802

厂家名称：湖北犇星农化有限责任公司
厂家地址：湖北省随州市经济开发区特 9 号
邮政编码 :441300
联系电话 :0722-3587289
传真 :0728-6491234

厂家名称：湖北贝斯特农化有限责任公司
厂家地址：湖北省随州市曾都区新街随新路 1 号
邮政编码 :441334
联系电话 :0722-4772017
传真 :0722-4772016

厂家名称：湖北昌威制罐有限公司
厂家地址：湖北省宜昌市夷陵区云盘路 10 号
邮政编码 :443100
联系电话 :0717-7827074
传真 :0717-7821108

厂家名称：湖北谷瑞特生物技术有限公司
厂家地址：湖北省武汉市东湖高新区光谷软件园 E3 栋 903 室
邮政编码 :430074
联系电话 :027-87056252
传真 :027-87056253

厂家名称：湖北禾泰农化有限公司
厂家地址：湖北省鄂州市鄂城区樊口薛家沟
邮政编码 :436001
联系电话 :0711-3611901
传真 :0711-3611901

厂家名称：湖北黄梅小驰化工有限公司
厂家地址：湖北省黄梅县小池镇沿江路 88 号
邮政编码 :435501
联系电话 :0713-3435376
传真 :0713-3436436

厂家名称：湖北汇达科技发展有限公司
厂家地址：湖北省江陵县滩桥镇观音寺工业园
邮政编码 :434111
联系电话 :0716-4764192
传真 :0716-4765065

厂家名称：湖北金海潮科技有限公司
厂家地址：湖北省武汉市武昌珞瑜路 618 号滨湖花园 2－401
邮政编码 :430074
联系电话 :027-87495550
传真 :027-87561593

厂家名称：湖北康欣农用药业有限公司
厂家地址：湖北省武汉市洪山区南湖瑶苑 6 号
邮政编码 :430064
联系电话 :027-87389083
传真 :027-87389194

厂家名称：湖北科发农业技术开发公司
厂家地址：湖北省武汉市武穴市万丈湖农场（吴胜雄）
邮政编码 :436403
联系电话 :0713-6572352

厂家名称：湖北龙圣化工有限公司
厂家地址：湖北省钟祥市胡集镇桥垱十组
邮政编码 :431911

联系电话：0724-8485424
传真：0724-4850686

厂家名称：湖北绿天地生物科技有限公司
邮政编码：430070
联系电话：027-87287509-809
传真：027-87287633

厂家名称：湖北农本化工有限公司
厂家地址：湖北省黄冈市武穴市万丈湖新港
邮政编码：435403
联系电话：0713-6280512
传真：0713-6280507

厂家名称：湖北三才堂化工科技有限公司
厂家地址：湖北省荆州市沙市区红光路21号
邮政编码：434000
传真：0716-8319466

厂家名称：湖北三海股份公司广水市东篁日用化工厂
厂家地址：湖北省广水市东站路161号
邮政编码：432721
联系电话：0722-6491962
传真：0722-6491962

厂家名称：湖北三好农业科技有限公司
厂家地址：湖北省襄樊市高新区团山镇
邮政编码：441047
联系电话：0710-3824274

厂家名称：湖北沙隆达（荆州）农药化工有限公司
厂家地址：湖北省荆州市荆州区西环路10号
邮政编码：434020
联系电话：0716-8083932
传真：0716-80830066

厂家名称：湖北沙隆达股份有限公司
厂家地址：湖北省荆州市沙市区北京东路93号
邮政编码：434001
联系电话：0716-8314802 0716-8311013
传真：0716-8311755

厂家名称：湖北沙隆达天门农化有限责任公司
厂家地址：湖北省天门市皂市镇古都大道179号
邮政编码：431703
联系电话：0728-4811345
传真：0728-4814139

厂家名称：湖北省安陆市伏水农药厂
厂家地址：湖北省孝感市安陆市伏水镇
邮政编码：432626
联系电话：(07225)862559

厂家名称：湖北省赤壁志诚生物工程有限公司
厂家地址：湖北省赤壁市凤凰山苦竹桥
邮政编码：437322
联系电话：0715-5260250

厂家名称：湖北省鄂州华宇轻化公司
厂家地址：湖北省鄂州市樊川中路6号
邮政编码：436001
联系电话：0711-612310

厂家名称：湖北省葛店开发区怡农生物工程有限公司
厂家地址：湖北省葛店开发区
邮政编码：436070
联系电话：027-87874763
传真：027-87643740

厂家名称：湖北省公安县农药厂
厂家地址：湖北省荆沙市公安县陡湖堤
邮政编码：434300
联系电话：(07265)225816

厂家名称：湖北省公安县杨厂日用卫生品厂
厂家地址：湖北省公安县杨厂镇建设路8号
邮政编码：434303
联系电话：0716-5393387,5393468

厂家名称：湖北省广水市星原化工厂
厂家地址：湖北省广水市十里工业园区
邮政编码：432702
联系电话：0722-6302048
传真：0722-6235004

厂家名称：湖北省广水市桦阳实业有限责任公司
厂家地址：湖北省广水市应山四贤路427号
邮政编码：432700
联系电话：0712-6239388

厂家名称：湖北省汉川瑞天利化工有限公司
厂家地址：湖北省孝感市汉川市田二河镇振兴路
邮政编码：431605
联系电话：0712-8752532

传真 :0712-8753802

厂家名称：湖北省洪湖市阳光化工有限责任公司
厂家地址：湖北省洪湖市新堤新村七巷 17 村
邮政编码 :433200
联系电话 :0716-2422393
传真 :0716-2441546

厂家名称：湖北省黄石市百灵农药厂
厂家地址：湖北省黄石市荛下陆
邮政编码 :435004
联系电话 :0714-315548

厂家名称：湖北省嘉鱼县黄鹤日用品厂
厂家地址：湖北省嘉鱼县潘家湾镇兴镇街 78 号
邮政编码 :437213
联系电话 :0715-6612828
传真 :0715-6612039

厂家名称：湖北省荆门市稳健生物农药有限公司
厂家地址：湖北省荆门市掇刀开发区深圳大道 59 号
邮政编码 :448000
联系电话 :0724-2444831
传真 :0724-2370495

厂家名称：湖北省荆沙麒龙生化制品有限公司
厂家地址：湖北省荆沙市沙洋区
邮政编码 :434161
联系电话 :(0716)212448

厂家名称：湖北省荆州隆丰农药有限公司
厂家地址：湖北省荆州市江陵县新园路 1 号
邮政编码 :434100
联系电话 :0716-4738903
传真 :0716-4738903

厂家名称：湖北省荆州市楚城蚊香厂
厂家地址：湖北省荆州市荆州区纪南镇江店
邮政编码 :434100
联系电话 :0716-8410204
传真 :0716-8410204

厂家名称：湖北省荆州市活力 28 清洁用品有限公司
厂家地址：湖北省荆沙市沙市区北京东路 44 号
邮政编码 :434001
联系电话 :0716-8334719

厂家名称：湖北省荆州市荆江化工有限责任公司
厂家地址：湖北省荆州市沙市区航空路 8 号
邮政编码 :434000
联系电话 :0716-8212989
传真 :0716-8213482

厂家名称：湖北省荆州市扬长日化有限公司
厂家地址：湖北省公安县杨家厂镇斗杨路 18 号
邮政编码 :434303
联系电话 :0716-5394358
传真 :0716-5394358

厂家名称：湖北省荆州市鑫隆达农药化工有限公司
厂家地址：湖北省荆州市荆州区弥市镇刘家桥村
邮政编码 :434035
联系电话 :0716-8817235

厂家名称：湖北省老河口市化工总厂
厂家地址：湖北省襄樊市老河口市化工路 163 号
邮政编码 :441800
联系电话 :0710-8222936

厂家名称：湖北省老河口市农技推广中心农药分装厂
厂家地址：湖北省老河口市汉口路 142 号
邮政编码 :441800
联系电话 :0710-8240175

厂家名称：湖北省麻城市三联日用化工有限责任公司
厂家地址：湖北省麻城市东浦路 1 号
邮政编码 :438300
联系电话 :0713-2934368
传真 :0713-2934368

厂家名称：湖北省蒲圻市农药厂
厂家地址：湖北省咸宁地区蒲圻市苦竹桥
邮政编码 :437322
联系电话 :(07255)222725

厂家名称：湖北省潜江市国营腾飞化工厂
厂家地址：湖北省潜江市东风路 11 号
邮政编码 :433100
联系电话 :0728-6480781

厂家名称：湖北省潜江市化工总厂
厂家地址：湖北省潜江市泽口经济开发区竹泽路 9 号
邮政编码 :433102

联系电话：0728-6201512

厂家名称：湖北省潜江市益农化工有限责任公司
厂家地址：湖北省潜江市浩口镇
邮政编码：433100
联系电话：0728-6723358
传真：0728-6723358

厂家名称：湖北省趋势（鄂州）科技有限公司
厂家地址：湖北省鄂州市华容区葛店经济技术开发区
邮政编码：436070
联系电话：0711-3811391
传真：0711-38113296

厂家名称：湖北省石首市农药化工厂
厂家地址：湖北省石首市高新技术园区
邮政编码：434400
联系电话：0716-7295728

厂家名称：湖北省随州市昌隆化工有限公司
厂家地址：湖北省随州市交通大道14段
邮政编码：441300
联系电话：0722-3311459
传真：0722-3323347

厂家名称：湖北省随州市神农生物制品厂
厂家地址：湖北省随州市
邮政编码：441300
联系电话：0722-3243637，3815458

厂家名称：湖北省随州市曾都区双凤蚊香厂
厂家地址：湖北省随州市草店子街136号
联系电话：0722-3243590
传真：441300

厂家名称：湖北省天门市多祥化工厂
厂家地址：湖北省天门市多祥镇六门路332#
邮政编码：431728
联系电话：0728-4585191
传真：0728-4585191

厂家名称：湖北省天门市生物农药厂
厂家地址：湖北省天门市蒋湖农工路3号
邮政编码：431725
联系电话：0728-4691209
传真：0728-4691802

厂家名称：湖北省天门市天宝高新技术发展中心
厂家地址：湖北省天门市多宝镇彭场街
邮政编码：431722
联系电话：0728-4684146
传真：0728-4684146

厂家名称：湖北省天门斯普林植物保护有限公司
厂家地址：湖北省天门市岳口镇沿河大道3-1号
邮政编码：431702
联系电话：0728-4725817
传真：0728-4713322

厂家名称：湖北省天门易普乐农化有限公司
厂家地址：湖北省天门市岳口镇沿河大道3号
邮政编码：431702
联系电话：0728-4725817
传真：0728-4713233

厂家名称：湖北省蚊香厂
厂家地址：湖北省黄梅县环城路1号
邮政编码：435500
联系电话：0713-3636236 13986539201
传真：0713-3323742

厂家名称：湖北省武汉爱卫灭鼠消杀药品供应站
厂家地址：湖北省武汉市武昌区长虹桥2－5号
邮政编码：430064
联系电话：027-88023117
传真：027-88023117

厂家名称：湖北省武汉汉南同心化工有限公司
厂家地址：湖北省武汉市汉南区汉南大道810号
邮政编码：430090
联系电话：027-84854610
传真：027-84851480

厂家名称：湖北省武汉华大新技术公司
厂家地址：湖北省武汉市狮子山华中农大内
邮政编码：430070
联系电话：027-87396681-8245

厂家名称：湖北省武汉华泰医疗卫生科技开发公司
厂家地址：湖北省武汉市武昌卓刀泉东湖桥20号
邮政编码：430079
联系电话：027-87880166

厂家名称：湖北省武汉环保

盾高新科技发展有限公司
厂家地址：湖北省武汉市汉阳区杨泗港路1号
邮政编码：430052
联系电话：027-84523259
传真：027-84525820

厂家名称：湖北省武汉洁利日化有限责任公司
厂家地址：湖北省武汉市蔡甸区汉口青年路56号
邮政编码：430022
联系电话：027-85769452 84920679
传真：027-84926920

厂家名称：湖北省武汉绿鹰农用药业有限责任公司
厂家地址：湖北省武汉市洪山区珞狮路马家咀
邮政编码：430070
联系电话：027-87385387
传真：027-87387176

厂家名称：湖北省武汉市春友日化蚊香有限公司
厂家地址：湖北省武汉市黄陂区祁家湾田铺村
邮政编码：430033
联系电话：027-61743113
传真：027-83787639

厂家名称：湖北省武汉市国营慈惠化工厂
厂家地址：湖北省武汉市汉口区汉口舵落口火车站
邮政编码：430040
联系电话：027-3892029

厂家名称：湖北省武汉市化学助剂总厂
厂家地址：湖北省武汉市汉口区汉口新华路174号
邮政编码：430002
联系电话：027-356681

厂家名称：湖北省武汉市双奇科技发展有限公司
厂家地址：湖北省武汉市汉口宝丰路95号
邮政编码：430030
联系电话：027-83640235
传真：027-83640233

厂家名称：湖北省武汉市郁金香化妆品有限公司
厂家地址：湖北省武汉市古田经济发展区
邮政编码：430034
联系电话：027-83858362
传真：027-83858362

厂家名称：湖北省武汉天惠生物工程有限公司
厂家地址：湖北省武汉市洪山区华中农业大学狮子山大道天惠楼
邮政编码：430070
联系电话：027-87287660
传真：027-87287633

厂家名称：湖北省武汉武隆农药有限公司
厂家地址：湖北省武汉市新洲区仓埠街方杨林岗
邮政编码：430314
联系电话：027-83413411
传真：027-83413411

厂家名称：湖北省武汉兴泰生物技术有限公司
厂家地址：湖北省武汉市武昌区小洪山中区44号
邮政编码：430071
联系电话：027-87198641,87199671
传真：027-87198072

厂家名称：湖北省武汉云宏农化科技发展有限公司
厂家地址：湖北省武汉市江岸区湛家矶大首62号
邮政编码：430011
联系电话：(027)82328311

厂家名称：湖北省武汉中鑫化工有限公司
厂家地址：湖北省武汉市江夏区金口街五里堤85号
邮政编码：430209
联系电话：027-87989222
传真：027-87989995

厂家名称：湖北省武穴市神龙蚊香厂
厂家地址：湖北省武穴市龙坪镇上街80号
邮政编码：435402
联系电话：0713-6572705

厂家名称：湖北省仙桃市晨光日用化工有限责任公司
厂家地址：湖北省仙桃市蒌河郭陈沟
邮政编码：433006
联系电话：
传真：0728-2850528

厂家名称：湖北省仙桃市奎宇日用蚊香厂
厂家地址：湖北省仙桃市仙监路工业开发区8碑
邮政编码：433000
联系电话：0728-2743970
传真：2743970

厂家名称：湖北省襄樊泰隆化工有限责任公司

厂家地址：湖北省襄樊市南漳县
邮政编码：441509
联系电话：443300

厂家名称：湖北省孝感市日用化工厂
厂家地址：湖北省孝感市黄花路中段
邮政编码：432000
联系电话：0712-2466220
传真：0712-2468991

厂家名称：湖北省孝感市植保站
厂家地址：湖北省孝感市园林一路 5 号
联系电话：0712-2837054

厂家名称：湖北省阳新县化工厂
厂家地址：湖北省黄石市阳新县兴国镇太垴
邮政编码：435200
联系电话：0714-7300156 7300776
传真：0714-73001896

厂家名称：湖北省阳新县泰鑫化工有限公司
厂家地址：湖北省阳新县星国镇
邮政编码：435200
联系电话：0714-7300776
传真：0714-7300189

厂家名称：湖北省宜昌地区三峡农药厂
厂家地址：湖北省枝江市白洋镇
邮政编码：443208
联系电话：0717-4401918

厂家名称：湖北省宜昌富磷化工（集团）殷盐农药厂
厂家地址：湖北省宜昌市远安荀娅镇
邮政编码：443002
联系电话：0717-271685
传真：0717-271939

厂家名称：湖北省宜昌励创科技开发有限公司
厂家地址：湖北省宜昌市麦陵区黄金卡社区
邮政编码：443000
联系电话：0717-6484988

厂家名称：湖北省宜昌三峡农药厂
厂家地址：湖北省枝江市白洋镇
邮政编码：443208
联系电话：0716-4401918，8714066
传真：0716-4115068

厂家名称：湖北省宜昌市龙翔绿色工种有限公司
厂家地址：湖北省宜昌市远安县
邮政编码：444200
联系电话：0717-3812533

厂家名称：湖北省宜昌市夷陵农用化工厂
厂家地址：湖北省宜昌市土门垭
邮政编码：443111
联系电话：(0717)846224

厂家名称：湖北省宜昌县机油乳剂厂
厂家地址：湖北省宜昌市宜昌县小溪塔黄金卡
邮政编码：443100
联系电话：(0717) 821835

厂家名称：湖北省宜城农药厂
厂家地址：湖北省宜昌市宜昌县雷河火车站
邮政编码：441405
联系电话：(07203)561545

厂家名称：湖北省云梦县同德农化有限公司
厂家地址：湖北省孝感市云梦县城关镇建设西路 9 号
邮政编码：432500
联系电话：0712-4338618
传真：0712-43386186

厂家名称：湖北省枣阳市先飞高科农药有限公司
厂家地址：湖北省枣阳市襄阳路 79 号
邮政编码：441200
联系电话：0710-6223368
传真：0710-6240151

厂家名称：湖北省枣阳市先飞植保股份合作公司
厂家地址：湖北省枣阳市襄阳路 79 号
邮政编码：441200
联系电话：0710-6235742

厂家名称：湖北省枣阳天燕化工有限公司
厂家地址：湖北省枣阳市徐寨天燕路 1 号
邮政编码：441223
联系电话：0710-6591802
传真：0710-6592555

厂家名称：湖北省钟祥市第

二化工农药厂
厂家地址：湖北省荆门市钟祥市中山镇
邮政编码：431903
联系电话：0724-4338065
传真：0724-4338070

厂家名称：湖北省钟祥市祥隆化工有限公司
厂家地址：湖北省钟祥市冷水镇新桥街 8 号
邮政编码：431921
联系电话：0724-4918115
传真：0724-4918115

厂家名称：湖北省钟祥市阳春农药厂
厂家地址：湖北省荆沙市钟祥市城关
邮政编码：431900
联系电话：(07268)223543

厂家名称：湖北省钟祥县农药厂
厂家地址：湖北省荆沙市钟祥市胡集镇
邮政编码：431911
联系电话：0724-4858424

厂家名称：湖北泰盛化工有限公司
厂家地址：湖北省宜昌市猇亭区长江路 29 号
邮政编码：443007
联系电话：0717-6917409
传真：0717-6917409

厂家名称：湖北太极生化有限公司
厂家地址：湖北省恩施土家族苗族自治州恩施市后山湾高井河 65 号
邮政编码：445000
联系电话：0718-8281369
传真：0718-82844766

厂家名称：湖北天泽农生物工程有限公司
厂家地址：湖北省武汉市洪山区珞狮路 449 号
邮政编码：430070
联系电话：027-87386569
传真：027-87397336

厂家名称：湖北旺世化工有限公司
厂家地址：湖北省武汉市武昌区南湖通惠桥 58 号
邮政编码：430064
联系电话：027-88034139 88030186 88032186
传真：027-88037286

厂家名称：湖北武汉宝世卫生药械有限责任公司
厂家地址：湖北省武汉市江汉区新华小路 111-2 号 08 室
邮政编码：430022
联系电话：027-85775245
传真：027-85798815

厂家名称：湖北仙光日化有限公司
厂家地址：湖北省仙桃市三伏潭镇毛场街
邮政编码：433005
联系电话：0728-2839459
传真：0728-2839368

厂家名称：湖北仙隆化工股份有限公司
厂家地址：湖北省仙桃市沿江大道东 36 号
邮政编码：433000
联系电话：0728-3221415 3221061
传真：0728-3248166 3224243 3275985

厂家名称：湖北信风作物保护有限公司
厂家地址：湖北省武汉市珞狮南路 517 号国家农业科技园明泽大厦 1538 室
邮政编码：430070
联系电话：027-87677780
传真：027-87677601

厂家名称：湖北移栽灵农业科技股份有限公司
厂家地址：湖北省公安县斗湖堤镇荆江河路 90 号
邮政编码：434300
联系电话：0716-5236488
传真：0716-5224188

厂家名称：湖北蕲农化工有限公司
厂家地址：湖北省蕲春县蕲州镇南门街 23 号
邮政编码：435315
联系电话：0713-7501059

厂家名称：利洁时家化（中国）有限公司
厂家地址：湖北省荆州市北京东路 34 号
邮政编码：434001
联系电话：0716-8317085
传真：0716-8312052

厂家名称：武汉兵兵药业有限公司
厂家地址：湖北省武汉市汉阳区龙阳大道康达街 5 号 F 楼 2 楼
邮政编码：430052
联系电话：027-84668927
传真：027-846627

厂家名称：武汉楚强生物科技有限公司
厂家地址：湖北省武汉市蔡甸经济开发区常福工业园17号地块
邮政编码:430070
联系电话:027-87387836
传真:027-87393703

厂家名称：武汉富强科技发展有限责任公司
厂家地址：湖北省武汉市武昌南湖瑶苑省农科院内
邮政编码:430205
联系电话:027-51768518
传真:027-87389976

厂家名称：武汉华东化工有限公司
厂家地址：湖北省武汉市汉口竹叶山东方恒星园A栋8F13F
邮政编码:430012
联系电话:027-82944688
传真:027-82944743

厂家名称：武汉金科生物技术有限公司
厂家地址：湖北省武汉市武昌洪山区狮子山街濠沟特1号
邮政编码:430070
联系电话:027-69405167

厂家名称：武汉科诺生物科技股份有限公司
厂家地址：湖北省武汉市洪山区关南工业园
邮政编码:430074
联系电话:027-87514086
传真:027-87514063

厂家名称：武汉老马入和化妆品有限公司
厂家地址：湖北省武汉市巨龙大道198号盘龙工业园10栋2号
邮政编码:430051
联系电话:027-84639769
传真:027-84870856

厂家名称：武汉绿洁生物技术有限公司
邮政编码:430077
联系电话:027-87331163
传真:027-87331163

厂家名称：武汉市海格尔科技有限公司
邮政编码:430052
联系电话:027-84668918
传真:027-84668927

厂家名称：武汉信风作物科学有限公司
厂家地址：湖北省武汉市洪山区珞狮南路国家农业科技园明泽大厦15楼
邮政编码:430070
联系电话:027-87677601
传真:027-87677780

厂家名称：襄阳楚天源化工有限公司
厂家地址：湖北省襄阳市襄城区余家湖工业园区
邮政编码:441048
联系电话:0710-3723798
传真:0710-3723830

厂家名称：宜昌华能远大化工有限公司
厂家地址：湖北省宜昌市枝城白水桥化工工业园
邮政编码:443311
联系电话:0717-4663999
传真:0717-4660088

湖南 Hunan

厂家名称：湖南大方农化有限公司
厂家地址：湖南省长沙市芙蓉区东湖
邮政编码：410127
联系电话：0731-4690178
传真：0731-46931796

厂家名称：湖南农大海特农化有限公司
厂家地址：湖南省岳阳市云溪工业园
邮政编码：414009
联系电话：0730-8419856
传真：0730-8419855

厂家名称：湖南瑞泽农化有限公司
厂家地址：湖南省长沙市芙蓉区荷花园中扬华苑 701 室
邮政编码：410016
联系电话：0731-4770396
传真：0731-4770328

厂家名称：湖南省常德鹤王蚊香有限公司
厂家地址：湖南省常德市鼎城区武陵镇金霞大道
邮政编码：415101
联系电话：0736-2599666
传真：0736-25993336

厂家名称：湖南天鸟生化科技有限公司
厂家地址：湖南省长沙市岳麓区高新区火炬城 M7-1 栋
邮政编码：410013
联系电话：0731-8917208
传真：0731-89172286

厂家名称：湖南京西祥隆化工有限公司
厂家地址：湖南省株洲市石峰区杨梅塘路
邮政编码：412005
联系电话：0733-2546966
传真：0733-2628858

厂家名称：常德双鹤日化有限公司
厂家地址：湖南省常德市武陵镇常沅路 100 号
邮政编码：415101
联系电话：0736-2599666

厂家名称：湖南创力农化有限公司
厂家地址：湖南省长沙市岳麓山观沙岭工业园茶子山村
邮政编码：410013
联系电话：0731-8682952
传真：0731-5149826

厂家名称：湖南东永化工有限责任公司
厂家地址：湖南省长沙市岳麓区茶子山
邮政编码：410004
联系电话：0731-5562259
传真：0731-89121126

厂家名称：湖南格灵科技实业有限公司
厂家地址：湖南省长沙市马坡岭省植物保护研究所
邮政编码：410125
联系电话：0731-4080467
传真：0731-4081429

厂家名称：湖南国发精细化工科技有限公司
厂家地址：湖南省临湘市儒溪镇
邮政编码：414013
联系电话：0730-8411560
传真：0730-8461061

厂家名称：湖南海利常德农药化工有限公司
厂家地址：湖南省常德市武陵区德山开发区
邮政编码：415001
联系电话：0736-7340168
传真：0736-7340150

厂家名称：湖南汉寿天日卫生杀虫剂厂
厂家地址：湖南省汉寿县城关镇
邮政编码：415900
联系电话：0736-2860406

厂家名称：湖南衡阳莱德生物药业有限公司
厂家地址：湖南省衡阳市湘江南路 83 号
邮政编码：421001
联系电话：0734-2895028

传真 :0734-2895011

厂家名称：湖南金丰生物工业有限公司
厂家地址：湖南省长沙市河西雷锋镇
邮政编码 :410217
联系电话 :0731-8165901
传真 :0731-8165901

厂家名称：湖南科力除虫药械有限公司
厂家地址：湖南省长沙市芙蓉中路一段 206 号锦绣华天 906 室
邮政编码 :410008
联系电话 :0731-2348775
传真 :0731-2348216

厂家名称：湖南丽臣实业有限责任公司
厂家地址：湖南省长沙市浏阳河路 1 号
邮政编码 :410003
联系电话 :0731-4223211-2300
传真 :0731-4220240

厂家名称：湖南绿叶化工有限公司
厂家地址：湖南省长沙市天心区芙蓉中路三段 270 号
邮政编码 :410007
联系电话 :0731-5228337
传真 :0731-52228796

厂家名称：湖南猫头家化有限公司
厂家地址：湖南省益阳市五一东路 149 号
邮政编码 :413001
联系电话 :0737-3104318
传真 :0737-3102318

厂家名称：湖南南天实业股份有限公司
厂家地址：湖南省湘潭市岳塘区易家湾
邮政编码 :411103
联系电话 :0732-3281364
传真 :0732-3281173

厂家名称：湖南宁乡农业服务公司农药厂
厂家地址：湖南省宁乡县县城
邮政编码 :410600
联系电话 :0731-7822948

厂家名称：湖南农杰生物科技有限公司
厂家地址：湖南省浏阳市现代农业园
邮政编码 :410301
联系电话 :0731-4673878
传真 :0737-2809698

厂家名称：湖南农药工业公司高新化工厂
厂家地址：湖南省望城县高塘岭
邮政编码 :410200
联系电话 :0731-8063395

厂家名称：湖南润邦生物工程有限公司
厂家地址：湖南省长沙市宁乡夏铎铺镇六度庵村
邮政编码 :410604
联系电话 :0731-7952828
传真 :0731-7951828

厂家名称：湖南神网生物化工有限公司
厂家地址：湖南省长沙市芙蓉中路二段 12 号机电大楼 504
邮政编码 :410025
联系电话 :0731-6784168
传真 :0731-6784167

厂家名称：湖南省安乡县天马蚊香厂
厂家地址：湖南省常德市安乡县北河口
邮政编码 :415606
联系电话 :0736-4773048
传真 :0736-4773048

厂家名称：湖南省保靖县化工厂
厂家地址：湖南省保靖县龙溪乡腰坝村
邮政编码 :416500
联系电话 :07486-223782

厂家名称：湖南省常德鼎城福乐灭蚊药厂
厂家地址：湖南省常德市武陵镇临源路
邮政编码 :41500
联系电话 :0736-7382821

厂家名称：湖南省常德市鼎城万球日用品有限公司
厂家地址：湖南省常德市鼎城区武陵镇常沅路 71 号
邮政编码 :415101
联系电话 :0736-7392211
传真 :0736-73922116

厂家名称：湖南省常德市黄雀蚊香有限公司
厂家地址：湖南省常德市德山开发区东沿路 17 号
邮政编码 :415001
联系电话 :0736-7302088
传真 :0736-7302088

厂家名称：湖南省常宁市银河化工有限公司
厂家地址：湖南省常宁市宜阳镇培元塔
邮政编码 :421500
联系电话 :0734-7221955
传真 :0734-7221959

厂家名称：湖南省长沙美佳家庭用品有限公司

厂家地址：湖南省长沙市星沙镇灰埠二片四栋
邮政编码:410100
联系电话:0731-4016193
传真:0731-4016193

厂家名称：湖南省长沙农药化工厂
厂家地址：湖南省长沙市西区河西茶子山
邮政编码:410013
联系电话:82833,82309

厂家名称：湖南省长沙县环宇灭害用品有限公司
厂家地址：湖南省长沙县星沙镇杉星居委会
邮政编码:410100
联系电话:0731-4011766

厂家名称：湖南省长沙向阳日用化工厂
厂家地址：湖南省长沙市开福区捞刀河镇太阳山村
邮政编码:410152
联系电话:0731-5537757
传真:0731-5504080

厂家名称：湖南省郴州市邦尔泰工贸发展有限公司
厂家地址：湖南省郴州市苏仙区栖凤渡镇
邮政编码:423017
联系电话:0735-2532678
传真:0735-2532679

厂家名称：湖南省郴州市化工总公司农药厂
厂家地址：湖南省郴州市国庆北路57号
邮政编码:423000
联系电话:0735-2270259
传真:0735-2833699

厂家名称：湖南省郴州市金穗农药化工有限责任公司
厂家地址：湖南省郴州市北湖区华塘镇
邮政编码:423000
联系电话:0735-2835057
传真:0735-28350576

厂家名称：湖南省郴州市新春化工有限公司
厂家地址：湖南省郴州市苏仙区白鹿洞镇官庄坪村
邮　编:42300 电　话:0735-2833699,2830066
传真:0735-2830066

厂家名称：湖南省郴州天龙农药化工有限公司
厂家地址：湖南省郴州市国庆北路47号
邮政编码:423000
联系电话:0735-2646276
传真:0735-2646329

厂家名称：湖南省洞口县农药厂
厂家地址：湖南省邵阳市洞口县高沙镇高武路2号
邮政编码:422312
联系电话:0739-7965237
传真:0739-79650196

厂家名称：湖南省国营双牌县化工厂
厂家地址：湖南省双牌县城北工业区
邮政编码:425200
联系电话:0746-7724286
传真:0746-7724286

厂家名称：湖南省海利化工股份有限公司试验工场（化工研究院试验工场）
厂家地址：湖南省长沙市望城县
邮政编码:410007
联系电话:(0731)8062734
传真:(0731)8064003

厂家名称：湖南省海洋生物工程有限公司
厂家地址：湖南省湘潭市雨湖区宝丰街520号
邮政编码:411100
联系电话:0732-8288130
传真:0732-2326988

厂家名称：湖南省汉寿县利民灭蚊片厂
厂家地址：湖南省汉寿县围堤湖乡大杨镇杨么街27号
邮政编码:415900
联系电话:0736-2893318
传真:0736-2893318

厂家名称：湖南省衡阳市江东荷花化工厂
厂家地址：湖南省衡阳市江东荷花坪154号
邮政编码:421002
联系电话:0734-8348515

厂家名称：湖南省衡阳市湘华化工厂
厂家地址：湖南省衡阳市衡山县衡山沙头
邮政编码:421303
联系电话:(0734)5812552
传真:(0734)5812601

厂家名称：湖南省衡阳微生物厂
厂家地址：湖南省衡阳市三塘镇
邮政编码:421101
联系电话:0734-8723036

厂家名称：湖南省华容县远大农资有限公司
厂家地址：湖南省华容县麻里泗工业区

邮政编码:414200
联系电话:0730-4224758
传真:0730-4224758

厂家名称:湖南省化工研究院
厂家地址:湖南省长沙市
联系电话:0731-85384481

厂家名称:湖南省怀化惠民农药化工有限责任公司
厂家地址:湖南省怀化市鹤城区迎丰东路475号
邮政编码:418000
联系电话:0745-2851568
传真:0745-2851568

厂家名称:湖南省金穗农药有限公司
厂家地址:湖南省汨罗市建设路14号
邮政编码:414400
联系电话:0730-5111945
传真:0730-5111695

厂家名称:湖南省金穗农药有限公司
厂家地址:湖南省汨罗市建设路14号
邮政编码:414400
联系电话:0730-5111945
传真:0730-5111695

厂家名称:湖南省金土地绿色化工有限责任公司
厂家地址:湖南省湘潭市易家湾
邮政编码:411103
联系电话:
传真:0732-2315198

厂家名称:湖南省今日农化科技有限公司
厂家地址:湖南省邵阳市大祥区罗市镇
邮政编码:422000
联系电话:0730-5620588
传真:0730-5239388

厂家名称:湖南省津市市国峰药业有限公司
厂家地址:湖南省津市市万寿路1号
邮政编码:415100
联系电话:0736-4238186
传真:4225236

厂家名称:湖南省津市市嘉和环境科技有限公司
厂家地址:湖南省津市市襄窑路598号
邮政编码:415400
联系电话:0736-4232862
传真:0731-2223945

厂家名称:湖南省津市市江南蚊香厂
厂家地址:湖南省常德市津市市襄窑路605号
邮政编码:415000
联系电话:0730-4212940

厂家名称:湖南省九喜日化有限公司
厂家地址:湖南省岳阳市汨罗市汨罗江工业园区
邮政编码:414413
联系电话:0730-5630899
传真:0730-56301086

厂家名称:湖南省冷水市冷江安宁精细化工厂
厂家地址:湖南省冷水江市红日岭55号
邮政编码:417500
联系电话:0738-5218787

厂家名称:湖南省临湘市化学农药厂
厂家地址:湖南省岳阳市云溪区陆城镇
邮政编码:414013
联系电话:0730-8462898
传真:0730-8462898

厂家名称:湖南省临湘市农药厂
厂家地址:湖南省岳阳市临湘市北区陆城镇
邮政编码:414013
联系电话:0730-461063
传真:(0730)461063

厂家名称:湖南省零陵地区化学工业集团公司农药厂
厂家地址:湖南省永州市桃江路9号
邮政编码:425000
联系电话:(07401)222916,222972

厂家名称:湖南省隆回县农药厂
厂家地址:湖南省邵阳市隆回县城南郊紫河
邮政编码:422200
联系电话:0739-8320088
传真:0739-83200886

厂家名称:湖南省娄底化工总厂
厂家地址:湖南省娄底市西郊
邮政编码:417008
联系电话:0738-8710278
传真:0738-87102776

厂家名称:湖南省娄底农科所农药实验厂
厂家地址:湖南省娄底市娄星区关家脑
邮政编码:417000
联系电话:0738-8326272
传真:0738-83262726

厂家名称:湖南省麻阳苗族自治县农药化工公司

厂家地址：湖南省麻阳苗族自治县县城建设北路258号
邮政编码：419400
联系电话：0745-5824461
传真：0745-5824461

厂家名称：湖南省南县南洲镇金星灭蚊片厂
厂家地址：湖南省南县南洲镇东堤尾
邮政编码：413200
联系电话：0737-5227599

厂家名称：湖南省南县南洲镇鑫字牌灭蚊片厂
厂家地址：湖南省南县南洲镇花甲湖村4组
邮政编码：413200
联系电话：0737-5222406

厂家名称：湖南省南县永红灭蚊片厂
厂家地址：湖南省南县南洲镇永红路南侧
邮政编码：413200
联系电话：0737-5226531

厂家名称：湖南省南县永盛灭蚊片厂
厂家地址：湖南省南县南州镇花甲湖村14组
邮政编码：413200
联系电话：0737-5223159

厂家名称：湖南省南县云昌蚊香厂
厂家地址：湖南省南县乌嘴乡
邮政编码：413223
联系电话：0737-5739366

厂家名称：湖南省平江县化学农药厂
厂家地址：湖南省岳阳市平江县天岳经济开发区
邮政编码：415400
联系电话：0730-6282989
传真：0730-62829896

厂家名称：湖南省邵阳市炳瑶精细日用化工厂
厂家地址：湖南省邵东县兴湘路5号
邮政编码：422800
联系电话：0739-2729355
传真：0739-2620081

厂家名称：湖南省邵阳市鸿诚生物药业有限公司
厂家地址：湖南省邵阳市双清区龙须塘工业区
邮政编码：422001
联系电话：0739-2312988
传真：0739-5271845

厂家名称：湖南省师范大学生物实验工厂
厂家地址：湖南省长沙市岳麓山
邮政编码：410000
联系电话：(0731)83131-0097

厂家名称：湖南省微生物研究所
厂家地址：湖南省长沙市天心区新开铺路81号
邮政编码：410009
联系电话：0731-5261852
传真：0731-5413020

厂家名称：湖南省湘潭市昭山农药厂
厂家地址：湖南省湘潭市岳塘区易家湾
邮政编码：411103
联系电话：0732-3281165
传真：0732-36873056

厂家名称：湖南省湘潭亚太机电研究院
厂家地址：湖南省湘潭市大湖路68号
邮政编码：411100
联系电话：0732-8252788
传真：0732-8253588

厂家名称：湖南省湘乡化工厂
厂家地址：湖南省湘潭市湘乡市昭山
邮政编码：411400
联系电话：(0732)6771201
传真：(0732)775203

厂家名称：湖南省新晃侗族自治县日用化工厂
厂家地址：湖南省新晃县县城中山路27号
邮政编码：419200
联系电话：0745-6224336

厂家名称：湖南省新晃龙辰化工有限责任公司
厂家地址：湖南省新晃县波州镇红岩村
邮政编码：419202
联系电话：0745-6421348
传真：0745-6421348

厂家名称：湖南省新邵微生物化工厂
厂家地址：湖南省邵阳市新邵县县城新阳路21号
邮政编码：422900
联系电话：(0739)663266

厂家名称：湖南省益阳地区农药化工厂
厂家地址：湖南省益阳市

邮政编码：413000
联系电话：0737-4225013

厂家名称：湖南省益阳海润化工科技有限公司
厂家地址：湖南省益阳市化工路七号
邮政编码：413000
联系电话：0737-2669100
传真：0737-26991006

厂家名称：湖南省益阳宏达日化产品制造有限公司
厂家地址：湖南省益阳市资阳区金花苑3栋606号
邮政编码：413001
联系电话：0737-4328728
传真：0737-4316782

厂家名称：湖南省益阳市大众蚊香有限公司
厂家地址：湖南省益阳市滨江东路51号
邮政编码：413000
联系电话：0737-4202052
传真：0737-4202053

厂家名称：湖南省益阳市农业生产资料有限公司农药分装厂
厂家地址：湖南省益阳市大渡口
邮政编码：413000
联系电话：0737-4301017
传真：0737-4301017

厂家名称：湖南省益阳市千山红蚊香厂
厂家地址：湖南省益阳市千山红镇
邮政编码：413119
联系电话：0737-2556221

厂家名称：湖南省益阳市润慷宝化工有限公司
厂家地址：湖南省益阳市龙洲北路6号
邮政编码：413000
联系电话：0737-4300995
传真：0737-4300995

厂家名称：湖南省益阳市三金益卫生防疫用品有限公司
厂家地址：湖南省益阳市赫山区龙洲南路6号
邮政编码：413000
联系电话：0737-4438278
传真：0737-4438663

厂家名称：湖南省益阳市生物农药厂
厂家地址：湖南省益阳市赫山区泉交河镇
邮政编码：413002
联系电话：0737-6502632
传真：0737-4423690

厂家名称：湖南省益阳市四维蚊香厂
厂家地址：湖南省益阳市五一东路148号
邮政编码：413001
联系电话：0737-3103599
传真：0737-3103599

厂家名称：湖南省益阳市天猫日用制品厂
厂家地址：湖南省益阳市长春工业园马良小区
邮政编码：413054
联系电话：0737-6989360

厂家名称：湖南省益阳市资江蚊香厂
厂家地址：湖南省益阳市资阳区新桥河镇
邮政编码：413056
联系电话：0737-3263117
传真：0737-4313281

厂家名称：湖南省益阳市资江蚊香厂
厂家地址：湖南省益阳市资阳区新桥河镇
邮政编码：413056
联系电话：0737-3263117
传真：0737-4313281

厂家名称：湖南省益阳市资阳区江北蚊香厂
厂家地址：湖南省益阳市资阳区长春乡马良村胜利组
邮政编码：413001
联系电话：0737-3102991

厂家名称：湖南省益阳市资阳区金宇灭蚊药片厂
厂家地址：湖南省益阳市资阳区马良开发区
邮政编码：413001
联系电话：0737-4315401

厂家名称：湖南省益阳市资阳区三禧蚊香厂
厂家地址：湖南省益阳市资阳区五里堆双门头村
邮政编码：413054
联系电话：0737-4325817

厂家名称：湖南省益阳市资阳区雄豹灭蚊片厂
厂家地址：湖南省益阳市资阳区五一东路
邮政编码：413001
联系电话：0737-4327380

厂家名称：湖南省永州广丰

农化有限公司
厂家地址：湖南省永州市零陵区桃江路53号
邮政编码：425006
联系电话：0746-6389941

厂家名称：湖南省永州市回龙圩管理区生物农药厂
厂家地址：湖南省永州市回龙圩管理区兴隆办事处
邮政编码：425406
联系电话：0746-5911603

厂家名称：湖南省袁隆平农业高科技股份有限公司
厂家地址：湖南省长沙市芙蓉区马坡岭高科技园
邮政编码：410125
联系电话：0731-4690269
传真：0731-46902606

厂家名称：湖南省岳阳隆兴实业公司
厂家地址：湖南省岳阳市云溪区岳化二工区
邮政编码：414014
联系电话：0730-8495717
传真：0730-8482048

厂家名称：湖南省株洲邦化化工有限公司
厂家地址：湖南省株洲市石峰区湘珠路
邮政编码：412005
联系电话：0733-2546966
传真：0733-2161488

厂家名称：湖南省资江农药厂
厂家地址：湖南省邵阳市双清区龙须塘
邮政编码：422001
联系电话：0739-5271661
传真：0739-52738706

厂家名称：湖南省芷江县太阳升农药有限责任公司
厂家地址：湖南省芷江侗族自治县芷江镇三里坪
邮政编码：419100
联系电话：0745-6821342
传真：0745-6821342

厂家名称：湖南省沅江市永丰化工有限公司
厂家地址：湖南省沅江市南嘴镇
邮政编码：413104
联系电话：0737-2286028

厂家名称：湖南省汨罗市元丰生物化工科技有限责任公司
厂家地址：湖南省汨罗市新市镇南街
邮政编码：414400
联系电话：0730-5612345
传真：0730-5611009

厂家名称：湖南省澧县霸王蚊香厂
厂家地址：湖南省澧县澧阳镇临江东路
邮政编码：415500
联系电话：0736-3235799

厂家名称：湖南省醴陵市金牛蚊香厂
厂家地址：湖南省醴陵市三刀石19号
邮政编码：412000
联系电话：0733-3228679
传真：0733-32227296

厂家名称：湖南省醴陵市牛王蚊香厂
厂家地址：湖南省醴陵市建新巷14号
邮政编码：412200
联系电话：0733-3818193

厂家名称：湖南省醴陵市蚊香厂
厂家地址：湖南省醴陵市建新巷14号
邮政编码：412200
联系电话：0733-3232107

厂家名称：湖南穗丰化工有限公司
厂家地址：湖南省长沙市远大二路马坡岭隆平高科技园
邮政编码：410007
联系电话：0731-4693010

厂家名称：湖南天鸟生化科技有限公司
厂家地址：湖南省长沙市湘春路311号
邮政编码：410005
联系电话：0731-88917228
传真：0731-88917208

厂家名称：湖南天人农药有限公司
厂家地址：湖南省长沙市宁乡县玉潭镇戴亭路10号
邮政编码：410600
联系电话：0731-7823888
传真：0731-7823224

厂家名称：湖南天日卫生杀虫剂厂
厂家地址：湖南省汉寿县城关镇
邮政编码：415900
联系电话：0736-2860406

厂家名称：湖南天宇农药化工股份有限公司金雁化工厂
厂家地址：湖南省衡阳市七里井路24号
邮政编码：421005
联系电话：0734-8512551

厂家名称：湖南天泽农药化工有限公司
厂家地址：湖南省岳阳市湘阴县跃进路135号
邮政编码：414621
联系电话：0730-2561058
传真：0730-25600996

厂家名称：湖南万家丰科技有限公司
厂家地址：湖南省益阳市沅江市竹莲工业园
邮政编码：413100
联系电话：0737-2630228
传真：0737-28006686

厂家名称：湖南湘沙化工有限公司
厂家地址：湖南省岳阳市湘阴县袁家铺镇
邮政编码：414602
联系电话：0730-2603999
传真：0730-26031116

厂家名称：湖南湘西自治州植保技术开发服务中心
厂家地址：湖南省湘西土家族苗族自治州吉首市吉北新路2号
邮政编码：416000
联系电话：0743-2145788
传真：0743-8223227

厂家名称：湖南新斑马实业股份有限公司
厂家地址：湖南省津市市北大路240号
邮政编码：415400
联系电话：0736-4223565
传真：0736-4225236

厂家名称：湖南亚华种业股份有限公司生物药厂
厂家地址：湖南省长沙市长沙县经济技术开发区板仓南路
邮政编码：410100
联系电话：0731-4021012
传真：0731-40210296

厂家名称：湖南益阳飞鱼蚊香有限公司
厂家地址：湖南省益阳市赫山区罗溪南路
邮政编码：413002
联系电话：0737-4425168
传真：0737-4425168

厂家名称：湖南益阳生物化工总厂
厂家地址：湖南省益阳市五一东路白马山
邮政编码：413000
联系电话：0737-4382318
传真：0737-4382318

厂家名称：湖南益阳欣荣工贸有限公司
厂家地址：湖南省益阳市赫山区罗溪南路
邮政编码：413002
联系电话：0737-4425168

厂家名称：湖南岳阳安达化工有限公司
厂家地址：湖南省岳阳市巴陵中路创业中心室
邮政编码：414000
联系电话：0730-8821797 0730-8821795
传真：0730-88217916

厂家名称：湖南泽丰农化有限公司
厂家地址：湖南省长沙市芙蓉区马坡岭省农科院
邮政编码：410125
联系电话：0731-4693082
传真：0731-4693225

厂家名称：湖南众业科技实业有限公司
厂家地址：湖南省长沙市天心区仰天湖新村1号
邮政编码：410015
联系电话：0731-5135799
传真：0731-5135799

厂家名称：湖南沅江赤蜂农化有限公司
厂家地址：湖南省沅江市南嘴镇
邮政编码：413104
联系电话：0737-2288898
传真：0737-2286498

厂家名称：湖南昊华化工有限责任公司
厂家地址：湖南省株洲市石峰区丁山路18号
邮政编码：412005
联系电话：0733-2969000
传真：0733-2969136

厂家名称：美国伊甸生物技术公司
厂家地址：湖南省长沙市雨花区人民东路38号农大哥科技大楼1523室
邮政编码：210095
联系电话：025-84395623

厂家名称：岳阳迪普化工技术有限公司
厂家地址：湖南省岳阳市巴陵中路创业中心 617 室
邮政编码 :414000
联系电话 :0730-8287679
传真 :0730-8287676

厂家名称：澧县城头山蚊香厂
厂家地址：湖南省澧县澧澹乡白羊村
邮政编码 :415500
联系电话 :0736-3264278
传真 :0736-31226816

厂家名称：湖南海利化工股份有限公司
厂家地址：湖南省长沙市望城县芙蓉中路二段 251 号
邮政编码 :410007
联系电话 :0731-5357911
传真 :0731-57182906

江苏 Jiangsu

1. 红太阳集团有限公司
地址：南京市高淳县宝塔路 269 号（211300）
电话：025-57880888
传真：025-57886828

南京红太阳股份有限公司
地址：江苏省南京市江宁区竹山南路 589 号（211112）
电话：025-87151300
传真：025-87132166

2. 江苏扬农化工集团有限公司
地址：江苏省扬州市文峰路 39 号
邮编：225009
电话：总机 0514-87820587
传真：0514-87814859
邮　箱：market@yangnong.com.cn

3. 江苏蓝丰生物化工股份有限公司
地址：中国江苏省新沂市经济开发区苏化路 1 号
电话: 0086-516-88983751(经理室)
0086-516-88924343（农药一部）
0086-516-88983752（农药二部）
0086-21-88922509（中间体部）
传真：0086-516-88921021，88924384
邮编：221400
邮箱：xyny@xinyipesticide.com

4. 南通江山农药化工股份有限公司
注册地址：中国江苏南通经济技术开发区江山路 998
电　话：83517630,83558299,
传　　真：0513-83516234
邮政编码：226017
网　　址：www.jsac.com.cn

5. 江苏联化科技有限公司
地址：江苏省盐城市响水县陈家港化工园区
电话：0515-86730099
传真：0515-86734222
邮编：224631
邮箱：market@hlchem.com

6. 江苏克胜集团股份有限公司
地址：江苏盐城市建湖县盐淮路 888 号
邮编：224700
电　话：0515-86267666；86264301
传真：0515-86269125

邮箱：ab@kesheng.com
kesheng@mx.js.cei.gov.cn
网 址：http://www.ksjt.jnn.cn
http://kesheng.com

7. 江苏常隆化工有限公司
地址：江苏省常州市新北区长江北路 1229 号
邮编：213033
电话：0519-85481156
传真：0519-85481155

8. 江苏辉丰农化股份有限公司
地址：中国江苏省大丰市王港闸人民南路 90 号
邮编：224100
传真：0515-83252328 电话：0515-83252118
邮 箱：trade@hfagro.com(国际贸易部)

9. 江苏长青农化股份有限公司
地址：江苏省江都市浦头镇江灵路 1 号
邮编：225218
电话：0514-86424918
传真：0514-86421039
邮箱：jscq@jscq.com
网址：www.jscq.com

10. 江阴苏利化学股份有限公司
地址：江苏省江阴市利岗镇润华路 7 号
邮编：214444
电话：0510-86636232
传真：0510-86636221
Email sulichem@suli.com

11. 江苏龙灯化学有限公司
电话：0512-57711988
传真：0512-57718697
地址：江苏省昆山市经济技术开发区龙灯路 88 号
邮编：235101

12. 江苏好收成韦恩农化股份有限公司
地址：江苏省启东市老启东港（启东市滨江精细化工园）
邮编：226221
电话：+86-513-83885555（内贸）
传真：+86-513-83883939（内贸）
电话：+86-513-83883399（外贸）
传真：+86-513-83883309（外贸）
邮 箱：wechem@pub.nt.jsinfo.net

13. 先正达（苏州）作物保护有限公司
地址：江苏省昆山市经济技术开发区黄浦江中路 255 号
电话：0512-57719942
邮编：215301

14. 江苏七洲绿色化工股份有限公司
地址：江苏张家港市杨舍镇城北路 28 号
电话：0512-58799166
传真：0512-58799166
邮箱：qzzq@sevencontinent.com

16. 江苏天容集团股份有限公司
电 话： 86-025-85571399
传 真： 86-025-85571399
地址：江苏南京市经济技术开发区尧新大道 233 号

18. 江苏省农用激素工程技术研究中心有限公司
电话：0519-85109160
传真：0519-85108116
地址：江苏常州市新区岷江路 98 号
邮 箱：sales@agrochemlab.com

19. 利民化工股份有限公司
电话：0516-88923527 传真：0516-88923651
地址：江苏省新沂市新华路 28 号
邮 箱：sales@chinalimin.com

20. 南通泰禾化工有限公司
电话：0513-84815002
地址：中国 江苏 南通市 江苏南通如东洋口化学工业聚集区

21. 江苏安邦电化有限公司
电话：0517-83556111
传真：0517-83631984
地址：江苏省淮安市化工路 30 号
邮箱：anpon@anpon.com

22. 江苏剑牌农化股份有限公司
总经理办公室电话 0515-86252132
市场部电话：0515-86253585
传真：0515-86252131
地址：江苏省建湖县城冠华东路 1008 号
邮箱：sword@swordchem.com

23. 江苏丰山集团有限公司
电话：0515-83372088
传 真：0515-83373012,83372403

地址；江苏省大丰市草庙镇北首
邮箱：fengshanagro@yahoo.com.co

24. 江苏中旗作物保护股份有限公司
电话：0086-025-58375015
传真：0086-025-58375450
地址：南京市六合区化学工业园区长丰河路309号

25. 江苏宝灵化工股份有限公司
电 话：0086-0513-8353257
手机：13861908598
传真：0086-0513-83519032
地址：江苏省南通市姚港路41号

26. 江苏皇马农化有限公司
电话：0511-86638888
传真：0511-86630388
地址：中国江苏丹阳皇塘镇工业区
邮 箱：info@danyangchem.com

27. 江苏丰登农药有限公司
电话：0519-82422752
传 真：0519-82422907、82426854
总部地址：江苏省金坛市直溪镇丹荆路10号五楼
邮 箱：sales@fdpesticide.com

28. 常州永泰丰化工有限公司
电 话：0519-8577 6299 0519-8985 9020
传 真：0519-8577 8299 0519-8985 9010

地址：中国江苏省常州市新北区港区中路12号
邮 箱：wintafone@wintafone.com.cn liu@wintafone.com

29. 苏州富美实植物保护剂有限公司
电话：0512-62863988
地址：江苏工业园区胜浦分区界浦路99号

30. 江苏宝众宝达药业有限公司
电话：+86 21 52045803
传真：+86 21 52045805
地址：上海市武宁路492弄51支弄3号楼2005室

31. 江苏春江农化有限公司
电 话：13817348163 手 机：13817348163 13861100789
传真：0519-82442866
地址：金坛市直溪镇潘家湾84号
邮箱：zgxhc1964@live.cn

32. 江苏瑞邦农药厂有限公司
电 话：0519-82327666（小包装） 0519-82330961（原药部）
传真：0519-82330963（内贸）
地址：江苏省金坛市华城东路8号瑞邦农药厂
邮箱：market@repont.com（内贸）

33. 江苏绿叶农化有限公司
电话：0515-88710661
传真：0515-89876168
地址：江苏盐城市阜宁县澳洋工业园区开放大道62号
邮箱：lvyechem@hi2000.com

34. 江苏托球农化有限公司
电话：0515-88551910
传 真 :0515-88550542
地址：盐城市人民中路88#翰尊公寓5F
邮箱：sales@tuoqiu.com

35. 江苏东宝农药化工有限公司
电 话： 主 任： 宋 海 燕 13805251886
邮箱：gj0223@sina.com

36. 江苏常州康美化工有限公司
电话： 86+ 519- 82835448, 82888013
传真： 86+ 519- 82829917, 82888012
地址： 江苏金坛市东门大街9号康美大厦4楼

37. 江苏禾业农化有限公司
电话：0515-82540138 手机：13921869907
传真：0515-82540138
地址：江苏省盐城市射阳县临海化工园区
邮箱：xliling333@hotmail.com

38. 南通江山农药化工股份有限公司
总机：0513-83502727 转 0513-68159607（总经办）
地址：中国江苏南通经济技术开发区江山路998号

39. 江苏快达农化股份有限公司
电话：0513-84415518
传真：0513-84542863
E-mail ：sales@kuaida.cn
地址：江苏省南通市如东县

马塘镇建设路 2 号

40. 江苏辉丰农化股份有限公司
电话： 0515-85055512
传真： 0515-83252328
地址：江苏省大丰市人民中路 92 号
邮箱：trade@hfagro.com（国际贸易部）

41. 江苏克胜集团股份有限公司
电话：0515-86267666
传真：0515-86264301
E-mail ：ab@keshengl.com

42. 江苏长青农化股份有限公司
电话：0514-86421237
传真：0514-86421039
地址：江苏省扬州市江都区浦头镇江灵路 1 号

43 江苏七洲绿色化工股份有限公司
电 话：+86-512-58693188 58682120
厂电话：+86-512-58609901
传真：+86-512-58689720
厂传真：+86-512-58608378
地址：江苏省张家港市人民中路国泰时代广场 A7-8 楼
厂址：江苏省张家港市临江绿色产业园
E-mail:
info@sevencontinent.com

44. 江苏常隆化工有限公司
公 司 总 机：0086 519 85481156，85212622，68867718，68867719
公司传真：
0086 519 85481155
地址：中国江苏省常州市新区龙虎塘
E-mail:
jscl@jschanglong.com

45 江苏蓝丰生物化工股份有限公司
电 话：86-516-88983486 88983752 88983751 88980153
传真：86-516-88929484
地址：中国江苏新沂经济技术开发区苏化路 1 号
邮箱：
jslanfeng@jslanfeng.com

46. 江苏省激素研究所股份有限公司
内贸部电话：0519-82824504
外贸部电话：0519-85109160
传 真：0519-82829413 0519-85108097
地址：江苏省金坛经济开发区环园北路 95 号
邮箱：office@jsmone.com

47. 江苏傲伦达科技实业股份有限公司
电话：86-0510-87551133
传真：86-0510-87551187
地址：江苏省宜兴市周铁镇分水周墅村

48. 苏健谷化工有限公司
服务热线：400-0527-488
传 真：0527-88105910
地 址：江苏省宿迁市宿城区城北路 35 号
电子信箱：
jsjiangu@163.com

49. 江苏嘉隆化工有限公司
电 话：0086-0516-85136808
传真：0086-0516-85030332
地址：江苏省徐州市南郊三堡镇

50. 太仓市农药厂有限公司
电 话：(86)0512-53611849 82783680 82783688*804
传真：(86)0512-53616022
地址：江苏省太仓市郑和中路 309 号太仓发展大厦 1806 室
邮箱：
uutpf@public1.sz.js.cn

51. 南通施壮化工有限公司
电话：0513-83523903
传真：0513-83518656
地址：江苏南通市市人民西路 366 号
邮箱：snwzb@126.com

52. 徐州诺特化工有限公司
电 话：0516-83905138 ，83200912
传真：0516-83200903
地址：徐州市和平东路 64 号帝都大厦 3001
邮箱：sales@nuotchem.com

53. 江苏省绿盾植保农药实验有限公司
电 话：0511-87265391 87274221
传真：0511-87276940
地址：江苏省句容市句蜀路 2 号
邮箱：miaokang@163.com

54. 发事达（南通）化工有限公司
电话：+86（0513）87688188
传真：+86（0513）87688186
地址：中国江苏省南通市如皋港区粤江路 5 号

55. 江苏亚圣化工有限公司
电 话：
0516-82036688,82036699
传 真：0516-89107166
地 址：江苏省徐州市凤城化工园区北环路中段
业务邮箱：d8943@163.com
技术邮箱：d8943@163.com

56. 江苏新河农用化工有限公司
公司电话：
86-0516-88928377
公司传真：
86-0516-88928377
公司地址：江苏新沂市经济开发区新港路19号
电子邮箱：huqwww@163.com

57. 新沂中凯农用化工有限公司
联系电话：
88969682、80326682
办公室：
88969633、80326633
传 真：0516-88939418
公司地址：江苏省新沂市经济技术开发区
邮 箱：
zkagrochem@vip.163.com

58. 苏州市江枫白蚁防治有限公司
电话：0512-65365323
传真：0512-65369392
公司地址：江苏省苏州高新区前桥路239号
邮箱：shaosong@vip.qq.com

59. 江苏巨能机械有限公司
总机：0510-87505101
传 真：0510-87501218
公司地址：江苏省宜兴市周铁镇朝阳路东首
邮 箱：xsb@ju-neng.cn

60. 江苏太化化工有限公司
电 话：86 025 58368861
传 真：86 025 58368861 025-58392770
地址：中国 江苏 南京市六合区 南京化学工业园区方水路21号

61. 江苏亚圣化工有限公司
电 话：0516-82036688,82036699
传 真：0516-89107166
地 址：江苏省徐州凤城化工园区北环路中段
业务邮箱：d8943@163.com
技术邮箱：d8943@163.com

62. 新沂市泰松化工有限公司
电话：86-516-88610988
地址：江苏省新沂市经济技术开发区建业西路东首
邮 箱：taisong518@yahoo.com.cn

63. 京博士邦化工科技有限公司
联系电话：025-51521280
公司传真：025-51521230
公司地址：江苏省南京市中山东路218号长安国际大厦22层
Email：boshibang@163.com

64. 江苏东宝农药化工有限公司
销售部：
0514-86731510 86738173
传 真：
0514-86738114 86731520
地 址：江苏省江都市宜陵镇宜陵工业园

65. 江苏瑞东农药有限公司
电 话：0519-82351988，823357980519-82351988，
传真：0519-82335798
地址：江苏省金坛市良常东路12号
邮 箱：sale@ruidongcn.com
ruidong@vip.163.com

66. 南京捷润科技有限公司
电话：025-86608363
传真：025-86607572
地址：南京市牌楼巷47号星月大厦506
邮箱：jierunkeji@qq.com

67 . 江苏钟山化工有限公司
联系电话：025-85236606
传真：025-85236666
地址：南京市栖霞区太新路46号

68. 江苏建农农药化工有限公司
传真：86+ 0515- 86392777
地址：江苏建湖县经济开发区永兴路888号
邮箱：jhjn@jsmail.com.cn

69. 常州市统一干燥设备有限公司
电话：0519-88672588
传真：0519-88679208
地址：江苏省常州市武进区郑陆镇中陆工业园

70. 常州市宇通干燥设备有限公司
电话：0519:88908088
传真：0519:88902649
地址：江苏省常州市焦溪镇

71. 江苏华瑞化工科技有限

公司
电话：025-685220238
传真：025-68520238
地址：南京市江宁开发区秦淮路 69 号

73. 南京百阳里生物技术有限责任公司
电话：025-86999888
传真：025-57306767
地址：南京高淳东坝经济开发区

74. 常州市先飞包装设备科技有限公司
电话：0519-82303222
传真：0519-82303221
地址：江苏金坛经济开发区电厂纬路北侧

75. 江苏东宝农药化工有限公司
电话：0514:86730999
传真：0514-86739623
地址：江苏省江都市宜陵镇

76. 江苏省江都市华灵农药工厂
电话：0514-86595976
传真：0514-86599397
地址：江苏江都市摩村镇繁荣路 36 号

77. 扬州市苏灵农药化工有限公司
电话：0514-86730888
传真：0514-86738251
地址：江苏扬州市江都区宜陵镇

78. 江苏粮满仓农化有限公司
电话：0514-6640999
传真：0514-6640030
地址：江苏江都市周西镇振兴街 2 号

79. 连云港市东金化工有限公司
电话：0518-87319228
传真：0518-87319228
地址：江苏省连云港市东海县驼峰新区

80. 宜兴兴农化工制品有限公司
电话：0510-87851537
传真：0510-87853601
地址：江苏省宜兴市万石镇漕南村

81. 江苏绿叶农业有限公司
电话：0515-89876101
传真：0515-89876122
地址：江苏盐城市亭湖区开放大道 62 号

82. 无锡禾美农化科技有限公司
电话：0510-86013163
传真：0510-86151137
地址：江苏无锡市江阴市云亭镇余城村

83. 南通正达农化有限公司
电话：0513-87580566
传真：0513-87582566
地址：江苏如皋市如皋港化工大道 1 号路 6 号

84. 江苏禾业农业有限公司
电话 :0515-82540138
传真：0515-82540138
地址：江苏盐城市射阳县临海化工园区

85. 江苏长春农化股份有限公司
电话：0514-86421237
传真：0514-86421039
地址：江苏江都市浦头镇江录路 1 号

86. 江苏浴益农化有限公司
电话：0515-85635186
传真：0515-85635183
地址：江苏东台市许河镇新工业园区

87. 徐州润泽化工有限公司
电话：0516-88783388
传真：0516-88783588
地址：江苏新沂市经济开发区唐店镇龙河村

88. 南京嘉绿化工产品有限公司
电话：025-58630277
传真：025-58630299
地址：南京市浦口区大桥北路 1 号华侨广场 2101 室

89. 南通江山农药化工股份有限公司
电话：0513-68159560
传真：0513-83510690
地址：江苏南通崇川区姚港路 35 号

90. 江阴苏利化学有限公司
电话：0510-86636248
传真：0510-86636221

91. 江苏绿利来股份有限公司
电话：0512-86166588
传真：0512-86166362

92. 江苏天容集团股份有限公司
电话：025-85571399
传真：025-85571399
地址：江苏溧阳市平陵东路147号

93. 江苏省绿盾植保农药实验有限公司
电话：0511-87274221
传真：0511-87276940
地址：江苏句容市句署路2号

94. 江苏钟山化工有限公司
电话：025-85236606
传真：025-85236666
地址：南京市栖霞区太新路46号

95. 太仓市农药厂有限公司
电话：0512-82783680
传真：0512-53616022
地址：太仓市郑和中路309号发展大厦1806室

96. 密友集团有限公司
电话：0512-57782896
传真：0512-57791211
地址：江苏昆山市高新区望山南路16号

97. 江苏安邦电化有限公司
电话：0517-83556114
传真：0517-83632815
地址：江苏淮安市化工路30号

98. 南京太化化工有限公司
电话：025-58368888
传真：02558394803
地址：南京市六合区化学工业园区方水路21号

99. 南通施壮化工有限公司
电话：0513-83523903
传真：0513-83518656
地址：江苏南通市人民西路366号

100. 江苏省剑牌农药化工有限公司
电话：0515-86255033
传真：0515-86255033
地址：江苏盐城市建湖县冠华东路1008号

江苏徐州诺特化工有限公司
电话：0516-83905138
传真：0516-83200903
地址：江苏徐州市和平路64号帝都大厦30F3001

发事达（南通）化工有限公司
电话：0513-87688188
传真：0513-87688186
地址：江苏南通市如皋区港澳精细化工园

常熟力菱精细化工有限公司
电话：0512-52275000-8012
地址：常熟经济开发区兴港路698号

常州晔康化学制品有限公司
电话：0519-88312375
地址：江苏常州市武进区邹区镇段庄康兴路168号

江苏澄扬作物科技有限公司
电话：025-83716878
传真：025-83713458
地址：南京市化学工业园区罐区南路89号

江苏东宝农药化工有限公司
电话：0514-86731500
地址：江苏江都市宜陵镇

江苏泛华进出口有限公司
电话：0511-88980282
地址：江苏镇江市丁卯桥路116号

江苏丰山集团有限公司海洋分公司
电话：0515-83552685
地址：江苏大丰王港闸南首

江苏健谷化工有限公司
电　话：0527-88105910；88105999
传真：0527-88105910
地址：江苏宿迁生态化工科技产业园经五路1号

江苏金凤凰农化有限公司
电话：0519-83566315
地址：江苏常州市西门泰西路195号

江苏莱科化学有限公司
电话：0519-87207031
地址：江苏溧阳市歌岐路55号

利民化工股份有限公司
电话：0516-88984587
传真：0516-88937719
地址：江苏新沂市新华路28号利民大厦

江苏农用激素工程技术研究中心有限公司
电话：0519-88225319
地址：江苏常州市新北区岷江路98号

江苏三笑集团有限公司
电话：0514-87278082
地址：江苏扬州市杭集工业园三笑大道1号

江苏省农垦生物化学有限公司
电话：025-58392246
地址：南京化学工业园区赵丰路19号

江苏省农药产品质量监督检测站有限公司
电话：025-89638028
地址：南京市新港开发区恒竞路31-1号

江苏省农药研究所股份有限公司
电话：025-57386055
地址：江苏南京化学工业园长丰河路269号

江苏省苏科农化有限责任公司
电话：025-57638108-886
地址：南京市六合区瓜埠镇砂子沟双巷路7号

江苏腾龙生物药业有限公司
电话：0515-83692788
传真：0515-83693792
地址：江苏大丰市西团镇城乡北路1号

江苏新仁信精细化工有限公司
电话：025-58392900
地址：南京市六合区南京化学工业园区方水路90号-40

江苏裕廊化工有限公司
电话：0515-86733308
地址：江苏盐城市响水县陈家港化工集中区

江苏云帆化工有限公司
电话：0513-83201555
地址：启东滨江精细化工园江苏路168号

江苏耕农化工有限公司
电话：0511-81987510
地址：江苏镇江新区龙溪路10号

江苏中旗作物保护股份有限公司
电话：025-84738112
地址：南京市中山南路8号苏豪大厦29层

连云港市金囤农化有限公司
电话：0518-83691611
地址：江苏连云港市灌南县堆沟港镇化学工业园

南京高正农用化工有限公司
电话：
025-58392868,58393516
传真：025-58392700
地址：南京市化学工业园区方水东路1号

南京惠宇农化有限公司
电话：025-57602888
地址：南京市六合区横梁街道石庙社区

南京南农农药科技发展有限公司
电话：025-84395285
地址：南京市童卫路20号翰范大厦辅楼

南通功成精细化工有限公司
电话：0513-84822138
地址：江苏如东县洋口化工园区

南通嘉禾化工有限公司
电话：0513-82651567
地址：江苏海门市青龙化工业区

苏州富美实植物保护剂有限公司
电话：0512-62863915
地址：苏州工业园区胜浦分区界浦路99号

苏州佳辉化工有限公司
电话：0512-80981128
地址：苏州市相城区东桥镇

陶氏益农农业科技（中国）有限公司
电话：0513-85305331
地址：江苏南通市港闸经济区永兴路60号

无锡禾美农化科技有限公司
电话：0510-86018627
地址：江阴市云亭镇余城村

先正达（苏州）作物保护有限公司
电话：0512-57029116
江苏昆山黄浦江中路255号

新沂泰松化工有限公司
电话：0516-88610333
地址：新沂市经济技术开发区建邺路1号

新沂市中凯农用化工有限公

司
电话：0516-88969620
地址：新沂市经济技术开发区建邺路东段

盐城利民农化有限公司
电话：0515-88719678
地址：盐城市阜宁澳洋工业园区纬一路

江苏省徐州诺恩农化有限公司
电话：0516-83508351 传真：0516-83408111
地址：徐州市南郊铜山新区

新沂永隆化工有限公司
电　话：0516-88929988；88928888
地址：新沂市塘店化工园区

新沂市泰杉化工有限公司
电话：0516-88611529
传真：0516-88616068
地址：新沂市开发区上海路

苏州市江枫白蚁防治有限公司
电话：0512-65365323
传真：0512-65369392
地址：苏州市高新区前桥路239号

常州汤姆包装机械有限公司
电　话：0519-86480398；137 7517 0172
传真：0519-86480388
地址：中国　江苏　常州市武进区　凤栖路26号

常州永泰丰化工有限公司
电　话：0519-8577 6299 0519-8985 9001
传　真：0519-8577 8299 0519-8985 9010
地址：中国江苏省常州市新北区滨江化工开发西区
邮箱：wintafone@wintafone.com.cn　liu@wintafone.com

苏州富美实植物保护剂有限公司
电话：0512-6286390
地址：江苏工业园区胜浦分区界浦路99号

江苏宝众宝达药业有限公司
电话：+86 21 52045803
传真：+86 21 52045805
地址：上海市武宁路492弄51支弄3号楼2005室

江苏春江农化有限公司
电话：0519-82442355
传真：0519-82442866
地址：金坛市直溪镇潘家湾84号
邮箱：zgxhc1964@live.cn

江苏瑞邦农药厂有限公司
电话：0519-82327666
传真：0519-82330783
地址：江苏省金坛市华城东路8号

江苏东宝农药化工有限公司
邮箱：gj0223@sina.com

江苏禾业农化有限公司
电话：0515-82540138
传真：0515-82540138
地址：江苏省盐城市射阳县临海化工园区
邮箱：xliling333@hotmail.com

江苏常隆化工有限公司
电话：0086 519 85481156，
公司传真：0086 519 85481155
地址：中国江苏省常州市新区龙虎塘
E-mail：jscl@jschanglong.com

江苏新河农用化工有限公司
公司电话：86-0516-88928377
公司传真：86-0516-88928377
公司地址：江苏新沂市经济开发区新港路19号
电子邮箱：huqwww@163.com

江苏太化化工有限公司
电话：86 025 58368861
传　真：86 025 58368861 025-58392770
地址：南京化学工业园区方水路21号

京博士邦化工科技有限公司
联系电话：025-51521280
公司传真：025-51521230
公司地址：江苏省南京市中山东路218号长安国际大厦22层
Email：boshibang@163.com

江苏东宝农药化工有限公司
销售部：0514-86731510
传　真：0514-86738114 86731520
地址：江苏省江都市宜陵镇宜陵工业园

江苏瑞东农药有限公司
电　话：0519-82351988，823357980519-82351988，手机：13906146632
传真：0519-82335798
地址：江苏省金坛市良常东路 12 号
邮　箱：sale@ruidongcn.com
ruidong@vip.163.com

南京捷润科技有限公司
电话：025-86608363
传真：025-86607572
地址：南京市牌楼巷 47 号星月大厦 506
邮箱：jierunkeji@qq.com

江苏建农农药化工有限公司
电话：86 0515 13485219965
传真：86 0515 86392777
地址：江苏建湖县经济开发区永兴路
邮箱：jhjn@jsmail.com.cn

260. 江苏景宏化工有限公司
电话 :0515-89908883
传真 0515-89908933
地址：江苏盐城市世纪大道华邦国际西厦 18 层 A01-A07

海舒色彩 ER　COLOR
电话：0519-81187161
传真：0519-88029580
地址：江苏常州市钟楼区劳动西路华景大厦 802

江苏鸿祥吕塑印务有限公司
电话：025-84466222
传真：025-84468775
地址：南京市石鼓路 33 号东方名苑 A 座 1105 室

连云港银园化工有限公司
电话：0571-87110716
传真：0571-87110719

丰县百农思达农用化学品有限公司
电话：0516-89592480
传真：0516-89592481
邮箱：jsfxylh@163.com

金坛市金旺包装科技有限公司
电话：0519-82894626
传真：0519-82898200
地址：江苏金坛市丹凤西路 39 号

启东亚太化工厂有限公司
电话：0513-83883000
传真：0513-83886000
地址：江苏启东市化工园区

江苏龙灯博士摩包装材料有限公司
电话：0512-57718695
传真：0512-57702216
地址：江苏昆山市经济技术开发区黄浦江中路 268 号

维讯化工（南京）有限公司
电话：025-58375602
传真：025-58375605
地址：南京化学工业园普桥路 150 号

亚邦农化·连云港市金囤农化有限公司
电话：0519-81086988
传真：0519-81086977
地址：江苏省常州市武进区延政中路 2 号世贸中心 A 座 2401

江苏擎宇化工科技有限公司
电话：0514-89188932
传真：0514-89188921
地址：江苏扬州化工产业园区擎宇路 8 号

江苏中冶化工有限公司
电话：0513-83569452
传真：0513-83560073
地址：南通市工农路 156 号鑫乾国际广场 15 楼 A 座

昆山大地包装材料有限公司
电话：0512-57862597
传真：0515-57862596
地址：江苏昆山市周市镇新浦路 158 号

江苏中旗化工有限公司
电话：025-58375015
传真：025-58375450
地址：南京化学工业园长丰河路

江苏常隆农化有限公司
电话：0523-89700025
传真：0523-87510531
地址：江苏泰兴经济技术开发区团结河路 8 号

江苏仁信化工有限公司
电话：025-84729803
传真：025-84725172
地址：南京市汉中路 89 号金鹰国际商城 23 楼

江苏华大离心机股份有限公司
电话：0512-58295118
传真：0512-58295088
地址：张家港经济技术开发区勤星路 8 号

江苏诺姆化学有限公司
电话：025-84653121
传真：025-84653123
地址：南京市白下区洪武路359号福鑫国际大厦西3101室

江苏瑞鸿生物化学有限公司
电话：0513-88247423
传真：0513-88247065
地址：江苏海安县角斜镇环镇西路14号

厂家名称：江苏健神生物农化有限公司
厂家地址：江苏省镇江市高资镇江苏丹徒经济开发区
邮政编码：212114
联系电话：0511-5682828
传真：0511-56802666

厂家名称：江苏洁利三三有限责任公司
厂家地址：江苏省南京市江宁开发区秦淮路33号
邮政编码：211100
联系电话：025-52121833
传真：025-86983393

厂家名称：江苏康鹏农化有限公司
厂家地址：江苏省姜堰市桥头工业园
邮政编码：225511
联系电话：0523-8781612
传真：0523-87869886

厂家名称：江苏利达农药有限公司
厂家地址：江苏省宜兴市周铁镇分水
邮政编码：214262
联系电话：0510-87551550
传真：0510-87551120

厂家名称：江苏粮满仓农化有限公司
厂家地址：江苏省扬州市江都市周西振兴街2号
邮政编码：225247
联系电话：0514-6640888
传真：0514-6640030

厂家名称：江苏隆力奇集团有限公司
厂家地址：江苏省苏州市常熟市隆力奇生物工业园
邮政编码：215555
联系电话：0512-52485538
传真：0512-52481415

厂家名称：江苏绿利来股份有限公司
厂家地址：江苏省苏州市昆山市朝阳支路21号
邮政编码：215300
联系电话：0512-86166528 86166536
传真：0512-86163741

厂家名称：江苏梦达日用品有限公司
厂家地址：江苏省苏州市张家港市（保税区）后塍工业园
邮政编码：215631
联系电话：0512-58777888
传真：0512-58781888

厂家名称：江苏南京敖广日用化工有限公司
厂家地址：江苏省南京市高淳县双牌石漆桥北路6号
邮政编码：211302
联系电话：025-57852678
传真：025-57852678

厂家名称：江苏润泽农化有限公司
厂家地址：江苏省金坛市金城镇后阳化工园区16号
邮政编码：213215
联系电话：0519-82618989
传真：0519-82618902

厂家名称：江苏三迪化学有限公司
厂家地址：江苏省泰州市孤山中路121号
邮政编码：214522
联系电话：0523-4560377-8118
传真：0523-4563418

厂家名称：江苏三泉农化有限责任公司
厂家地址：江苏省镇江市丹阳市后巷镇高桥
邮政编码：212316
联系电话：0511-6397436
传真：0511-6397435

厂家名称：江苏三山农药有限公司
厂家地址：江苏省淮安市工业园区枚乘西路118号
邮政编码：223002
联系电话：0517-83852011
传真：0517-83852600

厂家名称：江苏射阳黄海农药化工有限公司
厂家地址：江苏省盐城市射阳县城人民东路32号
邮政编码：224300
联系电话：0515-2324359
传真：0515-2325430

厂家名称：江苏省安速日用化学（苏州）有限公司
厂家地址：江苏省苏州市高新区滨河路687号8号厂房南办公楼5层
邮政编码：300457

联系电话:022-59811600-8221
传真:022-59811605

厂家名称:江苏省宝应县名门工艺香厂
厂家地址:江苏省宝应县曹甸镇工业园区
邮政编码:225808
联系电话:0514-8681532

厂家名称:江苏省滨海县东坎镇奇星灭蝇药厂
厂家地址:江苏省滨海县阜东北路
邮政编码:224500
联系电话:0515-4226207

厂家名称:江苏省常熟市化工厂
厂家地址:江苏省苏州市常熟市支塘镇长桥路84号
邮政编码:215531
联系电话:551294,551376

厂家名称:江苏省常熟市莫城农药厂
厂家地址:江苏省苏州市常熟市苏常公路青州车站
邮政编码:215500
联系电话:85166

厂家名称:江苏省常熟市义农农化有限公司
厂家地址:江苏省苏州市常熟市大义镇
邮政编码:215557
联系电话:0512-52391347
传真:0512-52391347

厂家名称:江苏省常州华夏农药有限公司
厂家地址:江苏省常州市武进区夏溪镇新东街65号
邮政编码:213148
联系电话:0519-3582888,3581024
传真:0519-3581236

厂家名称:江苏省常州化工厂
厂家地址:江苏省常州市清凉路165号
邮政编码:213014
联系电话:0519-8811413
传真:0519-8820786

厂家名称:江苏省常州兰陵制药有限公司
厂家地址:江苏省常州市天宁区采菱东路58号
邮政编码:213018
联系电话:0519-8771316 8388612
传真:0519-8771560

厂家名称:江苏省常州市宝利德农药有限公司
厂家地址:江苏省常州市新北区罗溪镇
邮政编码:213136
联系电话:0519-3401033
传真:0519-34015196

厂家名称:江苏省常州市绿风生化有限公司
厂家地址:江苏省常州市天宁区五角场地道口北路158号
邮政编码:213021
联系电话:0519-5316797
传真:0519-53127316

厂家名称:江苏省常州市明星化学品有限公司
厂家地址:江苏省常州市戚墅堰宋沟墩19号
邮政编码:213011
联系电话:0519-8772206
传真:0519-8367397

厂家名称:江苏省常州市农林药业有限公司
厂家地址:江苏省常州市金坛市西门常湟线汤庄镇
邮政编码:213200
联系电话:0519-2892688
传真:0519-2892688

厂家名称:江苏省常州市天稻化学品有限公司
厂家地址:江苏省常州市荆川路88号
邮政编码:213016
联系电话:0519-6695034

厂家名称:江苏省常州市万家日用品有限公司
厂家地址:江苏省常州市青龙乡三里村委
邮政编码:213021
联系电话:0519-5330132
传真:0519-5330132

厂家名称:江苏省常州市卫生除害服务中心
厂家地址:江苏省常州市中凉新村60-1幢23号
邮政编码:213000
联系电话:0519-8810980
传真:0519-6963566

厂家名称:江苏省常州市兄弟蚊香厂
厂家地址:江苏省金坛市朱林镇朱林大街55号
邮政编码:213241
联系电话:0519-2620777
传真:0519-2620777

厂家名称:江苏省常州市植

物药品厂
厂家地址：江苏省金坛市金城镇工业集中区红山路 8 号
邮政编码 :213200
联系电话 :0519-2813839
传真 :0519-2813838

厂家名称：江苏省常州市钟楼区喜临卫生用品厂
厂家地址：江苏省常州市西彬米夏墅松坡村 52 号
邮政编码 :213024
联系电话 :0519-3882373

厂家名称：江苏省常州伟凌日用化学有限公司
厂家地址：江苏省常州市荆川路 88 号
邮政编码 :213016
联系电话 :0519-6962113

厂家名称：江苏省常州沃富斯农化有限公司
厂家地址：江苏省金坛市北环西路 146 号
邮政编码 :213200
联系电话 :0519-2822581
传真 :0519 — 2883308

厂家名称：江苏省常州展氏家用化学品有限责任公司
厂家地址：江苏省常州市荆州路 41 号
邮政编码 :213016
联系电话 :0519-6961594

厂家名称：江苏省常州中天气雾制品有限公司
厂家地址：江苏省常州市勤业西路 1 号
邮政编码 :213023
联系电话 :0519-3906531
传真 :0519-3270341

厂家名称：江苏省除草剂研究所开发中心农药厂
厂家地址：江苏省南京市农科院内
邮政编码 :210014
联系电话 :025-4390226
传真 :025-4432691

厂家名称：江苏省大丰市隆森日用品厂
厂家地址：江苏省大丰市东宁路南道
邮政编码 :224100
联系电话 :0515-3980089
传真 :0515-3839071

厂家名称：江苏省丹阳市春蕾蚊香厂
厂家地址：江苏省丹阳市胡桥镇
邮政编码 :212313
联系电话 :0511-6216007

厂家名称：江苏省丹阳市东南卫生化工厂
厂家地址：江苏省丹阳市港口东路 44 号
邮政编码 :212300
联系电话 :0511-6520580
传真 :

厂家名称：江苏省丹阳市农药化工厂
厂家地址：江苏省丹阳市里庄镇东
邮政编码 :212363
联系电话 :0511-6672029
传真 :0511-66762606

厂家名称：江苏省东台秋元化工有限公司
厂家地址：江苏省盐城市东台市台南镇温泉路 188 号
邮政编码 :224214
联系电话 :(0515)5481128
传真 :0515-5530031

厂家名称：江苏省东台市富东灭蝇药厂
厂家地址：江苏省东台市富东镇工业园区
邮政编码 :224223
联系电话 :0515-5580302

厂家名称：江苏省东台市鸿运灭蝇药厂
厂家地址：江苏省东台市许河镇
邮政编码 :224232
联系电话 :0515-5630860

厂家名称：江苏省东台市化工三厂
厂家地址：江苏省东台市富安镇西头
邮政编码 :224222
联系电话 :0515-5571096
传真 :0515-5572777

厂家名称：江苏省东台市康佳卫生用品厂
厂家地址：江苏省东台市华撇街东蹲路 20 号
邮政编码 :224241
联系电话 :0515-5810828

厂家名称：江苏省东台市连宽灭蝇药厂
厂家地址：江苏省东台市三仓镇新仓中路 64-1#
邮政编码 :224231
联系电话 :0515-5622090

厂家名称：江苏省东台市农药化工厂
厂家地址：江苏省东台市台

南镇
邮政编码：224214
联系电话：0515-5530500
传真：0515-5530092

厂家名称：江苏省东台市神威日用化学品厂
厂家地址：江苏省东台市头灶镇卢港村
邮政编码：224247
联系电话：0515-5481198

厂家名称：江苏省东台市盛达卫生杀虫剂厂
厂家地址：江苏省东台市新农镇强西村
邮政编码：224235
联系电话：0515-5680766
传真：

厂家名称：江苏省丰县百农思达农用化学品有限公司
厂家地址：江苏省徐州市丰县常店镇
邮政编码：221700
联系电话：0516-4591009
传真：0516-45910096

厂家名称：江苏省高邮市运东农药化工有限公司
厂家地址：江苏省扬州市高邮市平胜工业区
邮政编码：225635
联系电话：0514-4872239
传真：0514-4872239

厂家名称：江苏省国营江心沙化工厂
厂家地址：江苏省南通市海门市江心沙
邮政编码：226114
联系电话：(0513)2238100

厂家名称：江苏省海安县吉庆环卫用品厂
厂家地址：江苏省海安县庆镇卢庄村一组
邮政编码：226693
联系电话：0513-8463288

厂家名称：江苏省海安县农药厂
厂家地址：江苏省南通市海安县角斜镇环镇西路12号
邮政编码：226633
联系电话：(0513)8247065/8247208
传真：0513-8247432

厂家名称：江苏省海安县天咸卫生用品厂
厂家地址：江苏省海安县县城北部吉庆中心路40号
邮政编码：226600
联系电话：0513-8463096

厂家名称：江苏省海门市江乐农药化工有限责任公司
厂家地址：江苏省南通市海门市青龙港大庆路2号
邮政编码：226121
联系电话：0513-82606504
传真：0513-2749819

厂家名称：江苏省海门市灵猫蚊香厂
厂家地址：江苏省海门市刘浩乡六甲镇猛虎村十三组
邮政编码：226155
联系电话：0513-82676927

厂家名称：江苏省洪泽县无机化工厂
厂家地址：江苏省淮阴市洪泽县岔河镇
邮政编码：223111
联系电话：0517-7662035

厂家名称：江苏省淮安大圣气雾剂有限公司
厂家地址：江苏省淮安市清浦区轮窑路8号
邮政编码：223003
联系电话：0517-3801688
传真：0517-39240246

厂家名称：江苏省淮安市奥特快化工有限公司
厂家地址：江苏省淮安市淮阴区淮阳火车西站北侧
邮政编码：223304
联系电话：0517-4288167
传真：0517-42896006

厂家名称：江苏省淮安市必要日化有限公司
厂家地址：江苏省淮安市涟水县梁岔镇梁余路8号
邮政编码：223421
联系电话：0517-2342888

厂家名称：江苏省淮安市大华化学实业有限公司
厂家地址：江苏省淮安市清江果园
邮政编码：223001
联系电话：0517-3501141

厂家名称：江苏省淮安市德泉邦克化工有限公司
厂家地址：江苏省淮安市涟水县保滩镇十堡村
邮政编码：223405
联系电话：0517-3995166
传真：0517-2896288

厂家名称：江苏省淮安市国业日化有限公司
厂家地址：江苏省淮安市徐溜工业区
邮政编码：223321
联系电话：0517-4662362

厂家名称：江苏省淮阴市红月亮日化有限责任公司
厂家地址：江苏省淮安市清浦区正大路 18 号
邮政编码：223003
联系电话：0517-3801688
传真：0517-3801688

厂家名称：江苏省激素研究所实验二厂
厂家地址：江苏省常州市金坛市西门大街 380 号
邮政编码：213200
联系电话：(0519)2822581

厂家名称：江苏省激素研究所实验一厂
厂家地址：江苏省常州市金坛市龙山路 103 号
邮政编码：213200
联系电话：(0519)2821676,2820283
传真：(0519)2821676

厂家名称：江苏省建湖县建阳香厂
厂家地址：江苏省建湖县建阳镇长建东路 1 号
邮政编码：224751
联系电话：0515-6313010

厂家名称：江苏省建湖县制香厂
厂家地址：江苏省建湖县建阳镇冯晏村
邮政编码：224751
联系电话：0515-6312441

厂家名称：江苏省姜堰市宝灵卫生用品有限公司
厂家地址：江苏省姜堰市洪林镇红庙村
邮政编码：225507
联系电话：0523-8606988

厂家名称：江苏省姜堰市金鹰制香厂
厂家地址：江苏省姜堰市苏陈镇苏陈村
邮政编码：225112
联系电话：0523-8515632

厂家名称：江苏省姜堰市明珠日用品厂
厂家地址：江苏省姜堰市苏陈镇
邮政编码：225512
联系电话：0532-88515562

厂家名称：江苏省姜堰市顺达卫生用品厂
厂家地址：江苏省姜堰市白米通扬东路 4 号
邮政编码：225505
联系电话：0523-8332278
传真：0523-8331179

厂家名称：江苏省姜堰市万灵卫生用品厂
厂家地址：江苏省姜堰市姜洪北路红旗桥北姜堰市经济技术开发区
邮政编码：225507
联系电话：0523-8606988

厂家名称：江苏省姜堰市振华卫生杀虫用品厂
厂家地址：江苏省姜堰市白米镇唐联村 9-45
邮政编码：225505
联系电话：0523-8332378

厂家名称：江苏省江都市美灵气雾制品厂
厂家地址：江苏省江都市麾村镇人民路 53 号
邮政编码：225236
联系电话：0514-6371488
传真：0514-6372960

厂家名称：江苏省江都市天竹喷雾制造有限公司
厂家地址：江苏省江都市麾村镇人民路 57 号
邮政编码：225236
联系电话：0514-6371298

厂家名称：江苏省江都市天竹喷雾制造有限公司
厂家地址：江苏省江都市麾村工业区人民路 57 号
邮政编码：225236
联系电话：0514-6371298

厂家名称：江苏省江都县植保药剂厂
厂家地址：江苏省扬州市江都市七里甸
邮政编码：225225
联系电话：(0514)6738114

厂家名称：江苏省江阴凯江农化有限公司
厂家地址：江苏省无锡市江阴市青阳镇青桐路 2 号
邮政编码：214401
联系电话：0510-86519027
传真：0510-65190066

厂家名称：江苏省江阴联海生物化学有限公司
厂家地址：江苏省江阴市朝阳路瑞明大厦 510 室
邮政编码：214400
联系电话：0510-6818006
传真：0510-6816880

厂家名称：江苏省江阴市福达农化有限公司
厂家地址：江苏省无锡市江阴市祝塘镇化工工业园区内
邮政编码：214415
联系电话：0510-86391848
传真：0510-86392841

厂家名称：江苏省江阴市农药二厂有限公司
厂家地址：江苏省江阴市青阴镇青桐路1号
邮政编码：214422
联系电话：0510-88611372
传真：0510-86514978

厂家名称：江苏省金坛市丁字蚊香厂
厂家地址：江苏省金坛市儒林镇大街2号
邮政编码：213225
联系电话：0519-2561059
传真：0519-2561059

厂家名称：江苏省金坛市兴达化工厂
厂家地址：江苏省金坛市薛埠镇
邮政编码：213245
联系电话：0519-2660755
传真：0519-2668889

厂家名称：江苏省金坛市亚太化学研究所
厂家地址：江苏省金坛市河滨路29-406
邮政编码：213200
联系电话：0519-2838461
传真：0519-2838461

厂家名称：江苏省昆山瑞泽农药有限公司
厂家地址：江苏省昆山市陆扬镇新杨东路
邮政编码：215313
联系电话：0512-57645999
传真：0512-57641955

厂家名称：江苏省昆山市鼎烽农药有限公司
厂家地址：江苏省昆山市周市镇尉州路21号
邮政编码：215314
联系电话：0512-57621705
传真：0512-57628288

厂家名称：江苏省连云港海水化工一厂
厂家地址：江苏省连云港市墟沟镇
邮政编码：222042
联系电话：23961

厂家名称：江苏省连云港市东海县为民卫生杀虫剂厂
厂家地址：江苏省东海县安峰镇开发区
邮政编码：222311
联系电话：0518-7595236

厂家名称：江苏省连云港市东金化工有限公司
厂家地址：江苏省连云港市东海县驼峰新区
邮政编码：222300
联系电话：0518-87319228
传真：0518-87239887

厂家名称：江苏省连云港市海棠化工厂
厂家地址：江苏省连云港市墟沟大港路西首
邮政编码：222042
联系电话：0518-2311959
传真：0518-2311959

厂家名称：江苏省连云港死海溴化物有限公司
厂家地址：江苏省连云港市连云区西墅
邮政编码：222042
联系电话：0518-2320777
传真：0518-2303760

厂家名称：江苏省连云市德伦农药有限公司
厂家地址：江苏省灌云县城东5公里
邮政编码：222200
联系电话：0518-8761970

厂家名称：江苏省涟水化工总厂
厂家地址：江苏省涟水县城北朱鹄
邮政编码：223402
联系电话：0517-2321130
传真：0517-2322624

厂家名称：江苏省南京保丰农药厂
厂家地址：江苏省南京市江宁区淳化镇云居寺
邮政编码：211123
联系电话：025-52290282
传真：025-52290442

厂家名称：江苏省南京博臣农化有限公司
厂家地址：江苏省高淳县古柏镇
邮政编码：211316
联系电话：025-57354064
传真：025-7354064

厂家名称：江苏省南京东华杂草技术研究所
厂家地址：江苏省南京市卫岗西18号409室
邮政编码：210007
联系电话：025-4864864
传真：025-4864528

厂家名称：江苏省南京红花日用品厂
厂家地址：江苏省南京市六合区雄州镇蒋湾村
邮政编码：211500

联系电话 :025-57756644

厂家名称：江苏省南京金芭蕾化妆品有限公司
厂家地址：江苏省南京市雨花台区雨花东路 112 号
邮政编码 :210012
联系电话 :025-52410550
传真 :025-52410909

厂家名称：江苏省南京金陵蚊香实业有限公司
厂家地址：江苏省南京市白下区光华门火车站 33 号
邮政编码 :210007
联系电话 :025-84619002
传真 :025-4600361

厂家名称：江苏省南京今日卫生防疫制品有限公司
厂家地址：江苏省南京市建邺区北园 6 号 3 幢 404 室
邮政编码 :210017
联系电话 :025-58407407
传真 :025-6531505

厂家名称：江苏省南京康辉化学品有限公司
厂家地址：江苏省南京市钟灵街 50 号
邮政编码 :210014
联系电话 :025-84391102
传真 :025-84391102

厂家名称：江苏省南京莱顿日用化工有限公司
厂家地址：江苏省南京市高淳县东坝镇化工园区
邮政编码 :211301
联系电话 :025-57831568
传真 :025-57831568

厂家名称：江苏省南京立盾日化有限公司
厂家地址：江苏省南京市高淳县大桥路 80 号
邮政编码 :211300
联系电话 :025-57325999
传真 :025-57325099

厂家名称：江苏省南京六朝木材工业研究所
厂家地址：江苏省南京市琐金村 75 号金思维 712 室
邮政编码 :210042
联系电话 :025-85433244
传真 :025-8533244

厂家名称：江苏省南京宁港蚊香开发有限公司
厂家地址：江苏省南京市雨花台区养面红村 174 号
邮政编码 :210012
联系电话 :2411002

厂家名称：江苏省南京荣诚化工有限公司
厂家地址：江苏省南京市高淳县固城镇工业园
邮政编码 :211304
联系电话 :025-52431141 57372290
传真 :025-52429946 57372222

厂家名称：江苏省南京市梅山化工总厂
厂家地址：江苏省南京市中华门外油坊桥
邮政编码 :210041
联系电话 :627136

厂家名称：江苏省南京双峰日用卫生化工厂
厂家地址：江苏省南京市江宁区上峰镇詹家区
邮政编码 :211134
联系电话 :025-84140631

厂家名称：江苏省南京泰欧科技开发有限公司
厂家地址：江苏省南京市中央北路 140 号
邮政编码 :210028
联系电话 :025-58708785
传真 :025-85639662

厂家名称：江苏省南京天和化学有限责任公司
厂家地址：江苏省南通市如东县丰利镇花园桥一组
邮政编码 :226300
联系电话 :0513-84581393

厂家名称：江苏省南京祥宇农药有限公司
厂家地址：江苏省南京市江宁区滨江开发区
邮政编码 :211162
联系电话 :025-86121898
传真 :025 — 86121898

厂家名称：江苏省南京麒麟家宝精细化工厂
厂家地址：江苏省南京市栖霞区靖安镇天界站工业集中区
邮政编码 :210000
联系电话 :025-85719577
传真 :025-85719277

厂家名称：江苏省南通德斯益农化工有限公司
厂家地址：江苏省南通市港闸经济开发区永兴大道 60 号
邮政编码 :226003
联系电话 :0513-85305353
传真 :0513-85600899

厂家名称：江苏省南通飞天

化学实业有限公司
厂家地址：江苏省南通市崇川区人民西路 12 号飞天大厦
邮政编码：226001
联系电话：0513-85507107
传真：0513-85523277

厂家名称：江苏省南通飞天化学实业有限公司实验工厂
厂家地址：江苏省泰兴市广陵镇兴宁村
邮政编码：225463
联系电话：0513-85187691
传真：0513-85187691

厂家名称：江苏省南通丰田化工有限公司
厂家地址：江苏省南通市城港路 309 号
邮政编码：226003
联系电话：0513-85632518
传真：0513-85633828

厂家名称：江苏省南通嘉禾化工有限公司
厂家地址：江苏省海门市青龙港化工园区
邮政编码：226121
联系电话：0513-86251567
传真：0513-86251678

厂家名称：江苏省南通联农农药制剂研究开发有限公司
厂家地址：江苏省南通市外环西路 21 号
邮政编码：226006
联系电话：0513-83516727
传真：0513-3517272

厂家名称：江苏省南通南沈植保科技开发有限公司
厂家地址：江苏省南通市港闸经济开发区永兴路 65 号
邮政编码：226003
联系电话：0513-85602100
传真：0513-3517272

厂家名称：江苏省南通派斯第农药化工有限公司
厂家地址：江苏省如皋市长江镇（如皋港区）粤江路 19 号
邮政编码：226532
联系电话：0513-87584586
传真：0513-87585080

厂家名称：江苏省南通神雨绿色药业有限公司
厂家地址：江苏省南通市如东县马塘镇建设路东首
邮政编码：226401
联系电话：0513-80157160
传真：0513-80157169

厂家名称：江苏省南通圣达卫生用品有限公司
厂家地址：江苏省海安县曲塘镇北郊胡庄
邮政编码：226661
联系电话：0513-8620318
传真：

厂家名称：江苏省南通市化工研究所
厂家地址：江苏省南通市人民西路 88 号
邮政编码：226005
联系电话：(0513)3518011，3517249

厂家名称：江苏省南通市银通工贸有限责任公司
厂家地址：江苏省南通市海安县海安镇河滨东路 8 号
邮政编码：226600
联系电话：0513-8815558

厂家名称：江苏省南通泰禾化工有限公司
厂家地址：江苏省南通市如东县洋口化工聚集区
邮政编码：226407
联系电话：0513-84814860
传真：0513-84814446

厂家名称：江苏省南通同济化工有限公司
厂家地址：江苏省南通市港闸区港闸经济开发区通港路
邮政编码：226003
联系电话：0513-85400770
传真：0513-85400770

厂家名称：江苏省南通丸宏农用化工有限公司
厂家地址：江苏省南通市经济技术开发区盛开路
邮政编码：226009
联系电话：0513-83595135，83596783
传真：0513-3597902

厂家名称：江苏省南通雅嘉日化有限公司
厂家地址：江苏省南通市孩儿巷北路 74 号
邮政编码：519020
传真：0513-5599678

厂家名称：江苏省农药研究所加工试验厂
厂家地址：江苏省南京市螺丝桥 80 号（农药所） 铜山镇（试验厂）
邮政编码：210038
联系电话：201349（农药所）281607（试验厂）

厂家名称：江苏省启东市金点蚊香厂
厂家地址：江苏省启东市汇

龙镇南苑新村 84 号 101 室
邮政编码 :226200
联系电话 :0513-83087376
传真 :0513-3117384

厂家名称：江苏省启东市三得利蚊香厂
厂家地址：江苏省启东市汇龙镇北郊站北侧
邮政编码 :226200
联系电话 :0513-83639988

厂家名称：江苏省如皋市金雕蚊香厂
厂家地址：江苏省如皋市如皋飞机场大修厂内
邮政编码 :226500
联系电话 :0513-87614084

厂家名称：江苏省如皋市绿得丰农药厂
厂家地址：江苏省如皋市东陈镇
邮政编码 :226571
联系电话 :0513-87541183

厂家名称：江苏省少女之春集团公司
厂家地址：江苏省泰兴市蒋华镇新村中路 88 号
邮政编码 :225444
联系电话 :0523-7411288

厂家名称：江苏省升华集团第二农药厂
厂家地址：江苏省盐城市南郊潘黄镇
邮政编码 :224055
联系电话 :0515-8460155

厂家名称：江苏省双菱化工集团有限公司
厂家地址：江苏省连云港市海州区新海路
邮政编码 :222023
联系电话 :0518-5253833 5252538
传真 :0518-52558746

厂家名称：江苏省苏州蒂业日用品有限公司
厂家地址：江苏省苏州市常熟市隆力奇生物工业园
邮政编码 :215555
联系电话 :0512-52485538
传真 :0512-52481415

厂家名称：江苏省苏州第四制药厂
厂家地址：江苏省苏州市苏浒公路 75 号
邮政编码 :215008
联系电话 :334311

厂家名称：江苏省苏州化工农药集团公司（苏州化工厂）
厂家地址：江苏省苏州市南门路 1 号
邮政编码 :215007
联系电话 :0512-65251605
传真 :0512-5251980

厂家名称：江苏省苏州凯立生物制品有限公司
厂家地址：江苏省吴江市七都市工业区
邮政编码 :215234
联系电话 :0512-3801688

厂家名称：江苏省苏州朗力福保健品有限公司
厂家地址：江苏省苏州市相城区渭塘镇
邮政编码 :215134
联系电话 :0512-65400999
传真 :0512-65409668

厂家名称：江苏省苏州联合伟业科技有限公司
厂家地址：江苏省苏州市相城区东桥镇东首
邮政编码 :215152
联系电话 :0512-65379658
传真 :0512-5372107

厂家名称：江苏省苏州凌琳日化有限公司
厂家地址：江苏省苏州市齐门外蠡口镇
邮政编码 :215133
联系电话 :0512-65451630
传真 :0512-65454284

厂家名称：江苏省苏州市德大化工厂
厂家地址：江苏省苏州市北京市昌平区北七家镇西湖新村 2 号楼 342 号
邮政编码 :102209
联系电话 :010-81765996
传真 :010-81765996

厂家名称：江苏省苏州市吴中保健药业有限公司
厂家地址：江苏省苏州市相城区黄埭镇中市路 93 号
邮政编码 :215143
联系电话 :0512-65481126
传真 :0512-65485686

厂家名称：江苏省苏州市相城区东方之宝化妆品有限公司
厂家地址：江苏省苏州市相城区阳澄湖西路 16 号
邮政编码 :215131
联系电话 :0512-65766744
传真 :0512-65764475

厂家名称：江苏省苏州兴达喷雾制品有限公司

厂家地址：江苏省苏州市太仓市陆渡镇浏太路888号
邮政编码：215412
联系电话：0512-53450190
传真：0512-53456066

厂家名称：江苏省苏州妃露日用化学品厂
厂家地址：江苏省苏州市相城区黄桥镇张庄工业区
邮政编码：215132
联系电话：
传真：0512-65466533

厂家名称：江苏省宿迁市金马蚊香厂
厂家地址：江苏省宿迁市沭阳县宁波路1号
邮政编码：223600
联系电话：0527-3961616

厂家名称：江苏省宿迁市新兴日化有限公司
厂家地址：江苏省宿迁市宿豫区大兴镇启宇村宿泗公路旁
邮政编码：223800
联系电话：0527-4351361

厂家名称：江苏省宿迁喜强化工有限公司
厂家地址：江苏省宿迁市经济开发区顺河工业园
邮政编码：
联系电话：0527-4380090
传真：

厂家名称：江苏省宿豫耿车永红化工厂
厂家地址：江苏省宿迁市宿豫县西郊耿车大街三义路
邮政编码：223800
联系电话：0527-4579086
传真：0527-4579086

厂家名称：江苏省泰兴市东风农药化工厂
厂家地址：江苏省泰兴市东进纪念塔北1000米
邮政编码：225411
联系电话：0523-7211454
传真：0523-7211454

厂家名称：江苏省泰兴市黄桥有机化工厂
厂家地址：江苏省扬州市泰兴市黄桥车站北路1号
邮政编码：225411
联系电话：(05248) 211185

厂家名称：江苏省泰兴市姚王镇荣昌蚊香厂
厂家地址：江苏省泰兴市姚王镇封庄村
邮政编码：225401
联系电话：0523-7557106

厂家名称：江苏省泰州梅兰农化有限责任公司
厂家地址：江苏省泰州市江洲南路2号
邮政编码：225300
联系电话：0523-6550980
传真：0523-6558464

厂家名称：江苏省泰州市海陵区太平香厂
厂家地址：江苏省泰州市老渔行71号
邮政编码：225300
联系电话：0523-6238379
传真：0523-6238379

厂家名称：江苏省太仓大塚化学有限公司
厂家地址：江苏省太仓市沙溪镇东
邮政编码：215421
联系电话：0512-53222613

厂家名称：江苏省太仓市新塘第二化工厂
厂家地址：浙江省太仓新塘镇东
邮政编码：215436
联系电话：0520-3621232
传真：0520-3627641

厂家名称：江苏省太湖地区农科所
厂家地址：江苏省苏州市吴县市望亭
邮政编码：215155
联系电话：931992
传真：

厂家名称：江苏省太湖地区农科所苏州农药实验厂
厂家地址：江苏省苏州市相城区望亭镇问渡路63号
邮政编码：215155
联系电话：0512-65381992
传真：0512-65381992

厂家名称：江苏省通州绿邦农化有限公司
厂家地址：江苏省通州市骑岸镇沧南村
邮政编码：226343
联系电话：0513-82567122
传真：0513-2567822

厂家名称：江苏省无锡建宏蚊香有限公司
厂家地址：江苏省无锡市华庄镇龙渚工业园
邮政编码：214131
联系电话：0510-85609252
传真：0510-85609252

厂家名称：江苏省无锡联华日用科技有限公司
厂家地址：江苏省无锡市国家高新技术产业开发区

邮政编码:214026
联系电话:0510-2112965
传真:0510-2103415

厂家名称:江苏省无锡洛社卫生材料厂
厂家地址:江苏省无锡市惠山区洛社镇杨村
邮政编码:214187
联系电话:0510-83322026
传真:0510-83322026

厂家名称:江苏省无锡市百佳惠日用品有限公司
厂家地址:江苏省无锡市胡隶镇阎江村南湾2号
邮政编码:214161
联系电话:
传真:0510-5593395

厂家名称:江苏省无锡市高尔登日用品厂
厂家地址:江苏省无锡市新区长江南路28－66
邮政编码:214028
联系电话:0510-85345598
传真:0510-5345598

厂家名称:江苏省无锡市华美化工厂
厂家地址:江苏省无锡市洛社镇正明路28号
邮政编码:214187
联系电话:0510-83311721
传真:0510-3307881

厂家名称:江苏省无锡市伙伴日化科技有限公司
厂家地址:江苏省江阴市璜塘镇上庄村
邮政编码:214407
联系电话:0510-86531128
传真:0510-6531138

厂家名称:江苏省无锡市伙伴日化科技有限公司
厂家地址:江苏省江阴市璜塘镇
邮政编码:214407
联系电话:0510-86531128
传真:0510-6531138

厂家名称:江苏省无锡市佳乐樟脑有限公司
厂家地址:江苏省无锡市新区坊前镇锡甘路18号
邮政编码:214111
联系电话:0510-8278252
传真:0510-8278252

厂家名称:江苏省无锡市金星工艺品香厂
厂家地址:江苏省无锡市金匮路金匮桥西堍无锡市的蚊香厂内
邮政编码:214073
联系电话:0510-85417877

厂家名称:江苏省无锡市猫王日用化工厂
厂家地址:江苏省无锡市锡北路798号
邮政编码:214016
联系电话:0510-82355177
传真:0510-2353060

厂家名称:江苏省无锡市双福蚊香有限公司
厂家地址:江苏省无锡市马山古竹7号
邮政编码:214091
联系电话:0519-85681588
传真:0519-5991588

厂家名称:江苏省无锡市五方化工有限公司
厂家地址:江苏省宜兴市官林镇西环路
邮政编码:214251
联系电话:0510-87207625

厂家名称:江苏省无锡市锡南农药有限公司
厂家地址:江苏省无锡市滨湖区新区旺庄工业配套区73号地块
邮政编码:214028
联系电话:0510-85345188
传真:0510-53455056

厂家名称:江苏省无锡市锡西日用品有限公司
厂家地址:江苏省无锡市滨湖区胡埭镇闾江村虎弄
邮政编码:214161
联系电话:0510-85590231
传真:0510-85590231

厂家名称:江苏省无锡市玉祁生物有限公司
厂家地址:江苏省无锡市玉祁镇绛脚下143号
邮政编码:214183
联系电话:0510-83880263

厂家名称:江苏省吴江红旗化工厂
厂家地址:江苏省苏州市吴江市黎里镇
邮政编码:215212
联系电话:66804

厂家名称:江苏省吴江森亮化工有限公司
厂家地址:江苏省苏州市吴江市铜罗镇镇北
邮政编码:215237
联系电话:0512-67254621
传　真:0512-68881383、672546216

厂家名称：江苏省武进第二农药厂
厂家地址：江苏省常州市武进市东门外崔乔镇
邮政编码：213103
联系电话：0519-85010202

厂家名称：江苏省武进鸣凤农药厂
厂家地址：江苏省武进市鸣凤镇
邮政编码：213146
联系电话：0519-85010202

厂家名称：江苏省武进农药厂
厂家地址：江苏省常州市南门外常武桥南
邮政编码：213161
联系电话：0519-6553138
传真：0519-6553138

厂家名称：江苏省锡山市生物农药厂
厂家地址：江苏省无锡市玉祁镇
邮政编码：214183
联系电话：0510-3880262
传真：0510-3887149

厂家名称：江苏省新沂市中港农用化工有限公司
厂家地址：江苏省新沂市建业路西首
邮政编码：221400
联系电话：0516-8950088
传真：0516-8958966

厂家名称：江苏省兴化市彩茗日化有限公司
厂家地址：江苏省兴化市荻垛西毛工业区
邮政编码：225732
联系电话：0523-3686378
传真：0523-3686902

厂家名称：江苏省兴化市大垛农药分装厂
厂家地址：江苏省兴化市大垛镇食品站北路7号
邮政编码：225731
联系电话：0523-3661051
传真：0523-3661051

厂家名称：江苏省兴化市东凌日用化工厂
厂家地址：江苏省兴化市东凌日用化工厂
邮政编码：225732
联系电话：023-3686902

厂家名称：江苏省兴化市龙丰农药厂
厂家地址：江苏省兴化市宁盐路荻垛镇农科站
邮政编码：225732
联系电话：0532-83687358

厂家名称：江苏省兴化市青松农药化工有限公司
厂家地址：江苏省兴化市陶庄镇
邮政编码：225733
联系电话：0523-3851181
传真：0523-38528666

厂家名称：江苏省兴化市天虹制香厂
厂家地址：江苏省兴化市戴窑镇工业园区
邮政编码：225741
联系电话：0523-3951999
传真：0523-3951333

厂家名称：江苏省兴化市有机化工二厂
厂家地址：江苏省兴化市大邹镇化建路
邮政编码：225763
联系电话：0523-3611202
传真：0523-3614368

厂家名称：江苏省徐州龙威药物化工有限公司
厂家地址：江苏省徐州市沛县敬安镇
邮政编码：221636
联系电话：0516-4775042
传真：0516-89775042

厂家名称：江苏省徐州农药厂
厂家地址：江苏省徐州市北郊殷庄
邮政编码：221007
联系电话：(0516)6767025

厂家名称：江苏省徐州诺恩农化有限公司
厂家地址：江苏省徐州市南郊铜山新区
邮政编码：221116
联系电话：0516-3408351
传真：0516-3508351

厂家名称：江苏省徐州生物化学厂
厂家地址：江苏省南京市江宁区东山镇河滨北路
邮政编码：221164
联系电话：0516-2187850
传真：025-2192775

厂家名称：江苏省徐州市临黄农药厂
厂家地址：江苏省徐州市九里区桃园办事处
邮政编码：221140
联系电话：0516-85770235
传真：0516-5881199

厂家名称：江苏省徐州市青春日用化妆品有限公司
厂家地址：江苏省徐州市睢宁县睢邱公路西侧青春村
邮政编码 :221200
联系电话 :0516-8372067
传真 :0516-83720676

厂家名称：江苏省徐州市自然生物技术工程有限公司
厂家地址：江苏省徐州市
邮政编码 :
联系电话 :0516-7730666
传真 :0516-7730668

厂家名称：江苏省盐城南方化工有限公司
厂家地址：江苏省盐城市响水县陈家港化工集中区
邮政编码 :224631
联系电话 :0515-6735766
传真 :0515-6735488

厂家名称：江苏省盐城市城区奇洁日用品厂
厂家地址：江苏省盐城市城区盐湾 7 组
邮政编码 :224003
联系电话 :0515-8556153

厂家名称：江苏省盐城市高安康日化有限公司
厂家地址：江苏省盐城市阜宁县公兴镇高安康工业园
邮政编码 :
联系电话 :0515-7651216

厂家名称：江苏省盐城市黄隆实业有限公司
厂家地址：江苏省盐城市盐都区龙冈镇
邮政编码 :224011
联系电话 :0515-8719248
传真 :0515-8719382

厂家名称：江苏省杨州漂丽日化有限公司
厂家地址：江苏省杨州市太平路
邮政编码 :225003
联系电话 :0514-7222383
传真 :0514-7242225

厂家名称：江苏省扬州崔氏生物实验所有限公司
厂家地址：江苏省扬州市东花园东路 5 号
邮政编码 :225003
联系电话 :0514-7221096
传真 :0514-7221096

厂家名称：江苏省扬州华龙化工有限公司
厂家地址：江苏省扬州市广陵区东花园东路 5 号
邮政编码 :225003
联系电话 :0514-7231247
传真 :0514-72220546

厂家名称：江苏省扬州嘉禾农药化工有限公司
厂家地址：江苏省江都市小纪镇西贾村
邮政编码 :225245
联系电话 :0514-6631149
传真 :0514-6632666

厂家名称：江苏省扬州佳美斯气雾剂制品厂
厂家地址：江苏省扬州市邗江区沙头镇
邮政编码 :225105
联系电话 :0514-7531179
传真 :0514-7531628

厂家名称：江苏省扬州绿源生物化工有限公司
厂家地址：江苏省扬州市江阳工业园小官桥路
邮政编码 :225008
联 系 电 话 :0514-7302019 7302229
传真 :0514 － 73020196

厂家名称：江苏省扬州绿源生物化工有限公司 广东省农业科学院植物保护研究所
厂家地址：江苏省扬州市汇阳工业园小官桥路
邮政编码 :225008
联系电话 :0514-7302019

厂家名称：江苏省扬州市戈尔曼环境卫生品有限公司
厂家地址：江苏省扬州市太平路
邮政编码 :225003
联系电话 :0514-7222383

厂家名称：江苏省扬州亿佳人日化有限公司
厂家地址：江苏省扬州市邗江区杭集工业园三笑大道东侧
邮政编码 :225111
联系电话 :0514-7271300
传真 :0514-7279300

厂家名称：江苏省宜兴市谷丰农业化学有限公司
厂家地址：江苏省无锡市宜兴市宜城镇沧浦西路 52 号
邮政编码 :214200
联系电话 :0510-87961783
传真 :0510-87985168

厂家名称：江苏省宜兴市华亨特种蚊香厂
厂家地址：江苏省宜兴市杨巷邮电路 1 号
邮政编码 :214255
联系电话 :0510-7273518

厂家名称：江苏省宜兴市宜州化学制品有限公司
厂家地址：江苏省无锡市宜兴市和桥镇工业区东区
邮政编码：214211
联系电话：0510-87801463
传真：0510-87800298

厂家名称：江苏省张家港东方农化有限公司
厂家地址：江苏省苏州市张家港市泗港镇泗杨西路44号
邮政编码：215638
联系电话：0512-58589198
传真：051258585658

厂家名称：江苏省张家港市第二农药厂有限公司
厂家地址：江苏省张家港市金港镇南沙港西北路1号
邮政编码：215632
联系电话：0512-58373995
传真：0512-58391827

厂家名称：江苏省张家港市华神日用化工有限公司
厂家地址：江苏省张家港市泗港西新村
邮政编码：215638
联系电话：0520-8583380
传真：0520-8580676

厂家名称：江苏省张家港市美佳乐气雾剂制造有限公司
厂家地址：江苏省苏州市张家港市妙桥镇工业西区
邮政编码：215615
联系电话：0512-58460158
传真：0512-58460158

厂家名称：江苏省张家港市三灵气雾剂有限公司
厂家地址：江苏省苏州市张家港市杨舍镇泗港
邮政编码：215638
联系电话：0520-8581012

厂家名称：江苏省张家港市三龙实业有限公司
厂家地址：江苏省张家港市后塍镇
邮政编码：215600
联系电话：0512-58771790

厂家名称：江苏省张家港市三龙实业有限公司气雾剂分公司
厂家地址：江苏省张家港市后滕镇解放路38号
邮政编码：215631
联系电话：0512-58771790
传真：0512-58771991

厂家名称：江苏省镇江豪威杀虫消毒用品有限责任公司
厂家地址：江苏省镇江市经济开发区社湖新村23幢205号
邮政编码：212000
联系电话：0511-5015398
传真：0511-5033135

厂家名称：江苏省镇江市长江卫生用品有限公司
厂家地址：江苏省镇江市丁卯桥41号
邮政编码：212003
联系电话：0511-8883170
传真：0511-8883170

厂家名称：江苏省镇江市丹徒区利民卫生用品厂
厂家地址：江苏省镇江市丹徒区宝埝镇
邮政编码：212125
联系电话：0511-4426931

厂家名称：江苏省镇江市京口日用化工厂
厂家地址：江苏省镇江市江滨支路2号
邮政编码：212003
联系电话：(0511)8806099
传真：0511-8805682

厂家名称：江苏省镇江市枪神日用化工有限公司
厂家地址：江苏省镇江市李家山新村二区8号
邮政编码：212004
联系电话：0511-5485682
传真：0511-8805682

厂家名称：江苏省镇江市润州东联蚊香厂
厂家地址：江苏省镇江市镇宝路188号
邮政编码：212011
联系电话：0511-4512308

厂家名称：江苏省镇江市润州应用生物科技开发研究所
厂家地址：江苏省镇江市七里甸镇曙光村采石厂路1号
邮政编码：212005
联系电话：0511-5601803
传真：0511-5601803

厂家名称：江苏省镇江振邦化工有限公司
厂家地址：江苏省镇江市北门坡51号
邮政编码：212001
联系电话：0511-5233677

厂家名称：江苏省中牧南京实业公司
厂家地址：江苏省南京市中华门外小行里51号
邮政编码：210012
联系电话：025-2416171

厂家名称：江苏省泗洪县农药厂
厂家地址：江苏省宿迁市泗洪县青阳南路
邮政编码：223900
联系电话：0527-6261364
传真：0527-6261364

厂家名称：江苏省泗阳县鼠药厂
厂家地址：江苏省泗阳县工业园东区
邮政编码：223700
联系电话：0527-5377667 0527-5377397
传真：0527-5377947

厂家名称：江苏省溧阳市化工厂
厂家地址：江苏省溧阳市溧城镇南门外
邮政编码：213300
联系电话：229011
传真：229113

厂家名称：江苏省盱眙县舒怡化工有限公司
厂家地址：江苏省盱眙县黄花塘镇泥沛街道宁连路 88 号
邮政编码：211755
联系电话：0517-8432858

厂家名称：江苏省睢宁县农药厂
厂家地址：江苏省睢宁县沙集镇
邮政编码：221232
联系电话：0516-8221024

厂家名称：江苏苏州佳辉化工有限公司
厂家地址：江苏省苏州市相城区东桥镇
邮政编码：215152
联系电话：0512-65371841
传真：0512-65371132
厂家名称：江苏泰州百力化学有限公司
厂家地址：江苏省江阴市利港镇苏利化学内
邮政编码：214444
联系电话：0510-6636248
传真：0510-6636224

厂家名称：江苏天成保健品有限公司
厂家地址：江苏省南通市海安县隆政镇林桥村
邮政编码：226613
联系电话：0513-8802157

厂家名称：江苏无锡开立达实业有限公司
厂家地址：江苏省无锡市洛社镇华圻村
邮政编码：214187
联系电话：0510-3321632
传真：0510-3322220

厂家名称：江苏五彩精细化工股份有限公司
厂家地址：江苏省无锡市新区珠江路 7 号
邮政编码：
联系电话：0510-5217450-9302
传真：0510-5212856

厂家名称：江苏新港农化有限公司
厂家地址：江苏省江都市大桥镇屏江村
邮政编码：225218
联系电话：0514-6922414
传真：0514-6922414

厂家名称：江苏兴澄榆中植物农药有限公司
厂家地址：江苏省江阴市人民东路 161 号
邮政编码：214400
联系电话：0510-6291119

厂家名称：江苏雪豹日化有限公司
厂家地址：江苏省江阴市东门立交桥 8 号
邮政编码：214432
联系电话：0510-6281448

厂家名称：江苏亚美日用化工有限公司
厂家地址：江苏省苏州市吴中区东山镇洞庭路 8 号
邮政编码：215107
联系电话：0512-66281363
传真：0512-66281721

厂家名称：江苏杨州宇曼琦香品有限公司
厂家地址：江苏省杨州市泰兴市天星镇
邮政编码：225443
联系电话：0523-7455998

厂家名称：江苏颖泰化学有限公司
厂家地址：江苏省大丰市海洋经济开发区纬二路
邮政编码：214100
联系电话：0515-3551820
传真：0515-35521996

厂家名称：江苏灶星农化有限公司
厂家地址：江苏省东台市头灶镇头富街 8 号
邮政编码：224247
联系电话：0515-85481198
传真：0515-85480018

厂家名称：江苏正本农药化工有限公司
厂家地址：江苏省宿迁市沭阳县贤官乡
邮政编码：223653
联系电话：0527-3350088
传真：0527-33500886

厂家名称：江苏中汇气雾剂制品有限公司
厂家地址：江苏省金湖县黎城路 38 号
邮政编码：211600
联系电话：0517-86809810
传真：0517-86809810

厂家名称：江阴苏利化学有限公司
厂家地址：江苏省江阴市利港镇润华路 7 号
邮政编码 :214444
联系电话 :0510-86636248
传真 :0510-86636221

厂家名称：昆山隆腾生物制品有限公司
厂家地址：江苏省昆山市巴城镇新澄路南侧
邮政编码 :215311
联系电话 :0512-57656976
传真 :0512-57651497

厂家名称：连云港市金囤农化有限公司
厂家地址：江苏省连云港市化学工业园区（灌南县堆沟港镇）
邮政编码 :222523
联系电话 :0518-87122756

厂家名称：连云港市特别特生化有限公司
厂家地址：江苏省建湖县高作镇高作村
邮政编码 :222228
联系电话 :0518-8582199

厂家名称：南京南农农药科技发展有限公司
厂家地址：江苏省南京化学工业园区方水路 90 号 -109
邮政编码 :210047
联系电话 :025-84395285
传真 :025-84395285

厂家名称：南龙（连云港）化学有限公司
厂家地址：江苏省连云港市灌南县堆沟港镇（化学工业园内）
邮政编码 :222523
联系电话 :0518-3619369
传真 :0510-6501787

厂家名称：瑞邦农化（江苏）有限公司
厂家地址：江苏省常州市春江镇魏村江边工业园
邮政编码 :213200
联系电话 :0519-2330773
传真 :0519-2330773

厂家名称：无锡华贸化工有限公司
厂家地址：江苏省无锡市锡山区安镇镇查桥
邮政编码 :214104
联系电话 :0510-88711220 转 8115
传真 :0510-88711698

厂家名称：张家港利华日用品有限公司
厂家地址：江苏省张家港市杨舍镇闸上村
邮政编码 :215638
联系电话 :0512-58585868
传真 :0512-58585868

厂家名称：江苏瑞泽农化有限公司
厂家地址：江苏省洪泽县永安东路 70 号
邮政编码 :223100
联系电话 :0517-7223544
传真 :0517-7223544

厂家名称：江苏省常州东升有害生物防治有限公司
厂家地址：江苏省常州市新北区百丈赛鹰桥南
邮政编码 :213034
联系电话 :0519-5865602
传真 :0519-5865603

厂家名称：江苏省常州晔康化学制品有限公司
厂家地址：江苏省常州市武进区卜弋镇段庄
邮政编码 :213147
联系电话 :0519-3561136
传真 :0519-3565565-8018

厂家名称：江苏省南京海浦化工有限公司
厂家地址：江苏省南京市浦口区乌江镇茆庄
邮政编码 :211813
联系电话 :025-58291399
传真 :025-58291399

厂家名称：江苏省宜兴兴农化工制品有限公司
厂家地址：江苏省无锡市宜兴市万石镇漕南村
邮政编码 :214217
联系电话 :0510-87851001
传真 :0510-87851537

厂家名称：江苏天禾宝农化有限责任公司
厂家地址：江苏省徐州市东郊徐庄镇
邮政编码 :221122
联系电话 :0516-83385555
传真 :0516-5755710

479. 江苏艾格化学有限公司
电话：025-86520571
传真：025-86520572
地址：南京市梦都大街 126 号紫檀雅居 11 号

480. 南京预红农用表面活性剂研发有限公司
电话：025-84727803
传真：025-84725593
地址：南京市汉中路 89 号金鹰国际商城 23 楼 C 座

481. 密友集团—昆山密友粉碎设备有限公司
电话：0512-57790006
传真：0512-57791241
地址：江苏昆山市望山南路 16 号

482. 昆山博瑞凯粉碎设备有限公司
电话：0512-57863898
传真：0512-57863898
地址：江苏昆山市望山南路都市路 18 号

江西 Jiangxi

厂家名称：江西农喜作物科学有限公司
厂家地址：江西省东乡县孝岗镇河山村狮子岩
邮政编码 :331800
联系电话 :0794-4387528
传真 :0794-4387528

厂家名称：江西正邦生物化工股份有限公司
厂家地址：江西省高安市新世纪工业城
邮政编码 :330096
联系电话 :0791-88115275
传真 :0791-88115275

厂家名称：上海威敌生化（南昌）有限公司
厂家地址：江西省南昌市进贤县工业开发区威化路
邮政编码 :331700
联系电话 :0791-85690498
传真 :0791-85690509

厂家名称：江西巴姆博生物科技有限公司
厂家地址：江西省吉安市新干县城北工业园
邮政编码 :331300
联系电话 :0796-2620718
传真 :0796-26208776

厂家名称：江西抚州新兴化工有限公司
厂家地址：江西省抚州市临川区抚北工业园
邮政编码 :344000
联系电话 :0794-8458696
传真 :0794-8458696

厂家名称：江西劲农化工有限公司
厂家地址：江西省湖口县金砂湾工业园
邮政编码 :330096
联系电话 :0791-88115275
传真 :0791-88103670

厂家名称：江西日上化工有限公司
厂家地址：江西省南昌市黎川县高新区火炬大街 201 楼 A711
邮政编码 :344600
联系电话 :0794-7469863
传真 :0794-74683336

厂家名称：江西省赣州宇田化工有限公司
厂家地址：江西省赣州市章贡区水东镇七里村
邮政编码 :341001
联系电话 :0797-84618186
传真 :0797-8465916

厂家名称：江西顺泉生物科技有限公司
厂家地址：江西省抚州市青云峰路 75 号
邮政编码 :344000
联系电话 :0794-8423669
传真 :0794-8216610

厂家名称：江西天人生态工业有限责任公司
厂家地址：江西省吉安市高新技术产业开发区
邮政编码 :343100
联系电话 :0796-8401803
传真 :0796-8402585

厂家名称：江西安利达化工有限公司
厂家地址：江西省九江市湖口县金砂湾工业园
邮政编码 :332500
联系电话 :0792-6327688
传真 :0792-6327678

厂家名称：江西诚志日化有限公司
厂家地址：江西省南昌市经济技术开发区枫林西大街 183 号
邮政编码 :330002
联系电话 :0791-3815631
传真 :0791-83812011

厂家名称：江西大农化工有限公司
厂家地址：江西省丰城市东郊路2号
邮政编码：331100
联系电话：0795-6605151
传真：0795-6605151

厂家名称：江西赣南果业股份有限公司赣州农药分公司
厂家地址：江西省赣州市虎岗
邮政编码：341005
联系电话：0797-8452077
传真：0797-8452077

厂家名称：江西惠洁日化科技有限公司
厂家地址：江西省抚州市金巢开发区竹山路398号
邮政编码：344000
联系电话：0794-8234671
传真：0794-8234671

厂家名称：江西绿川生物科技实业有限公司
厂家地址：江西省抚州市抚北工业园区
邮政编码：344000
联系电话：0794-7023333
传真：0794-7023333

厂家名称：江西绿田生化有限公司
厂家地址：江西省南昌市东湖区江西上饶
邮政编码：335101
联系电话：0793-32715846
传真：0793-32715846

厂家名称：江西农大锐特化工科技有限公司
厂家地址：江西省南昌市江西农业大学化工厂内
邮政编码：330045
联系电话：0791-83813621
传真：0791-83893949

厂家名称：江西省安农生化有限公司
厂家地址：江西省进贤县张公镇工业开发区
邮政编码：330077
联系电话：0791-88639564
传真：0791-88639564

厂家名称：江西省高安金龙生物科技有限公司
厂家地址：江西省高安市新世纪工业城
邮政编码：330800
联系电话：0795-5293888
传真：0795-5266611

厂家名称：江西省冠菊精细化工有限公司
厂家地址：江西省进贤县张公镇（省红壤研究所内）
邮政编码：330000
联系电话：0791-85537909
传真：0791-85533088

厂家名称：江西省吉安市东庆精细化工有限公司
厂家地址：江西省吉安市吉州区工业园
邮政编码：343000
联系电话：0796-8261420
传真：0796-8261432

厂家名称：江西省南昌农药厂
厂家地址：江西省南昌市南昌县莲塘镇
邮政编码：330200
联系电话：0791-85719923
传真：0791-85728878

厂家名称：江西省南昌蚊香厂
厂家地址：江西省南昌市十字街82号
邮政编码：330002
联系电话：0791-86472305
传真：0791-86472673

厂家名称：江西省宜春新龙化工有限公司
厂家地址：江西省宜春市经济开发区城南工业园南区639号
邮政编码：336000
联系电话：0795-3240188
传真：0795-3240199

厂家名称：江西省永新县闽赣蚊香有限公司
厂家地址： 中国江西 永新县永新县坳南乡江口
邮政编码：343423
联系电话：0796-7852056
传真： 0796-7852056

厂家名称：江西省樟树市夏宝实业有限责任公司
厂家地址：江西省樟树市樟中酒厂
邮政编码：
联系电话：0795-7327288
传真：0795-7327288

厂家名称：江西盛华生物农药有限责任公司
厂家地址：江西省抚州市抚南工业园区
邮政编码：344809
联系电话：0794-8238688

传真 :0794-7023333

厂家名称：江西施普润农化有限公司
厂家地址：江西省泰和县文田工业园腾飞路 8 号
邮政编码 :343700
联系电话 :0796-5380606
传真 :0796-5380606

厂家名称：江西睡怡日化有限公司
厂家地址：江西省永丰县城南工业园
邮政编码 :331500
联系电话： 0796-2222596
传真： 0796-2222596

厂家名称：江西遂川县制香厂
厂家地址：江西省遂川县泉江镇朴树村
邮政编码 :343900
联系电话 :0796-6323096
传真： 0796-6323096

厂家名称：江西田友生化有限公司
厂家地址： 江西省南昌市新建县新祺周桑海开发区
邮政编码 :330009
联系电话： 0791-83063300
传真： 0791-83063300

厂家名称：江西万德化工科技有限公司
厂家地址：江西省泰和县上田镇
邮政编码 :343701
联系电话 :0796-5380903
传真 :0796-5332318

厂家名称：江西万丰农药化工有限公司
厂家地址：江西省万安县城北工业区
邮政编码 :343800
联系电话 :0796-5713166
传真 :0796-5713178

厂家名称：江西威力特生物科技有限公司
厂家地址：江西省安义县工业园区凤凰东路 18 号
邮政编码 :330500
联系电话 :0791-83499262
传真 :0791-83499297

厂家名称：江西新瑞丰生化有限公司
厂家地址：江西省吉安市新干县县城南工业区（何家山）
邮政编码 :331307
联系电话 :0796-2676149
传真 :0796-2676028

厂家名称：江西珀尔农作物工程有限公司
厂家地址：江西省九江市永修县周田
邮政编码 :330009
联系电话 :0792-3020014
传真 :0792-3020014

厂家名称：江西红土地化工有限公司
厂家地址：江西省南昌县莲塘镇迎宾北大道 1088 号
邮政编码 :330200
联系电话 :0791-85260607
传真 :0791-852060607

厂家名称：江西省海利贵溪化工农药有限公司
厂家地址：江西省贵溪市柏里工业区
邮政编码 :335425
联系电话 :0701-3322955
传真 :0701-3322968

厂家名称：安福超威日化有限公司
厂家地址：江西省吉安市安福县工业园
邮政编码 :343200
联系电话 :0796-7388898
传真 :0796-7389558

厂家名称：赣州卫农农药有限公司
厂家地址：江西省赣州市水东镇虎岗
邮政编码 :341005
联系电话 :0797-8454881
传真 :0797-8452077

厂家名称：赣州鑫谷生物化工有限公司
厂家地址：江西省赣州市兴国县工业园氟化工业区
邮政编码 :342400
联系电话 :0791-88100609
传真 :0791-88208155

厂家名称：贵溪市贵峰日用化工有限公司
厂家地址：江西省贵溪市雄石镇
邮政编码 :335424
联系电话 :0701-3336009
传真 :0701-3336009

厂家名称：江西巴菲特化工有限公司
厂家地址：江西省安义县工业园区凤凰东路

邮政编码 :330500
联系电话 :0791-3499889
传真 :0791-3499889

厂家名称：江西百灵日化有限公司
厂家地址：江西省永丰县工业园北区
邮政编码 :331500
联系电话 :0796-2529998
传真 :0796-2529998

厂家名称：江西博邦生物药业有限公司
厂家地址：江西省抚州市大公东路 235 号
邮政编码 :344000
联系电话 :0794-8338225

厂家名称：江西超灵化工有限责任公司
厂家地址：江西省吉安市高福县工业园
邮政编码 :343200
联系电话 :0796-7388898
传真 :0796-7389558

厂家名称：江西大自然化工厂
厂家地址：江西省南昌市新建县乐化乡老屋裘村
邮政编码 :330114
联系电话 :0791-3111918
传真 :0791-31119186

厂家名称：江西德鑫化工有限公司
厂家地址：江西省兴国县江背镇
邮政编码 :342408
联系电话 :0797-5247092

厂家名称：江西杜鹃日化有限公司
厂家地址：江西省泰和县文田工业园
邮政编码 :343700
联系电话 :0796-5371678

厂家名称：江西盾牌化工有限责任公司
厂家地址：江西省抚州市临川区红桥镇红桥路 2 号
邮政编码 :344116
联系电话 :0794-8490503
传真 :0794-8490467

厂家名称：江西飞达蚊香有限公司
厂家地址：江西省东乡县大富岗工业园区
邮政编码 :331802
联系电话 :
传真 :0794-4278328

厂家名称：江西丰源农药有限公司
厂家地址：江西省丰城市孙渡街办阁里杨
邮政编码 :331100
联系电话 :0791-5230676

厂家名称：江西赣中化工厂
厂家地址：江西省新干县城北化建路 4 号
邮政编码 :331301
联系电话 :0796-2621058

厂家名称：江西赣州市赣威卫生用品厂
厂家地址：江西省赣州市章贡区滨江大道 202 号
邮政编码 :341000
联系电话 :0797-8359028
传真 :0797-83590286

厂家名称：江西海科瑞特作物科学有限公司
厂家地址：江西省高安市大城开业区
邮政编码 :330814
联系电话 :0795-5793800
传真 :0795-5793000

厂家名称：江西核工业三农化工有限公司
厂家地址：江西省新干县城南工业开发区
邮政编码 :331300
联系电话 :0796-2676143
传真 :0796-2676048

厂家名称：江西禾益化工有限公司
厂家地址：江西省彭泽县龙城镇矶山村
邮政编码 :332700
联系电话 :0792-5683999
传真 :0792-5668786

厂家名称：江西黑猫蚊香厂
厂家地址：江西省峡江县城南工业园区
邮政编码 :331409
联系电话 :0796-3692307
传真 :0796-73692107

厂家名称：江西恒河实业有限公司
厂家地址：江西省永修县城工业区永昌大道
邮政编码 :330300
联系电话 :0792-3269288
传真 :0792-3289222

厂家名称：江西华兴化工有限公司

厂家地址：江西省乐平市工业园塔山工业区
邮政编码：333311
联系电话：0798-6225555-605
传真：0795-8428200

厂家名称：江西汇和化工有限公司
厂家地址：江西省南昌市高新大道578号
邮政编码：330096
联系电话：0791-8115275
传真：0791-8103670

厂家名称：江西金沧生物科技有限公司
厂家地址：江西省南昌市北京东路171号
邮政编码：330029
联系电话：0791-8333966, 8312636
传真：07918312636

厂家名称：江西金龙化工有限公司
厂家地址：江西省乐平市塔山
邮政编码：333320
联系电话：0798-6702708
传真：0798-6802759

厂家名称：江西龙翔日用化工有限公司
厂家地址：江西省武宁县白鹤坪
邮政编码：332300
联系电话：0792-2820492
传真：0792-2782898

厂家名称：江西龙源农药有限公司
厂家地址：江西省新建县樵舍镇经济开发区
邮政编码：330116
联系电话：0791-3210789
传真：0791-32107896

厂家名称：江西明兴农药实业有限公司
厂家地址：江西省南昌市新建县七里岗
邮政编码：330116
联系电话：0791-3209238
传真：0791-3209238

厂家名称：江西明阳实业有限公司
厂家地址：江西省戈阳县丰峰大道
邮政编码：334400
传真：0793-5828599

厂家名称：江西南昌德宝蚊香开发有限公司
厂家地址：江西省南昌市湾里竹山路18号
邮政编码：330004
联系电话：0791-3760868
传真：0791-3760868

厂家名称：江西农大植保化工有限公司
厂家地址：江西省宜春市奉新县冯田经济开发区
邮政编码：330700
联系电话：0795-46044096
传真：0795-46044096

厂家名称：江西欧美生物科技有限公司
厂家地址：江西省南昌市安义工业园区北一路
邮政编码：330500
联系电话：0791-3499121
传真：0791-3499976

厂家名称：江西三林香业有限公司
厂家地址：
邮政编码：343900
联系电话：0796-6234091
传真：0796-6234091

厂家名称：江西山峰日化有限公司
厂家地址：江西省宜春市樟树市福城工业园
邮政编码：331200
联系电话：0795-7343958
传真：0795-73439586

厂家名称：江西山野化工有限责任公司
厂家地址：江西省高安市大城经济开发区
邮政编码：330814
联系电话：0791-6496299
传真：0791-6496291

厂家名称：江西山友动物药业有限责任公司
厂家地址：江西省金溪县工业园区
邮政编码：344809
联系电话：0794-8338225

厂家名称：江西生成卫生用品有限公司
厂家地址：江西省九江市武宁县万福经济技术开发区
邮政编码：332300
联系电话：0792-2839356
传真：0792-2839355

厂家名称：江西省丰城市金丰化工有限责任公司
厂家地址：江西省丰城市湖塘乡六坊村状元山

邮政编码：331100
联系电话：0795-6123899
传真：0795-6123898

厂家名称：江西省抚州市正灵日用化工有限公司
厂家地址：江西省抚州市临川大道
邮政编码：344000
联系电话：0794-8430588
传真：0794-8430588

厂家名称：江西省赣州市三江卫生用品厂
厂家地址：江西省赣州市文明大道45号
邮政编码：341000
联系电话：0797-8214418
传真：0797-8214418

厂家名称：江西省高安市伟康蚊香厂
厂家地址：江西省高安洪成大市场
邮政编码：330800
联系电话：0791-5222783

厂家名称：江西省吉水县赣中生物化工厂
厂家地址：江西省吉水县醪桥镇
邮政编码：331600
联系电话：0794-8338225
传真：0794-8338225

厂家名称：江西省景德镇市农亚达农用化工有限公司
厂家地址：江西省景德镇市历尧渡峰坑
邮政编码：333000
联系电话：0798-8393268
传真：0798-8393266

厂家名称：江西省科力农化实业有限公司
厂家地址：江西省南昌市青山湖大道中段
邮政编码：330029
联系电话：0791-8310784
传真：0791-8327624

厂家名称：江西省科泰化学工业有限公司
厂家地址：江西省上饶地区波阳县柘港集镇
邮政编码：333121
联系电话：0793-6331092

厂家名称：江西省乐安县诸暨洪字蚊香制造有限公司
厂家地址：江西省乐安县工业开发区
邮政编码：344300
联系电话：0794-6594999

厂家名称：江西省龙南县陈氏蚊香有限公司
厂家地址：江西省龙南县金水大道中段208号
邮政编码：341700
联系电话：0797-3513375
传真：0797-3514394

厂家名称：江西省龙南县南亚飞蛙蚊香厂
厂家地址：江西省龙南县县城
邮政编码：341700
联系电话：0797-3511468

厂家名称：江西省民星企业集团公司（江西生物药品制造总厂）
厂家地址：江西省南昌市莲塘南井北路4号
邮政编码：330200
联系电话：5711871

厂家名称：江西省南昌立群化工有限责任公司
厂家地址：江西省南昌市新建县七里岗镇
邮政编码：330116
联系电话：3200188

厂家名称：江西省南昌绿叶化学制剂有限公司
厂家地址：江西省南昌市高新技术开发区
邮政编码：330029
联系电话：0791-8108141

厂家名称：江西省宁都县蚊香厂
厂家地址：江西省宁都县梅江镇建国街190号
邮政编码：342800
联系电话：0797-6832231

厂家名称：江西省农福来农化有限公司
厂家地址：江西省南昌市抚生路518号
邮政编码：330009
联系电话：0791-7082291
传真：0791-7082291

厂家名称：江西省萍乡市昌丰农药厂
厂家地址：江西省萍乡市青山大城
邮政编码：337014
联系电话：0799-6381972
传真：0799-6381972

厂家名称：江西省萍乡市笑春蚊香厂

厂家地址：江西省萍乡市麻山镇麻山工业小区
邮政编码 :337029
联系电话 :0799-3451214

厂家名称：江西省生物药品制造厂
厂家地址：江西省南昌市南昌县莲塘镇
邮政编码 :330200
联系电话 :0791-5713871

厂家名称：江西省新辉煌化工有限公司
厂家地址：江西省南昌市洛阳东路
邮政编码 :330029
联系电话 :0791-8310345

厂家名称：江西省新余良欣实业有限公司
厂家地址：江西省新余市良山镇
邮政编码 :338013
联系电话 :0790-6271079
传真 :0790-6721079

厂家名称：江西省新余市新威蚊香厂
厂家地址：江西省新余市水西镇严家渡村委
邮政编码 :338012
联系电话 :0790-6463668

厂家名称：江西省宜春信友化工有限公司
厂家地址：江西省宜春市东郊文笔峰
邮政编码 :336000
联系电话 :0795-3285752
传真 :0795-3273097

厂家名称：江西省鹰潭市双收农药有限责任公司
厂家地址：江西省鹰潭市西郊 320 国道北侧市工业园
邮政编码 :335000
联系电话 :0701-6219171
传真 :0701-6219171

厂家名称：江西省映山红农化有限公司
厂家地址：江西省南昌市青山湖大道 168 号
邮政编码 :330029
联系电话 :0791-5578277
传真 :0791-8103028

厂家名称：江西省永新县红枫日化有限公司
厂家地址：江西省永新县三湾乡
邮政编码 :343423
联系电话 :0796-7803262

厂家名称：江西省永修县南洋化工厂
厂家地址：江西省永修县新城大厦
邮政编码 :330300
联系电话 :0792-3294831

厂家名称：江西省于都县罗坳蚊香福利厂
厂家地址：江西省于都县罗坳镇罗坳村
邮政编码 :342302
联系电话 :0797-6248126

厂家名称：江西省余干县农业化工厂
厂家地址：江西省余干县瑞洪工业开发区
邮政编码 :335118
联系电话 :0793-3465131
传真 :0793-3465202

厂家名称：江西省玉山县金字牌蚊香厂
厂家地址：江西省玉山县双明镇七一水库
邮政编码 :334700
联系电话 :0793-2422988
传真 :0793-2422988

厂家名称：江西省樟树市药都蚊香厂
厂家地址：江西省樟树市洋湖工业区
邮政编码 :331200
联系电话 :0795-7317588
传真 :0795-7317588

厂家名称：江西省樟树市樟菊日用化工厂
厂家地址：江西省樟树市大桥街道办事处
邮政编码 :331200
联系电话 :0795-7325788
传真 :0795-7325788

厂家名称：江西省资溪县农药厂
厂家地址：江西省抚州地区资溪县城郊
邮政编码 :335400
联系电话 :0794-5793560

厂家名称：江西穗丰农药化工有限公司
厂家地址：江西省南昌县蒋巷经济开发区
邮政编码 :330224
联系电话 :0791-5070518
传真 :0791-58610096

厂家名称：江西威牛作物科

学有限公司
厂家地址：江西省新建县文教路西街锦宸8栋503室
邮政编码：330100
联系电话：0791-83712766
传真：0791-3712716

厂家名称：江西文达实业有限公司
厂家地址：江西省南昌县八一乡莲塔线旁（莲武路269号）
邮政编码：330200
联系电话：0791-5721686
传真：0791-5757966

厂家名称：江西新兴农药有限公司
厂家地址：江西省抚州市临川区抚北镇工业区
邮政编码：344000
联系电话：0794-8621067
传真：0794-8351873

厂家名称：江西亚科西药业有限公司
厂家地址：
邮政编码：336000
联系电话：0795-3243380
传真：0795-3243380

厂家名称：江西阳光化工有限公司
厂家地址：江西省抚州市临川区河西大焰山
邮政编码：344100
联系电话：0794-8423418
传真：0794-8445279

厂家名称：江西易顺作物科学有限公司
厂家地址：江西省宜春市经济技术开发区南区
邮政编码：336000
联系电话：0795-3243333

厂家名称：江西益隆化工有限公司
厂家地址：江西省抚州市临川区河西火焰山
邮政编码：331800
联系电话：0794-4410778
传真：0794-4410778

厂家名称：江西真金日化有限公司
厂家地址：江西省永丰县工业园南区
邮政编码：331500
联系电话：0796-2221935

厂家名称：江西中源化工有限公司
厂家地址：江西省高安市新世纪工业城
邮政编码：330800
联系电话：0795-5266578
传真：0795-5266577

厂家名称：江西众和化工有限公司
厂家地址：江西省南昌市安义工业园区北一路
邮政编码：330500
联系电话：0791-3499979
传真：0791-3499976

厂家名称：江西榄菊日化实业有限公司
厂家地址：江西省大余县新世纪工业城
邮政编码：341500
联系电话：0797-8733026
传真：0797-8737098

厂家名称：南昌赣丰化工农药有限公司
厂家地址：江西省新建县文教路西街锦辰8栋1001室
邮政编码：330110
联系电话：0791-3712799
传真：0791-3712716

厂家名称：易克斯特农药（南昌）有限公司
厂家地址：江西省南昌市进贤县工业开发区
邮政编码：331700
联系电话：0791-5690535
传真：0791-56230216

厂家名称：玉山县鹏程日用品化工厂
厂家地址：江西省玉山县牌楼山粮库
邮政编码：334700
联系电话：0793-2107798
传真：0793-2107798

吉林 Jilin

吉林吉农高新技术发展股份有限公司
吉林省公主岭市科贸大街303号
电话 0434—6156968

吉林金秋农药有限公司
吉林长春市磐石市磐石大街
电话 0432-65223363

吉林美联化学品有限公司
吉林省吉林市吉林哈达湾工业开发区
电话：0432-62748700

吉林农业大学农学院
吉林省长春市东环路南（吉林农业大学农学院）
电话：0431-4510901-2206

吉林省八达农药有限公司
吉林省公主岭市国家农业科技园区
电话传真 0434-6353379

吉林长白山精细化工有限公司
朝阳路１１７号
电话 0439-7269300

长春市阿尔丹化工有限公司
长春市高新技术开发区软件三路177号
电话传真 0431-87011123

长春市长双农药有限公司
吉林省长春市宽城区兰家镇兰西大路4055号
电话 0431-82620782

吉林省长春市恒大实业有限责任公司
吉林省长春市卡伦经济技术开发区
电话：0431-2557329

吉林省东亚化工研究所
吉林省长春市绿园迎宾路25号
电话：0431-7997866

吉林省敦化市华康化工厂
吉林省延边朝鲜族自治州敦化市丹江路10号
电话：0443-5226633

吉林省吉林市光伟消杀药业有限责任公司
吉林省吉林市吉桦路10－1
电话：0432-4810043

吉林省吉林市吉丰农药有限公司
吉林省吉林市龙潭区遵义东路11号
电话：0432-63039033

吉林市绿邦科技发展有限公司
吉林市遵义东路25号
电话 0432-3423266

吉林省吉林市农科院高新技术研究所
吉林省吉林市九站街
电话：0432-3050453

吉林省吉林市升泰农药有限责任公司
吉林省吉林市昌邑区 桦皮厂镇松树村三社
电话：0432-62080828

吉林省吉林市世纪农药有限责任公司
吉林省吉林市龙潭区黎明路38号
电话：0432-3026666

吉林市绿邦科技发展有限公司
吉林市龙潭区汉阳南街16-9

号
电话 0432-66087105

吉林省吉林市新民农药有限公司
吉林省吉林市龙潭区汉阳南街 11-1 号
电话 :0432-63038486

吉林省吉林市松润农药厂
吉林省吉林市龙潭区乌拉街镇前阿拉村
电话 :0432-4938386

吉林省吉林市田丰农药有限公司
吉林省吉林市吉林大街 103 号
电话 :0432-4689929

吉林省麦立真农业科技开发有限公司
吉林省吉林市船营区军长路 2 号
电话 : 传真 :0432-66524697

吉林省吉林市永青农药厂
吉林省吉林市经济技术开发区九站街工农路 47 号
电话 :0432-3059462

吉林省吉林市新星农药厂
吉林省吉林市船营区沙河子乡育材村
电话 :0432-4841660

吉林省吉化集团农药化工有限责任公司
吉林省吉林市江北郑州路 15-1 号
电话 0432-3039677-2088

吉林邦农生物农药有限公司
吉林省长春市绿园区青年路 9549 号
电话 0431-2631666

吉林省通化农药化工股份有限公司
吉林省通化市东昌区江南路 468 号
电话 0435-5083707

吉林省敦化市华康化工厂
吉林省延边朝鲜族自治州敦化市丹江路 10 号
电话 0443-5226633

中国科学院长春应用化学科技总公司
吉林省长春市人民大街 159 号
电话：0431-5262232

吉林延边天保生物制剂有限公司
吉林省敦化市经济开发区工业园区
电话 0433-6343555

吉林省延吉市西西开化学有限公司
吉林省延边朝鲜族自治州延吉市长白乡东光
电话 0433-515554

吉林省延边西爱斯开化学农药厂
吉林省延边朝鲜族自治州延吉市小营镇东新村
电话 0433-2526171

吉林省延吉三星日用化工有限公司
吉林省延吉市建工街延龙路 6 号
电话传真：0433-2821872

吉林省延边天泰生物工程科贸有限公司
吉林省延边朝鲜族自治州龙井市光新乡吉兴村
电话 0433-2838019

吉林省通化市农业科学研究院梅河口市农药实验厂
吉林省梅河口市海龙镇
电话 0448-4715448

吉林省延边春雷生物药业有限公司
吉林省延边朝鲜族自治州延吉市新兴街兴城胡同 391 号
电话：0433-2613125

吉林省四平市圣峰化学有限公司
吉林省四平市铁东区北山东路
电话 0434-3580313

吉林省瑞野农药有限公司
吉林省公主岭市国家农业科技园区瑞泽工业园
电话 :0434-6268055

吉林省四平市吉平有害生物防治技术研究所
吉林省四平市铁西区南体育街 68 号
电话 :0434-3243411

吉林省延边绿州化工有限责任公司
吉林省龙井市河西街龙延路
电话 :0433-3283698

吉林延边天保生物制剂有限公司
吉林省敦化市经济开发区工业园区
电话传真 :0433-6343000

辽宁 liaoning

辽宁省海城园艺化工有限公司
辽宁省海城市海岫路小河沿路段
电话:0412-3216620

辽宁省沈阳丰收农药有限公司
辽宁省沈阳市苏家屯区林盛镇冀东路100号
电话:024-89487843

辽宁省本溪经济开发区壮苗科技开发有限公司
辽宁省本溪经济开发区滨河工业园区(石桥镇园区西路28栋)
电话:0414-5858931

辽宁省沈阳市和田化工有限公司
辽宁省沈阳市新城子区杭州西路4号
电话传真:024-89614322

辽宁省大连金猫鼠药有限公司
辽宁省大连市甘井子区凌南路28号
电话:0411-84791834

辽宁省营口三征农用化工有限公司
辽宁省营口市水源镇盖家村
电话:0417-3635160

辽宁省大连瑞泽农药股份有限公司
辽宁省大连市金州区西南窑101号
电话:0411-87679776

辽宁省大连松辽化工有限公司
辽宁省大连市甘井子区工兴路22号
电话:0411-86671213

北镇市永丰农药有限责任公司
辽宁省北宁市沟帮子镇胜国街1号
电话:0416-6652704

辽宁省葫芦岛凌云集团农药化工有限公司
辽宁省葫芦岛市连山区台集屯镇
电话:0429-4270329

大连木春农药厂有限公司
辽宁省庄河市兰店乡磨石房村
电话:0411-89813515

辽宁科生生物化学制品有限公司
辽宁省盘锦市兴隆台区渤海乡陈屯
电话:0427-2885497

丹东天祥农药有限公司
辽宁省丹东市振安区同兴镇
电话:0415-6132058

辽宁利农达综合开发有限责任公司
辽宁省沈阳市于洪区英守台
电话:024-86373702

海城市博圣化工有限公司
辽宁省鞍山市海城市农药总厂
电话:0412-3336476

辽宁凤凰蚕药厂
辽宁省丹东市凤城市
电话:0415-8196810

辽宁生物农药厂

辽宁省朝阳市喀喇沁左蒙古族自治县昌盛街 20 号
电话 0421-4823939

辽宁抚顺丰谷农药有限公司
辽宁省抚顺市顺城区寒江路 1 号
电话 :0413-7601269

辽宁锦西化工（集团）有限责任公司
辽宁省葫芦岛市连山区化工街
电话．传真 :0429-2127294

辽宁省鞍山市千山区汤岗子镇温泉卫生杀虫剂厂
辽宁省鞍山市千山区汤岗子镇汤岗子村
电话 :0412-2410219

辽宁省大连奥德植保药业有限公司
辽宁省大连市经济技术开发区哈尔滨路 34 号
电话 :0411-82449505

辽宁省鞍山市泽鑫农药有限公司
辽宁省鞍山市岫岩县满族自治县杨家堡镇松树秧村
电话 :0412-7852548

辽宁省大连广垠生物农药有限公司
辽宁省大连市甘井子区营城子镇沙岗子村
电话 :0411-86715401

辽宁省北宁市家宝消杀药剂厂

辽宁省北宁市广宁西环路炮团对过
电话 :0416-6629120

辽宁省大连金松实业总公司硫酸铜厂
辽宁省大连市开发区湾里乡松岗村
电话 :0411-87300206

辽宁省本溪家佳科技化工有限公司
辽宁省本溪市平山区桥头镇岭下村
电话 :0414-2521054

辽宁省大连凯飞化工有限公司
辽宁省大连开发区东北大街 488 号
电话传真 :0411-87515677

辽宁省大连凯飞化学股份有限公司
辽宁省大连市开发区东北大街 488 号
电话 :0411-87511189

辽宁省大连绿峰化学股份有限公司
辽宁省大连市甘井子区振兴路 188 号
电话 :0411-86861000

辽宁省大连农药厂天虹分厂
辽宁省大连市甘井子区辛寨子镇磊子山村
电话 :04116641373-3086

辽宁省鞍山市千山区汤岗子镇温泉卫生杀虫剂厂

辽宁省鞍山市千山区汤岗子镇汤岗子村
电话 :0412-2410219

辽宁省大连诺斯曼化工有限公司
辽宁省大连市永宁经济开发区
电话 :0411-85173299

辽宁省鞍山市泽鑫农药有限公司
辽宁省鞍山市岫岩县满族自治县杨家堡镇松树秧村
电话 :0412-7852548

辽宁利农达综合开发有限责任公司
辽宁省沈阳市于洪区英守台
电 话 :024-86373702 024-86373533

辽宁省北宁市家宝消杀药剂厂
辽宁省北宁市广宁西环路炮团对过
电话 :0416-6629120

辽宁生物农药厂
辽宁省朝阳市喀喇沁左蒙古族自治县昌盛街 20 号
电话 :0421-4823575

辽宁省鞍山东大嘉隆生物控制技术开发有限公司
辽宁省鞍山市铁西区新开街 47 栋
电话 :0412-8220705

辽宁省昌图县昌图镇宝灵卫生消杀药品厂
辽宁省昌图县昌图镇城关村五组

电话传真:0410-5910750

辽宁省海城市农药一厂
辽宁省鞍山市海城市海岫铁路北500米
电话:0412-3280053

辽宁省开原市卫生杀虫药剂厂
辽宁省开原市站前街12委3组
电话传真:0410-3830360

辽宁省锦州硕丰农药集团有限公司
辽宁省北宁市沟帮子镇护国街79号
电话:0416-6653346

辽宁省锦州天缘农药厂
辽宁省锦州市凌海市双羊镇铁南街3号
电话:0416-8300035

辽宁省开原市光明杀虫药剂厂
辽宁省开原市站前街2委7组
电话:0410-3823848

辽宁省普兰店市康家生活用品厂
辽宁省大连市西岗区双兴街8号双兴小商品城土杂厅140号
电话传真:0411-82543398

辽宁省开原市天洋消杀药剂厂
辽宁省开原市胜利街90号
电话:0410-3823176

辽宁省清原满族自治县泰丰化学厂
辽宁省抚顺市清原满族自治县清原镇铁北街
电话:0413-3036916

辽宁省清原山友农化有限公司
辽宁省清原满族自治县大孤家镇湾龙泡村
电话:0413-3581150
辽宁省沈阳好猫药业公司
辽宁省沈阳市沈河区万柳塘路65号
电话:024-24822909

辽宁省沈阳红旗林药有限公司
辽宁省沈阳市于洪区于洪乡红旗村
电话024-62237139

辽宁省沈阳化工股份有限公司
辽宁省沈阳市铁西区卫工北街46号
电话传真:024-25820863

辽宁省沈阳辽生化工有限公司
辽宁省沈阳市辽中县南门街
电话:024-7882960

辽宁省沈阳北方卫生防疫消杀站
辽宁省沈阳市铁西区保工南街51号16门
电话:024-25491388

辽宁省沈阳东大迪克化工药业有限公司
辽宁省沈阳市高新技术产业开发区78号
电话:024-23786225

辽宁省沈阳盛源化工有限公司
辽宁省沈阳市于洪区大潘镇小潘村
电话:024-89330018

辽宁省沈阳市于洪区五凌消杀药厂
辽宁省沈阳市红艳路大潘镇小祝村
电话:024-89896226

辽宁省沈阳市华松生物工程有限公司
辽宁省沈阳市东陵区深井子镇畜牧场村
电话:024-24218393

辽宁省沈阳市辽海卫生防疫消杀站
辽宁省沈阳市铁西区艳路街28号1-4-2
电话:13998299755

辽宁省沈阳市化工三厂
辽宁省沈阳市铁西区红盛路1号
电话:024-5916330

辽宁省沈阳同祥农化有限公司
辽宁省沈阳市和平区三好街96号
电话:024-89330482

辽宁省沈阳喜伦日用化工厂

辽宁省沈阳市东陵区榆树屯街12号
电话传真:024-88449618

辽宁省沈阳市绿保动植物研究所
辽宁省沈阳市皇姑区闽江街80号
电话:024-23316269

辽宁省沈阳市双兴卫生消杀药剂厂
辽宁省沈阳市东陵区深井子乡双村子村
电话:024-24820905

辽宁省沈阳新城化工有限公司
辽宁省沈阳市新城子区新城子街杭州西路4号
电话传真:024-89600696

辽宁省瓦房店市蚊香厂
辽宁省瓦房店市闫店乡
电话:0411-85160222

辽宁省沈阳兴农化工农药有限公司
辽宁省沈阳市铁西区翟家镇郎家堡
电话:024-25910797

辽宁省西丰县新兴卫生消杀药剂厂
辽宁省西丰县西丰镇向阳街向阳委4组
电话传真:0410-7818780

辽宁省沈阳源达实业有限公司
辽宁省沈阳市大东区小车路11号1-1门
电话:024-24311666

辽宁省沈阳中科生物工程有限公司
辽宁省沈阳市浑南国家高新技术产业开发区新智街2号
电话:024-23784112

辽宁省营口雷克农药有限公司
辽宁省营口市盼盼工业园西区
电话:0417-3841457

辽宁省营口三征北农种衣剂有限责任公司
辽宁省营口市站前区大庆路更新里25号
电话:0417-3635160

辽宁省瓦房店市农药厂
辽宁省大连市瓦房店市水果路84号
电话:0411-85614190

辽宁省彰武凯驰农化有限公司
辽宁省阜新市彰武县两家子
电话:0418-7785333

沈阳民友国际贸易有限公司
沈阳市沈河区惠工街10号卓越大厦1806室
电话 024-22789001

辽宁双博农化科技有限公司
辽宁省沈阳市于洪区黄河北大街千山西路22号
电话传真:024-86393988

中国人民解放军第9719工厂(辽宁省)
辽宁省大连市甘井子区甘井子区工兴路22号
电话:0411-86671213

辽宁正诺生物技术有限公司
辽宁省沈阳市新城子区杭州西路4号
电话:024-89866085

辽宁省大连广达农药有限责任公司
辽宁省大连市普兰店市太平办事处姚家村
电话:0411-83161188

盘锦鑫地农药厂
辽宁省盘锦市大洼县田庄台镇
电话:0427-8866504

Neimenggu 内蒙古

厂家名称：赤峰中农大生化科技有限责任公司
厂家地址：内蒙古自治区赤峰市松山区上官地镇镇中心
邮政编码：024049
联系电话：0476-2202297
传真：0476-2202297

厂家名称：内蒙古巴彦淖尔市兴科药业有限责任公司
厂家地址：内蒙古自治区临河市东郊110国道城关纸厂南
邮政编码：015000
联系电话：0478-8288556
传真：0478-8211244

厂家名称：内蒙古百草原防虫制品有限责任公司
厂家地址：内蒙古自治区赤峰市巴林左旗报头大街中段74号
邮政编码：025450
联系电话：0476-7885890
传真：0476-7882222

厂家名称：内蒙古拜克生物有限公司
厂家地址：内蒙古自治区托克托县托电工业园区
邮政编码：010206
联系电话：0471-8661111

厂家名称：内蒙古赤峰碧州植物农药厂
厂家地址：内蒙古自治区赤峰市桥西大街东段路南一号
邮政编码：024005
联系电话：(0476)4214631

厂家名称：内蒙古赤峰市宁城农药厂
厂家地址：内蒙古自治区赤峰市宁城县大明桥东
邮政编码：024236

厂家名称：内蒙古赤峰市宁城县天义农药实验厂
厂家地址：内蒙古自治区赤峰市宁城县
邮政编码：024200

厂家名称：内蒙古赤峰制药（集团）有限责任公司
厂家地址：内蒙古自治区赤峰市江山区一东街54号
邮政编码：024001
联系电话：0476-8223446
传真：0476-8223446

厂家名称：内蒙古宏裕科技股份有限公司
厂家地址：内蒙古呼伦贝尔岭东工业开发区扎兰屯市中央南路68号
邮政编码：162650
联系电话：0470-3353737
传真：0470-3350990

厂家名称：内蒙古呼和浩特市郊区丰州精细化工厂
厂家地址：内蒙古自治区呼和浩特市
邮政编码：010020

厂家名称：内蒙古呼和浩特市绿邦农药有限责任公司
厂家地址：内蒙古自治区呼和浩特市土左旗兵州亥乡
邮政编码：010100
联系电话：0471-4954433-2922
传真：0471-4954433

厂家名称：内蒙古呼和浩特市蒙加农药化工有限公司
厂家地址：内蒙古自治区呼和浩特市回民区阿拉善路1号
邮政编码：010030
联系电话：0471-3965433
传真：0471-3965433

厂家名称：内蒙古呼伦贝尔盟扎兰屯市农药厂

厂家地址：内蒙古自治区呼伦贝尔盟扎兰屯市新发街建材路
邮政编码：162650

厂家名称：内蒙古华星生物科技有限公司
厂家地址：内蒙古自治区赤峰市元宝山区赤元公路21公里
邮政编码：024070
联系电话：0476-3584310
传真：0476-3584310

厂家名称：内蒙古化德县春生硅藻土有限责任公司
厂家地址：内蒙古自治区化德县长顺镇
邮政编码：013350
联系电话：0474-7983538

厂家名称：内蒙古绿宝生物科技有限公司
厂家地址：内蒙古自治区赤峰市翁牛特旗
邮政编码：
联系电话：0476-6605009

厂家名称：内蒙古宁城县天力神卫生制品有限责任公司
厂家地址：内蒙古自治区赤峰市宁城县天义镇兴隆街西段
邮政编码：024200
联系电话：0476-4228199
传真：0476-4228199

厂家名称：内蒙古清源保生物科技有限公司
厂家地址：内蒙古自治区巴彦淖尔盟磴口县化肥厂东侧
邮政编码：015200
联系电话：0478-4213742

厂家名称：内蒙古神威科技开发有限责任公司
厂家地址：内蒙古自治区呼和浩特市昭马达路306号
邮政编码：010018
联系电话：0471-4301490
传真：0471-4302809

厂家名称：内蒙古世纪玉昆化工有限公司
厂家地址：
邮政编码：028400
联系电话：0475-6219268
传真：0475-6219268

厂家名称：内蒙古帅旗生物科技股份有限公司
厂家地址：内蒙古自治区赤峰市松山区蒙中对面
邮政编码：024005
联系电话：0476-8423682
传真：0476-8423683

厂家名称：内蒙古新威远生物化工有限公司
厂家地址：内蒙古自治区鄂尔多斯市达拉特旗王爱召镇
邮政编码：014300
联系电话：0477-5229505

厂家名称：内蒙古亚赛绿发有限公司
厂家地址：内蒙古自治区呼和浩特市爱民东路1号1楼127房间
邮政编码：010050

厂家名称：齐鲁制药（内蒙古）有限公司
厂家地址：内蒙古自治区呼和浩特市经济技术开发区金川南区纬四路2号
邮政编码：010080
联系电话：0471-3260023
传真：0471-3260066

宁夏 Ningxia

厂家名称：宁夏新安化工科技有限公司
厂家地址：宁夏回族自治区平罗县太沙工业园区精细化工园
邮政编码:753401
联系电话:0952-3910670
传真:0952-3910687

厂家名称：宁夏长河实业有限公司
厂家地址：宁夏回族自治区银川市开发区1号写字楼
邮政编码:750002
联系电话:5043002

厂家名称：宁夏大荣化工冶金有限公司
厂家地址：宁夏回族自治区石嘴山市大武口区金工路
邮政编码:753001
联系电话:0952-2170303
传真:0952-2179756

厂家名称：宁夏福安农药有限公司
厂家地址：宁夏回族自治区银川市永宁县通桥乡
邮政编码:750101
联系电话:0951-4066208
传真:0951-4066319

f厂家名称：宁夏格瑞精细化工有限公司
厂家地址：宁夏回族自治区平罗县太沙工业园区：宁夏格瑞精细化工有限公司
邮政编码:753400
联系电话:0952-3950069
传真:0952-3910088

厂家名称：宁夏华西中天新材料有限公司
厂家地址：宁夏回族自治区银川市西夏区镇北堡华西工业区
邮政编码:750001
联系电话:0951-2136001
传真:0951-2136128

厂家名称：宁夏回族自治区化工实验厂
厂家地址：宁夏回族自治区银川市
邮政编码:750000

厂家名称：宁夏回族自治区中卫农药化工厂
厂家地址：宁夏回族自治区中卫县迎水桥工业区
邮政编码:751700
联系电话:0953-7036711
传真:0953-7012700

厂家名称：宁夏垦原生物化工科技有限公司
厂家地址：宁夏回族自治区银川市金凤区垦原路
邮政编码:750011
联系电话:0951-3066993
传真:0951-3067811

厂家名称：宁夏绿泰生物工程有限公司
厂家地址：宁夏回族自治区银川市金凤区通达南街友谊巷8号
邮政编码:750011
联系电话:0951-3992828
传真:0951-3992828

厂家名称：宁夏启元药业有限公司
厂家地址：宁夏回族自治区银川市工业园启元大道1号
邮政编码:750101
联系电话:0951-4066000，8355556
传真:0951-4066866

厂家名称：宁夏亚乐农业科技有限责任公司
厂家地址：宁夏回族自治区银川市良田工业区文昌路41号
邮政编码:750002
联系电话:0951-5047115,13995086193
传真:0951-5047115

厂家名称：宁夏银川凯元生物化工科技有限公司

厂家地址：宁夏回族自治区银川市金凤区黄河东路
邮政编码：750011
联系电话：0951-3072252
传真：0951-3067811

厂家名称：宁夏永宁双丰生物化工有限公司
厂家地址：宁夏回族自治区永宁县望远经济区
邮政编码：750101
联系电话：0951-8429469
传真：0951-8429469

厂家名称：宁夏裕农化工有限责任公司
厂家地址：宁夏回族自治区惠农县红果子经济开发区
邮政编码：753600
联系电话：0952-7681891
传真：0952-76818906

青海 Qinghai

厂家名称：青海汗青农业化学研究所
邮政编码：810005
联系电话：0971-5216938
传真：0971-6303591

厂家名称：青海黎化实业有限责任公司
厂家地址：青海省大通县宁张公路 28 公里处
邮政编码：810103
联系电话：
0971-2765458\2765435
传真：0971-2761668

厂家名称：青海生物药品厂
厂家地址：青海省西宁市城北区经济技术开发区生物产业园区
邮政编码：810003
联系电话：0971-5318190
传真：0971-5318187

厂家名称：青海江河源农牧科技发展有限公司
厂家地址：青海省西宁市城北区天峻路中段
邮政编码：810003
联系电话：0971-5318871
传真：0971-5318011

厂家名称：青海绿原生物工程有限公司
厂家地址：青海省西宁市青海生物科技产业园纬二路 1 号
邮政编码：810016
联系电话：0971-5318744
传真：0971-5318347

厂家名称：青海省京科生物技术开发有限公司
厂家地址：青海省西宁市生物科技产业园纬二路 6 号
邮政编码：810003
联系电话：
0971-5318088, 5318948
传真：0971-5318945

山东 Shandong

山东胜邦鲁南农药有限公司
厂址：山东省临沂市经济开发区梅家埠
电话：0539-6019918
传真：0539-6019900

山东华阳科技股份有限公司
公司地址：山东宁阳磁窑
电话：（0538）5826001

山东松井农化有限公司
山东省济南市经七路843号泰山大厦19－B10号
电话 :0531-82342566

青岛海纳生物科技有限公司
山东省青岛市莱西市日庄镇驻地
电话 :0532-85490666

山东滨农科技有限公司
山东省滨州市滨城区滨北办事处永莘路518号
电话 :
0543-3315114,3571160

青岛双收农药化工有限公司
山东省胶州市德州路8号
电话 :0532-82292312

山东省济南科赛基农化工有限公司
山东省济南市历城区开源路北首鸿腾工业园
电话 :0531-88015188

青岛星牌作物科学有限公司
山东省青岛市即墨市济青高速公路青岛收费站前行2公里
电话 :0532-85698019

山东省济南绿霸化学品有限责任公司
联系地址：济南市工业南路100号三庆枫润大厦18楼
电话：0531-81795858

山东澳得利化工有限公司
山东省潍坊市寿光市南环路中段
电话 :0536-5206888

山东曹达化工有限公司
山东省菏泽市双河东路28号
联系电话 :0530-5159118

山东省济南仕邦农化有限公司
山东省济南市章丘绣惠桃花山工业园
电话 :0531-88017222

山东省青岛现代农化有限公司
山东省青岛市胶州九龙工业园
联系电话 :0532-87217666

山东大成农药股份有限公司
山东省淄博市张店区洪沟路25号
联系电话 :
0533-2116668/2110968

山东东泰农化有限公司
聊城市道口铺工业区
联系电话 :0635-2111788

山东恒丰化学有限公司
山东省莱西市姜山镇岭前村（姜山工业园）
电话 :0532-82499368

山东坤丰生物化工有限公司
山东省济南市天桥区工业园
电话 :0531-89667269

山东聊城赛德农药有限公司
山东省莘县朝城镇工业开发区
联系电话 :0635-7717777

山东惠民中农作物保护有限公司
山东省惠民县中农路
电话：
0543-2232666 2232888

山东临沂化联化工有限公司
山东省临沂市兰山区朱保工业园
电话 :0539-8558888

山东嘉诚农药化工有限公司
淄博山东齐鲁化学工业园
电　话：0533-2066400

山东绿丰农药有限公司
山东省青州市马氏路南段东侧
联系电话 :0536-3529527

山东京博农化有限公司
山东省滨州市博兴县陈户镇京博工业区
电话 05432511168

山东罗邦生物农药有限公司
山东省潍坊凤凰山高新技术开发区
电话：0536-7523555

山东诺华农药有限公司
济南市历城区桑园路 28 号
电 话：0531- 88611000

山东侨昌化学有限公司
山东省滨州市滨城区黄河二路 713 号
电话 0543-2226137

山东神星药业有限公司
山东省潍坊市青州市北环路中段
电话 05363291497

山东省联合农药工业有限公司
山东省济南市历成区桑园路 28 号
250013
电话 :0531-86966414

德州天邦农化有限公司
联系电话 13805342257
德州市德城区二屯工业园

山东省绿士农药有限公司
山东省齐河经济开发区金能大道北首
电话 :0534-5756113

山东省济南科海有限公司
山东省济南市天桥区北园大街 234 号
电话 :0531-88631859

山东省青岛丰邦农化有限公司
山东省青岛市胶州市胶州西路 338 号
电话 :0532-87259751

济南绿邦化工有限公司
联系电话：0531-58773900
山东省济南市舜风路 322 号
济南留学人员创业园 6 号楼西单元

山东省济南天邦化工有限公司
山东省济南市工业南路 28 号
三庆世纪财富中心 A 座 811 室
电话：0531-86510690

青岛好利特生物农药有限公司
联系人：贾玉林
电话：86 0532 85432888
传真：86 0532 85433888
手机：13176850188
通信地址：中国 山东 莱西市 马连庄镇驻地

山东省济南中科绿色生物工程有限公司
地址：山东省济南市千佛山东二路 19 号
电　话：0531-82913171
82629761
传真：0531-82600106

山东省青岛金尔农化研制开发有限公司
地址： 青岛胶州市经济技术开发
区胶州湾工业园金尔路 1 号
邮编： 266300
电话： 0532-87293218

山东省青岛润生农化有限公司
青岛莱西市姜山镇金岭工业园
电　话：0532-68870105
0532-68870106

淄博恒生农药有限公司
电话：0533 5751392
龙泉镇和庄村西首

青岛泰生生物科技有限公司
电话：0532-8484695
地址：山东省青岛市莱西市蓬莱路东首

山东省淄博绿晶农药有限公司

联系地址： 山东省淄博市周村区周村彭阳电信局西南侧
邮政编码： 255321
联系电话： 0533-6610065

名称： 青岛泰源科技发展有限公司
电话： 0532 8432518
地址： 山东省青岛市莱西市望城街道办事处工业园

山东省淄博市周村穗丰农药化工有限公司
山东淄博市周村区兴鲁大道1668号
联系电话：0533-6182525

山东省青岛瀚生生物科技股份有限公司
青岛崂山区株洲路143号石老人科技创新园3号楼A区5楼
联系电话：0532-85766777

山东淄博市淄川黉阳农药有限公司
电 话：0533-5811409
地 址： 淄川区洪山镇聊斋路8 1号

山东省泰安市泰山现代农业科技有限公司
电 话：0538-8506399
泰安市高新技术产业区

山东省淄博新农基农药化工有限公司
山东省淄博市高新技术产业开发区北首博丰南路
电话：0533-8407222

烟台万丰药业有限公司地址山东省烟台市芝罘区化工路北首
电话 05356837228

山东邹平绿大药业有限公司
地址：山东．邹平．好生工业园
电话 0543-4501664

山东胜邦绿野化学有限公司
电话 0531-88725081
地址山东济南市高新技术开发区东辰大街胜利生物园A205

山东玉成生化农药有限公司
地址山东省潍坊市安丘市206国道安丘收费处南100米
电话 536-4390588

山东潍坊双星农药有限公司
山东寿光市草场街269号
电话 0731-8888188

山东兆丰年生物科技有限有限公司
山东济南市历城区 章丘市高官寨镇工业区工业路26号
电话：0531-80960835

山东新势立生物科技有限公司
电话 0534-5232048
手机 13505446479
山东省德州市宁津县时集工业园

山东中石药业有限公司
联系电话 :0635-6820989
山东省聊城市阳谷县石门宋工业区

山东信邦生物化学有限公司
山东省烟台市栖霞市民营经济园德丰路
电话 0535-5205657

山东亿尔化学有限公司
电话 0543-2229419
黄河十二路23号

山东邹平农药有限公司
山东省邹平县环城北路190号
电话 0543-4324886

山东麒麟农化有限公司
济南市历城区二环东路嘉恒商务大厦B座504室
电话 0531-82371668

山东亿嘉农化集团
电话 0536-5107178
山东省寿光市农圣街722号亿嘉大厦

山东恒联化学有限公司
潍坊滨海开发区昌海大街
电话 ： 86-536-13853667152

德州大成农药有限公司
德城区东风东路1 0 5 6号
电话 0534-2581338

东方润博农化（山东）有限公司
电话 0536-3523999
山东潍坊市山东省青州市经济开发区新区

辽宁省鞍山东大嘉隆生物控制技术开发有限公司
辽宁省鞍山市铁西区新开街47栋
电话 :0412-8220705

济南华峰实业有限公司
电 话：86-0531-88267456
13608922759
济南北二环路济青高速公路零点立交乔南2公里处

临沂市蓝天环科日化有限公司
地址：临沂市经济开发区
电话：(86)0539-8806666

青岛中达农业科技有限公司
电话：0532-86019998
青岛市东海西路35号太平洋中心T5座27AB室

临沂市兴冠精细化工有限公司
山东临沂市解放路金润大厦505
电话0539-8220581

日照市邦化生物科技有限公司
电话06336799898
地址日照莒县

山东奥丰化工科技有限责任公司
电话15966256820
山东省聊城市阳谷东环高新区

山东奥凯农业发展有限公司
青州市经济开发区时代二路3077号
电话：0536-2137789

青岛正道药业有限公司
地址：山东省莱西市威海东路80号2号楼
电话：0532-66031627

山东奥维特农药有限公司
电话0531-85940616
济南市济洛路16号

山东白云农药有限公司
山东省泰安市宁阳县伏山镇
电话：0538-5713666

山东东方农药科技实业有限公司
电话053188631835
湖远县五一路23号

山东百威农药有限公司
电话 0536-3570077
山东省潍坊市口埠工业园

山东东信生物农药有限公司
电话：0635-6750968
厂址：山东省阳谷县阿城工业园

东营胜德制罐有限公司
山东省东营市东二路107号
电话546-8735918

山东拜尔化工有限公司
电 话0536-5501858
山东省寿光市马店供电所东邻

东营胜利绿野农药化工有限公司
山东东营市仙河镇东方公司农药厂
电话0546-8583053

山东昌裕集团宝乐来日用化工有限公司
电话0635 8723258
山东聊城嘉明开发区西区1号

山东丰泽化工有限公司
山东省阳谷县经济开发区
联系电话：0635-2951888

山东富安集团农药有限公司
山东省诸城市开发区
电话：0536-6212801

山东富邦农业科技开发有限公司
青岛市太平角四路10号
电话0532-83093298

山东海而三利生物化工有限公司
电话13573847983
山东海而三利生物化工有限公司第五营销部

山东富先达农药有限公司
电话：86-0533-7809688
山东济寿路321省道14公里处

山东海利莱化工科技有限公司
山东省沂南县铜井镇山旺庄村
电话：0539-3232777

山东光大化学有限公司
山东省济南市平阴县刁山坡镇
电话：0531-86884888

山东海立信农化有限公司
电话：13370975152
传真：0635-2222222
地址：山东省聊城经济开发区

山东贵合生物科技有限公司
山东省肥城市石横镇经济园区
联系电话 :0538-3660235

山东海讯生物化学有限公司
山东省济南市槐荫区美里湖开发区美里南路 7 号
联系电话 :0531-88904638

山东国润生物农药有限责任公司
山东省泰安市岱岳区范镇工业区
电话 :0538-8681116

山东韩农化学有限公司
山东省青州市普通镇刘镇村
联系电话 :0536-3802980

山东哈维斯生化科技有限公司
山东省青州市开发区
电话 :0536-3522618

山东汉兴化学工业有限公司
山东省聊城市东阿县新聊滑路
电话 :0635-3483369

山东菏泽源丰农药有限公司
电话 0530-5663339
山东省菏泽市解放南街一号

山东鸿汇烟草用药有限公司
山东省潍坊市青州市高新路 9 号
电话 :0536-3200711

山东君得利化工有限公司
电话 0635-8593866

地址聊城市东昌府区许营工业园

山东红箭农药有限公司
山东省济南市历下区清河北路魏家庄
电话 :0531-88610052

山东凯利农生物科技有限公司
电话：0537-4228585
山东省济宁市泗水金庄经济园区

山东华美日化有限公司
电话 0635 8370800
山东省聊城地区冠县振兴西路中段

山东康家化工有限公司
山东省聊城市东昌府区许营乡工业园
联系电话 :0635-8592097

山东济宁弘发化工有限公司
山东省济宁市市北郊 327 国道北
电话 :0537-2323055

山东科大创业生物有限公司
山东省邹平县长山镇长山工业园
电话 :0543-4851285

山东金农华药业有限公司
厂家地址：山东省莒南县县城洙边镇崖子村
电话 :0539-7623976

山东力邦化工有限公司
山东省菏泽市定陶工业园
电话 :0530-2152744

山东京逢药业有限公司
山东省蓬莱市北沟镇
电话 :0535-5911655

山东聊城蓝威化工有限公司
山东省聊城市鲁西化工厂路东首
电话传真 :0635-8521342

山东九洲农药有限公司
山东省鄄城县富春金堤
电话 0530-2471679

山东农夫生物科技有限公司
山东省青州市北城村西二街 36 号
电话 :0536-3297757

临沂市河东区利多精细化工厂
山东省临沂市河东区太平街道办事处
联系电话 0539-8889537

山东齐发药业有限公司
山东省济南市平阴县城青龙路 21 号
电话 :0531-83105815

山东临沂市维尔雅精细化工厂
厂家地址：山东省临沂市罗庄区技术开发区盛庄镇
电话 :0539-8591160

山东鲁抗生物农药有限责任公司
厂家地址：山东省德州市齐河县友谊路 3 号
电话 :0534-5337777

山东庆云天福神香有限公司
电话： 13953436688

山东省德州市庆云县常盛工业园

山东迈英德化学有限公司
山东省济南市民营科技产业园新沙北路 5 号
电话 :0531-85976085

山东荣邦化工有限公司
山东省潍坊市寿光市晨鸣工业园
电话 :0536-5285618

山东美罗福农化有限公司
山东省淄博市邹平县韩店镇工业园
电话 :0543-4619148

山东润扬化学有限公司
山东省烟台市招远市黄城牟黄路
电话 :0535-8519698

山东三农农药有限公司
山东省临沂市莒南县西环路北段西侧
电话 :0539-7218750

山东三元工贸有限公司
山东省潍坊市昌乐县昌乐开发区二街
电话 05366777776

山东省成武县农药厂
县城伯乐大街１１８号
电话 0530-8623888

山东申王生物药业有限公司
山东省日照市五莲县莲山路 5 号
电话：0633-5881776

山东省成武县有机化工厂
山东省成武县南鲁镇工业小区
电话 :0530-8822188

山东省北方制药厂
山东省淄博市张店区共青团路
电话 05332181691

山东省达瀚农业化控研究院
山东省济南市桑园路 11 号
电话 :0531-88669927

山东省昌邑市化工厂
山东省昌邑市柳疃镇西二甲村
电话 :0536-7802210

山东省德州神农化工有限公司
山东省德州市天衢工业园恒东路
电话 :0534-2723366

山东省德州市德城区大成卫生杀虫剂厂
山东省德州市德城区长庄乡水利站
电话 :0534-2363191

山东省长清农药厂有限公司
济南市长清区济南经济开发区南园 2001 号
联系电话： 0531-87367068

山东省德州正义农药有限公司
山东省夏津县陵园街东首
电话 :0534-3261778

山东省东都农药厂
山东省泰安市新泰市东都镇
电话 0538-7375171

山东省东营市洁保化学制品有限责任公司
山东省东营市东营区海河路南王屋 120 号
电话 :0546-8225284

山东省东平县盛达生化有限责任公司
山东省东平县城西山路北首
电话 0538-2857864

山东省东营胜德精细化工厂
山东省东营市垦利开发区新兴路 443 号
电话 :0546-2882566

山东省高密市绿洲化工有限公司
山东省潍坊市高密市旗台路北首
联系电话 :0536-2323133

山东省冠县天宇精细化工厂
山东省冠县东古城镇藺庄
电话 :0635-5682155

山东省冠县宜家日化有限公司
山东省冠县桑阿镇工业园区
电话 :0635-5832788

山东省冠县亿康精细化工厂
山东省冠县动古城镇前郑町村
电话 :0635-5742178

山东省冠县捷达精细化工厂
山东省冠县东古城田坡村
电话 :0635-6976779

山东省冠县洁宝日用化工厂
山东省冠县东古城加油站北郊
电话:0635-5742098

山东省冠县鲁奥精细化工厂
山东省冠县东古城陈井南侧
电话:0635-5742198

山东省海阳市中健实业有限公司
山东省烟台市海阳市旅游度假区
电话:0535-3316288

山东省济南东合化工有限公司
山东省济南市解放东路35号
电话:0531-88933750

山东省菏泽市澳力奇精细化工厂
厂家地址:山东省菏泽市恒盛大市场1000米路东
电话:0530-6680963

山东省济南海华洗涤制品有限公司
山东省济南市槐荫区吴家堡镇中赵村东济齐路北
电话:0531-85971074

山东省菏泽市大地生物工程有限公司
山东省菏泽市市区东陈集工业园区
电话:0530-2798111

山东省济南海启明化工有限责任公司
山东省济南市平阴县刁山坡镇刁山坡村
电话:0531-87785569

山东省菏泽市农丰化学制剂厂
山东省菏泽市都司
电话:0530-671120

山东省济南机友化工有限责任公司
山东省济南市专清归德镇商业街南首
电话:0531-87352280

山东省济南安平制药有限公司
山东省济南市平阴县青龙路21号
电话:0531-84880299

山东省济南开发区捷康化学商贸中心
山东省济南市历下区建新南路8号
电话:0531-86560056

山东省济南孺子牛实业有限公司
山东省济南市山大北路50－1号
电话:0531-88010521

山东省济南赛克化工有限公司
山东省济南市历下区济王路林家庄138号
电话:0531-88985051

山东省济南科贝尔生物工程有限公司
山东省济南市市中区山大南路27号
电话05318905209

山东省济南赛普实业有限公司
山东省济南市华龙路509号创新大厦306室
电话:0531-86510701

山东省济南镁丰精细化工有限公司
山东省济南市槐荫区机场西路中段
电话:0531-85662586

山东省济南美罗达农化有限公司
山东省济南市工业北路264号
电话:0531-82378808

山东省济宁高新技术开发区永丰化工厂
山东省济宁市济大东路191号大学科技园
电话:0537-2352888

山东省济南全力制药有限公司
山东省济南市市中区腊山工业园
电话:0531-87984006

山东省济宁高新技术开发区永丰化工厂
联系电话:0537-7657978
山东省济宁高新技术开发区

山东省济宁高新区益康精细化工厂
厂家地址:山东省济宁市泰闸路88号
电话:0537-2197146

山东省济宁济兴农化有限责任公司
厂家地址:山东省济宁市任

城区唐口
电话:0537-2513818

山东省济宁市通达化工厂
厂家地址:山东省济宁市任城区长沟经济开发区
电话:0537-2583193

山东省济宁圣城化工实验有限责任公司
山东省济宁市北郊南岱庄路
电话:0537-2230061

山东省济宁市益民化工厂
山东省济宁市任城区许庄镇李集村
电话:0537-2291046

山东省济宁市白斯特化工有限责任公司
厂家地址:山东省济宁市南郊
电话:0537-2315151

山东省济宁市中武消杀药剂厂
山东省济宁市中区金城镇冯庄
电话:0537-2271125

山东省济宁新星化工厂
厂家地址:山东省济宁市327国道满庄
电话:0537-2278988

山东省济宁玉洁日用化学品有限公司
山东省济宁市嘉祥县疃里镇前贾村
电话:0537-6971236

山东省嘉祥县华星生物化学有限公司
山东省嘉祥县县城建设路66号
电话:0531-89667269

山东省嘉祥县华星生物化学有限公司
山东省嘉祥县县城建设路66号
电话:0531-89667269

山东省莱阳市星火农药有限公司
山东省莱阳市城厢太平新村
电话:0535-7182897

山东省乐陵市德乐化工有限公司
山东省乐陵市振兴西路96号
电话:0534-6322665

山东省金农生物化工有限责任公司
山东省菏泽市定陶县姑庵经济开发区
电话:0530-2552999

山东省梁山川田化学有限公司
山东省梁山县水泊北路31号
电话:0537-7328397

山东省梁山及时雨化工有限公司
山东省梁山县县城文化路22号
电话:0537-7401110

山东省梁山鲁鹏化工有限公司
山东省梁山县韩垓镇双韩路开发区
电话:0537-7657978

山东省梁山山鹰化工有限公司
山东省梁山县韩垓开发区
电话:0537-7650327

山东省聊城市昌丰农药有限公司
山东省聊城市阳谷县县城谷山南路1号
电话:0635-6261658

山东省梁山县生物化工厂
山东省济宁市梁山县徐集镇工业园区
电话:0537-7701877

山东省聊城市长城精细化工厂
山东省聊城市南环路东段路北
电话:0635-8530296

山东省聊城市东昌府区国泰精细化工厂
山东省聊城市东昌府区南环路东段路南
电话:0535-8570256

山东省聊城长江化工有限公司
山东省聊城市东昌府区闫寺工业区1号
电话:0635-8420186

山东省聊城凤凰精细化工有限公司
山东省聊城市东昌西路127号
电话:0635-8422179

山东省聊城市东昌府区金洁日化有限公司
山东省聊城市南环路东段
电话:0635-8532058

山东省聊城冠宇商贸有限公司
山东省聊城市龙山副食批发城5排20号
电话:0635-2186895

山东省聊城市东昌府区锦程精细化工厂
山东省聊城市东昌府区道路口铺乡沙王庄村
电话:0635-8675036

山东省聊城市东昌府区康美精细化工厂
山东省聊城市许营乡绣衣集村
电话:0635-8595868

山东省聊城市东风精细化工有限公司
山东省聊城市冠县县城东古城镇工业园区
电话:0635-5740150

山东省聊城市东昌府区蓝田精细化工厂
山东省聊城市东昌府区许营工业园
电话:0635-8579168

山东省聊城市华夏化工有限公司
山东省聊城市嘉明工业园京济路中段
电话:0635-8795677

山东省聊城市金霸王精细化工厂
山东省聊城市东昌府区侯营镇驻地
电话:0635-8562266 8563266

山东省聊城市东昌府区鲁鹰精细化工厂
山东省聊城市东昌府区许营乡绣衣集村
电话:06358595588

山东省聊城市东昌府区齐龙精细化工厂
山东省聊城市许营乡驻地供销社
电话:0635-8591045

山东省聊城市开发区万达精细化工厂
山东省聊城市开发区军王屯村
电话:0635-8343869

山东省聊城市东昌府区水城爱家精细化工厂
山东省聊城市凤凰工业园
电话:0635-8577099

山东省聊城市康泰精细化工厂
山东省阳谷县张秋镇景阳岗旅游区北邻
电话:0635-6732765

山东省聊城市鲁西精细化工厂
山东省聊城市南东外环路南首
电话:0635-8530066

山东省聊城市鲁亚精细化工厂
山东省聊城市东昌府区南外环路东首
电话:0635-8531389

山东省聊城市新兴卫生药剂厂
山东省聊城市西外环侯营工业园区
电话:0635-8568168

山东省聊城市信达气雾剂制品厂
山东省聊城市站前经济开发区
电话:0635-8420211

山东省聊城市裕华精细化工有限公司
山东省聊城市东昌西路新兴路22号
电话:0635-8420135

山东省聊城市圣达日化科技有限公司
山东省聊城市东昌府区侯营镇驻地圣达日化公司
电话:0635-8562266

山东省聊城天骄日用化工有限公司
山东省聊城市东昌府区闫寺工业区
电话:0635-8722689

山东省聊城市泰鑫化工有限公司
山东省聊城市开发区东城工业园
电话:0635-8530068

山东省聊城同大纳米科技有限公司
山东省聊城市东昌府区闫寺工业区
电话:0635-8721336

山东省临清市第一农用制剂

厂
山东省聊城市临清市康庄镇康四街 296 号
电话:0635-2714060

山东省临沂恒晨商贸有限公司
山东省临沂市兰山区商城路 5 号
电话:0539-8213638

山东省临沂兰山区大气雾剂容器厂
山东省临沂市兰山区大岭镇
电话:0639-8531270

山东省临清市鲁临油脂精细化工有限公司
山东省聊城市农校路路西
电话:0635-8532086

山东省临沂鲁美工贸有限责任公司
山东省临沂市临沂路与金九路交汇处南侧
电话:0539-8363493

山东省临清市中天日用化工有限公司
山东省临清市康庄镇康三街
电话:0635-2716958

山东省临沂爱茉莉精细化工有限责任公司
山东省临沂市南坊镇赵岔河村工业园 1 号
电话:0539-8210758

山东省临沂圣健工贸有限公司
山东省临沂市兰山区临西九路中段
电话:0539-8538966

山东省临沂飞虹精细化工有限公司
山东省临沂市水田路 28 号
电话:0539-8063221

山东省临沂市昌运卫生用品有限公司
山东省临沂市河东区凤凰岭西许庄工业园
电话:0539-8060170

山东省临沂高照商贸有限责任公司
山东省临沂市商城路 32 号
电话:0539-8236739

山东省临沂市河东区九曲卫生用品厂
山东省临沂市河东区 21 号
电话:0539-8091528

山东省临沂市奇星精细化工厂
山东省临沂市河东区相公镇
电话:0539-8881482

山东省临沂市河东区利群家化厂
山东省临沂市河东区九曲镇驻地
电话:0539-8082038

山东省临沂市建友商贸有限公司
山东省临沂市临西二路 14 号
电话:0539-8883178

山东省临沂市金升精细化工有限公司
山东省临沂市罗庄区魏三岗
电话:0539-8297069

山东省临沂市胜豹日用化工有限公司
山东省临沂市河东区相公镇小茅茨村
电话:0539-8360330

山东省临沂市兰山区昌运精细化工厂
山东省临沂市水田路路北 29 号
电话:0539-8060170

山东省临沂市圣亚精细化工有限公司
山东省临沂市工业开发区临西十路中段
电话:0539-8532599

山东省临沂市利民化工厂
山东省临沂市沂南县城文化街东首
电话:0539-3232839

山东省宁阳县白马福利化工厂
山东省宁阳县白马乡
电话:0538-5711077

山东省临沂市靓宣化妆品厂
山东省临沂市河东区九曲镇九曲村
电话:0539-8201217

山东省农科院植保所新农药中试厂
山东省济南市历城区桑园路 28 号
电话:0531-88669286

山东省农科院植保所新农药中试厂
山东省济南市历城区桑园路28号
电话:0531-88669286

山东省临沂欣美日化有限公司
山东省临沂市兰山区商城路59-3号
电话:0539-8228828

山东省临沂欣美日化有限公司
山东省临沂市兰山区商城路59-3号
电话:0539-8228828

山东省龙口市化工厂
山东省烟台市龙口市兰高镇四平路北
电话:0535-8637869

山东省平阴农药实验厂
山东省济南市平阴县青龙路18号
电话05488872580

山东省龙口市振龙精细化工有限公司
山东省烟台市龙口市黄城南大街2号
电话:0535-8518124

山东省龙口市振龙精细化工有限公司
山东省烟台市龙口市黄城南大街2号
电话:0535-8518124

山东省青岛剑盾洗消剂有限公司
山东省青岛市高科技园青大一路北首
电话:0532-87799698

山东省青岛富尔农艺生化有限公司
山东省青岛市平度市兰底镇
电话:0532-82345678

山东省青岛高科技工业园海峡工贸有限公司
山东省青岛市李沧区十梅庵路26号
电话:0532-84836068

山东省青岛金华海生物开发有限公司
山东省青岛市太平路51号山东国际贸易大厦3406室
电话:0532-82972906

山东省青岛海贝尔化工有限公司
山东省青岛市平度市张家坊
电话:0532-82379998

山东省青岛金汇丰化学有限公司
山东省青岛市开发区汇丰化学实验厂长江西路
电话:0532-86721178

山东省青岛金正农药有限公司
山东省青岛市莱西市望城办事处辇止头村东
电话:0532-88481368

山东省青岛经济技术开发区禄伟应用化学实验厂
山东省青岛市太行路2号
电话:0532-86895868

山东省青岛市平度兴宝日用化工用品厂
山东省青岛市平度清河路西
电话:0532-88302338

山东省青岛市平度耀华化工厂
山东省青岛市平度市云山镇
电话05423341238

山东省青岛市汽巴农化有限公司
山东省青岛市杭州支路1号
电话:0532-83805842

山东省青岛圣达家用化工厂
山东省平度市李园双庙村
电话:0532-85391068

山东省青岛市青卫消杀服务有限公司
山东省青岛市东路175号
电话:0532-85652248

山东省青岛世安包装容器制品有限公司
山东省青岛市城阳区棘洪滩街道金岭工业园
电话:0532-87909084

山东省青岛市城阳区隆鑫达日用化工厂
厂家地址:山东省青岛市高架路198号
电话:0532-87869616

山东省青岛顺旺日用化工有限公司
山东省青岛市城阳区城阳街道仲旺路6号

电话:0532-87751888

山东省青岛顺旺日用化工有限公司
山东省青岛市城阳区城阳街道仲旺路6号
电话:0532-87751888

山东省青岛顺旺日用化工有限公司
山东省青岛市城阳区城阳街道仲旺路6号
电话:0532-87751888

山东省青岛一农七星化学有限公司
山东省青岛市四方区杭州支路1号
电话:0532-83834402

山东省山科生物工程开发公司实验厂
山东省济南市历下龙洞路11号
电话:0531-8831682

山东省山科生物工程开发公司实验厂
山东省济南市历下龙洞路11号
电话:0531-8831682

山东省山科生物工程开发公司实验厂
山东省济南市历下龙洞路11号
电话:0531-8831682

山东省山科生物工程开发公司实验厂
山东省济南市历下龙洞路11号
电话:0531-8831682

山东省泰安市宝丰农药厂
山东省泰安市岱岳区满庄工业园
电话:0538-8531588

山东省曲阜市弘利化工有限公司
山东省济宁市滨河路1号
电话:0537-4410426

山东省泰安市利邦农化有限公司
山东省泰安市岱岳区化马湾乡
电话:0538-8642016

山东省潍坊鸿汇化工有限公司
山东省潍坊市青州市东夏镇二府村
电话:0536-3256717

山东省潍坊科力化工有限公司
山东省潍坊市奎文区宏伟中路5号
电话:0536-8807826

山东省潍坊科力化工有限公司
山东省潍坊市奎文区宏伟中路5号
电话:0536-8807826

山东省潍坊市凯力精细化工厂
山东省潍坊市昌邑市石埠镇
电话:0536-8503008

山东省潍坊市凯力精细化工厂
山东省潍坊市昌邑市石埠镇
电话:0536-8503008

山东省潍坊草本堂日用制品有限公司
山东省昌邑市石埠工业园区
电话:0536-8688238

山东省潍坊草本堂日用制品有限公司
厂家地址:山东省昌邑市石埠工业园区
电话:0536-8688238

山东省潍坊市日用化工厂
山东省潍坊市安丘市永安路223号
电话:0536-4224701

山东省潍坊市潍城健牌生物科技研究所
山东省潍坊市友爱路北段西羊工业园
电话:0536-8351303

山东省潍坊市信得生物科技有限公司
山东省潍坊市高新区卧龙东街177号
电话:0536-8781163

山东省武城县恒达精细化工有限公司
山东省武城县工业园
电话:0534-6652999

山东省潍坊天达植保有限公司
山东省潍坊市北宫西街潍城交警队300米
电话:0536-8958326

山东省夏津县红星化工厂
山东省夏津县城西开发区
电话 :0534-3311888

山东省夏津县捷豹精细化工厂
山东省夏津县田庄乡谷庄村
电话 :0534-3523752

山东省烟台博瑞特生物科技有限公司
山东省龙口市新嘉街道办事处柳家村北
电话 :0535-8559768

山东省烟台鑫润精细化工有限公司
山东省烟台市开发区长江路 150 号海诺大厦 1106 室
电话 :0535-6375430

山东省烟台金诺生物工程有限公司
山东省烟台市龙口市黄城牟黄路绛水河河桥东
电话 :0535-8508887

山东省阳谷美庐日用化工厂
山东省阳谷县七技镇驻地
电话 :0635-8385136

山东省沂南县农药加工厂
山东省临沂市沂南县历山路北首
电话 :05494222886

山东省烟台科达化工有限公司
山东省烟台市招远市泉山路 100 号
电话 :0535-8382018

山东省烟台绿云生物化学有限公司
山东省烟台市莱山区莱山工业园隆昌路 7 号
电话 :0535-6919385

山东省烟台绿云生物化学有限公司
山东省烟台市莱山区莱山工业园隆昌路 7 号
电话 :0535-6919385

山东省烟台市牟平区东方制药厂
山东省烟台市牟平县观水镇
电话 :0535-4569230

山东省禹城市鑫泰精细化工有限公司
山东省德州市禹城市禹城镇杨城子村
电话 :0534-2120010

山东省植物保护总站服务部
山东省济南市历城区桑园路 2 号
电话 :0531-82378751

山东省张店向阳化工厂
山东省淄博市张店东三路 6 号
电话 :0533-2183715

山东省招远金虹精细化工有限公司
山东省招远市晨钟路 25 号
电话 :0535-8213457

山东省诸城市鲁潍化工联合开发公司
山东省潍坊市诸城市市场街 31 号
电话 05366212673

山东省招远三联化工厂
山东省招远市大户工业园
电话 :0535-8435163

山东省招远三联远东化学有限公司
山东省招远市金岭镇大户陈家村
电话 :0535-8436009

山东省淄博丰登农药化工有限公司
山东省淄博市周村区周村经济开发区
电话 :0533-6533388

山东省招远市金虹精细化工有限公司
山东省招远市晨钟路 65 号
电话 :0535-8213457

山东省淄博鲁和防蛀制品有限公司
山东省淄博市张店区洪沟路 25 号
电话 :0533-2111777

山东省淄博市黉阳化工厂
山东省淄博市淄川区淄川区洪山聊斋路 81 号
电话 0533-5810602

山东省淄博美田农药有限公司
山东省淄博市张店区房镇东首
电话 :0533-3885086

山东省兖州市鼓楼新星卫生

消杀药剂厂
山东省兖州市南环路西首路南 168 号
电话 :0537-3412906

山东省兖州市天成化工有限公司
山东省济宁市兖州市北站西路
电话 :0537-3482493

山东省淄博市临淄哈佛特齐发化工厂
山东省淄博市临淄区雪宫路北首校园内
电话 :0533-7317113

山东省郓城县芳洁日用化工厂
山东省郓城县工业园区
电话 :0530-6560645

山东省茌平县冰川精细化工厂
山东省聊城市茌平县郝集工业区
电话 :0635-4275203

山东胜邦鲁南农药有限公司
山东省临沂经济开发区梅家埠街道办事处干梅路 3.5 公里处南 600 米
电话 :0539-6019918

山东胜利股份有限公司
山东省济南市工业南路 34 号
电话 :0531-88725680

山东省莘县养生堂日化有限公司
山东省聊城市莘县朝城清风工业园清风路一号
电话 :0635-7715666

山东胜利生物技术开发有限公司
山东省济南市黑虎泉西路 139 号
电话 :0531-6078888-8893

山东圣鹏农药有限公司
山东省济宁市任城区喻屯镇驻地
电话 :0537-2539999

山东省汶上县生物化工实验厂
山东省济宁市汶上县幸福路 41 号
电话 :05377212029

山东寿光德力生物农化有限公司
山东省寿光市古城街办西三公里处
电话 :0536-5435567

山东天威农药有限公司
山东省济南市东二环路 2216 号
电话 :0531-88110469

山东松冈化学有限公司
山东省济南市历城区遥墙镇工业路 7 号
电话 :0531-88733470

山东通用化学品有限公司
山东省阳谷县寿张镇双庙杜村
电话 :0635-6820127

山东松田化工有限公司
山东省阳谷县经济开发区南环路西首
电话 :0635-6381268

山东潍坊万胜生物农药有限公司
山东省潍坊市经济技术开发区玄武东街 51 号
电话 :0536-8657208

山东泰诺药业有限公司
山东省诸城市相州镇郭家屯村
电话 :0531-8781163

山东先达化工有限公司
山东省济南市高新开发区开发区新宇路 750 号 A-508
电话 :0531-88873317

山东天成农药有限公司
山东省淄博市博山区
电话 :0533-4682517

山东乡村生物科技有限公司
山东省济南市将军路宋刘村 2 号楼 4 — 502
电话 :0531-88272558

山东新禾农药化工有限公司
山东省潍坊市寒亭区朱里镇
电话 :0536-7380188

山东亚星农药有限公司
山东省济南市历城区山大南路 27 号
电话 :0531-88364485

山东一诺农药有限公司
山东省成武县汶上集镇东开发区
电话 05305387199

山东中新科农生物科技有限公司
山东省济南市历城区董家镇机场路南首
电话 :0531-88774818

山东运盛生物科技有限公司

山东省济南市章丘市章丘化工工业园
电话:0531-82687200

山东中信化学有限公司
山东省济南市历城区花园路
电话:0531-88929766

山东中禾化学有限公司
山东省滨州市滨北办事处凤凰九路东侧、梧桐七路北侧
电话:0543-3358550

山东中化进出口集团公司
山东省青岛市香港中路20号
电话:0532-85021682

山东兖州新天地农药有限公司
山东省济宁市兖州市西环路龙桥
电话:0537-3415630

山东淄博康力农药有限公司
山东省淄博市淄川区龙泉镇麓村北首
电话:0533-5883996

山东中诺药业有限公司
山东省青州市谭坊镇政府驻地
电话:0536-3208888

山东鑫星农药有限公司
山东省潍坊市青州市东青高速公路王母宫下道口南1公里
电话:0536-3524077

威海韩孚生化药业有限公司
山东省威海市乳山市乳山寨镇
电话:0631-6834818

山东科信生物化学有限公司
山东省济南市历城区北园大街234号
电话:0531-88631827

山东科信生物化学有限公司
山东省济南市历城区北园大街234号
电话:0531-88631827

中国农科院烟草研究所植保室
山东省青州市香山路11号
电话:0536-3281961

山东省济南金科生化有限公司
山东省济南市历城区洪楼西路39号智慧大厦301室
电话:0531-88901056

山东大农药业有限公司
山东省莒南县坊前工业园
电话:0539-7555555

山东省青岛奥迪斯生物科技有限公司
山东省青岛市香港中路56号金光大厦1608室
电话:0532-85759222

山东福瑞德化工有限公司
山东省济南市历城区华信路15号
电话:0531-88906442

山东省青岛海利尔药业有限公司
山东省青岛市城阳区城东工业园
电话:0532-85721111

山东恒利达生物科技有限公司
山东省济南市历下区历山路80号
电话:0531-86943874

山东田丰生物科技有限公司
山东省德州市天衢工业园恒东路18号
电话:0534-2730586

山东祥隆化工有限公司
山东省宁阳县东疏镇刘茂村
电话:0538-5483368

济南兆龙科技发展有限公司
地址:济南市二环东路3362号润昌商务大厦402室、506室
手机:13505401578
电话:0531-88326221
传真:0531-88326220
邮箱:zlstd@126.com
邮编:250013

山东济南克邦农业科技发展有限公司
地址:山东省济南市历城区历山北路东首
电话:400-6369-177
传真:0531-55568265

山东科赛基农控股有限公司
总部电话:0531-88015188
总部传真:0531-88017778
E-mail:kesaiqihua@126.com
办公地址:山东省济南市华阳路69号留学人员创业园二期(邮编:250100)

山东华阳科技股份有限公司
公司地址:山东宁阳磁窑
邮政编码:271411
电 话:(0538)5826001
传真:5826066
http://www.huayang.com
E-mail:cnhy@huayang.com

山东大成农药股份有限公司
地址:山东省淄博市张店区洪沟路25号
邮编:255009
集团综合办公室:
0533-2118551
公司经理办公室:
0533-2118000
传真:0533-2113511

上海 Shanghai

厂家名称：上海升联化工有限公司
厂家地址：上海市奉贤区柘林镇新沪路 1 号
邮政编码 :201416
联系电话 :021-57490222
传真 :021-57490906

厂家名称：上海泰禾（集团）有限公司
厂家地址：上海市长宁区北翟路 785 号
邮政编码 :200335
联系电话 :021-62398696
传真 :021-62393490

厂家名称：上海威敌生化（南昌）有限公司
厂家地址：江西省南昌市进贤县工业开发区威化路
邮政编码 :331700
联系电话 :0791-5690498
传真 :0791-5690509

厂家名称：美国杜邦公司
厂家地址：上海市浦东新区浦东北路 3055 号
邮政编码 :200137
联系电话 :021-58672488
传真 :021-58674948

厂家名称：瑞士先正达作物保护有限公司
厂家地址：上海市浦东新区浦东南路 999 号新梅联合广场 21 楼
邮政编码 :200120
联系电话 :400-881-2568
传真 :021-68882277

厂家名称：上海东风农药厂
厂家地址：上海市嘉定区沪宜公路 1288 号
邮政编码 :201802
联系电话 :021-59122796
传真 :021-59129172

厂家名称：上海杜邦农化有限公司
厂家地址：上海市浦东新区浦东北路 3055 号
邮政编码 :200137
联系电话 :021-58672488
传真 :021-58674948

厂家名称：上海禾本药业有限公司
厂家地址：上海市金山区亭林镇工业园区南区林宝路 2 号
邮政编码 :201505
联系电话：
021-67232276-8009
传真 :021-67231333

厂家名称：上海沪江生化有限公司
厂家地址：上海市奉贤区南桥镇新建东路 355 号
邮政编码 :201416
联系电话 :021-57493657

厂家名称：上海沪联生物药业（夏邑）有限公司
厂家地址：河南省夏邑县夏北二环路中段路北
邮政编码 :476400
联系电话 :0370-6272208
传真 :0370-6270850

厂家名称：上海惠光化学有限公司
厂家地址：上海市奉贤区泰日镇航塘公路 2701 号
邮政编码 :201405
联系电话 :021-64148568
传真 :021-34120203

厂家名称：上海绿泽生物科技有限责任公司
厂家地址：上海市松江区华加路 200 号

邮政编码 :201611
联系电话 :021-67748095
传真 :021-67748094

厂家名称 : 上海农乐生物制品股份有限公司
厂家地址 : 上海市松江区沪松路 158 号
邮政编码 :201613
联系电话 :021-57784610
传真 :021-57784617

厂家名称 : 上海生农生化制品有限公司
厂家地址 : 上海市松江区洞泾镇洞舟路 51 号
邮政编码 :201619
联系电话 :021-67679572
传真 :021-67679575

厂家名称 : 上海亚泰农资有限公司
厂家地址 : 上海市奉贤区新寺宅兴路 165 号
邮政编码 :201416
联系电话 :021-57493978
传真 :021-57493955

厂家名称 : 上海悦联化工有限公司
厂家地址 : 上海市奉贤区宅兴路 169 号
邮政编码 :200051
联系电话 :021-57493979
传真 :021-57493955

厂家名称 : 上海庄臣有限公司
厂家地址 : 上海市浦东新区新金桥路 932 号
邮政编码 :201206
联系电话 :021-58994833
传真 :021-58995928

厂家名称 : 兴农药业 (上海) 有限公司
厂家地址 : 上海市奉贤区柘林镇北村路 28 号
邮政编码 :201416
联系电话 :021-57493733
传真 :021-57493703

厂家名称 : 允发化工 (上海) 有限公司
厂家地址 : 上海市奉贤区金汇镇航塘公路 1500 号
邮政编码 :201405
联系电话 :021-57589888
传真 :021-57589666

厂家名称 : 澳大利亚贝克安德伍德公司
厂家地址 : 上海市浦东大道 720 号国际航运金融大厦 17N
邮政编码 :200120
联系电话 :021-50367200
传真 :021-50367203

厂家名称 : 保加利亚艾格利亚有限公司
厂家地址 : 上海市浦东新区东方路 1381 号 27 楼 A 座
邮政编码 :200127
联系电话 :021-58819911
传真 :021-58755327

厂家名称 : 比利时特胺有限公司
厂家地址 : 上海市长宁区遵义路 100 号虹桥上海城 B-3303
邮政编码 :200051
联系电话 :
021-51097998-809
传真 :010-62351382

厂家名称 : 德国阿尔兹化工有限公司
厂家地址 : 上海市淮海中路 93 号大上海时代广场 2301 室
联系电话 :021-64374889
传真 :021-64748903

厂家名称 : 德国默克公司
厂家地址 : 上海市南京西路 1468 号中欣大厦 40 层
邮政编码 :200040
联系电话 :021-32224788
传真 :021-62496124

厂家名称 : 韩国荣和化学株式会社
厂家地址 : 上海市淮海中路 222 号力宝广场 1101 室
邮政编码 :200021
联系电话 :021-53966330

厂家名称 : 韩国瑞韩化学株式会社
厂家地址 : 上海市淮海中路 222 号力宝广场 1101 室
邮政编码 :200001
联系电话 :021-33665858
传真 :021-33665128

厂家名称 : 肯尼亚天然除虫菊公司
厂家地址 : 上海市剑河路 599 弄 77 号 402 室
邮政编码 :200335
联系电话 :021-52205188
传真 :021-52205188

厂家名称 : 朗盛德国有限公司
厂家地址 : 上海市静安区南京路 1601 号越洋广场 16 楼
邮政编码 :200040
联系电话 :021-61096666
传真 :021-61096611

厂家名称 : 美国佛罗里达柑桔公司

厂家地址：上海市北京西路334号
邮政编码：200003
联系电话：021-63598836

厂家名称：美国庄臣公司
厂家地址：上海市浦东新区新金桥路932号
邮政编码：201206
联系电话：021-58994833
传真：021-58995928

厂家名称：如新（中国）日用保健品有限公司
厂家地址：上海市卢湾区淮海中路381号2218室
邮政编码：200020
联系电话：021-53574588-3347
传真：021-63915256

厂家名称：瑞士杰生特公司
厂家地址：上海市樱花苑74号102室
邮政编码：200233
联系电话：021-54190959
传真：021-54190959

厂家名称：瑞士诺华有限公司
厂家地址：上海市奉贤五四场中路1号
邮政编码：201243
联系电话：021-57160819

厂家名称：瑞士山德士农药公司
厂家地址：上海市上海市仙霞路88号太阳广场西塔楼1405室
邮政编码：200335
联系电话：021-62700176
传真：021-62700175

厂家名称：上海爱琪日用化学品厂
厂家地址：上海市崇明县裕安镇裕南村
邮政编码：202162
联系电话：021-59431725
传真：021-59431704

厂家名称：上海澳野化学制品有限公司
厂家地址：上海市南江县金大田综合经济开发区
邮政编码：201300
联系电话：021-58082446
传真：021-58082446

厂家名称：上海百德家庭用品有限公司
厂家地址：上海市浦东昌里东路71弄14号101室
邮政编码：200126
联系电话：021-50563777
传真：021-58741745

厂家名称：上海百雀羚日用化学有限公司
厂家地址：上海市胶州路941号长久商务中心21楼
邮政编码：200060
联系电话：021-62993388
传真：021-62990066

厂家名称：上海拜耳中西家用消费品有限公司
厂家地址：上海市淮海中路333号瑞安广场21楼
邮政编码：200021
联系电话：021-63868282
传真：021-63855190

厂家名称：上海拜耳中西农用化学有限公司
厂家地址：上海市浦东新区星火经济开发区民东路158号
邮政编码：201419
联系电话：021-57508282
传真：021-57503050

厂家名称：上海宝山生物发酵厂
厂家地址：上海市盛桥乡
邮政编码：200942
联系电话：(021)56647285

厂家名称：上海宝升日化厂
厂家地址：上海市闵行区东方经济城
邮政编码：201112
联系电话：021-64914352
传真：021-64911219

厂家名称：上海彪锋日用化学品有限公司
厂家地址：上海市南汇区瓦屑镇建设路275号
邮政编码：201321
联系电话：021-58150575
传真：021-58150735

厂家名称：上海长江化工厂
厂家地址：上海市松江县泗泾镇东泗桥
邮政编码：201601
联系电话：021-57610918

厂家名称：上海超人电器有限公司
厂家地址：上海市闵行区鲁江东方经济城二区一号
邮政编码：201112
联系电话：021-64911222
传真：64911222

厂家名称：上海大宫实业有限公司
厂家地址：上海市静安区延平路85号403室
邮政编码：200042

联系电话 :021-62326000
传真 :021-62317396

厂家名称：上海东海日用化工厂
厂家地址：上海市浦东新区川沙镇十一墩街 46 号
邮政编码 :201200
联系电话 :021-58980355
传真 :021-58921798

厂家名称：上海东嘉生化厂
厂家地址：上海市翔黄路 3 号桥
邮政编码 :200000
联系电话 :(021)69147753

厂家名称：上海东樱日化有限公司
厂家地址：上海市铜川路 185 号金盛宾馆综合楼 203-204 室
邮政编码 :200333
联系电话 :021-62168923
传真 :021-62168923 转 84 分机

厂家名称：上海东元精细化工有限公司
厂家地址：上海市闵行区吴漕路 100 号 B 座
邮政编码 :200052
联系电话 :021-62942531
传真 :021-62943468

厂家名称：上海杜楴技术有限公司
厂家地址：上海市奉贤区闸园新路 35 号碧瑶别墅 30 幢
邮政编码 :201401
联系电话 :021-57157900
传真 :021-37185545

厂家名称：上海芳芳日化有限公司
厂家地址：上海市宝山区祁连山路 1729 号
邮政编码 :200436
联系电话 :021-52814236
传真 :021-62650666

厂家名称：上海菲琳日用工业有限公司
厂家地址：上海市长宁区玉屏南路 110 弄 45 号
邮政编码 :200051
联系电话 :021-62599937
传真 :021-62733489

厂家名称：上海奉贤沈陆卫生用品厂
厂家地址：上海市奉贤南桥镇沈陆 909 号
邮政编码 :201400
联系电话 :021-57108213
传真 :021-57108213

厂家名称：上海凤凰日用化学有限公司
厂家地址：上海市金沙江路 1275 号
邮政编码 :200062
联系电话 :021-52808263

厂家名称：上海福音日化厂
厂家地址：上海市奉贤区钱桥镇草庵村
邮政编码 :201407
联系电话 :021-57596379
传真 :021-57596379

厂家名称：上海高伦现代农化股份有限公司
厂家地址：上海市徐汇区斜土路 2356 号中汇商务楼 3 楼
邮政编码 :200032
联系电话 :021-64872035
传真 :021-64695096

厂家名称：上海高维化学有限公司
厂家地址：上海市凯旋路 1669 号
邮政编码 :200030
联系电话 :021-64079085
传真 :021-64470353

厂家名称：上海汉飞生化科技有限公司
厂家地址：上海市肇嘉浜路 789 号均瑶国际广场 9 楼 A 室
邮政编码 :200032
联系电话 :021-54960111
传真 :021-54960222

厂家名称：上海和黄白猫有限公司
厂家地址：上海市徐汇区龙吴路 1800 号
邮政编码 :200231
联系电话 :021-54098000-3301
传真 :021-54354933

厂家名称：上海赫农农药有限责任公司
厂家地址：上海市浦东新区江心沙路 9 号
邮政编码 :200137
联系电话 :021-58611010
传真 :021-58611767

厂家名称：上海华盛精细化工有限公司
厂家地址：上海市青浦区华新镇纪鹤路 1958 号
邮政编码 :201708
联系电话 :021-59791651
传真 :021-59794161

厂家名称：上海华谊集团华原化工有限公司彭浦化工厂
厂家地址：上海市老沪太路 1179 号

邮政编码 :200072
联系电话 :021-57566342
传真 :021-56073902

厂家名称 : 上海嘉定鑫明日用化工厂
厂家地址 : 上海市嘉定区曹王镇前曹公路 65 号
邮政编码 :201809
联系电话 :021-59946796
传真 :021-59946796

厂家名称 : 上海家化联合股份有限公司
厂家地址 : 上海市虹口区保定路 527 号
邮政编码 :200082
联系电话 :8008203808
传真 :021-65458990

厂家名称 : 上海皆丰药械有限公司
厂家地址 : 上海市奉贤区南桥镇解放东路曙光工业区
邮政编码 :201400
联系电话 :021-67186281
传真 :021-67186281

厂家名称 : 上海皆乐药械厂
厂家地址 : 上海市奉贤区江海镇九华村
邮政编码 :201400
联系电话 :021-67102398
传真 :021-67102398

厂家名称 : 上海金鹿化工有限公司
厂家地址 : 上海市普陀区古浪路 1680 号
邮政编码 :200331
联系电话 :021-62506113
传真 :021-62506291

厂家名称 : 上海金鸟化工有限公司
厂家地址 : 上海市徐汇区斜土路 2601 号 T2 栋 2C 室
邮政编码 :200030
联系电话 :021-64261726
传真 :021-64261727

厂家名称 : 上海金桥化工有限责任公司
厂家地址 : 上海市浦东金东路 377 号
邮政编码 :201206
联系电话 :021-58993900
传真 :021-58991360

厂家名称 : 上海金象废弃物技术设备有限公司
厂家地址 : 上海市石泉路 450 弄 27 号 101 室
邮政编码 :200063
联系电话 :021-52906836
传真 :021-52906836

厂家名称 : 上海开普精细化工有限公司
厂家地址 : 上海市长宁区中山西路 189 弄 1 号 603 室
邮政编码 :200051
联系电话 :021-52575828
传真 :021 — 32110208

厂家名称 : 上海科嘉生物工程实验厂
厂家地址 : 上海市嘉定区望新镇
邮政编码 :201806
联系电话 :(021)59588617

厂家名称 : 上海科捷佳实业有限公司
厂家地址 : 上海市沪松公路 158 号
邮政编码 :201613
联系电话 :021-57783225
传真 :021-57783313

厂家名称 : 上海可蒙(集团)有限公司
厂家地址 : 上海市许昌路 233 号
邮政编码 :200082
联系电话 :021-65791302
传真 :021-65484478

厂家名称 : 上海蓝申生化科技有限公司
厂家地址 : 上海市浦东新区崮山路 509 号
邮政编码 :200135
联系电话 :021-50332979
传真 :021-50333905

厂家名称 : 上海兰宝日化有限公司
厂家地址 : 上海市沪太路 9088 号
邮政编码 :200949
联系电话 : 021-56870066-8000
传真 :021-66872288

厂家名称 : 上海菱农化工有限公司
厂家地址 : 上海市嘉定区南翔扬子路 625 号
邮政编码 :201802
联系电话 :021-59123055
传真 :021-59124354

厂家名称 : 上海卢通科技发展有限公司
厂家地址 : 上海市合肥路 289 弄 1 号 205 室
邮政编码 :200025
联系电话 :021-53828187
传真 :021-53828186

厂家名称：上海绿伞环保科技发展有限公司
厂家地址：上海市江场西路275号1号楼5层
邮政编码:200436
联系电话:021-66311285
传真:021-66311293

厂家名称：上海美丽华家用化学品有限公司
厂家地址：上海市奉贤区钱桥社区奉柘公路3098号
邮政编码:201407
联系电话:021-57596475
传真:021-57596396

厂家名称：上海梦利日化厂
厂家地址：上海市闵行区浦江镇汇红四队
邮政编码:201112
联系电话:021-64914627
传真:021-64914627

厂家名称：上海南申科技开发有限公司
厂家地址：上海市青浦区318国道徐凤路4号桥（双洪路）
邮政编码:201702
联系电话:021-59883909
传真:021-59883890

厂家名称：上海农药厂有限公司
厂家地址：上海市浦东新区江心沙路9号
邮政编码:200137
联系电话:021-58611010
传真:021-58611767

厂家名称：上海农药研究所嵊泗精细化工厂
厂家地址：浙江省嵊泗县菜园镇
邮政编码:200032
联系电话:021-64690267

厂家名称：上海彭浦化工厂二分厂
厂家地址：上海市嘉定区马陆乡镇东
邮政编码:201801
联系电话:021-59157838
传真:56032078

厂家名称：上海强威卫生用药有限公司
厂家地址：上海市金山区金山卫镇
邮政编码:201512
联系电话:021-57267132

厂家名称：上海青华化工厂
厂家地址：上海市徐泾
邮政编码:201702
联系电话:(021)59760920/59760193
传真:(021)59760282

厂家名称：上海赛灵杀虫公司
厂家地址：上海市中山北一路184号A座405号
邮政编码:200083
联系电话:021-65402942
传真:021-66629111

厂家名称：上海三星日用品有限公司
厂家地址：上海市奉贤区燎原农场燎三路58号
邮政编码:201408
联系电话:021-57110720
传真:021-57111035
厂家名称：上海三友植物农药科技有限公司
厂家地址：上海市杨树浦路1578号
邮政编码:200090
联系电话:021-65391547
传真:021-65391547

厂家名称：上海申乐日用化工厂
厂家地址：上海市嘉定区星华公路2022号
邮政编码:200022
联系电话:021-64671673
传真:021-64671673

厂家名称：上海申灵家用化学品厂
厂家地址：上海市浦东新区下沙沪南公路29号
邮政编码:201317
联系电话:021-58145642
传真:021-50836902

厂家名称：上海申威（集团）有限公司
厂家地址：上海市浦东新区华夏东路2682号
邮政编码:201200
联系电话:021-58921232-203
传真:021-58921235

厂家名称：上海圣井实业发展有限公司
厂家地址：上海市奉贤区奉金路668号
邮政编码:201401
联系电话:021-57436676
传真:021-57432419

厂家名称：上海世环生物科技有限公司
厂家地址：上海市北京西路334号
邮政编码:200003
联系电话:021-63277413
厂家名称：上海市曹王日用化工厂

厂家地址：上海市嘉定区曹王镇前曹路 650 号
邮政编码 :201809
联系电话 :021-59945631
传真 :021-59945631

厂家名称：上海市长宁区红十字会卫生福利工场
厂家地址：上海市长宁区仙霞路 299 弄 84 号
邮政编码 :200051
联系电话 :021-62598643
传真 :021-62411083

厂家名称：上海市玛腊丰化学制品有限公司
厂家地址：上海市嘉定区曹王镇北首
邮政编码 :201809
联系电话 :021-59945949
传真 :021-599456317

厂家名称：上海市南汇天敌除害药厂
厂家地址：上海市南汇区周浦镇周东村 148-149 号
邮政编码 :201318
联系电话 :021-68118419

厂家名称：上海市强威企业发展有限公司
厂家地址：上海市金山县金山卫镇
邮政编码 :201512
联系电话 :021-57267132
传真 :021-57267082

厂家名称：上海市卫生害虫防制公司
厂家地址：上海市辽源西路 190 弄 5 号
邮政编码 :200092
联系电话 :021-65049623
传真 :021-65627695

厂家名称：上海市新型酶制剂厂
厂家地址：上海市邯郸路 135 号
邮政编码 :200433
联系电话 :(021)55420217

厂家名称：上海帅克（河南）化学有限公司
厂家地址：河南省沈丘县周营经济开发区
邮政编码 :466332
联系电话 :0394-5581118
传真 :0394-55811186

厂家名称：上海特菱卫生保健品有限公司
厂家地址：上海市闸北区虹江路 1368#2 号
邮政编码 :200070
联系电话 :021-65130843
传真 :021-66601385

厂家名称：上海同瑞生物科技有限公司
厂家地址：上海市奉贤区南奉公路 3528 号
邮政编码 :201414
联系电话 :021-57561314
传真 :021-57561319

厂家名称：上海万佳日用化工有限公司
厂家地址：上海市松江区茸北镇茸北路 333 弄 8 号
邮政编码 :201613
联系电话 :021-57786058
传真 :021-57780238

厂家名称：上海万金助剂有限公司
厂家地址：上海市徐汇区罗秀路
邮政编码 :200237

联系电话 :021-54282907
传真 :021-54392975

厂家名称：上海万农达裕生物农药有限公司
厂家地址：上海市奉贤县柘村镇林村三组
邮政编码 :201400
联系电话 :021-57414490

厂家名称：上海威方电子科技有限公司
厂家地址：上海市金山区干巷镇
邮政编码 :201518
联系电话 :021-57204919

厂家名称：上海维琴日用化学品厂
厂家地址：上海市南汇区工业园北首惠南镇民乐 766 号
邮政编码 :201300
联系电话 :021-68017212

厂家名称：上海卫洁虫害防制有限公司
厂家地址：上海市夏非路 325 号
邮政编码 :200333
联系电话 :021-52700362
传真 :021-52701455

厂家名称：上海文祥化工有限公司
厂家地址：上海市奉贤区胡桥镇中心路 88 号
邮政编码 :201400
传真 :021-67192368

厂家名称：上海喜来达家用清洁制品有限公司
厂家地址：上海市嘉定区马陆镇彭封路 138 号
邮政编码 :201801
联系电话 :021-59100653

传真 :021-59103063

厂家名称 : 上海霞飞日化有限公司
厂家地址 : 上海市浦东新区川沙路 4308 号
邮政编码 :201200
联系电话 :021-58383771
传真 :021583822796

厂家名称 : 上海夏威工贸有限公司
厂家地址 : 上海市浦东新区川沙镇华厦三路 436 弄 88 号
邮政编码 :201200
联系电话 :021-58370577
传真 :021-38920001

厂家名称 : 上海小绵羊家用化学品有限公司
厂家地址 : 上海市闸北区老沪太路 212 号
邮政编码 :200436
联系电话 :021-66312515
传真 :021-66312515

厂家名称 : 上海新华香料厂
厂家地址 : 上海市浦东新区塘南张家浜路 1 号
邮政编码 :201200
联系电话 :021-50600052

厂家名称 : 上海宜邦生物工程（信阳）有限公司
厂家地址 : 河南省信阳市师河区四一路 10 号
邮政编码 :464000
联系电话 :0376-6233856,6797066
传真 :0376-67970686

厂家名称 : 上海易施特农药(郑州) 有限公司
厂家地址 : 河南省郑州市二七区马寨工业苑区东方路 1 号
邮政编码 :450064
联系电话 :0371-67860894
传真 :0371-67860894

厂家名称 : 上海英达精细化工有限公司
厂家地址 : 上海市普陀区澳门路 356 号三维大厦 11 楼 B 座
邮政编码 :200060
联系电话 :021-62983846
传真 :021-62660468

厂家名称 : 上海悦家清洁用品有限公司
厂家地址 : 上海市嘉定区宝安公路 4756 号
邮政编码 :201814
联系电话 :021-62983846
传真 :021-62660468

厂家名称 : 上海运佳黄浦制药有限公司
厂家地址 : 上海市上海长乐路 26 号
邮政编码 :200020
联系电话 :021-53821086
传真 :021-63721273

厂家名称 : 上海泽元海洋生物技术有限公司
厂家地址 : 上海市徐汇区嘉川路 245 号综合楼 301 室
邮政编码 :200237
联系电话 :021-64106954
传真 :021-64530375

厂家名称 : 上海中科昆虫生物技术开发有限公司
厂家地址 : 上海市卢湾区桂平路 470 号 12 号楼 404
邮政编码 :200233
联系电话 :021-64852026
传真 :021-54500351

厂家名称 : 上海中科庆华科技有限公司
厂家地址 : 上海市长宁区定西路 1295 号
邮政编码 :200050
联系电话 :021-62402506
传真 :021-64302968

厂家名称 : 上海中西扑雷药业有限公司
厂家地址 : 上海市闵行区经济技术开发区绿春路 267 号
邮政编码 :200245
联系电话 :021-56082754
传真 :021-64304993

厂家名称 : 上海中西药业公司红旗化工厂
厂家地址 : 上海市交通路 1515 号
邮政编码 :200065
联系电话 :0512-63616804
传真 :0512-63616804

厂家名称 : 上海中西药业股份有限公司
厂家地址 : 上海市普陀区交通路 1515 号
邮政编码 :200065
联系电话 :021-56087137
传真 :021-56089818

厂家名称 : 上海萃精杀虫技术有限公司
厂家地址 : 上海市剑河路 599 弄 77 号
邮政编码 :200335
联系电话 :021-52205188
传真 :021-52205188

厂家名称 : 斯洛文尼亚辛卡那策列公司
厂家地址 : 上海市浦东新区世纪大道 88 号金茂大厦 18 楼
邮政编码 :200121
联系电话 :021-

50498899,50470733
传真 :021-50498208

厂家名称 : 台湾嘉泰企业股份有限公司
厂家地址 : 上海市徐汇区裕德路 168 号徐汇商务大厦 1703 室
邮政编码 :200030
联系电话 :021-33634273
传真 :021-33634239

厂家名称 : 温州黄氏顺兴实业有限公司上海气雾剂分公司
厂家地址 : 上海市虹口区大港镇民华村
邮政编码 :201614
联系电话 :021-57853791

厂家名称 : 西班牙艾克威化学工业有限公司
厂家地址 : 江苏省昆山市经济技术开发区龙灯路 88 号
邮政编码 :215301
联系电话 :0512-57709267
传真 :0512 — 57711523

厂家名称 : 新加坡瀚贝尔生物化工有限公司
厂家地址 : 上海市
邮政编码 :200023
联系电话 :021-63057341
传真 :021-63057389

厂家名称 : 新西兰庄臣有限公司
厂家地址 : 上海市浦东新区新金桥路 932 号
邮政编码 :201206
联系电话 :021-58994833
传真 :021-58995538

厂家名称 : 以色列阿甘化学公司
厂家地址 : 上海市静安区南京西路 1168 号中信泰富广场 2705 室
邮政编码 :200041
联系电话 :021-52929933
传真 :021-52929505

厂家名称 : 以色列马克西姆化学公司
厂家地址 : 上海市静安区南京西路 1168 号中信泰富广场 2705 室
邮政编码 :200041
联系电话 :021-52929933
传真 :021-52929505

厂家名称 : 以色列死海溴化物集团
厂家地址 : 上海市香港亚洲溴化物有限公司代办
邮政编码 :200001
联系电话 :021-63630018
传真 :021-63620899

厂家名称 : 意大利易比西公司
厂家地址 : 上海市浦东新区世纪大道 88 号金茂大厦 19 楼
邮政编码 :
联系电话 :021-61048500

厂家名称 : 意大利意赛格公司
厂家地址 : 上海市黄浦区金陵西路 28 号金陵大厦 840 室
邮政编码 :200021
联系电话 :021-63876258
传真 :021-63876393

厂家名称 : 印度龙灯有限公司
厂家地址 : 上海市天目中路 428 号凯旋门大厦 (西部)11 楼 D 座
邮政编码 :200070
联系电话 :021-63537915
传真 :021-63537916

厂家地址 : 上海市东方路 1381
厂家名称 : 英国先正达有限公司
厂家地址 : 上海市浦东新区浦东南路 999 号新梅联合广场 21 楼
邮政编码 :200120
联系电话 :400-881-2568
传真 :021-68882277

厂家名称 : 上海艾科思生物药业有限公司
厂家地址 : 上海市奉贤区化学工业区奉贤分区苍工路 1299 号
邮政编码 :201400
联系电话 :021-64141875
传真 :021-64141879

厂家名称: 双龙集团有限公司
地址: 上海市南翔工业开发区德力西路 299 号
电话: 021-69178818
传真: 021-69178807

厂家名称: 兴发集团
地址: 上海市长宁区延安西路 1088 号长峰中心 2401 室
电话: 021-51698668
传真: 021-62076528

厂家名称: 上海德易检测技术有限公司
地址: 上海市金山区山阳镇浦卫公路 16299 弄 1 号
电话: 021-67291009
传真: 021-67291003

厂家名称: 兴农乐业(中国)有限公司
地址: 上海市奉贤区柘林镇北村路 28 号
电话: 021-57493733
传真: 021-57493703

山西 Shanxi

厂家名称：山西科锋农业科技有限公司
厂家地址：山西省太原市晋阳街 38 号
邮政编码：030031
联系电话： 0351-7122159
传真： 0351-7123328

厂家名称：山西德威生化有限责任公司
厂家地址：山西省运城嵋阳镇东街丰喜工业园 8 号
邮政编码：044105
联系电话：0359-4379999
传真：0359-4379999

厂家名称：山西广大化工有限公司
厂家地址：山西省绛县城东工业区乔村
邮政编码：043600
联系电话：0359-6682303
传真：0359-6682303

厂家名称：山西化工农药实验厂
厂家地址：山西省万荣县荣河化工工业园区 A 区 1 号
邮政编码：044205
联系电话：0359-4588336
传真：0359-4588336

厂家名称：山西科力科技有限公司
厂家地址：山西省太原市坞城南路 59 号北营 66389 部队卫训队西
邮政编码：030031
联系电话：0351-7184658
传真：0351-7967095

厂家名称：山西科星农药液肥有限公司
厂家地址：山西省临猗县临解路
邮政编码：044100
联系电话：0359-4065438
传真：0359-4065438

厂家名称：山西省临猗县精细化工有限公司
厂家地址：山西省临猗县城南环路王村 18 号
邮政编码：044100
联系电话：0359-4379029
传真：0359-4379029

厂家名称：山西省临猗县三晋化工总厂
厂家地址：山西省临猗县临晋镇西环路
邮政编码：044102
联系电话：0359-4321357
传真：0359-4321715

厂家名称：山西省临猗中晋化工有限公司
厂家地址：山西省运城市临猗县临晋镇政府街
邮政编码：044102
联系电话：0359-4321318
传真：0359-4322318

厂家名称：山西省南风化工集团股份有限公司
厂家地址：山西省运城市盐湖区解放路 294 号
邮政编码：044000
联系电话：0359-8967089
传真：0359-8967550

厂家名称：山西省平陆环球农药厂
厂家地址：山西省运城地区平陆县常乐镇东大街 3 号
邮政编码：044307
联系电话：0359-3632320
传真：0359-3633936

厂家名称：山西省太原高新技术产业西芮生物有限公司
厂家地址：山西省太原市高新区创业街 8 号
邮政编码：030006
联系电话：0351-2209721
传真：(0351)2209721

厂家名称：山西省运城市博获化工总厂
厂家地址：山西省运城市临猗县庙上南街 18 号
邮政编码：044105
联系电话：0359-4363238
传真：0359-43632166

厂家名称：山西省芮城华农生物化学有限公司
厂家地址：山西省芮城县东郊
邮政编码：044600
联系电话：0359-3080094

厂家名称：山西省芮城县生物农药厂
厂家地址：山西省芮城县县城西郊
邮政编码：044600
联系电话：0359-3072070
传真：0359-3072070

厂家名称：山西向阳生物科技有限公司
厂家地址：山西省吕梁市交城县安定工业区
邮政编码：030507
联系电话：0358-3906197
传真：0358-3906198

厂家名称：山西永合化工有限公司
厂家地址：山西省临猗县临晋镇
邮政编码：044102
联系电话：0359-4321844
传真：0359-4328081

厂家名称：山西安顺生物科技有限公司
厂家地址：山西省运城市盐湖区龙居镇雷家坡村南
邮政编码：044000
联系电话：0359-2833558
传真：0359-2870999

厂家名称：山西三维丰海化工有限公司
厂家地址：山西省运城市运解公路二十里店南
联系电话：0359-8691179 13100190519
传真：0359-8691197
邮箱：xyg01234@yahoo.cn

厂家名称：山西三立化工有限公司
厂家地址：山西省临汾市尧都区大阳镇上陈村
邮政编码：041000
联系电话：0357-3085663
传真：0357-3085611

厂家名称：山西省运城精化农药有限公司
厂家地址：山西省运城市 19 号信箱
邮政编码：044000
联系电话：0359-2899338
传真：0359-2899338

厂家名称：万荣欣苗农药化工有限公司
厂家地址：山西省万荣县荣河化工工业园区 A 区 1 号
邮政编码：044205
联系电话：0359-4588336
传真：0359-4588336

厂家名称：霍州市绿洲农药有限公司
厂家地址：山西省霍州市大张镇靳壁村南
邮政编码：031400
联系电话：0357-5650666
传真：0357-56506666

厂家名称：山西奥赛诺生物科技有限公司
厂家地址：山西省运城市经济技术开发区（禹都立交桥北）
邮政编码：044004
联系电话：0359-2580524
传真：0359-2580524

厂家名称：山西贝马农药有限公司
厂家地址：山西省永济市涑北西街 38 号
邮政编码：044500
联系电话：0359-8023807
传真：0359-8020874

厂家名称：山西稼稷丰农业科技开发有限公司
厂家地址：山西省太原市晋源区果树场
邮政编码：030025
联系电话：0351-6945515
传真：0351-69455106

厂家名称：山西康派伟业生物科技有限公司
厂家地址：山西省运城市黄河大道北端
邮政编码：044000
联系电话：0359-2508518,2508900
传真：0359-2508518

厂家名称：山西科谷生物农药有限公司
厂家地址：山西省太谷县太东路 2.6 公里处
邮政编码：030800
联系电话：0354-6110124
传真：0354-6111009

厂家名称：山西绿丹中草农药有限公司
厂家地址：山西省运城市人民南路 52 号
邮政编码：044000
联系电话：0359-2069237
传真：0359-2069401

厂家名称：山西绿海农药科技有限公司
厂家地址：山西省运城市临猗县工业园区
邮政编码：044100
联系电话：0359-4098705
传真：0359-4098702，4098708

厂家名称：山西绿洲农业科技有限公司
厂家地址：山西省临猗县民营工业区 001 号
邮政编码：
联系电话：0359-4023670
传真：0359-4023670

厂家名称：山西美源化工有限公司
厂家地址：山西省芮城县风陵渡开发区汉渡村北
邮政编码：044602
联系电话：0359-3362178
传真：3362178

厂家名称：山西农大绿荣科技有限公司
厂家地址：山西省 太谷县山西农业大学院内
邮政编码：030801
联系电话：0354-3526058，6250500
传真：0354-3526058

厂家名称：山西农药厂
厂家地址：山西省永济市中山东街 1 号
邮政编码：044500
联系电话：0359-8081084
传真：0359-8081084

厂家名称：山西普鑫药业有限公司
厂家地址：山西省运城市盐湖区关公故里开发区中段
邮政编码：044000
联系电话：0359-2508130

厂家名称：山西奇星农药有限公司
厂家地址：山西省运城市黄河大道北端
邮政编码：044000
联系电话：0359-2166591
传真：0359-2124399

厂家名称：山西省宝元化工有限公司
厂家地址：山西省运城市临猗县临晋镇北郊
邮政编码：044102
联系电话：0359-4321688
传真：0359-43213486

厂家名称：山西省长治市焱晟化工有限公司
厂家地址：山西省长治市郊区店上乡南津良村
邮政编码：046000
联系电话：0355-6013688
传真：0355-6013058

厂家名称：山西省长治市化工总厂
厂家地址：山西省长治市火车站西侧
邮政编码：046013
联系电话：0355-6065432

厂家名称：山西省侯马市晋鑫日用化工厂
厂家地址：山西省侯马市营养食品厂家属院
邮政编码：043000
联系电话：0357-4266999
传真：0357-4230439

厂家名称：山西省侯马市星火化工厂
厂家地址：山西省临汾地区侯马市风城乡南上官村
邮政编码：043000
联系电话：0357-4026886
传真：0357-4026886

厂家名称：山西省机械学院化工实验厂
厂家地址：山西省太原市北郊区上兰村
邮政编码：030051
联系电话：(0351)359411-523

厂家名称：山西省晋安化工厂
厂家地址：山西省太原市敦化坊
邮政编码：030009
联系电话：(0351)3044151

厂家名称：山西省临汾海兰实业有限公司
厂家地址：山西省临汾市经济技术开发区河汾一路
邮政编码：041000
联系电话：0357-3096269
传真：0357-3096269

厂家名称：山西省临汾化工厂
厂家地址：山西省临汾市临钢路 4 号
邮政编码：041000

联系电话：0357-3095436
传真：0357-3095436

厂家名称：山西省临汾市兆丰有限责任公司
厂家地址：山西省临汾地区临汾市鼓楼南新村巷一号
邮政编码：041000
联系电话：0357-2052103
传真：0357-2513780

厂家名称：山西省临猗桑泉化工厂
厂家地址：山西省运城地区临猗县临晋镇
邮政编码：044102
联系电话：(03692)21843

厂家名称：山西省临猗县科委激素推广公司
厂家地址：山西省运城地区临猗县眉阳南5号
邮政编码：044100
联系电话：(03692)23417

厂家名称：山西省临猗县科星化工厂
厂家地址：山西省运城地区临猗县眉阳南5号
邮政编码：044105
联系电话：(03692)23417

厂家名称：山西省临猗县绿源化工有限公司
厂家地址：山西省临猗县牛杜镇
邮政编码：044100
联系电话：0359-4092159

厂家名称：山西省农科院棉花所三联农化实验厂
厂家地址：山西省运城市盐湖区黄河大道118号
邮政编码：044000
联系电话：0359-2128120
传真：0359-2162710

厂家名称：山西省农药厂劳动服务公司
厂家地址：山西省运城地区永济市陶山东路1号
邮政编码：044500
联系电话：0359-8082335
传真：0359-80823356

厂家名称：山西省农业科学院棉花研究所
厂家地址：山西省运城地区运城市黄河大道118号
邮政编码：044000
联系电话：0359-222432

厂家名称：山西省农业新技术发展有限公司
厂家地址：山西省吕梁地区文水县城关
邮政编码：032100
联系电话：0360-323452,23450

厂家名称：山西省平遥腾龙科技发展有限公司
厂家地址：山西省平遥县顺城路140号
邮政编码：031100
联系电话：0354-5623467 0354-5776805
传真：0354-5625248

厂家名称：山西省山西化学厂
厂家地址：山西省太原市大北门外
邮政编码：030009
联系电话：(0351)3043411

厂家名称：山西省太原红星农药 厂
厂家地址：山西省太原市道场公司驻军33号
邮政编码：030009
联系电话：(0351)3044031

厂家名称：山西省太原化工农药厂
厂家地址：山西省太原市北营光明路14号
邮政编码：030031
联系电话：(0351)7075043

厂家名称：山西省太原化学工业集团公司磷肥厂
厂家地址：山西省太原市万柏林区义井西路61号
邮政编码：030021
联系电话：0351-6075071
传真：(0351)6070719

厂家名称：山西省太原化学工业集团公司磷肥厂 北京华戎生物激素厂
厂家地址：山西省太原市西柏林区义井西路61号
邮政编码：030021
联系电话：0351-6075071
传真：0351-6071830

厂家名称：山西省太原山大新化工有限公司
厂家地址：山西省太原市坞城路36号
邮政编码：030006
联系电话：0351-7018032

厂家名称：山西省太原市兴银达气雾剂有限公司
厂家地址：山西省太原市北郊新兰路80号
邮政编码：030008

联系电话 :0351-3358258
传真 :0351-3358258

厂家名称：山西省夏县第二化工厂
厂家地址：山西省运城地区夏县
邮政编码 :044400
联系电话 :(03968)32648

厂家名称：山西省夏县纳福农药化工有限公司
厂家地址：山西省夏县八一街
邮政编码 :044400
联系电话 :0359-8552398
传真 :0359-8551450

厂家名称：山西省夏县瑶峰农药化工有限公司
厂家地址：山西省夏县县城东
邮政编码 :044400
联系电话 :0359-852222
传真 :0359-8551450

厂家名称：山西省新绛县化工厂
厂家地址：山西省新绛县正平街 99 号
邮政编码 :043100
联系电话 :0359-7522468, 7546327

厂家名称：山西省阳泉市禾奕农药厂
厂家地址：山西省阳泉市平坦镇魏家峪村
邮政编码 :045000
联系电话 :0353-4110298
传真 :0353-41102986

厂家名称：山西省阳泉市磺粉有限公司
厂家地址：山西省阳泉市郊区三泉村东 1 号
邮政编码 :045011
联系电话 :0353-5158208
传真 :0353-51571926

厂家名称：山西省阳泉市曙光化工有限责任公司
厂家地址：山西省阳泉市甄家庄东 8 号
邮政编码 :045001
联系电话 :0353-2110183
传真：（0353）2110183

厂家名称：山西省阳泉市双泉化工厂
厂家地址：山西省阳泉市李家庄东
邮政编码 :045000
联系电话 :0353-2110166
传真 :0353 － 2110166

厂家名称：山西省永济市日用化工厂
厂家地址：山西省永济市康乐路 4 号
邮政编码 :044500
联系电话 :0359-8023794

厂家名称：山西省运城花蕾宝化工有限公司
厂家地址：山西省运城市北郊
邮政编码 :044000
联系电话 :0359-2129222
传真 :0359-2129222

厂家名称：山西新华大集团益尔生物制品有限公司
厂家地址：山西省长治市潞城市翟店镇南舍工业园区益尔公司
邮政编码 :047500
联系电话 :0355-6985858
0355-6985920
传真 :0355-50513596

厂家名称：山西运城绿康实业有限公司
厂家地址：山西省运城市禹都开发区工业区
邮政编码 :044004
联系电话 :0359-2581328
传真 :0359-25805246

厂家名称：山西泓洋化工有限公司
厂家地址：山西省临猗县临晋镇农贸街西
邮政编码 :044102
联系电话 :0359-4321695
传真 :0359-4323458

厂家名称：太原市华罡化工科技有限公司
厂家地址：山西省太原市尖草坪区阳曲镇皇后园
邮政编码 :030008
联系电话 :0351-3946499
传真 :0351-3946499

厂家名称：运城绿齐农药有限公司
厂家地址：山西省临猗县东环路 188 号
邮政编码 :044000
联系电话 :0359-2025999

厂家名称：运城市星海化工有限公司
厂家地址：山西省运城市盐湖区大渠乡羊驮寺村（运临老路）
邮政编码 :044000
联系电话 :0359-8687900

陕西 Shanxi

厂家名称：比利时杨森制药公司
厂家地址：陕西省西安市来央湖旅游开发区阳光大道德力邦总部
邮政编码：710021
联系电话：029-6301555-8010
传　真：0032-14-602841、029-6301899

厂家名称：陕西安德瑞普生物化学有限公司
厂家地址：陕西省大荔火车站
邮政编码：714000
联系电话：0913-2020187,3693309
传真：0913-2030187,3693309

厂家名称：陕西白鹿农化有限公司
厂家地址：陕西省咸阳市三原县陵前镇
邮政编码：713806
联系电话：029-32334246

厂家名称：陕西标正作物科学有限公司
厂家地址：陕西省渭南市高新区朝阳大街西段 67 号
邮政编码：714000
联系电话：0913-2103863
传真：0913-2103863

厂家名称：陕西博宇农化有限公司
厂家地址：陕西省渭南市蒲城县蒲石火车站西
邮政编码：715500
联系电话：0913-7214167
传真：0913-72141676

厂家名称：陕西创先生物化学有限公司
厂家地址：陕西省西安市未央区六村堡乡相家巷村东
邮政编码：710086
联系电话：029-88470635

厂家名称：陕西大荔康乐有限责任公司
厂家地址：陕西省西安市金花北路甲字 9 号
邮政编码：710021
联系电话：0913-3711362
传真：029-6264663

厂家名称：陕西国丰化工有限公司
厂家地址：陕西省杨凌区常青北路 9 号
邮政编码：712100
联系电话：029-87073602
传真：029-87073010

厂家名称：陕西恒润化学工业有限公司
厂家地址：陕西省三原县西阳镇原兵马俑皮革厂院内
邮政编码：713807
联系电话：0910-2598008
传真：0910-2598406

厂家名称：陕西恒田化工有限公司
厂家地址：陕西省西安市未央区凤城三路 48 号
邮政编码：710016
联系电话：0913-3230600

厂家名称：陕西辉煌生物科技有限公司
厂家地址：蒲城县农化工业园
邮政编码：715500
联系电话：0913-7211388
传真：0913-7211388

厂家名称：陕西加伦多作物科学有限公司
厂家地址：陕西省西安市泾河工业园泾渭镇泾渭南路
邮政编码：710210
联系电话：029-82103608

厂家名称：陕西京礼生物化工农药有限公司
厂家地址：陕西省西安市未央区凤城一路雅荷花园A25-1
邮政编码：710016
联系电话：029-87762059
传真：029-86526312

厂家名称：陕西康禾立丰生物科技药业有限公司
厂家地址：陕西省西安市未央区西安经济技术开发区B4区迎宾大道138号3幢12103室
邮政编码：710016
联系电话：029-82103798

厂家名称：陕西康乐实业有限公司
厂家地址：陕西省西安市长乐西路398号
邮政编码：710032
联系电话：029-82589281
传真：029-82589337

厂家名称：陕西绿盾生物制品有限责任公司
厂家地址：陕西省渭南市蒲城县尧山东路27号
邮政编码：715500
联系电话：0913-7235000
传真：0913-72371686

厂家名称：陕西美邦农药有限公司
厂家地址：陕西省蒲城县农化基地工业园区
邮政编码：710075
联系电话：029-87999509
传真：029-87999695-185

厂家名称：陕西农大德力邦科技股份有限公司
厂家地址：陕西省西安市未央区未央湖阳光大道一号
邮政编码：710021
联系电话：029-86301562
传真：029-86301562

厂家名称：陕西诺正生物化工有限公司
邮政编码：715500
联系电话：0913-7532590
传真：0913-7532580

厂家名称：陕西普兰特作物科学研发有限公司
邮政编码：710048
传真：029-87418099

厂家名称：陕西秦丰农化有限公司
厂家地址：陕西省杨凌区杨凌农业高新技术产业示范区新桥路
邮政编码：712100
联系电话：029-87071580
传真：029-87071580

厂家名称：陕西秦乐药业化工有限公司
厂家地址：陕西省渭南市大荔县北新街市场南路13号
邮政编码：715100
联系电话：0913-3222657 0913-3218671
传真：0913-32280316

厂家名称：陕西森易达生物化工有限责任公司
厂家地址：陕西省西安市明德门南区千禧阁大厦7A
邮政编码：710077
联系电话：029-84418832
传真：029-82056190

厂家名称：陕西上格之路生物科学有限公司
厂家地址：陕西省西安市周至县集贤产业园创业大道9号
邮政编码：710065
联系电话：029-88256421-8013
传真：029-88745698

厂家名称：陕西省宝鸡高宝实业发展公司
厂家地址：陕西省宝鸡市高新技术开发区
邮政编码：721001
联系电话：0917-3216448

厂家名称：陕西省宝鸡绿洲化工有限公司
厂家地址：陕西省宝鸡市陈仓区城西
邮政编码：721300
联系电话：0917-6296218
传真：0917-62962186

厂家名称：陕西省宝鸡市力华精细化工厂
厂家地址：陕西省宝鸡市大庆路西段
邮政编码：721004
联系电话：0917-3412870

厂家名称：陕西省富平县颍琪化工厂
厂家地址：陕西省富平县站南街锦绣巷
邮政编码：715300
联系电话：0913-8212984

厂家名称：陕西省国营秦川机械厂化工装配分厂
厂家地址：陕西省西安市幸

福南路
邮政编码 :710043
联系电话 :(029)3235761 转 2919

厂家名称：陕西省汉中市瑞丰生物科技有限责任公司
厂家地址：陕西省汉中市城固县三合乡
邮政编码 :723200
联系电话 :0916-7292966
传真 :0916-73669346

厂家名称：陕西省化工总厂
厂家地址：陕西省渭南市临渭区东风街 96 号
邮政编码 :714000
联系电话 :0913-2138680
传真 :0913-2138679

厂家名称：陕西省蒲城华迪药业有限责任公司
厂家地址：陕西省蒲城县苏坊镇东街
邮政编码 :715514
联系电话 :0913-7322029
传真 :0913-7322241

厂家名称：陕西省蒲城美尔果农化有限责任公司
厂家地址：陕西省渭南市蒲城县乡企大市场 65 号
邮政编码 :715500
联系电话 :0913-7213173
传真 :0913-72254186

厂家名称：陕西省商州市农药厂
厂家地址：陕西省商洛市商州区孝义镇
邮政编码 :726005
联系电话 :0914-2459060
传真 :091-32661206

厂家名称：陕西省渭南经济开发区轻化厂
厂家地址：陕西省渭南市经济开发区西潼路南侧
邮政编码 :714000
联系电话 :0913-2111579
传真 :0913-2111575

厂家名称：陕西省渭南经济开发区望康农化有限责任公司
厂家地址：陕西省渭南市经济开发区西潼路南侧
邮政编码 :714000
联系电话 :0913-2111579
传真 :0913-2111575

厂家名称：陕西省渭南生乐有限责任公司
厂家地址：陕西省渭南市华山大街东段
邮政编码 :714000
联系电话 :0913-2094090
传真 :0913-2094357

厂家名称：陕西省西安常隆正华作物保护有限公司
厂家地址：陕西省西安市临潼区新丰镇道北路
邮政编码 :710600
联系电话 :029-83979980
传真 :029-83979974

厂家名称：陕西省西安华阳化工科技有限公司
厂家地址：陕西省西安市西影路 45 号
邮政编码 :710054
联系电话 :029-85518286
传真 :029-85518286

厂家名称：陕西省西安嘉科农化有限公司
厂家地址：陕西省西安市长安区鸣犊镇
邮政编码 :710102
联系电话 :029-85835328
传真 :029-85835328

厂家名称：陕西省西安近代农药科技股份有限公司
厂家地址：陕西省西安市泾河工业园区泾渭南路
邮政编码 :710201
联系电话 :029-86030165
传真 :029-86030232

厂家名称：陕西省西安南风欧芬爱尔精细化工有限责任公司
厂家地址：陕西省西安市丰禾路 282 号
邮政编码 :710014
联系电话 :029-86263193
传真 :029-86252662

厂家名称：陕西省西安喷得绿农化有限公司
厂家地址：陕西省西安市新城区米秦路 65 号工业园区
邮政编码 :710015
联系电话 :029-86711381
传真 :029-86724506

厂家名称：陕西省西安秦川化工厂
厂家地址：陕西省西安市幸福中路 13 号
邮政编码 :710043
联系电话 :3235761-2480 或 3235771--

厂家名称：陕西省西安山德士生物科技有限公司
厂家地址：陕西省西安市大兴东路 47 号
邮政编码 :710016

联系电话：
传真 :029-86313075

厂家名称：陕西省西安市临潼农药化工厂
厂家地址：陕西省西安市临潼区零口镇
邮政编码 :710607
联系电话 :029-3904221
传真 :029-3901014

厂家名称：陕西省西安市临潼区农药厂
厂家地址：陕西省西安市经济开发区六村堡园区阎家村对面
邮政编码 :710086
联系电话 :029-82103782
传真 :029-82103781

厂家名称：陕西省西安市植丰农药厂
厂家地址：陕西省西安市周至县西关
邮政编码 :710400
联系电话 :029-87154406
传真 :029-87154547

厂家名称：陕西省西安市中兴生物工程公司
厂家地址：陕西省西安市经济技术开发区朱宏路北段186号
邮政编码 :710021
联系电话 :029-86526269
传真 :029-86511893

厂家名称：陕西省西安文远化学工业有限公司
厂家地址：陕西省西安市碑林区和平路99号榕园公寓1106号
邮政编码 :710001
联系电话 :029-86035247
传真 :029-86035220

厂家名称：陕西省西安西诺农化有限责任公司
厂家地址：陕西省西安市灞桥区田王街特字1号
邮政编码 :710025
联系电话 :029-83603743
传真 :029-83605746

厂家名称：陕西省西北农业大学科研中试基地
厂家地址：陕西省咸阳市杨陵区
邮政编码 :712100
联系电话 :(0910)-7092291

厂家名称：陕西省咸阳德丰有限责任公司
厂家地址：陕西省咸阳市秦都区马庄镇
邮政编码 :712000
联系电话 :0910-3541031
传真 :0910-3541031

厂家名称：陕西省杨凌大地化工有限公司
厂家地址：陕西省杨凌区康乐路29号
邮政编码 :712100
联系电话 :029-87099608-11
传真 :029-87099608

厂家名称：陕西省杨凌农药化工有限公司
厂家地址：陕西省杨凌区杨凌农业高新技术产业示范区新桥南路
邮政编码 :712100
联系电话 :029-87033860
传真 :029-87033860

厂家名称：陕西省洋县金地农药化工厂
厂家地址：陕西省汉中市洋县
邮政编码 :723300
联系电话 :0916-8532626
传真 :0916 — 85321236

厂家名称：陕西省泾阳微生物厂
厂家地址：陕西省咸阳市泾阳县永乐镇
邮政编码 :713702
联系电话 :0910-6382529
传真 :029-87317361

厂家名称：陕西汤普森生物科技有限公司
厂家地址：陕西省西安市高新区科技路中段金桥国际广场C座15层
邮政编码 :710075
联系电话 :029-87999234
传真 :029-87999616

厂家名称：陕西天富腾达作物保护科学有限公司
厂家地址：陕西省礼泉县城东药王洞乡寨子村
邮政编码 :713200
联系电话 :029-35633456
传真 :029-35635626

厂家名称：陕西韦尔奇作物保护有限公司
厂家地址：陕西省浦城县农化基地工业园区
邮政编码 :715500
联系电话 :0913-7532710
传真 :0913-7532583

厂家名称：陕西武功远望化工有限责任公司
厂家地址：陕西省西安市唐延路水晶岛2-1109室

邮政编码:710075
联系电话:029-88453313,88323439
传真:029-88323439

白南路269号中天国际公寓B座2107室
邮政编码:712000
传真:029-81870581

楼A区三层
邮政编码:029-88231591
联系电话:029-88231591
传真:029-88231591

厂家名称:陕西西大华特科技实业有限公司
厂家地址:陕西省西安市高新技术产业开发区高新4路13号
邮政编码:710075
联系电话:029-88320109
传真:029-88320073

厂家名称:陕西远望科技有限公司
厂家地址:陕西省西安市高新二路四号莲湖产业园美欧大厦607室
邮政编码:710075
联系电话:029-8499829-804
传真:029-8483360-802

厂家名称:杨凌翔林农业科技化工有限公司
厂家地址:陕西省杨凌农业高新技术产业示范区新桥路北段
邮政编码:712100
联系电话:029-87074958
传真:029-87073640

厂家名称:陕西先农生物科技有限公司
厂家地址:陕西省西安市未央路138号豪盛花园B1706室
邮政编码:710018
联系电话:029-82103608
传真:029-82103608

厂家名称:西安北农华农作物保护有限公司
厂家地址:陕西省西安市未央区凤城十一路中段首创国际城18栋1单元701室
邮政编码:710018
联系电话:029-86171522-803
传真:029-86171522-807

厂家名称:陕西现代化学工业研究所
厂家地址:陕西省西安市友谊西路322号光机所办公区精密楼5层
邮政编码:710068
联系电话:029-88470635
传真:029-88498486

厂家名称:西安鼎盛生物化工有限公司
厂家地址:陕西省西安市朱雀大街南段3号
邮政编码:710061
联系电话:029-85401875
传真:029-85401875

厂家名称:陕西亿农高科药业有限公司
厂家地址:陕西省商洛市洛南县卫东镇
邮政编码:710003
联系电话:029-87431959,87443659
传真:029-87511557

厂家名称:西安东灵卫生防疫品有限公司
厂家地址:陕西省西安市泾河工业园泾渭北路
邮政编码:710210
联系电话:029-86032836
传真:029-86032836

厂家名称:陕西亿鑫泰农化有限公司
厂家地址:陕西省西安市太

厂家名称:杨凌鼎天济农腐殖酸制品有限公司
厂家地址:陕西省西安市太白南路181号A座工业写字

四川 Sichuan

厂家名称：成都新朝阳生物化学有限公司
厂家地址：四川省成都市蒲江县鹤山镇工业五路 35 号
邮政编码 :611630
联系电话 :028-85573188
传真 :028-85543718

厂家名称：利尔化学股份有限公司
厂家地址：四川省绵阳市经济技术开发区
邮政编码 :621000
联系电话 :0816-2841584
传真 :0816-2846330

厂家名称：四川联农化学有限公司
厂家地址：四川省成都市双流县籍田镇
邮政编码 :610222
联系电话 :028-85691399
传真 :028-85693539

厂家名称：四川省乐山市福华通达农药科技有限公司
厂家地址：四川省乐山市五通桥区桥沟镇
邮政编码 :614800
联系电话 :0833-3350538
传真 :0833-3359989

厂家名称：四川蜀峰化工有限公司
厂家地址：四川省成都市双流县东升街道办事处三里坝社区六社
邮政编码 :610200
联系电话 :028-85811505
传真 :028-85811505

厂家名称：成都邦农化学有限公司
厂家地址：四川省成都市双流县金桥镇金桥社区三组
邮政编码 :610200
联系电话 :028-85851587/85851506
传真 :028-85851202-802

厂家名称：四川贝尔化工集团有限公司
厂家地址：四川省成都市人民南路四段 53 号嘉云台甲栋 11 楼 D 座
邮政编码 :610041
联系电话 :028-85243548
传真 :028-85231826

厂家名称：四川红种子高新农业有限责任公司
厂家地址：四川省成都市温江区柳城永兴路 839 号
邮政编码 :611130
联系电话 :028-82637688
传真 :028-82637688

厂家名称：四川省成都盖尔盖司生物科技制品厂
厂家地址：四川省成都市新津县花源镇官林村
邮政编码 :611433
联系电话 :028-84504959
传真 :028-84670373

厂家名称：拜耳（四川）动物保健有限公司
厂家地址：四川省成都市西南航空港经济开发区长城路一段 189 号
邮政编码 :610225
联系电话 :028-65068400
传真 :028-65068402

厂家名称：成都施特优化工有限公司
厂家地址： 成都市武侯区盛隆街七号锦华楼 D 座 7 号
邮政编码 :610041
联系电话： 028 － 85234995 85352772
传真：028 － 85355375

厂家名称：成都市一心化工有限责任公司
厂家地址：四川省成都市武侯区成科路 12# 弘福苑 4 单

元 503-504
邮政编码 :610041
联系电话 :028-85230571
传真 :028-85230584

厂家名称：四川国光农化有限公司
厂家地址：四川省成都市龙泉驿区北京路 899 号
邮政编码 :641400
联系电话 :028-88431203
传真 :028-88430473

厂家名称：四川稼得利科技开发有限公司
厂家地址：四川省简阳市贾家镇竹林村九社
邮政编码 :641421
联系电话 :028-27921270 13795711357
传真 :028-27926368

厂家名称：四川九章生物化工科技发展有限公司
厂家地址：四川省成都市高新区科园南二路 10 号
邮政编码 :610041
联系电话 :028-85132545
传真 :028-85180465

厂家名称：四川龙蟒福生科技有限责任公司
厂家地址：四川省眉山经济开发区东区
邮政编码 :620036
联系电话 :028-38603888
传真 :028-38603888
邮箱：px@lomonbio.com

厂家名称：四川绵阳康尔日化有限公司
厂家地址：四川省绵阳市三台县北坝镇北泉路 22 号
邮政编码 :621100
联系电话 :0816-5332266
传真 :0816-5332686

厂家名称：四川省成都市红牛实业有限责任公司
厂家地址：四川省成都市温江区成都海峡两岸科技产业开发园西区（永盛片区）
邮政编码 :611137
联系电话 :028-82620777
传真 :028-82620186

厂家名称：四川省成都市牛头蚊香有限责任公司
厂家地址：四川省成都市青白江区城厢镇余家湾 64 号
邮政编码 :610306
联系电话 :028-83632191
传真 :028 — 83632191

厂家名称：四川省成都市新津生化工程研究所
厂家地址：四川省新津县永商镇望江村
邮政编码 :611430
联系电话 :028-82599938
传真 :028-82599938

厂家名称：四川省成都宇辰农药有限责任公司
厂家地址：四川省成都市双流县籍田镇地平村二组
邮政编码 :610222
联系电话： 028-85691232
传真： 028-85692108

厂家名称：四川省川东丰乐化工有限公司
厂家地址：四川省达州市渠县东大街转盘处
邮政编码 :635200
联系电话 :0818-7344253
传真 :0818-7346868

厂家名称：四川省川东农药化工有限公司
厂家地址：四川省达州市渠县工业园区
邮政编码 :635200
联系电话 :0818-7344232
传真 :0818-7346346

厂家名称：四川省达州市兴隆化工有限公司
厂家地址：四川省渠县工业园区
邮政编码 :635000
联系电话 :0818-7346868
传真 :0818-7346868

厂家名称：四川省富贵日化用品有限公司
厂家地址：四川省什邡市师古镇
邮政编码 :618408
联系电话 :0838-8604399
传真 :0838-8602666

厂家名称：四川省广汉市小太阳农用化工厂
厂家地址：四川省广汉市三星镇红星桥
邮政编码 :618300
联系电话 :0838-5560013
传真 :0838-5560013

厂家名称：四川省化学工业研究设计院
厂家地址：四川省成都市武侯区武侯祠大街 30 号
邮政编码 :610041
联系电话 :028-85572204
传真 :028-85598813

厂家名称：四川省精细化工研究设计院
厂家地址：四川省自贡市鸿

鹤路 41 号
邮政编码 :643000
联系电话 :0813-2760540
传真 :0813-2760086

厂家名称：四川省科鑫化工厂
厂家地址：四川省渠县渠江镇东大街
邮政编码 :635200
联系电话 :0818-7344517
传真 :0818-7344232

厂家名称：四川省兰月科技开发公司
厂家地址：四川省成都市锦江区静曲市兰月科技开发公司
邮政编码 :610041
联系电话 :028-85305199
传真 :028-85305299

厂家名称：四川省乐山升达利科技开发有限公司
厂家地址：四川省乐山市中心城区岷河四组
邮政编码 :614000
联系电话 :0833-2600316

厂家名称：四川省隆昌农药有限公司
厂家地址：四川省内江市隆昌县金鹅镇新马路 252 号
邮政编码 :642150
联系电话 :0832-3958287
传真 :0832-3958287

厂家名称：四川省仁寿县天府农药厂
厂家地址：四川省眉山市仁寿县城北大化镇
邮政编码 :620500
联系电话 :0833-6312568
传真 :0833-6312567

厂家名称：四川省宜宾川安高科农药有限责任公司
厂家地址：四川省江安县井口镇
邮政编码 :644219
联系电话 :0831-2850517
传真 :0831-2851996

厂家名称：四川省郫县德源香厂
厂家地址：四川省成都市郫县德源镇
邮政编码 :611730
联系电话 :028-87971424
传真 :028-87972450

厂家名称：四川遂宁市川霸蚊香厂
厂家地址： 四川省遂宁市西宁乡
邮政编码 :629000
联系电话 :013882513062
传真 :0825-22213665

厂家名称：四川新朝阳邦威生物科技有限公司
厂家地址：四川省成都市天然产物蒲江高科技产业园
邮政编码 :611630
联系电话 :028-88555480
传真 :028-88555480

厂家名称：四川新洁灵生化科技有限公司
厂家地址：四川省成都市温江区海峡两岸科技产业开发园（温江区创新中心对面）
邮政编码 :611130
联系电话 :028-83220078
传真 :028-83220078

厂家名称：泸州东方农化有限公司
厂家地址：四川省泸州市纳溪区新乐镇天桥化工园区
邮政编码 :646300
联系电话 :0830- 4693888
传真 :0830-4693888

厂家名称：四川省成都彩虹电器（集团）股份有限公司
厂家地址：四川省成都市武侯区武侯大道顺江段 73 号
邮政编码 :610045
联系电话 :028-85373624
传真 :028-85373601

名称：成都田丰农业有限公司
地址：四川省成都市青白江区祥福镇
邮编：610306
电话：028-83666500
传真：028-83666500
邮　箱：techforce0909@yahoo.com.cn

厂家名称：安岳县神威蚊香厂
厂家地址：四川省安岳县通贤镇油房街
邮政编码 :642350
联系电话 :0832-4688622
传真 :0832-4688622

厂家名称：安岳县腾达蚊香厂
厂家地址：四川省安岳县石桥铺镇石桥村一组
邮政编码 :642350
联系电话 :0832-4512168
传真 :0832-4512168

厂家名称：成都邦农化学有限公司
厂家地址：四川省成都市双流县金桥镇金桥社区三组
邮政编码：610200
联系电话：028-85851587/85851506
传真：028-85851202-802

厂家名称：成都海诺尔作物科学有限公司
厂家地址：
邮政编码：610100
联系电话：028-84869655
传真：028-84869655

厂家名称：成都华西农药有限公司
厂家地址：四川省成都市新津县花源镇官林村四组
邮政编码：611432
联系电话：028-82411168/82410666
传真：028-82411168

厂家名称：成都皇牌作物科学有限公司
厂家地址：四川省成都邛崃市羊安镇工业点
邮政编码：611130
联系电话：028-82633653
传真：028-82633653

厂家名称：成都金牌农化有限公司
厂家地址：四川省成都市龙泉驿区南京路33号龙府花园12-4
邮政编码：610100
联系电话：028-84863659

厂家名称：成都科利隆生化有限公司
厂家地址：四川省成都市青白江区工业集中发展区同济大道903号
邮政编码：610300
联系电话：028-67965026
传真：028-67965021

厂家名称：成都蓝风（集团）股份有限公司
厂家地址：四川省成都市一环路西三段31号嘉园大厦21楼
邮政编码：610031
联系电话：028-65017620
传真：028-65017369

厂家名称：成都绿金生物科技有限责任公司
厂家地址：四川省成都市科华北路58号亚太广场皇冠楼21楼
邮政编码：610041
联系电话：028-85217595-84
传真：028-85228040

厂家名称：成都民航六维航化有限责任公司
厂家地址：四川省成都市二环路南二段17号
邮政编码：610041
联系电话：028-82909887
传真：028-82909890

厂家名称：成都施特优化工有限公司
厂家地址：四川省成都市武侯区盛隆街七号
邮政编码：610041
联系电话：028-85234995
传真：028-85355375

厂家名称：成都士发生物科技有限公司
厂家地址：四川省新津县五津镇儒林路558号
邮政编码：881508
联系电话：0595-88150891
传真：0595-88150891

厂家名称：成都市兴中化妆品有限公司
厂家地址：四川省成都市金牛区洞子口古柏村1组
邮政编码：610081
联系电话：028-83425002
传真：028-83425007

厂家名称：成都市一心化工有限责任公司
厂家地址：四川省成都市武侯区成科路12# 弘福苑4单元503-504
邮政编码：610041
联系电话：028-5230571
传真：028-5230584

厂家名称：成都特普科技发展有限公司
厂家地址：四川省成都高新区高朋大道5号
邮政编码：610041
联系电话：028-85150776
传真：028-85188649

厂家名称：成都西部爱地作物科学有限公司
厂家地址：四川省成都市蒲江县大塘镇南街95号
邮政编码：611637
联系电话：028-88743516
传真：028-88522933

厂家名称：成都迅强生物科技有限公司
厂家地址：四川省成都市青

白江区工业集中发展区同辉路 118 号
邮政编码 :610300
联系电话 :028-67965026
传真 :028-67965065

厂家名称 : 广安诚信化工有限责任公司
厂家地址 : 四川省广安市经济开发区新桥能源化工集中区
邮政编码 :638000
联系电话 :0826-2820002
传真 :0826-2822268

厂家名称 : 乐山新路化工有限公司
厂家地址 : 四川省乐山市市中区凤凰路中段 126 号 53 幢
邮政编码 :614000
联系电话 :0833-2304099
传真 :0833-2304289

厂家名称 : 眉山市果树技术服务部
厂家地址 : 四川省眉山市眉象路 113 号
邮政编码 :620030
联系电话 :0833-8291462

厂家名称 : 眉山市锦辰生物技术有限公司
厂家地址 : 四川省眉山市东坡区东坡大道南三段三苏大道东段一环路口
邮政编码 :620020
联系电话 :028-38197299
传真 :028-38197299

厂家名称 : 眉山市民威林产制品有限公司
厂家地址 : 四川省眉山市青神县工业园集中区
邮政编码 :620460
联系电话 :0833-8811839
传真 :0833-8815933

厂家名称 : 四川长江化工研究所
厂家地址 : 四川省成都市新都区利济济兴街
邮政编码 :610502
联系电话 :028-83004881
传真 :028-83004439

厂家名称 : 四川长寿生物工程有限责任公司
厂家地址 : 四川省双流县正兴镇
邮政编码 :610218
联系电话 :028-85671336
传真 :028-85671336

厂家名称 : 四川辰龙 (眉山) 生产资料有限公司
厂家地址 : 四川省眉山市东坡区眉象路 373 号
邮政编码 :620010
联系电话 :0833-8292635
传真 :0833-8802068

厂家名称 : 四川成都普惠生物工程有限公司
厂家地址 : 四川省成都市新都区如意大道 223 号
邮政编码 :610500
联系电话 :028-83972346
传真 :028-83018286

厂家名称 : 四川德阳万丰科技有限公司
厂家地址 : 四川省广汉市连山镇绵远路
邮政编码 :618300
联系电话 :0838-5230036
传真 :0838-5221935

厂家名称 : 四川迪美特生物科技有限公司
厂家地址 : 四川省彭山观音工业园区
邮政编码 :610041
联系电话 :028-85243548
传真 :028—85231826

厂家名称 : 四川福达农用化工有限公司
厂家地址 : 四川省成都市双流县籍田镇红阳村
邮政编码 :610222
联系电话 :028-85815150, 85815156
传真 :028-85828542 85693539

厂家名称 : 四川广信农化有限公司
厂家地址 : 四川省简阳市平武镇安兴街 30 号
邮政编码 :641406
联系电话 :0832-7299796

厂家名称 : 四川国光农化股份有限公司
厂家地址 : 四川省简阳市平泉镇
邮政编码 :641400
联系电话 :0832-7015253
传真 :0832-7017457

厂家名称 : 四川华丰药业有限公司
厂家地址 : 四川省简阳市石桥镇新街 171 号
邮政编码 :641401
联系电话 :0832-7281628
传真 :0832-7281628

厂家名称：四川华英化工有限责任公司
厂家地址：四川省成都市新津县邓双镇新桥村
邮政编码：610041
联系电话：028-85583016，85551620
传真：028-85583016

厂家名称：四川华宇微生物工程有限公司
厂家地址：四川省蒲江县大塘镇南大街9号
邮政编码：616370
联系电话：028-8633118

厂家名称：四川稼得利科技开发有限公司
厂家地址：四川省简阳市贾家镇竹林村九社
邮政编码：641421
联系电话：0832-7037106 13795711357
传真：0832-7037106

厂家名称：四川金珠生态农业科技有限公司
厂家地址：四川省成都市高新区九兴大道10号
邮政编码：610041
联系电话：028-85140056/85139170
传真：028-85159494

厂家名称：四川科瑞森生物工程有限公司
厂家地址：四川省成都市洗面桥街27号
邮政编码：610041
联系电话：028-85512458

厂家名称：四川绿润科技开发有限公司
厂家地址：四川省成都市星辉西路18号省林科院大楼408
邮政编码：610066
联系电话：028-83228200
传真：028-83228200

厂家名称：四川南充邦威药业有限责任公司
厂家地址：四川省南充市南坪区龙门镇金龙大道8号
邮政编码：637102
联系电话：0817-3589966
传真：0817-3591388

厂家名称：四川农业科研生物工程中心
厂家地址：
邮政编码：610041
联系电话：
传真：028-85229406

厂家名称：四川诺富尔作物科技有限公司
厂家地址：四川省安岳县通贤镇北大街63号
邮政编码：642352
联系电话：028－88743510

厂家名称：四川赛威生物工程有限公司
厂家地址：四川省成都市双流县中和镇双龙村九组
邮政编码：610212
联系电话：028-85305118
传真：028-85305338

厂家名称：四川省安岳县酶制剂厂
厂家地址：四川省内江市安岳县解放街350号
邮政编码：642350
联系电话：22565

厂家名称：四川省成都八一化工厂
厂家地址：四川省成都市双流县文星镇
邮政编码：610207
联系电话：(028)5554987

厂家名称：四川省成都大益实业有限责任公司
厂家地址：四川省三官堂瑞达商住楼1#
邮政编码：610061
联系电话：4512201

厂家名称：四川省成都恩威化工有限公司
厂家地址：四川省成都市高新区创业路28号
邮政编码：610041
联系电话：028-85184811
传真：028-85184811

厂家名称：四川省成都凤鸣蚊香制品有限公司
厂家地址：四川省成都市金牛区凤凰山农场凤鸣分场
邮政编码：610041
联系电话：028-83162140
传真：028-83162636

厂家名称：四川省成都海宁化工实业有限公司
厂家地址：四川省成都市新津县花源镇
邮政编码：611433
联系电话：028-82481661
传真：028-82480349

厂家名称：四川省成都宏丰日用品发展有限公司

厂家地址：四川省成都市温江区成都海峡两岸科技产业开发园西区（永盛片区）
邮政编码 :611136
联系电话 :028-82620633
传真 :028-82621533

厂家名称：四川省成都化学试剂厂
厂家地址：四川省成都市外东五桂桥
邮政编码 :610062
联系电话 :(028)441873

厂家名称：四川省成都金虎日化用品厂
厂家地址：四川省成都市青羊区文家乡华严工业区
邮政编码 :610091
联系电话 :028-87072669
传真 :7072669

厂家名称：四川省成都骏灵实业有限公司
厂家地址：四川省成都市高新区中储神仙树仓库
邮政编码 :610041
联系电话 :028-86696399，87019693

厂家名称：四川省成都力克日用品厂
厂家地址：四川省成都市青白江区弥牟镇场口（怡园酿造厂内）
邮政编码 :610305
联系电话 :028-83674702

厂家名称：四川省成都年年丰农化有限公司
厂家地址：四川省成都市新都区西街 48 号
邮政编码 :610500
联系电话 :028-83015896
传真 :028 － 83015896

厂家名称：四川省成都泉源卫生用品有限公司
厂家地址：四川省成都市双流西南航空经济开发区空港二路 415 号
邮政编码 :610207
联系电话 :028-85880322
传真 :028-85880321

厂家名称：四川省成都市宠丰日用化工厂
厂家地址：四川省成都市金牛区营门口乡花照村三组
邮政编码 :610031
联系电话 :028-7613129

厂家名称：四川省成都市红牛实业有限责任公司
厂家地址：四川省成都市温江区成都海峡两岸科技产业开发园西区（永盛片区）
邮政编码 :611137
联系电话：028-82620111/82620777
传真 :028-82620186

厂家名称：四川省成都市金牛区奇力蚊香厂
厂家地址：四川省遂宁市大英县隆盛镇
邮政编码 :629300
联系电话 :0825-7804168
传真 :0825-7804168

厂家名称：四川省成都市金太阳企业发展有限公司
厂家地址：四川省成都市红星中路 2 段 70 号
邮政编码 :610012
联系电话 :028-86788395
传真 :028-86788132

厂家名称：四川省成都市金堂福田农药有限公司
厂家地址：四川省成都市金堂县赵镇韩滩小区
邮政编码 :610400
联系电话 :028-84934907
传真 :028-83004899

厂家名称：四川省成都市金堂农药厂
厂家地址：四川省成都市金堂县县城
邮政编码 :610400
电话：(028)4982297/4982134

厂家名称：四川省成都市锦江区天府蚊香厂
厂家地址：四川省成都市科华中路新附路 4 号
邮政编码 :610000
联系电话 :028-85210229

厂家名称：四川省成都市凯实日用化工厂
厂家地址：四川省成都市双流县彭镇
邮政编码 :610200
联系电话 :028-81534372
传真 :028-86692666

厂家名称：四川省成都市牛头蚊香有限责任公司
厂家地址：四川省成都市青白江区城厢镇余家湾 49 号
邮政编码 :610306
联系电话 :028-83632191
传真 :028 － 83632191

厂家名称：四川省成都市蒲

江农药厂
厂家地址：四川省成都市蒲江县鹤山镇北郊
邮政编码：611630
联系电话：028-8522762

厂家名称：四川省成都市双流利华蚊香厂
厂家地址：四川省成都市双流县九江镇渔剑村三组
邮政编码：610204
联系电话：028-85791088
传真：028-85791088

厂家名称：四川省成都市双流有色金属冶炼加工厂
厂家地址：四川省成都市双流中和镇新上街 136 号
邮政编码：610212
联系电话：028-85651132
传真：028-85654536

厂家名称：四川省成都市新津生化工程研究所
厂家地址：四川省新津县永商镇望江村
邮政编码：611430
联系电话：028-82599938
传真：028-82599273

厂家名称：四川省成都市兴中化妆品有限公司金菊日用化学制品分公司
厂家地址：四川省成都市金牛区高家村 5 组
邮政编码：610091
联系电话：028-87511411
传真：028-87514092

厂家名称：四川省成都市宇豪蚊香厂
厂家地址：四川省成都市成华区青龙乡将军碑村一组
邮政编码：610081
联系电话：028-83160945
传真：028-83160945

厂家名称：四川省成都新亚星实业有限责任公司
厂家地址：四川省成都市金牛区外西黄田坝
邮政编码：610051
联系电话：028-87506568
传真：028-84386477

厂家名称：四川省成都壹加科技发展有限公司
厂家地址：四川省成都市新都区斑竹园
邮政编码：610500
联系电话：028-85577008

厂家名称：四川省成都泳奇日化有限公司
厂家地址：四川省成都市青羊区文家乡张家碾村二组
邮政编码：610091
联系电话：028-87074000
传真：028-87071415

厂家名称：四川省成都中亚生化制药厂
厂家地址：四川省成都市中沙河堡 36 号
邮政编码：610061
联系电话：028-84780549
传真：028-85548369

厂家名称：四川省程皓日化有限责任公司
厂家地址：
邮政编码：629300
联系电话：
传真：0825-87804168

厂家名称：四川省达州市澳诗商贸有限责任公司
厂家地址：四川省达州市朝阳中路富德大厦 6-5 号
邮政编码：635000
联系电话：0818-2139614
传真：（0818）2139614

厂家名称：四川省德阳市鸿发化工有限公司
厂家地址：四川省德阳市中江县南华镇西江北路 171 号
邮政编码：618100
联系电话：0838-7131756
传真：0838-7131756

厂家名称：四川省德阳市农药厂
厂家地址：四川省德阳市西郊
邮政编码：618300
联系电话：(0838)22141

厂家名称：四川省德阳先科农药化工有限责任公司
厂家地址：四川省广汉市西郊金谷堆
邮政编码：618300
联系电话：0838-5280019
传真：0838-5280019

厂家名称：四川省都江堰市大发实业有限责任公司
厂家地址：四川省都江堰市青城桥北头
邮政编码：611830
联系电话：028-87282060
传真：028-87282762

厂家名称：四川省广安市农药有限责任公司
厂家地址：四川省广安市武

胜县中心镇小河口
邮政编码：638400
联系电话：0826-6232289
传真：0826-6211592

厂家名称：四川省广汉保丰农业科技有限公司
厂家地址：四川省广汉市连山镇绵远路9号
邮政编码：618303
联系电话：0838-5800496
传真：0838-5800164

厂家名称：四川省广汉市红光实业有限公司
厂家地址：四川省广汉市南丰镇茂盛村
邮政编码：618300
联系电话：0838-5250098

厂家名称：四川省国营仪陇县化工厂
厂家地址：四川省南充市仪陇县新政镇
邮政编码：637641
联系电话：0817-7899113

厂家名称：四川省好利尔生物化工有限公司
厂家地址：四川省内江市市中区伏龙乡水口村三组
邮政编码：641008
联系电话：0832-2670388
传真：0832-2670388

厂家名称：四川省禾康生物科技有限公司
厂家地址：四川省宜宾市珙县巡场镇友谊路川南商业中心二楼
邮政编码：644501
联系电话：0831-4039826
传真：0831-4039665

厂家名称：四川省宏冠农药厂
厂家地址：四川省乐至县全胜乡街村
邮政编码：641511
联系电话：0832-3137186
传真：0832-3137186

厂家名称：四川省宏威制药有限公司
厂家地址：四川省成都市双流县黄水镇
邮政编码：610206
联系电话：028-5551141
传真：028-821465

厂家名称：四川省化工研究所
厂家地址：四川省成都市武侯区武侯祠大街30号
邮政编码：610041
联系电话：(028)5583061

厂家名称：四川省化工研究所试验厂
厂家地址：四川省成都市武侯区武侯祠大街30号
邮政编码：610041
联系电话：028-5582834

厂家名称：四川省化学工业研究设计院广汉试验厂
厂家地址：四川省广汉市向阳镇
邮政编码：618300
联系电话：0838-5400802
传真：0838-5400802

厂家名称：四川省简阳县农药厂
厂家地址：四川省内江市简阳市石桥镇新街171号
邮政编码：641401
联系电话：(08410)725628

厂家名称：四川省江油市农药厂
厂家地址：四川省江油市大埝乡开花村
邮政编码：621707
联系电话：0816-3406188

厂家名称：四川省金蜘蛛日化有限公司
厂家地址：四川省成都市武侯区金花镇江安街2号
邮政编码：
联系电话：0832-3512888
传真：0832-3511199

厂家名称：四川省绵阳高新区静康蚊香厂
厂家地址：四川省绵阳市涪城区兴达街18号
邮政编码：621000
联系电话：0816-2583510
传真：0816-2583510

厂家名称：四川省绵阳高新区普瑞生物技术有限责任公司
厂家地址：四川省绵阳市
邮政编码：
联系电话：0816-2544521
传真：0816-2531157

厂家名称：四川省绵阳康润生物科技有限公司
厂家地址：四川省绵阳市科技城现代农业科技示范区德正街22号
邮政编码：621023
联系电话：028-85183501
传真：028-85183501

厂家名称：四川省绵阳市实验化工厂
厂家地址：四川省绵阳市石塘路 41 号
邮政编码：621000
联系电话：(0816)27042

厂家名称：四川省南充地区味精厂
厂家地址：四川省南充市文明街 10 号
邮政编码：637000
联系电话：(0817)22363

厂家名称：四川省南充嘉陵生物化工有限公司
厂家地址：四川省南充市嘉陵区嘉陵西路 818 号
邮政编码：637004
联系电话：0817-3631215
传真：0817-8113036

厂家名称：四川省南充稼康农化有限公司
厂家地址：四川省南充市顺庆区潆溪镇杨家桥
邮政编码：637141
联系电话：0817-2801757
传真：0817-2801757

厂家名称：四川省南溪县千佳蚊香厂
厂家地址：四川省南溪县县城东郊黄泥村
邮政编码：644100
联系电话：0831-3336162

厂家名称：四川省内江市甜城生物化工厂
厂家地址：四川省内江市凌家镇正北街 123 号
邮政编码：641008
联系电话：0832-2641519

厂家名称：四川省内江市羊子岩农药厂
厂家地址：四川省内江市东兴区同福乡和平街 2 号
邮政编码：641000
联系电话：0832-2041650
传真：0832-2041650

厂家名称：四川省农药研究开发中心
厂家地址：四川省成都市静居寺路 20 号
邮政编码：610066
联系电话：028-84504743
传真：028-84504086

厂家名称：四川省仁寿县化工配制厂
厂家地址：四川省乐山市仁寿县龙马场
邮政编码：612572
联系电话：(08427)41741-28

厂家名称：四川省仁寿县神牛蚊香厂
厂家地址：四川省仁寿县双龙桥
邮政编码：612500
联系电话：0833-6319006
传真：0833-6220690

厂家名称：四川省遂宁市川宁农药有限责任公司
厂家地址：四川省遂宁市保升乡
邮政编码：629001
联系电话：0825-2940039
传真：0825-2313448

厂家名称：四川省万源市奥田实业有限公司
厂家地址：四川省万源市城南
邮政编码：636350
联系电话：0818-8628888
传真：0818-8628888

厂家名称：四川省万源市海豹蚊香有限责任公司
厂家地址：四川省万源市长坝乡街道
邮政编码：636352
联系电话：0818-8676068
传真：0818-8676068

厂家名称：四川省西充县有机化工厂
厂家地址：四川省南充市西充县西碾场镇
邮政编码：637215
联系电话：0817-4437034

厂家名称：四川省宣汉县威利达农药有限公司
厂家地址：四川省宣汉县东乡镇石岭南路
邮政编码：636150
联系电话：0818-5263189

厂家名称：四川省宜宾农药厂
厂家地址：四川省宜宾市珙县珙泉镇
邮政编码：644500
联系电话：0831-4039826
传真：0831-4318444

厂家名称：四川省宜宾天原股份有限公司
厂家地址：四川省宜宾市翠屏区下江北
邮政编码：644004

联系电话 :0831-3601334
传真 :0831-3601446

厂家名称：四川省志信生物化工有限公司
厂家地址：四川省成都市大邑县二岔镇高山街
邮政编码 :611300
联系电话 :028-85132850
传真 :028-85132850

厂家名称：四川省自贡市贡井飞龙蚊香厂
厂家地址：四川省自贡市贡井区双塘乡政府斜对面
邮政编码 :643020
联系电话 :0813-3200561

厂家名称：四川省自贡市恒达农药厂
厂家地址：四川省自贡市沿滩区邓关镇顺昌美村 5 组
邮政编码 :643033
联系电话 :0813-3902208
传真 :0813-3901699

厂家名称：四川省自贡市龙城化工公司农药厂
厂家地址：四川省自贡市汇东开发区
邮政编码 :643200
联系电话 :0813-8236207

厂家名称：四川省自贡市农药厂
厂家地址：四川省自贡市沿滩区卫坪镇打谷村
邮政编码 :643031
联系电话 :0813-3860670
传真 :0813-3860372

厂家名称：四川省自贡市农药化工工业公司
厂家地址：四川省自贡市狮市镇街村
邮政编码 :643209
联系电话 :0813-7800195

厂家名称：四川省邛崃县新星化工厂
厂家地址：四川省成都市邛崃市驿镇
邮政编码 :611533
联系电话 :08239-791411

厂家名称：四川省郫县红光精细化工厂
厂家地址：四川省成都市郫县红光乡
邮政编码 :611743
联系电话 :
传真 :

厂家名称：四川省郫县生物化工厂
厂家地址：四川省成都市郫县成灌西路 66 号
邮政编码 :611730
联系电话 :028-87862609
传真 :028-87862609

厂家名称：四川省梓潼县精细化工厂
厂家地址：四川省梓潼县文昌镇东环路南段
邮政编码 :622150
联系电话 :0816-8213958

厂家名称：四川万源市蚊王制香厂
厂家地址：四川省万源市长坝乡
邮政编码 :636352
联系电话 :0818-8676068
传真 :0818-8676068

厂家名称：四川迅美农化有限公司
厂家地址：四川省成都市青白江区工业集中发展区同济大道 916 号
邮政编码 :
联系电话 :028-67965088, 67965012
传真 :028-67965018

厂家名称：四川中迅沃野农化有限公司
厂家地址：四川省成都市青白江区工业集中发展区黄金路 16 号
邮政编码 :610300
联系电话 :028-83602881

厂家名称：中国科学院成都生物研究所
厂家地址：四川省成都市人民南路四段九号
邮政编码 :610041
联系电话 :028-85219314
传真 :028-85219314

天津 Tianjin

厂家名称：天津科润北方种衣剂有限公司
厂家地址：天津市西青区杨柳青镇北
邮政编码 :300380
联系电话 :022-27393880
传真 :022-2739890766

厂家名称：天津市华宇农药有限公司
厂家地址：天津市青泊洼农场
邮政编码 :300385
联系电话 :022-83718955
传真 :022-83718956

厂家名称：天津阿斯化学有限公司
厂家地址：天津市经济技术开发区洞庭二街 26 号
邮政编码 :300457
联系电话 :022-59811600-8221
传真 :022-59811603

厂家名称：天津百胜化工有限公司
厂家地址：天津市外环西线 39 公里处
邮政编码 :300274
联系电话 :022-63136557-601
传真 :022-27795883

厂家名称：天津市施普乐农药技术发展有限公司
厂家地址：天津市华苑工华道南大科技园 C 座 4 层
邮政编码 :300384
联系电话 :022-83718911
传真 :022-83718919

厂家名称：源达日化（天津）有限公司
厂家地址：天津市经济技术开发区微电子工业区微二路
邮政编码 :300385
联系电话 :022-83962633
传真 :022-83962630

厂家名称 :SK 能源株式会社
厂家地址：天津市河西区围堤道 125 号天信大厦 1710 室
邮政编码 :300074
联系电话 :022-28138525
传真 :022-88378600

厂家名称：拜耳作物科学（天津）有限公司
厂家地址：天津市北辰区北仓铁东路
邮政编码 :300400
联系电话 :022-26392706
传真 :022-26392712

厂家名称：农业部环境保护科研监测所
厂家地址：天津市南开区复康路 31 号
邮政编码 :300191
联系电话 :022-23361247-46

厂家名称：瑞士威斯特格公司
厂家地址：天津市河东区东兴路景悦公寓 B 座 1103 室
邮政编码 :300181
联系电话 :022-81833522
传真 :022-84269878

厂家名称：天津渤海化工（集团）股份有限公司天津化工厂
厂家地址：天津市汉沽区新开南路
邮政编码 :300480
联系电话 :022-22569472
传真 :(022)22569444

厂家名称：天津东方红化工有限公司
厂家地址：天津市大港区上古林乡上古林村
邮政编码 :300270
联系电话 :022-63223577

厂家名称：天津化工厂
厂家地址：天津市汉沽区新

开南路
邮政编码:300480
联系电话:022-25696100
传真:(022)25694533

厂家名称:天津津西华韩室内环境用品厂
厂家地址:天津市西青区大寺乡大寺村
邮政编码:300381
联系电话:022-23976395

厂家名称:天津京津农药厂
厂家地址:天津市武清区大黄堡乡八里庄村南
邮政编码:301702
联系电话:022-82241437,82241032
传真:022-82241155

厂家名称:天津久日化学工业有限公司
厂家地址:天津市新技术产业园区北辰科技工业园双辰中路22号
邮政编码:300400
联系电话:022-83719710/26975505
传真:022-83718793

厂家名称:天津开发区绿禾植物制剂有限公司
厂家地址:天津开发区第五大街睦宁路34号
邮政编码:300457
联系电话:022-25295759
传真:022-25295758

厂家名称:天津龙灯化工有限公司
厂家地址:天津市北辰区铁东路
邮政编码:300400
联系电话:022-26397652
传真:022-26390266

厂家名称:天津绿源生物药业有限公司
厂家地址:天津市大港区上古林导航台西侧
邮政编码:300270
联系电话:022-63303706
传真:022-63303708

厂家名称:天津罗素·优克福农药有限公司
厂家地址:天津市北辰区铁东路
邮政编码:300400
联系电话:022-26392706
传真:022-26392712

厂家名称:天津麦特化学有限公司
厂家地址:天津市河东区七纬路元德里1-2-206室
邮政编码:300012
联系电话:022-24218740
传真:022-24218740

厂家名称:天津农药股份有限公司
厂家地址:天津市北辰区铁东路
邮政编码:300400
联系电话:022-26391188,26390678
传真:022-26390266 263907206

厂家名称:天津市阿格罗帕克农药有限公司
厂家地址:天津市津南区小站镇东
邮政编码:300353
联系电话:022-28618480
传真:022-28619434

厂家名称:天津市博克化工有限公司
厂家地址:天津市西青区李七庄
邮政编码:300270
联系电话:022-63252218
传真:022-63255039

厂家名称:天津市大安农药有限公司
厂家地址:天津市东丽区军粮城镇大安村
邮政编码:300301
联系电话:022-84871760
传真:022-63230716

厂家名称:天津市大沽化工股份有限公司
厂家地址:天津市塘沽区兴化道1号
邮政编码:300455
联系电话:022-25391450-2954
传真:022-25387090

厂家名称:天津市东方多效素厂
厂家地址:天津市东丽区小东庄乡窑上村
邮政编码:300300
联系电话:022-2494175

厂家名称:天津市东方农药有限公司
厂家地址:天津市东丽区新立街窑上村
邮政编码:300300
联系电话:022-84991175

厂家名称:天津市东来气雾剂有限公司
厂家地址:天津市南开区临汾路10号
邮政编码:300102
联系电话:022-27213139

厂家名称:天津市丰盈日用化学产品有限公司
厂家地址:天津市红桥区团结路16号
邮政编码:300050

联系电话：022-27728721
传真：022-27214552

厂家名称：天津市富达化学农药制造有限公司
厂家地址：天津市汉沽区新华路东
邮政编码：300480
联系电话：022-67116056
传真：022-67116056

厂家名称：天津市富润达农化科技有限公司
厂家地址：天津市北辰区津围公路25公里处
邮政编码：300402
联系电话：022-86820588
传真：022-86827788

厂家名称：天津市工艺香厂
厂家地址：天津市津南区小站镇
邮政编码：300353
联系电话：022-28618947

厂家名称：天津市海蓝精细化工厂
厂家地址：天津市静海县台头镇团结桥旁
邮政编码：301600
联系电话：022-86868102
传真：022-26818584

厂家名称：天津市汉邦植物保护剂有限责任公司
厂家地址：天津市静海县开发区瑞祥道3号
邮政编码：300160
联系电话：022-23950219
传真：022-23957657

厂家名称：天津市宏升化工厂
厂家地址：天津市大港区徐庄子工业区振西里38号
邮政编码：300275
联系电话：022-63169211
传真：022-63169192

厂家名称：天津市化工学校化工厂
厂家地址：天津市北辰区西堤头
邮政编码：300408
联系电话：022-86844509
传真：022-86844509

厂家名称：天津市汇源化学品有限公司
厂家地址：天津市宝坻区津围公路58公里处
邮政编码：301801
联系电话：022-29689848
传真：022-29689848

厂家名称：天津市建军医学科技开发有限公司皮肤网医药研制中心
厂家地址：天津市东丽区金钟河大街徐庄子东
邮政编码：300210
联系电话：022-28304978
传真：022-28303135

厂家名称：天津市捷康化学品有限公司
厂家地址：天津市华苑工华道南大科技园C座4层
邮政编码：300384
联系电话：022-83718911
传真：022-83718919

厂家名称：天津市津绿宝农药制造有限公司
厂家地址：天津市津南区小站镇四道沟村
邮政编码：300353
联系电话：022-88620025
传真：022-88620800

厂家名称：天津市津南区鼎益卫生用品厂
厂家地址：天津市津南区小站镇得胜道东
邮政编码：300353
联系电话：022-63236748
传真：022-63236458

厂家名称：天津市津宁气雾剂厂
厂家地址：天津市宁河县大北涧沽镇船沽工业区
邮政编码：301500
联系电话：022-69549101
传真：022-69549216

厂家名称：天津市精华日用化工厂
厂家地址：天津市津南区小站镇汽车站旁
邮政编码：300353
联系电话：022-898488

厂家名称：天津市精中高科技产业有限公司
厂家地址：天津市南开区白堤路56号317室
邮政编码：300193
联系电话：022-27412528
传真：022-28367155

厂家名称：天津市卡曼化学有限公司
厂家地址：天津市东丽区津塘公路10号桥
邮政编码：300301
联系电话：022-24361655
传真：(022)4362074

厂家名称：天津市利民避蚊剂厂
厂家地址：天津市津南区小站镇桥西
邮政编码：300353
联系电话：022-28618428

厂家名称：天津市绿保农用化学科技开发有限公司
厂家地址：天津市卫津路 94 号（南开大学内）
邮政编码 :300071
联系电话 :022-23503703
传真 :022-23505948

厂家名称：天津市绿亨化工有限公司
厂家地址：天津市大港区石化产业园区凯旋街 1239 号
邮政编码 :300270
联系电话 :022-63233996
传真 :022-63233997

厂家名称：天津市绿农生物技术有限公司
厂家地址：天津市河东区津塘路 2 号桥 167 号
邮政编码 :300384
联系电话 :022-83718911
传真 :022-83718919

厂家名称：天津市米都利科技发展有限公司
厂家地址：天津市和平区常德道更生里
邮政编码 :300050
联系电话 :022-23391890
传真 :022-23124413

厂家名称：天津市南洋兄弟化学有限公司
厂家地址：天津市津南区南洋工业园区
邮政编码 :300350
联系电话 :022-88711769
传真 :022-28396157

厂家名称：天津市农药研究所
厂家地址：天津市北辰区北仓化工区富锦道
邮政编码 :300400
联系电话 :022-26391140
传真 :022-26392197

厂家名称：天津市前进农药厂
厂家地址：天津市宁河县北湖
邮政编码 :301500
联系电话 :022-26525786
传真 :022-26525716

厂家名称：天津市三立农业高科技开发公司
厂家地址：天津市南开区复康西路侯台
邮政编码 :300381
联系电话 :022-23791038
传真 :23361148

厂家名称：天津市胜利植物农药厂
厂家地址：天津市河西区西横堤铁北路
邮政编码 :300191
联系电话 :(022)720420

厂家名称：天津市四环卫生用品厂
厂家地址：天津市和平区大理道一号
邮政编码 :300050
联系电话 :022-3309264

厂家名称：天津市塔山化工厂
厂家地址：天津市蓟县五百户村
邮政编码 :301908
联系电话 :022-29792385

厂家名称：天津市塘沽农药厂
厂家地址：天津市塘沽区中心庄
邮政编码 :300454
联系电话 :022-25367082
传真 :022-25367470

厂家名称：天津市天环药业有限公司
厂家地址：天津市北辰区双口镇上河头村北
邮政编码 :300401
联系电话 :022-86832578
传 真 :022-86832578 022-26952267

厂家名称：天津市天庆化工有限公司
厂家地址：天津市津南区咸水沽小营盘
邮政编码 :300350
联 系 电 话 :022-28396858 28390610 28516858 285131
传 真 :022-28391969 285196886

厂家名称：天津市田园农用化学科技实业公司
厂家地址：天津市河西区郁江南道 17 号
邮政编码 :300221
联系电话 :022-88253150

厂家名称：天津市消毒药械有限公司
厂家地址：天津市东丽区张贵庄路 3258 信箱
邮政编码 :300300
联系电话 :022-4399998
传真 :022-4393186

厂家名称：天津市小站化工厂
厂家地址：天津市津南区小站镇
邮政编码 :300353

联系电话：(022)28618428

厂家名称：天津市兴光农药厂
厂家地址：天津市北辰区宜兴埠津围公路丰产河北
邮政编码：300402
联系电话：022-26995317
传真：022-26991312

厂家名称：天津市兴光综合化工厂
厂家地址：天津市北辰区津围公路
邮政编码：300402
联系电话：022-26990520

厂家名称：天津市兴果农药厂
厂家地址：天津市北辰区津围公路北孙庄东
邮政编码：300402
联系电话：022-86854568 86852977
传真：022-86852631 86852977

厂家名称：天津市迎新农药有限公司
厂家地址：天津市津南区小站镇迎新村
邮政编码：300353
联系电话：022-28615630
传真：022-88611311

厂家名称：天津市永丰农药分装厂
厂家地址：天津市津南区北闸口镇三道沟村
邮政编码：300350
联系电话：022-88512806
传真：022-88512806

厂家名称：天津市中景百英化工有限公司
厂家地址：天津市河北区张兴庄大道86号
邮政编码：300402
联系电话：022-26940961

厂家名称：天津市晟达制香厂
厂家地址：天津市宝坻县宝坻县大口屯石辛庄
邮政编码：301801
联系电话：022-29626508
传真：022-29626508

厂家名称：天津同成气雾剂有限责任公司
厂家地址：天津市津南区南洋镇五登房村
邮政编码：300350
联系电话：022-28510491

厂家名称：天津万通利仁保健用品有限公司
厂家地址：天津市南开区天拖南横江路平房6号
邮政编码：300190
联系电话：022-83613368
传真：022-83613368

厂家名称：天津亚天植物农药有限公司
厂家地址：天津市津港公路津南国家农业科技园
传真：022-83966376

厂家名称：天津药典标准仪器药品开发公司
厂家地址：天津市和平区贵州路96号
邮政编码：300070
联系电话：022-28398428

厂家名称：天津有野生物技术有限公司
厂家地址：天津市河东区程林庄路孙绸小区中国包装科研测试中心内
邮政编码：250100
联系电话：022-24783638

厂家名称：天津郁美净集团有限公司
厂家地址：天津市南开区红旗路188号
邮政编码：300110
联系电话：022-27032459
传真：022-27032459

厂家名称：印度瑞利有限公司
厂家地址：天津市南京路58号
邮政编码：300042
联系电话：022-23146254
传真：022-23146254

厂家名称：中农住商（天津）农用化学品有限公司
厂家地址：天津市武清区杨村镇南
邮政编码：301700
联系电话：022-26971467
传真：022-29322943

天津施普乐农药技术发展有限公司
地址；天津市华苑产业园区工华道1号（南开大学科技园C座北4层）
电话；022--83718915 83718916
传真；022--83718919

天津前进农药厂
地址；天津市红桥区泛洋大厦1-2104
电话；022-26526690/26525786

传真；022-26525716

天津京津农药有限公司
通讯地址：天津市武清区大黄堡乡东八里庄村
电话 ：022-82251032

天津市恒源伟业生物科技有限公司
地址：天津市津南区津港公路唐津高速出入口处
电话：022-88651937

天津汉邦植物保护剂有限公司
地址：天津市南开区士英路翠泉公寓 5 楼
传真：022-23954830

天津东方农药有限公司
地址；天津市东丽新立街窑上村
电话；022-8993075
传真；022-8991175

新疆 Xinjiang

新疆国宸植物农药有限责任公司
新疆维吾尔自治区奎屯市沙湾路 149 号 4 号邮亭 11 号信箱
电话 :0992-3220752

新疆农科院植保所植保技术开发公司
新疆维吾尔自治区乌鲁木齐市南昌路 38 号
电话 :0991-4501462

新疆华瑞达农业技术开发有限公司
乌鲁木齐市南昌北路 6 号华美丽景苑
电话 0991-4531907

新疆农业科学院微生物应用研究所
新疆维吾尔自治区乌鲁木齐市南昌路 38 号
电话 :0991-4520311 转 2031

新疆汇通草地龙腐植酸有限责任公司
新疆维吾尔自治区哈密市花园乡腐植酸工业园
电话 0902-6633018

新疆生物药品厂
新疆维吾尔自治区乌鲁木齐市喀什东路 15 号
电话 :0991-6638738

新疆绿洲科技开发公司
新疆维吾尔自治区乌鲁木齐市南昌路 38 号
电话 :0991-4593597

新疆田丰化工有限责任公司
哈密市建国北路 126 号
电话 09022236565

新疆绿丰科技有限公司
新华南路 12 号瑞青大厦 208
电话 0991-4656337

新疆兵团农七师农资公司
新疆奎屯农七师农资公司
电话 13999703825

伊犁洲旭原农资有限公司
伊宁市英阿亚提街 64 号
电话 0999—8066528

新疆锦华农药有限公司
五家渠市工业园区
电话：0991-5584018

新疆乌鲁木齐市鑫博顺工贸有限公司

新疆维吾尔自治区乌鲁木齐市团结路 7 号
电话 :0991-2808255

新疆五家渠锦华农业技术发展有限公司
新疆维吾尔自治区五家渠市工业园区
电话 :0994-5829056

新疆友合农化有限公司
新疆维吾尔自治区乌鲁木齐市扬子江路红十月花园
电话传真 :0991-4506988

新疆宇龙联营农用化学厂
新疆维吾尔自治区呼图壁县
电话 :0994-4503838

新疆振农种衣剂有限公司
新疆维吾尔自治区乌鲁木齐市燕尔窝路 40 号
电话 :0991-2860615

新疆维吾尔自治区农药管理检定所
新疆区乌鲁木齐市火车南站铁路饭店三楼
电话 0991-7781130

新疆塔河勤丰植物科技有限公司
新疆阿拉尔市二号工业园区纬二路东 888 号
电话 :09974928688

新疆伟农科技发展有限责任公司
联系地址：乌鲁木齐高新区桂林路 92 号
传真：0991-3814546
办　公　室：0991-3692730
0991-3814546

云南 Yunnan

厂家名称：昆明云大科技农化有限公司
厂家地址：云南省昆明市国家高新技术产业开发区科医路 59 号
邮政编码 :650106
联系电话 :0871-8354976
传真 :0871-8312216

厂家名称：云南省昆明爱德望化工有限责任公司
厂家地址：云南省昆明市金源大道世纪城
邮政编码 :650028
联系电话 :0871-8373628
传真 :0871-8373628

厂家名称：云南省昆明沃霖生物工程有限公司
厂家地址：云南省昆明市五华区生物医药产业园区
邮政编码 :650106
联系电话 :0871-8353755
传真 :0871-83080886

厂家名称：云南省昆明雄蛙化工制品有限公司
厂家地址：云南省昆明市五华区王家桥中坝路 38 号
邮政编码 :650102
联系电话 :0871-5302445
传真 :0871-5311831

厂家名称：云南师范大学农药研究所
厂家地址：云南省昆明市一．二一大街 298 号云南师范大学内
邮政编码 :650092
联系电话 :0871-5515881
传真 :0871-5515881

厂家名称：云南星耀生物制品有限公司
厂家地址：云南省昆明市官渡区矣六乡普自村 323 号
邮政编码 :650224
联系电话 :0871-3126355
传真 :0871-3126355

厂家名称：昆明农药有限公司
厂家地址：昆明市金桥花园

小区 9 幢 204—215 号（金星立交桥附近）
电话 :(0871)5015003
传真 :(0871)5015003
邮箱 :sales@kmjlpc.com

厂家名称：云南天丰农药有限公司
厂家地址：云南省昆明市安宁市连然镇大屯村
邮编：650300
联系电话：0871-8697598
传真：0871-8697598

云南马龙三福科技科技产业有限公司
总部办公地址：云南省昆明市北京路延长线金江小区 B74 幢 102 室
电　话：0871-5645375 5642633
传真：0871-5704151
邮编：650224

厂家名称：云南中科生物产业有限公司
厂家地址：云南省昆明市高新区海原中路 18 号 A 栋 101 号
联系人：曹玲辉
联系电话：0871-8323458
传真：0871-8323458

厂家名称：云南光明印楝产业开发股份有限公司
厂家地址：云南省昆明市盘龙区北京路延长线银座大厦 10 楼
邮政编码：650224
联系电话：0871-5745261
传真：0871-5745227

厂家名称：云南陆良酶制剂有限责任公司
厂家地址：云南省曲靖市陆良县中枢镇北坛山 121 号
邮政编码：655600
联系电话：0874-6260247
传真：0874-6260247

厂家名称：云南南宝生物科技有限责任公司
厂家地址：云南省玉溪市高新技术产业开发区腾宵路 5 号
邮政编码：653100
联系电话：0877-2076500
传真：0877-2077052

厂家名称：云南省玉溪山水生物科技有限责任公司
厂家地址：云南省玉溪市高新技术产业开发区瑞峰路 11 号
邮政编码：653100
联系电话：0877-2661199
传真：0877-2661199

厂家名称 : 昆明百事德生物化学科技有限公司
厂家地址 : 云南省昆明市高新区高新区科高路新光巷 285 号
邮政编码 :650106
联系电话 :0871-8353755
传真 :0871-83080886

厂家名称 : 石林李氏化工制品有限公司
厂家地址 : 云南省昆明市石林县大屯
邮政编码 :652200
联系电话 :7783668
传真 :7792555

厂家名称 : 泰国波罗格力国际有限公司
厂家地址 : 云南省昆明市世纪城茗春苑 2-2-7C
邮政编码 :650214
联系电话 :0871-8151618
传真 :0871-8151618

厂家名称 : 云南海通生物科技有限公司
厂家地址 : 云南省玉溪市高新技术开发区
邮政编码 :653100
联系电话 :0877-2663660
传真 :0877-2663660

厂家名称 : 云南建元生物开发有限公司
厂家地址 : 云南省昆明市西山区滇池路 166 号省人大后院
邮政编码 :650228
联系电话 :0871-4141240
传真 :0871-4179829

厂家名称 : 云南金色太阳农药有限公司
厂家地址 : 云南省昆明市官渡区东郊大石坝黑马山
邮政编码 :650051
联系电话 :0871-3176826
传真 :0871-3142092

厂家名称 : 云南锦田植保科技有限公司
厂家地址 : 云南省昆明市盘龙区北京路延长线银座写字楼 8-13
邮政编码 :650224
联系电话 :0871-5735662
传真 :0871-57356116

厂家名称 : 云南绿健天源生物有限公司
厂家地址 : 云南省昆明市学府路 690 号金鼎山科技园综合业务楼 7 楼
邮政编码 :650033
联系电话 :0871-5363987
传真 :0871-5521071

厂家名称：云南牟定高利精细化工有限公司
厂家地址：云南省牟定县县城新南路
邮政编码：675500
联系电话：0878-5211518
传真：0878 — 3129568

厂家名称：云南省红河森菊生物有限责任公司
厂家地址：云南省昆明市滇池路3公里云检培训中心三楼
邮政编码：650228
联系电话：0871-4602946-814
传真：0871-4602961

厂家名称：云南省化工研究所
厂家地址：云南省昆明市东风东路160号
邮政编码：650041
联系电话：(0871)3335086
传真：(0871)3333876

厂家名称：云南省昆明市宜良农药厂
厂家地址：云南省昆明市宜良县北古城镇北墩子村
邮政编码：652100
联系电话：0871-7694136

厂家名称：云南省昆明武士化工制品有限公司
厂家地址：云南省昆明市石林县大屯
邮政编码：652200
联系电话：0871-5722898
传真：0871-7796977

厂家名称：云南省昆明中植美击克生物技术有限公司
厂家地址：云南省昆明市黑龙潭龙都大厦4层
邮政编码：650204
联系电话：0871-5150055
传真：0871-5150073

厂家名称：云南省玉溪安安绿色气雾剂有限公司
厂家地址：云南省玉溪市高新区常井路2幢
邮政编码：653100
联系电话：0877-2067150
传真：0877-2067150

厂家名称：云南省玉溪市红云化工有限公司
厂家地址：云南省文山县追栗街道
邮政编码：663300
联系电话：0877-2030626

厂家名称：云南省种衣剂有限责任公司
厂家地址：云南省玉溪市高新技术开发区高仓块
邮政编码：653100
联系电话：0877-2076777
传真：0877-2076777

厂家名称：云南文山润泽生物农药厂
厂家地址：云南省文山壮族苗族自治州文山县攀枝花红旗社区
邮政编码：663000
联系电话：0876-2623318
传真：0876-2623339

厂家名称：云南玉溪滇灵工贸有限公司
厂家地址：云南省玉溪市北城镇皂角（昆玉高速公路北城出口）
邮政编码：653101
联系电话：0877-2096303
传真：0877-2096303

厂家名称：云南玉溪千久生物技术有限公司
厂家地址：云南省玉溪市红塔路47号
邮政编码：653100
联系电话：0877-2050337
传真：0877-2051151

厂家名称：云南玉溪亚临界植物化工有限责任公司
厂家地址：
邮政编码：653201
联系电话：0877-4061288
传真：0877-4063189

厂家名称：云南远大经济发展公司
厂家地址：云南省昆明市长春路明昌花园
邮政编码：650021
联系电话：0871-3125783

厂家名称：云南中植生物科技开发有限责任公司
厂家地址：云南省昆明市盘龙区黑龙潭龙都大厦4层
邮政编码：650204
联系电话：0871-5150279
传真：0871 — 51500736

厂家名称：中国人民解放军第九八五八工厂
厂家地址：云南省富宁县城郊部队院内
邮政编码：663400
联系电话：0876-6122643

浙江 Zhejiang

厂家名称：浙江省温州市鹿城东瓯染料中间体厂
厂家地址：浙江省温州市双屿镇温化总厂内
邮政编码：325007
联系电话：0577-89770658/88776817
传真：0577-89770868

厂家名称：浙江钱江生物化学股份有限公司
厂家地址：浙江省海宁市西山路598号
邮政编码：314400
联系电话：0573-87023977
传真：0573-87026402

厂家名称：浙江升华拜克生物股份有限公司
厂家地址：浙江省湖州市德清县钟管工业区
邮政编码：313220
联系电话：0572-8402918/4006600226
传真：0572-8402417

厂家名称：浙江省绍兴天诺农化有限公司
厂家地址：浙江省诸暨市枫桥镇学勉路99号
邮政编码：311811
联系电话：0575-87041188
传真：0575-70411886

厂家名称：浙江新安化工集团股份有限公司
厂家地址：浙江省建德市新安江街道新安东路555号
邮政编码：311600
联系电话：0571-64713652/64723949
传真：0571-64713774/64721344

厂家名称：浙江永农化工有限公司
厂家地址：浙江省温州市龙湾区永强兰田
邮政编码：325024
联系电话：0577-86875158
传真：0577-86876008

厂家名称：浙江拜克开普化工有限公司
厂家地址：浙江省德清县钟管工业区
邮政编码：313220
联系电话：0572-8402898
传真：0572-8400128

厂家名称：浙江博仕达作物科技有限公司
厂家地址：浙江省海盐经济开发区方家簖路1号
邮政编码：314304
联系电话：0571-86972233
传真：0573-86863355

厂家名称：浙江海正化工股份有限公司
厂家地址：浙江省台州市椒江区外沙路97号
邮政编码：318000
联系电话：0576-88827895
传真：0576-88827836

厂家名称：浙江禾本农药化学有限公司
厂家地址：浙江省温州市鹿城区仰义后京连墩路
邮政编码：325008
联系电话：0577-88798888
传真：0577-88798627

厂家名称：浙江禾田化工有限公司
厂家地址：浙江省杭州市西湖区经济技术开发区M18-5-4地块
邮政编码：310019
联系电话：0571-85224542 85221081
传真：0571-85224781

厂家名称：浙江华兴化学农药有限公司
厂家地址：浙江省温州市乐清市蒲岐镇北门外
邮政编码：325609
联系电话：0577-62215555
传真：0577-62215555

厂家名称：浙江来益生物技术有限公司
厂家地址：浙江省绍兴市嵊州市城北工业开发区
邮政编码：312400
联系电话：0575-83106890
传真：0575-83106821

厂家名称：浙江乐吉化工股份有限公司
厂家地址：浙江省温州市乐清市虹桥镇南阳北村
邮政编码：325608
联系电话：0577-61352865
传真：0577-61352899

厂家名称：浙江菱化实业股份有限公司
厂家地址：浙江省湖州市南浔区菱湖镇人民北路131号
邮政编码：313018
联系电话：0572-3941995
传真：0572-3942780

厂家名称：浙江龙湾化工有限公司
厂家地址：浙江省温州市龙湾区机场大道黄山路6号
邮政编码：325013
联系电话：0577-86636387
传真：0577-86636586

厂家名称：浙江省长兴第一化工有限公司
厂家地址：浙江省湖州市长兴县小浦镇
邮政编码：313116
联系电话：0572-6128815
传真：0572-61288126

厂家名称：浙江省长兴县中山化工有限公司
厂家地址：浙江省湖州市长兴县小浦镇中山村
邮政编码：313116
联系电话：0572-6071777
传真：0572-6072147

厂家名称：浙江省杭州庆丰农化有限公司
厂家地址：浙江省杭州市江干区机场路106号
邮政编码：310017
联系电话：0571-86406338
传真：0571-86406335

厂家名称：浙江省杭州宇龙化工有限公司
厂家地址：浙江省杭州市余杭区塘栖工业开发区
邮政编码：311106
联系电话：0571-86225339
传真：0571-86229999

厂家名称：浙江省温州农药厂
厂家地址：浙江省温州双宇温化总厂内
邮政编码：325007
联系电话：0577-88760267
传真：0577-89762108

厂家名称：浙江泰达作物科技有限公司
厂家地址：浙江省杭州市求是路8号公元大厦南7楼
邮政编码：310013
联系电话：0571-89937771
传真：0571-89937770

厂家名称：浙江天丰化学有限公司
厂家地址：浙江省金华市婺城区安文路222号
邮政编码：321017
联系电话：0579-82235923
传真：0579-82235966

厂家名称：浙江天一农化有限公司
厂家地址：浙江省杭州市桐庐县江南镇荻浦村
邮政编码：311509
联系电话：0571-64288288
传真：0571-64288837

厂家名称：浙江威尔达化工有限公司
厂家地址：浙江省杭州市余杭区塘栖超山
邮政编码：311106
联系电话：0571-86375788
传真：0571-86373116

厂家名称：浙江新农化工股份有限公司
厂家地址：浙江省仙居县杨府三里溪
邮政编码：317300
联系电话：0571-87223148
传真：0571-87243169

厂家名称：浙江一帆化工有限公司
厂家地址：浙江省温州市工业园区扶贫开发区4区2号
邮政编码：325013
联系电话：0577-86637855
传真：0577-86636638

厂家名称：浙江正点实业有限公司
厂家地址：浙江省武义县百花山工业区
邮政编码：321200
联系电话：0579-87681508
传真：0579-87681516

厂家名称：杭州丰收农药有限公司
厂家地址：浙江省杭州市莫

干山路长命桥
邮政编码 :311115
联系电话 :0571-88532536
传真 :0571-88531227

厂家名称 : 杭州华艺气雾制品有限公司
厂家地址 : 浙江省杭州市萧山区楼塔镇大同三村
邮政编码 :322100
联系电话 :0571-82221312
传真 :0571-82221632

厂家名称 : 杭州家得好日用品有限公司
厂家地址 : 浙江省杭州市萧山区戴村镇沈村云石桥
邮政编码 :311263
联系电话 :0571-82258678
传真 :0571-82256333

厂家名称 : 黑猫神日化股份有限公司
厂家地址 : 浙江省诸暨市城西工业开发区建工路 2 号
邮政编码 :311800
联系电话 :0575-87380508
传真 :0575-87389868

厂家名称 : 捷马化工股份有限公司
厂家地址 : 浙江省龙游县宝塔路 50 号
邮政编码 :324400
联系电话 :0570-7856256/7855937
传真 :0570-7855806

厂家名称 : 宁波中北生物科技发展股份有限公司
厂家地址 : 浙江省宁波市宁海长街工业开发园区
邮政编码 :315603
联系电话 :0574-65321000
传真 :0574-65321828

厂家名称 : 台州市大鹏药业有限公司
厂家地址 : 浙江省宁海市杜桥镇医花园区
邮政编码 :317016
联系电话 :0576-85588223
传真 :0576-85588108

厂家名称 : 温州绿佳化工有限公司
厂家地址 : 浙江省温州市龙湾区扶贫经济开发区金瓯路 12 号
邮政编码 :325013
联系电话 :0577-86639741
传真 :0577-86639742

厂家名称 : 浙江安吉邦化化工有限公司
厂家地址 : 浙江省湖州市安吉县天荒坪填石门村
邮政编码 :313302
联系电话 :0572-5041112
传真 :0572-5041112

厂家名称 : 浙江大学生物化学有限公司
厂家地址 : 浙江省杭州市艮山西路 99 号
邮政编码 :310004
联系电话 :0571-86971520
传真 :0571-86971520

厂家名称 : 浙江东风化工有限公司
厂家地址 : 浙江省温州市龙湾区机场路蓝田村
邮政编码 :325024
联系电话 :0577-86374778
传真 :0577-86880616

名称：浙江金帆达生化股份有限公司
地址：浙江省杭州市桐庐县桐君街道桐君街 98 号金帆达大厦
电话：0086-0571-56986662
传真：0086-0571-56986681

名称：浙江中山化工集团有限公司
地址：中国浙江长兴县城北四号桥
电话：86-0572-6071777
传真：86-0572-6072147

厂家名称：慈溪市亚细亚卫生杀虫药械厂
厂家地址：浙江省慈溪市周巷镇城南路 897 支路
邮政编码：315324
联系电话：0574-63301554
传真：0574-63307758

厂家名称：台湾光华化学股份有限公司
厂家地址：浙江省台州市椒江区外沙工业区
邮政编码：318000
联系电话：0576-88827835
传真：0576-88827836

厂家名称：浙江迪乐化学品有限公司
厂家地址：浙江省龙游县溪口镇靖林寺
邮政编码：324403
联系电话：0577-88916148
传真：0577-88912331

厂家名称：浙江花园生物高科股份有限公司
厂家地址：浙江省东阳市南马镇花园村
邮政编码：310020

联系电话：0579-86271631
传真：0579-86757937

厂家名称：浙江惠光生化有限公司
厂家地址：浙江省嘉兴市嘉善县经济开发区金嘉大道92号
邮政编码：314100
联系电话：0573-84184277
传真：0573-84783750

厂家名称：浙江兰溪巨化氟化学有限公司
厂家地址：浙江省兰溪经济开发区宝龙路10号
邮政编码：321102
联系电话：0579-88236008
传真：0579-88236777

厂家名称：浙江龙游东方阿纳萨克作物科技有限公司
厂家地址：浙江省龙游县东华街道城南
邮政编码：324400
联系电话：0570-7855158
传真：0570-7855632

厂家名称：浙江锐特化工科技有限公司
厂家地址：浙江省上虞市杭州湾上虞工业园区纬五路29号
邮政编码：312369
联系电话：0575-82728375
传真：0575-82728378

厂家名称：浙江省慈溪市道林化工有限公司
厂家地址：浙江省慈溪市道林镇樟新北路505号
邮政编码：315321
联系电话：0574-63507924
传真：0574-63501255

厂家名称：浙江省杭州梦琪雅卫生用品有限公司
厂家地址：浙江省杭州市余杭区经济开发区
邮政编码：311100
联系电话：0571-86137588
传真：0571-86229837

厂家名称：浙江省杭州南郊化学有限公司
厂家地址：浙江省杭州市滨江区浦沿镇镇前路310号
邮政编码：310053
联系电话：0571-86616840
传真：0571-86612454

厂家名称：浙江省杭州透云制香有限公司
厂家地址：浙江省杭州市余杭区运河镇博陆市
邮政编码：311103
联系电话：0571-86281101
传真：0571-86281481

厂家名称：浙江省湖州荣盛农药化工有限公司
厂家地址：浙江省湖州市南浔区菱湖镇人民北路131号
邮政编码：313018
联系电话：0572-3942558
传真：0572-3942558

厂家名称：浙江省宁波市镇海甬峰化工厂
厂家地址：浙江省宁波市镇海区九龙湖西经堂
邮政编码：315205
联系电话：0574-86530032
传真：0574-86532579

厂家名称：浙江省台州市黄岩永宁农药化工有限公司
厂家地址：浙江省台州市黄岩区海棠新村1栋1单元102室
邮政编码：318020
联系电话：0576-84259598
传真：0576-84259598

厂家名称：浙江石原金牛农药有限公司
厂家地址：浙江省杭州市经济技术开发区3号大街51号
邮政编码：310018
联系电话：0571-86913505
传真：0571-86911859

厂家名称：浙江世佳科技有限公司
厂家地址：浙江省湖州市德清县新市工业园区
邮政编码：313201
联系电话“0572-8440032
传真：0572-8440001

厂家名称：拜耳作物科学（中国）有限公司
厂家地址：浙江省杭州市经济技术开发区内5号路
邮政编码:310018
联系电话:0571-87265252
传真:0571-86912531

厂家名称：德清三科防虫剂有限公司
厂家地址：浙江省德清县武康镇长虹街333号3009室
邮政编码:313200
联系电话:0572-8080873
传真:0572-8082083

厂家名称：东阳市康家日用品有限公司
厂家地址：浙江省东阳市吴宁街道兴平社区蒋桥头村工业区
邮政编码:322100
联系电话:0579-86686638
传真:0579-86686822

厂家名称：杭州邦化化工有限公司
厂家地址：浙江省杭州市临安市太阳镇枫树岭村
邮政编码 :311314
联系电话 :0571-63831818
传真 :0571-88770278

厂家名称：杭州禾新化工有限公司
厂家地址：浙江省杭州市萧山区南阳街道坞里村
邮政编码 :311227
联系电话 :0571-86625864
传真 :0571-86625888

厂家名称：杭州李氏清辰日化有限公司
厂家地址：浙江省富阳市富春街道金凤路 61 号
邮政编码 :311400
联系电话 :0571-63100958
传真 :0571-63100958

厂家名称：杭州绿普达生物科技有限公司
厂家地址：浙江省桐庐县江南镇珠山村
邮政编码 :311510
联系电话 :0571-64257999
传真 :0571-64273499

厂家名称：杭州茂宇电子化学有限公司
厂家地址：浙江省杭州市下沙经济开发区 M18-3-3 地块
邮政编码 :310018
联系电话 :0571-86911506
传真 :0571-86875455

厂家名称：杭州伟业蚊香有限公司
厂家地址：
邮政编码 :311263
联系电话 :0571-82256333
传真 :0571-82256333

厂家名称：横店集团东阳英洛华绿色电化学有限公司
厂家地址：浙江省东阳市横店镇工业区江南二路 335 号
邮政编码 :322118
联系电话 :0579-86904490
传真 :0579-86904490

厂家名称：江苏省太仓市新塘第二化工厂
厂家地址：浙江省太仓新塘镇东
邮政编码 :215436
联系电话 :0520-3621232
传真 :0520-3627641

厂家名称：丽水市绿谷生物药业有限公司
厂家地址：浙江省丽水市天宁工业区科技创业园
邮政编码 :323000
联系电话 :0578-2268670
传真 :0578-2268670

厂家名称：临海市利民化工有限公司
厂家地址：浙江省临海市涌泉镇西管岙村
邮政编码 :317021
联系电话 :0576-85683166
传真 :0576-85683166

厂家名称：迈克斯（东阳）化工有限公司
厂家地址：浙江省东阳市画溪镇竹溪工业区
邮政编码 :322102
联系电话 :0579-6533536
传真 :0579-6533568

厂家名称：美丰农化有限公司
厂家地址：浙江省温州市经济技术开发区九峰山路 2 号
邮政编码 :325011
联系电话 :0577-86521217
传真 :0577-86521217

厂家名称：宁波纽康生物技术有限公司
厂家地址：浙江省宁波市北仑区新安江路 300 号
邮政编码 :315806
联系电话 :0574-86113161
传真 :0574-86113161

厂家名称：上海农药研究所嵊泗精细化工厂
厂家地址：浙江省嵊泗县菜园镇
邮政编码 :200032
联系电话 :021-64690267

厂家名称：上虞颖泰精细化工有限公司
厂家地址：浙江省上虞市杭州湾精细化工园区纬九路 9 号
邮政编码 :312369
联系电话 :0575-82738589
传真 :0575-82728355

厂家名称：永农生物科学有限公司
厂家地址：浙江省上虞市杭州湾上虞工业园区纬七东路 3 号
邮政编码 :312369
联系电话 :0575-82728555
传真 :0575-82729696

厂家名称：浙江大化生物科

技股份有限公司
厂家地址：浙江省建德市大洋镇朝阳路22号
邮政编码：311616
联系电话：0571-64156888
传真：0571-64156120

厂家名称：浙江德清邦化化工有限公司
厂家地址：浙江省德清市钟管工业区
邮政编码：313220
联系电话：0571-88773592
传真：0572-8409217

厂家名称：浙江蜂神实业有限公司
厂家地址：浙江省诸暨市次坞镇
邮政编码：311815
联系电话：0575-7852772,7852771
传真：0575-7852117

厂家名称：浙江杭州新星日用化工厂
厂家地址：浙江省杭州市长沙光明路省少管所
邮政编码：311101
联系电话：0571-6291333

厂家名称：浙江黑猫蚊香厂
厂家地址：浙江省诸暨市莫塔镇
邮政编码：311812
联系电话：0575-7755698
传真：0575-7741700

厂家名称：浙江华京生物科技开发有限公司
厂家地址：浙江省金华市人民西路737号
邮政编码：321000
联系电话：0579-2464677
传真：0579-2464766

厂家名称：浙江化工科技集团有限公司
厂家地址：浙江省杭州市天目山路387号
邮政编码：310023
联系电话：0571-85226855
传真：0571-85225898

厂家名称：浙江黄岩鼎正化工有限公司
厂家地址：浙江省台州市黄岩区轻化开发区永灵路11号
邮政编码：318020
联系电话：0576-4179401,4172558
传真：0576-41725606

厂家名称：浙江嘉华化工有限公司
厂家地址：浙江省兰溪市马涧镇赤山
邮政编码：321115
联系电话：0579-8442877

厂家名称：浙江嘉化集团股份有限公司
厂家地址：浙江省海盐经济开发区杭州湾大桥新区滨海大道1号
邮政编码：314305
联系电话：0573-86867988/82806061
传真：0573-86867296

厂家名称：浙江决定精细化工有限公司
厂家地址：浙江省温州市龙湾扶贫开发区1号小区
邮政编码：325013
联系电话：0577-6616420
传真：0577-6616420

厂家名称：浙江科奥实业公司
厂家地址：浙江省杭州市石桥路198号
邮政编码：310021
联系电话：0571-86400404

厂家名称：浙江李字日化有限责任公司
厂家地址：浙江省诸暨市牌头镇李字工业城（金山村）
邮政编码：311825
联系电话：0575-87050701
传真：0575-70537776

厂家名称：浙江绿岛科技有限公司
厂家地址：浙江省台州市三门县工业园区
邮政编码：317100
联系电话：0576-83232778
传真：0576-83232772

厂家名称：浙江农化实验厂
厂家地址：浙江省杭州市萧山市经济技术开发区
邮政编码：311216
联系电话：0571-2714786

厂家名称：浙江平湖农药厂
厂家地址：浙江省平湖市经济开发区
邮政编码：314200
联系电话：0573-85116149
传真：0573-85112566

厂家名称：浙江日升昌药业有限公司
厂家地址：浙江省东阳市北新区歌山北路
邮政编码：322100
联系电话：0579-86358017-

8001
传真 :0579-86358016

厂家名称：浙江瑞利生物科技有限公司
厂家地址：浙江省衢州市常山县新都工业园区
邮政编码 :324200
联系电话 :0570-5188888
传真 :0570-5155555

厂家名称：浙江三元农业高新技术实验有限公司
厂家地址：浙江省杭州市体育场路 359 号
邮政编码 :310006
联系电话 :0571-63372740
传真 :0571-63372740

厂家名称：浙江省安吉生威农化厂
厂家地址：浙江省湖州市安吉县安城西门
邮政编码 :
联系电话 :0572-5108168

厂家名称：浙江省安吉县神龟蚊香厂
厂家地址：浙江省安吉县山川大里村
邮政编码 :313300
联系电话 :0572-5048888

厂家名称：浙江省安吉县振业化工厂
厂家地址：浙江省安吉县递铺镇
邮政编码 :313302
联系电话 :0572-5110739
传真 :0572-5111826

厂家名称：浙江省苍南县龙港华程杀虫药剂有限公司
厂家地址：浙江省温州市苍南县龙港镇编织工业区
邮政编码 :325802
联系电话 :0577-64350012
传真 :0577-64350012

厂家名称：浙江省苍南县真凤日用化工厂
厂家地址：浙江省温州市苍南县宜山镇环城南路 278 号
邮政编码 :325803
联系电话 :0577-4419330, 4418702

厂家名称：浙江省长兴利民农业技术服务有限公司
厂家地址：浙江省长兴县洪桥镇山工业区
邮政编码 :313116
联系电话 :0572-6064838
传真 :0572-6064014

厂家名称：浙江省慈溪农药厂
厂家地址：浙江省宁波市慈溪市庵东
邮政编码 :315327
联系电话 :(0574)3471035
传真 :(0574)3471152

厂家名称：浙江省慈溪农药化工有限公司
厂家地址：浙江省慈溪市庵东镇庵余路 255 号
邮政编码 :315327
联系电话 :0574-63471152
传真 :0574-63471035

厂家名称：浙江省德清县百灵日化有限公司
厂家地址：浙江省德清市新市工业园区
邮政编码 :313201
联系电话 :0572-8441565
传真 :0572-8443366

厂家名称：浙江省东阳市东农化工有限公司
厂家地址：浙江省东阳市吴宁东七里
邮政编码 :322100
联系电话 :0579-86675620
传真 :0579-86675483

厂家名称：浙江省东阳市金鑫化学工业有限公司
厂家地址：浙江省东阳市巍山镇茶场村
邮政编码 :322109
联系电话 :0579-6970188
传真 :0579-6970438

厂家名称：浙江省东阳市生物化工厂
厂家地址：浙江省金华市东阳市歌山镇
邮政编码 :322109
联系电话 :0579-6171002
传真 :0579-66711206

厂家名称：浙江省东阳市雄风日化厂
厂家地址：浙江省东阳市画溪镇
邮政编码 :322102
联系电话 :0579-6530143

厂家名称：浙江省东阳市医药卫生用品有限公司
厂家地址：浙江省东阳市六石工业功能区张麻车
邮政编码 :322104
联系电话 :0579-6772698
传真 :0579-67723986

厂家名称：浙江省富阳化工厂
厂家地址：浙江省杭州市富

阳市富阳镇
邮政编码 :311400
联系电话 :(0571)3323714
传真 :(0571)05813-3323831

厂家名称 : 浙江省富阳市江南蚊香厂
厂家地址 : 浙江省富阳市大源镇
邮政编码 :311413
联系电话 :0571-63598810

厂家名称 : 浙江省富阳市益民农药厂
厂家地址 : 浙江省杭州市富阳市高桥镇上陈
邮政编码 :311402
联系电话 :0571-63421289
传真 :0571-63421881

厂家名称 : 浙江省富阳新洪化工厂
厂家地址 : 浙江省富阳市新义乡
邮政编码 :311402
联系电话 :3435289

厂家名称 : 浙江省海宁市祝场卫生用品厂
厂家地址 : 浙江省嘉兴市海宁市祝场留茶村
邮政编码 :314404
联系电话 :0573-7700222
传真 :0573-77025786

厂家名称 : 浙江省杭州东风农药厂一分厂
厂家地址 : 浙江省杭州市余杭市塘栖镇莫家桥
邮政编码 :311106
联系电话 :(0571)6372383

厂家名称 : 浙江省杭州富申日用品有限公司
厂家地址 : 浙江省杭州市萧山区萧然东路 318 号
邮政编码 :311200
联系电话 :0571-22899888
传真 :0571-22899888

厂家名称 : 浙江省杭州家家实业有限公司
厂家地址 : 浙江省杭州市萧山区戴村镇明堂村
邮政编码 :311263
联系电话 :0571-82256678
传真 :0571-82256161

厂家名称 : 浙江省杭州猎鸟日用化工厂
厂家地址 : 浙江省杭州市上城区后市街 137-2-201
邮政编码 :310002
联系电话 :0571-87034301

厂家名称 : 浙江省杭州临安金叶灭蚊制品有限公司
厂家地址 : 浙江省杭州市临安县於潜镇
邮政编码 :311311
联系电话 :0571-3899168

厂家名称 : 浙江省杭州南郊化学有限公司
厂家地址 : 浙江省杭州市滨江区浦沿镇镇前路 310 号
邮政编码 :310053
联系电话 :0571-86616840
传真 :0571-86612454

厂家名称 : 浙江省杭州农药厂萧山分厂
厂家地址 : 浙江省杭州市萧山市赭山镇
邮政编码 :311227
联系电话 :(0571)2580060

厂家名称 : 浙江省杭州日用化工厂
厂家地址 : 浙江省杭州市萧山区进化镇
邮政编码 :311253
联系电话 :0571-82469149
传真 :0571-82460580

厂家名称 : 浙江省杭州三箭侠日化用品有限公司
厂家地址 : 浙江省杭州市萧山区义桥镇潘山工业园区 1 号
邮政编码 :311262
联系电话 :0571-82216367
传真 :0571-82216491

厂家名称 : 浙江省杭州时新卫生用品厂
厂家地址 : 浙江省杭州市笕丁路 168-6 号
邮政编码 :310021
联系电话 :0571-8144287

厂家名称 : 浙江省杭州市白蚁防治研究所
厂家地址 : 浙江省杭州市江干区长庆街 36 号
邮政编码 :310016
联系电话 :0571-86969397
传真 :0571-86434798

厂家名称 : 浙江省杭州市迅达蚊香厂
厂家地址 : 浙江省杭州市萧山区戴村镇尖山下
邮政编码 :311263
联系电话 :0571-82251158
传真 :0571-82251768

厂家名称 : 浙江省杭州双鹰日用化工厂
厂家地址 : 浙江省杭州西溪

路 901 号
邮政编码 :310021
联系电话 :0571-85221250

厂家名称：浙江省杭州泰丰化工有限公司
厂家地址：浙江省杭州市余杭区崇贤镇老鸦桥
邮政编码 :311108
联系电话 :0571-86172636
传真 :0571-86272050

厂家名称：浙江省杭州天圣工贸有限公司
厂家地址：浙江省杭州市七堡大道 28 号
邮政编码 :310021
联系电话 :0571-6011234
传真 :0571-6011234

厂家名称：浙江省杭州萧山戴村恒昌蚊香厂
厂家地址：浙江省杭州市萧山区戴村镇
邮政编码 :311261
联系电话 :0571-82234636

厂家名称：浙江省杭州萧山钱潮日化有限公司
厂家地址：浙江省杭州市萧山区党山镇官一村
邮政编码 :311245
联系电话 :0571-82503381
传真 :0571-85203381

厂家名称：浙江省杭州旭日化工有限公司
厂家地址：浙江省萧山市经济技术开发区（红垦农场）
邮政编码 :311232
联系电话 :0571-82645596
传真 :0571-82645198

厂家名称：浙江省杭州永新化工日用品有限公司
厂家地址：浙江省杭州市富阳市大树下
邮政编码 :311402
联系电话 :0571-63415195
传真 :0571-63417225

厂家名称：浙江省杭州运达农药制造有限公司
厂家地址：浙江省杭州市余杭区塘栖镇莫家桥
邮政编码 :311106
联系电话 :0571-86323383
传真 :0571-86323858

厂家名称：浙江省湖州市双林家用日化厂
厂家地址：浙江省湖州市双林镇后坝村钱家田
邮政编码 :313012
联系电话 :0572-3974732

厂家名称：浙江省化工研究所农药车间
厂家地址：浙江省杭州市留下营门口
邮政编码 :310023
联系电话 :0571-5229414

厂家名称：浙江省黄岩临古利民卫生用品厂
厂家地址：浙江省黄岩市澄江镇横屋村
邮政编码 :318020
联系电话 :0576-4998197
传真 :0576-4318018

厂家名称：浙江省黄岩童心工艺烛厂
厂家地址：浙江省黄岩市城关黄轴路 47-2 号
邮政编码 :318020
联系电话 :0576-4111616
传真 :0576-4211910

厂家名称：浙江省黄岩植保新技术开发有限公司
厂家地址：浙江省黄岩市江口轻化开发区
邮政编码 :318020
联系电话 :0576-4179401

厂家名称：浙江省嘉善县微生物厂 中国农科院植保所
厂家地址：浙江省嘉兴市嘉善县魏塘镇罗星路底
邮政编码 :314100
联系电话 :0573-4024044
传真 :0573-4024277

厂家名称：浙江省嘉兴市中华化工有限责任公司
厂家地址：浙江省嘉兴市秀城区大桥镇中华村
邮政编码 :314006
联系电话 :0573-3016573
传真 :0573-2088200

厂家名称：浙江省金华星原化工有限公司
厂家地址：浙江省武义县白洋渡工业区 9 号
邮政编码 :321200
联系电话 :0579-7627119

厂家名称：浙江省兰溪市奔马神蚊香有限公司
厂家地址：浙江省金华市兰溪市马达镇
邮政编码 :321109
联系电话 :0579-8270338

厂家名称：浙江省兰溪市张氏蚊香有限公司
厂家地址：浙江省兰溪市城北工业区

邮政编码 :321100
联系电话 :0579-8804356
传真 :0579-8804366

厂家名称 : 浙江省乐清市宝力日用化学品研究所
厂家地址 : 浙江省温州市乐清市乐成镇北门上城巷 11 号
邮政编码 :325600
联系电话 :0577-62500313
传真 :0577-62500313

厂家名称 : 浙江省乐清市虹化用品有限公司
厂家地址 : 浙江省温州市乐清市虹桥镇八村
邮政编码 :325008
联系电话 :0577-2367737

厂家名称 : 浙江省乐清市佳美日用品有限公司
厂家地址 : 浙江省乐清市丹霞路 193 号
邮政编码 :325600
联系电话 :0577-2575069

厂家名称 : 浙江省乐清市绿植药业有限公司
厂家地址 : 浙江省温州市乐清市黄华镇增棚头工业园
邮政编码 :325605
联系电话 :0577-2651197,2651811

厂家名称 : 浙江省乐清市农药厂
厂家地址 : 浙江省温州市乐清市清江镇 104 国道清江大桥北端
邮政编码 :325611
联系电话 :0577-2275318
传真 :0577-2275318,2275508

厂家名称 : 浙江省乐清市四害防治研究中心
厂家地址 : 浙江省乐清市虹桥镇振兴小区 20 幢 221 号
邮政编码 :325608
联系电话 :0577-2318221,2322970

厂家名称 : 浙江省乐清市新兴工贸公司
厂家地址 : 浙江省温州市乐清市白象镇交通中路 23 号
邮政编码 :325603
联系电话 :0577-2882761

厂家名称 : 浙江省乐斯化学有限公司
厂家地址 : 浙江省乐清市磐石镇磐南村
邮政编码 :325602
联系电话 :0577-61609982
传真 :0577-61609990

厂家名称 : 浙江省丽水汇力化学有限公司
厂家地址 : 浙江省丽水地区丽水市上岗背营房
邮政编码 :323000
联系电话 :0578-2134605
传真 :(0578)2136119

厂家名称 : 浙江省临安三联日用化工有限公司
厂家地址 : 浙江省临安市高虹镇大王岭
邮政编码 :311307
联系电话 :0571-63778125,63778124

厂家名称 : 浙江省临安市蚊香厂
厂家地址 : 浙江省杭州市临安县高虹乡大王岭
邮政编码 :311307
联系电话 :0571-3777002

厂家名称 : 浙江省临安市於潜石明蚊香厂
厂家地址 : 浙江省临安县於潜镇
邮政编码 :311300
联系电话 :0571-3881973

厂家名称 : 浙江省临安堰口蚊香厂
厂家地址 : 浙江省临安市堰口
邮政编码 :311313
联系电话 :0571-3838342

厂家名称 : 浙江省临安紫水蚊香厂
厂家地址 : 浙江省临安市潜川镇中塘村
邮政编码 :311300
联系电话 :0571-63827889

厂家名称 : 浙江省临海市建新化工有限公司
厂家地址 : 浙江省台州市临海市商检大楼四层
邮政编码 :317000
联系电话 :0576-5135553
传真 :0576-5135505

厂家名称 : 浙江省龙游生化厂
厂家地址 : 浙江省衢州市龙游县湖镇
邮政编码 :324401
联系电话 :(0570)7063621

厂家名称 : 浙江省龙鑫化工有限公司
厂家地址 : 浙江省龙泉市杨连

邮政编码 :323700
联系电话 :0578-7211430
传真 :0578-7211430

厂家名称：浙江省宁波市江东福明卫生药械厂
厂家地址：浙江省宁波市江东区福明街道松下社区
邮政编码 :315040
联系电话 :0574-87767060
传真 :0574-87767060

厂家名称：浙江省宁波市镇海恒达农化有限公司
厂家地址：浙江省宁波市化学工业区（蟹浦）
邮政编码 :315204
联系电话 :0574-86507688
传真 :0574-86506638

厂家名称：浙江省宁波舜宏化工有限公司
厂家地址：浙江省宁波市余姚市世南东路以东
邮政编码 :315400
联系电话 :0574-62707897
传真 :0574-62705304

厂家名称：浙江省宁波维纳斯化妆品有限公司
厂家地址：浙江省慈溪市范市镇灵范公路 2 号
邮政编码 :315312
联系电话 :0574-63707988
传真 :0574-63707777

厂家名称：浙江省宁波中化化学品有限公司
厂家地址：浙江省宁波市镇海区宁波化学工业区北海路 1165 号
邮政编码 :315040
联系电话 :0574-87770072
传真 :0574-87773812

厂家名称：浙江省宁波中亚气雾剂有限公司
厂家地址：浙江省宁波市宁海西店镇南路 25 号
邮政编码 :315613
联系电话 :0574-65181766
传真 :0574-65182039

厂家名称：浙江省宁海化工总厂农药分厂
厂家地址：浙江省宁波市宁海县城关南门外跃龙山路 36 号
邮政编码 :315600
联系电话 :（0574）5565408
传真 :

厂家名称：浙江省磐安县植物化工厂
厂家地址：浙江省金华市磐安县玉山镇马塘村
邮政编码 :322302
联系电话 :0579-4715330,4715329

厂家名称：浙江省平阳化工厂
厂家地址：浙江省温州市平阳县敖江下河北化工厂
邮政编码 :325401
联系电话 :(05875)3722447
传真 :(05875)3722447

厂家名称：浙江省平阳县善德日用化工厂
厂家地址：浙江省平阳县钱仓镇环城北路 168 号
邮政编码 :325401
联系电话 :0577-63680032
传真 :0577-63633284

厂家名称：浙江省平阳县双马蚊香厂
厂家地址：浙江省平阳县梅溪乡凤冠路 1 号
邮政编码 :325401
联系电话 :0577-63051153
传真 :0577-63051153

厂家名称：浙江省平阳县雁荡山化工日用品厂
厂家地址：浙江省温州市平阳县水头镇变电所边
邮政编码 :325415
联系电话 :0577-3853357

厂家名称：浙江省浦江梦圆蚊业有限公司
厂家地址：浙江省浦江县浦阳镇南站路 49 号
邮政编码 :322200
联系电话 :0579-4151403
传真 :0579-4154582

厂家名称：浙江省浦江县老李蚊香厂
厂家地址：浙江省浦江县仙华大道 888 号
邮政编码 :322200
联系电话 :0579-4105898,4105351
传真 :0579-41058986

厂家名称：浙江省浦江县农化厂
厂家地址：浙江省金华市浦江县县城
邮政编码 :322200
联系电话 :0579-4124828,4101174

厂家名称：浙江省浦江县双龙蚊香厂
厂家地址：浙江省浦江县浦

阳镇环城北路 12#
邮政编码 :322000
联系电话 :0579-412670

厂家名称：浙江省青田县温溪化工厂
厂家地址：浙江省丽水地区青田县温溪镇
邮政编码 :323903

厂家名称：浙江省上虞市贺孙化工厂
厂家地址：浙江省绍兴市上虞市沥东镇贺孙村
邮政编码 :312366
联系电话 :0575-2015785

厂家名称：浙江省上虞市农药厂
厂家地址：浙江省上虞市百官镇三棚桥
邮政编码 :312351
联系电话 :0575-2136075
传真 :0575-2211434

厂家名称：浙江省上虞市银邦化工有限公司
厂家地址：浙江省上虞市上虞港精细化工园区东进一号桥
邮政编码 :312369
联系电话 :0575-2738118
传真 :0575-2738228

厂家名称：浙江省上虞蚊香厂
厂家地址：浙江省绍兴市上虞市道墟镇洞桥村
邮政编码 :312368
联系电话 :0575-2041885
传真 :0575-20418856

厂家名称：浙江省绍兴市澳野实业有限公司
厂家地址：浙江省绍兴市马山镇宁六村
邮政编码 :312086
联系电话 :0575-8917988
传真 :0575-8173192

厂家名称：浙江省绍兴市东湖化工总厂
厂家地址：浙江省绍兴市绍兴县斗门镇马海
邮政编码 :312074
联系电话 :0575-8038001
传真 :0575-8037981

厂家名称：浙江省绍兴市东湖生化有限公司
厂家地址：浙江省绍兴市斗门镇马海
邮政编码 :312074
联系电话 :0575-8030502 8038001
传真 :0575-8037981

厂家名称：浙江省绍兴市幸运胶囊化学有限公司
厂家地址：浙江省绍兴市斗门镇西园路 12 号
邮政编码 :3312071
联系电话 :0575-8037673
传真 :0575-80376736

厂家名称：浙江省绍兴县三科化工厂
厂家地址：浙江省绍兴县福全镇
邮政编码 :312046
联系电话 :
传真 :0571-85232737

厂家名称：浙江省双鹰集团诸暨市黑豹蚊香厂
厂家地址：浙江省绍兴市诸暨市应店街镇幸福水库内
邮政编码 :311817
联系电话 :0575-7081128
传真 :0575-7081118

厂家名称：浙江省遂昌九龙日用化工厂
厂家地址：浙江省遂昌县妙高镇叶坦路 55 号
邮政编码 :323300
联系电话 :0578-8124502
传真 :0578-8124502

厂家名称：浙江省台州菲尔达化工有限公司
厂家地址：浙江省仙居城关晨曦路 151 号
邮政编码 :317300
联系电话 :0576-7730081
传真 :0576-7730081

厂家名称：浙江省台州市红梦实业有限公司
厂家地址：浙江省台州市路桥区马铺工业区
邮政编码 :318050
联系电话 :0576-2424589/2424636
传真 :0576-2926555

厂家名称：浙江省台州市三联农药厂
厂家地址：浙江省台州市玉环县大麦屿经济开发区龙山路 9 号
邮政编码 :317604
联系电话 :0576-7332949
传真 :0576-7333979

厂家名称：浙江省桐庐汇丰生物化工有限公司
厂家地址：浙江省杭州市桐庐县桐庐镇洋塘路 311 号
邮政编码 :311500

联系电话：0571-64611738
传真：0571-64611173

厂家名称：浙江省温岭市赵字蚊香厂
厂家地址：浙江省温岭市石粘镇山马村
邮政编码：317519
联系电话：0576-6911288

厂家名称：浙江省温州市黄氏顺兴实业有限公司
厂家地址：浙江省温州市双屿工业区康泉路4号
邮政编码：325000
联系电话：0577-8785083

厂家名称：浙江省温州市孔字蚊香有限公司
厂家地址：浙江省温州市天河工业区
邮政编码：325025
联系电话：0577-86990278
传真：86811913

厂家名称：浙江省温州市鹿城爱美丝日用化学品厂
厂家地址：浙江省温州市鹿城区爱美丝日用化学品厂
邮政编码：325000
联系电话：0577-8781471-73

厂家名称：浙江省温州市蔬菜农资公司
厂家地址：浙江省温州市吴桥路76号
邮政编码：325000
联系电话：0577-8628039,8625733
传真：0577-8519053

厂家名称：浙江省温州市展农化工农药厂
厂家地址：浙江省温州市永中镇青山
邮政编码：325024
联系电话：0577-86371707
传真：0577-86377107

厂家名称：浙江省温州喜来福日化有限公司
厂家地址：浙江省乐清市北白象镇沙洪路旺林工业区
邮政编码：325603
联系电话：0577-62880371

厂家名称：浙江省武义通用科技有限公司
厂家地址：浙江省武义县新兴路189号
邮政编码：321200
联系电话：0579-7623488
传真：0579-7621294

厂家名称：浙江省萧山陈氏蚊香厂
厂家地址：浙江省杭州市萧山区闻堰镇东山陈村
邮政编码：311258
联系电话：0571-82301439

厂家名称：浙江省新昌县城关古塔化工厂
厂家地址：浙江省绍兴市新昌县城关镇上石演村61号
邮政编码：312500
联系电话：0575-6222322
传真：0575-6238126

厂家名称：浙江省新昌县城南南源卫生灭虫剂厂
厂家地址：浙江省新昌县城关新联路17号
邮政编码：312500
联系电话：0575-6041765

厂家名称：浙江省新昌县恒达化工厂
厂家地址：浙江省新昌城关长丘田
邮政编码：312500
联系电话：0575-6120136
传真：0575-6120136

厂家名称：浙江省新昌县青山灭虫剂厂
厂家地址：浙江省新昌县城关镇江北路冷湖
邮政编码：312500
联系电话：0575-6040153
传真：

厂家名称：浙江省兴农综合技术开发公司
厂家地址：浙江省杭州市秋涛北路131号
邮政编码：310016
联系电话：0571-6092432
传真：

厂家名称：浙江省义乌市稠城京华日用品化工厂
厂家地址：浙江省义乌市北苑下仓
邮政编码：322000
联系电话：0579-5431217

厂家名称：浙江省义乌市稠城夏宝日化厂
厂家地址：浙江省义乌市稠城畈王田村
邮政编码：322000
联系电话：0579-5625468

厂家名称：浙江省义乌市光阳化工实业有限公司
厂家地址：浙江省金华市义乌市柳青工业区振兴路202号
邮政编码：322000
联系电话：0579-5665208

厂家名称：浙江省义乌市皇嘉生化有限公司
厂家地址：浙江省金华市义乌市经济开发区城店路 3 号
邮政编码 :322000
联系电话 :0579-5313890
传真 :0579-5327010

厂家名称：浙江省义乌市蓝剑蚊香厂
厂家地址：浙江省义乌市北苑工业区春华路 581 号 B
邮政编码 :322000
联系电话 :0579-85861138
传真 :0579-85861138

厂家名称：浙江省义乌市赵风堂蚊香厂
厂家地址：浙江省金华市义乌市东塘乡经济开发区
邮政编码 :322021
联系电话 :0579-5971428
传真 :0579-5625262

前一页厂家名称：浙江省永嘉生物化工厂
厂家地址：浙江省温州市永嘉县北广镇寺前村
邮政编码 :325100
联系电话 :(0577)7222305

厂家名称：浙江省永康市精细化工厂
厂家地址：浙江省金华市永康市古丽镇乐塔路 14 号
邮政编码 :321300
联系电话 :0579-7111627

厂家名称：浙江省永康市农药厂
厂家地址：浙江省永康市西城区兴达四路 8 号
邮政编码 :321300
联系电话 :0579-7381308

传真 :0579-7295339

厂家名称：浙江省永康市西津卫生医药用品有限公司
厂家地址：浙江省永康市城西工业区花海路 18 号
邮政编码 :321300
联系电话 :0579-87176379
传真 :0579-87176822

厂家名称：浙江省余杭东风农药厂
厂家地址：浙江省杭州市余杭市临平龙洞
邮政编码 :311100

厂家名称：浙江省余杭市临平金梦圆蚊香厂
厂家地址：浙江省杭州市余杭市临平镇城南王家畈
联系电话 :0571-6257956

厂家名称：浙江省诸暨利国蚊香厂
厂家地址：浙江省绍兴市诸暨市枫桥镇东和乡下姚村
邮政编码 :311800
联系电话 :0575-7475917
传真 :0575-7475917

厂家名称：浙江省诸暨市白蚁防制技术开发服务研究所
厂家地址：浙江省绍兴市诸暨市暨阳街道滨江支路 3 幢
邮政编码 :311800
联系电话 :0575-7014607
传真 :0575-71192156

厂家名称：浙江省诸暨市百神日用品有限公司
厂家地址：浙江省诸暨市诸姚路上赵
邮政编码 :311827

联系电话 :0575-7642319

厂家名称：浙江省诸暨市地净实业有限公司
厂家地址：浙江省绍兴市诸暨市牌头镇
邮政编码 :311825
联系电话 :0575-7052128
传真 :0575-7051717

厂家名称：浙江省诸暨市枫桥蚊香厂
厂家地址：浙江省诸暨市枫桥镇镇东
邮政编码 :311811
联系电话 :0575-7452699
传真 :0575-7451781

厂家名称：浙江省诸暨市福猫蚊香厂
厂家地址：浙江省诸暨市枫桥镇马浦山
邮政编码 :311811
联系电话 :0575-7049123
传真 :0575-7042868

厂家名称：浙江省诸暨市恒联实业有限公司
厂家地址：浙江省诸暨市枫桥镇新店湾粮仓
邮政编码 :311811
联系电话 :0575-7416588
传真 :0575-7416678

厂家名称：浙江省诸暨市久宁蚊香厂
厂家地址：浙江省绍兴市诸暨市同山镇孔下村
邮政编码 :311808
联系电话 :0575-7561017
传真 :0575-7562585

厂家名称：浙江省诸暨市康宁蚊香厂

厂家地址：浙江省诸暨市璜山镇
邮政编码：311809
联系电话：0575-7091597

厂家名称：浙江省诸暨市李靖蚊香有限公司
厂家地址：浙江省诸暨市安华镇（安华水库脚）
邮政编码：311821
联系电话：0575-7542118
传真：0575-7542158

厂家名称：浙江省诸暨市李顺蚊香厂
厂家地址：浙江省诸暨市枫桥镇新建村
邮政编码：311811
联系电话：0575-7418668

厂家名称：浙江省诸暨市梦神蚊香厂
厂家地址：浙江省诸暨市城关赵家
邮政编码：311800
联系电话：0575-7037881
传真：0575-7328168

厂家名称：浙江省诸暨市三都镇梦宁蚊香厂
厂家地址：浙江省绍兴市诸暨市三都镇
邮政编码：311816
联系电话：0575-7311553

厂家名称：浙江省诸暨市王家井日用化工厂
厂家地址：浙江省绍兴市诸暨市王家井日用化工厂（外陈中学部）
邮政编码：311813
联系电话：0575-7581390
传真：0575-7581390

厂家名称：浙江省诸暨市越翠实业有限公司龙珠蚊香分公司
厂家地址：浙江省诸暨市牌头工业区
邮政编码：311825
联系电话：0575-7051732
传真：0575-7052787

厂家名称：浙江省诸暨市越鹰蚊香厂
厂家地址：浙江省诸暨市店口镇
邮政编码：311814
联系电话：0575-7617589

厂家名称：浙江省衢州市点秋香日用品有限公司
厂家地址：浙江省开化县城关镇芹南路 89 号
邮政编码：324300
联系电话：0570-6161588
传真：0570-6161588

厂家名称：浙江省衢州祥丰农资有限公司
厂家地址：浙江省衢州市三衢路 312 号二楼
邮政编码：324000
联系电话：0570-8505998
传真：0570-8868178

厂家名称：浙江斯佩斯植保有限公司
厂家地址：浙江省温州市杨府山涂巨江东路 3 号
邮政编码：325003
联系电话：0577-88130710
传真：0577-88133227

厂家名称：浙江台州海欣气体化有限公司
厂家地址：浙江省台州市临海市经济开发区
邮政编码：317000
联系电话：0576-5121491,5122180
传真：0576-5112947

厂家名称：浙江特菱杀虫药业有限公司
厂家地址：浙江省衢州市衢江区大桥路 9 号
邮政编码：324022
联系电话：0570-2931004
传真：0570-29310046

厂家名称：浙江天丰生物科学有限公司
厂家地址：浙江省金华市婺城区大岩路 666 号
邮政编码：321025
联系电话：0579-82235923
传真：0579-82235966

厂家名称：浙江武义嘉诚实业有限公司
厂家地址：浙江省金华市武义县熟溪北路 15 号
邮政编码：321200
联系电话：0379-7673850
传真：0379-7675618

厂家名称：浙江信心日用工业有限公司
厂家地址：浙江省金华市义乌市经济开发区稠江办上崇山
邮政编码：322000
联系电话：0579-5551379
传真：0579-5565195

厂家名称：浙江一点红有限公司
厂家地址：浙江省浦江经济开发区一点红大道 188 号
邮政编码：322200
联系电话：0579-4178828

传真：0579-4178899

厂家名称：浙江浙丰种衣剂有限公司
厂家地址：浙江省杭州市肖山经济开发区建设一路 141 号
邮政编码：311215
联系电话：0571-82833165
传真：0571-86044769

厂家名称：浙江正平日用化工有限公司
厂家地址：浙江省东阳市振兴路 176 号
邮政编码：322100
联系电话：0579-6622187
传真：0579-5386269

辉煌永不落幕-致所有企业

首先，中国农药百强官方网代表“2012-2013卷《中国农药企业年鉴》编辑活动主办方，对所有参与、支持企业表示衷心的感谢！

同时，诚挚的感谢所有热情参与本次编辑的专家领导、行业学者、企业人士、媒体朋友以及广大网友。正是有了你们的支持与帮助，本次编辑工作取得了令人瞩目的成绩，在整个中国农药行业链中产生了广泛而深刻的影响。

作为中国农药行业中的一员，我们肩负着实现我国从制药大国向制药强国转变的重任。本次活动见证了一批优秀企业的诞生，并且真实客观地记录下中国农药产业漫长发展历程中的一个辉煌的时刻，我们相信，明年将有更多的优秀企业参与这项活动，站在这个舞台上，在享受荣耀的同时展示他们所取得的成就与贡献。

2012-2013卷《中国农药企业年鉴》活动虽然已经结束，然而辉煌并未落幕，一段新的征程已经开始。中国农药百强官方网愿携手行业同仁，为早日实现中国农药产业的光荣与梦想而不懈奋斗。

让我们共同见证！

注明：因编辑工作时间紧，任务重，有部分企业可能未详细介绍，并有所疏漏，在此向有关单位和同志致以诚挚的歉意。